应用统计学丛书 15

Le logiciel R

R软件教程与统计分析：
入门到精通

Pierre Lafaye de Micheaux
Rémy Drouilhet
Benoit Lîquet 著
潘东东 李启寨 唐年胜 译

R RUANJIAN JIAOCHENG YU TONGJI FENXI
RUMEN DAO JINGTONG

高等教育出版社·北京

图字号：01-2013-0442

Translation from French language edition: *Le logiciel R*
by Pierre Lafaye de Micheaux, Rémy Drouilhet and Benoit Liquet

图书在版编目（CIP）数据

R软件教程与统计分析：入门到精通 /（法）麦考斯，（法）德鲁伊特，（法）利凯著；潘东东，李启寨，唐年胜译. -- 北京：高等教育出版社，2015. 4（2020.9重印）
ISBN 978-7-04-041950-4

Ⅰ. ①R… Ⅱ. ①麦… ②德… ③利… ④潘… ⑤李… ⑥唐… Ⅲ. ①统计分析 - 应用软件 Ⅳ. ①C819

中国版本图书馆CIP数据核字（2015）第024176号

策划编辑 王丽萍　　责任编辑 李华英　　封面设计 姜 磊　　版式设计 马敬茹
责任校对 王 雨　　责任印制 刘思涵

出版发行 高等教育出版社
社 址 北京市西城区德外大街4号
邮政编码 100120
印 刷 山东韵杰文化科技有限公司
开 本 787 mm×1092 mm 1/16
印 张 38.5
字 数 880千字
购书热线 010-58581118

咨询电话 400-810-0598
网 址 http://www.hep.edu.cn
http://www.hep.com.cn
网上订购 http://www.landraco.com
http://www.landraco.com.cn
版 次 2015年4月第1版
印 次 2020年9月第2次印刷
定 价 89.00元

物 料 号 41950-00

献给开放源代码社区

献给所有曾经、现在及将来帮助我们的人们

献给我们在蒙彼利埃大学、格勒诺布尔大学、
波尔多大学及公共卫生与流行病学研究所的同事们

前言

本书已被法国巴黎第九大学数学决策研究中心 (CEREMADE) 的罗宾·赖德 (Robin Ryder) 博士由法文翻译为英文. 作为法语版的原作者, 我们对赖德博士的此项翻译工作感到由衷的高兴并表示感谢!

本书是作者根据近年来在法国格勒诺布尔第二大学 (Institut Universitaire de Technologie Grenoble 2) 统计与商业智能系 (STID) 开设的一系列 R 课程的讲义整理而成. 听课学生的良好反映和高度评价是促成该书得以完成的原始动力. 在此我们要对 STID 的学生们表示感谢, 同时也要感谢我们的同事及朋友米歇尔·勒琼 (Michel Lejeune), 他建议我们去写一部手稿并投给 Springer 出版社公开出版. 三位作者因为机缘走到了一起并共事多年, 每位作者所具有专业知识的互补使得本书编写过程中碰到的巨大困难得以一一克服. 最后, 我们衷心地感谢我们的同事及朋友马修·杜布瓦 (Matthieu Dubois), 他是一名实验心理学领域的研究员, 并对 R 和苹果系统 (Mac) 有很深的造诣, 他也是该书几近定稿的法语版的第一位读者并提出了许多宝贵的意见.

本书的内容是在精心挑选和组织的基础上形成的, 同时在力争尽可能详尽的基础上也希望让读者容易理解. 它既可用作 R 初学者的课程教材或自学材料, 对高级学者和研究人员也有一定的参考价值. 三位作者为本书的撰写付出了大量的心血和劳动, 特别在内容的选取和结构组织等方面更是凝聚了三位作者的大量心血. 值得注意的是, 本书的大部分内容对多种操作系统的用户都是适用的且有一定的帮助, 但也有一小部分章节主要是针对微软 Windows 用户. 此外, 我们针对 Linux 或 Mac 用户适时给出的补充说明也是大有裨益的.

本书的每一章都以同样的架构来编排: 开头列出该章的预备知识和内容提要; 所有的理论概念都给出了例子来进行解释并提供代码供读者在计算机上自己动手练习; 章末是一个回顾小节 (列出了该章的要点) 和一个习题小节 (可用作考试习题); 并给出一个实践操作工作簿 (只需利用前面章节的知识即可完成).

全书按以下顺序结构来编排. 第一部分在一个简短的介绍 (目的是激发读者的兴趣) 之后给出了几个数据集 (贯穿全书用以说明 R 的使用) 的详细描述. 第二部分是介绍 R 的基本概念, 包括数据的结构及其输入和输出、画图、编程及维护等内容, 这部分可帮助读者对 R 有一个整体的了解. 第三部分介绍 R 在一些数学或统计专业知识背景下的使用, 建议读者先阅读第二部分的内容后再转至此部分. 该部分覆盖了本科阶段大学三年级数学和统计专业课程的主要内容及其在 R 环境下的实现 (比如, 它覆盖了加拿大蒙特利尔大学统计学及精算科学专业的学士学位课程, 以及法国大学理工学院 (IUT) 统计及商业智能专业的学士学位课程), 具体包括矩阵运算、积分、优化、描述性统计、随机模拟、置信区间及假设检验、简单及多重线性回归、方差分析等内容. 第三部分的每一个统计专题章节都依赖于一个或几个实际数据集, 它们都由法国波尔多大学公共卫生与流行病学研究所 (ISPED) 提供并在本书的开头进行了描述. 所有的这些都将使本书变得更具体、更有吸引力. 借此机会, 我们向 ISPED 公共卫生学院的全体教学人员表示感谢! 这些数据集以及几个专门为本书而编写的若干函数都包含在一个与本书配套的并被命名为 `TheRSoftware` 的 `R` 程序包中. 我们也要感谢穆罕默德埃尔 · 梅斯利 (Mohamed El Methni) 和塔吉 · 巴鲁玛扎德 (Taghi Barumandzadeh) 提供给我们的方差分析 (ANOVA) 章节的相关材料, 以及休伯特 · 雷蒙德 (Hubert Raymondaud) 为本书法语版提供的大量评论意见, 这些都使本书的若干章节得到显著地改进和完善.

皮埃尔 · 拉菲米修斯 (Pierre Lafaye de Micheaux)
雷米 · 德鲁耶 (Rémy Drouilhet)
伯努瓦 · 理克威特 (Benoît Liquet)

译者的话

2011 年初, 国内统计学界迎来了统计学学科建设史上的一件大事, 在国务院学位委员会审议通过的新版《学位授予和人才培养学科目录 (2011)》中, 增设了统计学一级学科. 毫无疑问, 这一重大变革和飞跃将对中国统计理论与实践的发展和进步产生巨大而深远的影响. 这一切来之不易, 它离不开近几十年来老一辈统计学家的无私奉献以及活跃在国内统计学界的一大批中青年统计学家的共同努力, 特此向所有致力于中国统计教育事业发展与进步的前辈和同仁致以崇高的敬意!

R 软件是伴随着统计学的发展而逐步兴起的一种计算语言. 由于具有自由、免费、源代码开放等特点, 自 1993 年诞生以来 R 得到了越来越多的统计学家和工程技术人员的使用. R 内置多种统计学及数字分析功能, 其功能还可以通过安装数以千计的并仍在不断更新的程序包来得到扩展, 国际统计学术期刊上新近发表的论文中介绍的高引用统计方法大部分都可以从 Comprehensive R Archive Network (CRAN) 上自由下载, 这极大地促进了统计学新思维、新方法的传播和应用. 鉴于此, R 被国外大量的学术和科研机构采用, 欧美国家的许多著名高校的统计系或生物统计系都将 R 语言作为学生的必修或选修课程, 其应用范围涵盖了几乎所有的统计分支方向和许多的交叉学科 (比如: 统计遗传学、生物信息学、实证金融学等). 近年来, 国内也有不少的统计学家一直在推广 R 语言在国内高校与科研院所中的普及和应用, 并已取得了广泛的影响和明显的成效.

2012 年 7 月, 加拿大蒙特利尔大学数学与统计系的 Pierre Lafaye de Micheaux 教授到访云南大学, 他告诉我们他与在法国工作时的两位同事合著的法语版 R 软件教程已由 Springer 出版社于 2010 年 12 月出版发行, 同时 Springer 出版社也即将推出其英文版本 (具体时间为 2014 年 1 月). 这本书凝集了他们多年来从事 R 语言教学和科研的心血, 他们非常期望在中国有该书的中文版面世以供感兴趣的读者参阅. 由于我们近年来一直都在使用 R 语言进行统计模拟和数据分析等科学计算工作, 也希望能有一本适合给统计学专业本科生和研究生开设 R 软件及统计计算课程的优秀教材或参考书. 因此, 我们满怀诚意地向 Pierre Lafaye de Micheaux 教授自荐来承担这项翻译工作并得到了该书三位原作者的欣然应允.

在阅读该专著的英文版后, 我们发现, 该书不仅内容丰富、结构合理、重点突出、层次分明、兼顾说理性和实用性, 而且文字通俗易懂, 是一本难得的介绍 R 软件与统计分析的好教材. 我们希望本书中文版的出版能够进一步补充和丰富国内 R 语言教学的教材和参考资料, 也希望该书的出版能使国内高校和科研院所以及实际应用者进一步推广对此软件的使用. 需要说明的是, 我们遵从原著的风格, 在 R 的英文版本的图形用户界面 (GUI) 下陈述各项操作和运算, 因此, 所有的截图或绘图中的说明文字都是英文 (与英文版原著一致), 我们希望并相信这一点不会给读者带来理解上的困难. 事实上, 在安装 R 的时候, 可以将 "语言" 选择为简体中文, 启动 R 后的控制台中的菜单键以及命令窗口中的说明文字都会是中文.

本书的翻译工作由唐年胜负责组织协调, 是集体协作的结晶. 其中潘东东翻译了前言、第 1 ~ 6 章、附录、索引和习题解答, 唐年胜翻译了第 7 ~ 10 章, 李启寨翻译了第 11 ~ 15 章. 潘东东负责全书的统稿工作和初核工作, 最后由李启寨和唐年胜对全书的内容进行核校. 在本书的翻译过程中我们得到了许多人的热情帮助. 在此, 我们要特别感谢原著的三位作者 (Pierre Lafaye de Micheaux 教授、Rémy Drouilhet 教授、Benoît Liquet 教授) 自始至终对本书翻译工作的关心和支持! 特别感谢高等教育出版社的编辑们对本译著的出版所付出的辛勤劳动, 尤其要感谢自然科学学术出版事业部王丽萍分社长的大力支持和帮助. 另外, 云南大学统计系硕士研究生黄艳彩、李壁涛和王淑贤帮助我们完成了部分章节的初译工作, 特此表示衷心的感谢!

由于译者水平有限, 本译著中肯定存在不少的缺点和不妥之处, 恳请同行专家、学者以及广大读者批评指正.

译者
2015 年 2 月

本书另外一种阅读顺序

我们已使用符号 † 来对某些难度较高或较低基础性的章节做了明确的标记, 在初次阅读的时候读者可以先跳过去而不会有碍对 R 的理解和掌握.

需要注意的是, 本书是为数学或统计学专业背景的学生量身打造的. 但是, 它对于那些更具 "应用" 专业背景的学生或学者也是适用的: 针对这部分读者, 我们提出如下所示的另外一种阅读顺序, 其中比较难的章节也应当先略过.

第一部分: R 的基础知识

a) 基本概念与数据结构 (第 3 章)
b) 输入、输出及生成数据 (第 4 章)
c) 数据操作及函数 (第 5 章)
d) R 及其帮助文件 (第 6 章)
e) 绘制曲线与图像 (第 7 章)
f) 管理会话 (第 9 章)

第二部分: 统计基本知识

a) 利用 R 的特性来更好地理解随机变量、分布及模拟 (第 12 章)
b) 描述性统计 (第 11 章)
c) 置信区间与假设检验 (第 13 章)
d) 简单及多重线性回归 (第 14 章)
e) 方差分析基础 (第 15 章)

第三部分: 高级概念

a) 数学基础: 矩阵运算、积分及最优化 (第 10 章)
b) R 中编程 (第 8 章)

插入语的说明

我们对本书的结构形式进行了细致安排,期许其内容或信息更易被读者所理解和消化.在各技术要点处放置了不同的插入语以便引入一些重要信息使相关概念更易于理解,这些插入语的类型可由其边界处的图标来识别.

小窍门

给出一些关于当前讨论的主题的补充信息.

提醒

应该注意的要点.

注释

有关的建议及实用技巧.

另见

指向另外一个章节或一个网址.

高级用户

高级元素(可以先略过它们).

Linux

针对 Linux 用户的信息.

Mac

针对苹果 (Mac) 用户的信息.

理论性习题和实践操作题的参考答案

理论性习题和实践操作题的参考答案在本书的网站上给出 (`http://www.biostatisticien.eu/springeR`).

比实践操作题规模更大的其他练习题将会陆续上传至该网站供用户下载使用.

字 体 规 范

- 字母 R 指代 R 软件.
- 固定宽度字体 (`Verbatim` 环境) 表示 R 指令.
- SMALL CAPS (小型大写) 表示数据集, sans serif 字体表示包含这些数据集的文件名, 而且在本书中所有的文件名及文件夹名都采用此种字体.

目录

插图目录

表格目录

数学符号

$:=$	左右两边不同的符号指代同一个对象
$\cup$	集合的并
$a \in A$	元素 a 属于集合 A
$A \subset B$	集合 A 包含于集合 B 中
$A \supset B$	集合 A 包含集合 B
$A \cap B$	集合 A 与 B 的交集
$A \cup B$	集合 A 与 B 的并集
$A \backslash B$	集合 B 在集合 A 中的补集
$(A \cup B) \backslash (A \cap B)$	集合 A 与 B 的对称差分
f_i	一种形态或模式的频率
$\|x\|$	数 x 的绝对值
$x!$	数 x 的阶乘
$\binom{n}{p}$	二项系数: 从 n 个元素中任意选择 p 个的组合数
$\Gamma(\cdot)$	伽玛函数
γ	Euler 常数
$\psi(\cdot)$	双伽玛函数
π	圆周率 π
λ	标量
$\mathcal{A}, \mathcal{B}, \mathcal{C}, \ldots$	矩阵
$\mathcal{I}$	单位矩阵
$n \times p$	矩阵的维数
$\mathcal{A}^\top$	矩阵 $\mathcal{A}$ 的转置
$\mathcal{B}^{-1}$	矩阵 $\mathcal{B}$ 的逆
$\overline{\mathcal{C}}$	复数矩阵 $\mathcal{C}$ 的共轭
$\boldsymbol{x} = (x_1, \ldots, x_n)^\top$	列向量
$\boldsymbol{x}^\top$	向量 $\boldsymbol{x}$ 的转置
$\mathcal{A} \otimes \mathcal{B}$	矩阵 $\mathcal{A}$ 与矩阵 $\mathcal{B}$ 的 Kronecker 积
$vec(\mathcal{A})$	矩阵 $\mathcal{A}$ 按列拉直
$vech(\mathcal{A})$	矩阵 $\mathcal{A}$ 去掉主对角线上方的元素后按列拉直
$\mathcal{A}^*$	矩阵 $\mathcal{A}$ 的伴随矩阵 (共轭转置)
$\mathcal{A}^{1/2}$	矩阵 $\mathcal{A}$ 的平方根
$\mathbb{1}_{[A]}(x)$	示性函数: 当 $x \in A$ 时取值为 1, 否则为 0

$[a, b]$	a 与 b 构成的闭区间内的值
$\det(\mathcal{A})$	矩阵 $\mathcal{A}$ 的行列式
$\Phi(\cdot)$	标准正态随机变量 $\mathcal{N}(0, 1)$ 的累积分布函数
$\dot{\mathcal{X}}$	矩阵 $\mathcal{X}$ 按列中心化后形成的矩阵
$\mathbb{1}_n$	长度为 n 的向量 $(1, \ldots, 1)^{\mathsf{T}}$
X, Y	非随机变量 (描述性统计量)
N	总体大小
n	样本大小 (样本量)
$m_e := q_{1/2}$	中位数
$PFC_X(\cdot)$	X 的累积频数多边形的值
μ_{X}	随机变量 X 的期望值或描述性统计中的总体均值
q_p 或 x_p	一个随机变量的 p 阶分位数
$q_{1/4}, q_{3/4}$	第一个和第三个四分位数 (也记作 q_1 和 q_3)
$\sigma^2_{Pop}(\boldsymbol{x})$	总体方差 (描述性统计量)
$\sigma_{Pop}(\boldsymbol{x})$	总体标准误差 (描述性统计量)
c_v	总体变异系数 (描述性统计量)
γ_1	偏度系数
β_2	峰度系数
μ_3	三阶中心距
μ_4	四阶中心距
χ^2	Pearson χ^2 统计量
Φ^2, V^2	Cramer Φ^2 和 V^2
τ, τ_b	Kendall τ 和 τ_b
ρ	理论上的 Pearson 相关系数
$\eta^2_{Y\|X}$	相关比率
$\mathrm{X}, \mathrm{Y}, \epsilon$	随机变量
x_i, y_i, ϵ_i	随机变量 $\mathrm{X}, \mathrm{Y}, \epsilon$ 的实现值
$\mathbf{X}, \mathbf{Y}, \boldsymbol{\epsilon}$	随机向量
$\mathbf{X}_n$	样本 (随机的)
$\boldsymbol{x}_n$	样本 (观测的)
$\mathbf{X}$	随机矩阵
$\mathcal{L}$	一个随机变量的分布类
$\mathcal{N}(0, 1)$	标准正态分布
$\mathcal{N}(\mu, \sigma^2)$	均值为 μ, 方差为 σ^2 的正态分布
$\mathcal{U}(a, b)$	区间 $[a, b]$ 上的均匀分布
$\mathcal{B}in(n, p)$	参数为 n 和 p 的二项分布
$\mathcal{E}(\lambda)$	参数为 λ 的指数分布
$\mathcal{P}(\lambda)$	参数为 λ 的 Poisson 分布
$\mathcal{T}(n)$	自由度为 n 的 t 分布
$\chi^2(n)$ 或 χ^2_n	自由度为 n 的 χ^2 分布
$\mathcal{F}(n, m)$	自由度为 n 和 m 的 F 分布
$f_{\mathrm{X}}(\cdot)$	随机变量 X 的概率密度函数
$F_{\mathrm{X}}(\cdot)$	随机变量 X 的累积分布函数

$F_{\mathrm{X}}^{-1}(\cdot)$	随机变量 X 的逆累积分布函数
μ	一个随机变量的期望
σ^2	一个随机变量的方差
$\mathbb{E}(\mathrm{Y})$	随机变量 Y 的理论期望
$\mathbb{V}\mathrm{ar}(\mathrm{Y})$	随机变量 Y 的理论方差
$\overline{\mathrm{X}}_n$	样本 $\mathbf{X}_n = (\mathrm{X}_1, \ldots, \mathrm{X}_n)^{\mathsf{T}}$ 的经验均值 $\frac{1}{n}\sum_{i=1}^{n}\mathrm{X}_i$, 作为 μ_{X} 的估计值
$\overline{x}_n$	样本 $\mathbf{X}_n = (\mathrm{X}_1, \ldots, \mathrm{X}_n)^{\mathsf{T}}$ 的经验均值 $\frac{1}{n}\sum_{i=1}^{n}\mathrm{X}_i$的实现值, 用以估计 μ_{X}
$\xrightarrow{P}$	依概率收敛
$\hat{\mathrm{F}}_n(\cdot) := \hat{\mathrm{F}}_{\mathbf{X}_n}(\cdot)$	样本 $\mathbf{X}_n$ 的经验累积分布函数
θ	未知参数 (有时将参数的未知真值表示为 $\theta^{\bullet}$)
$\hat{\theta}(\mathrm{X}_1, \ldots, \mathrm{X}_n)$ 或 $\hat{\theta}$	未知参数 θ 基于样本 $\mathbf{X}_n = (\mathrm{X}_1, \ldots, \mathrm{X}_n)^{\mathsf{T}}$ 的理论估计量
$\hat{\theta}(x_1, \ldots, x_n)$ 或 $\hat{\theta}$	未知参数 θ 基于样本观测值 $\boldsymbol{x}_n = (x_1, \ldots, x_n)^{\mathsf{T}}$ 的估计值
$\mathbb{B}(\hat{\theta}(\mathrm{X}_1, \ldots, \mathrm{X}_n); \theta)$	用 $\hat{\theta}(\mathrm{X}_1, \ldots, \mathrm{X}_n)$ 来估计未知参数 θ 的偏差
$P[A]$	事件 A 发生的概率
$\mathcal{V}(\theta; \mathrm{X}_1, \ldots, \mathrm{X}_n)$	样本 $\mathbf{X}_n$ 的似然函数在 θ 处计算的值
$\boldsymbol{x}^* = (x_1^*, \ldots, x_n^*)^{\mathsf{T}}$	由观测样本 $\boldsymbol{x}_n = (x_1, \ldots, x_n)^{\mathsf{T}}$ 生成的 bootstrap 样本
$\hat{\mathrm{\sigma}}$	σ 的理论估计量
$\hat{\sigma}$	σ 的实际估计值
p	比率
$\hat{\mathrm{p}}$	比率 (或概率) 的理论估计量
$\hat{p}$	比率 (或概率) 的实际估计值
$\widehat{\mathrm{m}_e}$	中位数的理论估计量
$\widehat{m_e}$	中位数的实际估计值
M	在蒙特卡罗 (Monte Carlo) 模拟中产生样本的迭代次数
B	产生 bootstrap 样本的数目
$B(\cdot, \cdot)$	贝塔函数
$I'_x(\cdot, \cdot)$	不完全贝塔函数的导数
$I(\cdot)$	修正 Bessel 函数
$I_\alpha(\cdot)$	修正 Bessel 函数族
u_p	标准正态分布 $\mathcal{N}(0, 1)$ 的 p 分位数
t_p^n	$\mathcal{T}(n)$ 的 p 分位数
q_p^n	$\chi^2(n)$ 的 p 分位数
$f_p^{n,m}$	$\mathcal{F}(n, m)$ 的 p 分位数
$CI_{1-\alpha}(\theta)$	θ 的水平为 $1-\alpha$ 的随机置信区间
$ci_{1-\alpha}(\theta)$	θ 的水平为 $1-\alpha$ 的实现置信区间
$1-\alpha$	置信区间的水平
$(x_{(1)}, \ldots, x_{(n)})$	按从小到大排序的观测样本

$\mathcal{H}_1$	假设检验中感兴趣的断言 (对立假设)
$\mathcal{H}_0$	零 (Null) 假设, 与 $\mathcal{H}_1$ 相对立
α	显著性水平或假设检验中犯第一类错误的概率
R	随机的 Pearson 经验相关系数
r	实现的 Pearson 经验相关系数
β_0, β_1	简单线性回归模型中的未知系数
$\hat{\beta}_0, \hat{\beta}_1$	简单线性回归模型中未知系数的估计值
$\hat{\epsilon}_i$	简单线性回归模型中的观测残差
$\hat{y}_i$	简单线性回归模型中因变量的拟合值
R^2	回归模型中随机的判决系数
r^2	回归模型中判决系数的实现值
R_a^2	回归模型中随机的调整判决系数
r_a^2	回归模型中调整判决系数的实现值
$\hat{\mathrm{Y}}^p$	回归模型中解释变量 X 取一个新值时因变量 Y 的预测值
$PI_{1-\alpha}(\mathrm{Y}_0, x_0)$	因变量 Y_0 在解释变量新值 x_0 处的水平为 $1-\alpha$ 的预测区间
$\boldsymbol{\beta} = (\beta_0, \ldots, \beta_p)^{\mathsf{T}}$	具有 p 个解释变量的多重线性回归模型中 $p+1$ 维的未知系数向量
$\hat{\boldsymbol{\beta}} = (\boldsymbol{\mathcal{X}}^{\mathsf{T}}\boldsymbol{\mathcal{X}})^{-1}\boldsymbol{\mathcal{X}}^{\mathsf{T}}\mathbf{Y}$	多重线性回归模型中基于观测的解释变量矩阵 $\boldsymbol{\mathcal{X}}$ 以及因变量的观测向量得到的未知参数向量 $\boldsymbol{\beta}$ 的估计量
$\hat{\boldsymbol{\beta}}$	$\boldsymbol{\beta}$ 的估计值
VIF	方差膨胀因子
AIC	Akaike 信息准则
BIC	Bayes 信息准则
h_{ii}	回归模型中第 i 个观测的杠杆值
t_i	标准化残差
t_i^*	学生化残差
$\hat{\sigma}_{(-i)}$	剔除第 i 个观测后 σ 的估计值
C_i	Cook 距离
$\hat{y}_j^{(-i)}$	不使用第 i 个观测得到的 y_j 的预测值
$\hat{\beta}_j^{(-i)}$	不使用第 i 个观测得到的 β_j 的估计值
I, J	方差分析 (ANOVA) 中某个因子的水平数
$\mu_{\bullet\bullet}$	方差分析中的总平均效应
$\mu_{i\bullet}$	方差分析中某个因子第 i 水平的效应
$\mu_{\bullet j}$	方差分析中某个因子第 j 水平的效应

第 I 部分　预备知识

第 1 章 R 软件概况

预备知识以及本章的目标

- 在阅读本章之前先去阅读附录中关于如何安装 R 的章节是大有裨益的.
- 本章讲述 R 的起源、目标及其特异性.

1.1 节

R 软件基本情况介绍

1.1.1 起源

R 是由 Ross Ihaka 和 Robert Gentleman 合作开发的一种统计软件 [21]. 它既是一门编程语言同时也是一种工作环境: 以一种相对较简单的语言来编码指令即可使命令得以执行; 运算的结果能以文本形式显示; 图形和图像则直接在各自的窗口进行可视化操作. 它实际上是 S-PLUS 软件 (基于 AT&T 贝尔实验室于 1988 年开发的一种面向对象的编程语言 S) 的一个克隆版本 [3]. 该软件可用于数据管理、绘制图形以及执行数据的统计分析.

1.1.2 为什么要使用 R?

首先, R 是一种**免费**而且**开放源代码的**软件. 它可在 UNIX (以及 Linux)、微软 Windows 和苹果 Mac 这三种操作系统下工作, 具有**跨平台**的特性. 它正由一个庞大的并仍在不断扩增的热心志愿者团体在自由软件运动的旗帜下进行维护和更新. 任何人都可以通过集成更多的计算功能或分析方法来为改进和完善 R 做出贡献. 因此, R 是一种处于不断快速发展中的统计软件.

R 也是一种功能强大且齐备的工具, 突出表现在它对**统计方法**的适应性上. 它的学习曲线相比市场上其他的商业软件 (比如 SPSS 或 Minitab) 要更为

陡峭 (意味着 R 的入门要求更高): R 不是一种通过简单地在菜单上点击鼠标来调用工具箱就完成任务的软件. 简而言之, R 具有两大明显的优势:

- 它是**教导型**的, 在将某种统计方法用于实践操作之前必须先去很好地理解这种方法;
- R 是非常**高效**的, 一旦掌握了它, 就可以创建自己的工具来执行某些非常复杂的数据分析.

提醒

比起市场上其他的商业软件, R 可能会更难以理解 (因为市面上的商业软件大都是菜单式的, 而 R 却不是), 所以用户需要花时间去学习它的语法和命令.

R 在数据管理、数值计算以及绘图等方面的功能特别强大. 它的特性可概括为以下几个方面:

- 它是一个集成的构思严密的文件系统 (在英文环境下);
- 提供了一套高效的程序来进行数据处理和存储;
- 它为数表特别是矩阵的计算提供了一整套运算符;
- 对执行数据分析的统计方法做了规模庞大但条理分明的收集和整理;
- 具备高级的绘图功能;
- 它是一种简单而高效的编程语言, 包括条件、循环、递归、输入 – 输出等多种功能和可能性.

注释

对于那些以前使用过 SAS, SPSS 或 Stata 的用户, 我们建议你们去查阅 [32] 和 [33] 这两本书, 同时也可以去浏览如下的两个网站:

- `http://rforsasandspssusers.com`
- `http://www.statmethods.net`

同时请读者注意, 通过加载程序包 `R.matlab` 和 `RExcelInstaller`, 我们就可以分别从 Matlab 和 Excel 来直接调用有关的 R 函数. 建议读者去阅读文献 [20] 以获取更多的关于这一方面的有用信息. 最后需要说明的一点是, R 系统中也存在着一个类似于 OpenOffice 的工具 (称为 ROOo), 详情可参阅互联网站 `http://rcom.univie.ac.at`.

1.2 节 R 与统计学

许多传统的以及现代的统计方法和技术都可以在 R 中得以执行. 最常用的统计分析方法, 诸如:

- 描述性统计;
- 假设检验;
- 方差分析;
- 线性回归方法 (简单或多重);
- 等等

都直接包含在 R 系统的核心模块中. 值得注意的是, 大部分高级统计方法通过加载外部程序包的方式也是可用的. 这些程序包直接通过菜单按键就能轻松地完成安装. 它们都已被分好组并可在 R 文档网络集合 (Comprehensive R Archive Network, CRAN) 的网站 (`http://cran.r-project.org`) 上自由浏览和下载. 对于公众感兴趣的某些研究领域, 该网站也包含一个与其主题相关的程序包的评论列表 (称作 "任务视图 (Task View)"). 这将使得搜寻一个与某种特定统计方法对应的程序包更加简易. 此外, 在 CRAN 网站上还可以找到每个程序包的详细说明 (帮助) 文档.

同时也应当注意, 那些新近被统计学家提出来的统计方法将由统计社团或学会按照既定的规程自行添加上去.

另见

第 483 页, A.2 节, 给出了安装一个新程序包的详细步骤.

1.3 节

R 与 绘 图

R 的主要优势之一是它能够将一种编程语言与绘制高质量图形这两方面很好地结合在一起. 一般的图形只需使用预先定义好的函数即可轻松地绘制出来. 事实上, 这些函数也都包含许多参变量, 例如怎样去添加标题、说明文字、颜色等. 另外, 它们也可以用来创建更加精致的图形以刻画某些复杂的数据集, 比如轮廓线、具有 3D 效果的立方体、密度曲线和许多其他的事物. 甚至可以在图形中添加数字公式, 也可以在同一个窗口中放置或覆盖几个不同的图形并使用多种颜色的调色板.

可以通过键入如下的指令来获取 R 中图形功能的一个说明及范例演示:

```
demo(image)
example(contour)
demo(graphics)
demo(persp)
demo(plotmath)
demo(Hershey)
require(lattice) # 加载此程序包. 注: 你必须事先把它安装好,
                 # 通过点击菜单 Packages/Install package(s)...
demo(lattice)
example(wireframe)
require(rgl)     # 注释同上
```

```
demo(rgl)          # 你可以使用鼠标来实现人机互动
example(persp3d)
```

下面的图 1.1 显示了前面这些指令生成的一部分图形.

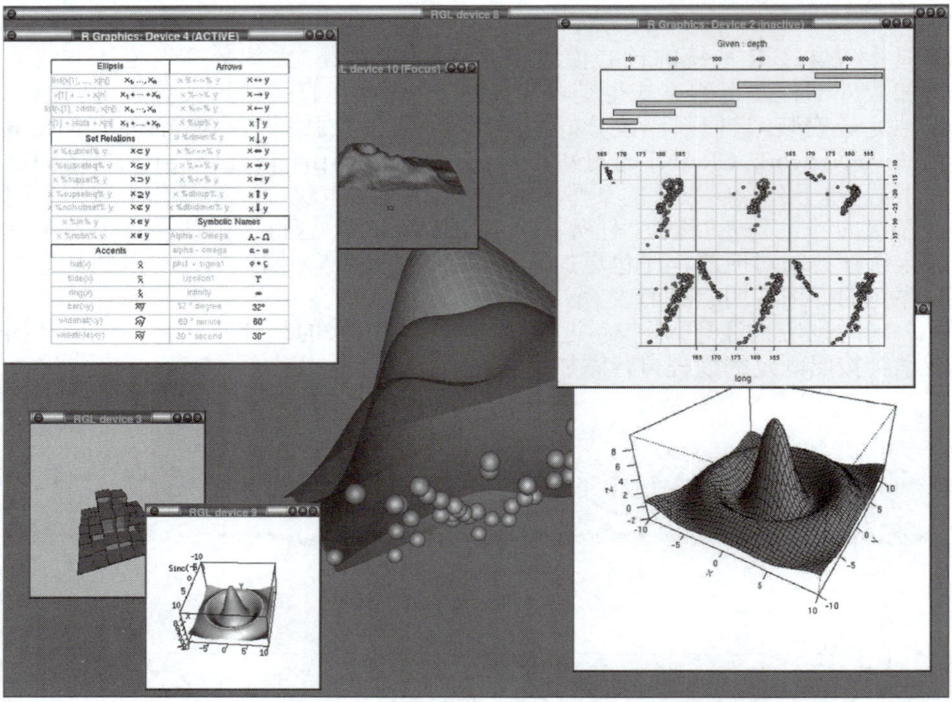

图 1.1: R 提供的若干图形绘制功能

1.4 节 R 的图形用户界面 (GUI)

相比其他的标准软件, R 的图形用户界面 (即它的菜单集) 是非常有限的, 且在某些操作系统下可能根本就不存在. 这个菜单最少化的性质可能会使一些新用户望而生畏. 尽管如此, R 的缺点是相当有限的, 理由如下:

- 它具有说教型的优势, 从而可以激励用户去很好地掌握他们希望使用的那些统计方法;
- 它有许多额外的工具来扩展 GUI 的功能.

在下一小节, 我们将介绍程序包 Rcmdr, 它能从菜单 Packages 进行安装, 并可为用户提供一个更为友好的、包含下拉菜单的操作界面来完成标准的绘图及统计分析. 此外, 从 RCommander 菜单中选取的用于分析的 R 指令都将在专门的面板上显示, 如果你不知道 (或不记得) 执行某项特定任务的 R 指令时, 这一特性将会对你大有帮助.

小窍门

注意, 在全面彻底地掌握了 R 之后, 就可以基于你自创的统计方法来开发一个属于你自己的类似于 Rcmdr 那样的工具包, 并以一种最友好的方式提供给那些不打算深入学习 R 而只是使用一下它的最终用户. 为此, 读者可以学习使用程序包 tcltk.

提醒

在使用 RCommander 的时候, 实际上我们是在使我们自己距离 R 的强大功能及其灵活性愈行愈远. 因此, 如果你期望成为一个 R 的高级用户, 我们建议你不要去采用诸如此类的工具包.

1.5 节 R 的第一步

1.5.1 使用 RCommander

在本节中, 我们将先对程序包 Rcmdr 做一个简略的介绍, 然后展示在该界面上执行统计分析的一些功能, 最后我们来说明如何向 RCommander 界面添加功能菜单并做一个小结.

1.5.1.1 启动 RCommander

按照以下的步骤来启动 RCommander:

- 双击计算机桌面上的 R 图标;
- 在控制台 (console) 中键入 `install.packages("Rcmdr")`, 选择一个附近的镜像接入点;
- 在控制台中键入 `require("Rcmdr")`, 对所有可能被问到的询问都回答"是" (Yes), 随后 RCommander 图形界面将会打开. 另一种途径是点击菜单栏的 Packages, 然后点击 Load package..., 再选择 Rcmdr;
- 在 Messages 面板上, 会看到如下信息 WARNING: the Windows version of R Commander works better under RGui with the Single Document Interface (SDI) (警告: R Commander 的 Windows 版本在 RGui 下以单文件界面会运行得更好);
- 为了补救该问题, 选择关闭 RCommander;
- 在 RGui 中点击 Edit, 再点击 Preferences, 确认勾选 SDI 后点击 Save..., 再选择 Save. 可以利用此机会来自定义 R 的界面风格;
- 关闭 R 并保存此次会话的镜像;
- 重启 R, 然后在 R 控制台中键入 `require("Rcmdr")` 来启动 RCommander.

另见

我们建议读者去阅读 A.2 节, 那里给出了安装程序包 Rcmdr 的各项细节.

Mac

苹果 (Mac) 用户在安装了程序包 tcltk (可从 CRAN 上获取) 后, 可从网址 http://socserv.mcmaster.ca/jfox/Misc/Rcmdr/installation-notes.html 上找到有用的操作指南.

RCommander 的图形界面包含如图 1.2 所示的四个部分:

A. 执行特定任务的下拉菜单;
B. 脚本窗口 (Script Window) 显示通过点击下拉菜单所执行的代码;
C. 输出窗口 (Output Window) 给出被执行代码的输出结果;
D. 信息 (Messages) 窗口给出最后一项任务的有关信息.

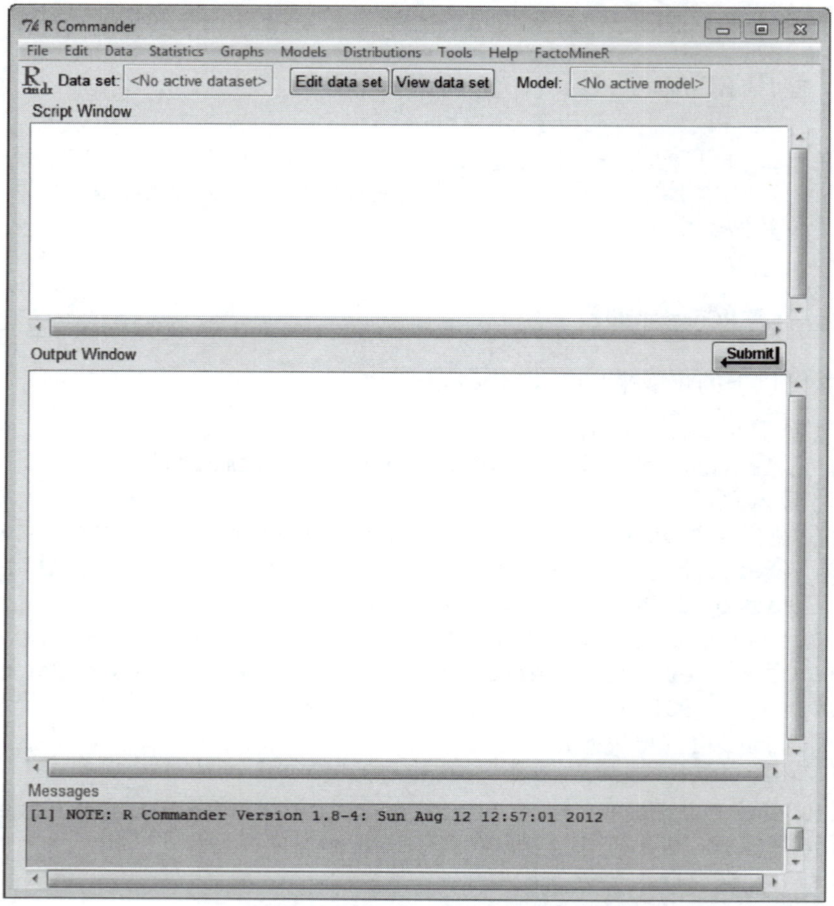

图 1.2: RCommander 图形界面

1.5.1.2 使用 RCommander 来处理数据

为了进行统计分析, 必须先有数据.

- **手动输入数据**

按照下面的步骤来手动输入数据:

- 点击菜单 Data, 选择 New data set...;
- 在 New data table 窗口, 为你的数据集选择或指定一个名称, 例如 Data1;
- 随后将会出现一个数据编辑器. 点击 var1 并将其替换为 Name, 为该变量输入几个姓名: Pierre, Remy, Benoit (见图 1.3);
- 创建一个名称为 (Height) 高度而类型为 numeric 的变量并分别赋值为 (单位: cm): 182, 184, 190;

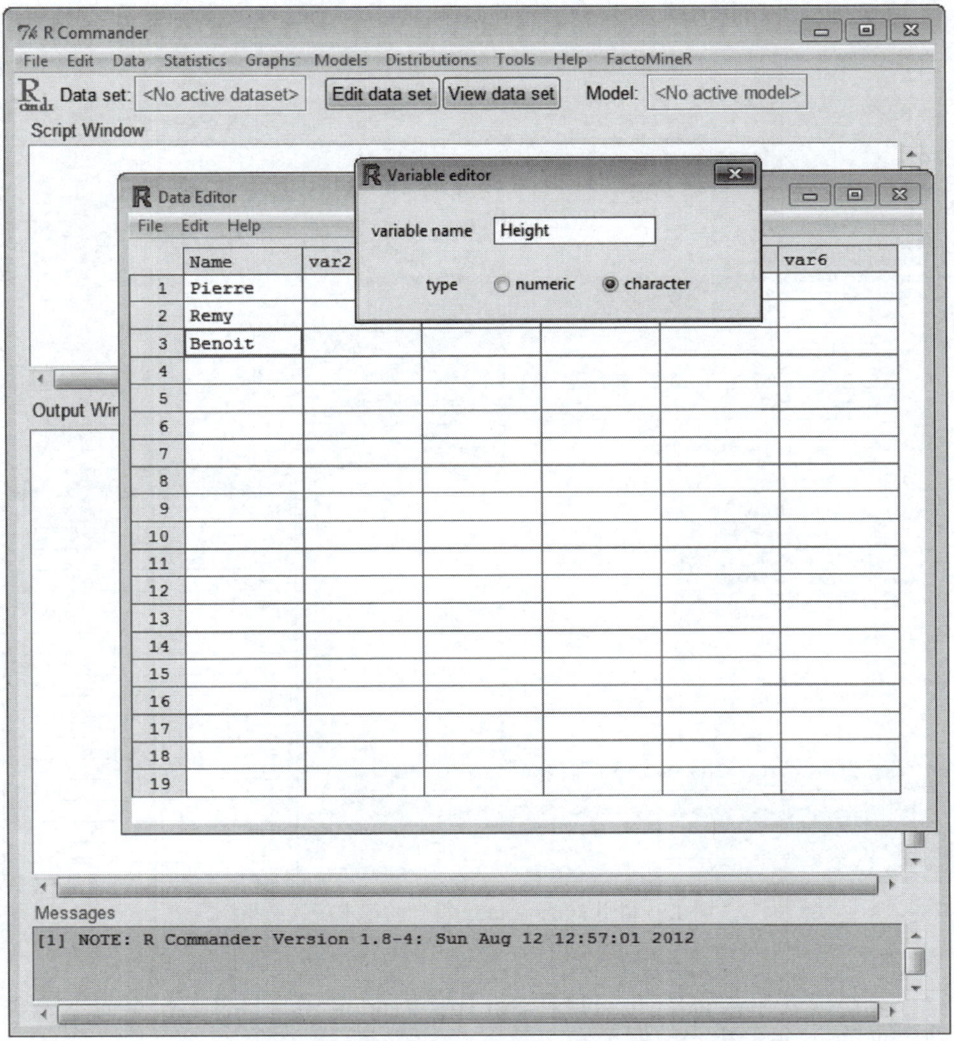

图 1.3: 利用 RCommander 图形界面输入数据

- 点击该活动窗口右上角的叉号 (×) 来关闭数据编辑器;
- 然后通过点击 `View` 来可视化数据集.

现在我们可以来计算一些基本统计 (描述性统计) 结果.

- **基本统计结果**

根据下面的步骤来得到你的数据集的一些基本统计结果:

- 在菜单 `Statistics` 的下拉选项中选择 `Summary`, 然后再选择 `Descriptive statistics...`;
- 弹出一个名为 `General statistics` 的窗口, 在我们的数据集中唯一的数值型 (`numeric`) 变量是 `Height`;
- 选择统计量 `Mean`, `Standard deviation` 和 `Quantiles` 后, 点击 `OK`;
- 结果在 `Output Window` 中显示. 注意, 可以在 `Script Window` 中查看为完成该项任务所执行的 `R` 指令 (见图 1.4).

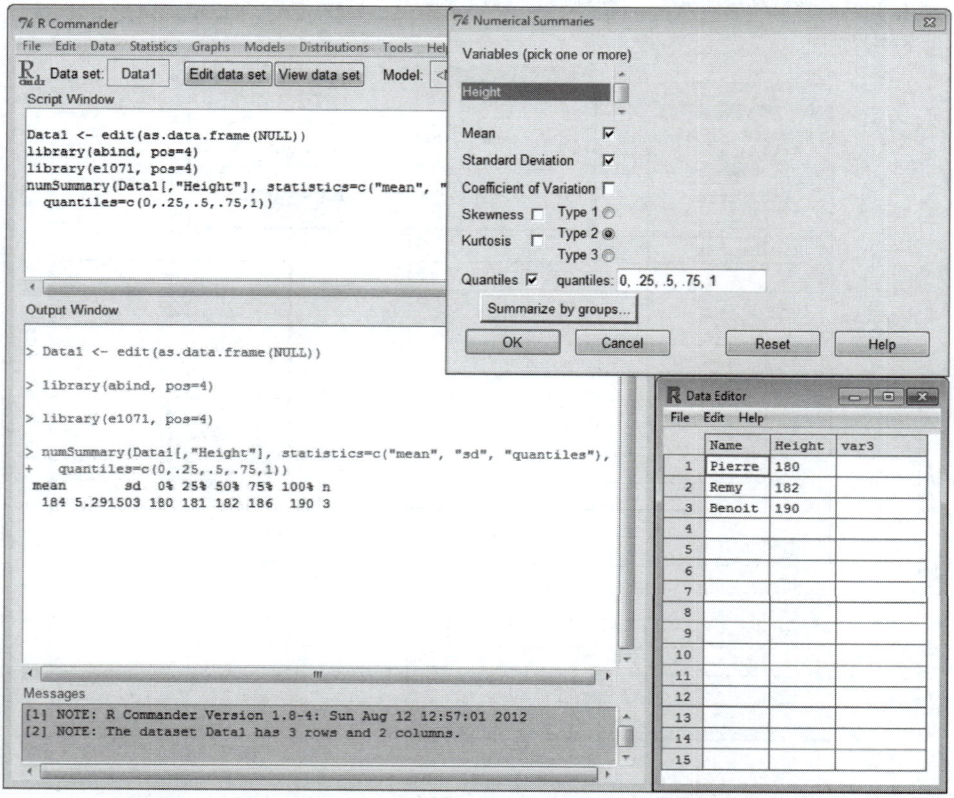

图 1.4: 利用 `RCommander` 得到的基本统计结果

值得读者注意的是, 也可以在 `Script Window` 中直接输入指令而不需要使用菜单. 这里给出一个例子.

- 在 Script Window 窗口中键入:

```
numSummary(Data1[,"Height"],statistics=c("mean","sd"))
```

- 点击上述代码所在的行并将光标放在该行的某个位置 (会闪烁), 然后点击 Submit;
- 上面的命令计算了含有 3 个观测值的变量 Height 的平均值和标准差, 结果将出现在 Output Window 中:

```
mean        sd % n
 184 5.291503 0 3
```

- **数据集的操作**

在前面的例子中, 假设我们还有另一个 Weight (体重) 变量并希望计算体重指数 (Body Mass Index, BMI): $BMI = Weight/Height^2$ (体重单位: kg).

- 点击 Edit (位于 RCommander 菜单下方);
- 打开数据编辑器, 添加一个数值变量 Weight 并给它赋值: 70, 72, 75, 然后关闭数据编辑器;
- 在菜单 Data 中选择 Manage variables in the active dataset, 然后点击 Calculate a new variable..., 这将打开一个新的对话框;
- 在 Name of new variable 框中输入 BMI, 在 Expression to Compute 框中输入: Weight/((Height/100)**2) (见图 1.5), 然后点击 OK 来完成计算;
- 点击 View 来查看结果.

当输入完数据后, 请按照如下的步骤来保存数据集:

- 在菜单 Data 中选择 Active dataset, 然后点击 Save active dataset...;
- 在弹出的窗口中可以选择路径来保存数据集文件. 我们可以将它命名为 BMI, 默认的扩展名为 .RData;
- 关闭 RCommander 并对询问 Do you wish to quit? 点击 OK, 对询问 Save script file? 和 Save output file? 点击 No;
- 现在可以放心地关闭 R 并对询问 Save session image? 点击 No.

如果想要给文件 BMI.RData 添加一些新的数据, 请按照以下步骤操作:

- 打开一个 R 会话窗口, 键入 library("Rcmdr");
- 在菜单 Data 中选择 Load data set...;
- 在弹出的新窗口中根据导航路径打开文件 BMI.RData;
- 点击 View 来显示数据集;
- 点击菜单 Edit 添加一个新人物的信息 ("Julia", Height=150, Weight=52);
- 在关闭数据编辑器后可以点击 View 来核对前面的更改, 会看到 Julia 的 BMI 值为 NA (*Not Available,* 不可用);
- 为了得到 Julia 的 BMI, 需要再次执行本小节中开头列出的步骤. 后续我们将介绍如何以一种更具用户友好性的方式来创建一个函数用于计算 BMI.

现在假如你想把数据集发送给一位尚未使用 R 的同事.

- 在菜单 Data 中选择 Active dataset, 然后点击 Export active data set...;

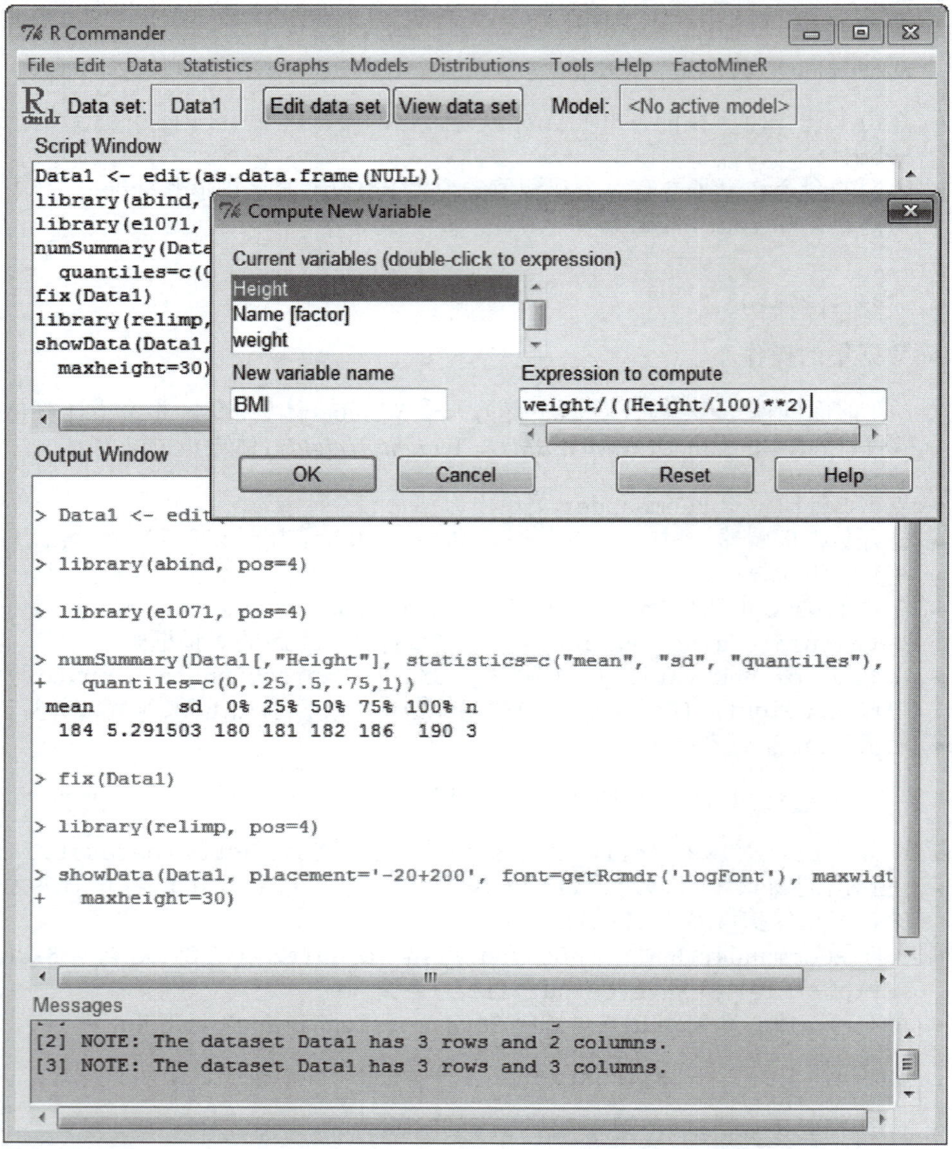

图 1.5: 利用 RCommander 来操作数据集

- 在弹出的第一个窗口中, 取消 Write names of individuals (rows) 操作 (因为我们前面没有定义行的名称), 选择空格 (Spaces) 作为字段分隔符;
- 点击 OK 后在弹出的第二个窗口中可以选择某个位置来保存数据集. 我们可以将其命名为 BMI, 默认的扩展名为 .txt;
- 现在就可以将文件 BMI.txt 发送给你的同事和朋友了!

1.5.1.3 使用 RCommander 完成一些统计分析任务

在这一小节，我们将对如何使用 RCommander 去执行统计分析任务做一个简短的说明. 我们以一个均值比较检验和一个独立性的卡方 (χ^2) 检验为例来开始介绍，接着讲述怎样使用 RCommander 来可视化一些标准分布 (比如二项分布、Poisson 分布、正态分布、伽玛分布等)，最后总结一下线性模型的拟合.

- **均值比较检验**

我们将对 R 中已有的数据进行分析，可以按照如下的步骤来加载一个数据集:

- ▶ 在菜单 Data 中选择 Data in packages，然后点击 Read data from an attached package...;
- ▶ 在弹出的窗口中，双击 Package 栏中的 datasets，然后再双击右边 Data set 栏中的 sleep;
- ▶ sleep 将会出现在下边的 Enter name of data set 框中 (见图 1.6);
- ▶ 可以点击 Help on selected data set 来获得该数据集的一些帮助信息;
- ▶ 单击 OK 来关闭前面的窗口，然后再点击 View 就能可视化所选取的数据集.

sleep 中的这些数据将被用来对比分析某一种安眠药的催眠效果，以另一组服用安慰剂的个体作为对照. 我们首先对这两个组中受试者睡眠增益的分布进行可视化，然后做一个均值比较检验来查证这种安眠药与安慰剂之间是否存在统计学差异.

- ▶ 在菜单 Graphs 中选择 Box plot...;
- ▶ 在弹出的窗口中先点击 Plot by group...，再点击变量 group，然后点击两次 OK;
- ▶ 现在会看到两个箱线图，分别表示两个组中的睡眠时间增益;
- ▶ 可以通过点击菜单 File 再点击 Save as 来保存该图形，有多种图形格式可供选择.

还可以增强此图形的表现效果. 例如，为了给图形添加不同的颜色，只需在脚本窗口 (Script Window) 中键入:

```
boxplot(extra~group,ylab="extra",xlab="group",data=sleep,
        col=c("red","blue"))
```

然后再点击 Submit.

> 另见
>
> 本书的第 7 章专门介绍 R 中的图形绘制.

我们现在来执行均值比较检验.

- ▶ 在菜单 Statistics 中选择 Means，再点击 independent t-test...;
- ▶ 在 Groups (one) 栏中点击 group，会看到指定的差异 1-2 (组 1 ↔ 组 2);
- ▶ 点击 OK 来查看 Output Window 窗口中给出的结果 (见图 1.6).

该检验的 p-值 (大于 5%) 不允许我们做出“服药组与对照组间的睡眠增益存在着显著的差异”的结论.

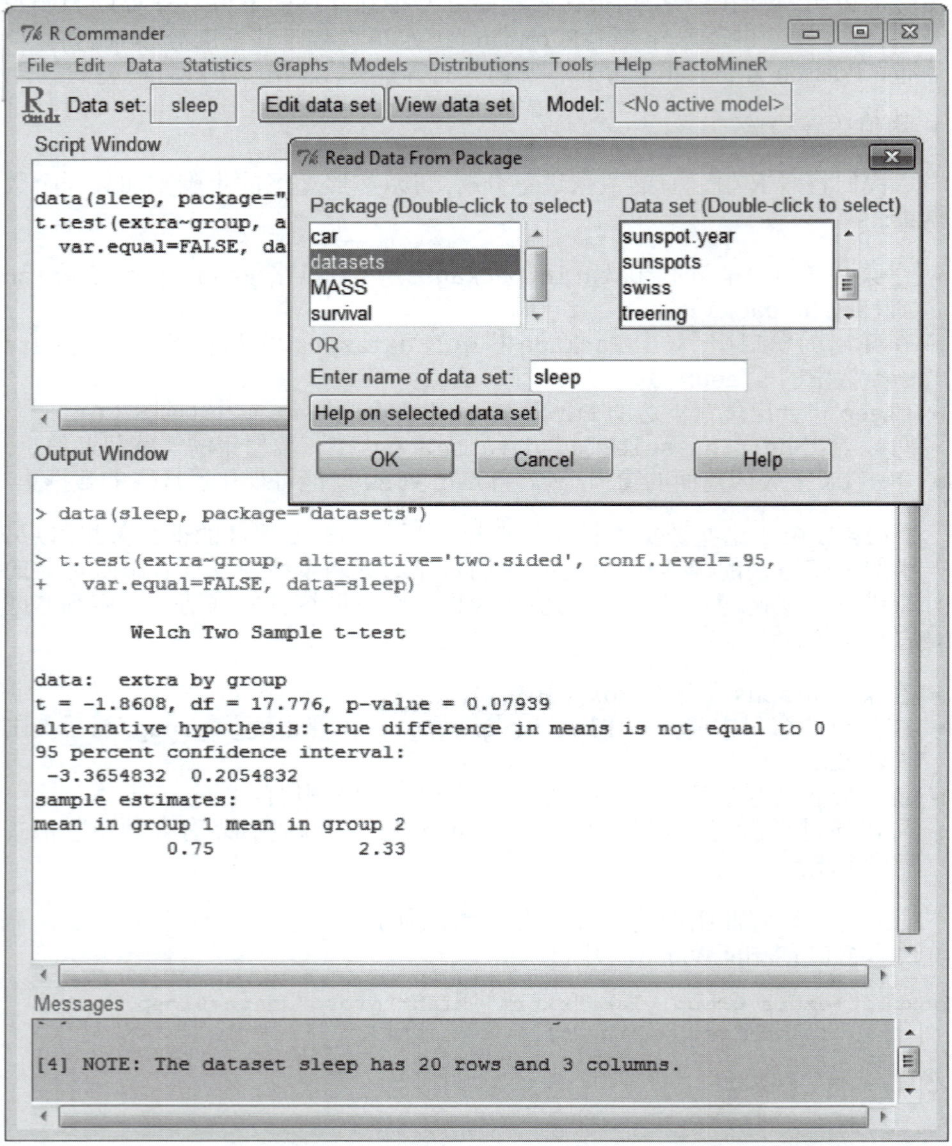

图 1.6: 使用 `RCommander` 进行均值比较检验

- **对一个双列表 (double entry table) 进行检验**

在一项治疗试验中, 我们关心的问题是针对艾滋病毒 (HIV) 抗体为阳性的母亲的某种疗法是否对她的小孩携带 HIV 的状态有影响. 如果没有影响则意味着小孩的 HIV 状况与母亲所用的该疗法是相互独立的. 全部试验的 391 个小孩中有 100 个是 HIV 阳性, 有 193 个小孩的母亲正按前述的疗法在接受

治疗 (其中 41 个小孩为 HIV 阳性). 为了考察该疗法是否有效果, 按照如下的步骤来操作:

- ▶ 在菜单 `Statistics` 中选择 `Contingency tables`, 再点击 `Fill and analyse a double entry table...`;
- ▶ 在弹出的窗口中按照图 1.7 所示在表格中填入相应的数据, 然后点击 `Percentages of total` 和 `Print expected frequencies`;
- ▶ 点击 OK 来查看 `Output Window` 窗口中显示的结果.

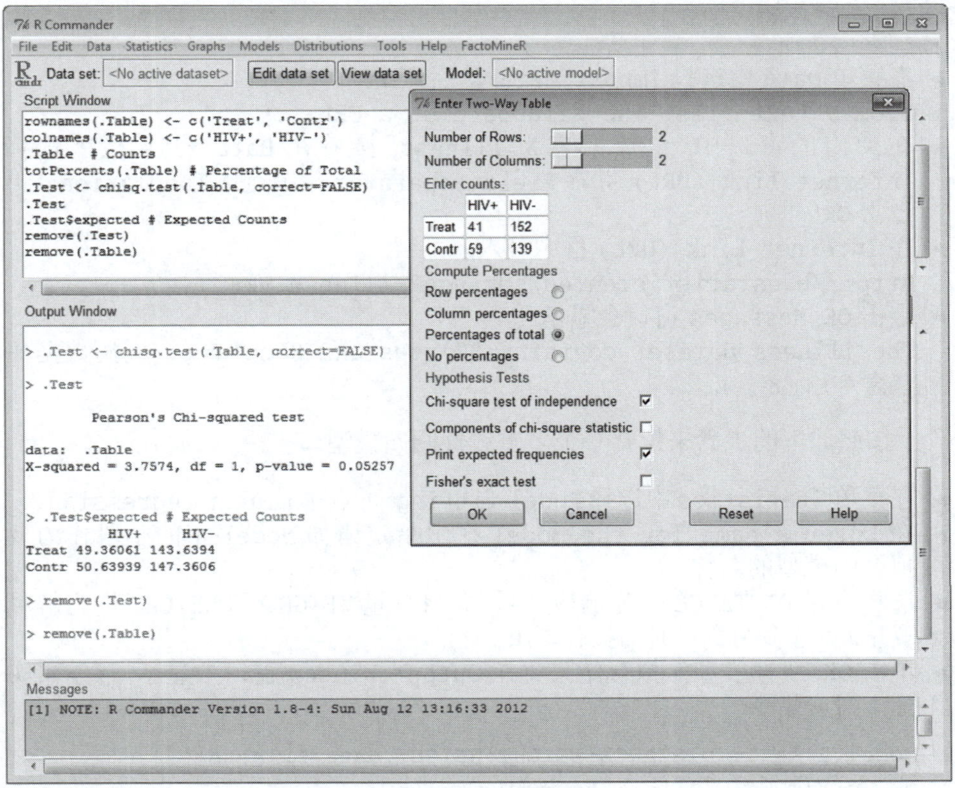

图 1.7: 使用 RCommander 进行独立性检验

在 5% 的风险水平下, 我们不能做出结论 "试验的疗法对小孩的 HIV 携带状态有显著的影响".

- **探索分布**

RCommander 可用于可视化大部分的标准分布.

- ▶ 在菜单 `Distributions` 中选择 `Continuous distributions`, 然后点击 `Normal distribution`, 再单击 `Plot of normal distribution...`;
- ▶ 在弹出的窗口中指定正态分布的均值为 4、标准差为 2, 然后点击 OK;
- ▶ 在图形窗口中将显示横坐标以 4 为中心、标准差为 2 的正态分布的密度函数.

读者可以按照以上完全类似的步骤来得到其他分布的概率密度函数.

- **拟合一个线性模型**

RCommander 可用来轻松地拟合标准的回归模型, 下面我们以线性模型为例来进行阐述. 首先从互联网地址 (http://biostatisticien.eu/springeR/illness.txt) 下载一个数据集, 它包含 80 个患有致残性疾病的病人的测量数据, 变量有 GENDER (性别: 1= 男, 2= 女), WEIGHT (体重, 单位: kg), HEIGHT (身高, 单位: cm), PAIN (疼痛程度: 有序变量 a= 最小程度的疼痛), DISTANCE (步行的米数), MOBILITY (行动自如性的自我评价: 1= 最自如), STAIRS (爬行的步数).

▶ 在菜单 Data 中选择 Import data, 然后点击:
from a text file, the clipboard or a URL...;
▶ 在弹出的窗口中, 记数据表为 Illness, 接着在 Data file 栏中选择 Internet link (URL), 并在 Field separator 栏中点选 Tabulations, 再点击 OK;
▶ 在 Internet Link (URL) 框中键入:
http://biostatisticien.eu/springeR/illness.txt;
▶ 点击 OK, Messages 窗口会显示:
The illness dataset contains 80 rows and 8 columns (疾病数据集包含 80 行 8 列).

按照如下的步骤来拟合一个多重线性回归模型:

▶ 在菜单 Statistics 中选择 Model fitting, 再点选 Linear regression...;
▶ 在 Enter a name for the model 栏中指定诸如 Model.1 的字段作为要拟合的模型的名称;
▶ 选择变量 DISTANCE 作为响应变量, 并将变量 WEIGHT 和 HEIGHT 选为解释变量 (点选多个变量时需按住 CTRL 键);
▶ 单击 OK, 线性模型的拟合结果将在 Output Window 窗口中显示. 该结果实际上对应指令:

```
Model.1 <- lm(DISTANCE~WEIGHT+HEIGHT,data=Illness)
summary(Model.1)
```

它们都会在 Script Window 窗口中显示.

另见

第 14 章将对线性模型给出更加详细的阐述.

我们现在来可视化对应于此拟合模型的最小二乘平面.

▶ 在菜单 Plot 中选择 3D plot, 再点选 3D scatterplot...;
▶ 选择变量 DISTANCE 作为响应变量, 并将变量 WEIGHT 和 HEIGHT 选为解释变量 (点选多个变量时需按住 CTRL 键);
▶ 选择 Ordinary least squares 作为将要拟合的表面, 然后单击 OK.

现在可以看到一个三维散点图及最小二乘平面, 如图 1.8 所示, 你还可以使用鼠标来对该图像进行移动或旋转操作.

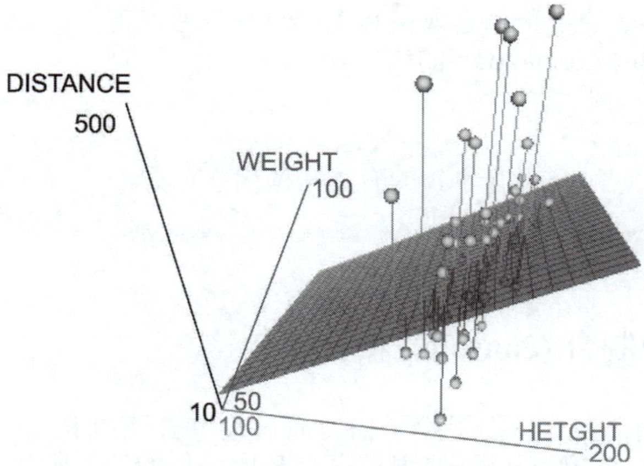

图 1.8: 最小二乘平面

1.5.1.4 给 RCommander 界面添加功能

在 R 的官方网站上可供下载的某些程序包也能被集成到 RCommander 菜单中, 这些程序包很容易识别: 它们的名称都以 RcmdrPlugin 开头. 我们现在来介绍如何使用诸如此类的程序包.

> 另见
>
> 文章 [17] 解释了怎样去创建一个可被 RCommander 集成的程序包.

- **程序包 TeachingDemos**

程序包 RcmdrPlugin.TeachingDemos 可用来阐明一些统计概念.

- ▶ 键入 install.packages("RcmdrPlugin.TeachingDemos") 至脚本窗口 Script Window 中, 点击 Submit 并选择一个附近的镜像. 安装完成后使用指令 Commander() 来关闭并重启 RCommander;
- ▶ 在菜单 Tools 中, 选择 Load Rcmdr plug-ins..., 单击 OK 并对询问 Restart now? 回答是 (Yes);
- ▶ 菜单栏中将出现一个名为 Demos 的新菜单, 在该菜单中可以选择诸如 Simple Correlation 的子菜单来探索相关的统计概念.

该插件还可为已存在的菜单添加子菜单. 例如, 在菜单 Distributions 中, 点击 Visualize distributions 后再选择 t distributions. 通过点击 Show Normal Distribution 并移动 d.f. (degree of freedom, 自由度) 光标, 就可以看到学生氏 t 分布与正态分布之间的接近程度.

- **程序包 sos**

程序包 RcmdrPlugin.sos 可用来简化对某个给定概念或函数的帮助文件的搜索过程. 按照前面同样的步骤来安装此插件, 一个新的名为 Search R Help ... (sos) 的子菜单出现在 Help 菜单中. 通过键入诸如 linear model 的字段即可查看 Rcommander 的这一新功能.

另见

第 6 章将专门介绍搜寻 R 的有关帮助信息的方法.

1.5.2 通过控制台 (console) 来使用 R

在前面的小节中, 我们了解了如何通过菜单去使用 R. 事实上, 这种方式与最优的使用方法相去甚远, 原因是它给 R 所提供的功能附加了许多限制, 而且一些更具深度的或最近提出来的创新性统计分析方法在 RCommander 菜单中无法使用. 因此, 摆脱 "点击按钮" 的模式, 掌握 R 的编程语言是至关重要的. 这样你就可以执行模拟以及数据分析. 在使用 RCommander 时, 我们已经碰到了一些 R 指令, 而 RCommander 本身就是一个以 R 语言写成的工具. 现在我们来简要介绍一下有关 R 语法的基础知识, 首先分析一项来源于功能型磁共振成像 (Magnetic Resonance Imaging, MRI) 实验的复杂数据, 随后让读者自行输入一些 R 命令并思考所输出的结果.

1.5.2.1 R 在一个实例中展现出的优势

一些神经科学家致力于探明大脑的哪一部分用于处理关于颜色的视觉信息. 为此, 由一个交替出现的着色和非着色移动模块构成的视觉刺激被拿来给测试个体观看. 在时刻 $t = 1, \ldots, T$, 受试者的脑部容量图像被一个 MRI 扫描仪记录下来. 每一幅 3D 图像实质上是一个由许多三维体素 (voxel) 组成的 (魔方式的) 大立方体, 其中三维体素与二维像素 (pixel) 是等价的. 在各个时间点 $t = 1, \ldots, T$ 上, 每一个三维体素都包含一个电磁测量值 $x(t)$, 因此我们可以假设在每一个三维体素中都已观测到了一个代表电磁变动的时间序列 $\{x(t); t = 1, \ldots, T\}$. 获取的数据 (存放在名为 Mond4D.nii 的文件中) 由一个四维的阵列构成, 它是各个时点测量的一些大脑容量图像的串联.

接下来我们利用 R 来从每一张大脑图片中找出哪些三维体素具有时间上的变化且与模拟信号有最大的相关性. 下面的代码可从网址 http://biostatisticien.eu/springeR/brain-code.R 处下载, 并可通过 R 控制台中 File 菜单下的子菜单 Open script... 来打开. 使用组合按键 CTRL+R 即可逐条地执行该脚本中的指令. 你可以尝试执行这些指令并将其结果可视化, 这样能够帮助你进一步熟悉 R 提供的一些功能.

首先下载我们所需要的数据文件 (文件 Mondanat.img 和 Mondanat.hdr 包含了受试者的大脑解剖图像):

```
> getfile <- function(fichier)
+  download.file(paste("http://biostatisticien.eu/springeR/",
```

```
+  fichier,sep=""),paste(getwd(),"/",fichier,sep=""),mode="wb")
> getfile("Mond4D.nii")
> getfile("Mondanat.hdr")
> getfile("Mondanat.img")
```

然后我们安装一个专门的程序包来读取数据:

```
> install.packages("AnalyzeFMRI") # 选择一个镜像
```

```
> # 文件名称
> file.func <- paste(getwd(),"/","Mond4D.nii",sep="")
> file.anat <- paste(getwd(),"/","Mondanat.img",sep="")
```

```
> # 脑部图片的编号
> slice <- 10
```

下面的指令将完成数据的读取工作:

```
> anat.slice <- f.read.nifti.slice(file.anat,slice,1)
> class(anat.slice)
[1] "matrix"
> dim(anat.slice)
[1] 128 128
> func.slice <- f.read.nifti.slice.at.all.timepoints(file.func,slice)
> class(func.slice)
[1] "array"
> dim(func.slice)
[1] 128 128 125
```

现在我们来创建视觉刺激信号的编码 (1= 有颜色, 0= 无颜色):

```
> stimulus <- c(rep(c(1,1,1,1,1,0,0,0,0,0,0,0,0,0,0),8),1,1,1,1,1)
> plot(stimulus,type="l")
```

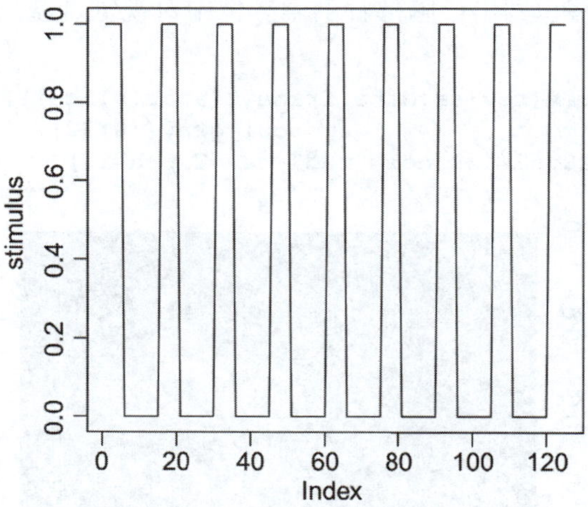

我们再来计算刺激信号序列与每一个三维体素中观测的时间序列之间的相关系数:

```
> corMat <- matrix(NA,nrow=128,ncol=128)
> for (i in 1:128) {
+   for (j in 1:128) {
```

```
+     corMat[i,j] <- cor(func.slice[i,j,],stimulus)
+   }
+ }
```

现在我们可以去计算得到与刺激信号具有最强相关性的那个三维体素的坐标值:

```
> which(abs(corMat)==max(abs(corMat),na.rm=TRUE),arr.ind=TRUE)
     row col
[1,]  67 117
```

以及该三维体素的相关系数:

```
> corMat[67,117]
[1] -0.6675017
```

然后我们就可以画出该三维体素中观测到的时间序列:

```
> par(mfrow=c(2,1))
> plot(stimulus,type="l")
> plot(func.slice[67,117,],type="l",ylab="Intensity")
```

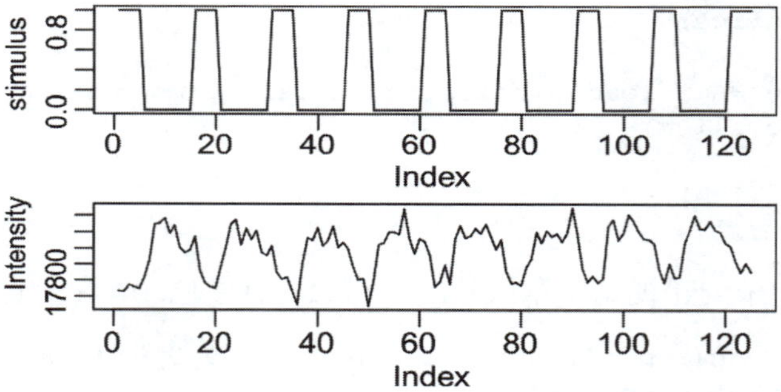

现在我们能够识别出该脑部解剖学影像中对视觉刺激的反应最活跃的三维体素区域:

```
> image(as.matrix(rev(as.data.frame(t(anat.slice)))),
+                              col=gray((0:32)/32))
> points(117/128,67/128,col="red",cex=2,pch=19)
```

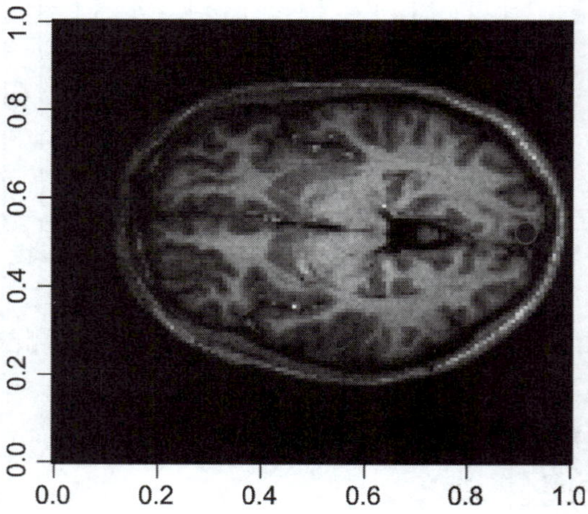

注意, 你也可以在三维空间中可视化这些数据. 下面的指令 (取自程序包 misc3d 中的函数 contour3d() 的帮助文档) 给出了大脑解剖学影像的一个交互式 3D 视图:

```
> install.packages("misc3d").

> require(misc3d)
> a <- f.read.analyze.volume(system.file("example.img",
+                   package="AnalyzeFMRI"))
> a <- a[,,,1]
> contour3d(a,1:64,1:64,1.5*(1:21),lev=c(3000, 8000, 10000),
+          alpha=c(0.2,0.5,1),color=c("white","red","green"))
```

你可以试着用鼠标移动影像.

1.5.2.2 键入一些指令来对 R 的语法做一个简介

- 基本运算

我们建议读者自己输入下面的这些命令并试着去理解它们是怎样工作的:

```
> 1*2*3*4
[1] 24
> factorial(4)
[1] 24
> cos(pi)
[1] -1
> x <- 1:10
> x
 [1]  1  2  3  4  5  6  7  8  9 10
> exp(x)
 [1]     2.718282     7.389056    20.085537    54.598150
 [5]   148.413159   403.428793  1096.633158  2980.957987
```

```
 [9]  8103.083928 22026.465795
> x^2
 [1]   1   4   9  16  25  36  49  64  81 100
> chain <- "R 非常棒!"
> chain
[1] "R 非常棒!"
> nchar(chain)
[1] 11
> ?nchar
> M <- matrix(x,ncol=5,nrow=2)
> M
     [,1] [,2] [,3] [,4] [,5]
[1,]    1    3    5    7    9
[2,]    2    4    6    8   10
> M[2,3]
[1] 6
> L <- list(matrix=M,vector=x,chain=chain)
> L[[3]]
[1] "R 非常棒!"
> function <- mini.game() {
+  while(TRUE) {
+  guess <- sample(0:1,1)
+  {cat("Choose a number between 0 and ");valeur <- scan(n=1)}
+   if (valeur==guess) {print("Well done!");break()}
+   else print("Try again.")
+  }
+ }

> # 键入: mini.game()
> ls()
[1] "chain" "L"     "M"     "x"
> rm(chain)
```

接下来的命令执行的是矩阵运算:

```
> A <- matrix(runif(9),nrow=3)
> 1/A
         [,1]     [,2]     [,3]
[1,] 2.270797 1.546875 1.422103
[2,] 1.268152 1.957924 1.057803
[3,] 1.642736 5.273120 2.174020
> A * (1/A)
     [,1] [,2] [,3]
[1,]    1    1    1
[2,]    1    1    1
[3,]    1    1    1
> B <- matrix(1:12,nrow=3)
> A * B
Error in A * B : non-conformable arrays
> A %*% B
         [,1]      [,2]      [,3]     [,4]
[1,] 3.842855  9.212923 14.582990 19.95306
[2,] 4.646105 11.380053 18.114001 24.84795
[3,] 2.367954  6.143031  9.918107 13.69318
> (invA <- solve(A))
```

```
          [,1]      [,2]      [,3]
[1,]  1.145642 -3.376148  5.187347
[2,]  4.379786 -4.641906  2.844607
[3,] -3.321872  6.381822 -5.863772
> A %*% invA
              [,1]         [,2] [,3]
[1,]  1.000000e+00 0.000000e+00    0
[2,]  0.000000e+00 1.000000e+00    0
[3,] -2.220446e-16 4.440892e-16    1
> det(A)
[1] 0.04857799
> eigen(A)
$values
[1]  1.6960690+0.000000i -0.1424863+0.091319i
[3] -0.1424863-0.091319i
$vectors
             [,1]                   [,2]                   [,3]
[1,] 0.5859852+0i  0.6140784-0.1816841i  0.6140784+0.1816841i
[2,] 0.7064296+0i  0.2234155+0.2505528i  0.2234155-0.2505528i
[3,] 0.3969616+0i -0.6908020+0.0000000i -0.6908020+0.0000000i
```

- 统计

这里列出一些统计计算的指令及其结果:

```
> weight <- c(70,75,74)
> mean(weight)
[1] 73
> height <- c(182,190,184)
> mat <- cbind(weight,height)
> mat
     weight height
[1,]     70    182
[2,]     75    190
[3,]     74    184
> apply(mat,MARGIN=2,FUN=mean)
  weight   height
 73.0000 185.3333
> ?apply
> colMeans(mat)
  weight   height
 73.0000 185.3333
> names <- c("Peter","Ben","John")
> data <- data.frame(Names=names,height,weight)
> summary(data)
   Names        height           weight
 Ben  :1   Min.   :182.0   Min.   :70.0
 John :1   1st Qu.:183.0   1st Qu.:72.0
 Peter:1   Median :184.0   Median :74.0
           Mean   :185.3   Mean   :73.0
           3rd Qu.:187.0   3rd Qu.:74.5
           Max.   :190.0   Max.   :75.0
```

- 绘图

```
> f <- function(x) x^2-2*x-2
> curve(f,xlim=c(-5,2));abline(h=0)
> locator(1) # 点击这两条曲线的交点位置
```

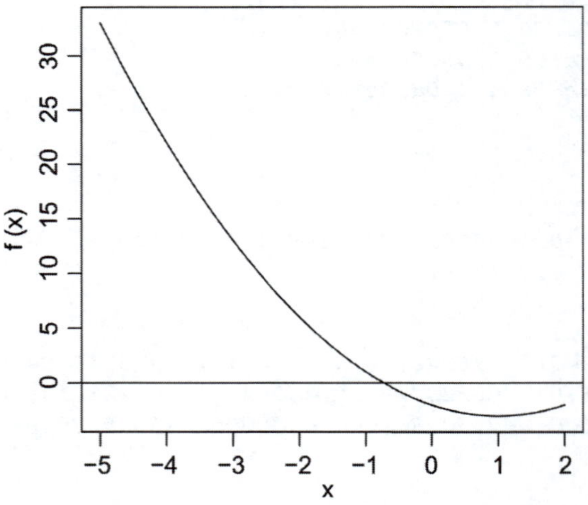


```
> uniroot(f,c(-5,2))
$root
[1] -0.7320503
$f.root
[1] -1.874450e-06
$iter
[1] 8
$estim.prec
[1] 6.103516e-05
```

```
> plot(cars)
> abline(lm(dist~speed,data=cars),col="blue")
> points(cars[30,],col="red",pch=20)
```

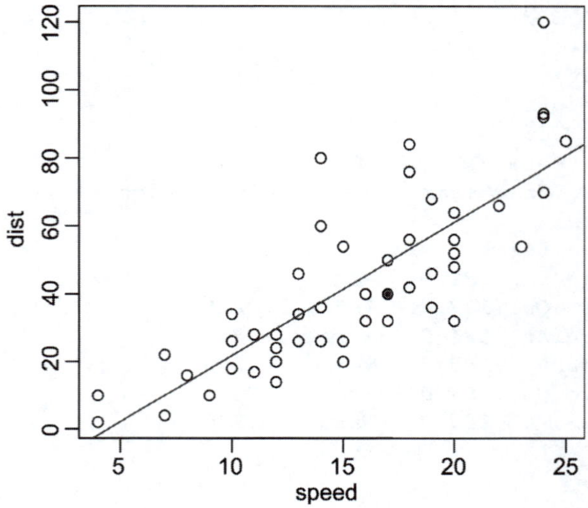

```
> par(mfrow=c(1,2))
> hist(cars$speed,main="Histogram")
> boxplot(cars$dist,col="orange")
```

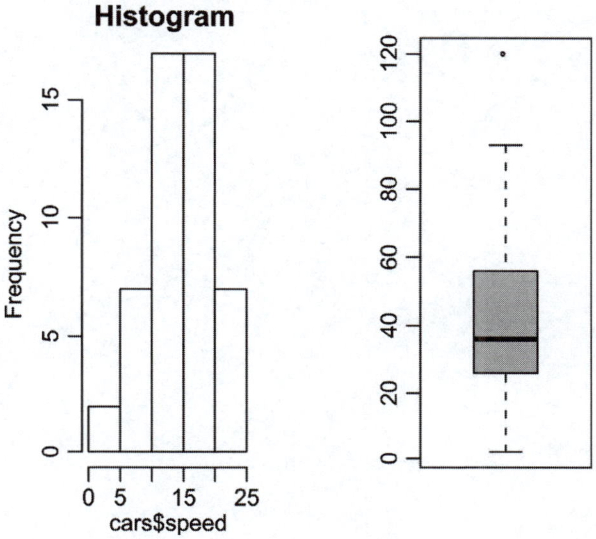

另见

此链接指向的文档给出了 R 中最常用的函数的参考卡: http://cran.r-project.org/doc/contrib/Short-refcard.pdf

第 2 章　若干数据集和研究问题

本章的目标

本章给出一些流行病学研究中的小型数据集. 法国波尔多大学公共卫生与流行病学研究所 (ISPED) 下辖的多个研究团队已经对它们做了深入的统计分析. 每一个数据集都附带一个简短的研究问题, 可用来帮助读者理解其研究的背景知识. 这些数据集将贯穿本书始终, 借助它们来具体阐释如何使用 R 中的功能 (函数) 去读取和操作数据并执行恰当的统计分析. 对每一个数据集, 我们都给出了一个包含其基本情况描述、变量名称和编码的表格. 当某个数据集在本书后面的某个章节中被提到时, 读者都可以返回到本章来参阅相关的内容. 在本章的末尾我们给出了一个表格, 详细地列出了各个数据集将在本书的哪些章被用到. 所有的这些数据集可以从与本书关联的网址: `http://www.biostatisticien.eu/springeR` 上自由获取.

2.1 节　儿童的体重指数

基本情况介绍:

从位于法国西南部的基伦特 (Gironde) 地区的波尔多市 (Bordeaux) 的学校中抽取了 152 个学童样本 (全部为 3 岁或 4 岁的儿童), 在他们进入幼儿园的第一年间 (1996—1997 年) 进行了一次体检.

变量及编码:

描述	单位或编码	变量名称
性别	F 表示女性; M 表示男性	GENDER
学校是否位于贫困地区	Y 表示是; N 表示否	zep
体重	kg (精确到最靠近的 100 g)	weight
做检查时的年龄	岁 (年份)	years
做检查时的年龄	月份	months
身高	cm (精确到最靠近的 0.5 cm)	height

数据集: 儿童的体重指数 (BMI-CHILD)　　　　**文件名:** bmichild.xls

2.2 节

婴儿出生时的体重

基本情况介绍:

这项研究关注的是婴儿出生时与他们的体重偏低相关联的风险因素, 数据来源于美国马萨诸塞州 (Massachussets) Baystate 医学中心 (1986 年). 该中心的医生们对婴儿出生时的低体重问题感兴趣已久, 因为低体重会导致更高的婴儿死亡率和体质异常率. 孕妇在怀孕期间的行为 (节食、吸烟等) 会对她们能否达到足月妊娠以及产下正常体重婴儿的机率产生显著的影响. 该数据文件包含了 189 名先后来到 Baystate 医学中心进行健康咨询的妇女的有关信息. 如果婴儿出生时的体重低于 2500 g, 则将其归类为 "低" 体重.

变量及编码:

描述	单位或编码	变量名称
孕妇的年龄	岁 (年份)	AGE
孕妇最近一次月经时的体重	磅 (Pounds)	LWT
孕妇的人种	1= 白人;2= 黑人;3= 其他	RACE
妊娠期间是否吸烟	是 =1; 否 =0	SMOKE
个人医疗史中早产的次数	0=0 次;1=1 次;2=2 次; 依此类推	PTL
高血压病史	是 =1; 否 =0	HT
子宫刺激性	是 =1; 否 =0	UI
前三个月医学咨询的次数	0=0 次; 1=1 次; 依此类推	FVT
婴儿出生时体重	克 (g)	BWT
出生时体重是否低于 2500 g	是 =1; 否 =0	LOW

数据集: 婴儿出生时的体重 (WEIGHT-BIRTH) **文件名:** Birth_weight.xls

2.3 节

内膜 – 中膜厚度

基本情况介绍:

在大多数发展中国家中, 动脉粥样硬化 (atherosclerosis) 是 35 岁以上的男性和 45 岁以上的女性因病致死的主要原因之一. 它的主要特点是动脉管壁增厚变硬、失去弹性和管腔缩小, 它的后果之一是心肌梗死. 动脉壁由三层组织构成, 从内至外分别称为内膜 (intima)、中膜 (media) 和外膜 (adventitia). 内膜 – 中膜厚度是动脉粥样硬化的一个重要衡量指标, 法国波尔多地区的多家医院于 1999 年利用超声技术对 110 位受试者测量了这一指标, 同时也收集了一些主要的风险因素的信息.

变量及编码:

描述	单位或编码	变量名称
性别	1= 男性; 2= 女性	GENDER
会诊时的年龄	岁 (年份)	AGE
身高	厘米 (cm)	height
体重	千克 (kg)	weight
吸烟的状态	0= 从不吸烟 (non-smoker) 1= 曾经吸烟 (former smoker) 2= 老烟民 (smoker)	tobacco
老烟民和曾经吸烟者吸烟量的估计值	包数/年	packyear
体育活动	0= 没有; 1= 有	SPORT
内膜 – 中膜厚度	毫米 (mm)	measure
饮酒数量	0= 从不饮酒 (non-drinker) 1= 偶尔饮酒 (occasional-drinker) 2= 经常饮酒 (regular-drinker)	alcool

数据集: 内膜 – 中膜厚度 (INTIMA-MEDIA) **文件名:** Intima_Media_Thicness.xls

2.4 节

老年人的饮食及营养

基本情况介绍:

在 2000 年从生活在法国西南部基伦特地区波尔多市的老年人中随机抽取 226 个样本进行了一项营养学调查研究.

变量及编码:

描述	单位或编码	变量名称
性别	2= 女性; 1= 男性	gender
家庭状况	1= 独身 2= 与配偶一同居住 3= 与家人一起居住 4= 与其他人一起居住	situation
茶的日常消耗量	杯数	tea
咖啡的日常消耗量	杯数	coffee
身高	厘米 (cm)	height
体重	千克 (kg)	weight
调查时的年龄	岁 (年份)	age
肉类的消耗量	0= 从不吃肉 1= 一周低于 1 次 2= 一周 1 次 3= 一周 2 ~ 3 次 4= 一周 4 ~ 6 次 5= 每天都吃肉	meat

续表

描述	单位或编码	变量名称
鱼类的消耗量	同上	fish
生的水果的消耗量	同上	raw_fruits
煮熟的水果和蔬菜的消耗量	同上	cooked_fruits_veg
巧克力的消耗量	同上	chocol
用于烹饪的脂肪的种类	1= 黄油 2= 人造黄油 3= 花生油 4= 向日葵油 5= 橄榄油 6= 混合植物油 7= 菜籽油 8= 鸭或鹅脂肪油	fat

数据集: 老年人营养 (NutriElderly) **文件名:** nutrition_elderly.xls

2.5 节

心肌梗死的案例研究

基本情况介绍:

收集下面这些数据的研究目的是调查服用过口服避孕药的女性是否会有更高的心肌梗死的风险. 样本包含 149 位患有心肌梗死的妇女 (病例, cases) 和 300 位未患心肌梗死的妇女 (对照, controls), 主要的暴露因素是服用口服避孕药. 该数据集还包含如下这些变量的信息: 年龄、体重、身高、香烟消费量、高血压、心血管疾病的家族病史.

变量及编码:

描述	单位或编码	变量名称
心肌梗死	0= 对照; 1= 病例	infarct
服用口服避孕药	0= 从未使用过; 1= 使用过	co
吸烟量	0= 不吸烟 1= 老烟民 2= 以前吸烟	tobacco
年龄	岁 (年份)	age
体重	千克 (kg)	weight
身高	厘米 (cm)	height
心血管疾病的家族病史	0= 没有; 1= 有	atcd
高血压	0= 没有; 1= 有	hta

数据集: 心肌梗死 (Infarction) **文件名:** Infarction.xls

2.6 节 用到的数据集的汇总表

		方法					
		输入–输出	运算	描述统计量	检验	方差分析	回归
数据集	儿童的体重指数 BMI-CHILD	×	×		×		
	婴儿出生时体重 WEIGHT-BIRTH	×	×				×
	内膜 – 中膜厚度 INTIMA-MEDIA	×	×		×	×	×
	老年人营养 (NUTRIELDERLY)	×	×	×	×		
	心肌梗死 (INFARCTION)	×		×			

第 II 部分　R 的基础知识

第 3 章　基本概念与数据结构

本章的目标

本章介绍 R 软件的基本概念, 比如运算模式 (calculator mode)、赋值操作 (assignment operator)、变量 (variable)、函数 (function)、参变量 (argument) 等, 以及能被 R 处理的各种数据类型和结构.

3.1 节

使用 R 的第一步

在 Windows 系统下双击桌面上的图标启动 R (也可从 "开始" 菜单启动). 在 R 控制台界面中所显示的文本底部 (建议读者在安装 R 软件时将语言选择为 "English"), 你会看到一个**命令提示符** (Prompt symbol)>, 提示你输入第一条 R 语言指令:

```
R version 3.1.0 (2014-04-10) -- "Spring Dance"
Copyright (C) 2014 The R Foundation for Statistical Computing
ISBN 3-900051-07-0
Platform: i386-w64-mingw32/i386 (32-bit)

R is free software and comes with ABSOLUTELY NO WARRANTY.
You are welcome to redistribute it under certain conditions.
Type 'license()' or 'licence()' for distribution details.

R is a collaborative project with many contributors.
Type 'contributors()' for more information and
'citation()' on how to cite R or R packages in publications.

Type 'demo()' for some demos, 'help()' for on-line help, or
'help.start()' for an HTML browser interface to help.
Type 'q()' to quit R.

>
```

这个符号是提示你给一个指令. 例如, 键入 "R is my friend", 然后单击回车 ENTER 键 (或 RETURN 键) 予以确认. 你将会得到:

```
> "R is my friend"
[1] "R is my friend"
```

正如你所看到的, R 能友好地处理你的要求. 后面我们将解释为什么 R 返回的结果会以 [1] 来开头.

3.1.1 R 是一个计算器

跟其他许多类似的软件 (语言) 一样, R 也能够轻松地取代一个 (非常复杂的) 计算器的全部功能. 它的主要优点之一是也能对数组进行运算, 这里给出一些基本的例子:

```
> 5*(-3.2)          # 当心: 十进制标记必须是一个点 (.)
[1] -16
> 5*(-3,2)          # 否则, 将会产生如下的错误:

Error : ',' unexpected in "5*(-3,"

> 5^2               # 同 5**2
[1] 25
> sin(2*pi/3)
[1] 0.8660254
> sqrt(4)           # 4 的平方根
[1] 2
> log(1)            # 1 的自然对数值
[1] 0
> c(1,2,3,4,5)      # 创建一个包含前五个整数的集合
[1] 1 2 3 4 5
> c(1,2,3,4,5)*2    # 计算得到前五个偶数
[1]  2  4  6  8 10
```

小窍门

在 "#" 后的任何 R 代码都被 R 识别为评注 (comment). 事实上, R 不会对这些注释的内容做任何的解释和运算.

输入如下的指令来退出 R 软件: q().

R 会询问你是否要保存工作空间的镜像. 如果你回答 "是", 下次启动 R 的时候, 你之前输入的命令就可以再次被调用, 只需通过键盘的 "上" 和 "下" 箭头即可轻松实现.

3.1.2 结果展示及变量赋值

R 对于你的请求做出的反应是显示其赋值或计算后的结果. **这个结果被展示出来, 然后就消失了.** 这初看起来是合理的, 但是对于某些更高级的用途而言, 通过将结果存储在一个变量中以实现 R 输出的重新定向是十分有用的: 我们将这一操作称为**把结果赋值给一个变量** (assigning the result to a variable). 因此, 赋值运算会计算表达式的值但并不显示结果, 而是将结果保存在某一个对象之中. 如果想要显示该结果, 你只需键入对象的名称再单击回车键 ENTER 即可.

为了完成一次赋值操作, 需要使用**赋值箭头** (assignment arrow) <-. 输入该箭头 <- 时, 实质上就是使用一个小于号 (<) 后面紧跟一个减号 (-).

创建一个 R 对象的句法或语法为:

对象的名称 (Name.of.the.object.to.create) <- 指令 (Instructions)

例如:

```
> x <- 1          # 赋值
> x               # 显示
[1] 1
```

我们说变量 x 的值为 1, 或者说我们已经把 1 赋给 x, 亦或者说我们将数值 1 保存在 x 中. 注意, 赋值运算可以用另外一种方式并借助于反向箭头 -> 来实现, 比如

```
> 2 -> x
> x
[1] 2
```

提醒

符号 = 也可以用来进行赋值运算, 但是它的使用并不那么广泛, 所以我们不建议采用这种方式来给变量赋值. 确切地说, 数学等式是一种有着特殊含义的对称关系, 它与赋值很不一样. 此外, 在某些特殊情况下使用符号 = 可能会完全行不通或根本不起作用.

小窍门

想提醒读者注意的一点是, 一对括号就可以让你达到对一个变量赋一个值的目的, 它同时会把计算的结果显示出来:

```
> (x <- 2+3)
[1] 5
```

另外, 如果在某一行的结尾一个命令语句尚不完整, 在第二行以及后续的每一行的开头, R 会显示一个不同的提示符号, 默认的是加号 (+). R 会一直等待后面的指令输入直到该命令在语 (句) 法构成上是完整的:

```
> 2*8*10+exp(1)
[1] 162.7183
```

```
> 2*8*
+ 10+exp(
+ 1)
[1] 162.7183
```

提醒

这里我们罗列出 R 中一些主要的**选择变量名称的规则** (rules for choosing a variable name): 一个变量的名称只能包含字母和数字的字符以及点号 (.); R 对变量名中的大小写字母是区分对待的 (case sensitive); 变量名中不能包含空格并且也不能以数字开头, 除非变量名是被封闭在一对双引号 "" 当中.

3.1.3 工作策略

- 养成保存文件在特定文件夹的习惯 (文件夹的名称可设为 `Rwork`). 我们也建议你在一个脚本窗口键入所有的 R 命令 (称为**脚本**或 **R 编辑器**), 可通过 “File/New script” 菜单进入. 打开一个新的脚本窗口, 点击 “Windows/Side by side” 菜单, 然后复制下面的脚本代码:

```
x <- 5*(-3.2)
5^2
sin(2*pi/3)
sqrt(4)
c(1,2,3,4,5)
z <- c(1,2,3,4,5)*2
```

Mac

在苹果 (Mac) 系统下的菜单是 “File/New Document”, 但是它无法并排地放置窗口.

在编程任务结束后, 可以将脚本保存在文件夹 `Rwork` 中, 指定其文件名为 `myscript.R`, 并可以在后面的编程中通过菜单 “File/Open a script” 来重新打开它 (在苹果系统下为 “File/Open Document”).

- 使用组合键 CTRL+A (苹果系统中是 COMMAND+A) 来选择所有的指令, 然后使用 CTRL+R (苹果系统下 COMMAND+ENTER) 来粘贴它们到 R 控制台并运行. 你也可以从该脚本的 R 指令中选择某一行来单独运行, 只需在脚本窗口中将光标置于相应的行并按组合键 CTRL+R 即可.

小窍门

注意, 在图 3.1 中存在着一个 “停止 (stop)” 按钮可以帮助用户中断一项持续时间太长的计算.

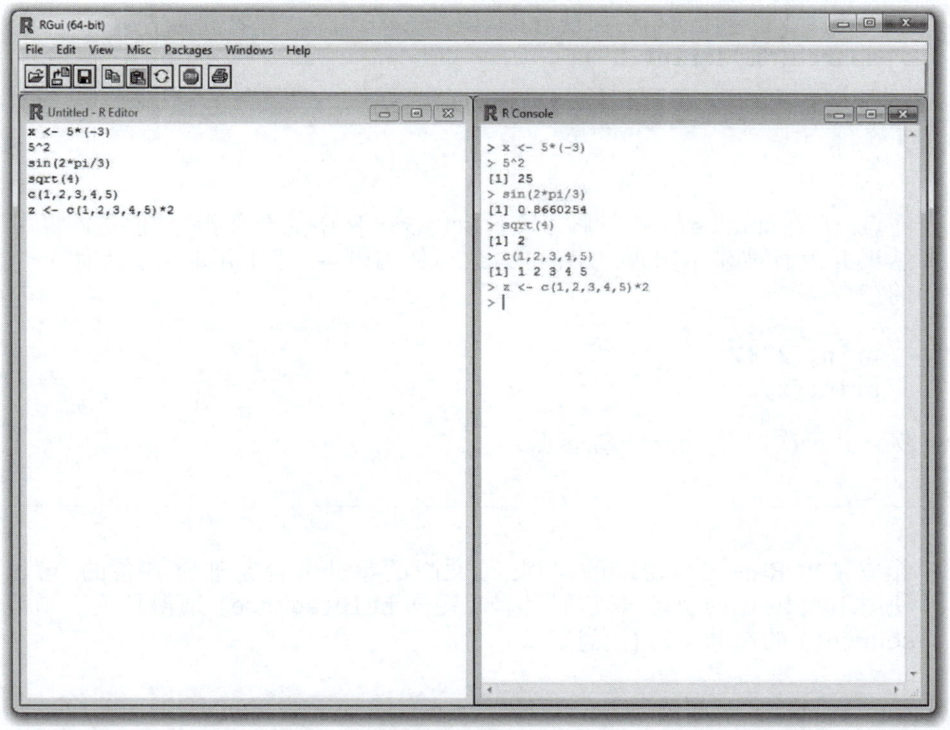

图 3.1: 脚本窗口和命令控制台

也可以在 R 控制台中使用函数 `source()` 来读取并运行文件中的内容. 正如我们后面将会看到的, 这有助于防止控制台 (R console) 的重载. 从下面的操作中可以发现 `source()` 的精妙之处:

(a) 单击一下 R console 窗口;
(b) 进入菜单 "File/Change current directory" (苹果系统为 "Misc/Change work directory");
(c) 浏览文件系统并选择文件夹 `Rwork`;
(d) 在控制台 (R console) 界面键入 `source("myscript.R")`. 注意, 对前面这个例子, 使用这个指令将不会产生任何输出. 接下来的这个 "自己动手" 环节将会进一步阐明这一点.

自己动手

首先在主目录 (home directory) 下创建一个文件夹 Rwork. 然后, 将前述的指令通过键盘输入到一个 R 脚本文件中并保存. 将包含这些 R 脚本的文件命名为 myscript.R 并把它存放在文件夹 Rwork 中. 现在关闭 R 并重新启动. 接下来, 在 R 控制器中键入如下的指令:

```
rm(list=ls()) # 删除所有已存在的对象
```

```
ls()            # 列出现有的对象
source("myscript.R")
ls()
x
z
```

注意, 函数 source() 执行脚本文件 myscript.R 中的全部指令, 但是计算结果并没有被显示出来. 现在再去改写你的脚本, 并在其末尾加上如下的指令:

```
print(2*3)
print(x)
```

保存并再次调用 source() 函数.

- 养成使用 R 的在线帮助的习惯. 英文版的帮助文件是非常齐备的, 可以使用函数 help() 来获取它们. 例如, 键入 help(source) 来得到关于函数 source() 的帮助文档 (信息).

另见

所有的这些符号和命令将在第 6 章和第 9 章中做进一步详细探讨.

小窍门

推荐两款优秀的代码编辑器 RStudio 和 Tinn-R (它仅适用于 Windows 用户), 可分别从 http://www.rstudio.com 和 http://www.sciviews.org/Tinn-R/ 处免费下载. 它们都提供了脚本代码与运行之间一个更佳的交互界面及句法 (自有函数字段) 的彩色高亮显示.

Linux

注意, 在 Linux 系统下有编辑器 JGR 和 Emacs/ESS 可供用户选择.

另见

通过下面的网址: http://www.sciviews.org/rgui/projects/Editors.html 来查阅 R 的编辑器列表.

自己动手

体重指数 (BMI) 常被用来衡量一个人的肥胖程度, 它通过如下的公式来计算:

$$\text{BMI} = \frac{\text{Weight (kg)}}{\text{Height}^2\ \text{(m)}}.$$

实际上, 只需要在你的脚本窗口中键入如下的几行指令:

```
# 通过使用分隔符号 ; 可以在同一行中输入两条指令
My.Weight <- 75 ; My.Height <- 1.90 # 注意此处高度单位为 m
My.BMI <- My.Weight/My.Height^2
My.BMI
```

使用前面介绍过的工作策略来运行这一脚本. 你可以使用这一脚本计算你的 BMI.
也可以通过执行如下的指令来计算体重指数:

```
source("http://www.biostatisticien.eu/springeR/IMC.R",
encoding="utf8")
display.BMI(My.BMI)
```

在后面的章节中, 你将会学习到如何编写程序以得到这种结果.

3.1.4 使用函数

R 的基础版本中包含了其他的许多函数, 其余数以千计的函数也能被添加进来 (通过安装程序包或者自己动手从头开始创建).

注意到, R 中的每一个函数都是以它的**名字** (name) 以及一列**参变量** (parameter) 来定义的. 大部分函数都会输出一个**值** (value), 它可能是一个数、向量、矩阵等.

使用 (或**调用**, 或**执行**) 一个函数的方法是, 输入函数名, 后面紧跟包含于一对括号中的若干个被用到的 (正式) 参变量. 这些参变量都以逗号来分隔, 每一个参变量后面都能跟一个 = 以及将要赋给该参变量的某个值. 该正式参变量所赋的值称为**有效参变量**或**调用参变量**, 有时也称为**输入参变量**.

因此, 我们按如下的格式来调用函数:

```
functionname(arg1=value1,arg2=value2,arg3=value3)
```

其中 `arg1, arg2, ...` 称为该函数的参变量, 而 `value1` 被赋值给第一个参变量 `arg1`, 依此类推. 注意, 不一定需要指明各个参变量的名称, 只需要按照它们的顺序输入相应的赋值.

对任意一个 R 函数来说, 它的某些参变量必须指定具体的值, 而其他的参变量却可指定也可不指定 (因为在函数的源代码中已经指定了默认值).

提醒

当调用一个函数的时候不要忘记带上括号. 初学者常犯的错误就是忘记加括号:

```
> factorial
function (x)
gamma(x + 1)
<environment: namespace:base>
> factorial(6)
[1] 720
```

第一条指令的输出结果给出了该函数的代码 (明细), 而第二条指令执行了那些代码. 这对于某些不需要输入参变量的函数也是适用的, 如下面的例子所示:

```
> date()
[1] "Tue Jul 10 16:28:27 2012"
> date
function ()
.Internal(date())
<environment: namespace:base>
```

后续我们有专门的章节来阐释这些函数的代码.

为了更好地理解怎么去使用参变量, 我们以函数 `log(x,base=exp(1))` 为例. 它能取两个参变量: `x` 和 `base`.

参变量 `x` 必须具体指定: 它是我们想要计算其对数值的目标变量. 参变量 `base` 是可选的, 由于它后面跟随的是 = 及其默认值 `exp(1)`.

小窍门

函数源代码中没有跟随符号 = 的参变量必须给它指定一个值, 而跟随有 = 的参变量其赋值则是非强制的.

在下面的代码中, R 将计算 1 的自然对数, 因为我们没有另外指定基底参变量的值:

```
> log(1)
[1] 0
```

注释

对于某些特殊函数, 不需要给其任何参变量进行赋值. 例如后面讲到的矩阵 `matrix` 函数.

最后一个重要的提醒是, **可以通过几种不同的安排参变量的方式来调用一个函数**. 这是 R 的一个重要特性, 它使 R 更容易使用. 为了计算 3 的自然对数, 可以使用如下的任何一种表达式:

```
log(3)                      log(3,base=exp(1))
log(x=3)                    log(3,exp(1))
log(x=3,base=exp(1))        log(base=exp(1),3)
log(x=3,exp(1))             log(base=exp(1),x=3)
```

提醒

调用 `log(exp(1),3)` 将计算 `exp(1)` 以 3 为底的对数值.

最后, 记得我们在前面已经看到的阶乘函数 `factorial()` 的源代码:

```
> factorial
function (x)
gamma(x + 1)
<environment: namespace:base>
```

R 的开发者们用如下的指令来定义这一函数:

```
> factorial <- function(x) gamma(x+1)
```

在 R 中利用函数 `function()` 来编写一个新函数是非常容易的. 例如, 这里给出怎样编写函数去计算含有两个参变量 n 和 p 的二项式系数 $\binom{n}{p} = \frac{n!}{p!(n-p)!}$:

```
> binomial <- function(n,p) factorial(n)/(factorial(p)*
+                                 factorial(n-p))
```

然后你就可以像其他任何的 R 函数一样来调用这个新函数:

```
> binomial(4,3)
[1] 4
```

我们将在第 5.8 节以及第 8 章中进一步探讨如何构建更为复杂的函数.

注释

事实上, R 中已经有现成的函数来计算 Newton 二项式系数, 即函数 `choose()`, 它具有更高的计算效率, 特别是对于较大的数字.

3.2 节

R 中的数据

R 跟大多数计算机语言一样, 也能够处理各种经典的数据类型. R 实际上能够根据输入的格式来自动识别数据的类型. R 的一个主要优势是它能够以一种结构化的方式来组织数据, 这一点对许多统计方法的程序化是非常有用的.

3.2.1 数据的性质 (或类型, 或模式)

数据的 "类型" 可以通过函数 mode() 和 typeof() 来获取及操作, 这两个函数的差别很小, 几乎可以忽略不计.

注释

class() 是一个更一般的函数: 它可用来同时处理数据类型和结构, 后面我们再对它进行详细讨论. 为了理解方便, 这里主要使用命令 typeof().

现在我们来列出 R 中数据的各种类型或模式.

3.2.1.1 数值类型 (numeric)

有两种数值类型: 整数型 (integer) 和实数型 (double).

例如, 输入:

```
> a <- 1
> b <- 3.4
> c <- as.integer(a)
> typeof(c)
[1] "integer"
```

变量 a 和 b 都提示为 "double" 型, 而变量 c 与 a 具有相同的值, 但被强制设为 "integer" 型. 这是有用的因为它占据更少的内存空间. 在 R 中以 as. 开头的指令非常多, 大多用来将数据转换为另一种类型. 在 3.2.2.1 小节中我们将考察如何来核实一个对象是数值类型.

3.2.1.2 † 复数类型 (complex)

一个复数 (complex number) 需由字母 i 来创建. 它用函数 Re() 来定义实部 (real part), 用函数 Im() 定义虚部 (imaginary part), 用 Mod() 刻画模 (modulus), 用 Arg() 刻画幅角 (argument) (图 3.2).

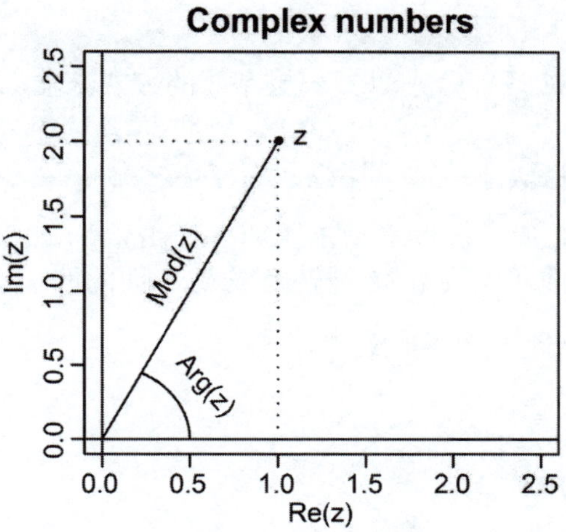

图 3.2: 一个复数的特征

下面举一些例子:

```
> 1i
[1] 0+1i
> z <- 1+2i
> typeof(z)
[1] "complex"
> is.complex(z) # 为了核实一个对象是否具有复数类型
[1] TRUE
> Re(z)
[1] 1
> Im(z)
[1] 2
> Mod(z)
[1] 2.236068
> Arg(z)
[1] 1.107149
```

3.2.1.3 布尔型或逻辑型 (logical)

logical 型是一个逻辑运算的结果. 它可以取真(TRUE) 或假(FALSE) 这两个值. 下面是一些创建逻辑型值的指令:

```
> b>a
[1] TRUE
> a==b
[1] FALSE
> is.numeric(a)
[1] TRUE
> is.integer(a)
[1] FALSE
> x <- TRUE
> is.logical(x)
[1] TRUE
```

> 提醒
>
> TRUE 和 FALSE 还能分别以一种更精简的方式来输入: T 和 F, 但一般不建议这样做.

在必要的时候, 这一数据类型不需要专门指定就可以自然地转换为数值类型: TRUE 被转换成 1, 而 FALSE 被转换成 0. 下面的例子说明了这一点:

```
> TRUE + T + FALSE*F + T*FALSE + F
[1] 2
```

3.2.1.4 缺失数据 (NA)

一个缺失的 (missing)或未定义的值都是用指令 NA (non available, 不可用) 来替代. 有几个函数可用来处理这种数据类型. 事实上, R 把这种数据类型当作一个固定的逻辑值来处理. 严格地说, 它并不是一种数据类型. 下面是一些使用指令 NA 的例子:

```
> x <- c(3,NA,6)
> is.na(x)
[1] FALSE  TRUE FALSE
> mean(x)                 # 尝试去计算 x 的均值
[1] NA
> mean(x,na.rm=TRUE)      # 参变量 na.rm 意味着缺失值
                          # 应当忽略处理 (NA.remove)
[1] 4.5
```

这一点对于读取统计数据文件是非常重要的. 我们将在第 5 章中对此予以更详细的讨论.

> 提醒
>
> 切记不要错误地将 NA 看成是 R 中的保留字 (reserved word) NaN, 后者指的是**非数字值** (not a number):
>
> ```
> > 0/0
> [1] NaN
> ```
>
> 注意, 下面这个指令输出的结果不是 NaN 而是**无穷值**(infinity), 它在 R 中用保留字 Inf 来表示:
>
> ```
> > 3/0
> [1] Inf
> ```

3.2.1.5 字符串类型 (character)

在引号 (单引号 ' 或双引号 ") 里面的任何信息都对应着一个字符串:

```
> a <- "R is my friend"
> mode(a)
[1] "character"
> is.character(a)
[1] TRUE
```

将其他类型的变量转换成为一个字符串是完全可能的, 当然把字符串转换成另外一种类型也是可能的, 只要 R 能够正确地理解引号中的内容. 注意到一些转换是可以自动完成的. 这里有一些例子:

```
> as.character(2.3)           # 转换成为一个字符串
[1] "2.3"
> b <- "2.3"
> as.numeric(b)               # 从一个字符串来进行转换
[1] 2.3
> as.integer("3.4")           # 从一个字符串来进行转换
[1] 3
> c(2,"3")                    # 自动转换
[1] "2" "3"
> as.integer("3.four")        # 无法实现的转换
[1] NA
```

注释

关于单引号和双引号的区别将在第 5 章中介绍.

3.2.1.6 † 原始数据 (raw)

在 R 中, 用户能够直接对以十六进制 (hexadecimal) 格式显示的字节 (bytes) 进行处理, 当读取某些二进制 (binary) 格式的文件时这可能是有用的. 我们将在第 7 章中看到有关的例子:

```
> x <- as.raw(15)
> x
[1] 0f
> mode(x)
[1] "raw"
```

3.2.1.7 小结

表 3.1: R 中的各种数据类型

数据类型	在 R 中的类型	显示
实数 (整数/非整数)	numeric	3.27
复数	complex	3+2i
逻辑值 (真/假)	logical	TRUE 或 FALSE
缺失值	logical	NA
文本 (字符串)	character	"text"
二进制值	raw	1c

小窍门

函数 storage.mode() 可用来获取或设定一个对象的类型或存储模式.

3.2.2 数据结构

在 R 里面, 你可以组织或构建上面所定义的各种数据类型 (表 3.1). 接下来我们将要介绍的数据结构都可以用函数 class() 来访问或创建.

3.2.2.1 向量 (vector)

向量是最简单的数据结构. 它代表了**一列具有相同类型的数据点**. 我们可以用函数 c() 来创建一个向量 (集合或一系列互相关联的事物). 其他的函数比如 seq() 或冒号 : 也能用来创建一个向量. 注意到, 在创建向量的时候能够混合各种不同类型的数据, 随后 R 会将全部元素模糊转化为一种更一般的数据类型, 如下面的例子所示:

```
> c(3,1,7)
[1] 3 1 7
> c(3,TRUE,7)
[1] 3 1 7
> c(3,T,"7")
[1] "3"    "TRUE" "7"
> seq(from=0,to=1,by=0.1)
 [1] 0.0 0.1 0.2 0.3 0.4 0.5 0.6 0.7 0.8 0.9 1.0
> seq(from=0,to=20,length=5)
[1]  0  5 10 15 20
> vec <- 2:36
> vec
 [1]  2  3  4  5  6  7  8  9 10 11 12 13 14 15 16 17 18 19 20
[20] 21 22 23 24 25 26 27 28 29 30 31 32 33 34 35 36
```

提醒

标示 [1] 和 [20] 给出了向量 vec 中紧靠它们后面的元素的次序编号.

注意, 我们可以使用函数 names() 来对向量的各个元素进行命名.

```
> vec <- c(1, 3, 6, 2, 7, 4, 8, 1, 0)
> names(vec) <- letters[1:9] # 前九个拉丁字母
> vec
a b c d e f g h i
1 3 6 2 7 4 8 1 0
```

```
> is.vector(vec)
[1] TRUE
> x <- 1:3
> x
[1] 1 2 3
> y <- c(1,2,3)
> y
[1] 1 2 3
> class(x)
[1] "integer"
> class(y)
[1] "numeric"
```

人们会期望看到出现 "vector of doubles" 或 "vector of integers" 而不仅仅是 "numeric" 或 "integer", 但没有哪个软件是十全十美的!

高级用户

注意, 指令 c() 和 : 都给出了同样的输出, 但 x 和 y 实质上是以不同的形式来存储的. integer 类型要比 numeric 类型更少地占用内存.

3.2.2.2 矩阵 (matrix) 和阵列 (array)

这两个概念都是向量概念的自然推广: 矩阵用两个下标来表示顺序, 而阵列用多个下标来表示顺序. 同向量一样, 矩阵和阵列中**所有的元素必须是同一类型**.

例如:

```
> X <- matrix(1:12,nrow=4,ncol=3,byrow=TRUE)
> X
     [,1] [,2] [,3]
[1,]    1    2    3
[2,]    4    5    6
[3,]    7    8    9
[4,]   10   11   12
```

基于向量 1:12 (即前 12 个整数) 按行填充的方式 (byrow=TRUE) 创建了一个 4 行 3 列的矩阵并存储在 X 中.

类似地, 矩阵也能按照列来进行填充 (byrow=FALSE):

```
> Y <- matrix(1:12,nrow=4,ncol=3,byrow=FALSE)
> Y
     [,1] [,2] [,3]
[1,]    1    5    9
[2,]    2    6   10
[3,]    3    7   11
[4,]    4    8   12
```

```
> class(Y)
[1] "matrix"
```

函数 array() 可用于创建多维 (超过二维) 的矩阵, 图 3.3 是一个三维阵列的例子.

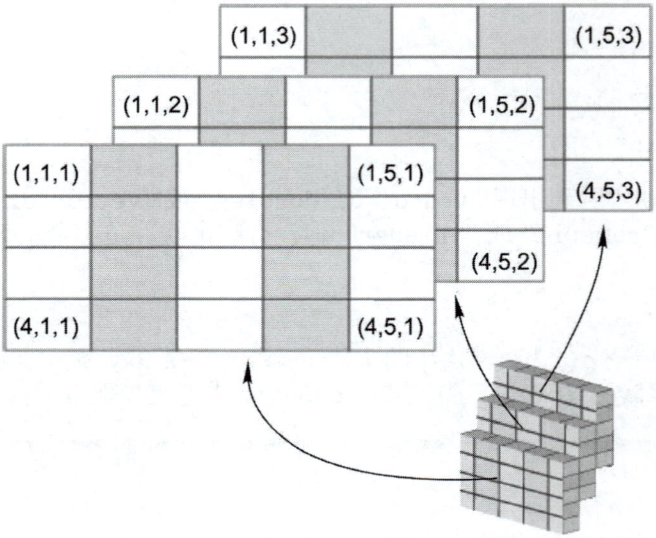

图 3.3: 阵列的一个示例

```
> X <- array(1:12,dim=c(2,2,3))
> X
, , 1
     [,1] [,2]
[1,]    1    3
[2,]    2    4
, , 2
     [,1] [,2]
[1,]    5    7
[2,]    6    8
, , 3
     [,1] [,2]
[1,]    9   11
[2,]   10   12
> class(X)
[1] "array"
```

提醒

超过三维的阵列可以通过设定参变量 dim 的值来进行创建, 它的长度可以大于 3.

3.2.2.3 列表 (list)

R 中最灵活、最丰富的数据结构是列表. 与前面介绍的数据结构不同, 列表能够**把不同类型的数据组合在一个结构体中**而不需要做任何转换. 一般来说, 一个列表的每一个元素可以是一个向量、一个矩阵、一个阵列甚至是另一个列表. 这里先给出一个例子:

```
> A <- list(TRUE,-1:3,matrix(1:4,nrow=2),c(1+2i,3),
+            " 一个字符串")
> A
[[1]]
[1] TRUE
[[2]]
[1] -1  0  1  2  3
[[3]]
     [,1] [,2]
[1,]    1    3
[2,]    2    4
[[4]]
[1] 1+2i 3+0i
[[5]]
[1] " 一个字符串"
> class(A)
[1] "list"
```

在这样的一个数据结构中, 具有相同数据类型的元素其顺序通常是完全任意的. 因此可以对这些元素明确地予以命名从而使输出结果更加直观. 例如:

```
> B <- list(my.matrix=matrix(1:4,nrow=2),
+           my.complex.numbers=c(1+2i,3))
> B
$my.matrix
     [,1] [,2]
[1,]    1    3
[2,]    2    4
$my.complex.numbers
[1] 1+2i 3+0i
> list1 <- list(my.complex.number=1+1i,my.logical.value=FALSE)
> list2 <- list(my.string="I am learning R",my.vector=1:2)
> C <- list("My first list"=list1,My.second.list=list2)
> C
$`My first list`
$`My first list`$my.complex.number
[1] 1+1i
$`My first list`$my.logical.value
[1] FALSE
$My.second.list
$My.second.list$my.string
[1] "I am learning R"
$My.second.list$my.vector
[1] 1 2
```

另见

对元素进行命名能使我们从一个列表中提取元素变得更加容易 (见第 5 章第 98 页).

3.2.2.4 个体 × 变量表 (data.frame)

个体 × 变量表 (individual×variable table) 是统计学中的经典数据结构. 在 R 中, 这个概念以数据框 (data.frame) 来表示. 从概念上讲, 它是一个矩阵, 其每一行对应着一个个体, 而每一列对应着一个变量在全部个体上的观测值. **每一列代表一个单独的变量, 它在所有个体上的观测值必须具有同样的类型.** 注意, 该数据矩阵的各列都能够被命名. 下面给出一个创建数据框的例子:

```
> BMI <- data.frame(Gender=c("M","F","M","F","M","F"),
+      Height=c(1.83,1.76,1.82,1.60,1.90,1.66),
+      Weight=c(67,58,66,48,75,55),
+      row.names=c("Jack","Julia","Henry","Emma","William","Elsa"))
> BMI
        Gender Height Weight
Jack         M   1.83     67
Julia        F   1.76     58
Henry        M   1.82     66
Emma         F   1.60     48
William      M   1.90     75
Elsa         F   1.66     55
> is.data.frame(BMI)
[1] TRUE
> class(BMI)
[1] "data.frame"
> str(BMI)
'data.frame':        6 obs. of  3 variables:
 $ Gender: Factor w/ 2 levels "F","M": 2 1 2 1 2 1
 $ Height: num  1.83 1.76 1.82 1.6 1.9 1.66
 $ Weight: num  67 58 66 48 75 55
```

注释

函数 str() 显示一个数据框中每一列的结构.

高级用户

一个数据框可视为由若干个具有同等长度的向量构成的一个列表:

```
> is.list(BMI)
[1] TRUE
```

3.2.2.5 因子 (factor) 和有序变量 (ordered)

在 R 中, 函数 factor() 能以一种更敏锐、更精巧的方式来组织字符串:

```
> x <- factor(c("blue","green","blue","red","blue","green","green"))
> x
[1] blue  green blue  red   blue  green green
Levels: blue green red
> levels(x)
[1] "blue"  "green" "red"
> class(x)
[1] "factor"
```

小窍门

函数 cut() 可以对一个连续变量重新编码并使之成为一个因子.

```
> Poids <- c(55,63,83,57,75,90,73,67,58,84,87,79,48,52)
> cut(Poids,3)
 [1] (48,62] (62,76] (76,90] (48,62] (62,76] (76,90] (62,76]
 [8] (62,76] (48,62] (76,90] (76,90] (76,90] (48,62] (48,62]
Levels: (48,62] (62,76] (76,90]
```

因子当然也能用于一个数据框中.

R 会对因子的不同水平 (level) 进行指明或标示. 因此, 函数 factor() 应当被用来存储一般的定性变量. 对于有序变量 (ordinal variable) 而言, 函数 ordered() 会更适用:

```
> z <- ordered(c("Small","Tall","Average","Tall","Average",
+        "Small","Small"),levels=c("Small","Average","Tall"))
> class(z)
[1] "ordered" "factor"
```

函数 ordered() 的参变量 levels 可用来指定变量各模态 (modality) 的次序.

另见

有关使用这两个函数的具体例子参见第 11 章的第 311 页和第 312 页.

小窍门

函数 gl() 通过指定各个水平的模式来产生因子:

```
> gl(n = 2,k = 8,labels = c("Control", "Treat"))
 [1] Control Control Control Control Control Control Control
 [8] Control Treat   Treat   Treat   Treat   Treat   Treat
```

```
[15] Treat   Treat
Levels: Control Treat
```

在上面的指令中, n 和 k 是两个正整数, 第一个给定水平的数目而第二个给定每个水平重复的次数.

高级用户

通过考虑重复出现的元素, 一个字符串向量就能够以一种更加有效的方式来组织和构造. 这种方法可以帮助我们更好地管理内存: 因子或有序变量中的每一个元素实际上被编码为一个整数.

3.2.2.6 日期 (date)

R 能被用来结构化数据以表示日期, 这里用函数 as.Date() 举例如下:

```
> dates <- c("92/27/02", "92/02/27", "92/01/14",
> +           "92/02/28", "92/02/01")
> dates <- as.Date(dates, "%y/%m/%d")
> dates
[1] NA           "1992-02-27" "1992-01-14" "1992-02-28"
[5] "1992-02-01"
> class(dates)
[1] "Date"
```

我们将在第 5 章中返回来对管理日期的函数进行详细探讨.

3.2.2.7 时间序列 (time series)

当数据值都是以时间来标示时, 函数 ts() 可以把它们组织成为 R 中的一种数据结构以反映这些数据的时间特征, 这在某些特定情况下是有用的:

```
> ts(1:10, frequency = 4, start = c(1959, 2)) # 从 1959 年的第二个
                                              # 季度开始
     Qtr1 Qtr2 Qtr3 Qtr4
1959         1    2    3
1960    4    5    6    7
1961    8    9   10
```

另见

专著 [40] 中列出了时间序列建模的基本技术, 详细地介绍了适用于这些模型的 R 函数, 并给出了这些函数在几个实际数据集上的应用例子.

3.2.2.8 小结

表 3.2: R 中的各种数据结构

数据结构	R 中的指令	描述
向量	`c()`	具有同样类型的一列元素
矩阵	`matrix()`	具有相同类型的元素构成的二维表
多维表 (阵列)	`array()`	比矩阵更一般化; 具有多个维度的表
列表	`list()`	一列具有任意类型 (且可能互不相同) 的 R 结构
个体 × 变量表	`data.frame()`	每一行代表一个个体、每一列代表一个变量 (数值型或因子) 的二维表. 不同的列可具有不同的类型, 但必须具有相同的长度.
因子	`factor()`, `ordered()`	与一个模态表相关联的字符串向量
日期	`as.Date()`	日期向量
时间序列	`ts()`	时间序列, 包含着一个变量在几个时间点上的观测值

备 忘 录

`<-`, `->`: 变量赋值箭头
`mode()`, `typeof()`: 给出一个对象的类型
`is.numeric()`: 确定一个对象是否为数值型
`TRUE`, `FALSE`, `is.logical()`: 真, 假, 确定一个对象是否为布尔数
`is.character()`: 确定一个对象是否为字符串
`NA`, `is.na()`: 缺失值, 确定一个值是否缺失
`class()`: 确定一个对象的结构或类型
`c()`: 创建一列具有相同类型的元素
`matrix()`, `array()`: 创建一个矩阵, 一个多维表 (阵列)
`list()`: 创建一个列表 (不同数据结构的集合)
`data.frame()`: 创建一个个体 × 变量表
`factor()`: 创建一个因子

练 习 题

3.1- `1:3^2` 的输出结果是什么?
3.2- `(1:5)*2` 的输出结果是什么?
3.3- `var<-3` 和 `Var*2` 的输出结果分别是什么?
3.4- `x<-2` 和 `2x<-2*x` 的输出结果分别是什么?
3.5- `root.of.four <- sqrt(4)` 的输出结果是什么?
再输入 `root.of.four` 呢?
3.6- `x<-1` 与 `x< -1` 的输出结果分别是什么?

3.7- `Even.number <- 16` 的输出结果是什么?
3.8- `"An even number" <- 16` 的输出结果是什么?
3.9- `"2x" <- 14` 的输出结果是什么?
3.10- `An even number` 的输出结果是什么?
3.11- 有两个符号已从这个 R 输出结果中删除. 它们是什么?

```
> 2
+
[1] 6
```

3.12- `TRUE + T +FALSE*F + T*FALSE +F` 的输出结果是什么?
3.13- 写出 R 中的 5 种数据类型.
3.14- 给出产生下面输出结果的 R 指令:

```
> x
     [,1] [,2]  [,3]
[1,]    1    5     9
[2,]    2    6    10
[3,]    3    7    11
[4,]    4    8    12
```

3.15- 给出 R 中可用的数据结构.

工 作 簿

体重指数研究

我们想要分析一组儿童样本的特征. 这些来自法国东南部波尔多市的儿童在他们进入幼儿园的第一年 (1996—1997 年) 经历了一次医学检查. 下表中列出了 10 个 3 ~ 4 岁的儿童样本的观测数据.

每个儿童都有如下的信息可供使用:

- 性别 (Gender): 女孩 (G)、男孩 (B);
- 他们的学校是否位于一个贫困地区 (ZEP): 是 (Y)、否 (N);
- 年龄, 以年 (Years) 和月 (Months) 来计量 (两个变量: 一个表示年, 一个表示月);
- 体重 (Weight), 单位为 kg, 四舍五入精确到 100 g;
- 身高 (Height), 单位为 cm, 四舍五入精确到 0.5 cm.

姓名	**Edward**	**Cynthia**	**Eugene**	**Elizabeth**	**Patrick**	**John**	**Albert**	**Lawrence**	**Joseph**	**Leo**
Gender	G	G	B	G	B	B	B	B	B	B
ZEP	Y	Y	Y	Y	N	Y	N	Y	Y	Y
Weight	16	14	13.5	15.4	16.5	16	17	14.8	17	16.7
Years	3	3	3	4	3	4	3	3	4	3
Months	5	10	5	0	8	0	11	9	1	3
Height	100.0	97.0	95.5	101.0	100.0	98.5	103.0	98.0	101.5	100.0

在统计学中, 至关重要的一点是知道所要研究的变量的类型: 定量变量 (quantitative)、有序变量 (ordinal) 或定性变量 (qualitative). 在 R 中可以使用这一章中所介绍的结构函数来指定这些类型.

在 R 中尝试下面这些操作, 记得使用本章的开头给出的工作策略.

3.1- 选择最佳的 R 函数来将每一个变量对应的数据保存在各个向量中, 向量的名称可分别取为 `Individuals`, `Weight`, `Height` 和 `Gender`.

3.2- 计算各变量的均值.

3.3- 计算每一个儿童的体重指数 (BMI), 再把得到的体重指数结果归集到一个名称为 `BMI` 的向量中 (注意单位).

3.4- 将这些变量归集到一个看起来是最合适的 R 结构中.

3.5- 使用 R 的在线帮助来获得函数 `plot()` 的信息.

3.6- 将 `Weight` 视为 `Height` 的一个函数来绘制一个散点图, 添加一个标题并标记坐标轴.

第 4 章　输入、输出及生成数据

预备知识以及本章的目标

- 第 3 章的内容.
- 本章首先介绍 R 中输入数据的指令; 阐述 R 提供的用于从其他不同软件 (如 Excel, SPSS, Minitab, SAS 或 Matlab) 输入或输出数据的各种功能; 并给出 R 如何与数据库相互配合的方法 (SQL 查询). 建议感兴趣的读者去仔细阅读文献 `http://cran.r-project.org/doc/manuals/R-data.pdf`.

4.1 节

输 入 数 据

4.1.1 从一个 ASCII 文本文件来输入数据

在 R 中有两种方式输入数据: 第一种是读取一个 ASCII 格式的文本文件; 第二种是使用诸如微软 Windows 操作系统下的 Wordpad 或 Linux 系统下的 Emacs 等文本编辑器来手动输入数据.

> 注释
>
> 对于小规模的数据可以采用手动输入的方式. 如果需要处理的是大量的数据, 使用电子表格会更方便 (参见第 4.1.2 节).

从一个文本文件来输入数据的三个最主要的 R 函数在表 4.1 中列出.

表 4.1: 数据输入函数

函数名称	描述
`read.table()`	对以表格形式 (统计学中最常见的情形) 呈现的数据集最为适合
`read.ftable()`	读取列联表形式的数据
`scan()`	功能更为灵活和强大, 适用于以上两种情形以外的所有场合

4.1.1.1 使用 `read.table()` 读取数据

如下所示的 R 指令将读取存放在某个文件 (通过一个对话框窗口来进行选择) 中的数据, 然后把它们作为一个数据框 (data.frame) 输入到 R 中 (指定该数据框的名称为 `my.data`):

```
my.data <- read.table(file=file.choose(),header=T,sep="\t",
                                dec=".",row.names=1)
```

函数 `read.table()` 可接受非常多的参变量, 下面的表 4.2 中列出了最常用的一些参变量.

表 4.2: `read.table()` 的几个主要参变量

参变量名称	描述
`file=path/to/file`	准备读取的文件的存放路径和名称
`header=TRUE`	逻辑值: 用来指定各变量的名称是否由文件的第一行给出
`sep="\t"`	每一行的各个值之间都以此字符来分隔 [`"\t"=TABULATION` (Tab 键); `""=WHITESPACE` (空格键); `","=,` (逗号); 等等]
`dec="."`	(十进制) 数字的小数点标记 (`"."` 或 `","`)
`row.names=1`	确定文件的第一列给出各个个体的名称; 若不是这种情形, 简单地省略该参变量即可

在使用函数 `read.table()` 时, 需要指定参变量 `file` 的取值, 它必须包含字符串形式的文件名以及完整的存放路径. 在上面的指令中我们使用了函数 `file.choose()` 来打开一个对话框窗口以选择目标文件并返回所必需的字符串. 这是获取文件路径的一种简易方式, 当然我们也可以明确地指定 (通过键盘输入) 文件路径:

```
my.data <- read.table(file="C:/MyFolder/data.txt")
```

提醒

注意, 文件路径都是使用斜杠 (/) 来指定的. 该符号来自 UNIX 应用环境, 在 R 中, 不能像在微软 Windows 系统下那样使用反斜杠 (\), 除非全部使用双反斜杠 (\\).

另外一个选择是先使用函数 setwd() 来改变当前的工作目录 (等价于使用菜单 “File/Change current directory”), 然后参变量 file 就可以接受单独的文件名而不需要再包含路径:

```
setwd("C:/MyFolder")
my.file <- "mydata.txt"
data <- read.table(file=my.file)
```

现在可以在 R 控制台中使用数据了: 键入对象名 data 来可视化其中的数据, 也可通过键入 head(data) 或 tail(data) 来显示该数据集的开始或末尾部分的元素.

小窍门

- 函数 attach() (见第 9 章) 提供对一个数据框中的所有变量 (列) 进行直接访问的权限, 当各变量名称位于 ASCII 格式文件的第一行时 (假设是这样的情况), 只需键入某个变量的名称即可:

```
attach(data)
```

- 如果你的原始文件中包含有空行或不完全的行, 可以分别使用参变量 fill=TRUE 和 blank.lines.skip=FALSE 来处理.

自己动手

首先创建一个名为 DataFolder 的文件夹, 然后下载文件 http://www.biostatisticien.eu/springeR/Intima_Media_Thickness.txt 并将其保存在文件夹 DataFolder 中.

使用函数 readLines() 来可视化该数据文件的开头部分. 先对该数据集的结构形式有一个初步认识, 再来决定需要用到 read.table() 中的哪些参变量. 输入:

```
setwd("path/to/DataFolder/")  # 将 path/to/ 替换为你自己的路径
readLines("Intima_Media_Thickness.txt",n=5)
```

将得到如下的输出结果:

```
[1] "GENDER AGE height weight tobacco packyear SPORT measure alcohol"
[2] "1 33 170 70 1 1 0 0,52 1"
[3] "2 33 177 67 2 20 0 0,42 1"
[4] "2 53 164 63 1 30 0 0,65 0"
[5] "2 42 169 76 1 26 1 0,48 1"
```

注意, 这里的第一行给出的是各变量的名称. 字段之间使用简单的空格来分隔, 并采用逗号作为小数点标记. 因此, 需要使用参变量 header=TRUE, sep=" " 以及 dec=",":

```
mydata <- read.table("Intima_Media_Thickness.txt",sep=" ",
                     header=T,dec=",")
```

```
mydata          # 显示 mydata 的内容
head(mydata)    # 仅显示该数据框最前面的几行
```

注意, 有一些数据点的值缺失了, 它们都已用符号 NA 进行了标示.

现在我们来验证对象 mydata 的结构以及它所包含的各列的类型:

```
class(mydata)
str(mydata)
```

函数 attach() 可用于提供对该表中各变量的直接访问权限.

```
attach(mydata)
```

命令 names(mydata) 输出表中所有变量的名称. 你可以使用这些名称来对变量进行计算, 例如:

```
mean(AGE)    # 年龄的均值
var(height) # 身高的方差
```

注意区分字母的大小写.

调用函数 read.table() 时需要指定很多的参变量. 不过实际中很多的数据集都是以标准格式传过来的, 它们可以被一些现成的函数轻松地读取. 这些函数实际上等价于调用 read.table(), 只是它的某些参变量就取其默认值.

例如, 如果有一个 .csv 格式的文件 [csv 代表**逗号分隔值** (comma separated values), 是由诸如 OpenOffice 等办公软件创建的电子表格], 也可以使用如下的函数:

```
read.csv(file.choose())          # 读取一个以逗号分隔的数据
                                 # (使用 . 作为小数点标记)
read.csv2(file.choose())         # 读取一个以分号分隔的数据
                                 # (使用 , 作为小数点标记)
```

为了读取以制表符分隔 (Tab-separated) 的数据, 最好使用:

```
read.delim(file.choose())        # (使用 . 作为小数点标记)
read.delim2(file.choose())       # (使用 , 作为小数点标记)
```

4.1.1.2 使用 read.ftable() 读取数据

有时候我们无从获取个体的详细数据, 取而代之是给出了一个列联表 (contingency table). 在这种情况下, 相应的输入函数为 read.ftable().

例如, 假设文件 Intima_ftable.txt 的内容具有下面的形式:

```
              "alcohol" "nondrinker" "occasional drinker" "regular drinker"
"GENDER" "tobacco"
"M"      "non-smoker"           6                  19                 7
         "former smoker"        0                   9                 0
         "smoker"               1                   6                 5
"F"      "non-smoker"          12                  26                 2
         "former smoker"        3                   5                 1
         "smoker"               1                   6                 1
```

则可使用下面的函数在 R 中读取并显示这些数据:

```
Intima.table <- read.ftable("Intima_ftable.txt",row.var.names
                =c("GENDER","tobacco"),col.vars=list("alcohol"=
                 c("nondrinker","occasional drinker",
                 "regular drinker")))
ftable(Intima.table)
```

然后输出的结果就是:

```
                    alcohol nondrinker occasional drinker regular drinker
GENDER tobacco
M   non-smoker                6                19                7
    former smoker             0                 9                0
    smoker                    1                 6                5
F   non-smoker               12                26                2
    former smoker             3                 5                1
    smoker                    1                 6                1
```

另见

我们将在第 11 章的第 315, 322 和 339 页对此种类型的数据做一个描述性分析. 注意, 有多种标准的统计检验方法可用来分析列联表数据, 比如第 13 章第 396 页介绍的 χ^2 独立性检验. http://www.jstatsoft.org/v17/i03/paper 介绍了几种分析列联表数据的常用工具.

4.1.1.3 使用函数 scan() 读取数据

函数 scan() 同样具有许多的参变量. 当数据不是按照矩形表的形式来组织时, scan() 会特别有用. 建议读者仔细地阅读它的帮助文档 help(scan).

例如, 假设有一个名称为 Intima_Media2.txt 的数据文件, 它包含如下的行:

```
文件描述 (File description):
------------------------
The individual data are registered for nine variables
in the following order:
GENDER AGE height weight tobacco packyear SPORT measure alcohol

数据 (Data):
--------
1 33 170 70 1 1 0 0,52 1 2 33 177 67 2 20 0 0,42 1
2 53 164 63 1 30 0 0,65 0 2 42 169
76 1 26 1 0,48 1
```

建议使用如下的命令来读取这一文件, 其中的参变量 skip=n 用来控制文件最开始的 n 行略过而不需要读取:

```
# 读取变量名称 (Reading variable names):
variable.name<-scan("Intima_Media2.txt",skip=5,nlines=1,what="")
# 读取数据 (Reading data):
data <- scan("Intima_Media2.txt",skip=9,dec=",")
mytable <- as.data.frame(matrix(data,ncol=9,byrow=T))
colnames(mytable) <- variable.name
```

输出的结果:

```
  GENDER AGE height weight tobacco packyear SPORT measure alcohol
1      1  33    170     70       1        1     0    0.52       1
2      2  33    177     67       2       20     0    0.42       1
3      2  53    164     63       1       30     0    0.65       0
4      2  42    169     76       1       26     1    0.48       1
```

小窍门

注意, 函数 read.table() 和 scan() 还能用来从 Internet 网络直接读取 ASCII 文件.

```
read.table("http://www.biostatisticien.eu/springeR/
                    temperature.dat")
```

4.1.2 从 Excel 或 OpenOffice 电子表格输入数据

4.1.2.1 复制 – 粘贴 (copy-pasting)

首先使用鼠标选择电子表格中想要输入 R 中的那些数据的范围 (区域). 当数据被选好以后, 将它们复制到剪贴板中 (通过 Edit 菜单, 或在 Windows 下使用快捷键 CTRL+C 或在苹果 (Mac) 中使用 COMMAND+C).

现在需要做的就是在 R 控制台中键入如下的指令来转移剪贴板上的数据:

```
x <- read.table(file("clipboard"),sep="\t",header=TRUE,dec=",")
```

小窍门

指令 fix(x) 将在 R 中打开一个小的电子表格, 它可用来可视化并编辑存储在 x 中的数据. 这比只允许修改操作的命令 edit 更加有用. 类似地, 函数 View() 只能将数据显示在一个小的电子表格中但不能进行编辑.

提醒

在 Excel 文件中要复制的数据区域可能包含有公式或其他隐藏的字符, 这时, 一种可能的变通办法是先复制, 然后在该 Excel 文件中的一个新工作表中对此数据区域进行一次特殊的粘贴. 然后就可以对这个新工作表使用前面已介绍过的函数 read.table().

4.1.2.2 使用一个媒介的 ASCII 文件

将文件保存为 ASCII 格式, 然后参照前面小节介绍的方法进行操作.

- 对于 Excel 文件, 依次点击 `File / Save as ...` 并选择 `Data type: Text (tab-separated) (*.txt) (*.txt)` 后保存.
- 对于 OpenOffice 文件, 依次点击 `File / Save as ...` 并选择 `File type: CSV text (.csv; .txt)` 后保存.
  在接下来的新窗口中选择:
  - 字段分隔方式 (field separator): `Tab`
  - 文本分隔方式 (text separator): "

  然后点击**确定** (OK).

4.1.2.3 使用专门的程序包

在 `R` 环境下, 只要你的计算机安装了 PERL 软件 (该自由软件的安装程序可从链接 `http://www.biostatisticien.eu/springeR/Rtools29.exe` 处下载), 即可使用程序包 `gdata` 中的函数 `read.xls()` 来直接读取 `.xls` 文件. 另外, 也可以选择使用程序包 `xlsReadWrite`.

4.1.3 从 SPSS, Minitab, SAS 或 Matlab 输入数据

下面的表 4.3 中列出了可用来从其他常见的专有软件输入数据 (import data)的程序包及 `R` 函数.

表 4.3: 从常见软件中输入数据的程序包及 R 函数

软件	程序包	R 函数	文件扩展名	输出格式
SPSS	`foreign`	`read.spss()`	`*.sav`	列表 (`list`)
Minitab	`foreign`	`read.mtp()`	`*.mtp`	列表 (`list`)
SAS	`foreign`	`read.xport()`	`*.xpt`	数据框 (`data.frame`)
Matlab	`R.matlab`	`readMat()`	`*.mat`	列表 (`list`)

函数 `lookup.xport()` 输出 SAS XPORT 文件形式 (扩展名 `*.xpt`) 的 SAS 库的相关信息 (以一个列表的形式).

提醒

对于 Windows 系统用户, 程序包 `foreign` 已经安装在 `R` 中 (但未加载), 所以不能再从 CRAN 安装其他的版本 (只有 `Linux` 和 `Mac` 版本是可用的).

注意: 函数 `read.spss()` 在 Linux 系统下要求参变量 `reencode="utf8"`; 函数 `read.mtp()` 仅对包含纯粹的数值型数据的文件起作用; 在编写本书的时候, 函数 `read.xport()` 尚不能用于从 Internet 网络直接读取文件.

4.1.4 大数据文件

R 能够处理大型的数据集. 为此, 需要明确地指定每一列所属的类型. 如果不指定的话, R 只能在读整个文件时再去核对数值列确实是数值型的(可能出现某列前面的元素是数字, 后面全部是字符串的情况). 下面的例子使用因规模大而著称的基因组 (genomic) 数据来阐释这一点. 先将文件 `http://www.biostatisticien.eu/springeR/dbsnp123.dat` 下载到计算机上, 然后尝试下面的指令:

提醒

一旦你开始运行下面的指令, 它将会冻结你的 R 会话长达几分钟.

```
tm <- Sys.time() # 得到当前的时间
dbsnp <- read.table("dbsnp123.dat")
Sys.time()-tm
Time difference of 5.063645 mins(时间差为 5.063645 分)

tm <- Sys.time()
dbsnp<-read.table("dbsnp123.dat",colClasses=rep("character",3))
Sys.time()-tm
Time difference of 13.75810 secs(时间差为 13.75810 秒)
```

如果我们给出了正确的指令, 即使是非常大的数据集也能被 R 相对较快地处理. 最主要的限制是你有多少空闲内存 (RAM) 可供使用. 同时注意到, 在前面的例子中使用函数 `scan()` 来代替 `read.table()` 可能会需要差不多的运行时间.

有时候大数据集是以二进制 (binary) 格式来存储的, 这时可使用函数 `readBin()` 去读取此类数据. 我们将在第 7 章的实践操作部分 (工作簿) 看到一个例子.

另见

如果 R 显示一条信息提示内存分配失败 (a failure of memory), 可以参阅第 9.8 节来寻求帮助.

高级用户

如果正确地使用了函数 scan() 的话, 一个文本文件就能很快地被读取 (比如, 它可以达到与 SAS 软件同样的速度).

当文件实在是超大时, 应当考虑将数据存储在一个数据库中 (例如 MySQL), 然后分段地去访问它们. 更多细节参见第 4.4 节.

同时提醒读者注意, 有多个程序包可用来处理大型数据集: R.huge 和 filehash. 后者比前者更具一般性: 对于程序包 filehash 而言, 可处理的数据容量的极限是计算机硬盘空间的大小.

4.2 节

输 出 数 据

4.2.1 输出数据为一个 ASCII 文本文件

相应的函数是 write.table().

假设你的数据包含在一个名为 mydata 的数据框中, 你想将它们保存在一个文本文件里面. 为此你可以使用如下的指令:

```
write.table(mydata, file = "myfile.txt", sep = "\t")
```

注释

另外, 还有一个函数 write() 可用于对向量和矩阵做输出操作. 该函数有一个有趣的参变量 (ncolumns), 可用来指定生成后的文件中列的数目. 但是要注意, 输出的文件包含的是正在写的矩阵或向量的转置.

4.2.2 输出数据到 Excel 或 OpenOffice Calc

例如, 在 R 控制台中键入如下的指令:

```
X <- data.frame(Weight=c(80,90,75),Height=c(182,190,160))
write.table(X,file("clipboard"),sep="\t",dec=",",row.names=FALSE)
```

此数据现在被复制到剪贴板了, 接着可以将它们粘贴到电子表格中去, 比如通过组合键 CTRL+V.

另外也可以考虑使用程序包 xlsReadWrite (仅适用于 Windows 系统).

4.3 节 创建数据

4.3.1 输入趣味型的数据

这一小节将告诉你如何快速地创建一些数据.
主要用到的函数有: c(), seq(), :() 和 rep().

- 函数 c() 用于创建一个向量, 通过直接将它的参变量串联 (concatenating) 起来:

```
> c(1,5,8,2.3)
[1] 1.0 5.0 8.0 2.3
```

- 函数 seq() 生成一个序列值形式的向量:

```
> seq(from=4,to=5)
[1] 4 5
> seq(from=4,to=5,by=0.1)
 [1] 4.0 4.1 4.2 4.3 4.4 4.5 4.6 4.7 4.8 4.9 5.0
> seq(from=4,to=5,length=8)
[1] 4.000000 4.142857 4.285714 4.428571 4.571429 4.714286
[7] 4.857143 5.000000
```

注释

前面这两个函数也可用来创建字符串向量.

- 函数 ":"() 生成一个整数序列:

```
> 1:12
 [1]  1  2  3  4  5  6  7  8  9 10 11 12
```

- 函数 rep() 能以多种精巧的方式重复其第一个参变量的值.
  我们把下面的这些指令留给读者去理解和领会:

```
> rep(1,4)
[1] 1 1 1 1
> rep(1:4, 2)
[1] 1 2 3 4 1 2 3 4
> rep(1:4, each = 2)
[1] 1 1 2 2 3 3 4 4
> rep(1:4, c(2,1,2,3))
[1] 1 1 2 3 3 4 4 4
> rep(1:4, each = 2, len = 4)
[1] 1 1 2 2
> rep(1:4, each = 2, len = 10)
 [1] 1 1 2 2 3 3 4 4 1 1
> rep(1:4, each = 2, times = 3)
 [1] 1 1 2 2 3 3 4 4 1 1 2 2 3 3 4 4 1 1 2 2 3 3 4 4
```

4.3.2 产生伪随机数

函数 runif() 生成一列随机发生数 (服从均匀分布):

```
> runif(5)
[1] 0.4344968 0.7153407 0.4561363 0.9580362 0.7260245
> runif(5,min=2,max=7)
[1] 5.634204 4.046403 5.415685 5.251441 2.209174
```

函数 rnorm() 从一个正态分布中生成一列随机数:

```
> rnorm(5)
[1]  0.13585341 -0.09483162 -2.12326103  0.45974393  1.29587671
> rnorm(5,mean=2,sd=3)
[1] -0.8673785  3.5660222  0.9401026  3.4794672  4.2175481
```

另见

我们将在第 12 章的第 370 页中遇到其他许多类似的函数.

4.3.3 从一个硬拷贝 (hard copy) 来键入数据

- **使用函数 scan() 来创建一个向量**

scan() 比 c() 要更灵活, 利用它用户可以随心所欲地轻松键入数据:

```
> z <- scan()       # R 将等待你键入数据
1: 4.2
2: 5.6
3: 8.9
4: 1
5: 2.3
6:  # 在一个空行后按回车键 (ENTER) 来停止该输入过程
Read 5 items
> z
[1] 4.2 5.6 8.9 1.0 2.3
```

- **创建几个具有不同长度的向量**

函数 data.entry() 对于完成此类任务特别有用. 这个函数不输出任何东西, 手动输入的变量将存储在显示出的小型电子表格之中:

```
# 下面的第一条指令 (后续再给出解释) 可用于删除当前会话中全部的对象
rm(list=ls())
data.entry("")
```

现在可以改变各个变量 (列) 的名称并键入数据, 而且各个列可以包含不同数目的观测值. 当退出这个小型电子表格并键入指令 ls() 后, 会看到刚刚已创建的那些变量的名称.

Mac

这个函数的工作方式在不同的操作系统下会有变化.

- **创建一个个体 × 变量的交叉表**

为了直接向 R 的小型电子表格键入数据 (就像使用 Excel), 可以简单地使用函数 de() [**数据输入** (data entry) 的首字母], 如下面的指令所示:

```
X <- as.data.frame(de(""))
```

提醒

记住通过点击表格的第一行中的各单元 (此行存放的都是变量名) 来修改变量的名称以及各列的类型 [**数值型** (numeric) 或**字符型** (character)]. 一旦完成了数据输入工作, 需要关闭表格窗口以返回到 R 控制台.

如果需要对数据表 X 做小的修改, 只需简单地使用函数 fix(): fix(X).

小窍门

下面的 (可选) 函数可用于对 X 的行进行命名:

```
rownames(X) <- paste("ind",1:nrow(X),sep="")
```

各个个体的名称将会出现在小型电子表格的第一列 (称为 row.names).

4.4 节

† 数据库中的读/写操作

R 能够同大多数的数据库管理系统 (Data Base Management Systems, DBMS) 进行沟通. 在这一小节, 我们简略地梳理一下对数据库管理系统 MySQL 的一些主要操作.

EasyPHP 是一个具有双服务器 (一个 Apache 网络服务器和一个 MySQL 数据库服务器)、一个脚本解释器 (PHP) 和一个 SQL 管理工具 (phpMyAdmin) 的工作环境. 下载、安装并运行最新版本的 EasyPHP: http://www.easyphp.org.

注释

可能需要配置计算机的防火墙使得它允许由 EasyPHP (mysqld 和 Apache) 所启动的服务.

4.4.1 创建一个数据库和一个表格

启动 EasyPHP 并在任务栏右边的图标 上点击右键 [需要先检查白色的小三角形**显示隐藏的图标** (`Show hidden icons`)], 然后选择 Administration. 网络浏览器随后应当会打开 [如果浏览器未启动, 尝试使用**火狐** (`firefox`) 浏览器并右键点击 EasyPHP 图标再键入 `Configuration: Listen 127.0.0.1:80` 以配置 Apache 服务器]. 在打开的网页中, 点击 MODULES 选项的 open 按钮来进入 phpMyAdmin 的管理页面, 然后点击 Databases 选项卡来创建一个名为 `BMI` 的新数据库. 通过点击出现在界面左边的图标 Create table 即可创建一个表格.

然后将该表格命名为 `mytable`.

接下来为你的表格定义 4 个字段 (每行一个) 并填充如下:

- **Name**=`FirstName`, **Type**=`VARCHAR` 和 **Length/Values**=`20`;
- **Name**=`Weight`, **Type**=`FLOAT` 和 **Length/Values**=`3`;
- **Name**=`Height`, **Type**=`FLOAT` 和 **Length/Values**=`3`;
- **Name**=`BMI`, **Type**=`FLOAT` 和 **Length/Values**=`5`.

点击 **Save**.

4.4.2 创建一个与 MySQL 兼容的数据源

在 R 软件中, 由于创建了与已有的某个数据库之间的 ODBC [**开放数据库连通** (Open DataBase Connectivity)] 链接, 程序包 `RODBC` 中的函数 `odbcConnect()`, `sqlQuery()` 和 `odbcClose()` 可用于处理来自不同系统 (PostgreSql, MySQL 等) 的数据库. 在 Windows 系统下, 我们给出如何创建同 withMySQL 兼容的 ODBC 数据源的一个指南.

首先安装 MyODBC (MySQL Connector/ODBC) (`http://dev.mysql.com/downloads/connector/odbc`); 然后运行文件 `C:\Windows\System32\odbcad32.exe` 以显示窗口的数据源 (ODBC).

小窍门

对于 64 位计算机, 需要使用文件 `C:\Windows\Syswow64\odbcad32.exe`.

单击 Add 并点选 MySQL ODBC 5.1 Driver. 在弹出的新窗口中, 键入如下的字段:

Data Source Name: `dsnBMI`
TCP/IP Server: `127.0.0.1` Port: `3306`
User: `root`
Database: `BMI`

然后单击按钮 Test. 如果一切正常的话, 信息**链接成功** (Connection successful) 将会出现. 接着单击 OK (两次) 来关闭对话框.

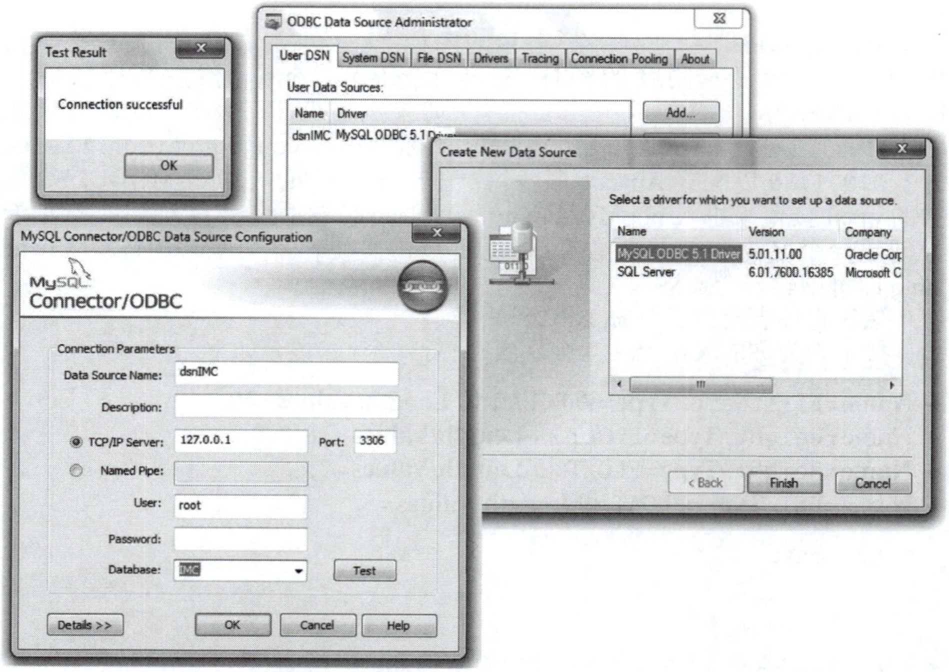

这样就成功地配置了一个允许 R 与 MySQL 进行沟通的 ODBC 链接.

Linux

检查文件 `/etc/odbcinst.ini` 是否包含有指向 MySQL 数据库的驱动程序索引. 还需要修改 (作为根) 文件 `/etc/odbc.ini` 使得其包含如下的行:

```
[dsnBMI]        # 数据源的名称
Description =
Driver = MySQL
Server = localhost
Database = BMI
Port = 3306
```

4.4.3 在一个表格中进行写操作

假如现在想在已建好的数据库 `BMI` 中的表格 `mytable` 里面写入信息. 下面的指令可用来给名为 Peter 的个体添加 Weight, Height 和 BMI (暂时设为 0) 这三项指标值:

```
> require(RODBC)
> Connection <- odbcConnect(dsn="dsnBMI",uid="root",pwd="")
> request <- "INSERT INTO mytable VALUES ('Peter',72,182,0)"
> result <- sqlQuery(Connection,request)
> odbcClose(Connection)
```

这里再给出同时写入多个个体数据的一个例子:

```
> FirstNames <- c("Ben","John")
> Weight <- c(70,75)
> Height <- c(190,184)
> BMI <- round(Weight/(Height/100)^2,3)
> mat <- cbind(FirstNames,Weight,Height,BMI)
> insertmult <- function(vect)
+     paste("(",toString(c(encodeString(vect[1],quote="'"),
+       vect[-1])),")",sep="")
> tobeinserted <- toString(apply(mat,1,insertmult))
> tobeinserted
[1] "('Ben', 70, 190, 19.391), ('John', 75, 184, 22.153)"
> require(RODBC)
> Connection <- odbcConnect(dsn="dsnBMI",uid="root",pwd="")
> request <- paste("INSERT INTO mytable (FirstName,Weight,Height,BMI)
+                  VALUES ",tobeinserted,sep="")
> result <- sqlQuery(Connection,request)
> odbcClose(Connection)
```

小窍门

请返回到 phpMyAdmin 界面去核对表格 `mytable` 是否确实已经被修改 (通过 Browse 选项卡).

4.4.4 读取一个表格

为了将表格 `mytable` 中的信息读入到 `R` 中, 可以使用下面的指令:

```
> require(RODBC)
> Connection <- odbcConnect(dsn="dsnBMI",uid="root",pwd="")
> request <- "SELECT * FROM mytable"
> data <- sqlQuery(Connection,request)
> odbcClose(Connection)
> data
  FirstName Weight Height   BMI
1 Peter     72     182      0.000
```

```
2 Ben      70     190     19.391
3 John     75     184     22.153
```

备 忘 录

read.table(): 读取一个矩形数据文件
scan(): 逐行读取数据
read.ftable(): 读取一个列联表
ftable(): 显示一个列联表
readLines(): 读取并显示一个文件的部分行
file.choose(): 打开一个对话框来选取一个文件
file, header, sep, dec, row.names, skip: 函数 read.table() 的主要参变量
read.spss(), read.mtp(), read.xport(), readMat(): 从其他软件输入数据
write.table(): 写一个数据文件
file("clipboard"): 从剪贴板复制或粘贴到剪贴板中去
c(): 创建一列相同类型的元素
seq(): 创建一个全部是数字或全部是字符串的序列
rep(): 重复第一个参变量中的值
de(), data.entry(): 使用一个小型电子表格来输入数据
fix(): 修改一个小型电子表格中的一个数据框或矩阵

练 习 题

4.1- 写出从一个 ASCII 文本文件读取数据的三个主要的 R 函数.

4.2- 哪一个常用的数据读取函数会用到如下的参变量: header, sep, dec, row.names, skip, nrows. 解释它们的含义和作用, 并举例说明每个参变量能够取的值.

4.3- 函数 readLines() 的作用是什么?

4.4- 函数 fix() 的作用是什么?

4.5- 说明以下各函数的特异性: read.csv(), read.csv2(), read.delim() 和 read.delim2().

4.6- 函数 read.ftable() 的作用是什么?

4.7- 函数 scan() 和 read.table() 之间的差别是什么?

4.8- 说明你将如何从一个 Excel 电子表格读取数据 (给出具体的操作步骤).

4.9- 哪一个程序包中含有若干个可从商业统计软件向 R 输入数据的函数?

4.10- 在读取大型数据文件时, 函数 read.table() 的哪个参变量能提升读取的速度?

4.11- 应当使用哪个 R 函数来把包含于数据框中的数据集写入到某个文件中去? 还有哪些其他的函数?

4.12- 写出用于创建向量的四个基本函数.

4.13- 说明如何使用函数 seq() 来得到下面的向量:

```
[1] 1.0 1.1 1.2 1.3 1.4 1.5 1.6 1.7 1.8 1.9 2.0
```

4.14- 写出能输出如下向量的最精简的 R 指令:

1 1 2 2 3 3

4.15- 写出能输出如下向量的最精简的 R 指令:

1 2 3 1 2 3

4.16- 写出两个可在小型电子表格中手动输入数据的 R 函数的名称.

工 作 簿

读取各种数据集

A- 从一个硬拷贝键入数据

- **唇疱疹** (Fever blisters): 30 位患有唇疱疹的病人被随机指定用 5 种处理方法 (包括 1 种无效安慰剂作为对照) 中的一种来治疗 (每组 6 名病人). 对于每一位病人, 从出现第一个水泡到完全治愈期间的天数被记录下来.

治疗方法				
疗法 1 (安慰剂)	**疗法 2**	**疗法 3**	**疗法 4**	**疗法 5**
5	4	6	7	9
8	6	4	4	3
7	6	4	6	5
7	3	5	6	7
10	5	4	3	7
8	6	3	5	6

我们希望通过比较各个随机样本 (处理组) 的平均治愈时间来了解各种治疗方法之间是否存在着统计学差异. 相应的统计分析方法称为方差分析 (ANOVA), 我们将在第 15 章中予以介绍. 在这项实践操作中, 我们只是想简单地了解下该如何把上面表中的数据输入到 R 中并计算各处理组中的样本均值.

4.1- 使用函数 `de()` 将这些数据直接输入到 R 中;
4.2- 使用函数 `attach()` 和 `mean()` 来计算每个处理组的均值;
4.3- 使用函数 `colMeans()` 来同时计算全部处理组的均值;
4.4- 使用函数 `write.table()` 将你的数据框保存在一个名为 blisters.txt 的文件中;
4.5- 在某个文本编辑器中打开这个文件来检查是否存在问题;
4.6- 使用函数 `rm()` 来删除在工作环境中已经创建的全部 R 对象;
4.7- 使用函数 `read.table()` 来读取文件 blisters.txt 并显示其中的数据.

- **动脉粥样硬化的危险因素** (Risk factors for atherosclerosis): 作为动脉粥样硬化的危险因素研究的一部分, 数据已经被收集并汇总为如下的列联表 (变量的名称及取值的含义见第 2.1 和 2.3 节):

```
                       alcohol nondrinker occasional-drinker regular-drinker
 GENDER tobacco
 M      non-smoker              6                19                7
        former smoker           0                 9                0
        smoker                  1                 6                5
 F      non-smoker             12                26                2
        former smoker           3                 5                1
        smoker                  1                 6                1
```

我们感兴趣的是根据性别 (GENDER) 的不同, 吸烟 (smoker) 与饮酒 (drinker) 之间是否存在着相依性. 为了把上面这些数据输入到 R 中, 可采用如下的几个步骤:

4.1- 使用函数 `scan()` 来得到一个 6×3 的矩阵 `X`, 该矩阵仅包含前面这些数据;
4.2- 使用指令 `class(X) <- "ftable"` 来指定 `X` 为一个列联表;
4.3- 输入下面两条指令:

```
attributes(X)$col.vars <- list(alcohol=c("nondrinker",
           "occasional-drinker","regular-drinker"))
attributes(X)$row.vars <- list(GENDER=c("M","F"),tobacco=
              c("non-smoker","former smoker","smoker"))
```

4.4- 显示你刚刚创建好的列联表;
4.5- 使用函数 `write.ftable()` 来保存该列联表到一个名为 athero.txt 的文件中;
4.6- 在某个文本编辑器中打开这个文件来检查是否存在问题;
4.7- 使用函数 `rm()` 来删除工作环境中已经创建的全部 R 对象;
4.8- 使用函数 `read.table()` 来读取文件 athero.txt 并显示其中的数据.

B- 从其他软件输入数据

在研究儿童体重指数 (BMI) 的过程中, 一组统计学家以不同的格式收集到了数据. 作为一个练习, 我们打算去读取这些具有各种各样格式的数据文件 (我们手头已有几个名称都是 bmichild 的文件但它们的扩展名各不相同).

4.1- 读取文件 bmichild.xls 到一个名为 `bmi.XLS` 的数据框中;
4.2- 读取文件 bmichild.xpt 到一个名为 `bmi.SAS` 的数据框中;
4.3- 读取文件 bmichild.sav 到一个名为 `bmi.SPSS` 的数据框中;
4.4- 读取文件 bmichild.mat 到一个名为 `bmi.MAT` 的数据框中; 对于这个文件所用的方法较为棘手, 因此这里给出详细的指令:

```
x <- readMat("bmichild.mat")
class(x) # x 是一个列表
x        # 你会看到所有的数据都在 $bmi[,,1] 之中
x <- x$bmi[,,1]
# 注意 GENDER 和 zep 的元素都记录在一个列表中
x$GENDER
class(x$GENDER) <- "character"
x$GENDER
class(x$zep) <- "character"
bmi.MAT <- as.data.frame(x)
```

4.5- 为了检查前面的读取过程中是否存在问题, 使用函数 `summary()` 来对上面全部的数据框一一进行操作. 这将会显示一些数值汇总结果.

4.6- 注意, 上面所有的数据框都是完全相同的. 保存其中的一个到名为 bmichild.txt 的文本文件中.

C- 输入更复杂的数据文件

实际应用中经常会遇到一些非标准格式的数据文件, 我们在这里给出读取非标准格式数据文件的几个训练并希望在这些数据文件上进行统计分析.

4.1- 将文件 raf98.gra 输入为与其最相近的数据结构. 为此, 需要先阅读描述该文件格式的关联文件 geoidformat.txt.

4.2- 将文件 Infarction.xls 输入到一个数据框中, 并确保正确地处理了其中的缺失数据.

4.3- 文件 nutrition_elderly.txt 包含了对 226 个个体分别测量了 13 个变量的数据, 读取该文件到一个数据框中 (提示: 使用函数 `t()` 和 `as.data.frame()`).

4.4- 文件 Birth_weight.txt 包含了对 189 个个体分别测量了 10 个变量的数据, 读取该文件到一个数据框中, 它必须包含各变量的名称以及各个体的名字 (包含在 `Id` 那一列中). 记住, 必要的时候可以使用在线帮助!

第 5 章　数据操作及函数

预备知识以及本章的目标

- 阅读第 3 章和第 4 章.
- 本章将介绍一些基础的数据操作函数. 同时, 我们也将对一些主要的控制结构进行阐述, 并展示如何来使用对象组件提取工具. 我们还将介绍直接提取和逻辑掩蔽 (logical mask) 提取 (借助于元素全为 "TRUE" 或 "FALSE" 的逻辑矩阵或向量). 最后, 我们还会介绍如何在 R 中处理字符串和日期.

5.1 节

对向量、矩阵和列表的操作

5.1.1 向量运算

在 R 中可以对向量 (vector) 和矩阵 (matrix) 进行运算. 例如, 指令

```
> x <- c(1,2,4,6,3)
> y <- c(4,7,8,1,1)
> x+y
[1]  5  9 12  7  4
```

返回了向量的和 $(x_1 + y_1, \ldots, x_n + y_n)$.

提醒

这是 R 的**主要优势**之一, 称之为向量化 (vectorization). 它可以**避免使用循环来编程**, 从而极大地提高运算速度.

R 的许多函数都能以类似的方式进行运算, 比如: +, *, -, /, exp, log, sin, cos, tan, sqrt, 等等.

例如, 下面的指令将会计算矩阵 M 中每一个元素的指数:

```
> M <- matrix(1:9,nrow=3)
> exp(M)
          [,1]      [,2]     [,3]
[1,]  2.718282  54.59815 1096.633
[2,]  7.389056 148.41316 2980.958
[3,] 20.085537 403.42879 8103.084
```

5.1.2 再循环 (recycling)

对两个长度不一致的向量进行一项运算时, R 会通过重复使用该向量的值来把最短的那个向量填充完整. 参见下面的例子:

```
> x <- c(1,2,3,4,5,6,7,8,9,10,11,12,13,14,15) # 向量的长度是 15
> y <- c(1,2,3,4,5,6,7,8,9,10)                # 向量的长度是 10
> x+y                                          # 向量的长度是 15
 [1]  2  4  6  8 10 12 14 16 18 20 12 14 16 18 20
```

R 以循环的方式重复使用 y 的值, 从而得到其完整填充后的形式: c(1,2,3,4,5,6,7,8,9,10,1,2,3,4,5).

注释

这一操作方式称为**再循环**, 了解和熟知这种行为对用户来说是非常重要的, 因为它可能会引发难以检测的错误. 事实上, R 会显示一条警告信息 (最长对象的长度不是最短对象的长度的倍数):

```
Warning message:
In x + y :
  the length of the longest object is not a multiple
  of the length of the shortest object
```

下面再举一个关于再循环的例子, 这次是用来创建一个矩阵. 向量 1:4 以循环的方式被重复使用以填充一个已声明为 3×3 的矩阵:

```
> matrix(1:4,ncol=3,nrow=3)
     [,1] [,2] [,3]
[1,]    1    4    3
[2,]    2    1    4
[3,]    3    2    1
```

5.1.3 基本函数

下面列出一些基本的数据操作函数. 这些函数都是经常使用的, 因此非常有必要去了解并掌握它们.

- `length()`: 返回一个向量的长度.

```
> length(c(1,3,6,2,7,4,8,1,0))
[1] 9
```

- `sort()`: 以递增或递减的方式对一个向量的元素进行排序.

```
> sort(c(1,3,6,2,7,4,8,1,0))
[1] 0 1 1 2 3 4 6 7 8
> sort(c(1,3,6,2,7,4,8,1,0),decreasing=TRUE)
[1] 8 7 6 4 3 2 1 1 0
```

- `rev()`: 将一个向量的元素以倒序的方式重新排列.

```
> rev(c(1,3,6,2,7,4,8,1,0))
[1] 0 1 8 4 7 2 6 3 1
```

- `order()`, `rank()`: 第一个函数以向量形式返回按增序或减序排列后的各元素在原始向量中的位置索引, 第二个函数返回各元素的排名序号 (rank) 所构成的向量. 如果遇到某些元素取值相同时 [打结, (tie)], 排序总是按照从左至右的原则来进行.

```
> vec <- c(1, 3, 6, 2, 7, 4, 8, 1, 0)
> names(vec) <- 1:9
> vec
1 2 3 4 5 6 7 8 9
1 3 6 2 7 4 8 1 0
> sort(vec)
9 1 8 4 2 6 3 5 7
0 1 1 2 3 4 6 7 8
> order(vec)
[1] 9 1 8 4 2 6 3 5 7
> rank(vec)
  1   2   3   4   5   6   7   8   9
2.5 5.0 7.0 4.0 8.0 6.0 9.0 2.5 1.0
```

- `unique()`: 如函数名所示, 该函数移除向量中重复 (duplicate)出现的元素.

```
> unique(c(1,3,6,2,7,4,8,1,0))
[1] 1 3 6 2 7 4 8 0
```

- `duplicated()`: 判断 (真为 TRUE, 假为 FALSE) 向量中每个元素是否在它之前的元素中已经出现过 (从左至右依次读取).

```
> duplicated(c(1,3,6,2,7,4,8,1,0))
[1] FALSE FALSE FALSE FALSE FALSE FALSE FALSE TRUE FALSE
```

5.1.4 对矩阵和数据框进行运算

我们将介绍几个专门用来获取一个矩阵 (或一个数据框) 的信息或帮助管理它们的行和列的 R 函数.

另见

标准的矩阵运算 (乘积、分解、Jacobi 行列式等) 将在第 10 章的第 288 页进行介绍.

5.1.4.1 有关总体结构 (architecture) 的信息

这里是一些可用于查看矩阵或数据框有关信息的函数:

- dim(): 矩阵或数据框的维数 (大小);
- nrow(): 行的数目 (number of rows);
- ncol(): 列的数目 (number of columns);
- dimnames(): 行和列的名称 (列表的形式);
- names(), colnames(): 列的名称;
- rownames(): 行的名称.

自己动手

将来自文件 http://www.biostatisticien.eu/springeR/Weight_birth.xls 的数据输入到一个名为 X 的 R 对象中, 并对 X 使用上面的函数. 注意, 该文件的第一列给出了病人的标识码.

5.1.4.2 合并表格 (merging tables)

合并 (Merge) 几个矩阵或数据框常常是很有用的. 实现此目标的基本函数是 cbind() (按列合并) 和 rbind() (按行合并).

- 合并列

通用的函数是 cbind().

```
> cbind(1:4,5:8)
     [,1] [,2]
[1,]    1    5
[2,]    2    6
[3,]    3    7
[4,]    4    8
```

然而, 正如下面的例子所示, 这个函数并不是最优的. 假设我们想去尝试将如下的两个表格按列进行合并.

X1=

编号 (Id)	性别 (GENDER)	体重 (Weight)
1	M	75
2	F	68
3	F	48
4	M	72

∪

X2=

编号 (Id)	性别 (GENDER)	身高 (Height)
1	M	182
2	F	165
3	F	160
4	M	178

```
> X1 <- data.frame(Id=1:4,GENDER=c("M","F","F","M"),
+                  Weight=c(75,68,48,72))
> X2 <- data.frame(Id=1:4,GENDER=c("M","F","F","M"),
+                  Height=c(182,165,160,178))
> cbind(X1,X2)
  Id GENDER Weight Id GENDER Height
1  1      M     75  1      M    182
2  2      F     68  2      F    165
3  3      F     48  3      F    160
4  4      M     72  4      M    178
```

按照上面这样来操作是可以实施的, 但存在一个遗憾是列 Id 和 GENDER 都被重复了一次. 在这种情况下, 一个非常有用的函数是 merge():

```
> merge(X1,X2)
  Id GENDER Weight Height
1  1      M     75    182
2  2      F     68    165
3  3      F     48    160
4  4      M     72    178
```

现在假设这些个体的数据不是按照相同的方式存放在如下两个表格中.

X1=

编号 (Id)	性别 (GENDER)	体重 (Weight)
1	M	75
2	F	68
3	F	48
4	M	72

∪

X3=

编号 (Id)	性别 (GENDER)	身高 (Height)
2	F	165
1	M	182
4	M	178
3	F	160

这时你不能再使用函数 cbind() 了, 但函数 merge() 却仍然会起作用:

```
> X3 <- data.frame(Id=c(2,1,4,3),GENDER=c("F","M","M","F"),
+                               Height=c(165,182,178,160))
> merge(X1,X3)
  Id GENDER Weight Height
1  1      M     75    182
2  2      F     68    165
3  3      F     48    160
4  4      M     72    178
```

函数 merge() 默认的是合并两个数据框. 令 X 和 Y 为我们想要合并的数据框, 并令 Z 为 X 与 Y 合并后的数据框. 注意, 合并是基于这两个数据框中有相同名称的列来进行的. 我们称这些列为 "共同列". 参变量 by 可用来指定 (强制地) 哪些列是共同的. 该参变量的值可以是一个名称向量、一个索引向量或一个逻辑值向量. 所有其他的列将被 merge() 视为不同的列来处理, 尽管它们有着相同的名称. 函数 merge() 按下面的方式进行工作:

- 对数据框 X 的每一行 (个体), 函数 merge() 将这一行的全部元素与 Y 的每一行的各元素进行比较, 但只局限于共同列的子集;
- 如果找到了一个完美匹配, 它将认为这是同一个体: 这一个体被添加到 Z 中 (作为一行), 并将来自 X 和 Y 的非共同列中的值填充过去;
- 若没有发现完美匹配, 个体要么被添加到 Z 并以 NA 完成填充 [如果参变量 all() 取值为 TRUE], 要么直接移除 [如果参变量 all() 取默认值为 FALSE];
- 对下一行重复上面的操作直到最后一行为止.

下面的这个例子应当可以帮助进一步理解函数 merge():

```
> X <- data.frame(GENDER=c("F","M","M","F"),Height=c(165,182,
+       178,160),Weight=c(50,65,67,55),Income=c(80,90,60,50))
> Y <- data.frame(GENDER=c("F","M","M","F"),Height=c(165,182,
+       178,160),Weight=c(55,65,67,85),Salary=c(70,90,40,40),
+             row.names=4:7)
> X
  GENDER Height Weight Income
1      F    165     50     80
2      M    182     65     90
3      M    178     67     60
4      F    160     55     50
> Y
  GENDER Height Weight Salary
4      F    165     55     70
5      M    182     65     90
6      M    178     67     40
7      F    160     85     40
> merge(X,Y,by=c("GENDER","Weight"))
  GENDER Weight Height.x Income Height.y Salary
1      F     55      160     50      165     70
2      M     65      182     90      182     90
3      M     67      178     60      178     40
> merge(X,Y,by=c("GENDER","Weight"),all=TRUE)
  GENDER Weight Height.x Income Height.y Salary
1      F     50      165     80       NA     NA
2      F     55      160     50      165     70
3      F     85       NA     NA      160     40
```

```
4      M     65      182      90      182      90
5      M     67      178      60      178      40
```

提醒

在确定共同个体的时候, 函数 merge() 默认地不会去考虑数据框 X 和 Y 中个体的名称. 若要把个体的名称包含进去, 可以选择给 X 和 Y 添加一个 Id 列以识别各个个体, 或者使用行名 "row.names" 作为参变量 by 的取值.

```
> merge(X,Y,by=c("row.names","Weight"))
  Row.names Weight GENDER.x Height.x Income GENDER.y Height.y
1         4     55        F      160     50        F      165
  Salary
1     70
> merge(X,Y,by=c("row.names","Weight"),all=TRUE)
  Row.names Weight GENDER.x Height.x Income GENDER.y Height.y
1         1     50        F      165     80     <NA>       NA
2         2     65        M      182     90     <NA>       NA
3         3     67        M      178     60     <NA>       NA
4         4     55        F      160     50        F      165
5         5     65     <NA>       NA     NA        M      182
6         6     67     <NA>       NA     NA        M      178
7         7     85     <NA>       NA     NA        F      160
  Salary
1     NA
2     NA
3     NA
4     70
5     90
6     40
7     40
```

- 合并行

通用的函数是 rbind().

```
> rbind(1:4,5:8)
     [,1] [,2] [,3] [,4]
[1,]    1    2    3    4
[2,]    5    6    7    8
```

来自程序包 gtools 中的函数 smartbind() 更为高级精巧, 正如下面的例子所示:

```
> require(gtools)
> df1 <- data.frame(A=1:5, B=LETTERS[1:5])    # 用方括号 [] 来
                                               # 提取元素的方法
> df2 <- data.frame(A=6:10, E=letters[1:5])   # 将在 5.5 节
                                               # 中进行介绍
> smartbind(df1, df2)
    A   B    E
1.1 1   A <NA>
```

```
1.2  2    B <NA>
1.3  3    C <NA>
1.4  4    D <NA>
1.5  5    E <NA>
2.1  6 <NA>    a
2.2  7 <NA>    b
2.3  8 <NA>    c
2.4  9 <NA>    d
2.5 10 <NA>    e
```

小窍门

程序包 gdata 中包含了几个非常有趣的数据操作函数.

5.1.4.3 函数 apply()

apply() 是一个常用的函数, 它可以使用另一个给定的函数 (由参变量 FUN 的取值来指定) 来对一个矩阵或数据框的全部行 (MARGIN=1) 或全部列 (MARGIN=2) 进行运算.

```
> X <- matrix(c(1:4, 1, 6:8), nr = 2)
> X
     [,1] [,2] [,3] [,4]
[1,]    1    3    1    7
[2,]    2    4    6    8
> apply(X, MARGIN=1, FUN=mean)
[1] 3 5
> apply(X, MARGIN=2, FUN=sum)
[1]  3  7  7 15
```

小窍门

当操作或运算是对行或列进行汇总或求均值时, 也可以直接使用函数: rowSums(), colSums(), rowMeans(), colMeans().

自己动手

我们想要看一下怎样去计算一个矩阵的各行的元素的平方和. 首先, 创建一个 5×2 的名为 M 的矩阵 (元素的取值自由指定); 然后, 使用函数 apply() 对矩阵 M 的行进行运算. 这时需要将参变量 FUN 赋值为: FUN=function(x) {sum(x^2)}.

提醒

在上面这个“自己动手”的练习中，我们看到可以通过使用保留字 function 来自创函数 (sum(x^2)) 以完成函数 apply() 的正常调用. 在第 8 章我们将更详细地介绍如何来创建更为复杂精巧的函数.

5.1.4.4 函数 sweep()

函数 sweep() 用来从一个表格的每一行 (MARGIN=1) 或每一列 (MARGIN=2) 中“清理” (sweep out) (具体含义由参变量 FUN 的值定义) 某一个统计值 (由参变量 STATS 的值来指定). 接下来的两个例子应当可以帮助读者理解这个函数.

```
> X
     [,1] [,2] [,3] [,4]
[1,]    1    3    1    7
[2,]    2    4    6    8
> # 从第 1 行减去 3, 并从第 2 行减去 5
> sweep(X,MARGIN=1,STATS=c(3,5),FUN="-")
     [,1] [,2] [,3] [,4]
[1,]   -2    0   -2    4
[2,]   -3   -1    1    3
> # 前面两列除以 2, 后面两列除以 3
> sweep(X,MARGIN=2,STATS=c(2,2,3,3),FUN="/")
     [,1] [,2]      [,3]     [,4]
[1,]  0.5  1.5 0.3333333 2.333333
[2,]  1.0  2.0 2.0000000 2.666667
```

5.1.4.5 函数 stack()

函数 stack() 将一个数据框的某些列的值串联 (concatenate) 成单个向量. 该函数会输出一个数据框, 其第一列为堆叠的 (stacked) 向量, 第二列包含一个因子用以指示各个观测的原始出处. 函数 unstack() 执行逆向操作, 它对方差分析 (ANOVA) 是非常有用的.

```
> X <- data.frame(trt1=c(1,6,3,5),trt2=c(8,8,3,1))
> X
  trt1 trt2
1    1    8
2    6    8
3    3    3
4    5    1
> stack(X)
  values  ind
1      1 trt1
2      6 trt1
3      3 trt1
4      5 trt1
```

```
5       8 trt2
6       8 trt2
7       3 trt2
8       1 trt2
```

5.1.4.6 函数 aggregate()

函数 aggregate() 根据一个因子 (由参变量 by 的值指定) 将一个数据框分裂为几个子总体并对每一个子总体应用某个预先给定的函数.

```
> X<-data.frame(Weight=c(80,75,60,52),Height=c(180,170,165,150),
+                             Cholesterol=c(44,12,23,34),
+                        Gender=c("Male","Male","Female","Female"))
> X
  Weight Height Cholesterol Gender
1     80    180          44   Male
2     75    170          12   Male
3     60    165          23 Female
4     52    150          34 Female
> aggregate(X[,-4],by=list(Gender=X[,4]),FUN=mean)
  Gender Weight Height Cholesterol
1 Female   56.0  157.5        28.5
2   Male   77.5  175.0        28.0
```

注释

指令 X[,-4] 用来抽取 X 中除第 4 列外的其他所有的列. 我们将在第 5.4 节中对提取指令 (extraction instruction) 做进一步的探讨.

5.1.4.7 函数 transform()

该函数用来对一个数据框的列进行转换操作. 例如, 接下来的例子将身高 (Height) 的单位从 cm 转换为 m, 并为数据框添加了一个新的列 BMI.

```
> X <- transform(X,Height=Height/100,BMI=Weight/(Height/100)^2)
> X
  Weight Height Cholesterol Gender      BMI
1     80   1.80          44   Male 24.69136
2     75   1.70          12   Male 25.95156
3     60   1.65          23 Female 22.03857
4     52   1.50          34 Female 23.11111
```

另见

程序包 plyr 以一种简单而有效的方式来对数据表进行管理和操作.

5.1.5 列表的运算

函数 lapply() 和 sapply() 都类似于函数 apply(): 它们对一个列表的每一个组成部分应用某一个函数, 但前者输出一个列表, 而后者输出一个向量.

```
> x <- list(a = 1:10, beta = exp(-3:3), logic = c(TRUE,FALSE,
+            FALSE,TRUE))
> lapply(x,mean)       # 此列表各个组成部分的均值
$a
[1] 5.5
$beta
[1] 4.535125
$logic
[1] 0.5
> lapply(x,quantile,probs=(1:3)/4)     # 列表各个组成部分的
                                        # 中位数和四分位数
$a
 25%  50%  75%
3.25 5.50 7.75
$beta
      25%       50%       75%
0.2516074 1.0000000 5.0536690
$logic
25% 50% 75%
0.0 0.5 1.0
> sapply(x, quantile)    # 列表各个组成部分的四分位数
         a        beta logic
0%    1.00  0.04978707   0.0
25%   3.25  0.25160736   0.0
50%   5.50  1.00000000   0.5
75%   7.75  5.05366896   1.0
100% 10.00 20.08553692   1.0
> i36 <- sapply(3:6, seq)  # 创建一个由向量构成的列表
> i36
[[1]]
[1] 1 2 3
[[2]]
[1] 1 2 3 4
[[3]]
[1] 1 2 3 4 5
[[4]]
[1] 1 2 3 4 5 6
> sapply(i36, sum) # 对列表中的各个向量求和
[1]  6 10 15 21
```

小窍门

函数 do.call() 有两个参变量: 第一个是某一函数的名称, 第二个是某一列表的名称. 它将列表的组成部分作为函数的输入对象来运算.

我们将在本章的实践操作部分 (工作簿) 中看到一个应用的例子, 还将会提到另一个函数 mapply().

5.2 节

逻辑和关系运算

我们通常只考虑两个逻辑值即"真" TRUE (或 T) 和"假" FALSE (或 F). 同时要注意, 在 R 中 NA 被视为一个逻辑常数. R 中的逻辑向量是非常有用的, 比如我们稍后将要看到的**通过逻辑掩蔽来提取元素**.

表 5.1 列出了以逻辑值作为输入或输出对象的有关操作和函数 (表 5.1).

提醒

注意, 下面这两个指令会给出不同的结果:

```
> all.equal(0.2-0.1,0.3-0.2)
[1] TRUE
> (0.2-0.1) == (0.3-0.2)
[1] FALSE
```

这是由于计算机的运算具有**有限精度**这一客观情况所造成的. 函数 `all.equal()` 有可选的**容许偏**差参变量来控制舍入误差, 我们将在关于条件指令 (conditional instruction) 的小节中进一步地讨论这一点. 第 5.9 节解释了为什么上面的第二条指令会返回 FALSE.

表 5.1: 以逻辑值作为输入或输出的操作和函数

R 中的运算符	描述	例子	输出
`logical()`	创建一个逻辑值向量	`logical(2)`	F F
`as.logical()`	转换为逻辑值	`as.logical(c(0,1))`	F T
`is.logical()`	参变量是否为一个逻辑值?	`is.logical(F)`	T
`x < y`	$x_i < y_i$ 是否成立?	`c(1,4)<c(2,3)`	T F
`x > y`	$x_i > y_i$ 是否成立?	`c(1,4)>c(2,3)`	F T
`x <= y`	$x_i <= y_i$ 是否成立?	`c(1,4)<=c(1,3)`	T F
`x >= y`	$x_i >= y_i$ 是否成立?	`c(1,4)>=c(1,3)`	T T
`x == y`	$x_i = y_i$ 是否成立?	`c(1,4)==c(1,3)`	T F
`x != y`	$x_i \neq y_i$ 是否成立?	`c(1,4)!=c(1,3)`	F T
`!x`	x 的对立面	`!c(T,F)`	F T
`x & y`	逐项同时发生 [且 (AND)]	`c(T,T) & c(T,F)`	T F
`x && y`	全序列相继同时发生	`F && T && T`	F
`x | y`	逐项析取 (或-OR)	`c(T,T) | c(T,F)`	T T
`x || y`	全序列相继析取 (或-OR)	`F || T || F`	T
`xor(x, y)`	不包含性析取 (异或-XOR)	`xor(c(T,T),c(T,F))`	F T
`any(x)`	若至少有一个 x_i 为 TRUE 则取 TRUE	`any(c(T,F))`	T
`all(x)`	若全部的 x_i 为 TRUE 则取 TRUE	`all(c(T,F))`	F
`all.equal(x,y)`	$x_i \approx y_i$ 是否成立? (见参变量 tolerance)	`all.equal(0.2-0.1,0.3-0.2)`	T
`identical(x,y)`	若对任意 $\forall i, x_i = y_i$ 则为 TRUE	`identical(1,as.integer(1))`	F

5.3 节

集合的运算

R 能够执行对集合的所有常见的操作或运算 (表 5.2).

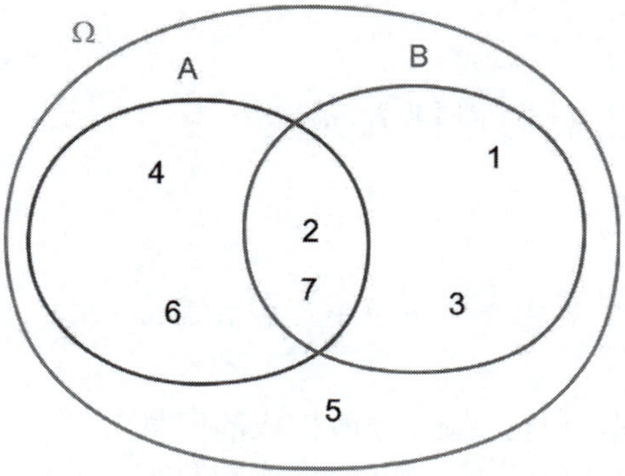


```
> A <- c(4,6,2,7)   # 第一个集合
> B <- c(2,1,7,3)   # 第二个集合
> vec <- c(2,3,7)   # 一些元素
```

表 5.2: 集合的运算

运算	R 指令	输出
属于: $a \in A$	`is.element(vec,A)`	T F T
包含于 (子集): $A \subset B$	`all(A %in% B)`	F
超 (父) 集: $A \supset B$	`all(B %in% A)`	F
交集: $A \cap B$	`intersect(A,B)`	2 7
并集: $A \cup B$	`union(A,B)`	4 6 2 7 1 3
补集: $A\backslash B$	`setdiff(A,B)`	4 6
对称差: $(A \cup B)\backslash(A \cap B)$	`setdiff(union(A,B),intersect(A,B))`	4 6 1 3

小窍门

在 R 中定义我们自己的集函数是非常容易的, 比如包含于、包含以及对称差的函数可分别写为:

```
> "%inclus%" <- function(A,B) all(A %in% B)
> "%contient%" <- function(A,B) B %inclus% A
> "%diffsym%" <- function(A,B) setdiff(union(A,B),
                            intersect(A,B))
```

5.4 节

提取和插入元素

在本节中, 我们来看一下怎样去提取一个向量、矩阵或列表的一部分. R 包含了具体的机制来达到这种效应.

5.4.1 从向量提取/对向量插入元素

- **提取 (extraction)**

使用函数 "["() 来从一个向量中提取元素 (分量), 它可以取以下的参变量:

- 要提取的元素的索引 (位置标示) 所构成的向量;
- 不提取的元素的索引 (位置标示) 所构成的向量;
- 逻辑值 TRUE/FALSE 构成的向量 (指示哪些元素被提取).

下面的一些例子会帮助读者更容易地理解这些概念:

```
> vec <- c(2,4,6,8,3)
> vec[2]
[1] 4
> "["(vec,2)          # 注:"[" 的确是一个函数
[1] 4
> vec[-2]             # 除了第 2 个元素外其余全部被提取
[1] 2 6 8 3
> vec[2:5]
[1] 4 6 8 3
> vec[-c(1,5)]
[1] 4 6 8
> vec[c(T,F,F,T,T)] # 通过逻辑掩蔽来提取
[1] 2 8 3
> vec>4
[1] FALSE FALSE  TRUE  TRUE FALSE
> vec[vec>4]          # 通过逻辑掩蔽来提取
[1] 6 8
```

提醒

在这里需要重点注意的是, 诸如 x[y>0] 的简单句法就能够将向量 x 中满足条件 $y_i > 0$ 的位置索引 i 所对应的元素全部提取出来.

```
> x <- 1:5
> y <- c(-1,2,-3,4,-2)
> x[y>0]
[1] 2 4
```

逻辑掩蔽 (logical mask) 有两大优势: 代码容易阅读而且运行速度非常快.

另外, 也需要注意其他几个非常有用的函数: which(), which.min() 和 which.max().

```
> mask <- c(TRUE,FALSE,TRUE,NA,FALSE,FALSE,TRUE)
> which(mask)    # 输出对应于值 TRUE 的位置索引
[1] 1 3 7
> x <- c(0:4,0:5,11)
> which.min(x)   # 输出最小值的位置索引
[1] 1
> which.max(x)   # 输出最大值的位置索引
[1] 12
```

提醒

值得注意的是 R 不处理位置索引 0, 这一点与其他一些编程语言有很大的不同.

- **替换 (replacement)**

对一个向量中的元素进行替换与提取的操作方式非常类似. 需要做的就是选择想要替换的元素, 然后使用赋值符号 <- 后面紧跟替代目标元素. 当然, 需要指定与挑选好的元素同样数目的替代目标元素.

我们来剖析该准则下的几个例子:

```
> z
[1] 0 0 0 2 0
> z[c(1,5)] <- 1
> z
[1] 1 0 0 2 1
> z[which.max(z)] <- 0
> z
[1] 1 0 0 0 1
> z[z==0] <- 8  # 那些取值为 0 的 z_i 都以 8 来替换
> z
[1] 1 8 8 8 1
```

- **插入 (insertion)**

使用函数 c() 来给一个现有的向量插入或添加元素:

```
> vecA <- c(1, 3, 6, 2, 7, 4, 8, 1, 0)
> vecA
[1] 1 3 6 2 7 4 8 1 0
> (vecB <- c(vecA, 4, 1))
 [1] 1 3 6 2 7 4 8 1 0 4 1
> (vecC <- c(vecA[1:4], 8, 5, vecA[5:9]))
 [1] 1 3 6 2 8 5 7 4 8 1 0
```

这种机制提供了一种能力，它能让一个初始大小并未固定的向量逐步变得完满和完整:

```
> a <- c()
> a <- c(a,2)
> a <- c(a,7)
> a
[1] 2 7
```

自己动手

- 分别创建包含 5 个人的身高 (单位: cm) 数据的向量 height <- c(182,150,160,140.5,191) 及性别 (编码为 0= 男/1= 女) 数据的向量 gender <- c(0,1,1,1,0). 从向量 height 中提取出男性的身高，先直接使用位置索引的方法进行提取，再使用逻辑掩蔽的方法重新执行一次该任务.
- 从如下的向量中提取所有位于 2 至 3 之间的数:

```
> x <- c(0.1,0.5,2.1,3.5,2.8,2.7,1.9,2.2,5.6)
```

5.4.2 从矩阵提取/对矩阵插入元素

- **提取**

有两种可能的方法用来从一个矩阵 X 中提取元素，每种方法都有其特有的语法.

(a) **通过索引来提取:** X[indr,indc]，其中 indr 是要提取的各行索引的向量而 indc 是各列索引的向量. 若省略 indr (或 indc) 则意味着所有的行都被选择 (或所有的列). 注意 indr 或 indc 都可在其前面加上负号 (-) 以表明不提取某行或某列的元素.

(b) **通过逻辑掩蔽来提取:** X[mask]，其中 mask 是由逻辑值 TRUE/FALSE 构成的且与 X 大小相同的矩阵，指示矩阵中哪些元素将被提取.

这里是关于第一种方法的一些例子:

```
> Mat <- matrix(1:12,nrow=4,ncol=3,byrow=TRUE)
> Mat
     [,1] [,2] [,3]
[1,]    1    2    3
[2,]    4    5    6
[3,]    7    8    9
[4,]   10   11   12
> Mat[2,3]           # 提取位于第 2 行第 3 列交叉位置的元素
[1] 6
> Mat[,1]            # 提取全部的行，但只是第 1 列
[1]  1  4  7 10
```

```
> Mat[c(1,4),]      # 全部的列以及第 1 行和第 4 行
     [,1] [,2] [,3]
[1,]    1    2    3
[2,]   10   11   12
> Mat[3,-c(1,3)]  # 第 3 行第 2 列处的元素
[1] 8
```

下面是使用逻辑掩蔽的一个例子:

```
> MatLogical <- matrix(c(TRUE,FALSE),nrow=4,ncol=3)
> MatLogical        # 与 Mat 的维数一致
      [,1]  [,2]  [,3]
[1,]  TRUE  TRUE  TRUE
[2,] FALSE FALSE FALSE
[3,]  TRUE  TRUE  TRUE
[4,] FALSE FALSE FALSE
> Mat[MatLogical] # 确保你理解该指令的含义
[1] 1 7 2 8 3 9
```

小窍门

出现上面的输出结果是因为在 R 中每个矩阵都是以一个长向量的形式来存储的, 实质上是将所有的列串联起来 (拉直). 作为一个例子, 可以去尝试命令 as.vector(Mat). 因此, 提取一个矩阵的元素可以不需要使用 [rows,columns] 的形式, 取而代之可使用向量 [ind] 来提取, 其中 ind 是一个位置索引向量 (或逻辑值向量) 用以指示该长向量中哪些元素将被提取.

```
> ind
[1] 2 4 6 8 3
> Mat[ind]
[1]  4 10  5 11  7
```

提醒

使用函数 "["() 有时会导致被操作对象的结构发生改变. 来看下面的这个例子:

```
> m <- matrix(1:6,nrow=2) ; m
     [,1] [,2] [,3]
[1,]    1    3    5
[2,]    2    4    6
> m[,1]
[1] 1 2
> class(m[,1])
[1] "integer"
```

可以看到上面的提取操作将我们的结果转换为一个简单的行向量. 这也许是我们不想要的, 因为这里我们实际上是希望得到一个只有一列的矩阵. 但是, 对这个问题我们可采用如下所示的代码来解决:

```
> m[,1,drop=FALSE]
     [,1]
[1,]    1
[2,]    2
```

自己动手

尝试将向量 c(0,2,3,4) 和 c(1,0,0,0) 按自动交替的方式进行合并以得到向量 c(1,0,0,2,0,3,0,4) (提示: 使用函数 cbind(), t() 和 as.vector()).

与向量运算情形一样, 函数 which() 也可用来返回一个矩阵中满足某个条件的那些元素的位置索引, 例如:

```
> m <- matrix(c(1,2,3,1,2,3,2,1,3),3,3)
> m
     [,1] [,2] [,3]
[1,]    1    1    2
[2,]    2    2    1
[3,]    3    3    3
> which(m == 1)    # m 视为矩阵各列串联后形成的长向量
[1] 1 4 8
> which(m == 1,arr.ind=TRUE)   # 输出成对形式的行列位置索引
     row col
[1,]   1   1
[2,]   1   2
[3,]   2   3
```

- 插入

向矩阵插入元素的操作与对向量的做法一样, 先通过索引或逻辑掩蔽来选择元素, 然后用其他的元素通过赋值符号 <- 来实现替换.

```
> m
     [,1] [,2] [,3]
[1,]    1    1    2
[2,]    2    2    1
[3,]    3    3    3
> m[m!=2] <- 0
> m
     [,1] [,2] [,3]
[1,]    0    0    2
[2,]    2    2    0
[3,]    0    0    0
> Mat <- Mat[-4,] ; Mat
     [,1] [,2] [,3]
[1,]    1    2    3
```

```
[2,]    4    5    6
[3,]    7    8    9
> m[Mat>7] <- Mat[Mat>7]
> m
     [,1] [,2] [,3]
[1,]    0    0    2
[2,]    2    2    0
[3,]    0    8    9
```

小窍门

另外一个函数也可用来提取 (因此也可用来插入) 元素: `subset()`. 例如, `subset(airquality, Temp > 80, select = c(Ozone, Temp))`.

自己动手

```
> m1 <- matrix(c(0,22,0,23,34,0,0,0,28),ncol=3)
> m2 <- matrix(c(10,1,4,10,9,9,2,6,4),ncol=3)
> m1
     [,1] [,2] [,3]
[1,]    0   23    0
[2,]   22   34    0
[3,]    0    0   28
> m2
     [,1] [,2] [,3]
[1,]   10   10    2
[2,]    1    9    6
[3,]    4    9    4
```

将 `m1` 中所有的非零值用 `m2` 中对应位置的元素替换.
从 `m1` 中移除第 2 列.

5.4.3 从数组提取/对数组插入元素

从数组 (阵列) 提取或对数组插入元素的操作与矩阵的情形类似, 唯一的差别是数组可能会超过两维. 因此, 我们将只列出一些例子, 请读者自己去理解并领会其中的含义.

```
> A <- array(1:12,dim=c(2,2,3))
> A
, , 1
     [,1] [,2]
[1,]    1    3
[2,]    2    4
```

```
, , 2
     [,1] [,2]
[1,]    5    7
[2,]    6    8
, , 3
     [,1] [,2]
[1,]    9   11
[2,]   10   12
> A[2,2,1]
[1] 4
> A[1,2,3] <- 4      # 用 4 去替换 11
> which(A==4,arr.ind=TRUE)
     dim1 dim2 dim3
[1,]    2    2    1
[2,]    1    2    3
> A[which(A==4,arr.ind=TRUE)]
[1] 4 4
> length(A[A>4])
[1] 7
```

5.4.4 从列表提取/对列表插入元素

- 提取

从列表中提取元素比矩阵的情形要稍稍复杂一些，这是因为一个列表的每个元素 (一级分量) 本身也是一个列表. 因此, 对一个列表使用函数 "["() 会输出另一个列表:

```
> L <- list(12,c(34,67,8),Mat,1:15,list(10,11))
> class(L)
[1] "list"
> L
[[1]]
[1] 12
[[2]]
[1] 34 67  8
[[3]]
     [,1] [,2] [,3]
[1,]    1    2    3
[2,]    4    5    6
[3,]    7    8    9
[[4]]
 [1]  1  2  3  4  5  6  7  8  9 10 11 12 13 14 15
[[5]]
[[5]][[1]]
[1] 10
[[5]][[2]]
[1] 11
> L[2]
[[1]]
```

```
[1] 34 67  8
> class(L[2])
[1] "list"
> L[c(3,4)]
[[1]]
     [,1] [,2] [,3]
[1,]    1    2    3
[2,]    4    5    6
[3,]    7    8    9
[[2]]
 [1]  1  2  3  4  5  6  7  8  9 10 11 12 13 14 15
```

因为列表常用于存储具有不同性质 (类型) 的元素 (基本单元), 必须使用函数 "[["() 来访问一个列表的基本单元:

```
> L[[2]]
[1] 34 67  8
> "[["(L,2)
[1] 34 67  8
> class(L[[2]])
[1] "numeric"
> L[[5]][[2]]
[1] 11
```

提醒

下面的指令会产生一个错误 (不正确的维数或下标):

```
> L[2,3]
Error in L[2, 3] : incorrect number of dimensions
> L[[2,3]]
Error in L[[2, 3]] : incorrect number of subscripts
```

高级用户

R 定义了所谓的**递归索引** (recursive indexing). 例如, 下面的例子先检索列表 L 的第二个分量的内容 [即向量 c(34,67,8)], 然后提取该向量的第三个元素:

```
> L[[c(2,3)]] # 递归索引
[1] 8
```

此外, 在 R 中存在一个机制来对列表的各个分量进行明确地命名, 随后就可使用符号 $ 通过分量的名字来提取元素.

```
> L <- list(cars=c("FORD","PEUGEOT"),climate=
+                          c("Tropical","Temperate"))
> L[["cars"]]
[1] "FORD"    "PEUGEOT"
> L$cars
[1] "FORD"    "PEUGEOT"
```

```
> L$climate
[1] "Tropical"  "Temperate"
```

- **插入**

插入分量或元素时可按照前述的方法, 即使用赋值符号 <-.

```
> L$climate[2] <- "Continental"
> L
$cars
[1] "FORD"     "PEUGEOT"
$climate
[1] "Tropical"    "Continental"
```

小窍门

一个列的名称中可以包含空格. 为了访问它, 需要用到双引号:

```
> L <- list("pretty cars"=c("FORD","PEUGEOT"))
> L
$`pretty cars`
[1] "FORD"     "PEUGEOT"
> L$"pretty cars"
[1] "FORD"     "PEUGEOT"
```

5.5 节

对字符串进行操作

在处理许多统计文件以及标注图表时, 对字符串的操作是非常有用的. 在这样的背景下, 我们来介绍一些主要的 R 函数.

正如我们在前面的章节中所看到的, 创建字符串是通过一对双引号 "" 或使用函数 as.character() 来完成的.

```
> string <- c("one","two","three")
> string
[1] "one"   "two"   "three"
> as.character(1:3)
[1] "1" "2" "3"
```

小窍门

函数 noquote() 可用来抑制 R 的输出结果中双引号的显示.

```
> noquote(string)
[1] one   two   three
```

函数 sQuote() 和 dQuote() 用来显示不同样式的引号.

函数 format() 用来产生个性化的显示. 例如, 对于数据框:

```
> zz <- data.frame("First names"=c("Pierre","Benoit","Rémy"),
+                                   check.names=FALSE)
> zz
  First names
1      Pierre
2      Benoit
3        Rémy
> format(zz, justify = "left")
  First names
1      Pierre
2      Benoit
3      Rémy
```

其他可用来管理显示的函数有: cat(), sprintf() 和 print().

函数 nchar() 计算一个字符串中字符的数目. 它可对一个字符串向量进行操作:

```
> string1 <- c("a","ab","B","bba","one","!@","brute")
> nchar(string1)    # 计算各个字符串中的字符的个数
[1] 1 2 1 3 3 2 5
> string1[nchar(string1)>2]
[1] "bba"   "one"   "brute"
```

小窍门

命令 letters 和 LETTERS 分别返回 26 个小写和大写的拉丁字母.

```
> letters
 [1] "a" "b" "c" "d" "e" "f" "g" "h" "i" "j" "k" "l" "m" "n"
[15] "o" "p" "q" "r" "s" "t" "u" "v" "w" "x" "y" "z"
> string1[string1 %in% c(letters,LETTERS)]
[1] "a" "B"
```

函数 paste() 用于连接若干个字符串.

```
> string2 <- c("e","D")
> paste(string1,string2) # 连接这两个字符串
[1] "a e"     "ab D"    "B e"     "bba D"   "one e"   "!@ D"
[7] "brute e"
> paste(string1,string2,sep="-")  # 一个分离符 (separator)
                                  # 可以包含于字符串之间
[1] "a-e"     "ab-D"    "B-e"     "bba-D"   "one-e"   "!@-D"
[7] "brute-e"
> paste(string1,string2,collapse="",sep="")  # collapse 可用来实现将
                                             # 字符串向量中的元素
                                             # 连接为单个字符串
[1] "aeabDBebbaDonee!@Dbrutee"
```

函数 substring() 用来从一个字符串中提取子字符串.

```
> substring("abcdef",first=1:3,last=2:4)
[1] "ab" "bc" "cd"
```

函数 strsplit() 用于分裂 (split) 一个字符串.

```
> strsplit(c("05 Jan","06 Feb"), split=" ")
[[1]]
[1] "05"  "Jan"
[[2]]
[1] "06"  "Feb"
```

函数 grep() 用来在字符串向量中搜寻某一种模式. 它返回字符串向量中包含这一模式的元素的位置索引.

```
> grep("i",c("Pierre","Benoit","Rems"))
[1] 1 2
```

函数 gsub() 将字符串向量中所有元素中具有某一模式的部分以另一个字符 (串) 进行替换.

```
> gsub("i","L",c("Pierre","Benoit","Rems"))
[1] "PLerre" "BenoLt" "Rems"
```

函数 sub() 仅替换第一个具有特定模式的字符串中的那一部分.

```
> sub("r","L",c("Pierre","Benoit","Rems"))
[1] "PieLre" "Benoit" "Rems"
```

小窍门

函数 tolower() 和 toupper() 可分别用来将一个字符串强制变为小写或大写形式.

```
> tolower("loWER")
[1] "lower"
> toupper("UPper")
[1] "UPPER"
```

自己动手

输入如下的数据框:

```
> X <- data.frame(date=c("03 JANUA","02 SEPTE","15 NOVEM"),
+                 sun=c(10,15,12))
> X
      date sun
1 03 JANUA  10
2 02 SEPTE  15
3 15 NOVEM  12
```

从 X 中移除第 1 列并添加两个新列: 一个称为 day, 包含以数字编码 (1 或 2 位数) 的日数, 另一个称为 month, 包含以四个小写字母编码的月份 (提示: 使用函数 transform()).

5.6 节

管理日期和时间单位

5.6.1 显示当前的日期

在 R 中, 有两个函数可以显示当前的日期和时间: Sys.time() 和 date().

```
> Sys.time()
[1] "2013-01-09 16:04:35 EST"
> date()
[1] "Wed Jan  9 16:04:35 2013"
```

年、月、日、小时、分钟和秒数都能够按如下的方式提取出来:

```
> as.numeric(substring(Sys.time(),c(1,6,9,12,15,18),
+              c(4,7,10,13,16,19)))
[1] 2013    1    9   16    4   35
```

小窍门

函数 system.time() 可用来确定一个 (段) 指令的执行时间 (execution time). 使用函数 Sys.sleep() 来控制在给定的秒数后中止一列指令的执行.

5.6.2 提取日期

在统计学中, 人们常常需要从文件中提取日期. 在 R 中存在多个函数来处理这类数据, 否则将很难操作.

一个有用的指令是 strptime(), 它可用来从一个字符串中检索日期并将其存入到一个 POSIXlt (所谓的包含日期和时间信息向量的列表) 类的 R 对象中.

```
> strptime("27/mar/73",format="%d/%b/%y")
[1] "1973-03-27"
```

注意到在前面的指令中参变量 `format` 可用于指定日期或时间将以何种形式编码到一个字符串中. 有许多的编码形式可以采用, 我们将在表 5.3 中予以说明.

注释

如果前面的指令输出的是 NA, 可能需要使用如下的指令来改变 R 中默认的时区参数 (locale):

```
> Sys.setlocale("LC_TIME","C")
```

表 5.3: 函数 strptime() 的编码

[例子都已用格式 format(Sys.time(),"%*letter*") 完成了创建]

编码	描述	例子
%a	缩写形式的星期几	Mon
%A	星期几的全名	Monday
%b	月份的缩写	Dec
%B	月份的全名	December
%c	日期和时间及时区	Mon 20 Dec 2010 13:06:24 CEST
%d	月份中的天数 (01-31)	20
%H	小时, 24 小时制 (0-24)	13
%I	小时, 12 小时制 (0-12)	01
%j	一年中的某天 (001-366)	354
%m	月份 (01-12)	12
%M	分钟 (00-59)	06
%S	秒数 (00-61), 含 2 闰秒	24
%U	一年的星期数 (00-53); 第一个周日记为第 1 周第 1 天	51
%w	星期的天数 (0-6); 周日是 0	1
%W	一年的星期数 (00-53); 第一个周一记为第 1 周第 1 天	51
%x	特定时区的日期	2010-12-20
%X	特定时区的时间	13:06:24
%y	不带世纪数的年份	10
%Y	有世纪数的年份	2010
%z	从格林威治时间开始算的偏移; '-0800' 为格林威治往西 8 小时	+0100
%Z	字符串形式的时区 (仅输出)	CEST

小窍门

在 Linux 下, 将指令 `man strptime` 键入一个终端窗口将会给出更多的编码.

自己动手

试着使用函数 strptime() 来读取下面的日期:

```
> dates1
[1] "3jan1948"  "4jan1950"  "30apr1961" "18sep1990"

> dates2
[1] "01/21/99 21:04:22" "03/28/99 22:19:55"
[3] "07/15/99 03:01:32"
```

注意, 函数 weekdays() 和 months() 可用来检索和读取以 POSIXlt 格式表示的日期中的星期几和月份.

5.6.3 对日期进行操作

在对日期进行操作之前, 先将日期和时间转换为 POSIXlt 或 POSIXct 类型的对象. 在 R 中有两个函数可产生这种效果: as.POSIXct(), 它会给出一个数值向量, 其中记录了从 1970 年 1 月 1 日算起所流逝的秒数; as.POSIXlt(), 它返回的结果可用一个由向量构成的列表来表示:

- sec (0-61): 秒数
- min (0-59): 分钟数
- hour (0-23): 小时数
- mday (1-31): 月份中的日数
- mon (0-11): 从年度第 1 个月开始算的月数
- year: 从 1900 年开始算的年数
- wday (0-6): 从周日开始算的星期的天数
- yday (0-365): 一年的天数
- isdst: 夏时制 (Daylight Saving Time, DST) 标志: 若 DST 被观测到取正值, 否则为 0 (若未知则取负值)

下面是一些使用这些函数的指令:

```
> z <- Sys.time()   # 以 POSIXct 的格式
> class(z) ; is.double(z)
[1] "POSIXt"  "POSIXct"
[1] TRUE
> z
[1] "2013-01-09 16:04:35 EST"
> as.numeric(z)    # 从 1970 年 1 月 1 日算起所流逝的秒数
[1] 1357765476
> as.POSIXct(as.numeric(z),origin="1960-01-01") # 起点能被改变
[1] "2003-01-09 21:04:35 EST"
> as.numeric(z)/60/60/24/7/c(53,52) # 大约 40 年已经流逝
```

```
[1] 42.35816 43.17274
> z <- as.POSIXlt(z)    # 以 POSIXlt 的格式
> class(z) ; is.list(z)
[1] "POSIXt"  "POSIXlt"
[1] TRUE
> z
[1] "2013-01-09 16:04:35 EST"

> names(z)
[1] "sec"   "min"   "hour"  "mday"  "mon"   "year"  "wday"
[8] "yday"  "isdst"
> z$year         # 从 1900 年开始算的年数
[1] 113
```

注意, 函数 as.POSIXct() 和 as.POSIXlt() 既可用于数值型向量也可用于字符串向量. 对于前面一种情形, 给参变量 origin 赋一个值, 并把它作为表示日期的一个字符串; 对于后者, 每个字符串必须是 "2001-02-03" 或 "2001/02/03" 的格式, 后面可选择性地紧跟一个空格或一个格式为 "14:52" 或 "14:52:03" 的时间. 使用函数 strptime() 来得到与上述这些函数相兼容的格式是有益处的 (见表 5.3 的描述).

```
> as.POSIXct("2001/02/03")
[1] "2001-02-03 EST"
> as.numeric(as.POSIXct("2001/02/03"))
[1] 981176400
> as.POSIXlt("2001/02/03")$wday
[1] 6
> lct <- Sys.getlocale("LC_TIME")
> Sys.setlocale("LC_TIME","C")    # 见第 104 页的注释
[1] "C"
> as.POSIXlt(strptime("27/mar/73",format="%d/%b/%y"))
[1] "1973-03-27"
> Sys.setlocale("LC_TIME",lct)    # 恢复该时区
[1] "fr_FR.UTF-8"
```

注释

Date 类也能用于表示日期.

```
> z <- as.Date(c("2006-06-01", "2007-01-01"))
> class(z)
[1] "Date"
> z[1] + 100      # 加 100 天
[1] "2006-09-09"
> z[2]-z[1]
Time difference of 214 days
> z[2] < z[1]
[1] FALSE
```

把日期存储在对象中有两大优点: 除了显示美观之外, 还可以对这些日期进行运算和操作 (比如两个日期作差、日期先后的检验-anteriority test, 等等), 正如下面的例子所示:

```
> date2 <- as.POSIXlt("2009-04-15")
> date1 <- as.POSIXlt("2000-11-24")
> date2-date1
Time difference of 3063.958 days
> difftime(date2,date1,units="hours")
Time difference of 73535 hours
> date1 <= date2
[1] TRUE
```

高级用户

程序包 chron 提供了许多处理日期的功能和函数.

5.7 节

控 制 流

跟所有的编程语言一样, R 也包含必要的控制结构来管理一个程序的执行流程.

5.7.1 条件指令

- **指令 switch()**

使用方式如下:

```
switch(<expr:test>,<expr:case1>=<code1>,<expr:case2>=<code2>,...)
```

在上面的指令中, 表达式 <expr:test> 要么是一个数要么是一个字符串. 如果 <expr:test> 等于 <expr:case1>, 该指令输出 <code1>; 如果 <expr:test> 等于 <expr:case2>, 则输出 <code2>; 依此类推. 如果 <expr:test> 不等于 <expr:case*i*> 中的任何一个, 函数 switch() 会输出 NULL.

看下面的例子:

```
> x <- rcauchy(10)    # 产生 10 个来自 Cauchy 分布的随机数
> my.input <- "mean"
> switch(my.input,mean = mean(x),median = median(x))
[1] -0.5472605
> my.input <- "median"
> switch(my.input,mean = mean(x),median = median(x))
[1] -0.3508165
> my.input <- "variance"
> switch(my.input,mean = mean(x),median = median(x))
```

注释

也可以包含单个未命名的值, 即一个 <code*i*>, 但它前面没有对应的 <expr:case*i*>=. 当参变量 EXPR 的值不等于 cases 中的任何一种情形时, 前面这个未命名的值将会替代 NULL 来输出.

```
> switch(EXPR = "b", a=4, b=2:3, "Else: nothing")
[1] 2 3
> switch(EXPR = "QQ", a=4, b=2:3, "Else: nothing")
[1] "Else: nothing"
```

- **指令 if 和 else**

条件指令 if 以如下两种方式被调用:

if (<cond>) <expr:true>
或
if (<cond>) <expr:true> else <expr:false>

参变量 <cond> 必须是一个逻辑值, 因此只能取 TRUE 或 FALSE 中的一个. 注意, <cond> 先要被 as.logical(<cond>) 转换为逻辑值, 而且实数 (0 是唯一被转换为 FALSE 的实数) 和字符串 ("T" 或 "TRUE" 和 "F" 或 "FALSE") 都是允许的取值. 同时要注意 <cond> 的长度必须为 1, 否则只有 <cond> 的第一个元素会被考虑, 同时 R 会显示一条警告信息!

当然, 在实际中 <cond> 常常是一项精心设计的逻辑运算的结果, 采用的是我们在前面描述的那些逻辑运算符. 这里是一个如何使用这些指令的例子, 确保你能够很好地理解它们:

```
> if (TRUE) 1+1
[1] 2
> x <- 2
> y <- -3
> if (x <= y) {
+    z <- y-x
+    print("x smaller than y")
+             } else {
+    z <- x-y
+    print("x larger than y")
+    z
+                      }
[1] "x larger than y"
[1] 5
```

小窍门

函数 ifelse() 可用来对某个向量执行两个备选函数中的某一个, 这取决于一个逻辑条件的值. 例如:

```
> x <- c(3:-2)
> sqrt(ifelse(x >= 0, x, NA))
[1] 1.732051 1.414214 1.000000 0.000000        NA        NA
```

- 首选的逻辑运算符

为了更好地使用逻辑运算符，建议使用:

► x && y 而不是 x & y;
► x || y 而不是 x | y.

如果使用 &&, 将从左至右逐项评估 if 后的逻辑条件, 直到一个 FALSE 被发现为止.

```
> as.logical(x <- 2)  # as.logical(x, 非零实值) 输出 TRUE
[1] TRUE
> x
[1] 2
> rm(x) # 从内存中删除 x
> if (FALSE & as.logical(x <- 2)) 4*7 # <cond> 被评估为 FALSE;
                                      # <cond> 的两个部分都会被评估
> x
[1] 2
> if (FALSE && (x <- 3)) 4*7          # 如果使用 &&, 只有
                                      #  <cond> 的第一部分被评估
> x
[1] 2
```

当使用长形的 || 时, 将从左至右逐项评估 if 后的逻辑条件, 直到一个 TRUE 被发现为止. 因此应当坚持使用这种长形, 它可以让代码运行得更快.

- **if() 指令中函数 all.equal() 的用法**

在使用 if() 指令时, 应当:

► 使用 isTRUE(all.equal(x,y)) 而不是 x == y;
► 使用 !isTRUE(all.equal(x,y)) 而不是 x != y.

我们用下面的例子来说明这一点, 其中 x 和 y 由于计算机精度问题并不是精确相等:

```
> x <- 0.1
> y <- 0.1
> x==y
[1] TRUE
> x <- 0.2-0.1       # 初看起来
> y <- 0.3-0.2       # x 是等于 y
> x == y             # 但实际上并不是这样的, 因为计算机有精度限制
                     # 见第 5.9 节
[1] FALSE
> all.equal(x,y,tolerance=10^-6)    # 函数 all.equal()
                                    # 解决了这一问题
[1] TRUE
```

小窍门

函数 `all.equal()` 有一个可供选择的参变量 `tolerance`, 用来指定容许偏差极限 (tolerance limit), 两个值之间的差若低于该值时则被当作 0 来处理.

5.7.2 循环 (loop) 指令

循环也是一种控制结构, 它允许在一行中一部分代码被多次执行, 直到一个退出条件被满足或者达到了事先指定的循环次数才会中止运行.

在 R 中有三种循环指令: `for`, `while` 和 `repeat`. 此外, 保留字 `next` 和 `break` 能对代码的执行给出额外的控制. 指令 `break` 会立即跳出当前的循环; 指令 `next` 将程序的执行返回到循环的起点, 使得循环的下一次迭代 (如果存在的话) 开始执行, 而对于当前的迭代, `next` 后的指令不会再执行.

- **指令 for**

  该指令的语法格式如下:

  ```
  for (i in vector) <Instructions>
  ```

  下面举两个例子:

```
> for (i in 1:3) print(i)
[1] 1
[1] 2
[1] 3
> x <- c(1,3,7,2)
> for (var in x) print(2*var)
[1] 2
[1] 6
[1] 14
[1] 4
```

小窍门

下面的一段指令将输出一个递减的计数器:

```
n<-100;
for (i in 1:n) { flush.console();cat(n-i,"\r");
                                  Sys.sleep(0.1)}
```

- **指令 while**

该指令的语法格式如下:

```
while(<condition>) <expression>
```

例如:

```
> x <- 2
> y <- 1
> while(x+y<7) x <- x+y
> x
[1] 6
```

- 指令 **next** 和 **break**

```
> for (i in 1:4) {
+   if (i == 3) break
+   for (j in 6:8) {
+    if (j==7) next
+     j <- i+j
+   }
+ }
> i
[1] 3
> j
[1] 10
```

- 指令 **repeat** 和 **break**

```
> i <- 0
> repeat {
+   i<-i+1
+   if (i==4) break
+ }
```

提醒

在任何时候, 最好避免在 R 中使用循环, 因为它们经常会降低程序运行的速度 [可用函数 `system.time()` 来测算]. 事实上, R 中的大部分计算都是向量化的, 意味着它们能对向量进行运算, 并且这些运算都是以一种汇编语言来实现的, 因而会具有更快的运行速度.

```
> system.time(for (i in 1:1000000) sqrt(i))
   user  system elapsed
  0.342   0.001   0.343
> system.time(sqrt(1:1000000))
   user  system elapsed
  0.018   0.004   0.022
```

此外, 诸如 `apply()`, `tapply()` 和 `sapply()` 等函数给出了一种更为隐晦但常常十分有用的方式来使用循环.

5.8 节

创建函数

前面我们在第 80 页的第 5.1.3 节中已见到一些关于 R 中的函数执行的简单概念. R 语言也能用来创建你自己的函数, 本节将对此做一个概述. 读者应当对本节中给出的全部代码多温习几遍以保证它们能被很好地理解和掌握.

另见

我们将在第 8 章对函数编写给出一个更为正式的介绍.

为了简要地说明函数创建的过程, 我们将着重来关注体重指数 (BMI) 的计算问题, 其中用到的变量为体重 (Weight, 单位: kg) 和身高 (Height, 单位: m), 同时利用众所周知的公式:

$$\text{BMI} = \frac{\text{Weight}}{\text{Height}^2}.$$

这在 R 中很容易编程, 如下所示:

```
> BMI <- function(weight,height) {
+  bmi <- weight/height^2
+  names(bmi) <- "BMI"
+ return(bmi)
+ }
```

提醒

在上面的代码中函数 return() 是非强制的, 但是应当养成使用它的习惯. 事实上, 在某些情况下它是必要的:

```
> f <- function(x) {
+  res <- vector("numeric",length(x))
+  for (i in 1:10) {
+   res[i] <- rnorm(1) + x[i]
+  }
+ # 忘记写上 return(res)
+ }
> f(1:10) # 不输出任何结果
```

我们现在可以执行刚刚创建好的函数 BMI():

```
> BMI(70,1.82)
     BMI
21.13271
> BMI(1.82,70) # 注意: 不能交换一个函数的各参变量的位置或顺序
          BMI
```

```
0.0003714286
> BMI(height=1.82,weight=70) # 除非它们前面带着参变量的名称
     BMI
21.13271
```

这个函数仅输出单个值. 下面的代码会输出由多个变量值构成的一个列表:

```
> BMI <- function(weight,height) {
+  bmi <- weight/height^2
+  res <- list(weight,height,bmi)
+ return(res)
+ }
```

接下来的指令显示新定义的函数 BMI() 返回一个由未命名元素构成的列表:

```
> BMI(70,1.82)
[[1]]
[1] 70
[[2]]
[1] 1.82
[[3]]
[1] 21.13271
```

自己动手

编写一个名为 biroot() 的函数, 用来计算一个二阶多项式的根, 即求方程 $ax^2 + bx + c = 0$ 的根 x. 回想一下, x 可能是复根, 其表达式为

$$x = \frac{-b \pm \sqrt{\Delta}}{2a},$$

其中

$$\Delta = b^2 - 4ac.$$

如果 $\Delta = 0$, 则原方程只存在唯一解, 函数返回此唯一根; 如果 $\Delta < 0$, 则 Δ 的平方根是复数 z, 满足 $z^2 = \Delta$ (提示: 使用指令 as.complex(Delta)). 将你写的函数的计算结果与函数 polyroot() 得到的结果进行比较 (记得使用该函数的在线帮助: ?polyroot).

为了给该列表的各个元素命名, 你可以使用如下的代码:

```
> BMI <- function(weight,height) {
+  bmi <- weight/height^2
+  res <- list(Weight=weight,Height=height,BMI=bmi)
+ return(res)
+ }
```

它会给出下面的结果:

```
> BMI(70,1.82)
$Weight
[1] 70
$Height
[1] 1.82
$BMI
[1] 21.13271
```

现在假设我们想要计算多个个体的 BMI, 比如 John 和 Peter 的:

```
> John <- c(74,1.90)
> Peter <- c(70,1.82)
> mydata <- rbind(John,Peter)
```

我们可以使用如下的指令:

```
> for (i in 1:2) {
+  print(BMI(mydata[i,1],mydata[i,2]))
+ }
$Weight
John
  74
$Height
John
 1.9
$BMI
    John
20.49861
$Weight
Peter
   70
$Height
Peter
 1.82
$BMI
   Peter
21.13271
```

许多 R 函数 (包括除、乘和指数运算符) 都能很好地对向量进行计算. 比如:

```
> BMI(c(70,74),c(1.82,1.90))
$Weight
[1] 70 74
$Height
[1] 1.82 1.90
$BMI
[1] 21.13271 20.49861
```

接下来的这段代码用一个示例来说明具有默认值的参变量以及能处理一些输入错误的函数 stop() 的用法:

```
> BMI <- function(weight,height,height.unit="m") {
+  if (length(weight) != length(height))
+ stop("The vectors weight and height must have the same length.")
+  if (height.unit == "cm") height <- height/100
```

```
+  bmi <- weight/height^2
+  res <- list(Weight=weight,Height=height,BMI=bmi)
+ return(res)
+ }
```

高级用户

使用函数 stop() 可能会带来一些烦恼. 例如, 在一项模拟研究中, 人们常需要反复地调用某个函数. 如果在某一次调用中该函数返回了一个错误, 则整个模拟就会停止. 明智的做法是使用函数 try(): 如果函数遇到了一个错误, 相关的错误信息将被存储在一个对象中但不会停止模拟的运行.

```
> set.seed(123)
> x <- rnorm(50)
> doit <- function(x) {
+  x <- sample(x,replace=TRUE)
+  if(length(unique(x)) > 30) mean(x)
+  else {stop("too few unique points")}
+ }
> res <- lapply(1:100, function(i) try(doit(x), TRUE))

> res[8:10]
[[1]]
[1] 0.2030573
[[2]]
[1] "Error in doit(x) : too few unique points"
attr(,"class")
[1] "try-error"
[[3]]
[1] 0.235046
```

根据个体的 BMI 值就可以将他们划分为不同的体重类别或等级, BMI 与体重类别之间的对应关系如表 5.4 所示.

表 5.4: BMI 与体重类别之间的对应关系

严重 体重过轻	体重过轻	正常 体重	超重	中度 肥胖	严重 肥胖	病态 肥胖
[15, 16.5)	[16.5, 18.5)	[18.5, 25)	[25, 30)	[30, 35)	[35, 40)	[40, 41]

下面的函数将根据用户的 BMI 值输出他们的体重类别.

```
> weight.category <- function(bmi) {
+  if (bmi<16.5) category <- "severely underweight" else {
+   if (bmi<18.5) category <- "underweight" else {
+    if (bmi<25) category <- "normal weight" else {
+     if (bmi<30) category <- "overweight" else {
+      if (bmi<35) category <- "moderate obesity" else {
```

```
+       if (bmi<40) category <- "severe obesity" else {
+        category <- "morbid obesity"}}}}}}
+  cat(paste("Your BMI is: ",round(bmi,3),".\n
+ This corresponds to category: ",category,".\n",sep=""))
+ }
```

下面给出一个具体使用的例子:

```
> weight.category(BMI(70,1.82)$BMI)
Your BMI is: 21.133.
This corresponds to category: normal weight.
```

函数 weight.category() 的代码可以用函数 switch() 来简化, 如以下的代码所示:

```
> weight.category <- function(bmi) {
+  intervals.BMI <- c(15,16.5,18.5,25,30,35,40,41)
+  code <- as.character(rank(c(bmi,intervals.BMI),
+          ties.method="max")[1])
+  category <- switch(code,"2"="severely underweight",
+   "3"="underweight","4"="normal weight","5"="overweight","6"=
+   "moderate obesity","7"="severe obesity","8"="morbid obesity")
+  cat(paste("Your BMI is: ",round(bmi,3),".\n
+ This corresponds to weight category: ",category,".\n",sep=""))
+ }

> weight.category(BMI(70,1.82)$BMI)
Your BMI is: 21.133.
This corresponds to weight category: normal weight.
```

可是, 当这个函数用于一个向量时会输出错误的结果:

```
> weight.category(BMI(c(70,74),c(1.82,1.90))$BMI)
Your BMI is: 21.133.
This corresponds to weight category: overweight.
 Your BMI is: 20.499.
This corresponds to weight category: overweight.
```

我们可以对这个函数做一些改进使它能同时对几个个体进行计算. 注意保留字 NULL 和函数 is.null() 的使用 (它们能敏锐地处理参变量 names).

```
> weight.category <- function(bmi,names=NULL) {
+  intervals.BMI <- c(15,16.5,18.5,25,30,35,40,41)
+  n <- length(bmi)
+  if (is.null(names)) names <- paste("Subject number",1:n)
+  if (length(names) != n) stop(paste("The vector of 'names'
+                            must be of length",n))
+  code <- vector("integer",length=n)
+  category <- vector("character",length=n)
+  for (i in 1:n) {
+   code[i] <- as.character(rank(c(bmi[i],intervals.BMI),
+               ties.method="max")[1])
+   category[i] <- switch(code[i],"2"="severely underweight",
+   "3"="underweight","4"="normal weight","5"="overweight","6"=
+   "moderate obesity","7"="severe obesity","8"="morbid obesity")
+  cat(paste(names[i],":\nYour BMI is: ",round(bmi[i],3),".\n
```

```
+ This corresponds to weight category: ",category[i],".\n",sep=""))
+  }
+ }
```

下面是一个使用的例子:

```
> weight.category(BMI(c(70,74),c(1.82,1.90))$BMI)
Subject number 1:
Your BMI is: 21.133.
This corresponds to weight category: normal weight.
Subject number 2:
Your BMI is: 20.499.
This corresponds to weight category: normal weight.
```

小窍门

在前面的这个函数中, 我们利用函数 vector() 直接对向量 code 和 category 来声明正确的长度. 但是, 处理事先未定义维度 (长度) 的向量也是可能的 (也许我们开始不知道其长度或因为别的原因). 这可从接下来的例子中得以说明, 即 Fibonacci 数列前几项的计算问题. 该数列的定义是:

$$a_1 = 0, a_2 = 1, a_i = a_{i-1} + a_{i-2}, \forall i \geqslant 3.$$

```
> a <- c(0, 1)
> for(i in 3:10) a <- c(a, a[i-1]+a[i-2])
> a
 [1]  0  1  1  2  3  5  8 13 21 34
```

我们也可以使用函数 while() 来显示 Fibonacci 数列中第一个大于 1000 的项之前 (含该项) 的各项.

```
> a <- c(0,1)
> i <- 3
> while(a[i-1]<1000) {
+  a <- c(a, a[i-1]+a[i-2])
+  i <- i+1
+ }
> a
 [1]    0    1    1    2    3    5    8   13   21   34   55
[12]   89  144  233  377  610  987 1597
```

我们还能使用指令 break 来得到一个稍许不同的函数.

```
> a <- c(0,1)
> i <- 3
> while(TRUE) { # 创建一个无限循环
+  a <- c(a, a[i-1]+a[i-2])
+  if (a[i]>1000) break; # 停止循环
+  i <- i+1
+ }
> a
 [1]    0    1    1    2    3    5    8   13   21   34   55
[12]   89  144  233  377  610  987 1597
```

提醒

前面一个提示中介绍的编程方法从内存分配的角度来看未必是最优的, 具体请参阅本书的第 8 章.

5.9 节 † 定点数与浮点数表示法

这里给出的颇具技术性的注解旨在帮助 R 用户去辨识并避免一些由使用所谓的浮点 (floating point) 数而带来的错误.

5.9.1 将一个数表示为某个基数的形式

给定某一个基数 (base) b (大于或等于 2 的整数值), 任意的实数 $x \in \mathbb{R}$ 可按定点 (fixed-point) 表示法写成如下的形式:

$$x = \sum_{i=+\infty}^{i=-\infty} m_i b^i,$$

其中 m_i [也称为**位数**, (digits)] 属于集合 $\{0, 1, \ldots, b-1\}$, $\forall i \in \mathbb{Z}$.

例如, 数 $x = 10.625$ 可按十进制计数法 (decimal notation, 基数 $b = 10$)写成:

$$x = \mathbf{1} \times 10^1 + \mathbf{0} \times 10^0 + \mathbf{6} \times 10^{-1} + \mathbf{2} \times 10^{-2} + \mathbf{5} \times 10^{-3},$$

因此标记符号 **10.625** 给出了表示法或位数的系数. 注意到 $10.625 = 8 + 2 + 0.5 + 0.125$, 同样一个值能够按二进制计数法 (binary notation, 基数 $b = 2$, 仅有位数 0 和 1) 来写为:

$$x = \mathbf{1} \times 2^3 + \mathbf{0} \times 2^2 + \mathbf{1} \times 2^1 + \mathbf{0} \times 2^0 + \mathbf{1} \times 2^{-1} + \mathbf{0} \times 2^{-2} + \mathbf{1} \times 2^{-3}.$$

因而我们可以将数值 10.625 表示成机器语言中的二进制形式 **1010.101**, 实质就是将系数在二进制计数法下明确化.

小窍门

与本书相关联的程序包中提供了函数 dec2bin() 和 bin2dec(), 它们可用来处理十进制与二进制表示法之间的互相转换.

```
> bin2dec(1010.101)
[1] 10.625
```

```
> dec2bin(10.625,3)
[1] "1010.101"
```

注释

能表示成有限基数 10 的展开形式的数 (十进制分隔符后有限的位数) 称为一个十进位数 (decimal number), 能表示为有限基数 2 的展开形式的数称为一个二进位数 (dyadic number). 显然有些数既不是十进位数也不是二进位数. 注意, 一个二进位数同时也总是一个十进位数, 反之则不真. 因此, 在进行这两种计数法间的转换时常常可能会带来信息的损失. 此外, 二进位小数分数与它们的二进制等值数具有相同的位数, 而非二进位小数具有无穷的二进制等值数.

计算机是一部以二进制数为工作基础的机器, 因为 0 和 1 这两个数字很容易被翻译为电流的存在与否. 由于定点表示法常常会占用巨量的比特 (bits, 一比特为一个二进制数字, 即 0 或 1), 所以计算机一般都使用浮点计数法. 这些将在下一小节予以介绍.

5.9.2 浮点计数法

5.9.2.1 定义

给定一个基数 b (比如, 对于二进制系统 $b = 2$ 或对于十进制系统 $b = 10$, 这里仅引用这两个最为经典的系统), 任意一个实数 x 都可写成:

$$x = (-1)^s m b^e,$$

其中

- s 被称为 x 的符号位, 只取 0 或 1;
- m 为有效数字 (significand) 或尾数 (mantissa), 可以写成 $m = m_1.m_2m_3\cdots m_\infty$, 每个 $m_i \in \{0, 1, \ldots, b-1\}$ 被称为一个数字;
- $e \in \mathbb{Z}$ 被称为指数 (exponent).

这种标记法称为 x 以 b 为基数的浮点计数法 (floating point representation). 整数 m_1 是有效数字的整数部分 (integer part), 其余的数字 $m_2\cdots m_\infty$ 是有效数字的小数部分 (fractional part). 注意, 我们必须施加一个限制, 就是第一个数字非零 ($m_1 \neq 0$), 以确保这种表示法是唯一的. 当然, 这一限制条件不能用于 $x = 0$ 这一特殊情况.

让我们来看第一个例子. 在十进制系统中, 数值 -0.6345 可按浮点表示法写出来, 取 $s = 1$, $m_1 = 6$, $m_2 = 3$, $m_3 = 4$, $m_4 = 5$, $m_i = 0, \forall i > 4$, $b = 10$ 和 $e = -1$:

$$-0.6345 = (-1)^1 6.345 \times 10^{-1}.$$

注释

这里对浮点数的名称做一个解释: 移动小数点的位置, 以一种不同的方式来表示同一个数.

实际上, 计算机中任意一个数 x 都是采用比特 (0 或 1) 并以二进制基数来表示的, 使用下面这个稍微有些差别的公式:

$$x = (-1)^s(1+f)2^{(e-1023)}, \tag{5.1}$$

其中 s 是编码在单个比特上的一个整数 (称为符号位), e 是编码在 11 个比特上的一个非负整数 (因此在 0 到 $2^{11}-1=2047$ 之间取值), 而 $f \in [0,1)$ 是编码在 52 个比特上的一个数, 即可写成

$$f = \sum_{i=1}^{i=52} k_i 2^{-i}, \tag{5.2}$$

其中这些 k_i 取值为 0 或 1. 按照惯例, $e=0$ 意味着 $x=0$, 而 $e=2047$ 意味着 $x=$ +Inf 或 $x=$ −Inf (取决于 s 的值). 接下来的两个例子说明了这一点:

```
> s <- 1; e <- 2047; f <- 0; x <- (-1)^s * 2^(e-1023) * (1+f); x
[1] -Inf
> s <- 0; e <- 2047; f <- 0; x <- (-1)^s * 2^(e-1023) * (1+f); x
[1] Inf
```

5.9.2.2 浮点计数法因有效数字引致的局限

绝大多数的现代计算机都采用浮点计数法. 由于物理限制, 该表示法并不是完美无缺的. 事实上, 有效数字 m 只能有有限的位数, 而相关整数 e 也是有界的 ($e \in [e_{\min}, e_{\max}]$), 因此我们不可能在一台由有限个部件组成的物理机器上编码一个无穷大的整数.

下面给出一个简单的例子, 它会有助理解上述的限制和局限. 实数 1/3 按照基数为 10 的浮点表示法会被写成:

$$1/3 = (-1)^0 \times 3.33333\cdots333\cdots \times 10^{-1}.$$

我们当然不可能在一台计算机上存储无穷多个 3. 一个更引人注目的例子是圆周率 $\pi = 3.14159265358979\cdots$, 其小数点后面的数字不存在某种有规律的模式. 但是对一些看起来要简单得多的数 (比如 0.1 或 0.9) 也还是会有这个问题.

用下面的输出结果来进行说明. 对于数字 0.9, 它可以用浮点计数法写成 $0.9 = (-1)^0 \times 2^{-1} \times (1+f)$, 其中 $f=0.8$. 然而, 由于 f 仅能以 52 比特来编码 (见 (5.2) 式), 因此计算机只能保留一个近似. 显示函数 `formatC()` 对被 R 所使用的数值给了一个说明.

```
> dec2bin(0.8,52)
[1] "0.1100110011001100110011001100110011001100110011001101"
> f <-  2^(-1)+2^(-2)+2^(-5)+2^(-6)+2^(-9)+2^(-10)+2^(-13)+
+  2^(-14)+2^(-17)+2^(-18)+2^(-21)+2^(-22)+2^(-25)+2^(-26)+
+  2^(-29)+2^(-30)+2^(-33)+2^(-34)+2^(-37)+2^(-38)+2^(-41)+
+  2^(-42)+2^(-45)+2^(-46)+2^(-49)+2^(-50)+2^(-52)
> f # 小心: 该显示实际上是被截尾的
[1] 0.8
> formatC(f,50) # 计算机能给出与 0.8 最接近的有效数字的小数部分是到 52 位
[1] "0.8000000000000000444089209850062616169452667236328l"
> formatC(0.8,50)
[1] "0.8000000000000000444089209850062616169452667236328l"
```

现在我们可以显示出代替 0.9 被计算机存储并使用的那个值:

```
> formatC(0.9,50)
[1] "0.90000000000000002220446049250313080847263336181641"
> formatC((-1)^0 * 2^(-1) * (1+f),50)
[1] "0.90000000000000002220446049250313080847263336181641"
> formatC((-1)^0 * 2^(-1) * (1+0.8),50)
[1] "0.90000000000000002220446049250313080847263336181641"
```

5.9.2.3 避免某些数值上的陷阱

首先我们来揭示一个数值上的奇异现象:

```
> identical(1.0-0.9,0.1)
[1] FALSE
> (1.0-0.9) == 0.1
[1] FALSE
```

现在我们应当能够理解为什么会有这样一个输出. 事实上, 数值 1.0 – 0.9 和 0.1 是以不同的方式来表示的, 就是说尽管 1 可以被完美地精确表示, 而对 0.1 和 0.9 却做不到.

```
> formatC(1.0,50)
[1] "                                                 1"
> formatC(0.9,50)
[1] "0.90000000000000002220446049250313080847263336181641"
> formatC(1.0-0.9,50)
[1] "0.099999999999999977795539507496869191527366638183594"
> formatC(0.1,50)
[1] "0.1000000000000000055511151231257827021181583404541"
```

因此我们有:

```
> formatC(1.0 -
+  0.90000000000000002220446049250313080847263336181641,50)
[1] "0.099999999999999977795539507496869191527366638183594"
> # 它不同于:
> formatC(0.1,50)
[1] "0.1000000000000000055511151231257827021181583404541"
```

小窍门

使用函数 all.equal() 来比较两个数更好一些, 因为它包含一个可以指定数值容忍限的参变量.

```
> all.equal(1.0-0.9,0.1,tol=10^(-6))
[1] TRUE
```

提醒

不要使用诸如 while(x != 0) 或 if (x != 0) 这样的结构. 事实上, 在你的代码运行时如果 x 碰巧取诸如 1.0 − 0.9 − 0.1 这样的值, 前面这两个结构将不会像你期望的那样来表现. 取而代之你应当使用 isTRUE(all.equal(x,0)).

请读者自己去理解下面的输出结果:

```
> as.integer(100*(1-.34))
[1] 65
> floor(100*(1-.34))
[1] 65
> round(100*(1-.34))
[1] 66
> 100*(1-.34)-66
[1] -1.421085e-14
> floor(100*(1-.38))
[1] 62
> round(100*(1-.38))
[1] 62
> 100*(1-.38)-62
[1] 0
```

另见

对于上面的这种情况, 文献 [7] 是非常有用的, 见

http://www.amazon.com/The-R-Inferno-Patrick-Burns/dp/1471046524

5.9.2.4 浮点计数法因指数引致的局限

- 能够被表示出来的最小和最大的数

下面我们讨论由于浮点计数法带来的另一个问题. 因为该计数法 [如 (5.1) 式所示] 中的指数 e 必然是有界的 (它是以 11 个比特来编码), 所以对一台给定的计算机一定存在着一个能被表示出来的最小 (最大) 的实数. 试图去表示一个超出该值域范围的数将会导致一个下溢 (underflow) 或溢出 (overflow), 而

构思相当巧妙的 R 将会返回负无穷值 (-Inf) 或正无穷值 (+Inf). 下面的 R 命令说明了这一点.

```
> .Machine$double.xmin # 能被编码的最小实数:
[1] 2.225074e-308
> # 它也可以这样来找到:
> s <- 0; e <- 0; f <- sum(2^(-(1:52)))
> x <- (-1)^s * 2^(e-1023) * (1+f); x
[1] 2.225074e-308
> .Machine$double.xmax # 能被编码的最大实数:
[1] 1.797693e+308
> # 它也可以这样来找到:
> s <- 0; e <- 2046; f <- sum(2^(-(1:52)))
> x=(-1)^s * 2^(e-1023) * (1+f); x
[1] 1.797693e+308
```

小窍门

程序包 Brobdingnag 可以处理更大的数字.

- 两个数字之间的差距

值得注意的是, 某些位于 .Machine$double.xmin 与 .Machine$double.xmax 之间的数是无法得到的 (甚至是整数).

例如, 取数字 2^{150}, 它可被表示成:

$$(-1)^0(1+0)2^{(1173-1023)}.$$

紧跟其后能被计算机编码的那个数可通过取 $s=0, e=1173$ 和 $f=2^{-52}$ (有效数字的最小非零小数部分) 来给出, 即

$$(-1)^0(1+2^{-52})2^{150}=2^{150}+2^{150-52}=2^{150}+2^{98}.$$

可以看到, 在两个 “连续的” 数字之间可能会存在一个巨大的 “间隔” (这里的长度为 $2^{98}\approx$ 3.2e+29).

这就解释了接下来的奇特现象:

```
> a <- 2^150; b <- a + 2^97; b == a
[1] TRUE
> a <- 2^150; b <- a + 2^98; b == a
[1] FALSE
```

小窍门

关于计算机在数的表示方面存在的局限的更多信息可由指令 .Machine 给出:

```
> noquote(unlist(format(.Machine)))
          double.eps          double.neg.eps
```

```
          2.220446e-16          1.110223e-16
           double.xmin           double.xmax
         2.225074e-308         1.797693e+308
           double.base         double.digits
                     2                    53
       double.rounding          double.guard
                     5                     0
    double.ulp.digits double.neg.ulp.digits
                   -52                   -53
       double.exponent       double.min.exp
                    11                 -1022
        double.max.exp           integer.max
                  1024            2147483647
           sizeof.long       sizeof.longlong
                     8                     8
     sizeof.longdouble        sizeof.pointer
                    16                     8
```

另见

感兴趣的读者可以参阅文档 *What Every Computer Scientist Should Know About Floating-Point Arithmetic*, 它可从如下的网址 (URL): `http://biostatisticien.eu/springeR/FloatingPoint.pdf` 下载!

备 忘 录

`length()`: 一个向量的长度
`sort()`: 对一个向量的元素进行排序
`rev()`: 对一个向量的元素按倒序重新排列
`order()`: 以向量形式返回按增序或减序排列后的各元素在初始向量中的位置索引
`unique()`: 从一个向量中移除重复出现的元素
`dim()`: 一个矩阵或数据框的大小 (维数)
`nrow()`, `ncol()`: 行、列的数目
`dimnames()`: 行和列的名称
`rownames()`, `colnames()`: 行的名称、列的名称
`rbind()`, `cbind()`: 合并一个矩阵的行、列
`merge()`: 列的灵巧合并
`apply()`: 对一个矩阵的全部行或列应用某个函数
`lapply()`, `sapply()`: 对一个列表的各成分 (分量) 应用某个函数
`<`, `<=`, `>`, `>=`, `==`, `!=`: 比较操作的逻辑运算符
`!`, `&`, `&&`, `|`, `||`: 逐项评估的逻辑运算符
`any(x)`: 返回 `TRUE`, 若某一个 x_i 为真
`all(x)`: 返回 `TRUE`, 若所有的 x_i 都为真
`if`, `else`, `switch`: 条件指令
`for`, `while`, `repeat`: 循环指令

"["(): 从向量和矩阵中提取元素的操作符
"[["(): 列表的提取操作符
which(): 一个逻辑对象中取 TRUE 值的元素的位置索引
nchar(): 一个字符串中字符的个数
paste(): 连接两个字符串
substring(): 提取子字符串
strsplit(): 分裂字符串
grep(): 在一个字符串中搜寻某种指定的模式
sub(), gsub(): 将一个字符串中出现共同模式的位置替换为指定的新字符
Sys.time(): 显示日期
strptime(): 从一个字符串中提取日期
as.POSIXlt(): 转变为 POSIXlt 格式
difftime(): 计算两个日期之间的差

练 习 题

5.1- c(1,4)*c(2,3) 的输出结果是什么?
5.2- matrix(1:2,ncol=2,nrow=2) 的输出结果是什么?
5.3- 怎样来获取一个数据框的行和列的名称?
5.4- 给出指令来合并这两个表:

```
> X
      Gender Weight
Jack       M     80
Julia      F     60
> Y
        Eyes Height
Jack    Blue    180
Julia  Green    160
```

5.5- 给出指令来计算一个数值矩阵 X 中每一列中所有元素的乘积.
5.6- vec<-c(2,4,6,8,3);vec[2];vec[-2] 的输出结果是什么?
5.7- 测量得到了几位男士的体重和身高的数据, 分别存储在向量 weight 和 height 中. 给出 R 指令来得到那些身高超过 180 cm 的男士的体重数据.
5.8- 下面这一指令的输出结果是什么?
Mat<-matrix(1:12,nrow=4,byrow=TRUE);Mat[3,];Mat[2,2:3]
5.9- 怎样用 1:10 去替换下面的列表中的第四个分量?
L<-list(12,c(34,67),Mat,1:15,list(10,11))
5.10- L[[2]][2] 输出的结果是什么?
5.11- 给出 R 指令来输出下面的表中所有女性的身高和体重数据 [可以使用函数 attach()]:

```
> X
   weight height gender
1      79    163      M
2      90    163      F
3      87    198      M
```

```
4     63    164    F
5     90    168    F
6     71    178    F
7     58    191    M
8     80    194    F
9     91    185    F
10    89    176    M
```

5.12- `(1:3)[any(c(T,F,T))]` 的输出结果是什么?
`(1:3)[all(c(T,F,T))]` 呢?

5.13- `c(T,T,F) | c(F,T,F)` 的输出结果是什么?
那 `c(T,T,F) || c(F,T,F)` 又会输出什么?

5.14- `nchar(c("abcd","efgh"))` 的输出结果是什么?

5.15- 下面这一指令的输出结果是什么?
`paste(c("a","b"),c("c","d"),collapse="",sep="")`

5.16- `strsplit(c("ab;cd"),";")` 会输出什么?

5.17- `substring("abcdef",3,c(2,4))` 的输出结果是什么?

5.18- 怎样来把下面的字符串中的大写字母转变为小写字母?
`c("Jack","Julia","William")`

5.19- 哪一个函数可用来从一个字符串中提取一个日期?

5.20- 能否解释为什么下面的指令中最后一行的输出结果中的第二个数字不等于 36.21313?

```
> logp <- function(x) log(max(x,exp(1)))
> x <- -2.4
> delta <- 0.1
> (abs(x))^(4+delta)/(logp(abs(x)))^2
[1] 36.21313
> x <- seq(from=-2.8,to=-2,length=3)
> x
[1] -2.8 -2.4 -2.0
> (abs(x))^(4+delta)/(logp(abs(x)))^2
[1] 64.26795 34.15959 16.17594
```

试给出一个解决该问题的办法.

工　作　簿

管理各种数据集

A- 管理在本书开头部分介绍的一些数据集

这些文件都可从网址 `http://www.biostatisticien.eu/springeR/` 处下载, 也可以在这个网址末尾附加文件的名称来从 R 中直接下载相应的文件 (例如: `http://www.biostatisticien.eu/springeR/nutrien1.xls`).

数据集 NutriElderly

数据文件 nutrition_elderly.xls 在本书的开头已经做了描述. 实际上, 它是由不同的操作员输入的两个初始文件的合并. 我们希望根据下列的情况来重新构建该文件.

5.1- 受试个体最初是分开在两个文件 (nutrien1.xls 和 nutrien2.xls) 中列出的. 注意, 第一个文件中变量名称是大写而第二个文件中是小写;
5.2- 有一些受试个体在两个文件中都有列出 (nutrien3.xls 和 nutrien4.xls), 且变量名称也是相同的;
5.3- 与上面 5.2 同样的问题, 但是某些数据记录错误并被不小心输入到文件中, 需要找出对应的个体, 例如那些体重超过 200 kg 的人 (nutrien5.xls 和 nutrien6.xls);
5.4- 变量被划分到两个不同的但包含同样个体的文件 (nutrien7.xls 和 nutrien8.xls) 中;
5.5- 与上面 5.4 同样的问题, 区别是有一个变量具有非常多的缺失值, 需要移除这个变量 (nutrien9.xls 和 nutrien10.xls);
5.6- 与上面 5.4 同样的问题, 但有一个受试者具有非常多的缺失值, 需要移除这个受试者 (nutrien9.xls 和 nutrien10.xls);
5.7- 在文件 nutrition_elderly.xls 中, 有多少人是素食主义者 (既不吃肉也不吃鱼)?

文件 Intima_Media_Thickness.xls

5.1- 利用数据文件中每个个体的 BMI 数据, 为该数据框中添加一个名为 BMI 的列;
5.2- 获取 `BMI>30` 的个体的内膜厚度数据;
5.3- 将运动型 (athletic) 的妇女提取出来;
5.4- 提取出年龄为 50 岁或其他年龄的非肥胖 (non-obese) 的那些人 (判定 `BMI>30` 的人为肥胖).

文件 bmichild.xls

5.1- 增加一个列 `BMI`;
5.2- 提取 `BMI < 15` 且年龄 (age) `<= 3.5` 岁的小孩;
5.3- 这样的小孩总共有多少个?

文件 Birth_weight.xls

5.1- 增加一个分类 (属性) 变量 `PTL1` (非足月产的婴儿数), 取三个类别 (其中第一个类编码为 0, 说明之前没有早产过婴儿; 第二个类编码为 1, 说明之前早产过 1 个婴儿; 第三个类编码为 2, 对应之前已早产过 “2 个或 2 个以上” 的婴儿);
5.2- 完全类似地, 针对 `FVT` (代表看医生的次数) 增加一个分类变量 `FVT1`;
5.3- 以出生时的体重 (`BWT`) 为衡量指标, 按从小到大的顺序对文件进行排序;
5.4- 将一部分特殊的婴儿提取出来, 他们的母亲是黑人或白人且吸烟.

B- 处理缺失数据

将下面的文件读入到一个数据框中:

`http://www.biostatisticien.eu/springeR/Infarction.xls`

5.1- 哪些行包含有缺失值?
5.2- 哪些受试个体包含一个以上的缺失值?
5.3- 哪些变量包含缺失值?
5.4- 至少给出一种方法来删除该数据框中含有缺失值的所有行. 注意, 除了逻辑运算符和提取函数, 只允许使用:

(a) 函数 `is.na()`,`prod()`,`apply()` 和 `as.logical()`;
(b) 函数 `is.na()`,`apply()` 和 `any()`;
(c) 函数 `is.na()`,`apply()` 和 `all()`;
(d) 函数 `complete.cases()`;
(e) 函数 `na.omit()`.

C- 处理字符串

5.1- 将文件 `www.biostatisticien.eu/springeR/dept-pop.csv` 读入到一个名为 `dept` 的数据框中;
5.2- 把第一列用两个新列替换: 第一列称为 `numdep` 包含法国各个地区的编号, 第二列包含各地区的名称.

D- 法国自 1984 年开始的流行性感冒[①]

5.1- 将文件 `http://www.biostatisticien.eu/springeR/flu.csv` 读入到一个名为 `flu` 的数据框中, 确保能正确地处理缺失值;
5.2- 键入 `names(flu)`, 将看到 `flu$Date` 包含了格式为年份 (公元纪年格式, 如 2003) 后面紧跟星期编号 (两位数) 的日期;
5.3- 确定所有可能的星期数的清单 [提示: 使用函数 `sort()`, `substring()` 和 `unique()`];
5.4- 首先, 需要在 `R` 中从一个归属于 `POSIXlt` 类的对象中获取这些日期, 例如使用函数 `strptime()`. 再利用表 5.3 和此函数将第一个 (最久远的) 日期转换为 `POSIX` 格式;
5.5- 实际上这些数据从第一周开始算每周一都会有更新. 确定哪一个日期是最早观测到流感病例的 (格式: 日 -Day, 月 -Month, 年 -Year) (提示: 使用日历 `http://sentiweb.fr/calendrier.php`);
5.6- 注意到这与前面的问题 5.4 的答案存在着一个差异. 为了解决此问题, 尝试在第一个 (最早的) 日期的末尾添加一个 “1” 并使用函数 `strptime()` 再次做一次转换;
5.7- 从该数据文件中显示最前头的十个日期. 借鉴前一个问题中给出的提示, 使用函数 `strptime()` 将它们进行转换. 最后那个日期是正确的吗? 如果不正确的话, 有什么办法来解决此问题?

---

① 数据来源: `http://www.sentiweb.fr/?lang=en`.

5.8- 这个文件中的日期格式与 POSIX (将星期数取为 00 至 53 之间) 并不兼容. 因此不能直接使用函数 `strptime()` 或 `as.POSIXlt()` 来把这些日期转换为一种容易被 R 处理的对象类型. 键入下面的指令:
`date1 <- as.POSIXlt("Day,Month,Year",format="to be specified")`
这里可以用最久远的那个日期来替代日 (Day)、月 (Month) 和年 (Year), 并用相关的日期格式来代替 to be specified;

5.9- 键入指令 `date1` 以及 `date1+7`. 你注意到了什么?

5.10- 请找一个方法来给 `date1` 加上 7 天 (提示: 一天中有多少秒呢?);

5.11- 现在创建一个名为 `dates` 的向量来包含所有的 POSIX 格式的日期, 并按照时间先后顺序来排列 [提示: 使用函数 `nrow()`];

5.12- 对向量 `dates` 使用函数 `substring()`, 将数据框 `flu` 的第一列以格式为 `"year-month-day"` (例如:`"1992-12-07"`) 的日期代替;

5.13- 使用向量 `dates` 及你所学的关于提取操作的一些方法, 从数据框 `flu` 中挑选出位于 1992-9-15 与 1993-11-03 之间的那一部分日期, 并将这个子表存储在名为 `portion` 的对象中;

5.14- 计算这段时期内法国每个地区出现的流感病例的数目 (提示: 对缺失值须特别注意; 恰当地使用参变量 `na.rm`), 并将结果存储在名为 `flucases` 的向量中.

E- 合并表格或列表及其他操作

5.1- 将下面两个表输入到 R 中 (检查行的名称):

```
> a
  [,1] [,2]
1    1    4
2    2    5
6    3    6
> b
  [,1] [,2]
3    1    5
4    2    6
5    3    7
7    4    8
```

5.2- 将 a 和 b 合并为一个名为 ab 的新表, 它包含:

```
> ab
  [,1] [,2]
1    1    4
2    2    5
3    1    5
4    2    6
5    3    7
6    3    6
7    4    8
```

(提示: 使用函数 `rbind()` 和 `order()`).

5.3- 将列表 `list1` 的各个分量连结为一个矩阵的各列:

```
> list1 <- list()
> list1[[1]] <-  matrix(runif(25),nr=5)
> list1[[2]] <-  matrix(runif(30),nr=5)
> list1[[3]] <-  matrix(runif(15),nr=5)
```

(提示: 使用函数 `unlist()` 或函数 `do.call()`).

5.4- 将列表 `list2` 的各个分量连结为一个矩阵的各行:

```
> list2 <- list()
> list2[[1]] <-  matrix(runif(25),nc=5)
> list2[[2]] <-  matrix(runif(35),nc=5)
> list2[[3]] <-  matrix(runif(15),nc=5)
```

(提示: 使用函数 `unlist()` 或函数 `do.call()`).

5.5- 如何来自动地选出以 `tobacco` 作为一个风险因子的那些疾病:

```
> tmp
      Disease      RiskFactors
1  Infarction tobacco, alcohol
2   Hepatitis          alcohol
3 Lung cancer          tobacco
```

(提示: 使用函数 `grep()`).

创建函数

F- 法国赌徒问题

法国人 Chevalier de Méré 曾是一个极其敏锐和厉害的赌徒, 他特别喜欢两种赌博方式. 在第一种中, 将一粒骰子掷 4 次并打赌说至少会出现一次 6; 对第二种, 将两粒骰子掷 24 次并打赌说至少会出现一个双 6. 注意到第一种赌博对他是 "有利的": 有超过 50% 的可能性 6 至少会出现一次. 他认为第二种赌博方式对他也是有利的.

- 编写一个名为 `fourthrows()` 的函数的代码, 如果将一粒骰子掷 4 次至少有一次是 6 点, 该函数将返回 1 否则返回 0.
  注: 不要使用任何循环.
- 给出一个名为 `twentyfourthrows()` 的函数的代码, 如果将两粒骰子掷 24 次至少出现一个双 6 点, 该函数将返回 1 否则返回 0.
  注: 不要使用任何循环.
- 编写一个名为 `meresix()` 的函数的代码, 来验证 Chevalier de Méré 的直觉是否正确.
  注: 应当利用前面那两个函数并采用一个正规的参变量 `nsim` 来指定该项赌博的重复次数.

提示: 使用函数 `sample()`.

第 6 章 R 及其帮助文件

预备知识以及本章的目标

- 第 3 章的内容.
- 本章介绍多种方式来获取 R 软件的帮助文档.

6.1 节

综合帮助

6.1.1 使用命令 help()

R 内嵌有一个在线帮助命令, 它为 R 中所有的函数及各种符号提供了非常完整且构建精巧的帮助文档. 可通过多种方式来查看这些帮助文档, 最主要的方法是以命令行模式 (command line mode) 调用函数 `help()`.

例如, 键入:

```
help(help)
```

命令 `help()` 还有一个别名: 问号 ?.

```
?sum
?sd
?"+"
?"[["
```

提醒

在某些情况下, 别名 ? 可能无法提供帮助服务. 在这些情况下, 用户需要使用函数 `help()` 并给操作对象加上双引号.

```
?function          # 不工作
help(function)     # 返回一个错误
help("function")   # 调用正确
```

下面我们来查看函数 mean() 的帮助文档.

```
?mean
① mean              package:base              R Documentation
② Arithmetic Mean
③ Description:
     Generic function for the (trimmed) arithmetic mean.
④ Usage:
     mean(x, ...)
     ## Default S3 method:
     mean(x, trim = 0, na.rm = FALSE, ...)
⑤ Arguments:
       x: An R object. Currently there are methods for
          numeric dataframes, numeric vectors and dates.
          A complex vector is allowed for 'trim = 0', only.
    trim: the fraction (0 to 0.5) of observations to be trim-
          med from each end of 'x' before the mean is computed.
   na.rm: a logical value indicating whether 'NA' values
          should be stripped before the computation proceeds.
     ...: further arguments passed to or from other methods.
⑥ Value:
     For a data frame, a named vector with the appropriate
     method being applied column by column.
     If 'trim' is zero (the default), the arithmetic mean of
     the values in 'x' is computed.
     If 'trim' is non-zero, a symmetrically trimmed mean is
     computed with a fraction of 'trim' observations deleted
     from each end before the mean is computed.
⑦ References:
     Becker, R. A., Chambers, J. M. and Wilks, A. R. (1988)
     _The New S Language_. Wadsworth & Brooks/Cole.
⑧ See Also:
     'weighted.mean', 'mean.POSIXct'
⑨ Examples:
     x <- c(0:10, 50)
     xm <- mean(x)
     c(xm, mean(x, trim = 0.10))
     mean(USArrests, trim = 0.2)
```

下面对该帮助文档的各个模块进行说明:

① 文件头包括:
   - 函数名称: mean;
   - 包含该函数的程序包的名称: base;
   - 帮助文件的来源: R Documentation.

② 该函数的详细名称: Arithmetic Mean.

③ 简短地描述该函数的作用: Description.

④ 如何使用该函数; 特别地, 说明必选及可选的参变量: Usage.

⑤ 描述该函数的输入对象及参变量的取值: Arguments.

⑥ 对该函数的输出结果进行解释: Value.

⑦ 与该函数应用领域有关的参考文献 (统计学的文章或著作): `References`.
⑧ 在 `See Also` 模块列出类似或相近的函数.
⑨ 用法示例: `Examples`.

提醒

在 R 中, 绝大部分的帮助文档都按照上述格式编排, 确保用户能理解并记住这些帮助文档的结构. 当碰到一个陌生函数时, 养成通过在线帮助文档来了解该函数的输入变量及用法的习惯.

小窍门

注意到帮助文档不包含任何的图形和图像, 实际上执行某些函数的 `Examples`⑨ 模块的代码可能就会生成图像. 这一点是非常有趣的, 特别是对所有的画图函数而言. 得到这些图形的一种方法是调用函数 `example()`. 也可以浏览 R 图形手册 (R Graphical Manual): `http://bm2.genes.nig.ac.jp/RGM2/index.php`, 上面包含了所有的 HTML 格式的 R 帮助文件. 在这些帮助文件中会直接包含 `Examples` 模块的图形 (如果有的话).

6.1.2 一些补充的命令

除了主命令 `help()` 外, 其他一些补充的函数对于查看给定函数或命令的帮助文档可能也会有用. 现将它们列出如下:

- `help.start()`: 这个函数会打开网页浏览器并链接到 HTML 格式的使用手册, 它给出了在所有的 R 程序包 (也包括 HTML) 中的函数的帮助文档、常见问题 (Frequently Asked Questions, FAQ), 以及帮助文件的一个搜索引擎. 此外还有一些其他更多的技术文档.

Linux

在 Linux 系统下, 一旦已经键入命令 `help.start()`, 后续使用命令 `help()` 时将总是把帮助结果显示在一个浏览器界面中, 而不是显示在命令行中. 要取消这种模式, 需要使用指令 `options(htmlhelp = FALSE)`. 如果要改换浏览器 (比如 `firefox`), 则可使用指令 `options(browser="firefox")`.

- `help.search()` 或 `??()`: 这个函数在不知道目标函数 (命令) 的确切名称时非常有用. 它会返回一列与请求的内容相关的函数以及包含它们的程序包. 例如, `help.search("mean")`.

- `apropos()`: 这一指令返回与调用变元 (查询目标) 相匹配 (可能只是部分地) 的一些函数名称. 例如, `apropos("mean")` 会返回所有含有 `mean` 字段的函数名称.

> **高级用户**
>
> 函数 `methods()` 也会返回与指定目标相关联的全部方法(函数). 例如, `methods(summary)`.

- `library(help=package)`: 这个命令将列出包含在某个程序包中的全部函数. 它与命令 `help(package="package")` 得到的结果完全相同. 我们建议读者去尝试如下的指令以列出 R 中的主要函数:

```
library(help=base)
library(help=utils)
library(help=datasets)
library(help=stats)
library(help=graphics)
library(help=grDevices)
```

> **小窍门**
>
> 函数 `library(lib.loc = .Library)` 会返回当前系统中已安装好的全部程序包 (package) 或程序库 (library) 的一个列表.

反过来, 指令 `find("function")` 会指明目标函数 (function) 具体在哪一个程序包中.

```
> find("t.test")
[1] "package:stats"
```

- `vignette()`: 简介文档 (vignettes)都是一些小的 PDF 文件, 用来对某些概念做进一步解释. 键入 `vignette()` 就会打开一个新窗口并显示已安装的程序包中提供的简介文档. 例如, `vignette("grid")` 将打开程序包 `grid` 中 PDF 格式的简介文档.

> **Mac**
>
> 所有的简介文档都可从菜单 “Help/Vignettes” 进入并在一个特殊的 vignette 浏览器中进行阅读. 在这个浏览器中, 既可以打开 PDF 文件也能打开 R 源代码 (以 `.R` 为后缀名的文件), 还可以直接查阅简介文档中示例的代码.

下面这三个函数也是有用的:

- `data()`: 这个命令列出 R 中包含的全部数据集 (datasets).

- `example()`: 这一指令列出一个函数具体用法的示例 (examples). 例如, `example(mean)` 将显示并执行 `help(mean)` 调出的帮助文件中实例部分的代码.
- `demo()`: 该指令类似于 `example()`, 但是它仅适用于一小部分函数. 当它可用时, 将显示一个函数所有可能的使用范畴. 例如, `demo(graphics)`.

6.2 节

† 网络上的帮助信息

R 的官方网站 (`http://www.r-project.org/`) 包含了关于该软件的许多有用信息. 读者应当花一些时间去浏览这些内容. 接下来的几个小节将列出其他的信息源和渠道.

6.2.1 搜索引擎

有两个主要的搜索引擎 (search engines) 可为 R 服务:

- `http://search.r-project.org/nmz.html`

小窍门

命令 `RSiteSearch()` 可用来直接从 R 软件中向该网站发送请求, 然后会把返回的信息显示在浏览器上.

- `http://www.rseek.org/`

在链接 (URL) `http://stackoverflow.com/questions/tagged/r` 上也有一个有趣的可供 R 编程员进行协作式问答交流的网站.

6.2.2 留言板

有许多讨论 R 软件的网络留言板供用户咨询问题, 一个具有超大访问量的留言板是: `http://r.789695.n4.nabble.com/`.

6.2.3 邮件列表

邮件列表 (Mailing list) 是一类特殊的电子邮件, 它可以定期地给大量的订阅人发送电子信息.

关于 R 的几个主要的邮件列表是:

- https://stat.ethz.ch/mailman/listinfo/r-help
- http://blog.gmane.org/gmane.comp.lang.r.general
- http://www.r-project.org/mail.html
- R-通报: https://stat.ethz.ch/mailman/listinfo/r-announce

网站 http://r-project.markmail.org 也可用来搜索上述邮件列表的历史档案资料.

需要遵从这些邮件列表的若干规程去发布信息: http://www.r-project.org/posting-guide.html.

Mac

苹果 (Mac) 用户的邮件列表: https://stat.ethz.ch/mailman/listinfo/r-sig-mac.

6.2.4 互联网多线交谈 (IRC)

互联网多线交谈 (Internet relay chat, IRC) 是一种实时信息服务. 可以使用它与其他的互联网用户就某一指定的话题进行交谈. 在自由节点 (freenode) 服务器上关于 R 软件的 IRC 频道称为 (#R).

你既可以使用客户端软件如 xchat (www.xchat.org) 或使用你的浏览器并通过诸如 https://webchat.freenode.net/ 这样的网页来登入 R 的 IRC.

当使用 xchat 访问该平台时, 只需键入如下这些指令:

```
/server irc.freenode.net
/join #R
```

6.2.5 维基 (Wiki)

维基是一个允许访问者对资料页进行自由编辑的网站, 它被用来帮助和促进最小约束的协同写作.

这里给出一个关于 R 的维基: http://wiki.r-project.org/.

6.3 节

† 关于 R 的文献

6.3.1 在线方式

关于 R 的文献能以多种形式在线获取:

- **任务视图** (Task Views): 在一个给定领域中有用的程序包的清单 (按主题来分组). 描述任务视图的一个可用链接是 `http://cran.r-project.org/web/views/`.
- **常见问题解答** (FAQ): 有关 R 的常见问题 (Frequently Asked Questions, FAQ) 在如下网址中列出: `http://cran.r-project.org/faqs.html`.
- **专业期刊** (Specialized journals): 有两本专门介绍 R 软件的在线期刊: 一个是 R *Journal*, 原名 R *News* (`http://journal.r-project.org`); 另一个是 *Journal of Statistical Software* (`http://www.jstatsoft.org`).
- **使用手册** (Handbooks): R 网站上有许多 PDF 格式的使用手册可供用户参考, 见 `http://cran.r-project.org/other-docs.html`.

6.3.2 印刷资料

近年来有许多关于 R 的书籍陆续地公开出版:

- **Data Analysis and Graphics Using R: An Example-based Approach** [26]
- **The R Book** [12]
- **Statistics and Data with R** [10]
- **Software for Data Analysis: Programming with R** [8]
- **Lattice: Multivariate Data Visualization with R** [36]
- **R for SAS and SPSS users** [32]
- **Introductory Statistics with R: An Applied Approach Through Examples** [13]
- **A First Course in Statistical Programming with R** [6]
- **A Handbook of Statistical Analyses Using R** [15]
- **A Beginner's Guide to R** [42]
- **R Cookbook** [39]
- **R in a Nutshell** [1]
- **The Art of R Programming** [28]
- **The R Inferno** [7]

备 忘 录

`help()`, `?()`: 获得一个函数或运算符的帮助文档
`help.search()`: 列出与你的请求相关的所有函数
`apropos()`: 列出包含你的请求的全部函数名称
`library(help=package)`: 列出一个程序包中所有的函数
`data()`: 列出 R 中包含的全部数据集
`example()`: 执行相应的帮助文档中 *Examples* 部分的代码
`demo()`: 给出关于一个函数所有可能用途的小型说明文档
`vignette()`: 打开介绍一个函数的细节情况的 PDF 文档
`help.start()`: 打开 R 帮助文档的网页版本
`RSiteSearch()`: 在 R 的官方网站的搜索引擎中启动一项请求

练 习 题

6.1- 键入哪一个 R 指令来得到函数 `mean()` 的帮助文件?
6.2- 解释命令 `apropos()` 的作用.
6.3- 解释命令 `example()` 的作用.
6.4- 解释命令 `RSiteSearch()` 的作用.
6.5- R 中的帮助文件是一个什么样的架构?
6.6- 使用哪一个命令来得到程序包 `stats` 中所有可用函数的清单?
6.7- 请解释如何来显示 R 中某个可用的数据集.

工 作 簿

去哪里寻找信息

6.1- 找出在 R 中能列出从 n 个元素中取 k 个元素的所有组合的函数.
6.2- 使用该函数来列出从向量 `c(5,8,2,9)` 中取 3 个元素的所有组合.
6.3- 找出 R 中包含的关于美国暴力犯罪率 (rates of violent crimes) 的数据集.
6.4- 描述该数据集的内容.
6.5- 在 `https://stat.ethz.ch/mailman/listinfo/r-help` 中完成邮件订阅.
6.6- 在提一个问题之前请先阅读它的规程并严格遵行 (`http://www.r-project.org/posting-guide.html`).
6.7- 找到退订该邮件列表的方法.
6.8- 使用自选的方法加入 R 的 IRC 频道并开始同频道成员进行一段礼貌性对话.
6.9- 在留言板 `http://r.789695.n4.nabble.com/` 中完成新用户注册.
6.10- 阅读 R 针对 Windows 用户提供的常见问题解答 (FAQ), 试着去理解 TAB completion 的含义.
6.11- 使用 TAB completion 来列出当前工作目录下的全部文件.

第 7 章　绘制曲线和图像

预备知识以及本章的目标

- 阅读前面的章节.
- 本章讲述 R 的简单绘图功能, 但不涉及专业的图形函数如 `hist()`, `barplot()` 等, 这些函数将在第 11 章中介绍. 我们将阐述一些通用的方法来对大部分图形进行调整. 网站 `http://addictedtor.free.fr/graphiques/` 列出了 R 中画图功能的一个全面综述.

7.1 节

图形窗口

7.1.1 基本的图形窗口; 操作; 保存

在 R 中绘制的所有图形都会在特殊的窗口显示, 且与控制台 (console) 窗口是分离的. 这些窗口的名称是 “R graphics: Device *device-number*”, 其中 *device-number* 为一个标示第几个窗口 (或设备) 的数字.

使用命令 `windows()` 或 `win.graph()` 就能打开一个图形窗口.

这个命令需要输入多个参变量, 最常用的几个被简单地描述如下表所示:

`width`	图形窗口的宽度, 单位为英寸 (inch)
`height`	图形窗口的高度, 单位为英寸
`pointsize`	默认的字体大小
`xpinch, ypinch`	双精度数, 单位是每英寸的像素数, 分水平和垂直方向
`xpos, ypos`	整型数, 指定窗口左上角的位置, 单位是像素

Linux

Linux 系统: 命令是 `X11()` 替代 `windows()`.

Mac

苹果系统: 命令是 quartz().

当多个图形窗口被同时打开时, 仅有一个显示为激活状态 “active”, 所有的图形事件都在该窗口中执行. 每一个窗口都有一个设备编号, 而控制台的编号是 1.

下面给出一些管理图形窗口的函数, 有些是使用它们的设备编号 (device-number) 作为参变量.

dev.off(*device-number*)	关闭编号为 *device-number* 的图形窗口 (如果没有设备编号被指定, 则关闭当前激活的图形窗口)
graphics.off()	关闭所有打开的图形窗口
dev.list()	返回所有打开的图形窗口的编号清单
dev.set(*device-number*)	激活编号为 *device-number* 的图形窗口
dev.cur()	返回当前激活窗口的编号 (1 代表控制台)

注意, 一旦图形被绘制出来, 它就可以被保存为一个文件, 只需按如下的格式调用命令 savePlot():

```
savePlot(filename="Rplot",
              type=c("wmf", "png", "jpeg", "jpg", "bmp",
               "ps", "pdf"),device=dev.cur())
```

第一个参变量 filename 指明图像应当保存到具有什么名称的文件中去; 参数变量 type 指定文件的类型 (Windows 图元文件, PNG, JPEG, BMP, PostScript 或 PDF), 而 device 指明将要保存的图像是来自第几号窗口 (默认是当前活动的窗口). 需要注意的是, 可保存的文件类型取决于你的操作系统.

```
> hist(runif(100))
> savePlot(filename="mygraph.png",type="png")
```

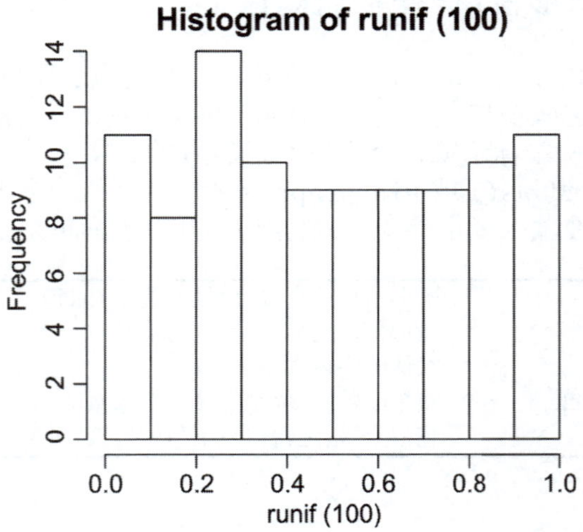

在这种情况下, 还可以采用另外两个指令:

- dev.copy2eps(file="mygraph.eps")

- dev.copy2pdf(file="mygraph.pdf")

它们分别会创建 Postscript 和 PDF 格式的文件.

小窍门

此外, 还有其他一些函数也可用来将图形以有用的格式保存起来: postscript(), pdf(), pictex(), xfig(), bitmap(), bmp(), jpeg(), png(), tiff(). 但是它们的使用方法有点小的不同: 首先, 输入这些指令的名称, 然后再画图, 最后调用命令 dev.off() 即可完成任务. 注意, 使用这些命令不会在屏幕上显示绘图结果.

```
> pdf(file="mygraph.pdf")
> hist(runif(100))
> g <- dev.off()
```

7.1.2 分割图形窗口: layout()

如果想要在同一个窗口中画多个图形, R 提供了一种分割的功能可将目标窗口划分为所需要的任意多个盒子.

调用函数 par() 并输入参变量 mfrow (参阅第 7.7 节关于函数 par() 的评注). 例如, 下面的例子将图形窗口平均地分割为 3 行 2 列. 后续每一次调用绘图函数, 将按照行填充的方式依次在各个盒子里画图 (参变量 mfcol 用来指定以列的方式填充), 如下面的图 7.1 所示.

```
> par(mfrow=c(3,2))
```

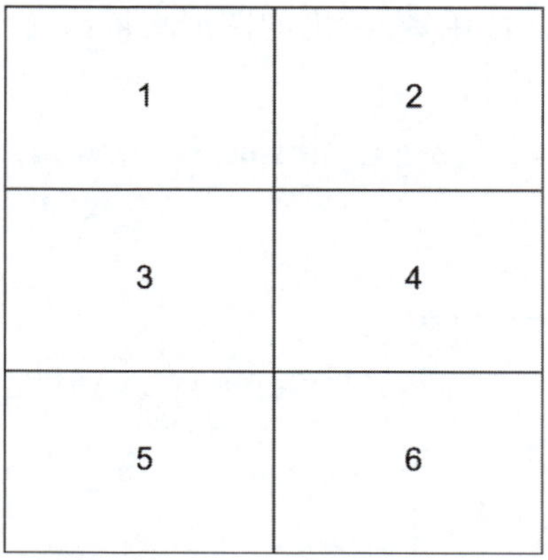

图 7.1: 函数 par() 的参数变量 mfrow 产生的效果 (添加了数字来更好地说明后续绘图的位置顺序)

函数 layout() 可用来获得比函数 par() 更加专业的分割.

下面的例子说明了 layout() 如何通过参变量 mat 的赋值来以一种更直观的方式对分割进行指定并绘制 5 个分开的图形 (图 7.2):

```
> mat <- matrix(c(2,3,0,1,0,0,0,4,0,0,0,5),4,3,byrow=TRUE)
> mat
     [,1] [,2] [,3]
[1,]    2    3    0
[2,]    1    0    0
[3,]    0    4    0
[4,]    0    0    5
> layout(mat)
```

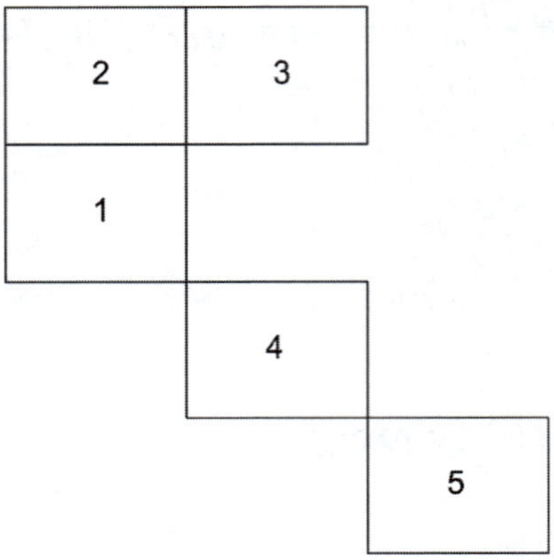

图 7.2: 函数 layout() 的绘图潜能

小窍门

在 R 中可使用指令 layout.show(5) 来显示前一张图像.

注意, 每调用一次画图函数, 绘出的图形将依次显示在按照递增顺序排列的盒子中 (图 7.3).

```
> layout(mat,widths=c(1,5,14),heights=c(1,2,4,1))
> layout.show(5)
```

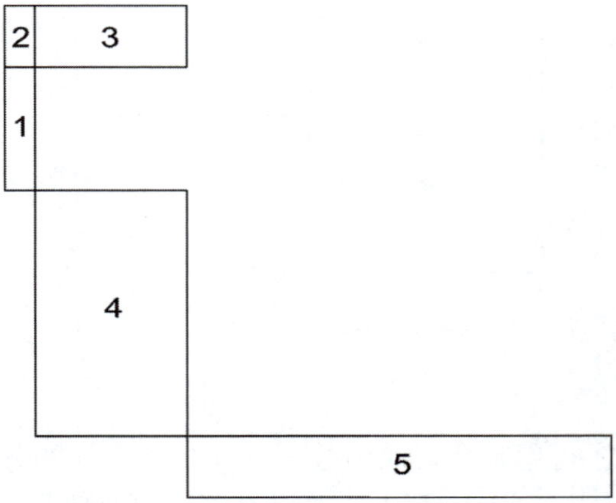

图 7.3: 函数 layout() 及其参变量 widths 和 heights

同时请注意, 通过使用参变量 `widths`, 还可以指定 `mat` 中各列所代表的盒子的相对宽度, 各行的高度则通过对参变量 `heights` 来指定.

7.2 节

低水平绘图函数

7.2.1 函数 `plot()` 和 `points()`

函数 `plot()` 是最通用的画图命令. 它可以提取各个点的坐标作为输入参变量来绘图 (图 7.4).

```
> plot(1:4,c(2,3,4,1),type="b",main="Main title",
+   sub="Subtitle",xlab="Label for x",ylab="Label for y")
```

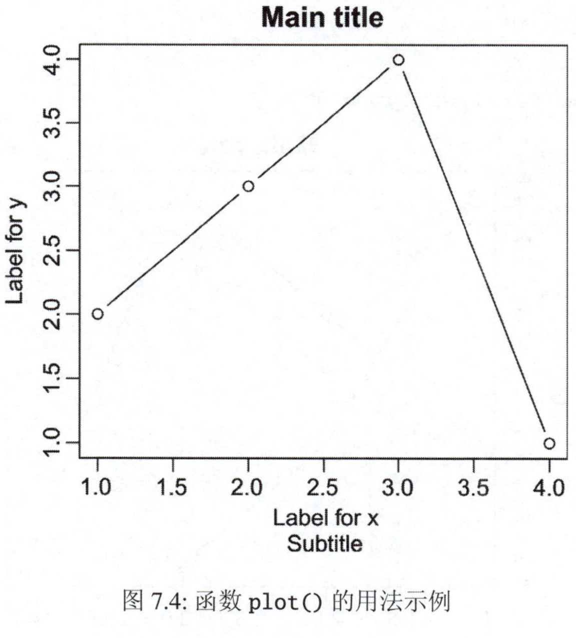

图 7.4: 函数 `plot()` 的用法示例

> 提醒
>
> 也可以使用函数 `plot()` 对一个已经定义了图形方法的 R 对象进行操作. 具体例子参见第 14 章和第 15 章.

下面列出该函数最有用的一些参数变量.

参变量	描述
x	各绘图点的 x 坐标构成的向量
y	各绘图点的 y 坐标构成的向量
type	指定绘图的类型: "p" 点图, "l" 线图, "b" 点线图, "c" 空心点加线, "o" 实心点加线, "h" 垂直线, "s" 阶梯步, 而 "n" 代表空白 (仅有坐标轴来显示窗口)
main	指定主标题 (main title)
sub	指定副标题 (subtitle)
xlab	指定 x 轴的标签 (label)
ylab	指定 y 轴的标签
xlim	长度为 2 的向量, 分别指定 x 轴的上限和下限
ylim	长度为 2 的向量, 分别指定 y 轴的上限和下限
log	若 x 轴 (或 y 轴, 或两条轴同时) 需要做对数变换 (logarithmic), 则分别取为包含 "x" (或 "y"; "xy" 或 "yx") 的字符串

注意, 连续地调用函数 `plot()` 则每次都会创建一个新图来取代前一次调用产生的图 (除非图形窗口事先已经被分割为多个盒子, 如 7.1.2 小节所述). 函数 `points` 能够矫正该问题 (通过在旧图的顶部覆盖新图), 它的参变量与 `plot()` 相同 (图 7.5).

```
> points(1:4,c(4,2,1,3),type="l")
```

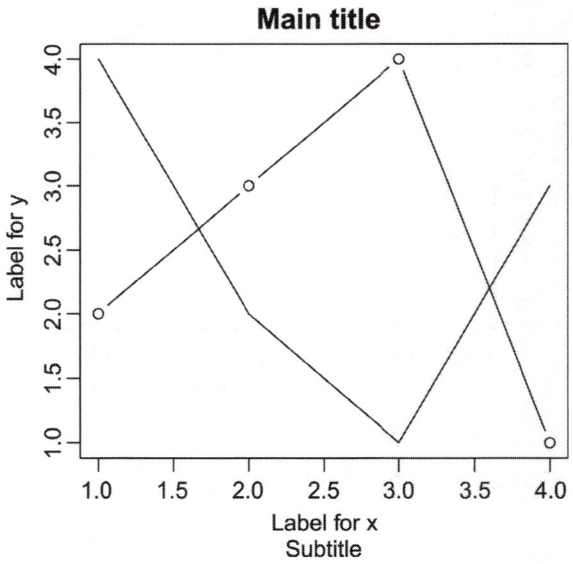

图 7.5: 函数 `points()` 的用法示例

小窍门

函数 `approx()` 提供了一种对各点进行线性或常数型插值的功能.

7.2.2 函数 segments(), lines() 和 abline()

函数 segments() 和 lines() 用于将各个点以线段进行连接, 注意它们都是往现有的图形上添加作业 (图 7.6).

```
> plot(0,0,"n")
> segments(x0=0,y0=0,x1=1,y1=1)
> lines(x=c(1,0),y=c(0,1))
```

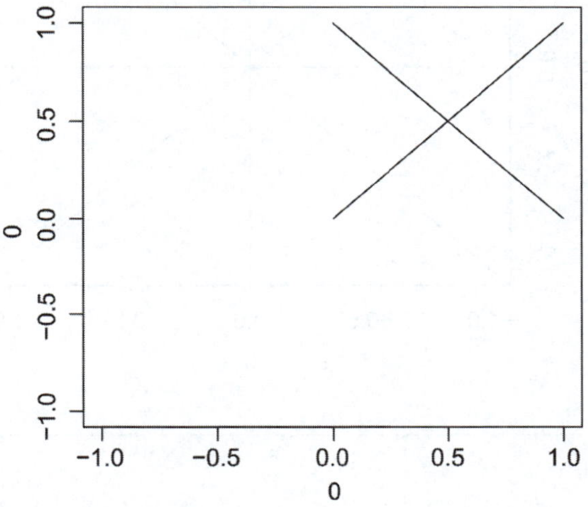

图 7.6: 函数 segments() 和 lines() 的用法示例

函数 abline() 用于绘制方程 $y = a + bx$ (由参变量 a 和 b 刻画) 所示的直线, 或一条水平线 (由参变量 h 指定) 或一条垂直线 (由参变量 v 指定), 如图 7.7 所示.

```
> plot(0,0,"n");abline(h=0,v=0);abline(a=1,b=1)
```

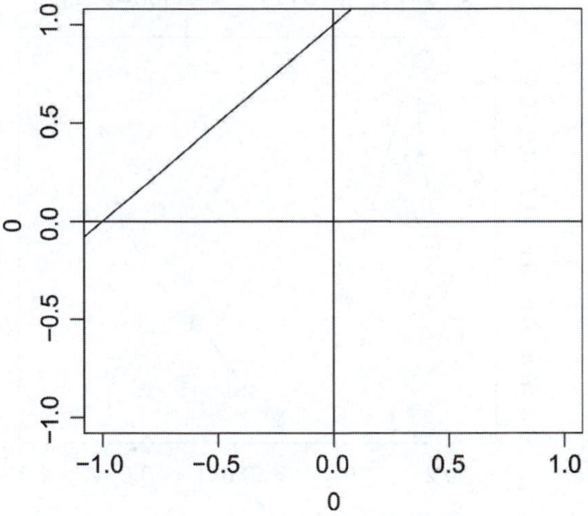

图 7.7: 函数 abline() 的用法示例

自己动手

重新绘出下面这个图形.

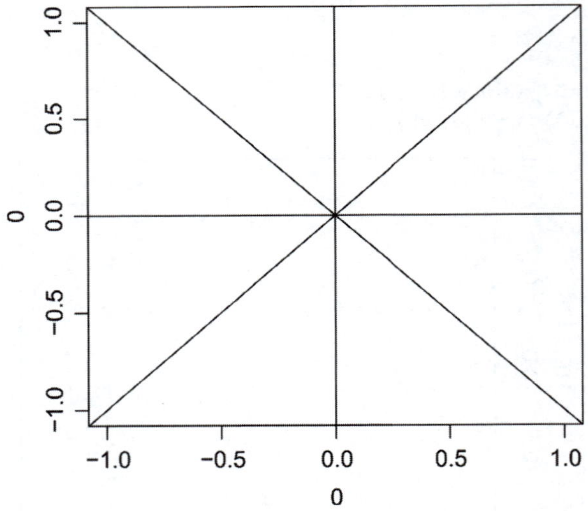

7.2.3 函数 arrows()

该函数可用来绘制各个点对之间的箭头. 它采用参变量 `length` 来指定箭头前端 > 的尺寸 (图 7.8).

```
> x <- runif(12); y <- runif(12)
> i <- order(x,y); x <- x[i]; y <- y[i]
> plot(x,y); s <- seq(length(x)-1)
> arrows(x[s], y[s], x[s+1], y[s+1], length=0.1)
```

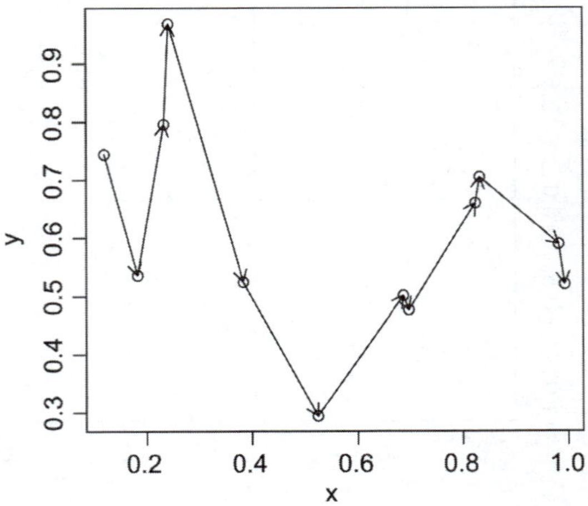

图 7.8: 函数 arrows() 的用法示例

7.2.4 函数 polygon()

如其名称所示, 此函数可用来绘制多边形, 并可用一种指定的颜色对一个多边形进行填充.

自己动手

在 R 控制台中键入如下的指令:

```
example(polygon)
```

小窍门

通过点击图形窗口中的 10 个点作为其顶点, 命令 polygon(locator(10,"l")) 可用于画一个 10 边形.

7.2.5 函数 curve()

该函数可用来在笛卡儿坐标系统中某个指定的区间范围内 (界限由参变量 from 和 to 确定) 绘制一条曲线 (图 7.9).

```
> curve(x^3-3*x,from=-2,to=2)
```

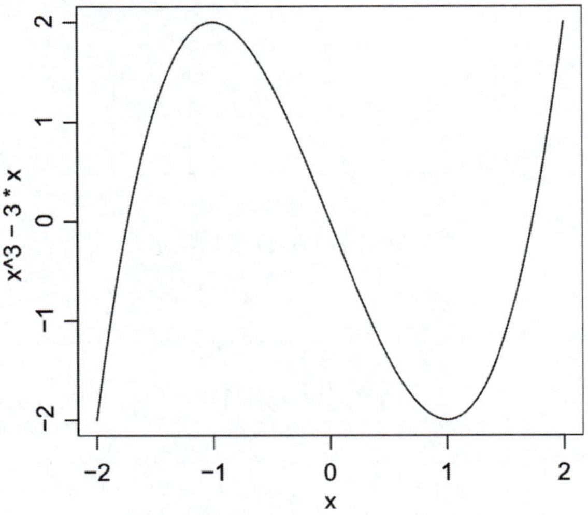

图 7.9: 函数 curve() 的用法示例

注意, 参变量 add=TRUE 可用来指明新绘的曲线将覆盖在原有图形上.

自己动手

使用下面的指令来绘制从标准正态分布抽取的 10000 个随机数的密度直方图 (density histogram):

```
hist(rnorm(10000),prob=TRUE,breaks=100)
```

然后使用函数 curve() 在该直方图的顶部添加标准正态分布 $\mathcal{N}(0,1)$ 的密度函数曲线 (该密度函数由命令 dnorm() 给出).

7.2.6 函数 box()

此函数用于在现有的图形周围添加一个盒子. 参变量 bty 可指定盒子的类型; 参变量 lty 管理用以绘制盒子的线段的类型. 注意: 默认地, 函数 plot() 绘出的图像外围都会加有一个盒子, 除非设置了参变量 axes=FALSE (图 7.10).

```
> plot(runif(7), type = "h", axes = FALSE)
> box(lty = "1373")
```

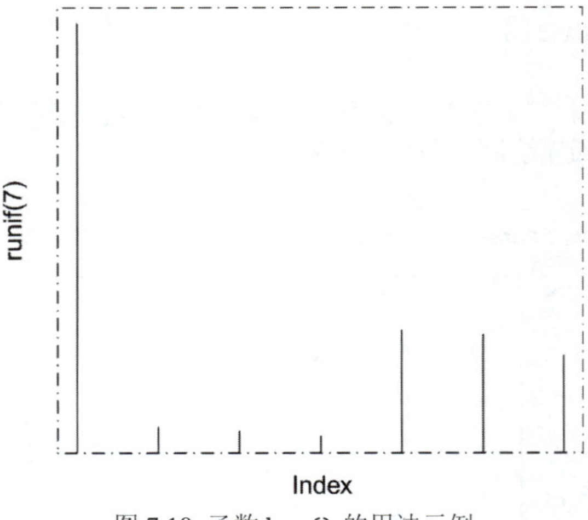

图 7.10: 函数 box() 的用法示例

7.3 节 管理颜色

7.3.1 函数 colors()

该函数返回可被 R 识别的 657 种颜色的名称.

小窍门

如果你想要获得不同色调 (shade) 的橙色, 你可以使用如下的指令:

```
> colors()[grep("orange",colors())]
 [1] "darkorange"   "darkorange1" "darkorange2" "darkorange3"
 [5] "darkorange4" "orange"       "orange1"     "orange2"
 [9] "orange3"     "orange4"      "orangered"   "orangered1"
[13] "orangered2"  "orangered3"   "orangered4"
```

上面这些颜色都可用到你的绘图中去, 例如在函数 plot() 中对参变量 col 指定不同的值 (图 7.11).

```
> plot(1:10,runif(10),type="l",col="orangered")
```

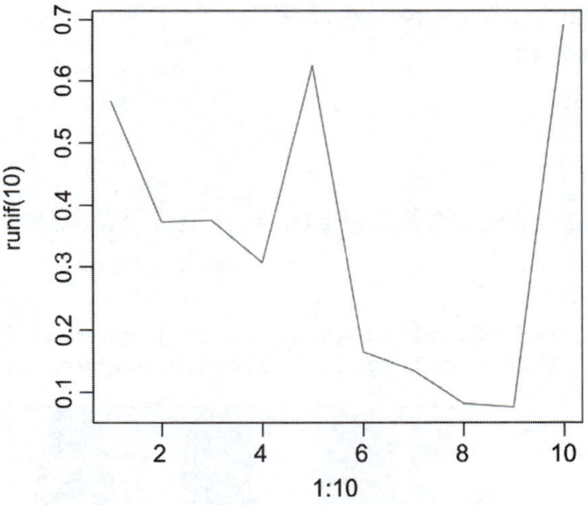

图 7.11: 函数 plot() 的参变量 col

另见

注意, 也可以改变图形中其他要素的颜色, 比如坐标轴或标题. 为此, 参见第 7.7 节中讨论的函数 par().

7.3.2 十六进制颜色编码

R 提供了使用十六进制颜色编码的可能性, 比如在函数 plot() 中可通过指定参变量 col 的值来实现. 每一种颜色都按照它分解成的三种基本颜色 (红、绿、蓝) 来编码, 而每一种基本颜色都可在 0 到 255 之间取值 (0: 完全缺失该颜色; 255: 该颜色完全饱和). 这 256 个数值的十六进制编码在 `00` 到 `FF` 之间给出.

下面给出若干种颜色的编码例子:

```
黑色 (Black):   #000000
白色 (White):   #FFFFFF
杏仁绿色 (Almond green):   #82C46B
柠檬黄色 (Lemon yellow):   #F7FF3C
孔雀蓝 (Peacock blue):     #048B9A
午夜蓝 (Midnight blue):    #10076B
```

注意, 可以使用函数 `rgb()` 来获取某一种颜色分解为红、绿、蓝三种基本色后的十六进制编码.

```
> rgb(red=26,green=204,blue=76,maxColorValue = 255)
[1] "#1ACC4C"
> rgb(red=0.1,green=0.8,blue=0.3)
[1] "#1ACC4D"
```

函数 `col2rgb()` 执行 `rgb()` 的逆操作:

```
> col2rgb("#1ACC4C")
      [,1]
red     26
green  204
blue    76
```

通过指定函数 `rgb()` 的参变量 `alpha`, 甚至可以得到透明度, 如图 7.12 所示:

```
> curve(sin(x),lwd=30,col=rgb(0.8,0.5,0.2),xlim=c(-10,10))
> curve(cos(x),lwd=30,col=rgb(0.1,0.8,0.3,alpha=0.2),add=T)
```

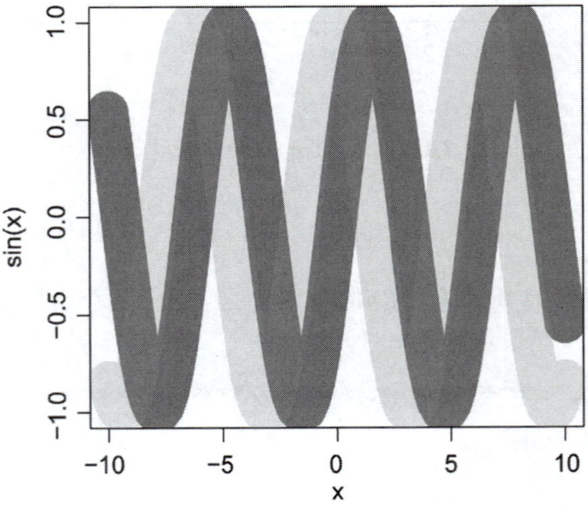

图 7.12: 函数 `rgb()` 的参变量 `alpha`

R 最大限度能够处理多达 256^3 种颜色, 即 1600 万种颜色. 接下来的例子调用函数 `rainbow()` 来对该幅度有一个直观的印象 (图 7.13).

```
> pie(rep(1, 200), labels = "", col = rainbow(200), border = NA)
```

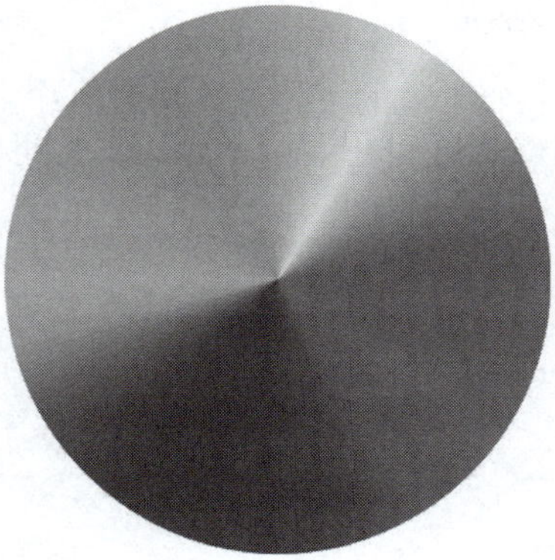

图 7.13: 使用函数 rainbow() 的例子

必要时, 用户还可以将程序包 RColorBrewer 加载到 R 中. 该程序包能用来自动地创建理想的颜色调色板以得到美丽的演示效果: 颜色的不同深浅、互补色或发散色 (图 7.14).

```
> require("RColorBrewer")
> display.brewer.all()
```

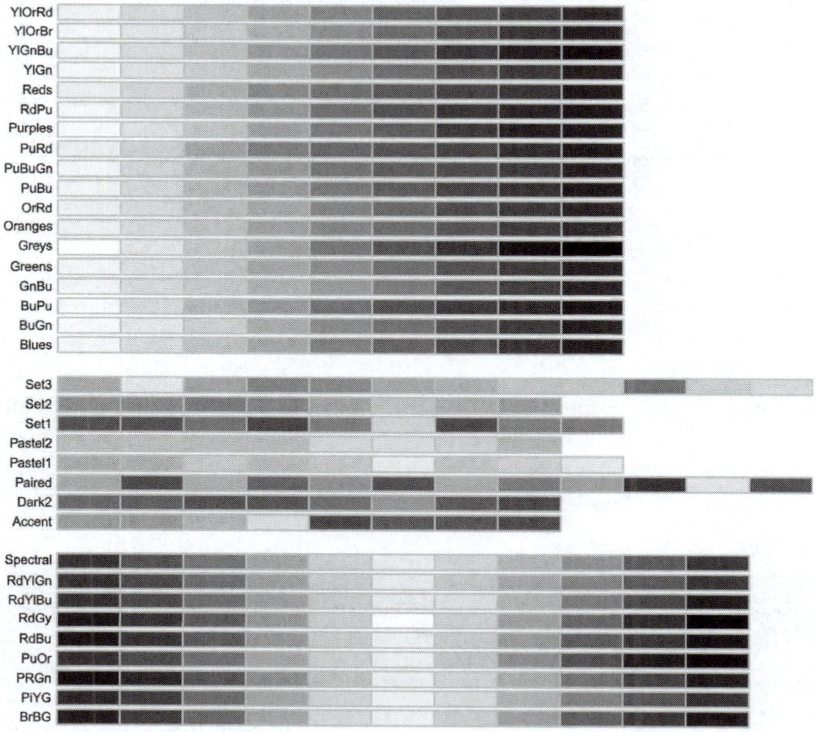

图 7.14: 程序包 RColorBrewer 中函数 display.brewer.all() 的效果展示

7.3.3 函数 image()

该函数创建并显示一个着色的网格 (grid) 或多个灰阶 (grey-scale) 的矩形. 这些矩形也称为像素 (pixel), 它可用于显示 3D 或空间数据, 即图像 (image), 如图 7.15 所示.

```
> X <- matrix(1:12,nrow=3)
> X
     [,1] [,2] [,3] [,4]
[1,]    1    4    7   10
[2,]    2    5    8   11
[3,]    3    6    9   12

> colours <- c("orange","orangered","red","lightblue",
+                  "blue", "white","lightgrey","grey",
+                  "darkgrey","yellow","green","purple")
> image(X,col=colours)
> text(rep(c(0,0.5,1),4),rep(c(0,0.3,0.7,1),each=3),1:12,cex=2)
```

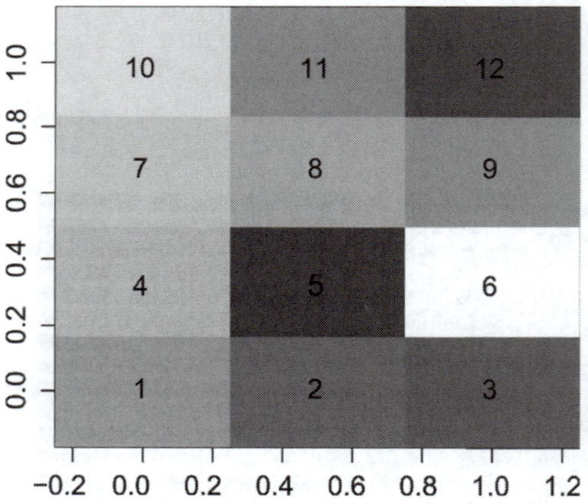

图 7.15: 函数 image()

上图的各个盒子中的数字是利用函数 text() 添加进去的, 该函数稍后再行介绍.

提醒

注意图 7.15 中这些着色矩形的排列方式: 从左至右、从底部至顶部. 因此它是 X 中内容的逆时针方向的 90 度旋转后的显示.

可以通过如下的方式来得到与矩阵 X 中数据排列方式一致的着色网格, 见图 7.16:

```
> image(as.matrix(rev(as.data.frame(t(X)))),col=colours)
> text(rep(c(0,0.33,0.67,1),each=3),rep(c(1,0.5,0),4),1:12,cex=2)
```

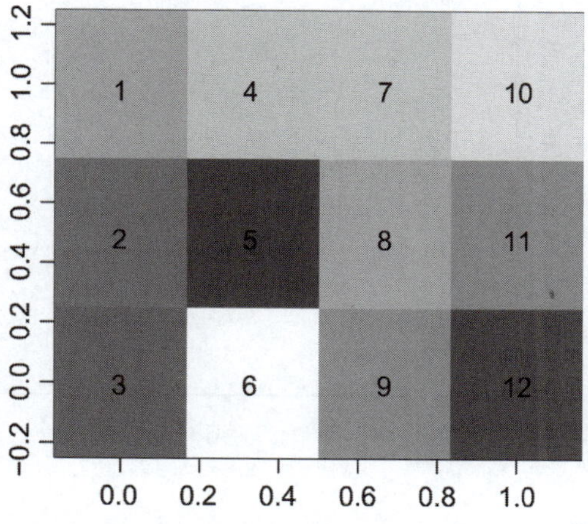

图 7.16: 函数 image() 与矩阵数据一致的显示结果

自己动手

安装并加载程序包 caTools. 使用该程序包中的函数 read.gif() 去读取文件 http://www.biostatisticien.eu/springeR/R.gif, 然后使用函数 image() 将它在 R 中显示出来. 使用由函数 read.gif() 给出的颜色并以正确的方向显示该图像.

7.4 节

添加文本

7.4.1 函数 text()

此函数用于在图像中添加文本. 它还能在图形中添加数学公式. 除了字符串本身, 还需要指定字符串的中点位置的 x 和 y 坐标. 为了显示一个数学表达式, 可以使用函数 expression() 或 bquote() (图 7.17).

```
> plot(1:10,1:10,xlab=bquote(x[i]),ylab=bquote(y[i]))
> text(3,6,"some text")
> text(4,9,expression(widehat(beta) == (X^T * X)^{-1} * X^T * y))
> p <- 4; text(8,4,bquote(beta[.(p)])) # 融合了数学符号与数值变量
```

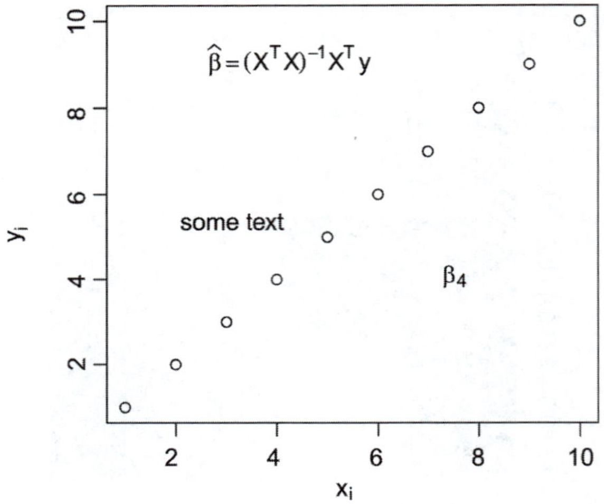

图 7.17: 函数 `text()` 的用法示例

小窍门

使用命令 `demo(plotmath)` 来查看为图形添加数学表达式的各种可能性, 同时它会显示几个相关的函数和命令.

自己动手

在坐标 (1, 1) 处画一个点, 然后使用函数 `text()` 在相同的坐标 (1, 1) 处添加文本 `"ABC"`. 注意观察参变量 `pos` 的效果, 它的取值为: 1 (下方), 2 (左边), 3 (上方), 4 (右边).

7.4.2 函数 `mtext()`

该函数用来在图形窗口的边界处添加文本, 它也可用于添加数学公式.

它通过参变量 `side` (1=bottom 底部, 2=left 左边, 3=top 顶部, 4=right 右边) 来指定在图形的哪个边界处添加文本 (图 7.18).

```
> plot(1:10,1:10)
> mtext("bottom",side=1)
> mtext("left",side=2)
> mtext("top",side=3)
> mtext(expression(x^2+3*y+hat(beta)),side=4)
```

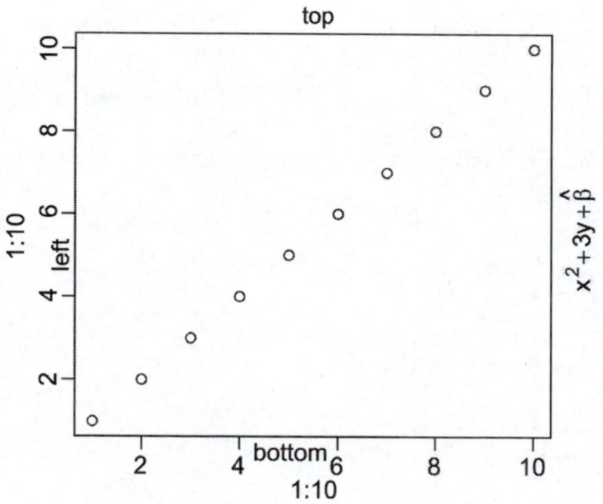

图 7.18: 函数 `mtext()` 的用法示例

7.5 节

标题, 数轴与说明文字

7.5.1 函数 title()

该函数用来给图形添加标题: 通过参变量 `main` 来添加图形上方的主标题; 通过参变量 `sub` 来添加图形下方的副标题; 通过参变量 `xlab` 给 x 坐标轴添加标签, 通过参变量 `ylab` 给 y 坐标轴添加标签. 注意这些参变量都可以在调用图形函数 [如 `plot()`] 的时候直接予以指定 (图 7.19). 注: 可以使用汉字.

```
> plot.new()
> box()
> title(main = "Main title", sub = "Subtitle",
+           xlab = "x label", ylab = "y label")
```

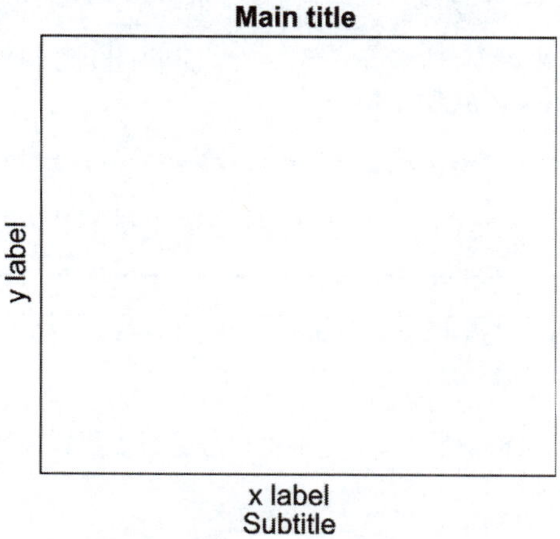

图 7.19: 函数 `title()` 的用法示例

小窍门

一个标题可以分成多行来书写, 只需要使用换行符号 "\n" (图 7.20).

```
> plot(1:10,main="Title on\n three\n lines",xlab="",ylab="")
```

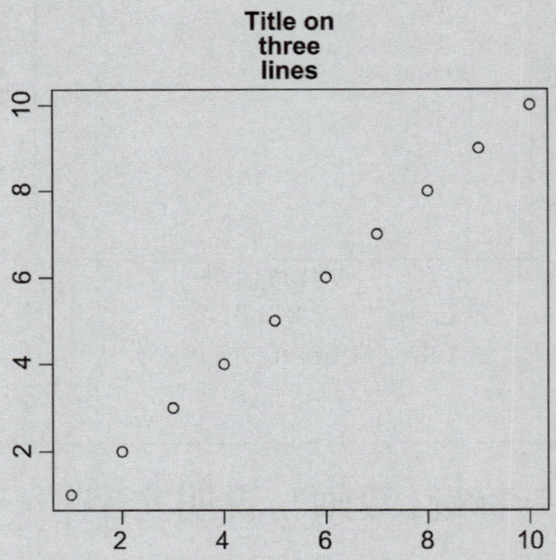

图 7.20: 多行形式的图形标题

7.5.2 函数 axis()

该函数可为已有的图形添加一条数轴 (坐标轴). 可以具体指定在哪条边画坐标轴、刻度标记的位置以及其他几个参变量的值.

注释

在一般情况下, 只有在确实想要控制坐标轴的细节时才会需要使用函数 axis(). 因此, 可以先画一个没有坐标轴的图 (例如使用函数 plot(), 并将参变量设为 axes=FALSE).

下面列出了函数 axis() 的一些主要的参变量 (图 7.21):

参变量	描述
side	指定在哪一边画数轴: side=1 (下边), side=2 (左边), side=3 (上边), side=4 (右边)
at	指定画刻度记号的位置
labels	要么是一个布尔值用以指定刻度记号是否需要作注释, 要么直接给出一个字符串来对刻度记号进行注释
tick	布尔值, 用来确定是否需要画刻度记号
col	坐标轴的颜色

其余参变量的描述可参见函数 axis() 的在线帮助文档.

```
> plot.new()
> lines(x=c(0,1),y=c(0,1),col="red")
> axis(side=1,at=c(0,0.5,1),labels=c("a","b","c"),col="blue")
```

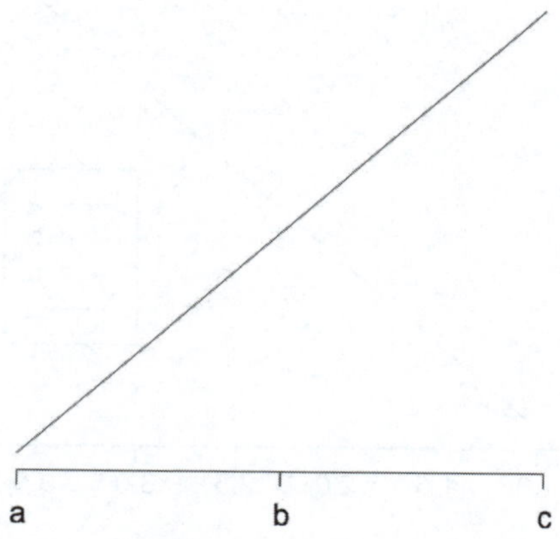

图 7.21: 函数 axis() 的用法示例

7.5.3 函数 legend()

该函数用于在已有图形上添加说明文字 (图 7.22、图 7.23).

```
> plot(1:4,1:4,col=1:4)
> legend(x=3,y=2.5,legend=c("a","b","c","d"),fill=1:4)
```

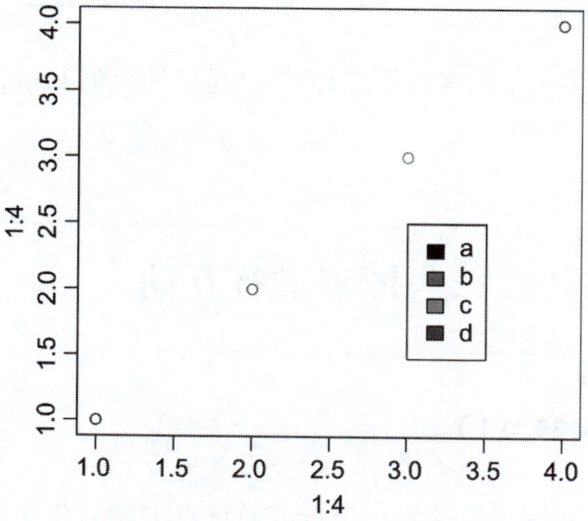

图 7.22: 函数 legend() 的方块表示

```
> plot(1:4,1:4,col=1:4,type="b")
> legend(x=3,y=2.5,legend=c("a","b","c","d"),col=1:4,lty=1)
```

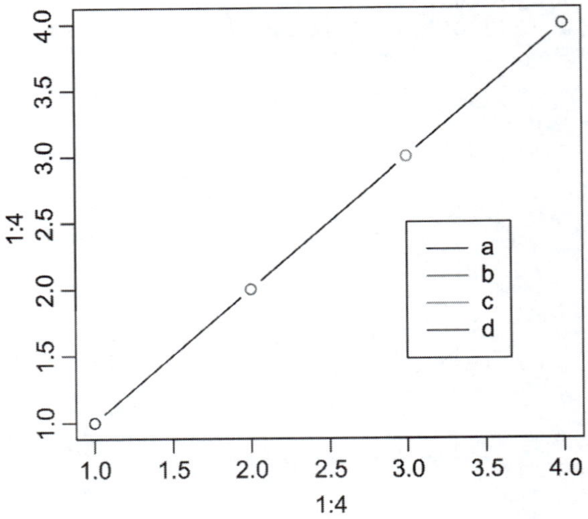

图 7.23: 函数 `legend()` 的线段表示

下表中列出了它的一些参变量:

参变量	描述
`x, y`	指定图形中说明文字放置处的坐标
`legend`	显示在说明文字中的字符串向量或表达式向量
`fill`	用来填充说明文字盒子的背景的颜色向量
`lty,lwd`	整数: 图例中直线的线型或宽度, 必须指定其中一个参变量的值以得到图例中的不同直线
`col`	图例中点或线的颜色向量

其他还有许多可用的参变量, 相关的描述参见函数 `legend()` 的在线帮助文档.

7.6 节 与图形进行互动

7.6.1 函数 `locator()`

该函数用来在图形中放置一个点或通过点击鼠标获取点的坐标. 它也可借助于鼠标在指定的位置添加文本或说明文字.

自己动手

键入如下的指令, 然后在得到的图形上用鼠标点击任意位置.

```
plot(1,1)
text(locator(1),labels="Here") # 在图形窗口中点击鼠标.
```

7.6.2 函数 identify()

它用来识别并标记图形中已存在的点. 下面这个 “自己动手” 环节应当能帮助理解该函数的用法.

自己动手

键入如下的指令, 然后点击图形中各点的临近位置. 通过点击鼠标右键来退出此交互模式.

```
> plot(swiss[,1:2])
> x <- identify(swiss[,1:2],labels=rownames(swiss))
> x
```

7.7 节 † 微调图形参数: par()

函数 par() 可通过其众多的参变量来微调图形. 使用此函数可以设置或查询常规的图形参数.

下面给出使用该函数的一些说明:

- par(*arg-name*) 输出函数 par() 中参变量 *arg-name* 的默认值;
- par(*arg-name*=val) 改变参变量 *arg-name* 的值为 val;
- par() 返回当前正在使用的图形参变量及它们当前的取值的一个列表.

提醒

在改变函数 par() 的参变量的取值之前, 应当先保存它们的旧值, 这样在以后需要的时候能够恢复它们.

```
# 保存 par() 的默认值
save.par <- par(no.readonly = TRUE)
# 现在可以改变若干个参变量的值
par(bg="red")
# 然后恢复它的旧值
par(save.par)
```

在给出该函数的具体用法之前, 值得读者注意的是图形窗口 [也称为设备区域 (device region)] 包含着轮廓区域 (figure region), 它转而包含着画图区域 (plot region). 图 7.24 说明了这一点.

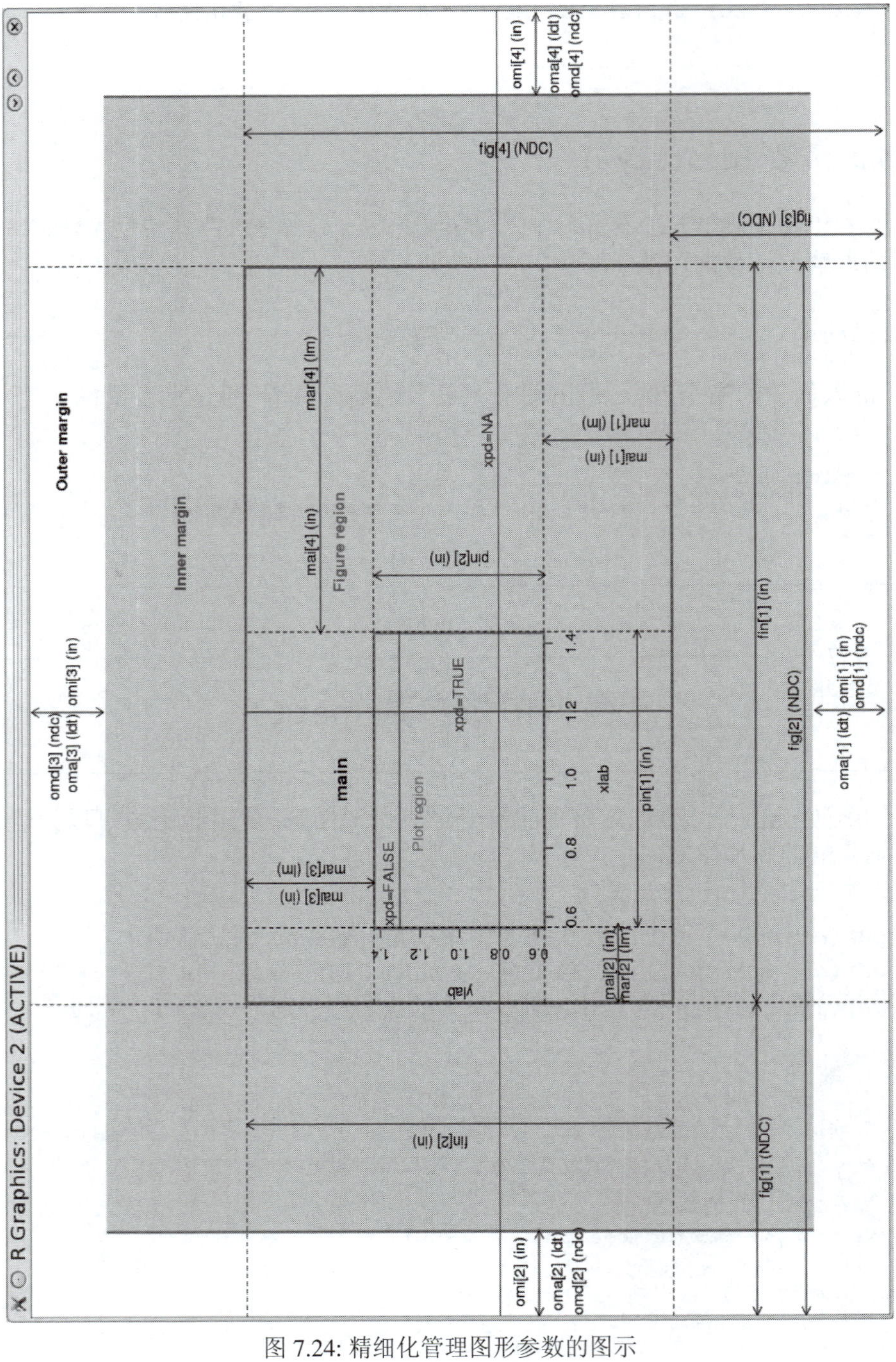

图 7.24: 精细化管理图形参数的图示

下面的这个表格列出了函数 par() 几乎全部的参变量及它们的简短描述, 我们将它们按组来排列使读者更易于查找相关的参数 (表 7.1).

- **管理图形窗口**

表 7.1: **管理图形窗口**的参变量

名称	含义描述
ask	布尔型. 取 TRUE 时, 将提示用户在画一个新图之前按下回车键 (ENTER). 可使用 devAskNewPage() 来替代该功能
din*	图形窗口的尺寸范围, 包括宽度和高度 c(width,height), 单位为英寸 [代表设备区英寸 (device region inches)]
fig	形如 c(x1, x2, y1, y2) 的数值向量, 给出轮廓区域中画图区域的规范化设备坐标 (normalized device coordinates)
fin	形如 c(width, height) 的数值向量给出轮廓区域的尺寸, 单位是英寸 [代表轮廓区域英寸 (figure region inches)]
mai	形如 c(bottom, left, top, right) 的数值向量给出边界的尺寸, 单位是英寸
mar	形如 c(bottom, left, top, right) 的数值向量给出图形四周的边界线的数目, 默认值为 c(5, 4, 4, 2) + 0.1
mex	mex 是描述图形边界坐标的字体大小的扩张因子. 注意它不改变字体的大小而是指定字体大小 (以 csi 的倍数) 在 mar 和 mai 之间, oma 和 omi 之间进行转换. 当设备被打开时它的值为 1, 当布局改变时它的值会被重新初始化 (cex 也同时被初始化)
mfcol, mfrow	形如 c(nl, nc) 的向量. 连续的图像 (或多图) 将在图形窗口中以 nl-by-nc 维矩阵的样式被依次画出, 其中 mfcol 按照列来填充而 mfrow 按行来依次填充. 也可以考虑另外两种等效的方法: layout() 和 split.screen()
mfg	形如 c(i, j) 的数值向量, 其中 i 和 j 指示下一个图像在轮廓矩阵的哪个单元来绘制. 必须事先通过参变量 mfcol 或 mfrow 将轮廓矩阵定义好
mgp	坐标轴标题、标签和线段的边界线 (单位由 mex 指定). 默认值为 c(3, 1, 0)
new	布尔值 (默认为 FALSE). 如果设定为 TRUE, 下一个高水平作图命令 (实则 plot.new()) 将不会擦除旧图像而是在它上面覆盖新绘的图
oma	向量 c(bottom, left, top, right) 给出外部边界的尺寸 (单位: 文本的行数)
omd	形如 c(x1, x2, y1, y2) 的向量, 给出外部边界内的区域, 单位是规范化设备坐标 (NDC), 即作为图形窗口的一个比例 (在 [0,1] 之间)
omi	形如 c(bottom, left, top, right) 的向量给出外部边界的尺寸, 单位是英寸
pin	形如 c(width, height) 的向量给出画图区域的面积或范围, 单位是英寸 (inch)
plt	向量 c(x1, x2, y1, y2) 给出画图区域的坐标 (作为当前轮廓区域的一部分)
pty	一个字符用来指定画图区域的类型: "s" 产生方形的作图区域, 而 "m" 产生最大化的作图区域
usr	形如 c(x1, x2, y1, y2) 的向量给出画图区域中用户自定坐标的极端值. 如果使用了对数尺度 (即 par("xlog") 为 TRUE), 则 x 的极限值为 $10^{\texttt{par("usr")}}$[1:2]. 同样的方法可得到 y 的极限值
xpd	布尔值或缺失值 (NA). 如果取 FALSE, 所有的图像都附加到画图区域; 若取 TRUE, 所有的图形都附加到轮廓区域. 如果取 NA, 全部的作图都会附加到绘图窗口. 另见 clip()

* 添加了星号的参变量表示其不能被用户修改 (只读).

图 7.24 能帮助用户更好地理解和领会表 7.1 中的这些参变量.

- **管理颜色** (表 7.2)

表 7.2: 管理颜色的参变量

名称	含义描述
bg	设备区域的背景颜色
col	图像的颜色
col.axis	坐标轴注释的颜色
col.lab	*x* 和 *y* 轴标签的颜色
col.main	主标题的颜色
col.sub	副标题的颜色.
fg	前景的颜色 (图形周围的数轴及外边框盒子), 默认设置为与 col 同样的取值

我们来看一下如何将表 7.2 中的参变量用于实际作图 (图 7.25):

```
> par(bg="lightgray",col.axis="darkgreen",col.lab="darkred",
+            col.main="purple",col.sub="black",fg="blue")
> curve(cos(x),xlab="xlab in darkred",main="Title in purple",
+             xlim=c(-10,10),sub="sub in black")
> curve(sin(x),col="blue",add=T)
```

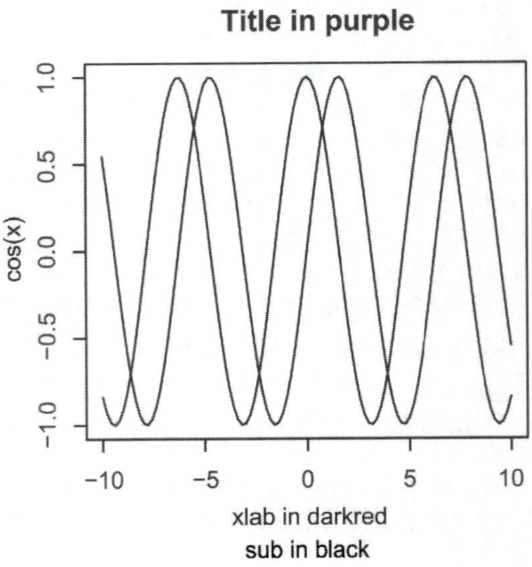

图 7.25: 管理一个图形中的各种颜色

- **管理文本** (表 7.3)

表 7.3: 管理在图形中显示的文本

名称	含义描述
adj	adj 的值控制 text(), mtext() 和 title() 中字符串的对齐方式: 0 得到左对齐的文本; 0.5 得到居中而 1 得到右对齐的文本. [0, 1] 间的任意值都是允许的, 此区间外的某些值有时也会起作用. 注意函数 text() 的参变量 adj 可取 adj = c(x, y) 来实现在 x 轴和 y 轴方向进行不同的调整. 对于 text(), 文本相对一个点来调整, 而 mtext() 和 title() 则是相对于画图区域或图形窗口来调整
ann	若取值为 FALSE, 高水平作图函数得到的图形将不会为坐标轴和主标题添加注释, 而默认是要添加注释的
cex	一个数值 (相对某个参照值) 用以指定图形中文本或符号的字符膨胀系数
cex.axis	坐标轴注释的字符膨胀系数
cex.lab	x 轴和 y 轴标签的字符膨胀系数
cex.main	主标题的字符膨胀系数
cex.sub	副标题的字符膨胀系数
cin*	字符的大小 (单位是英寸), 形式为 c(width, height)
cra*	字符的大小 (单位是像素), 形式为 c(width, height)
crt	一个数值 (单位是度) 用来指定各种字符的旋转程度, 必须是 90 的倍数. 注意它与控制字符串旋转角度的函数 srt 之间的差别
csi*	字符的高度 (单位是英寸). 它的值等于 par("cin")[2]
cxy*	字符的大小 (单位会相对于用户的坐标来表示), 形式为 c(width, height). par("cxy") 等于 par("cin")/par("pin") 乘以用户坐标中的一个缩放因子. 注意, 对于一个给定字符串 ch 使用 c(strwidth(ch), strheight(ch)) 通常会更精确
family	某个字体族的名称, 最大限制为 200 字节. 每一个图形设备都将该名称与特定设备的字体描述相互联系起来. 默认值为 "", 表明默认字体将被使用 (更多细节请参阅设备 "device" 的帮助文档). 其他常用的取值有 serif, sans 以及 mono; Hershey 字体也可以使用, 这些都需要在函数 text() 中指定
font	一个整数, 用以指定文本字体的特殊形式. 通常地, 1 对应普通文本, 2 对应粗体, 3 对应斜体, 4 对应粗斜体, 5 则是符号字体 (Adobe 编码)
font.axis	坐标轴注释的字体
font.lab	x 轴和 y 轴标签的字体
font.main	主标题的字体
font.sub	副标题的字体
ps	整数. 文本字体的大小, 单位是磅 (不适用于符号)
srt	字符串旋转程度, 单位是度. 仅被 text() 所支持. 参见前面有关 crt 的评论

* 添加了星号的参变量表示其不能被用户修改 (只读).

下面是一个使用参变量 adj 和 srt 的例子 (表 7.3; 图 7.26):

```
> par(mfrow = c(1, 3))
> vals <- c(0, 0.5, 1)
> for (adj in vals) {
+ par(adj = adj)
```

```
+ plot(0, main = paste("adj =", adj), col.lab = "red",
+    col.main = "red",type = "n")
+ text(1, 0, "abc", col = "red", cex = 2)
+ abline(h = 0, lty = 2)
+ abline(v = 1, lty = 2)
+ }
> abline(v=0.8,h=-0.5,lty=2)
> text(0.8, -0.5, "abc", col = "red", cex = 2,adj=c(0,1))
> abline(h=0.5,v=0.5,lty=2)
> text(0.8,0.5,"ABC",col="red",cex=2,adj=c(0.5,0.5),srt=120)
```

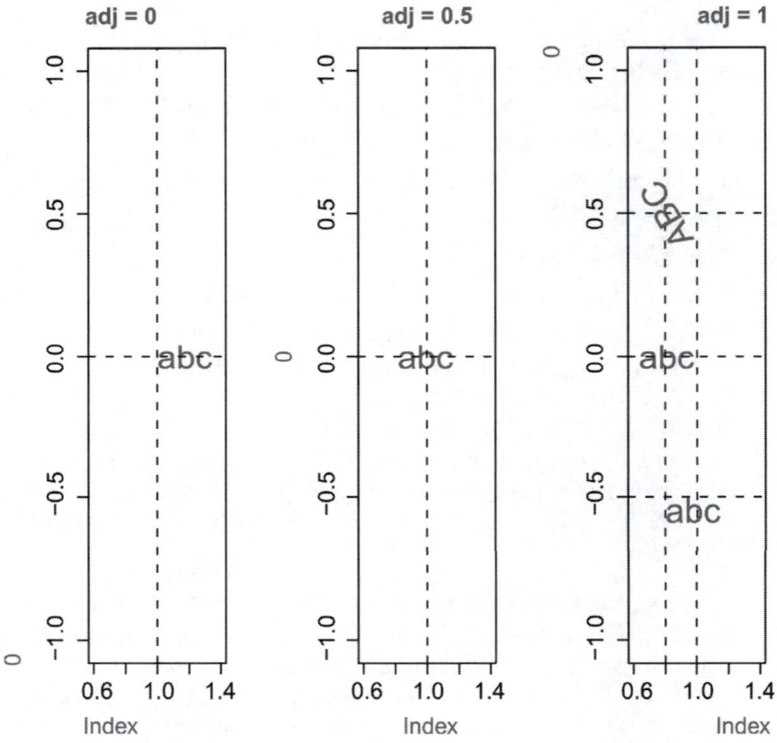

图 7.26: 使用参变量 adj 和 srt 的例子

第二个例子说明如何使用不同的字体 (表 7.3; 图 7.27):

```
> par(cex.axis=1.5)
> plot(1:5,y=rep(1,5),type="n",font.axis=2,font.lab=3,xlab=
+  "xlab in italics",ylab="",font.main=4,main="Title in bold italics",
+ font.sub=5,sub="Subtitle in symbol font")
> text(2,1.2,"Ordinary text")
> par(ps=30)
> text(3,1,"A Hershey font",family="HersheyScript")
> par(ps=14)
> text(3,1,"Another Hershey font",family="HersheyGothicEnglish")
```

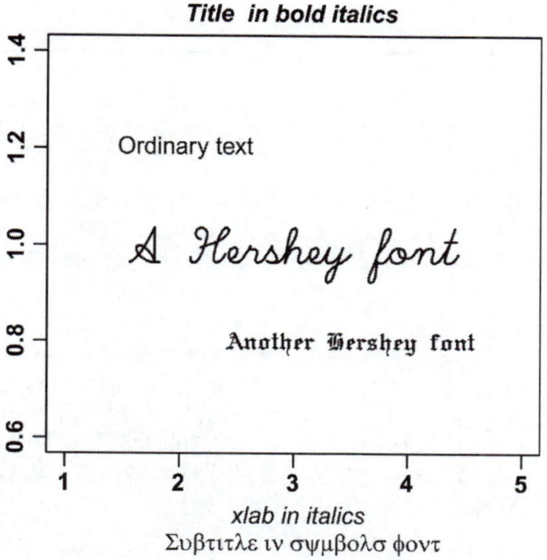

图 7.27: 在一个图形中使用不同的字体

小窍门

为了查看 R 中全部可用的字体和符号, 可以调用如下的命令:

```
demo(Hershey)
```

- **管理坐标轴** (表 7.4)

表 7.4: **管理坐标轴**的参变量

名称	含义描述
bty	字符串, 用来指定图形 (或坐标轴) 周围的边框盒子的类型. 若 bty 取值为 "o" (默认值), "l", "7", "c", "u" 或 "]" 中的某一个, 盒子就看起来像该字符. 若取值为 "n" 则将盒子隐藏
lab	形如 c(x, y, len) 的数值向量用以修改坐标轴注释的方式, x 和 y 的值近似地指定 *x* 轴和 *y* 轴上十字叉号的数目, len 指定标签的大小, 默认值为 c(5, 5, 7). 注意, 当坐标系统放到位且画坐标轴时没有使用到, x 和 y 的值将仅会给参变量 xaxp 和 yaxp 赋值, 而 len 尚未起作用
las	从集合 {0,1,2,3} 中取值来指定坐标轴标签的样式. 0= 平行于坐标轴 (默认值), 1= 水平, 2= 正交于坐标轴, 3= 垂直. 注意, par() 的参变量 srt 仅控制字符串的旋转而不影响坐标轴标签
tck	坐标轴上十字记号的长度, 以画图区域的长度和高度两者中最小值的比例来刻画. 若 tck >= 0.5, 则理解为相应侧边的比例; 若 tck=1, 则画一个网格. 默认值 (tck = NA) 对应 tcl = -0.5

续表

名称	含义描述
tcl	坐标轴上十字记号的长度, 以一行文字的高度的比例来刻画. 默认值为 -0.5. 键入 tcl = NA 则设置 tck = -0.01
xaxp	形如 c(x1, x2, n) 的向量给出 x 轴端头十字记号的坐标以及全部十字记号的间隔数目, 前提是 par("xlog") 取值为 FALSE. 否则, 当采用对数尺度时这三个值将有新的含义. 详情参见在线帮助文档或查看 axTicks() 的结果
xaxs	x 轴上标记间隔的样式. 可取的值有: "r", "i", "e", "s", "d". 该样式通常由数据的范围或预先指定的 xlim 所控制. 正规样式 "r" (regular) 首先从左右两边各扩充原始数据范围的 4%, 然后确定一个适合扩充范围并具有美观性的坐标轴; 内部样式 "i" (internal) 仅确定一个适合原始数据范围并具有美观性的坐标轴; 标准样式 "s" (standard) 确定一个包含原始数据范围并具有美观性的坐标轴; 扩展样式 "e" (extended) 类似于标准样式 "s", 但同时为画边界盒子内的符号预留了空间; 直接样式 "d" (direct) 指定当前的坐标轴必须用于随后的绘图. 作为写作风格, 只有正规样式 "r" 和内部样式 "i" 能被实施
xaxt	一个字符用以指定 x 轴的类型. 取值为 "n" 表明一个数轴被创建但并不绘出. 标准取值为 "s"
xlog	布尔值 (见 plot.default() 中的 log). 若取 TRUE, 则采用对数尺度 (例如, 在 plot(*, log = "x") 之后). 对于一个新的图形窗口, 默认值为 FALSE, 即采用一个线性尺度
yaxp	形如 c(y1, y2, n) 的向量给出 y 轴端头十字记号的坐标以及全部十字记号的间隔数目, 对数尺度时除外. 参见上面的 xaxp
yaxs	y 轴上标记间隔的样式, 参见上面的 xaxs
yaxt	一个字符以指定 y 轴的类型. 取值为 "n" 表明一个数轴被创建却并不绘出
ylog	布尔值; 参见上面的 xlog

其中一些参变量被用在下面的例子中 (图 7.28):

```
> # 扩大底部边界为 x 轴标签留出空间
> par(mar = c(7, 4, 4, 2) + 0.1)
> # 定义边框盒子的样式, 在 x 轴和 y 轴上各有 10 个十字记号,
  # 水平标签, 刻度长度为 1 (这将给出一个坐标网格)
> par(bty="7",col="blue",lab=c(10,10,1),las=1,tck=1)
> # 创建一个没有 x 轴和 x 标签的图形
> plot(1 : 8, xaxt = "n",  xlab = "")
> # 添加仅具有十字记号的 x 轴
> axis(1, labels = FALSE)
> # 创建标签向量
> labels <- paste("Label", 1:8, sep = " ")
> # 将 x 标签添加到默认的十字记号上去
> text(1:8, par("usr")[3] - 0.25, srt = 45, adj = 1,
+         labels = labels, xpd = TRUE)
> # 在图形底部添加一个副标题, 位置定在第 6 条边界线 (总共 7 条)
> mtext(1, text = "Labels for the X axis", line = 6)
```

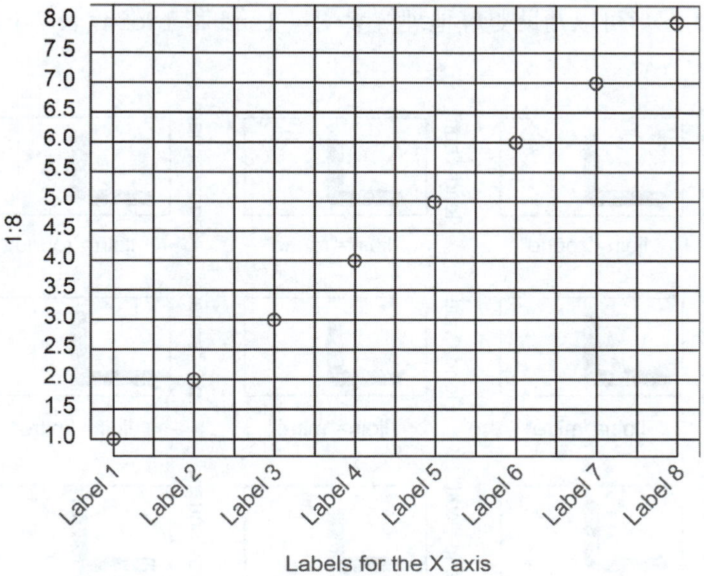

图 7.28: 一个图形中的各种标签

- **线段和符号** (表 7.5)

表 7.5: **线段和符号**的参变量

名称	含义描述
lend	线段尽头的样式. 取值可以是整数或字符串: 0 或 "round" 意味着在线段的尽头添加一个半圆; 1 或 "butt" 意味着线段尽头保存平直; 2 或 "square" 意味着在线段的尽头添加一个小方格
lheight	线段高度的乘数. 当一段文本跨了多行, 行距由字符高度乘以当前字符扩张因子和线段高度乘数来确定, 默认值为 1, 主要用在 text() 和 strheight() 之中
ljoin	线段连接样式. 取值可以是整数或字符串: 0 或 "round" 意味着圆边连接 (默认值); 1 或 "mitre" 意味着直边连接; 2 或 "bevel" 意味着斜边连接
lmitre	当直边连接被自动转换为尖头连接时的控制参数. 取值必须大于 1, 默认值为 10. 注意, 它在某些外设中可能不起作用
lty	线段样式. 取值可以为整数 (0= 空白型, 1= 实线型, 2= 破折线, 3= 点线型, 4= 点加破折号, 5= 长破折号, 6= 双破折号), 或对应的字符串 "blank", "solid", "dashed", "dotted", "dotdash", "longdash", "twodash". 注意, "blank" 使用的是无形的线段 (因此不用绘制). 也可以指定一个长度不超过 8 的字符串来给定实线和空白段的长度. 参见**线型指定** Line type specification 部分的在线帮助文档
lwd	图形中线段的宽度 (正数), 默认值为 1
pch	在点图中要么取值为一个整数 (指代一个符号) 或者取值为一个字符去代替原始的小圆圈

下面的图形可以帮助更好地理解参变量 `lend` 和 `ljoin` (表 7.5; 图 7.29).

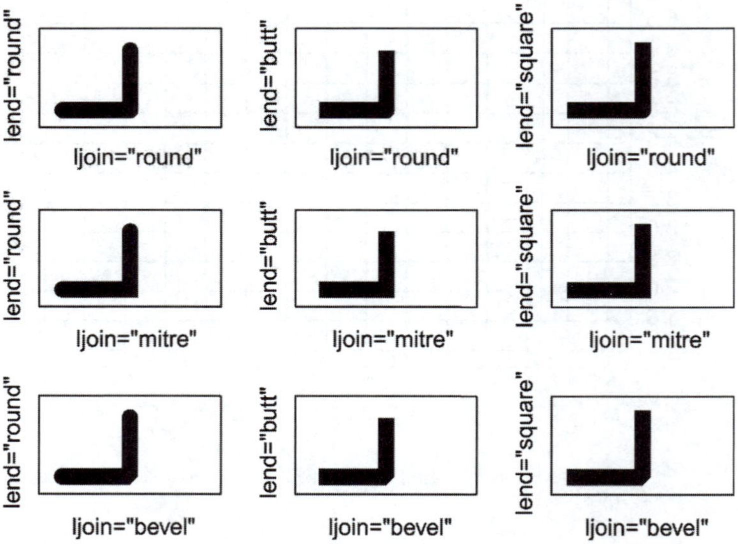

图 7.29: 参变量 `lend` 和 `ljoin` 的用法示例

下面的图像说明可以通过参变量 `pch` 的不同取值来得到不同的符号. 图形中点的外形由参变量 `pch` 所控制. 序号为 0 至 20 的点型被参变量 `col` 指定了同样的颜色, 序号 21 到 25 的点型由函数 `points()` 中的参变量 `bg` 指定了一种填充色 (图 7.30).

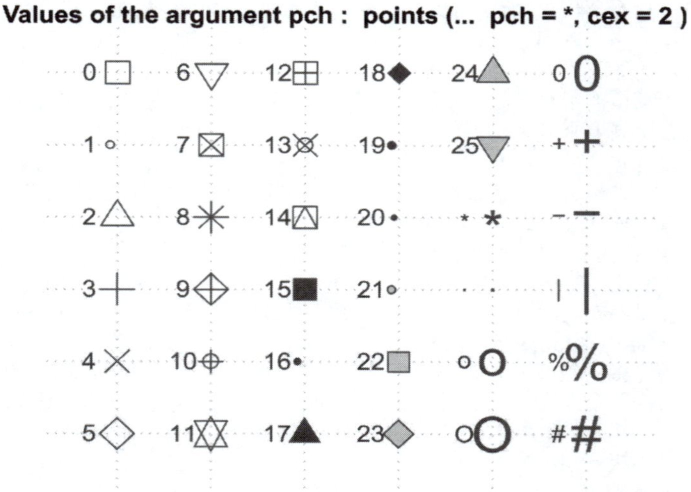

图 7.30: 参变量 `pch` 的用法示例

图 7.31 说明了参变量 lty 和 lwd 的用法:

```
> plot(1,1,type="n")
> for (i in 0:6) abline(v=0.6+i*0.1,lty=i,lwd=i)
> abline(v=1.3,lty="92",lwd=10)
```

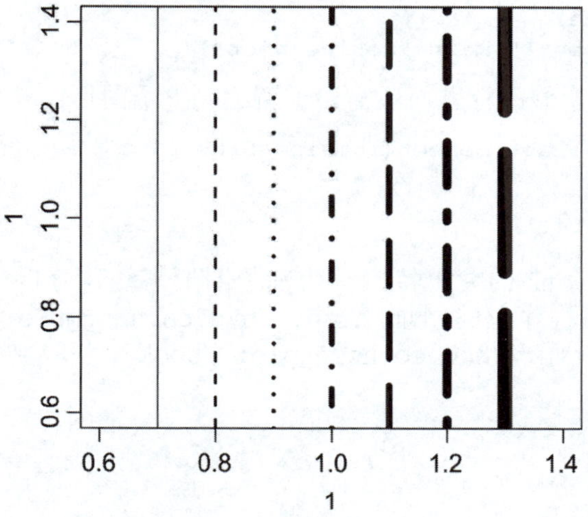

图 7.31: 参变量 lty 和 lwd 的用法示例

7.8 节 † 高级绘图命令: rgl, lattice 和 ggplot2

另外还有多个 R 程序包能够以更高级的方式来绘制图形. 由于篇幅限制, 我们不再一一详细介绍. 下面我们将简单地给出几个引人注目的例子, 希望高级用户及读者自行去探索有关这方面的更多内容.

- 程序包 rgl

该程序包可用于绘制美观的 3D 图形, 并可通过鼠标获取交互式视觉导航. 尝试如下的命令来对此程序包有一个大致的概念:

```
require(rgl)
demo(rgl)
example(rgl)
```

- 程序包 lattice

文献 [36] 对该程序包做了详细讲解. 下面的例子说明在程序包 lattice 的框架下, 图形可视作对象 (如同面向对象的编程) 来处理. 例如, 假设使用了如下的命令去画一个图, 然后你发现标题中存在一处错误:

```
x <- 1:100
y <- sin(x)
plot(x,y,type="l",main="Cosine plot")
```

解决此问题的方式可能是重新绘制整个图形并校正标题的错误.

利用程序包 lattice 就可以避免这一麻烦.

```
require(lattice)
xyplot(y~x,type="l",main="Cosine plot")
```

下面的指令可用于修改标题而不需要重新绘制整个图形!

```
update(trellis.last.object(),main="Sine plot")
```

- 程序包 ggplot2

程序包 ggplot2 的突出特点是明确了图形与统计分析之间的概念连接. 读者可以访问该程序包的网址: http://had.co.nz/ggplot2 以及介绍该程序包的电子书: http://had.co.nz/ggplot2/book 来获取更多信息.

备 忘 录

dev.off(): 关闭当前活动的图形窗口
savePlot(): 保存当前活动的图形窗口中的内容到某一文件
layout(): 将图形窗口分割成几个小盒子
plot(): 画点并选择性地绘各点之间的线段
points(): 为现有的图形添加点并选择性地绘各点之间的线段
segments(), lines(), abline(): 给图形添加线段
arrows(): 给图形添加箭头
polygon(): 画一个多边形
curve(): 画一个由方程确定的曲线
box(): 为当前活动的图形添加一个外框盒子
colors(): 返回能被 R 识别的所有颜色的列表
text(): 为图形添加文本或数学符号
mtext(): 在图形的边界处添加文本
title(): 管理图形的标题
axis(): 为图形添加一个坐标轴
legend(): 为图形添加图例或说明文字
locator(): 通过点击鼠标来检测图形中某个点的坐标
identify(): 识别图形中预先存在的点
par(): 对全部图形参变量的高级管理

练 习 题

7.1- 命令 windows() 的作用是什么? 命令 dev.off() 呢?

7.2- 假设用命令 curve(cos(x)) 画了一个图. 哪一个 R 指令能将该图像保存为文件名是 myplot.pdf 的 PDF 文件?

7.3- 对指令 `par(mfrow=c(3,2))` 的效果做一个详细的解释.
7.4- 函数 `layout()` 的作用是什么?
7.5- 哪一个命令可为一个已有的图形添加一个散点图?
7.6- 对函数 `plot()` 的哪一个参变量进行设置可得到以破折号间隔的点图?
7.7- 写出用来画一条直线的函数名称.
7.8- 函数 `curve()` 的作用是什么?
7.9- 哪一个参变量可用来管理图形中的颜色?
7.10- 哪一个函数可用来显示一个着色网格图像? 给出相关的指令在控制台中显示一个着色网格 (数值存放在矩阵 `X` 中) 并使其显示方式与 `X` 中元素的排列方式保持一致.
7.11- 使用哪一个函数来给图形添加文本?
7.12- 哪一个函数通过点击鼠标就能获取图形中某一点的坐标值?
7.13- 对指令 `par(ask=TRUE)` 的效果做一个详细的解释.
7.14- 函数 `par()` 的哪一个参变量可用来指定函数 `curve` 绘制出的曲线的线型?
7.15- 函数 `par()` 的哪一个参变量可用来以其他的符号代替散点图中默认的小圆圈?
7.16- 写出能显示下面图形的一段指令. 注意: 中心的坐标系 (轴) 必须是红色, 余弦曲线必须以蓝色显示.

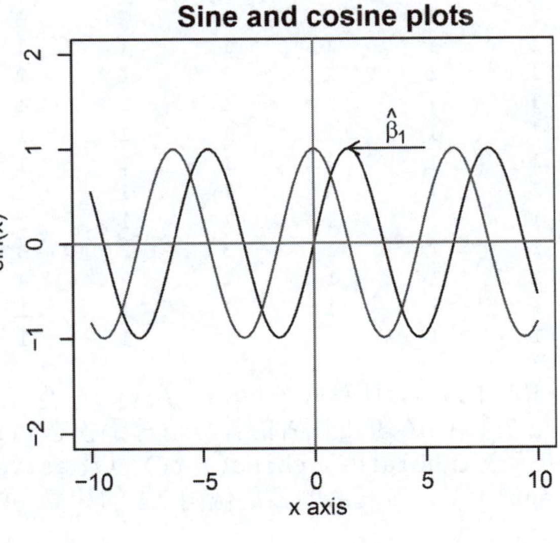

工 作 簿

创建各种各样的图形

A- 复数

7.1- 在复数域上重新生成第 3 章的图形 (见第 45 页).

B- 加拿大国旗

7.1- 安装程序包 `caTools`;

7.2- 调用函数 `read.gif()` 来读取图像文件 `http://www.biostatisticien.eu/springeR/canada.gif`;

7.3- 使用函数 `image()` 显示该图像;

7.4- 调用函数 `plot()`, `rect()` 和 `polygon()`, 在另外一个窗口重新画出该国旗 [提示: 使用函数 `locator()`].

C- 频率表

下面这个表中的数字表示在一项新型水凝胶绷带的测试研究中 16 位受试者烧灼感 (burning sensation) 的计分值. 第一列给出的是受试者的序号, 其余各列给出了连续观测 7 周时间 (`W1` 表示第 1 周, `W7` 表示第 7 周) 中烧灼感的计分值 (在 1 至 4 之间取值).

Nr	W1	W2	W3	W4	W5	W6	W7
1	1	1	1	1	1	1	1
2	1	1	1	1	1	1	2
3	1	1	1	1	1	2	3
4	1	1	1	1	1	3	4
5	1	1	1	1	2	3	3
6	1	1	1	1	1	1	1
7	1	1	1	3	4	2	2
8	1	1	1	1	1	1	1
9	1	1	1	1	1	1	1
10	1	1	1	1	1	1	4
11	1	1	1	1	1	1	1
12	1	1	1	1	1	1	1
13	1	2	1	3	2	3	4
14	1	1	1	2	2	4	4
15	1	1	1	1	1	1	1
16	1	1	1	1	1	1	1

7.1- 对第 7 周 (`W7`) 的数据, 计算向量 $(f_1, 1-f_1, f_2, 1-f_2, f_3, 1-f_3, f_4, 1-f_4)$, 其中 f_i 为第 7 周中 16 位受试者的计分值等于模态 i $(1 \leqslant i \leqslant 4)$ 的频数 [提示: 使用函数 `tabulate()`, `cbind()`, `t()` 以及 `as.vector()`].

7.2- 使用函数 `apply()` 来对其余的各周做同 7.1 的计算, 并将结果保存在一个矩阵中.

7.3- 对该矩阵调用条形图函数 `barplot()`, 设置 `col=c("black","white")`. 得到的图形将给出变量**烧灼感** (`Burning sensation`) 随时间变化的一个概貌.

7.4- 改变前面的图形使代表频数的条形为红色, 同时星期的序号为蓝色并放置在图形的顶部而不是默认的底部. 模态序号 i 应放置在左边且为蓝色. 最后为图形添加一个标题.

D- 大脑的解剖图像

对大脑进行磁共振成像 (MRI) 获得的数据存储在扩展名为 *.img 的二进制文件中. 下面我们来看一下如何读取并显示这类数据.

7.1- 使用函数 readBin() 从链接 http://www.biostatisticien.eu/springeR/anat.img 处导入某个单一的脑切片的 MRI 图像 (256×256 像素). 这些数据可作为一个原始的 (raw) 256×256 字节对序列来处理. 将这些数据存储在一个名为 bytes 的对象中.

7.2- 当这些数据被记录时, 每一个字节对实际上是反向书写的 (例如, 数据对 02 56 被记录为 56 02). 因此, 需要重新排列每一个字节对. 将这一操作的结果保存在变量 x 中.

7.3- 现在需要将前面提到的字节对序列转换为数值以便图形化显示. 对于两个字节 (比如 02 56), 可以使用指令 as.numeric("0x0256") 来获得对应的十进制值 (此例子的结果为 598). 将 x 转化为十进制值并将结果保存在名为 values 的对象中 [提示: 使用函数 matrix(), apply(), paste()].

7.4- 利用存储在 values 中的观测值重新创建维数为 256×256 的矩阵, 并将此矩阵命名为 X.

7.5- 对 X 使用函数 image(). 调用函数 gray() 以大约 100 种色调来指定一个灰色调的颜色梯度.

7.6- 注意, R 程序包 AnalyzeFMRI 可以实现上述操作. 先下载两个文件

http://www.biostatisticien.eu/springeR/anat.img

和

http://www.biostatisticien.eu/springeR/anat.hdr,

再安装程序包 AnalyzeFMRI 并键入如下的命令, 就可以得到与前面几步操作完全一致的结果:

```
require(AnalyzeFMRI)
Y <- f.read.volume("/path/to/anat.img") # 替换路径
image(X,col=gray(0:1000 / 1000))
```

E- 绘制法国某个区域的地图

程序包 maps 包含多个国家的地图. 我们将利用它来绘制法国某个地区的边界线.

7.1- 安装并加载程序包 maps 和 mapdata.

7.2- 绘制法国的地图: map("france").

7.3- 获取法国各地区的边界数据:

```
france <- map("france",plot=FALSE)
```

7.4- 显示对象 france 中的内容并确保对数据有清楚地理解. 例如, 注意各地区的纬度和经度数据分别存储在 france$names 所示地区的 france$x/france$y 里面 (直到下一个 NA 为止).

7.5- 创建一个向量 `indNA` 来包含所有存在缺失值的索引号 (地区编号).
7.6- 创建一个对象来包含所选择的地区的名称 (例如 `depname <- "Gard"`).
7.7- 创建一个名为 `inddept` 的对象来包含向量 `france$names` 中的地区索引编号 `depname`.
7.8- 绘制所选择的区域的地图.
7.9- 在地图上的某个位置添加一个点. 先从网址 `http://www.gpsvisualizer.com/geocode` 上获取这个位置的坐标 (纬度和经度).

F- 表示法国的大地水准面

一个大地水准面可视为一个经过平均海平面基准面的重力等位面.

7.1- 使用函数 `scan()` 将文件

`http://www.biostatisticien.eu/springeR/raf98.gra`

导入到某个矩阵中. 在此之前, 需要先读取对该文件格式进行描述的一个关联文件

`http://www.biostatisticien.eu/springeR/geoidformat.txt`

7.2- 尝试重新绘制下面这个链接

`http://www.biostatisticien.eu/springeR/geoid.png`

所示的图像. 注意, 不要与已存在的法国地图发生重叠 [提示: 使用函数 `scan()`, `layout()`, `par()`, `image()`, `axis()`, `contour()`, `legend()`, `rainbow()`].

第 8 章　R 中编程

预备知识以及本章的目标

- 阅读前面各章节. 对于刚入门的用户在第一次阅读时可以先跳过这一章. 实际上, 众所周知, 以一种语言来编程比起使用一种语言需要一个更高的水平.
- 本章的目标是让用户了解怎样开发新的函数, 在 R 中, 这对应于该语言的扩展, 从而让用户对 R 的工作原理有一个更加全面和完整的理解.

8.1 节　引　言

R 系统的强大之处在于它是一种编程语言. 我们将会看到 R 提供了非常原始的编程理念, 其中对象 (object) 的概念尤为直观. R 中使用的面向对象的编程 (object-oriented programming) 思想对于用户来说是相当明晰的, 也就是说若只是为了使用它的话用户不必去理解其底层的原理, 但对于那些期望探索 R 的内在精神的开发者则不能同样地要求.

实际问题

贯穿本章始终, 我们将以考察如下的实际问题的解决方案为例来阐述 R 中的编程技巧. 假设一个 R 的初学者希望在简单线性回归的框架下通过编写一些实现最小二乘方法[①]的函数来掌握 R 中的编程知识. 具体归结为以下两项特定任务: 第一, 输出线性相关系数和估计量的一个概要总结; 第二, 画一个具有回归直线的散点图. 基于前面几个章节的知识和经验, 在命令行中输入几条指令即可轻松地完成这两项任务. 然而, 用户可能希望开发两个有针对性的函

---

① 实例可见 http://en.wikipedia.org/wiki/Ordinary_least_squares.

数以便于以后使用,从而避免每次都必须键入多行指令才能去查看上述两项任务的计算结果. 为此,每当该用户遇到编程中的困难时,他需要向一个更高级的用户寻求帮助以获取有用的指导和建议.

该实际问题将帮助读者更好地理解在本章中提出的有关概念的作用和用法.

8.2 节

编写函数

首先让我们介绍一些基本的理论知识来解释如何在 R 中创建一个函数.

8.2.1 快速开始: 声明、创建及调用函数

按照如下的通用格式来完成一个函数的声明:

```
function(<list of arguments>) <body of the function>
```

其中

- <list of arguments> 为正式命名的**参变量**的一个清单;
- <body of the function> 为**函数主体**, 如其名称所示, 代表着当函数被调用时将被执行的代码的内容.

下面给出一个函数声明的例子:

```
> function(name) cat("Hello",name,"!")
function(name) cat("Hello",name,"!")
```

对 R 而言, 一个函数就是一个特定的对象. 因此, 创建一个函数相应地就把对象 "R 函数" 赋值给一个变量, 该变量的名称就对应于函数自身. 例如, 为了创建函数 hello(), 可以按照如下的方式进行:

```
> hello <- function(name) cat("Hello",name,"!")
> hello
function(name) cat("Hello",name,"!")
```

对于这个可被执行的函数, 用户需要在函数名称后紧跟一对括号并附加**有效参变量** (effective argument) 来调用它. 回想一下, **有效参变量**是赋值给一个正式参变量 (formal argument) 的值. 后续我们将使用**调用参变量** (calling argument) 和**输入参变量** (input argument) 作为有效参变量的同义词.

```
> hello("Peter")
Hello Peter !
```

8.2.2 关于函数的基本概念

8.2.2.1 函数主体

一个函数的主体可以是一个简单的 R 指令, 或一串 R 指令. 在后一种情形中, 指令必须被封装在字符 { 和 } 之间以限定函数主体的起止位置. 多个 R 指令可以写在同一行中, 只要它们都以字符 ; 进行了分隔. 当函数的主体包含多个 R 指令且写在同一行中时, 不要忘记将它们封装在字符 { 与 } 之间. 回想一下, 在每一行中, 字符 # 后面的代码都不会被 R 所理会而仅是作为一个注释.

```
> hello <- function(name) { # 将 name 转换为大写
+   name <- toupper(name)
+   cat("Hello",name,"!")
+ }
> hello("Peter")
Hello PETER !
```

8.2.2.2 正式和有效参变量的列表

在这一节中, 我们介绍在定义函数时如何声明正式参变量的列表 (清单), 以及在调用函数时如何输入有效的参变量列表.

- 声明一个函数

在声明一个函数时, **所有的参变量都必须以唯一的名称来识别**. 每一个参变量都可附带一个默认值. 使用字符 = 后面紧跟默认值来指定参变量的默认值, 如同声明一个列表对象 (list) 时的情形. 当函数被调用时, 如果没有给那个参变量赋新的有效值, 则其默认值将被使用. 在前面的章节中我们已经多次用到该功能, 但现在我们才清楚在开发新函数时如何将它包含进去. 举例如下:

```
> hello <- function(name="Peter") cat("Hello",name,"!")
> hello()
Hello Peter !
```

下面我们对调用函数名称 hello 与调用紧跟一对括号的函数 hello() 之间的差别做一个解释. 第一种形式显示函数的内容, 这跟其他任何的 R 对象是一样的模式; 而第二种形式调用这个函数 (这时没有指定参变量的值). 注意, 为了执行一个函数, 需要添加上括号并列明必要的有效参变量.

- 为有效参变量命名

在 R 中, 一个有效参变量可通过添加正式参变量的名称来输入. 当然, 若函数仅依赖于单个参变量的话则无需如此. 下面我们来给函数 hello() 添加一个可进行语言选择的功能, 并查看一下调用该函数的一些例子.

```
> hello <- function(name="Peter",language="eng") {
+  cat(switch(language,fr="Bonjour",sp="Hola",eng="Hello"),
```

```
        name,"!")
+ }
> hello()
Hello Peter !
> hello(name="Ben")
Hello Ben !
> hello(language="fr")
Bonjour Peter !
```

这一功能再结合指定默认值[①], 使得开发者可以去定义一个对应于调用选项并包含一个正式参变量的重要列表的函数. 随后用户不需要输入全部的有效参变量就能够调用该函数. 例如, 可以只对最后一个正式参变量赋值而不用键入其他所有的正式参变量. 通过这种方式, 一个单独的函数就可用来完成别的编程语言需多个函数才能实现的任务. 这是 R 的一大特异性[②], 它允许一种创新式的编程模式. 例如, 阅读有关函数 seq() 的各种功能的帮助文件, 它具有好几个不同的参变量: by、length.out 和 along.with.

- **有效参变量的部分名称 (partial naming)**

在同样的背景下, R 的第二个功能是它允许不键入一个正式参变量的全名就可以调用一个函数. 考虑将函数 hello() 按如下的形式来调用:

```
> hello(lang="eng")
Hello Peter !
> hello(l="eng")
Hello Peter !
> hello(l="e")
 Peter !
```

确定对应于部分名称的正式参变量的规则是: 在函数的正式参变量的排序列表中, 选中的正式参变量是**首个**其首字母与用户给出的部分名称的首字母相配对的那个正式参变量.

- **额外的参变量的清单 "..."**

可以使用语法 ... 来给出一列额外的参变量. 在调用函数时, 所有的不在正式参变量列表中的 "已命名" 参变量都会归集到结构 ... 中. 在函数的主体中, 用户随后也可以使用语法 ..., 如同复制 – 粘贴额外的已命名参变量的列表. 给出一个示例:

```
> test.3points <- function(a="foo",...) print(list(a=a,...))
> test.3points("bar",b="foo")
$a
[1] "bar"
$b
[1] "foo"
```

一般说来, 在一个函数的主体中使用额外参变量列表 ... 的经验法则是它必须作为一个或几个内部函数被调用时的一个参变量来使用.

[①] 函数 missing() 对于这种编程也是十分有用的.

[②] 注意: 很多编程语言并不具备此项功能.

高级用户

当 ... 被包含在一个参变量列表中但不处于最后位置, 则 “参变量部分名称” 法则对 ... 后面的所有参变量都不会起作用. 事实上, 一个部分正式参变量名称将被视为额外列表中的一个正式参变量.

```
> test.3points <- function(aa="foo",...,bb="bar") {
+                   print(list(aa=aa,...,bb=bb))}
> test.3points(a="bar",b="foo")
$aa
[1] "bar"
$b
[1] "foo"
$bb
[1] "bar"
```

注意, 正式参变量 aa 的值已被修改, 但 bb 并未改变其默认值, 而正式参变量 b 会被创建. 为了更改第二个正式参变量 bb 的值, 你需要使用它的全名.

```
> test.3points(a="bar",bb="foo")
$aa
[1] "bar"
$bb
[1] "foo"
```

一个热衷于部分名称的用户在使用函数 paste(..., sep = " ", collapse = NULL) 时, 可能会对如下的输出结果感到惊讶:

```
> paste(c("foo","bar"),col=", ")
[1] "foo , " "bar , "
```

由于这时的部分名称是无效的, col 被当作第二个向量来粘贴, 而函数 paste() 的默认选项将被使用 (即 sep=" " 和 collapse=NULL). 为了获得预期的输出结果, 需要使用正式参变量 collapse 的全名.

```
> paste(c("foo","bar"),collapse=", ")
[1] "foo, bar"
```

小窍门

通常地, 当调用一个函数时, 需要为所有未定义默认值的正式参变量指定新的值. 如果没有这样做的话将会报告一个错误. 但是这也有两个例外: 第一种情况对应的是在函数主体中没有用到该参变量, 它当然是无用的, 可能是由编程错误引起的; 第二个例外是当开发者允许这种情形时, 通过在程序主体中使用函数 missing() 进行了说明.

```
> hello <- function(name) {
+   if(missing("name")) name <- "Peter"
+   cat("Hello",name,"!")
+ }
> hello()
Hello Peter !
```

8.2.2.3 由函数返回的对象

上面的函数 hello() 没有返回任何对象, 它只是简单地在屏幕上产生一个显示.

```
> res <- hello()
Hello Peter !
> res
NULL
```

在前面的章节中, 我们已经频繁地使用 R 函数并保存其结果为一个变量 (例如 x <- c(1,5,3), 其中基本函数 c() 的结果被赋值给变量 x). 因为我们现在关心的是发展新的函数, 接下来我们将仔细地研究如何去创建一个返回对象 (不再是暂时性的结果) 的函数.

返回一个对象的通用规则是使用函数 return(). 这一指令将中止函数主体代码的执行并返回括号中的对象. 举例如下:

```
> hello <- function(name="Peter") {
+   return(paste("Hello",name,"!",collapse=" "))}
> hello()
[1] "Hello Peter !"
> message <- hello()
> message
[1] "Hello Peter !"
```

该函数的第一次调用会返回字符串对象但没有将其赋值给一个变量. 因此该结果在屏幕上显示出来, 就像用户键入命令行后由函数返回的对象. 第二次调用不产生任何输出: 函数的结果被赋值给变量 message.

注释

不使用函数 return() 也可以返回一个对象. 规则是返回的对象是函数主体中最后一个指令中最后一个被操作的对象 (即刚好处于函数退出之前). 在前面的例子中, 我们就可以省略掉函数 return():

```
> hello <- function(name="Peter") {
+   paste("Hello",name,"!",collapse=" ")}
> hello()
[1] "Hello Peter !"
```

然而我们并不提倡这种做法, 因为它无法保证总是能正常工作, 就像下面的例子所示, 我们实际上是希望该函数返回 10:

```
> function.without.return <- function() {
+   for (i in 1:10) x <- i}
> function.without.return()
```

下面的这个函数是否返回一个对象呢? 如果 “是”, 这个对象的内容是什么?

```
> hello <- function(name="Peter") {
+    msg <- paste("Hello",name,"!",collapse=" ")}
```

下面这条指令会输出什么样的结果?

```
> hello()
```

没有任何显示! 所以它看起来似乎没有对象被返回. 现在来看下面这个例子:

```
> message <- hello()
> message
[1] "Hello Peter !"
```

最后一个被操作的对象的确是变量 `msg`, 即将输出结果赋值给变量 `message` 时确实存储了来自函数主体的变量 `msg` 中的内容. R 有时确实会令人不安, 但你也会认同这种用法是不理性的, 开发人员可能永远不会觉得它有用.

小窍门

如果希望得到与前一个例子相同的结果, 即函数在调用时不显示任何东西但确实返回一个对象, 更直接的做法是使用函数 `invisible()`.

```
> hello <- function(name="Peter")
+ invisible(paste("Hello",name,"!",collapse=" "))
> hello()
> message <- hello()
> message
[1] "Hello Peter !"
```

8.2.2.4 函数主体中变量的范围

变量范围 (variable scope) 的概念对于允许开发新函数的语言来说是非常重要的. 关键之处是一个函数主体内部定义的变量仅在函数运行时具有一个局部范围 (local scope). 这意味着函数主体中的一个变量与另一个定义在 R 会话工作空间中但名字相同的变量之间有着本质的差异. 一般说来, 局部范围意味着一个变量仅存在于函数主体之中. 在函数运行完毕之后, 该变量就自动从计算机内存中删除. 我们现在通过插入变量内容的控制命令来修改函数 `hello()`.

```
> message <- "hello Pierre !"
> message      # 初始化工作空间
[1] "hello Pierre !"
> hello <- function(name="Peter",message="hello") {
+   print(message)
+   message <- paste(message,name,"!",collapse=" ")
+   print(message)
+   invisible(message)
+ }
```

```
> hello()
[1] "hello"
[1] "hello Peter !"
> message      # 工作空间没有被修改
[1] "hello Pierre !"
> message <- hello()
[1] "hello"
[1] "hello Peter !"
> message      # 工作空间已被修改
[1] "hello Peter !"
> message <- hello(message="Welcome")
[1] "Welcome"
[1] "Welcome Peter !"
> message      # 工作空间被再次修改
[1] "Welcome Peter !"
```

这里给出对上面这个函数的参变量的一个简短评论: 在函数主体运行前变量 name 和 message 没有被直接求值 (初始化为调用值或默认值). 当它们在函数主体中被首次使用时才被初始化. 在调用一个函数时, 函数 missing() 可用来检测一个正式参变量是否已经被预先定义. 要运行这种功能的唯一方法是在函数主体的开头部分不去求正式参变量列表的值. 类似地, 在函数主体的开始位置, 通过使用函数 match.call() 获得有效的调用 (具有完整的参变量列表).

```
> test. call <- function(aa="bar", ... ,bb="foo") {
+   print(match.call())}
+ test.call(a="foo",b="bar")
```

高级用户

前面这个函数的创建看起来不是很有用, 而一旦你成为一个高级的 R 开发者, 你就会发现函数 match.call() 的结果的一个用处. 我们不再讨论其中的细节, 仅将此作为 R 能做什么的一种尝试和体验. 我们将修改上面的函数使得它返回已划分为两个列表形式的参变量: 一个包含与正式参变量关联的那些有效参变量 (称为 function); 一个是额外的有效参变量 (称为 misc). 注意观察参变量的部分命名是如何完成的.

```
> test.call <- function(aa="bar",...,bb="foo") {
+   args <- as.list(match.call())[-1]
+   in <- names(args) %in% names(list(...))
+   list(function=args[!in],misc=args[in])
+ }
+ test.call(a="foo",b="bar")
```

寥寥几行代码就足以得到结果: 在 R 中自我检查是容易的, 且在同样的情况下还有许多其他的特色. 我们不再试图让读者去直接探究这种新拓展, 只是希望去指出该语言具有的多种潜能.

8.2.3 应用到实际问题

在上面的这些理论解释之后, 我们建议新手用户可以去尝试如下的简单(一元) 线性回归的函数代码:

```
mysummary.reg1 <- function(y,x) {
  aEst <- cov(x,y)/var(x)
  bEst <- mean(y)-aEst*mean(x)
  return(list(aEst=aEst,bEst=bEst,cor=cor(x,y)))
}

mydisplay.reg1 <- function(y,x) {
  aEst <- cov(x,y)/var(x)
  bEst <- mean(y)-aEst*mean(x)
  plot(x,y)
  abline(a=bEst,b=aEst)
}
```

注释

注意, 在 R 的一些老版本中, 可以写
`return(aEst=aEst,bEst=bEst,cor=cor(x,y))`
但是这种用法将在以后的版本中逐渐被弃用.

通过复制 – 粘贴或使用命令 `source()` 将这些函数进行加载之后, 用户可以试着去检验一个看似无趣的例子.

```
> y <- rnorm(10);x <- 1:10
> mysummary.reg1(y,x)
$aEst
[1] -0.1019453
$bEst
[1] 0.7822879
$cor
[1] -0.4198245
```

指令 `mydisplay.reg1(y,x)` 生成了如图 8.1 所示的图像.
后续我们将看到这些函数如何被扩充和丰富.

8.2.4 运算符 (operators)

严格按照 <函数名 function>(<调用参变量的列表 list of call arguments>) 的形式来调用一个函数并不总是那么容易. 一个例子是函数 `seq()`.

```
> seq(1,3)
[1] 1 2 3
```

```
> 1:3
[1] 1 2 3
```

第二行命令更为精简合成 (没有括号) 从而更易于操作, 比如在使用向量或矩阵的位置索引时. 该形式对应于一个运算符, 而 R 内在地使用运算符.

有两种形式的运算符:

- 一元运算符(一个参变量): <operator> <argument1>
- 二元运算符(两个参变量): <argument1> <operator> <argument2>

其中 <operator> 是运算符, 而 <argument1> 和 <argument2> 为运算符的有效参变量. 这里列出一部分能被 R 内部使用的运算符:

```
+, -, *, /, ^, %%, %/%, &, |, !, ==, !=, <, <=, >=, >.
```

请注意, 这些运算符不能被用户所修改[①]. 尽管如此, 我们也能够定义额外的运算符. 它们具有 %<operator>% 的形式, 而且有些已经在基本系统中可供使用, 例如 %in% 和 %o% (见第 5 章).

> **小窍门**
>
> 为了显示函数 (运算符) %in% 的源文件, 使用指令: get("%in%"). 会看到它用到了一个很有用的函数 match().

假设我们希望以一种更合成的方式来连结多个字符串, 这通常是由函数 paste() 来实现的.

```
> "%+%" <- function(ch1,ch2) paste(ch1,ch2,sep="")
> name <- "Peter"
> "The life of " %+% name %+% " is beautiful!"
[1] "The life of Peter is beautiful!"
> # 这是下面这个函数调用的一个简化:
> paste("The life of ", name ," is beautiful!",sep="")
[1] "The life of Peter is beautiful!"
```

注意, 由于我们重新定义的这个函数的名称不是字母数字型的 (alphanumeric), 它必须被放置在引号中. 当然由你自己去决定更喜欢哪一种形式. 我们并非试图去贬低函数 paste() 的有用性, 事实上它比我们前面创建的简单运算符 %+% 的功能要强大得多(创建 %+% 时实际上用到了函数 paste()). 相反, 我们只是试着去展示一下 R 的灵活性, 它允许用户用一个简单的函数定义去简化其调用语法.

> **小窍门**
>
> 可以使用现有的运算符来定义集合上的操作, 如第 91 页中所显示的. 例如, 两个集合 A 和 B 的并可定义为:

---

① 事实上, 用户可利用这一组运算符来创建一类新对象, 但那部分内容对本书而言太过高级! 此处不再延拓介绍.

```
> "%union%" <- function(A,B) union(A,B)
> A %union% B
[1] 4 6 2 7 1 3
```

8.2.5 R 可视为一种函数型语言

从某种意义上说 R 是一种函数型的语言, 因为在 R 中几乎所有代码的执行都是通过调用函数, 同时夹杂着一些控制结构. 事实上, 我们已经看到, 简单地调用一个 R 对象将会显示它的内容. 在这样一个指令中, R 实际上以对象名作为一个有效的参变量调用了 (没有告知用户) 函数 print(). 由于该函数在 R 中经常被使用, 它具有特殊的地位, 后续我们将进一步对它进行讨论. 所有的赋值运算 (即使用指令 <-) 都能被那些名称中包含 (在这里不奇怪) 特殊符号 <- 的函数所处理[①]. 开发和管理 R 系统实质上可以概括为一系列函数的构造. 首先, R 的基础安装版本中包含了大量的基本函数. 通常它们不能被用户修改[②], 即使当它们能被修改时我们也强烈建议不要去那样做, 以免使系统变得不稳定. 其次, R 中的函数都能被任何用户直接地编写和创建[③], 许多函数已被 R 开发者同盟通过一个系统性的程序包变得可以公开地免费使用 (稍后给出更多介绍).

8.3 节 † 面向对象编程

在这一节中, 我们将不再仅仅把一个对象视为能被保存并重复使用的一个量, 而是通过考查 R 内部的面向对象的机制 (管理 R 的大部分使用) 去接近 R 语言的精髓. 令人难以置信的一点是用户完全不需要去费心知晓 R 的内部工作原理. 在我们看来, 这实际上是 R 的一个强大之处. 尽管如此, 本节将帮助用户更好地理解 R 是如何来给出结果的.

8.3.1 R 内部的面向对象机制的工作原理

8.3.1.1 一个对象的类别及声明一个对象

在 R 中使用函数 "class<-"() 来指定一个对象的类型具有重要意义. 回想一下, 我们在前面介绍了函数 class() 被用于核对一个对象的类型.

[①] 为了弄明白这一点, 在命令行中输入 apropos("<-").

[②] 出于运算速度的原因, R 的内核是用 C 语言来开发的.

[③] 为了加快运行速度, 通常可以将 R 函数转换成 C, 然后从 R 中通过 C API 来调用它.

```
> obj <- 1:10
> class(obj)
[1] "integer"
> class(obj) <- "MyClass"
> class(obj)
[1] "MyClass"
> class(obj) <- "OtherClass"
> obj
 [1]  1  2  3  4  5  6  7  8  9 10
attr(,"class")
[1] "OtherClass"
```

整型 (integer) 类的对象 obj 现在是一个 OtherClass 类的对象了. 对象 obj 最后显示的结果表明了其类型, 其中 attr 代表属性 (attribute). 我们将在本章的末尾再来讨论属性的概念. 现在, 我们足以理解显示 attr(,"class") 的含义了, 它的字面意思就是“类属性” (class attribute).

高级用户

对象 obj 在保持字符串属性的同时也属于 integer 类, 正如下面的输出所示:

```
> obj*2
 [1]  2  4  6  8 10 12 14 16 18 20
attr(,"class")
[1] "OtherClass"
```

事实上, 向量 obj 的全部元素都已被乘以 2. 我们期待在 R 的后续版本中, 函数 class() 在应用到这样一个对象时其输出会类似于 [1] "OtherClass" "integer", 这将更好地表明该对象的真正内涵.

有两种方式可用来查看一个对象是否属于某种给定的类型:

```
> class(obj)=="MyClass"
[1] FALSE
> inherits(obj,"MyClass")
[1] FALSE
```

当我们考虑具有几个类型的多态对象时, 应当首选函数 inherits().

小窍门

可以使用下面的指令查看函数 function() 的类型:

```
> class(function() {})
[1] "function"
```

对于函数 ":"(), 使用 class(get(":")).

8.3.1.2 声明对象并使用方法

与其他许多的语言相比, R 中面向对象编程的机制相当简单和原始. 为了说明这种机制, 我们考察 R 中最常用的一个例子: 使用函数 `print()` 来显示一个对象. 检查如下的 R 输出结果:

```
> vect <- 1:10
> class(vect)
[1] "integer"
> vect
 [1]  1  2  3  4  5  6  7  8  9 10
> print(vect)
 [1]  1  2  3  4  5  6  7  8  9 10
```

在命令行中简单地键入一个 R 对象将隐式地调用函数 `print()` 并将给定的对象当作有效参变量. 接下来的例子证实了这一点①: 它显示一个具有 `formula` 类型的对象, 并以波浪符号 (~) 来予以标示. 在这个例子中, 我们把表示 `y` 和 `x` 之间关系的公式保存在变量 `form` 中. 注意, 对象 `y` 和 `x` 并不需要实际存在, 这是因为定义一个公式时没有进行任何赋值运算②.

```
> form <- y~x
> class(form)
[1] "formula"
> form
y ~ x
> print(form)
y ~ x
```

同时也请注意, 函数 `print()` 对于不同类型的对象会显示不同类型的结果. 对于变量 `form` (具有 `"formula"` 类), `print()` 返回 `y~x`, 刚好是赋值箭头右边的指令. 对于变量 `vect`, 在我们本以为会显示 `1:10` 时, 调用 `print()` 返回的却是 `[1] 1 2 3 4 5 6 7 8 9 10`. 这里列出函数 `print()` 的代码:

```
> print
function (x, ...)
UseMethod("print")
<environment: namespace:base>
```

这个函数的主体表明函数 `UseMethod()` 必须被执行. 该函数是 R 中的一个**泛型函数** (generic function), 它就像一个机场交通控制塔, 用以根据对象的类型将它重新指向正确的函数调用. 在前面的例子中, 它对应于调用与类 `formula` 关联的形式为 `print.formula()` 的显示函数. 在面向对象编程的术语中, 这些具有通用类型 <方法>.<类型> (`<method>.<class>`) 的函数被称为**方法** (methods). 这就解释了在通用函数 `print()` 的主体中出现了函数 `UseMethod()` 的名称.

下面给出当简单地显示对象 `form` 时后台的运作:

---

① 事实上, 对于在控制台中自动输出的基本对象, R 不会调用 `print()` 函数, 而是调用一个名为 `PrintValueEnv` 且不是直接能被用户所用的 C 函数.

② 现在不需要再给出进一步的细节; 我们将返回到这个具有原始类型的对象.

```
> form # 调用函数 print(), 它又会调用函数 print.formula()
y~x
> print.formula(form)
y~x
```

高级用户

为了核实通过改变一个函数就可以轻松地改变 R 的常规行为, 我们将重新定义针对 formula 类的显示函数. 我们会保持标准显示不变, 只是添加一个字符串 "formula:".

```
> print.formula <- function(obj,...) {
+ cat(paste("formula:",paste(sapply(obj[c(2,1,3)],
+           as.character),collapse="")))
+ invisible(obj)
+ }
> y~x
formula: y~x
```

对于一个 R 的初学者, 不需要尝试去了解导致这一结果的 R 代码的细节. 尽管该代码看起来很简单, 但是深刻理解它的话则需要用到超出本书范围的概念和知识. 重申一次, 这里的目标不是去揭示 R 的内省能力, 因为即使它的基本元素也能被操作.

为了恢复 R 显示公式的初始表现, 只需用命令行指令 rm(print.formula) 就可以删除新函数 print.formula(). 我们现在还不删除它, 因为稍后仍需使用这一性能.

如果明白了函数 print() 的工作方式, 你可能也会期望存在一个类似的函数 print.integer(). 我们可以如下的方式来验证:

```
> print(vect)
 [1]  1  2  3  4  5  6  7  8  9 10
> print.integer(vect)
Error in eval(substitute(expr), envir, enclos) :
  could not find function "print.integer"
```

函数 print.integer() 不存在! 事实上, 当与某个类型相关联的方法不存在时, R 会执行具有通用形式 <method>.default 的默认方法; 在前面那个例子中, 即为 print.default(). 这里再给出该函数对前面两个例子的输出结果:

```
> print.default(vect)
 [1]  1  2  3  4  5  6  7  8  9 10
> print.default(form)
y ~ x
attr(,"class")
[1] "formula"
attr(,".Environment")
<environment: R_GlobalEnv>
> # 比较一下:
```

```
> form
formula: y~x
```

我们现在对屏幕后面所发生的运算有了一个完整的解释, 也看到一个公式的显示可以不使用默认方法, 正如上面最后的输出结果所示.

小窍门

函数 print.default() 还可用来显示 R 中全部的基本对象 (或结构), 当这些对象被看作是函数 print() 的有效参变量时.

总之, 为了定义一个新的方法类, 这里以 <method> (你想要创建的方法类的名称) 表示, 要使它能被应用于任意类型的对象, 需要如下操作:

- 首先以如下的格式来声明**泛型函数** (generic function):
  ```
  <method> <- function(obj,...) UseMethod("<method>")
  ```
- 然后为类型 <class> 创建一个 **方法** <method> :
  ```
  <method>.<class> <- function(obj,<list of arguments>) <body of the method>
  ```
  其中 <list of arguments> 和 <body of the method> 分别是正式参变量的一个可选列表和该方法的主体内容, 它实质上就是以其长形版本被调用的一个函数.

注释

注意, 在声明一类方法时可以把泛型函数的名称与函数 UseMethod() 的参变量 (对应于将要调用的方法的名称) 分离开来. 因而, 很容易就可定义前述方法类的一个别名 (称之为 <alias>), 只需通过简单地定义一个新的泛型函数:

```
<alias> <- function(obj,...) UseMethod("<method>")
```

因此, 对属于 <class> 的一个对象 <object> 分别调用两个命令行 <method>(<object>) 和 <alias>(<object>) 都等价于 <method>.<class>(<object>). 在下面一个例子中, 法语词 *voir* 被用来当作 print 的一个别名:

```
> voir <- function(obj,...) UseMethod("print")
> voir(vect)
 [1]  1  2  3  4  5  6  7  8  9 10
> voir(form)
formula: y~x
> rm(print.formula) # 删除我们的方法并返回到正常模式.
> voir(form)
y ~ x
> form
y ~ x
```

8.3.2 回到实际问题

注意到, 在创建如第 8.2.3 节所介绍的函数

`mydisplay.reg1()` 和 `mysummary.reg1()`

时, 已经对 a 和 b 的估计重复执行了两次. 因此如果向一个更高级的用户寻求建议, 那个高级用户一般会建议他使用面向对象编程的概念, 即需要创建一个函数[①] 来返回一个具有 `reg1` 类的对象, 使得它随后能被重新使用并可以作为上述类的任意方法的第一个调用参变量.

```
reglin <- function(y,x) {
  aEst <- cov(x,y)/var(x)
  bEst <- mean(y)-aEst*mean(x)
  reg <- list(y=y,x=x,aEst=aEst,bEst=bEst)
  class(reg) <- "reg1"
  return(reg)
}
```

现在定义函数 `mydisplay.reg1()`, 它可用在任何属于 `reg1` 类的对象上.

```
mydisplay.reg1 <- function(reg) {
  plot(reg$y,reg$x)
  abline(a=reg$bEst,b=reg$aEst)
}

mysummary.reg1 <- function(reg) return(reg)
```

做下面的测试:

```
> reg <- reglin(y,x)
> mysummary(reg)
Error in eval(substitute(expr), envir, enclos) :
  could not find function "mysummary"
> mydisplay(reg)
Error in eval(substitute(expr), envir, enclos) :
  could not find function "mydisplay"
```

检查函数的定义是否正确:

```
> mysummary.reg1(reg)
$y
 [1]  1.8920106  0.3978771 -0.3970281 -0.2799578  0.7851185
 [6] -0.2103208  0.1921150 -0.2647256 -0.5013911  0.6021898
$x
 [1]  1  2  3  4  5  6  7  8  9 10
$aEst
[1] -0.1019453
$bEst
[1] 0.7822879
attr(,"class")
[1] "reg1"
```

① 这种函数在面向对象编程中常被称为一个构造函数 (constructor).

泛型函数 mysummary 和 mydisplay 尚未被声明且不是标准的, 不像其他的一些函数 (诸如 print() 和 summary()).

```
mysummary <- function(x,...) UseMethod("mysummary")
mydisplay <- function(x,...) UseMethod("mydisplay")
```

调用前面的指令 (图 8.1):

```
> mysummary(reg)
$y
 [1]  1.8920106  0.3978771 -0.3970281 -0.2799578  0.7851185
 [6] -0.2103208  0.1921150 -0.2647256 -0.5013911  0.6021898
$x
 [1]  1  2  3  4  5  6  7  8  9 10
$aEst
[1] -0.1019453
$bEst
[1] 0.7822879
attr(,"class")
[1] "reg1"
> mydisplay(reg)
```

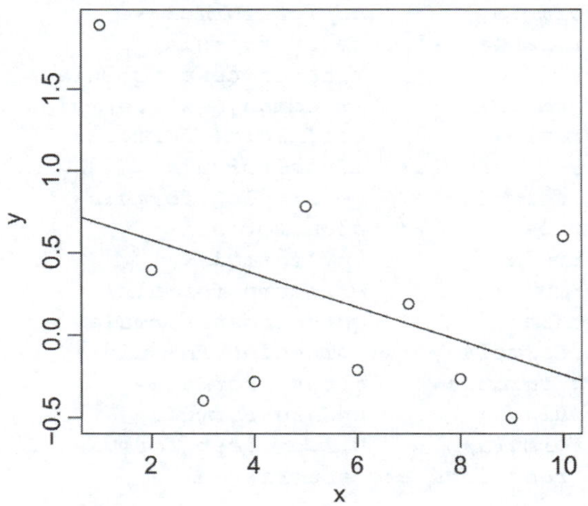

图 8.1: 调用函数 mydisplay.reg1() 得到的结果

既然方法 print.reg1() 尚未被定义, 读者或许想知道当我们简单地键入该对象的名称时会发生什么.

```
> reg
$y
 [1]  1.8920106  0.3978771 -0.3970281 -0.2799578  0.7851185
 [6] -0.2103208  0.1921150 -0.2647256 -0.5013911  0.6021898
$x
 [1]  1  2  3  4  5  6  7  8  9 10
$aEst
[1] -0.1019453
```

```
$bEst
[1] 0.7822879
attr(,"class")
[1] "reg1"
```

我们已经知道在这些情况下方法 print.default() 会被调用.

8.3.3 关于方法的信息

为了得到有关方法的信息, R 提供了函数 methods():

```
> methods("formula") # 或者更直接地用 methods(formula).
[1] formula.character*  formula.data.frame* formula.default*
[4] formula.formula*    formula.glm*        formula.lm*
[7] formula.nls*        formula.terms*
   Non-visible functions are asterisked
> methods(class="formula")
 [1] [.formula*              aggregate.formula*
 [3] alias.formula*          all.equal.formula
 [5] ansari.test.formula*    bartlett.test.formula*
 [7] boxplot.formula*        cdplot.formula*
 [9] cor.test.formula*       deriv.formula
[11] deriv3.formula          fligner.test.formula*
[13] formula.formula*        friedman.test.formula*
[15] ftable.formula*         getInitial.formula*
[17] kruskal.test.formula*   lines.formula*
[19] mood.test.formula*      mosaicplot.formula*
[21] pairs.formula*          plot.formula*
[23] points.formula*         ppr.formula*
[25] prcomp.formula*         princomp.formula*
[27] print.formula           quade.test.formula*
[29] selfStart.formula*      spineplot.formula*
[31] stripchart.formula*     t.test.formula*
[33] terms.formula           update.formula
[35] var.test.formula*       wilcox.test.formula*
   Non-visible functions are asterisked
```

提醒

不要混淆这两种用法. 第一个指令输出与泛型函数 formula 相关联的所有方法 (具有形式 <method>.<class>). 第二个指令给出适用于 formula 类的全部方法.

下面给出一些例子, 它们有助于更好地理解函数 methods() 的两种用法之间的区别.

```
> class(y~x)
[1] "formula"
> update(y~x,.~.+z) # 将方法 update() 应用到一个 formula 类的对象上
```

```
y ~ x + z
> update.formula
function (old, new,...)
{
    tmp <-.Internal(update.formula(as.formula(old),
                                   as.formula(new)))
    out <- formula(terms.formula(tmp, simplify = TRUE))
    return(out)
}
<environment: namespace:stats>
> form <- "y~x"
> class(form)
[1] "character"
> formula(form)
y ~ x
> formula.character
Error: object "formula.character" not found
```

小窍门

标有一个星号的那些函数也能被执行, 但是这些函数的主体无法可视化. 另外可以使用函数 getAnywhere().

```
> getAnywhere(formula.character)
A single object matching formula.character was found
It was found in the following places
  registered S3 method for formula from namespace stats
  namespace:stats
with value
function (x, env = parent.frame(), ...)
{
    ff <- formula(eval(parse(text = x)[[1L]]))
    environment(ff) <- env
    ff
}
<environment: namespace:stats>
```

8.3.4 继承类

在上述的实际问题的背景下, 高级用户告诉入门用户 R 已经有一组函数来管理线性模型. 事实上, 函数 lm() 就是专门用于这种运算的 (我们将在第 14 章中详细介绍). 高级用户又补充说, 据他所知在 R 中没有现成的函数来执行他们想要的特殊操作. 因此, 这两个用户打算合作来开发一个扩展工具, 并希望能避免“另起炉灶”并充分利用 R 现有的功能和函数.

在面向对象编程中, 类继承 (class inheritance) 的概念看起来适合这种扩展. 继承实际上意味着属于某个类的一个对象也能像补充 (supplementary) 类的全部对象那样去表现. 在 R 中这样一种机制是可行的, 只需通过把一个对象与一个序列的类关联起来. 因此, 当一种方法被应用到某个具有类的层次结构的对象时, 第一个类首先被请求. 若存在适用于这个类的方法, 则该方法会被执行. 否则, R 在这个类层次结构 (class hierarchy) 中测试是否存在一种可执行的方法. 如果存在的话, 那种方法将被执行; 否则执行预先已定义好的默认方法. 最后, 如果没有出现上面任何一种应用, 系统将产生一个执行错误. 我们利用上述两个用户的问题来说明这个概念. 首先, 我们需要声明具有新类 `lm1` 的构造函数, 它从现有类 `lm` 直接继承过来.

```
1 lm1 <- function(...) {
2   obj <- lm(...)
3   if(ncol(model.frame(obj))>2) stop("more than one
4           independent variable")
5   class(obj) <- c("lm1",class(obj)) #  c("lm1","lm")
6   obj
7 }
```

将它应用到同前面一样的变量上去:

```
> reg <- lm1(y~x)
> reg
Call:
lm(formula = ..1)
Coefficients:
(Intercept)            x
     0.7823      -0.1019
```

我们可以看到继承发挥了作用. 由于方法 `print.lm1()` 没有被定义, 因而对象没有像使用 `print.default()` 那样被显示. 这是因为 R 已经知道了方法 `print.lm()`, 而对象 `reg` 从类 `lm` 继承了方法. 有几种方式来检查这个对象确实是从该类中继承而来: 最简单的方式是使用函数 `class()` 来可视化 `class` 属性的内容. 某些开发者也许会偏好一个更直接的函数 `inherits()`.

```
> class(reg)
[1] "lm1" "lm"
> inherits(reg,"lm")
[1] TRUE
> print.lm(reg)
Call:
lm(formula = ..1)
Coefficients:
(Intercept)            x
     0.7823      -0.1019
```

函数 `lm1()` 中的第 3 行和第 4 行 (我们将不再对其评论) 测试公式是否为一个简单回归模型公式. 看一下接下来的例子中会发生什么:

```
> lm1(y~x+log(x))
Error in lm1(y ~ x + log(x)) : more than one
          independent variable
```

同理, 我们继续开发函数如下:

```
plot.lm1 <- function(obj,...) {
  plot(formula(obj),...)
  abline(obj)
}
```

```
> summary(reg)
Call:
lm(formula = ..1)
Residuals:
    Min       1Q   Median       3Q      Max
-0.8735 -0.3772 -0.2060  0.4153  1.2117
Coefficients:
            Estimate Std. Error t value Pr(>|t|)
(Intercept)  0.78229    0.48348   1.618    0.144
x           -0.10195    0.07792  -1.308    0.227
Residual standard error: 0.7077 on 8 degrees of freedom
Multiple R-squared: 0.1763,      Adjusted R-squared: 0.07328
F-statistic: 1.712 on 1 and 8 DF,  p-value: 0.2271
> plot(reg,main="An example of simple regression")
```

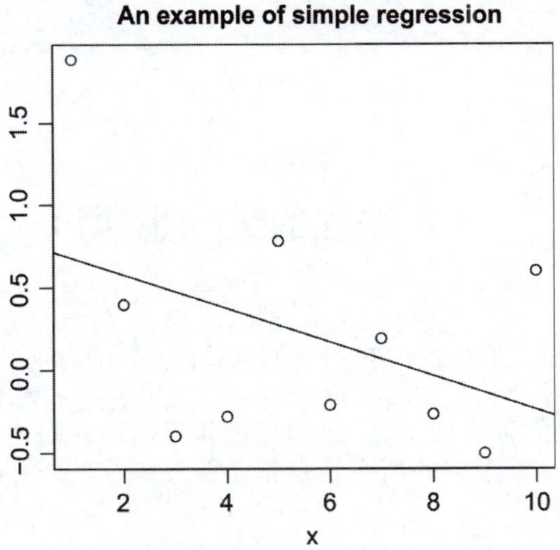

在调用上面的 summary() 时, 方法 summary.lm1() 尚未被开发, 因此标准方法 summary.lm() 被代为执行. 事实上, 具有 lm1 类的对象 reg 随后从类 lm 继承了 R 给出的管理线性模型的全部标准方法. 对于方法 plot() 的调用, 则以新创建的方法 plot.lm1 顶替来完成.

注释

注意, R 有一个标准方法 plot.lm() 来对更加细致分析后的线性回归结果创建一组图形 (见第 14 章). 我们已特意对 R 进行简单线性回归的默认表现做了更改, 但仍然可以通过明确地调用它来访问这一方法 (plot.lm(reg)).

高级用户

面向对象编程的概念是非常简单的, 其他也有一些面向对象编程的语言可供使用. 它们之间一个重要的区别是, 绝大多数语言都提供了对象域和方法的一个封装. 这种封装的特点之一是一个对象的域能在某个方法中被修改. 在 R 中这是无法直接实现的, 因为在一个 R 函数的代码中各变量都有着严格的局部范围. 不过如果用户愿意的话也可采用这种编程方法. 任何需要去修改某个对象 <object> (具有类 <class>) 的域的方法 <method>.<class>() 随后必须返回该对象本身. 然后泛型函数 <method>() 的用户就可以把结果赋值给那个初始对象, 如下所示: <object> <- <method>(<object>). 可是这会带来降低运行速度的风险, 如果对象域的内容非常大的话将更为明显. 这是因为该对象会被完全地复制. 我们希望 R 的开发者在不久的将来能提供一种更优雅的标准功能 (类似于大部分面向对象编程语言所提供的), 使得在方法的主体中仅有相关域 (通常只有少量几个对象的) 会被修改. 当你变成了一个高级用户 (如我们所希望的那样), 你会注意到指针 (它在编程中是十分常见的) 的概念并未直接提供给 R 开发者 (参见函数 tracemem() 以及第 9.8.2.2 小节).

8.4 节

† R 编程的进一步探讨

在这一节中, 我们将探讨 R 语言的结构, 这在开始使用 R 时是不需要知道的, 但当你决定对 R 的使用做深度了解时会发现它是非常有用的. 这些要素使 R 成为一种原始的强大的工具. 我们建议新手用户跳过本节而不需要试着去掌握这些概念. 这一节中的所有信息都是第二层次的, 意味着即使没有它, 你也可以非常好地使用 R.

8.4.1 R 属性

一个 R 对象包含的**主要信息** (primary information) 都可用本书中介绍的基本结构来表达. 另外有一种被我们称为**次要信息** (secondary information) 的另一层信息. 它被附加到一个具有多重属性的对象上并能以函数 attributes() 来进行访问.

```
> mat <- matrix(1:10,nrow=2)
> mat
     [,1] [,2] [,3] [,4] [,5]
[1,]    1    3    5    7    9
```

```
[2,]    2    4    6    8   10
> class(mat)
[1] "matrix"
> attributes(mat)
$dim
[1] 2 5
```

我们稍后再讨论上面这项输出结果. 现在我们再次重申以下事实: 这种机制对那些通常更关心 R 对象内容的用户来说应当是显而易见的. 对于日常的使用, 我们建议不要去直接更改属性. 这种观点能被许多用于间接地管理属性的函数的存在性所证实. 然而对于一个希望去学习关于 R 内部工作机制更多知识的开发者来说, 他会发现一些补充特性经常能够启发对象的表现方式. 我们已经使用函数 class() 和 "class<-"() 对属性 class 进行了间接地管理. 我们还将操纵其他三个主要属性: dim, names 和 dimnames. 它们在 R 的内部管理中被大量使用. 接下来的例子只是以一种有趣的方式展示如何去操纵属性. 补充 (complementary) 函数 attr() 用于每次处理单个属性, 而函数 attributes() 将所有的属性以一个 R 列表的形式返回.

```
> vect <- 1:10
> attr(vect,"test") # 返回 NULL, 因为 vect 不具有 test 属性
NULL
> attributes(vect)  # NULL, 因为 vect 没有属性
NULL
> # 赋值一个属性 "attrib1" 使其包含着字符串 "TEST1"
> attr(vect,"attrib1") <- "TEST1"
> attr(vect,"attrib1")
[1] "TEST1"
> # 赋值一个包含着向量 c(1,3) 的属性 "attrib2"
> attributes(vect)$attrib2 <- c(1,3)
> attributes(vect)
$attrib1
[1] "TEST1"
$attrib2
[1] 1 3
> attr(vect,"attrib2")
[1] 1 3
> # 修改属性 "attrib1" 并删除属性 "attrib2"
> attributes(vect)$attrib1 <- 3:1
> attr(vect,"attrib2") <- NULL
> attributes(vect)
$attrib1
[1] 3 2 1
> # 一次性删除所有的属性
> attributes(vect) <- NULL
> attributes(vect)
NULL
```

属性访问机制的使用很简单. 上面的例子已经告诉我们如何使用函数 "attr<-"() 和 "attributes<-"() 去改变属性. 一个属性的值可以是任何的 R 对象, 而将 NULL 赋值给一个属性就是删除它.

8.4.1.1 类 (class) 属性

在上一节介绍的面向对象编程中, 我们已经使用函数 class() 和 "class<-"() 对属性 class 进行了操作. 这表明你不需要知道如何去直接地操纵属性. 我们回到前面用到的一个例子来说明对该属性的操作等价于使用工具函数 class() 和 "class<-"().

```
> form <- y~x
> attributes(form)
$class
[1] "formula"
$.Environment
<environment: R_GlobalEnv>
> class(form)
[1] "formula"
> obj <- 1:10
> attr(obj,"class") # 没有类属性
NULL
> class(obj)          # 但是有这样的结果
[1] "integer"
> attr(obj,"class") <- "MyClass" # 等价于 class(obj) <- "MyClass"
> class(obj)
[1] "MyClass"
```

关于这个属性已不需再赘述, 尽管它在 R 的面向对象编程中发挥着中心的作用.

8.4.1.2 属性 dim

属性 dim 在矩阵 (matrix) 和数组 (array) 对象的表现中发挥着重要的作用. 这里以一个矩阵作为例子来说明:

```
> mat <- matrix(1:12,nrow=2)
> mat
     [,1] [,2] [,3] [,4] [,5] [,6]
[1,]    1    3    5    7    9   11
[2,]    2    4    6    8   10   12
> attr(mat,"dim")
[1] 2 6
> attributes(mat)
$dim
[1] 2 6
> attr(mat,"dim") <- c(3,4)  # 改变形状: 3 行 4 列
> mat
     [,1] [,2] [,3] [,4]
[1,]    1    4    7   10
[2,]    2    5    8   11
[3,]    3    6    9   12
> attributes(mat)$dim <- c(2,6) # 返回到初始形状
> mat
     [,1] [,2] [,3] [,4] [,5] [,6]
```

```
[1,]    1    3    5    7    9   11
[2,]    2    4    6    8   10   12
```

在这个例子中,对属性 dim 的操作就能让我们改变矩阵的形状. 我们已经提到属性操作的用意在于让用户一目了然, 因而你也许会期望存在着类似的具有更加友好名称的函数. 对于这个例子, 我们实际上可以使用函数 dim() 和 "dim<-"():

```
> dim(mat)
[1] 2 6
> dim(mat) <- c(1,12) # 改变形状: 1 行 12 列
> mat
     [,1] [,2] [,3] [,4] [,5] [,6] [,7] [,8] [,9] [,10] [,11]
[1,]    1    2    3    4    5    6    7    8    9    10    11
     [,12]
[1,]    12
> dim(mat) <- c(2,6)   # 返回到初始形状
```

为了真正地理解 R 是如何表示对象的, 比如矩阵和数组, 让我们来分析如下的输出结果:

```
> mat
     [,1] [,2] [,3] [,4] [,5] [,6]
[1,]    1    3    5    7    9   11
[2,]    2    4    6    8   10   12
> class(mat)
[1] "matrix"
> dim(mat) <- NULL       # 或 attributes(mat)$dim<-NULL
                         # 或 attributes(mat) <- NULL
> mat
 [1]  1  2  3  4  5  6  7  8  9 10 11 12
> is.vector(mat)
[1] TRUE
> class(mat)
[1] "integer"
> dim(mat) <- c(2,2,3)
> mat
, , 1
     [,1] [,2]
[1,]    1    3
[2,]    2    4
, , 2
     [,1] [,2]
[1,]    5    7
[2,]    6    8
, , 3
     [,1] [,2]
[1,]    9   11
[2,]   10   12
> is.vector(mat)
[1] FALSE
> class(mat)
[1] "array"
```

当我们删除属性 dim 时, 对象 mat 就变成一个简单的向量. 当我们将一个具有三个整数的向量赋值给这个属性时, 对象 mat 则变成一个三维的数组 (array). 因此, 向量、矩阵和数组 (阵列) 的不同表现取决于属性 dim 的值.

提醒

尽管显示的结果是一样的, R 对一个向量和一个单索引数组的处理方式是不同的, 如下面这几行代码所示:

```
> dim(mat) <- 12
> mat
 [1]  1  2  3  4  5  6  7  8  9 10 11 12
> is.vector(mat)
[1] FALSE
> class(mat)
[1] "array"
> identical(mat,1:12)
[1] FALSE
> dim(mat) <- NULL
> mat
 [1]  1  2  3  4  5  6  7  8  9 10 11 12
> is.vector(mat)
[1] TRUE
> class(mat)
[1] "integer"
> identical(mat,1:12)
[1] TRUE
```

一个向量与一个列表之间的唯一差别是向量的所有元素必须具有同样的类型. 矩阵和数组通常也是包含相同属性的元素, 而这一限制对矩阵运算是非常重要的. 但作为存储结构, 可以想象通过对属性 dim 进行赋值就能将矩阵和数组的概念扩展到列表, 就如同对向量的操作. 指令 matrix() 和 array() 的帮助文档说明了这种情形, 这两个函数的第一个调用参变量可以是一个列表而不必是一个向量. 接下来的例子将这一性质应用到一个矩阵上, 它同样适用于一个数组, 只要列表中的元素数目与矩阵或数组的维数相匹配.

```
> lmat <- matrix(list(7,1:2,1:3,1:4,1:5,1:6),nrow=2)
> lmat        # 返回的是结构而不是内容, 因为内容很难显示出来
     [,1]      [,2]      [,3]
[1,] 7         Integer,3 Integer,5
[2,] Integer,2 Integer,4 Integer,6
> dim(lmat)
[1] 2 3
> is.list(lmat)
[1] TRUE
> lmat[1,2] # 提取位于第 1 行第 2 列的元素
[[1]]
[1] 1 2 3
> lmat[,-2] # 提取出删除了第二列后的子矩阵
     [,1]      [,2]
[1,] 7         Integer,5
```

```
[2,] Integer,2 Integer,6
> dim(lmat) <- NULL
> lmat      # 现在它仅是一个列表了
[[1]]
[1] 7
[[2]]
[1] 1 2
[[3]]
[1] 1 2 3
[[4]]
[1] 1 2 3 4
[[5]]
[1] 1 2 3 4 5
[[6]]
[1] 1 2 3 4 5 6
> is.list(lmat)
[1] TRUE
```

8.4.1.3 属性 names 和 dimnames

属性 names 在对一个列表中的元素 (分量) 进行命名时发挥着重要的作用.

```
> li <- list(1:3,letters[1:3])
> li
[[1]]
[1] 1 2 3
[[2]]
[1] "a" "b" "c"
> attributes(li)
NULL
> attributes(li)$names <- c("numbers","letters")
> li
$numbers
[1] 1 2 3
$letters
[1] "a" "b" "c"
```

第一个和第四个指令实则等价于如下的指令:

```
> li <- list(numbers=1:3,letters=letters[1:3]))
```

注意, 这一属性也能用于任意类型的向量.

```
> vect <- 1:3
> attr(vect,"names") <- letters[1:3]
> vect
a b c
1 2 3
> # 或直接用
> vect2 <- c(a=1,b=2,c=3)
> vect2
a b c
1 2 3
```

甚至不需要直接对属性 names 进行操作. 例如, 下面的指令可以改变它的值:

```
> names(li)
[1] "numbers" "letters"
> names(li) <- c("num","lett")
> li
$num
[1] 1 2 3
$lett
[1] "a" "b" "c"
> names(vect)
[1] "a" "b" "c"
> names(vect) <- toupper(names(vect))
> vect
A B C
1 2 3
```

对于具有多个下标 (索引) 的对象, 比如矩阵和数组, 其索引名的管理可内部地通过修改属性 dimnames 来实现, 如下面这个例子所示:

```
> mat <- matrix(1:6,nr=2)
> mat
     [,1] [,2] [,3]
[1,]    1    3    5
[2,]    2    4    6
> attributes(mat) # 可以作为一个属性来被修改
$dim
[1] 2 3
> rownames(mat)   # 行名
NULL
> colnames(mat)   # 列名
NULL
> dimnames(mat)   # 行名和列名作为一个列表
NULL
> colnames(mat) <- paste("V",1:3,sep="")
> rownames(mat) <- c("a","b")
> mat
  V1 V2 V3
a  1  3  5
b  2  4  6
```

对于一个具有两维以上的数组, 函数 rownames 和 colnames 对它是毫无意义的. 可以直接修改属性 dimnames, 或者使用函数 "dimnames<-"().

注释

R 中的数据框有着特殊的地位. 它们被当作列表来定义却常常作为矩阵来操作. 行名和列名的属性分别是 row.names 和 names (不是 col.names):

```
> df <- data.frame(a=1,b=1:2)
> df
```

```
  a b
1 1 1
2 1 2
> attributes(df)
$names
[1] "a" "b"
$row.names
[1] 1 2
$class
[1] "data.frame"
> names(df)      # 作为一个列表
[1] "a" "b"
> dimnames(df)   # 作为一个数组：两个向量构成的列表
[[1]]
[1] "1" "2"
[[2]]
[1] "a" "b"
> rownames(df)   # 作为一个矩阵：访问其行名
[1] "1" "2"
> colnames(df)   # 作为一个矩阵：访问其列名
[1] "a" "b"
```

最后的四行给出了访问这些属性的调用方式但没有直接对它们进行操作. 存在相应的格式去更改它们的值. 注意, 属性 `class()` 给出的是对象的类型.

8.4.2 其他 R 对象

R 的特性之一是绝大多数能被 R 操作的量都是分配给变量因而后续能重新使用. 但也有一些例外, 大部分是控制结构 (control structure). R 中的对象具有不同的类型, 称为类 (class). 我们已经碰到用来存储常见数据的对象类, 后面还将选取其他三个对象类型来进行探讨. 出人意料的是, 公式 (formula) 和环境 (environment) 也是 R 中的对象. 我们也会介绍 R 的表达式, 它们也是对象, 可用于存放过一段时间才被执行的 R 代码.

8.4.2.1 R 表达式

到目前为止, 我们尚未对用来描述 R 的句法基础的结构进行任何说明. 根据 R 的理念 —— 管理尽可能多的组件, R 能够操纵一个 R 表达式并把它分割为一系列的原子单位 (如 `call`, `name` 等). 我们仅仅提一下这些功能而不再去探讨其细节, 并将关注的焦点放在那些 R 开发者真正感兴趣的 R 表达式上. 事实上, 人们很难对 R 表达式给出一个严格的定义. 受 R 中命令行使用的启发, 我们提出如下的定义: 一个 R 表达式可视为如同命令行那样的被序贯键入的

R 代码, 直到其被 R 编译器执行为止 (即直到字符 > 被显示, 等待键入新命令为止). 注意, 这个表达式可以跨多个行. 函数 expression() 可用来声明一个 R 表达式, 前提是它以单个调用参数的形式被使用. 因而可以给出一系列的表达式, 每一个对应着一个函数调用中的一个有效参变量. 一个表达式对象不会被 R 编译器直接计算, 但能被保存, 以后可根据需要任意次地被计算. 计算一个 R 表达式可通过函数 eval() 来实现. 上述内容都可用下面的例子来说明:

```
> expression(v<-"value")                # 表达式 v<-"value"
                                        # 没有被计算
expression(v <- "value")
> v
Error in eval(substitute(expr), envir, enclos) :
object 'v' not found
> expression(v<-"value") -> expr        # 保存在对象 expr 中
> expr
expression(v <- "value")
> eval(expr)                            # 计算 expr
> v                                     # 这个才是预期的结果
[1] "value"
> expression(v<-"value2",v) -> expr     # 等价于两行未被计算的命令
> expr
expression(v <- "value2", v)
> eval(expr)                            # 第二个指令
                                        # 显示了 v 的内容
[1] "value2"
```

开发者会发现把一个描述 R 代码的字符串转换为一个可在另外时间进行计算的 R 表达式是很有用处的. 函数 parse() 可用来达到这样的效果:

```
> parse(text='v<-"value"') -> expr
> expr
expression(v<-"value")
attr(,"srcfile")
<text>
> eval(expr)
> v
[1] "value"
```

在这里正式参变量 text 被用来读取一个字符串, 但该函数的第一次使用是去读取一个包含 R 代码的文件, 文件的名称由第一个有效参变量给出:

小窍门

下面是一个使用函数 eval() 和 parse() 的例子:

```
> for (i in 1:3) eval(parse(text=paste("a",i," <- i",sep="")))
> a2
[1] 2
```

我们现在使用函数 expression() 对 R 的一些内部表现进行描述, 这将有助于理解为什么 R 被说成是一种函数型语言 (即它大量地使用了函数). 在执

行的时候, 赋值将被视作是一个运算符 (具有两个参变量的函数), 第一个参变量对应于变量, 而第二个对应于内容.

```
> foo <- "foo"
> foo
[1] "foo"
> "<-"(foo,"foo2")                # 等价于:foo <- "foo2"
> foo
[1] "foo2"
> expression("<-"(foo,"foo2"))   # 正如这个表达式的输出所示
expression(foo <- "foo2")
```

我们继续来探讨括号的用法. 括号的一种用途是确定一个 R 表达式中执行的优先顺序. R 实质上将它们当作一个函数来处理.

```
> 30*(10+20)
[1] 900
> 30*"("(10+20)  # 这是在后台被执行的内容
[1] 900
> expression(30*(10+20))
expression(30 * (10 + 20))
> expression(30*"("(10+20))
expression(30 * (10 + 20))
```

这同样适用于表达式模块 (expression block) 的概念. 一个表达式模块被定义为是包含在一对花括号分隔符 "{" 和 "}" 之间的一系列 R 表达式.

```
> {
+ print("line1")
+ print("line2")
+ }
[1] "line1"
[1] "line2"
> "{"(print("line1"),print("line2"))
[1] "line1"
[1] "line2"
> expression({
+   print (      "line1"    ) # 这条注释不需要说明
+
+   # 这条注释也不需要说明
+   print("line2")
+ })
expression({
    print("line1")
    print("line2")
})
> expression( "{"(print("line1"),print("line2")) )
expression({
    print("line1")
    print("line2")
})
```

注意, 表达式中的注释和空格都会被 R 编译器忽略掉. 在我们描述 R 指令的语法规范时, 我们将遵从标示 R 表达式的惯例, 通过 `<expr...>` 的格式 (其中 `...` 可以是任意字符串). 注意, 为了让代码更容易阅读, 可以在一个表达式模块中自由地添加尽可能多的回车却不影响它的执行.

8.4.2.2 R 公式

公式对象也是 R 的特性之一. 它主要用来建立以波浪线 ~ 分隔的两个部分之间的联系. 这两个部分都必须是 R 表达式. 牢记我们已经学过的关于函数 expression() 的知识, 我们来看一下在执行时 R 如何将一个公式转化为一个 "~"() 函数.

```
> y~x
y ~ x
> "~"(y,x)               # 等价的表达式
y ~ x
> expression("~"(y,x))   # 如同这一表达式所显示的
expression(y ~ x)
```

对于开发者而言, 表达式可用来提供一个更友好的界面, 因为它们更接近人类的语言. 例如, R 公式 y~x 可以表示 y 和 x 是相关的, 或 y 是 x 的一个函数. 一般来说, 开发者对用于执行必要任务的公式承担有解释的责任. 这是很高级的内容, 建议感兴趣的读者去参阅相关的 R 说明文档. 下面是一些没有特殊意义的例子, 但可以帮助读者熟悉这一种新对象:

```
> y~x
y ~ x
> y~(x+y:z)*t|v
y ~ (x + y:z) * t | v
> y1+y2|w ~ (x+y:z)*t|v
y1 + y2 | w ~ (x + y:z) * t | v
```

值得指出的是即使在上面的公式中提及的量不是现存的 R 对象, 也没有报告错误. 不管怎样, 记住一个语法错误肯定会导致一个错误的信息:

```
> y~x+y)*t|v
Error : ')' not expected in "y~x+y)"
```

我们现在来关注 R 系统中公式的使用. 因为公式不是寻常的对象, 用户可能认识不到它们也是像其他任何的 R 对象一样被保存.

```
> form <- y~x
> form
y ~ x
```

公式的两个主要的用途是绘图和统计分析.

对于绘图, 我们已经在第 7 章中进行了专门介绍.

```
> x <- runif(10)
> y <- runif(10)
> plot(x,y)
> plot(y~x)
```

它生成的图形这里不再显示, 因为我们感兴趣是想展示一下有或没有公式的指令是等价的. 注意变量 x 和 y 的位置顺序在这两种形式中是颠倒的. 具有公式 plot(y~x) 的版本更加直观地表达了我们想要的行动: 将 y 作为 x 的一个函数来绘图. 这个我们觉得较优雅的版本当然也适用于其余的函数 points() 和 lines().

在统计学范围内, 与一个统计模型的某种特定处理相关的函数将用以建立模型中变量之间的关系的一个公式作为输入参变量 (公式常常是第一个参变量). 最简单的情况是线性模型, 这里给出一个例子①:

```
> lm(y~x)    # x 和 y 必须已被定义好而且它们都是这种情形
Call:
lm(formula = y ~ x)
Coefficients:
(Intercept)           x
    0.46290    -0.06904
> lm(form)   # 回想一下: form <- y~x
Call:
lm(formula = form)
Coefficients:
(Intercept)           x
    0.46290    -0.06904
```

除了宜人的语法之外, 公式对象也为用户提供了一个非常有效的界面来描述模型. 这可被如下的事实来证实: 除绘图情形外, 没有其他的方式来描述模型中变量之间的关系. 你也许认为语法 `lm(y,x)` 也是可以用的, 那接下来将如何把公式 `y~(x+z)*t` (这是完全有效的, 见第 15 章) 写成一列输入参变量的形式?

对于公式的操作, 可以借助函数 `update()` 用另外一个公式来修改某一个公式.

```
> update(y~x,.~.+z)        # 将 y~x 更改为 y~x+z
y ~ x + z
> form <- y~x              # 与一个已保存的模型具有相同的程式
> form2 <- update(form,.~.+z)
> form2
y ~ x + z
> update(form2,.~.-x)      # 也可以删除一个变量
y ~ z
```

这些例子表明了函数 `update()` 的句法规则. 第一个正式参变量是希望修改的公式; 第二个正式参变量以一种特定语法给出在公式上要执行的操作; 剩下要做的就是分析第二个公式的语法. 在波浪符 "~" 之前的任何点 "." 都将被初始公式的左边 (波浪线前) 表达式所替代. 类似地, 在波浪符 "~" 之后的任何点 "." 都将被初始公式的右边 (波浪线后) 表达式所替代.

8.4.2.3 R 环境

环境的概念在任何编程语言中都是必需的. 它可视为 R 对象的一个存储空间. 当打开 R 会话时, 第一个环境 `.GlobalEnv` 就会被 R 创建. 它被称为工作空间 (workspace) 且在这一会话中所有被命令行操作的对象都存储在那里. 值得一提的是函数的概念从本质上依赖于环境的概念. 下面将简单描述这个事实. 当你在一个函数主体中创建一个新对象时, R 小心地在这个函数的某个特定环境中内部地对它进行声明, 以存放该对象的内容. 这样做的原因是如果

① 本节不给出 R 中处理线性模型的细节, 第 14 章将专门对此进行讨论.

该对象与环境 .GlobalEnv 中的某个对象具有相同的名称, 后一个对象将不会被函数主体中定义的值所覆盖. 为了更好地理解什么是一个环境, 注意在环境 .GlobalEnv 中定义的对象其值能被函数主体所访问. 然而, 它的值不能被具有相同对象名称的赋值操作所修改. 你能够去访问一个定义在另一个环境中的对象但却不能访问与某个函数相关联的对象, 原因是在声明一个新环境时一个父环境也被指定了. 一个没有父环境的环境也是允许的, 初始环境 .GlobalEnv 就是这种情况. 当一个对象在一个函数的环境中不是直接可用时, R 将在其父环境中搜寻该对象. 如果它仍然不可用, 则有两种可能性: 要么存在一个 "祖父" 环境, 搜寻继续进行下去; 或不存在这样的环境并报告一个错误来指明该对象不能被找到. 这个探索过程被重复递归执行, 直到该对象被找到为止. 大部分环境的声明都在 R 的内部被无形地完成. 后面当介绍有关开发新函数的更多细节时, 我们将返回到这一概念. 一个非常令人惊奇的特性是一个环境也被视作一个 R 对象. 因此一个新环境能被声明来执行一个特定模块的代码, 而不需要去改变工作空间 .GlobalEnv. 为此, 函数 local() 把将要执行的代码作为第一个参变量并把此项执行所处的环境作为第二个参变量, 这是非常有用的:

```
> a <- 12; b <- 13
> space <- new.env()       # 默认地, 父环境是这样一种源环境,
                           # new.env 将从它来调用
> local({
+ a <- b+2
+ a
+ },space)
[1] 15
> a     # 在 .GlobalEnv 中 a 的值没有被修改
[1] 12
> space$a    # 环境 space 中 a 的值
[1] 15
```

函数的名称被恰当地选择: 工作空间 .GlobalEnv 中 a 的值一直被保存. 正如我们在注释中说的, space 的父环境 (由 new.env() 所产生) 是 .GlobalEnv, 但是该父环境也可以通过给正式参变量 parent 赋一个值来指定. 这里是两个父环境声明的例子:

```
> space2 <- new.env(parent=emptyenv())
> local(a<-b+2,space2)  # 它将报告错误
Error in eval(expr, envir, enclos) : could not find function "<-"
> space2$a      # 不出所料, 对象 a 不存在
NULL
```

环境 space2 是无用的, 因为它的父环境是一个空环境 (即没有父环境, 以函数 emptyenv() 来声明). 在本地代码中的运行错误是由于赋值函数 <- 都不能被访问: 空环境完全不知道任何关于 R 的内容; 特别地, 它连基本函数都不知道. 函数 globalenv() 返回到全局环境 .GlobalEnv, 它总是 R 环境的访问列表中的第一个元素.

```
> space3 <- new.env(parent=parent.env(globalenv()))
> local(a<-b+2,space3) # 报告错误, 因为 .GlobalEnv 不能被访问!
Error in eval(expr, envir, enclos) : object 'b' not found
> local(a<-15,space3)
```

```
> a
[1] 12
> space3$a
[1] 15
```

环境是相当方便的: 它们可以像一个列表那样被使用.

```
> space3$b <- b-1
> b
[1] 13
> space3$b
[1] 12
```

为了获取更进一步的细节, 我们建议读者去阅读在线帮助 (内容非常全面, 但主要针对高级用户).

8.5 节

†R 与 C/C++ 或 Fortran 的接口

用 C/C++ 或 Fortran 语言去编写一部分代码有以下几个方面的原因:

- 为了在 R 中使用一种已存在的常规方法, 但是其源编码是 C/C++ 或 Fortran 格式;
- 为了加快 R 代码的运行速度;
- 为了使用 R 的图形功能或某些 R 函数 (以从 C/C++ 或 Fortran 代码得到的数值输出作为运算对象).

小窍门

R 的最新版本包含一个字节编译器能够加速某些计算. 也可以使用由 Revolution Analytics 公司开发的 R 版本 (http://www.revolutionanalytics.com). 该版本已经被优化, 可用来加速某些计算, 比如通过去依靠一个多核架构 (当可用时).

提醒

在 Linux (或 MacOS) 下实现 R 与 C/C++ 或 Fortran 的接合要比微软 Windows 系统下方便得多, 原因在于后者缺乏几种必要的工具.

另见

我们假定读者已经熟悉 C/C++ 和/或 Fortran 编程的一些概念. 如果不是这种情况, 可以参阅关于 C 和 C++ 的两本专著 [22] 和 [38], 以及介绍 Fortran 的书 [9].

在本节中,我们不主张穷举各项细节,仅仅给出几个简单的例子来说明上面的要点.在此过程中,我们将提供一些基础知识并希望它们能帮助读者自行完成后续的学习.

提醒

在开始编程之前,需要安装 C/C++ 和 Fortran 编译器,因为微软 Windows 系统默认是不提供这些的.包含若干个来自 Linux 环境的工具的自由软件 Rtools 已经被创建,可用于完成此项任务.你可以从链接 http://cran.r-project.org/bin/windows/Rtools 处进行下载.如果你拥有的是一个 64 位处理器,请选择 Full installation to build 32 or 64 bit R 2.14.2+.在安装 Rtools 时勾选恰当的复选框使得变量 PATH 被正确地配置.同时需要更改系统环境变量 Path 使得它包含指向 R 安装文件夹的路径 (寻找路径的一种方法是右击桌面上的 R 图标,然后选择"属性").这可以让你从一个 MS-DOS 命令窗口来调用 R 软件,具体我们将在后面进行介绍.为了实现该目的,在桌面上点击右键,选择 New/Shortcut,然后在弹出的窗口中键入如下的指令: control.exe sysdm.cpl,System,3.一旦该快捷键在桌面被创建,双击它后在弹出的窗口中点击 Environment Variables... 后改变系统变量 Path 的值,只需在路径**前端**添加 (使用 \ 作为分隔符) 包含 R 执行文件的文件夹所对应的路径名 (它应当形如 C:\Program Files\R\R-3.1.0\bin\i386 或 C:\Program Files\R\R-3.1.0\bin\x64) 并添加指向 Rtools 所在文件夹的路径名 (它应当形如 C:\Rtools\bin 或 C:\Rtools\gcc-4.6.3\bin),如果它们尚未存在的话.

8.5.1 创建并运行一个 C/C++ 或 Fortran 函数

接下来的例子展示了如何通过使用 C/C++ 或 Fortran 来加速一个程序的运行. R 函数 combn() 能够得到从一个给定向量中提取确定数目的元素所形成的全部组合.例如,下面的指令能获得向量 1:5 中任意 3 个元素所构成的全部组合:

```
> combn(5,3)
     [,1] [,2] [,3] [,4] [,5] [,6] [,7] [,8] [,9] [,10]
[1,]    1    1    1    1    1    1    2    2    2     3
[2,]    2    2    2    3    3    4    3    3    4     4
[3,]    3    4    5    4    5    5    4    5    5     5
```

如果我们尝试从一个具有较大长度 n 的向量中得到所有的 choose(n,m) 种组合 (例如,若 $n = 200$ 而 $m = 3$,则有 1313400 种可能的组合),计算时间将会急剧地增加.

```
> system.time(x <- combn(200,3))
   user  system elapsed
 14.959   0.227  15.188
```

命令 system.time() 显示了上面的计算在编写本书的计算机上花费的时间 (如果你的计算机更快些, 可选取一个大于 200 的 n).

小窍门

程序包 permn() 中的函数 combinat 可用来生成一个向量中元素的全部排列.

原始的 R 函数 combn() 的一个简化版本如下:

```
> combnR <- function(n,m) {
+  a <- 1:m ; e <- 0 ; h <- m
+  combmat <- matrix(0,nrow=m,ncol=choose(n,m))
+  combmat[,1] <- 1:m
+  i <- 2
+  nmmp1 <- n - m + 1
+  mp1 <- m + 1
+  while (a[1] != nmmp1) {
+   if (e<n-h) {
+    h <- 1 ; e <- a[m] ; a[m-h+1] <- e + 1
+    combmat[,i] <- a
+    i <- i + 1
+  } else {
+   h <- h + 1 ; e <- a[mp1-h]
+   a[(m-h+1):m] <- e + 1:h
+   combmat[,i] <- a
+   i <- i + 1
+  }}
+ return(combmat)
+ }
```

我们现在给出两个以 C/C++ 编码的函数以及另外两个以 Fortran 编码的函数, 它们都能以更短的时间执行同样的计算.

- 创建 C/C++ 函数

函数 combnC 的 C++ 代码, 可从 http://biostatisticien.eu/springeR/combn.cpp 处下载:

```
#include <math.h>
extern "C" {
void combnC(int *combmat, int *n, int *m) {
 int i, j, e, h, nmmp1, mp1;
 int *a;
 a=new int[m[0]];
 for (i=1;i<=m[0];i=i+1) a[i-1]=i;
 e=0;
 h=m[0];
 for (i=1;i<=*(m+0);i=i+1) combmat[i-1]=i;
 i=2;
 nmmp1=n[0] - m[0] + 1;
 mp1=m[0] + 1;
```

```
while(a[0] != nmmp1) {
 if(e < n[0] - h) {
 h=1;
 e=a[m[0]-1];
 a[m[0] - h]=e + 1;
for (j=1;j<=m[0];j=j+1) combmat[(i-1)*m[0]+j-1]=a[j-1];
 i=i+1;
 }  else {
 h=h + 1;
 e=a[mp1 - h-1];
 for (j=1;j<=h;j=j+1) a[m[0] - h + j-1]=e + j;
for (j=1;j<=m[0];j=j+1) combmat[(i-1)*m[0]+j-1]=a[j-1];
 i=i + 1; }          }
delete[] a;
}}
```

主函数 (main function) 的代码, 可从 http://biostatisticien.eu/springeR/main.cpp 处下载:

```
#include <iostream>
using namespace std;
extern "C" {
int main() {
  void combnC(int *combmat, int *n, int *m);
  int *n, *m, *combmat, j;
  double Cnm;
  n=new int[1];
  m=new int[1];
  n[0]=5;
  m[0]=3;
  Cnm=10;
  combmat=new int[(int)Cnm*m[0]];
  combnC(combmat,n,m);
  for (j=1;j<=Cnm*m[0];j++) cout << combmat[j-1] << " ";
}}
```

注意, 在 C/C++ 中所有的指数 (下标) 都是从 0 开始的, 而 R 是从 1 开始.

- 创建 Fortran 函数

子程序 combnF 的 Fortran 代码, 可从 http://biostatisticien.eu/springeR/combn.f90 处下载:

```
SUBROUTINE combnF(combmat,n,m)

integer, intent(in) :: n,m
integer             :: i,j,e,h,nmmp1,mp1
integer,dimension(m) :: a
integer,dimension(*), intent(out)::combmat

do  i=1,m
a(i)=i
end do
```

```
e=0
h=m
do  i=1,m
combmat(i)=i
end do
i=2
nmmp1=n-m+1
mp1=m+1
do while (a(1) .ne. nmmp1)
if (e < n-h) then
h=1
e=a(m)
a(m-h+1)=e+1
do  j=1,m
combmat((i-1)*m+j)=a(j)
end do
i=i+1
else
h=h+1
e=a(mp1-h)
do 40 j=1,h
a(m-h+j)=e+j
40 continue
do j=1,m
combmat((i-1)*m+j)=a(j)
end do
i=i+1
endif
enddo
END SUBROUTINE combnF
```

主函数的代码, 可从 http://biostatisticien.eu/springeR/main.f90 处下载:

```
PROGRAM main
integer :: n,m,Cnm,j,k
integer, allocatable,dimension(:) :: combmat
n=5
m=3
Cnm=10
k=Cnm*m
allocate(combmat(k))
CALL combnF(combmat,n,m)
write(*,*) (combmat(j) ,j=1,k)
deallocate(combmat)
end PROGRAM main
```

- 编译并运行 C/C++ 或 Fortran 函数

为了使用上面给出的 C++ 或 Fortran 代码, 必须先对它们进行编译, 即将它们变成可执行文件 (后缀为 .exe). 要做到这一点, 只需简单地打开一个

MS-DOS 终端窗口, 例如点击 Windows 的开始菜单 Start/Run (或使用快捷键 [WINDOWS+R]) 并键入指令 cmd 再回车 (ENTER). 在弹出的这个黑屏窗口中, 键入下面的两项指令.

提醒

可能需要切换至你用以保存文件的目录, 使用 MS-DOS 命令 cd (change directory 的首字母). 例如, 如果已经在 Windows 桌面上创建了文件, 则可使用:

```
cd Desktop
```

注意, 在 MS-DOS 下, 命令 dir 被用来列出当前目录的内容.

```
:: To compile C/C++ code:
g++ -o mycombn.exe combn.cpp main.cpp
:: To combile Fortran code:
gfortran -o mycombn.exe combn.f90 main.f90
:: To run the function:
mycombn.exe
```

第一条指令编译 C++ 或 Fortran 代码以产生可执行文件 mycombn.exe. 第二条指令装载这个可执行文件并显示计算的结果 (尽管没有格式).

小窍门

函数 system() 用来执行一个 R 外部的 DOS 命令. 例如, 在 R 中键入:

```
> system("mycombn.exe")
1 2 3 1 2 4 1 2 5 1 3 4 1 3 5 1 4 5 2 3 4 2 3 5 2 4 5 3 4 5 >
```

注意, 先要使用函数 setwd() 来改换路径至包含文件 mycombn.exe 的目录.

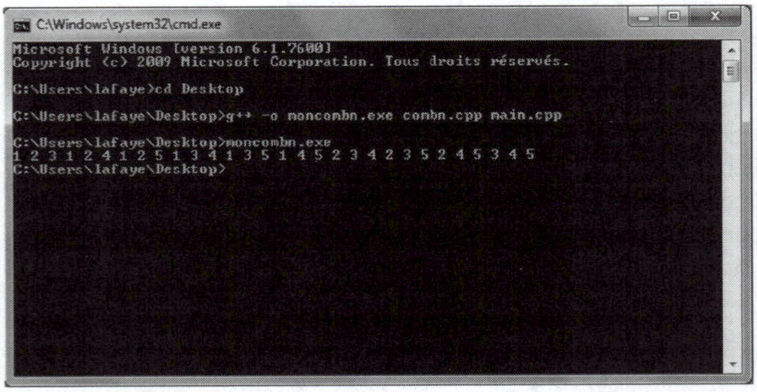

小窍门

编译标志 -Wall 用来显示所有的编译警告或错误信息:

```
g++ -o mycombn.exe combn.cpp main.cpp -Wall
```

我们现在来产生由向量 1:200 中任意三个元素的全部可能的组合所构成的 $\binom{200}{3} = 1313400$ 个子向量. 对于 C/C++ 版本, 修改第 212 页中主函数 main 代码的第 11、13 和 16 行. 将这些行变成:

```
n[0]=200;
Cnm=1313400;
// for (j=1;j<=Cnm*m[0];j++) cout << combmat[j-1] << " ";
```

对于 Fortran 版本, 修改第 213 页中主函数 main 代码的第 4、6 和 10 行. 使这些行变成:

```
n=200
Cnm=1313400
!write(*,*) (combmat(j) ,j=1,k)
```

我们注释掉了最后的一行 (在 C/C++ 中使用 // 而在 Fortran 中用 !) 使得调用 mycombn.exe 时不再显示计算的结果, 如果显示的话它可能要消耗不少的时间. 因此, 我们就使得这与前面在 R 中进行的计算保持一致了, 结果不显示出来但存储在变量 x 中. 在更改被保存之后, 重新编译并运行你的代码:

```
:: To compile C/C++ code:
g++ -o mycombn.exe combn.cpp main.cpp
:: To compile Fortran code:
gfortran -o mycombn.exe combn.f90 main.f90
:: Execute the function:
mycombn.exe
```

你将会看到 (没有显示结果的) 计算被很快地完成.

8.5.2 从 R 来调用 C/C++ (或 Fortran)

我们现在来看一下不使用 main 函数的话如何直接从 R 来调用文件 combn.cpp 中的 C++ 代码 (或该代码的一个编译后的版本). 为了做到这一点, 我们创建一个包含 C++ 函数调用的 R 封装体 (wrapper).

注释

R 仅能调用不返回任何输出的 C/C++ 或 Fortran 函数. 因此, 所有的 C/C++ 函数必须具有类型 void 而所有的 Fortran 程序都必须是子程序. 结果将进入调用函数的参变量中.

下载文件 http://biostatisticien.eu/springeR/combn.R, 它包含了如下所示的代码:

```
1 combnRC <- function(n,m) {
2  combmat <- matrix(0,nrow=m,ncol=choose(n,m))
3  lib <- paste("combn",.Platform$dynlib.ext,sep="")
4  dyn.load(lib)
5  out <- .C("combnC",res=as.integer(combmat),
6              as.integer(n),as.integer(m))
7  combmat <- matrix(out$res,nrow=m,byrow=F)
8  dyn.unload(lib)
9 return(combmat)
10 }
```

注释

为了调用 Fortran 代码, 替换第 5 行为

```
out <- .Fortran("combnF",res=as.integer(combmat),
```

函数 dyn.load() 和 dyn.unload() 允许在 R 的内存中分别从一个 DLL (Dynamic Link Library, 动态链接库) 文件中加载和卸载资源. 一个 DLL 文件包含了在执行一个程序时能被调用的函数, 而没有被包含在其可执行文件中. 这里给出后续将被创建的文件 combn.dll (它仅包含一个函数).

函数 .C() 和 .Fortran() (输出一个列表) 分别被用来将数值从 R 传送给一个 C/C++ 或 Fortran 函数. 在 R 中使用指令 as.integer(), as.double() 或 as.character() 来声明由整数值、十进制 (数) 值或字符串构成的对象, 使得它们能被 C/C++ 或 Fortran 函数的参变量正确地 "接收".

对于一个 C/C++ 函数, 所有的参变量必须是指针 (pointer), 例如, 整数指针 (int *), 实数指针 (double *) 或字符指针 (char **). 表 8.1 给出了 R, C/C++ 和 Fortran 中的等价类型, 键入 ?.Fortran 来查看更多细节.

表 8.1: 参变量类型的约定

R	C/C++	Fortran
integer	int *	INTEGER
numeric	double *	DOUBLE PRECISION
numeric	float *	REAL
complex	Rcomplex *	DOUBLE COMPLEX
logical	int *	integer
character	char **	CHARACTER*255
list	SEXP *	不允许
其他类型	SEXP	不允许

提醒

在 R 中可以很容易地使用指令 length(x) 来得到向量 x 的长度, 跟 R 有所不同, 在 C/C++ 中不可能知道向量 x 的长度. 有时候将向量 x 及其长度同时赋给函数 .C() 是有用的, 例如对于某个假想的函数 functionC 有如下的结果:

```
x <- c(1.2,0.7,3,2,4,1,0.9)
.C("functionC",as.double(x),as.integer(length(x)))
```

C/C++ 函数 functionC 的参变量是: double *x 和 int *n. 对于 Fortran 函数也有同样的评论.

注释

C/C++ 函数 combnC 返回 *void*: 它没有任何直接的输出, 但是它的参变量的值 (为指针) 在执行时能被修改. 因此, 它随后就能够直接访问 (利用它们的地址) 这些指针的值. 这就是 R 使用函数 .C() 的工作方式 (对用户以透明的方式).

注意到前面的函数 combnRC() 的代码的第 5 行中, 我们在调用函数 .C() 时使用了 res=. 这允许我们直接使用 out$res 来代替 out[[1]]. 你也可以使用 res 之外的另一个名称, 对函数的 .C() 其他参变量都可如此. 例如, 我们本可以使用 val=as.integer(m), 但我们并没有这样做, 因为那个值没有被 combnC 修改从而是已知的 (等于 m). 类似的评论也适用于 Fortran 函数.

我们现在来创建文件 combn.dll, 它将会被 R 调用. 为此, 在一个 MS-DOS 窗口中键入如下的指令:

```
:: In C/C++:
g++ -c combn.cpp -o combn.o
g++ -shared -o combn.dll combn.o
:: In Fortran:
gfortran -c combn.f90 -o combn.o
g++ -shared -o combn.dll combn.o
```

小窍门

等价地 (或几乎等价地, 因为优化参数能被编译器使用, 它可能因此会阻碍调试), 这个动态库能用一条指令来创建 (如果有必要的话, 先去删除文件 combn.o 和 combn.dll):

```
R CMD SHLIB combn.cpp -o combn.dll
```

第一个指令创建对象文件 combn.o, 它包含了文件 combn.cpp 中函数的机器码. 第二个指令创建动态库 combn.dll. 在这一步, 编译器会提示我们程序中任何需要校正的错误 (给出对应的行编号).

小窍门

注意, 在同一个库中可以包含多个对象文件, 然后它将包含若干个函数. 例如, 如果我们有一个文件 choose.o 包含着一个用来计算二项系数的函数的机器码, 我们能在同一个 DLL 中包含两个函数, 如下所示:

```
g++ -shared -o combn.dll combn.o choose.o
```

Linux

在 Linux 下, DLL 文件通常具有一个 .so 扩展名 (shared object 的首字母). 你应当将前面所有出现 .dll 扩展名的地方全部替换为 .so 扩展名.

Mac

在苹果 MacOS 下, DLL 文件通常具有一个 .dylib 扩展名 (dynamic library 的简记). 应当将前面所有出现 .dll 扩展名的地方全部替换为 .dylib 扩展名. 同样要注意在 MacOS 下, 必须用 g++ -dynamic 替换 g++ -shared.

在 R 中, 在改换到正确的目录下之后, 我们现在执行如下的指令:

```
> combn(5,3)
     [,1] [,2] [,3] [,4] [,5] [,6] [,7] [,8] [,9] [,10]
[1,]    1    1    1    1    1    1    2    2    2     3
[2,]    2    2    2    3    3    4    3    3    4     4
[3,]    3    4    5    4    5    5    4    5    5     5
> source("combn.R")
> combnRC(5,3)
     [,1] [,2] [,3] [,4] [,5] [,6] [,7] [,8] [,9] [,10]
[1,]    1    1    1    1    1    1    2    2    2     3
[2,]    2    2    2    3    3    4    3    3    4     4
[3,]    3    4    5    4    5    5    4    5    5     5
> system.time(x <- combn(200,3))
   user  system elapsed
 14.803   0.229  15.035
> system.time(x <- combnRC(200,3))
   user  system elapsed
  0.158   0.023   0.181
```

由于这个新的 R 函数使用了以 C/C++ 写的代码, 这样在计算上会有一个重要的加速.

自己动手

编写全部是 R 代码、杂合 R-C/C++ (或 R-Fortran) 代码的三个函数 `ar1simR()` 和 `ar1simRC()-ar1simC` (或 `ar1simRF()-ar1simF`). 这些函数都有三个输入参变量: $n \in \mathbb{N}, \phi \in (-1, 1)$ 和 $M \in \mathbb{N}$. 它们执行如下的计算:
对于 $m = 1, \ldots, M$:

(a) 模拟具有分布 $\mathcal{N}_n(\mathbf{0}; \boldsymbol{I}_n)$ 的随机向量 $\boldsymbol{\epsilon} = (\epsilon_1, \ldots, \epsilon_n)^\mathsf{T}$;
(b) 创建向量 $\boldsymbol{x} = (x_1, \ldots, x_n)^\mathsf{T}$, 其中 $x_1 = \epsilon_1$, 对于 $t = 2, \ldots, n$ 有 $x_t = \phi x_{t-1} + \epsilon_t$;
(c) 计算 ϕ 的条件最小二乘估计 $\hat{\phi}_m = \dfrac{\sum_{t=2}^{n} x_{t-1} x_t}{\sum_{t=2}^{n} x_{t-1}^2}$.

创建的函数应当输出数值 $\overline{\hat{\phi}} = \frac{1}{M}\sum_{m=1}^{M} \hat{\phi}_m - \phi$, 因而可以对 ϕ 的估计量 $\hat{\phi}$ 的偏差进行数值评价.
比较纯粹的 R 版本与调用 C/C++ (或 Fortran) 代码的版本的运行速度. 为此, 对 $M = 1000, 2000, \ldots, 100000$ 画出对应的 $(M, time_M)$ 散点图. 取 $n = 1000$ 和 $\phi = 0.75$.
提示: 函数 `arima.sim()` 执行上面的 (a) 和 (b) 部分的运算, 函数 `arima()` 执行 (c) 部分的运算. 不要使用这两个现成的函数来做这个练习, 它们的速度是非常快的, 因为它们都是以 C 代码写成的, 但对之前的计算则没有限制.

小窍门

为了使代码编写更为舒适方便, 一个好的编辑器总是有用的. 这个编辑器应当至少包含行首缩格和语法着色 (高亮显示). 您可能希望使用下面的免费软件:

- R 代码编辑器, 比如 RStudio, Tinn-R 或 Emacs;
- C/C++ 和 Fortran 的源代码编辑器, 如 Emacs 或 Code::Blocks (可从 `http://www.codeblocks.org` 获取).

小窍门

程序包 `rbenchmark` 可用来轻松地计算通过使用一个 R-C/C++ 或 R-Fortran 函数而不是纯粹的 R 函数在计算时间上预期的获益. 例如, 尝试使用下面的代码去验证我们在前面的 "自己动手" 环节中所得到的结果:

```
n <- 1000
phi <- 0.75
M <- 2000
dyn.load("ar1sim.dll")
benchmark(Rcode=ar1simR(n,phi,M),
          Ccode=.C("ar1simC",as.integer(n),phi,
                   as.integer(M),res=0.0)$res,
          replications=1000)
```

小窍门

Fortran 和 R 以相同的方式来存储矩阵 (表格): 某一给定列的各行按顺序存储在内存中. 在 C/C++ 中则相反, 某一给定行的各列按顺序存储在内存中. 当从 R 中传送一个矩阵到 C/C++ 中时就要小心了. 例如, 一个 R 矩阵中下标为 [i,j] 的元素对应着 C/C++ 中下标为 [(j-1)*number-of-rows + (i-1)] 的元素 (在 C/C++ 中下标索引是从 0 开始的).

8.5.3 调用外部的 C/C++ 或 Fortran 库

借助 R 函数 .C() (针对 C/C++ 库) 和 .Fortran() (针对 Fortran 库), 我们能从一个外部 **(external)** 库中使用某个函数.

小窍门

下面给出该方法的一个有趣的应用, 它将会锁定 Windows 会话框:

```
# 选择文件 C:/windows/system32/user32.dll:
dyn.load(file.choose())
.C("LockWorkStation")
```

你也可以直接从你的 C/C++ 或 Fortran 代码来调用一个外部库. 下面是一些比较有趣的科学计算库:

- R 中的 C 应用程序编程接口 (Application Programming Interface, API);
- C++ 库 newmat;
- Fortran 库 BLAS 和 LAPACK.

另见

还存在其他许多不同的库, 有一些是免费的甚至是开源的, 比如:

- 在 C/C++ 中:
  - http://www.gnu.org/software/gsl/
  - http://www.math.uiowa.edu/~dstewart/meschach/
  - http://www.nrbook.com/a/bookcpdf.php
- 在 Fortran 中:
  - http://calgo.acm.org/
  - http://www.nrbook.com/a/bookfpdf.php
  - http://www.nrbook.com/a/bookf90pdf.php
  - http://math-atlas.sourceforge.net/

另外一些不是免费的:

- 在 C/C++ 中:
  - http://www.nag.co.uk/numeric/CL/CLdescription.as
  - http://www.vni.com/products/imsl/c/imslc.php
- 在 Fortran 中:
  - http://www.nag.co.uk/numeric/RunderWindows.asp
  - http://www.nag.co.uk/numeric/fl/FLdescription.asp
  - http://www.nag.co.uk/numeric/fn/FNdescription.asp
  - http://www.vni.com/products/imsl/fortran/overview.php

8.5.3.1 R 的 API

R 的 API 是由 R 开发者创建的一个库. 它甚至不需用到 R 就可从 C/C++ 程序来使用 (它因此被称为独立的 R API). 它也能用在 C/C++ 代码中, 这些代码本身将从 R 中被调用 (如前面一节所介绍的). 这就允许我们使用现成的程序而不需要去重写它们. 为了使用这个库, 必须在 C/C++ 代码中包含两个头文件 R.h 和 Rmath.h, 它们对声明或定义某些数学函数和常量是必要的.

另见

这个库的说明文档包含了含在其中的函数和常量的清单, 可从 http://cran.r-project.org/doc/manuals/R-exts.html#The-R-API 获取. R 资源库中目录 nmath/ 的内容可从 http://svn.r-project.org/R/trunk/src/nmath 获取.

我们给出下面的 C/C++ 代码 (可从 http://biostatisticien.eu/springeR/integ.cpp 获取), 它可用来计算积分

$$\int_{\epsilon_1}^{\pi} \Phi(t+\epsilon_2)dt,$$

其中 ϵ_1 和 ϵ_2 为两个独立随机变量 (分别服从正态和均匀分布) 的实现值, $\Phi(\cdot)$ 是标准正态分布 $\mathcal{N}(0,1)$ 的累积分布函数. 这个例子的唯一目的是通过模拟随机变量、计算一个概率值并进行数值积分来说明 R API 的使用.

```
#include <R.h>
#include <Rmath.h>

extern "C" {

  typedef void integr_fn(double *x, int n, void *ex);
  void f(double *t, int n, void *ex);
  void testintegral(double *res) {

    // R API numerical integration function
    void Rdqags(integr_fn f,void *ex,double *a,
                double *b,double *epsabs,
                double *epsrel,double *result,
                double *abserr,int *neval,
                int *ier,int *limit,int *lenw,
                int *last,int *iwork, double *work);

     GetRNGstate(); // Read the R generator seed

     double *a, *b, *epsabs, *epsrel, *result,
       *ex, *abserr, *work;
     int *last, *limit, *lenw, *ier, *neval, *iwork;

     ex = new double[1]; a = new double[1];
     b = new double[1]; epsabs = new double[1];
     epsrel = new double[1]; result = new double[1];
     abserr = new double[1]; neval = new int[1];
     ier = new int[1]; limit = new int[1];
     lenw = new int[1]; last = new int[1];
     limit[0] = 100;
     lenw[0] = 4 * limit[0];
     iwork =  new int[limit[0]];
     work = new double[lenw[0]];

     a[0] = rnorm(0.0,1.0);   // eps1 from N(0,1)
     b[0] = M_PI; // The constant \pi (3.141593...)
     ex[0] = runif(0.0,1.0);  // eps2 from Unif(0,1)

     // Calculate the integral
     Rdqags(f, ex, a, b, epsabs, epsrel,
            result, abserr, neval, ier,
            limit, lenw, last,
            iwork, work);
```

```

    // The result is stored in res[0]
    res[0] = result[0];

    PutRNGstate(); // Write the generator seed

    // Free up some memory
    delete[] ex, a, b, epsabs, epsrel, result, abserr,
      neval, ier, limit, lenw, last, iwork, work;
  }

  // Define the function to integrate
  void f(double *t, int n, void *ex) {
    int i;
    double eps2;
    eps2 = ((double*)ex)[0];
    for (i=0;i<n;i++) {
      t[i] = pnorm(t[i]+eps2,0.0,1.0,1,0);}
  }

}
```

为了得到一个 DLL 文件, 对该函数进行编译的指令是:

```
g++ -c integ.cpp -o integ.o -I"C:\Program Files\R\R-3.1.0\include"
g++ -shared -o integ.dll integ.o ^
     -L"C:\Program Files\R\R-3.1.0\bin\i386" -lR
```

提醒

注意, 必须指明包含文件 R.h,Rmath.h 和 R.dll 的文件夹所在的路径. 如果有需要的话可根据你的系统配置来修改这些路径. 在 MS-DOS 中, 符号 ^ 指示一个不完整的行.

Linux

```
g++ -c integ.cpp -o integ.o  -I"/usr/lib/R/include" -fPIC
g++ -shared -o integ.so integ.o -I"/usr/lib/R/include" \
       -L"/usr/lib" -lR
```

现在, 为了在 R 中执行这些计算, 可使用如下的指令:

```
> dyn.load(paste("integ",.Platform$dynlib.ext,sep=""))
> # 即在 Windows 下调用 dyn.load("integ.dll").
> .C("testintegral",val=0.0)$val
[1] 3.707762
```

当然, 这一计算的结果是会变动的, 取决于 ϵ_1 和 ϵ_2 的模拟实现值.

8.5.3.2 newmat 库

newmat 库可用来操作不同类型的矩阵并执行经典的运算, 如矩阵乘积、转置、求逆、特征值计算、矩阵分解等.

另见

对这个库的完整的说明文档可从 http://www.robertnz.net/nm11.htm 处获取.

下面的代码可从 http://biostatisticien.eu/springeR/inv.cpp 处下载, 它是使用 newmat 库来求一个矩阵的逆的 C/C++ 代码并可被 R 调用.

```
#define WANT_STREAM
#define WANT_MATH
#include "newmatap.h"
#include "newmatio.h"
#ifdef use_namespace
using namespace NEWMAT;
#endif
extern "C" {
  void invC(double *values, int *nrow) {
    int i, j;
    Matrix M(nrow[0],nrow[0]);
    M << values;
    M << M.i(); // Calculate the inverse of M
    for (i=1;i<=nrow[0];i++) {
      for(j=1;j<=nrow[0];j++) {
        values[nrow[0]*(i-1)+j-1] = M(i,j);
        }
    }
    M.Release();
    return;
  }
}
```

小窍门

下载文件 http://www.robertnz.net/ftp/newmat11.zip 并在文件夹 C:/newmat 中解压. 然后在一个 MS-DOS 窗口中键入如下指令:

```
cd \
cd newmat
g++ -O2 -c *.cpp
ar cr newmat.a *.o
ranlib newmat.a
cp newmat.a newmat.dll
```

数分钟之后, 两个库 newmat.a 和 newmat.dll 就在文件夹 C:\newmat 中被创建.

现在使用如下的指令来创建库 inv.dll (或 Linux 下的 inv.so):

```
cd folder containing file inv.cpp
g++ -IC:\newmat -o inv.o -c inv.cpp
R CMD SHLIB inv.cpp -IC:\newmat C:/newmat/newmat.a
```

Linux

```
g++ -I/usr/include/R  -I/usr/local/include -Inewmat -fpic \
    -c inv.cpp -o inv.o
R CMD SHLIB inv.cpp -Inewmat newmat/newmat.a
```

随后就可以从 R 来使用上面的 C/C++ 程序. 具体步骤如下: 首先, 将下面的代码保存在一个名为 inv.R 的文件中:

```
> inv <- function(M) {
+   n <- nrow(M)
+   return(matrix(.C("invC",Minv=as.vector(M),n)$Minv,nrow=n,ncol=n))
+ }
```

然后执行如下的指令:

```
> dyn.load(paste("inv",.Platform$dynlib.ext,sep=""))
> A <- matrix(rnorm(9),nrow=3)
> solve(A) #  R 函数 solve() 求一个矩阵的逆
            [,1]        [,2]      [,3]
[1,] -0.09893572  0.04676191  1.155500
[2,] -0.47035376  1.10728717 -2.979609
[3,]  0.03415044 -1.07683806  1.456918
> inv(A)
            [,1]        [,2]      [,3]
[1,] -0.09893572  0.04676191  1.155500
[2,] -0.47035376  1.10728717 -2.979609
[3,]  0.03415044 -1.07683806  1.456918
```

这样两个函数 solve() 和 inv() 给出了相同的矩阵求逆的结果. 正如你所看到的, C/C++ 程序对这一运算的加速是相当可观的.

```
> benchmark(Rcode=solve(A),Ccode=inv(A),replications=10000)
   test replications elapsed relative user.self sys.self
2 Ccode        10000   0.255 1.000000     0.256    0.000
1 Rcode        10000   1.378 5.403922     1.351    0.025
  user.child sys.child
2          0         0
1          0         0
```

8.5.3.3 程序包 BLAS 和 LAPACK

程序包 BLAS (基本线性代数子程序 Basic Linear Algebra Subprograms) 和 LAPACK (Linear Algebra Package) 程序包是两个 Fortran 程序包, 可用来执行许多的矩阵运算. 我们通过一个简单的例子来看一下如何去使用它们.

首先从网址 http://www.7-zip.org/download.html 下载文档软件 7-zip. 使用这个软件 (两次) 来解压 (分两步) 文件 http://www.netlib.org/lapack/lapack.tgz. 所有的文件和子文件夹 (如 BLAS, CMAKE 等) 必须直接放置在一个名为 C:\lapack 的文件夹中. 例如, 经过前面的操作后这个文件夹将会包含一个名为 make.inc.example 的文件, 打开它并把其中的行 SHELL = /bin/sh 改为 SHELL = sh, 然后将该文件的名称改为 make.inc 再保存. 接下来在一个 MS-DOS 窗口中键入下面的指令:

```
cd C:\lapack
make lapacklib blaslib
```

几分钟之后, 静态包 librefblas.a 和 liblapack.a 就会被创建.

另见

这些程序包的说明文档可在 http://www.netlib.org/lapack/lug 上查阅. 去阅读你想要使用的那些 BLAS 和 LAPACK 程序的源代码也是有用的, 因为它们包含着这些程序所采用的参变量的详细描述.

下面是计算一个矩阵的逆矩阵的 Fortran 子程序的代码, 也可从 http://biostatisticien.eu/springeR/inv.f90 处获取. 它用到了程序包 Lapack 中的子程序 external DGETRF 和 DGETRI.

```
! Returns the inverse of a matrix calculated by finding
! the LU decomposition.  Depends on LAPACK.
subroutine invF(A,Ainv,m)
  double precision, dimension(m,m), intent(in) :: A
  double precision, dimension(size(A,1),size(A,2)), &
                      intent(inout) :: Ainv

  ! work array for LAPACK
  double precision, dimension(size(A,1)) :: work
  integer, dimension(size(A,1)) :: ipiv ! pivot indices
  integer :: n, info, m

  ! External procedures defined in LAPACK
  external DGETRF
  external DGETRI

  ! Store A in Ainv to prevent it from
  ! being overwritten by LAPACK
  Ainv = A
  n = size(A,1)

```

```
  ! DGETRF computes an LU factorization of
  ! a general M-by-N matrix A using partial
  ! pivoting with row interchanges.
  call DGETRF(n, n, Ainv, n, ipiv, info)

  if (info /= 0) then
     stop 'Matrix is numerically singular!'
  end if

  ! DGETRI computes the inverse of a matrix using
  ! the LU factorization computed by DGETRF.
  call DGETRI(n, Ainv, n, ipiv, work, n, info)

  if (info /= 0) then
     stop 'Matrix inversion failed!'
  end if
end subroutine invF
```

为了编译这一代码, 可从一个 MS-DOS 窗口来执行下面的指令:

```
cd %HOMEPATH%/Desktop    # 根据你的需要去做相应的更改
gfortran -c inv.f90 -o inv.o -I"C:/lapack"
gfortran -shared -o inv.dll inv.o -I"C:/lapack" ^
    C:/lapack/liblapack.a C:/lapack/librefblas.a
```

Linux

在 Linux 下, 使用如下的指令:

```
gfortran -c inv.f90 -o inv.o -fPIC
gfortran -shared -o inv.so inv.o /usr/lib64/liblapack.so.3
```

在调用前面的指令创建了文件 inv.dll (或 Linux 下的 inv.so) 之后, 可以启动 R 并键入如下的指令:

```
> dyn.load(paste("inv",.Platform$dynlib.ext,sep=""))
> A <- matrix(rnorm(4),nrow=2)
> B <- matrix(0,nrow=2,ncol=2)
> .Fortran("invF",A,res=B,2L)$res
           [,1]       [,2]
[1,] -1.1812737  1.9822527
[2,] -0.1681507 -0.7224351
> solve(A)
           [,1]       [,2]
[1,] -1.1812737  1.9822527
[2,] -0.1681507 -0.7224351
```

8.5.3.4 混合 C/C++ 和 Fortran 程序包

利用指令 F77_SUB(name), 我们可以从 Fortran 代码中调用 C/C++ 函数. 我们在接下来的例子中说明这一点. 该例产生两个独立的观测数据: 一个来自 $\mathcal{N}(0,1)$ 分布, 另一个来自均匀分布. 下面的 Fortran 代码使用了 C 函数 GetRNGstate 和 PutRNGstate, 以及来自 R API 的 rnorm 和 runif (我们在第 8.5.3.1 节已经用到过). 保存该代码在一个名为 random.f 的文件中.

```
SUBROUTINE random(x,y)
real*8 normrnd, unifrnd, x, y
CALL rndstart()
x = normrnd()
y = unifrnd()
CALL rndend()
RETURN
END
```

然后创建文件 random.c, 它包含的是如下的代码:

```
#include <R.h>
#include <Rmath.h>
void F77_SUB(rndstart)(void) {GetRNGstate();}
void F77_SUB(rndend)(void) {PutRNGstate();}
double F77_SUB(normrnd)(void) {return rnorm(0,1);}
double F77_SUB(unifrnd)(void) {return runif(0,1);}
```

为了创建 DLL 文件, 使用下面的指令来编译:

```
gfortran -c random.f -o randomf.o
gcc -c random.c -o randomc.o  -I"C:\Program Files\R\R-3.1.0\include"
gfortran -shared randomf.o randomc.o -o random.dll ^
      -L"C:\Program Files\R\R-3.1.0\bin\i386" -lR
```

Linux

在 Linux 下使用

```
gfortran -c random.f -o randomf.o -fPIC
gcc -c random.c -o randomc.o -I"/usr/lib/R/include" -fPIC
gfortran -shared randomf.o randomc.o -o random.so
```

现在可以使用如下的指令从 R 来调用上述代码:

```
> dyn.load(paste("random",.Platform$dynlib.ext,sep=""))
> .Fortran("random", as.double(1), as.double(1))
[[1]]
[1] 1.542474
[[2]]
[1] 0.59143
```

我们也可以从 C/C++ 代码中来调用 Fortran 函数, 通过使用下面的指令:

F77_NAME(name): 在 C 中声明一个 Fortran 程序
F77_CALL(name): 从 C 来调用一个 Fortran 程序
F77_COMDECL(name): 在 C 中声明一个 COMMON FORTRAN 模块
F77_COM(name): 从 C 来访问 COMMON FORTRAN 模块

下面是一个小例子 (对 Fortran77 做了一个调整). 将下面的代码保存在一个名为 combnCF.cpp 的文件中:

```
#include <R.h>
#include <Rmath.h>
extern "C" {
void combnCF(int *combmat, int *n, int *m) {
// Caution! No upper case in the name of the subroutine.
void  F77_NAME(combnf)(int *combmat, int *n, int *m);
F77_CALL(combnf)(combmat,n,m);
 }
}
```

然后在一个 MS-DOS 命令窗口中键入下面的指令来创建后续将从 R 来调用的程序包:

```
g++ -c combnCF.cpp -o combnCF.o -I"C:\Program Files\R\R-3.1.0\include"
gfortran -c combn.f90 -o combn.o
g++ -shared -o combnCF.dll combnCF.o combn.o  ^
     -L"C:\Program Files\R\R-3.1.0\bin\i386" -lR
```

Linux

在 Linux 下:

```
g++ -c combnCF.cpp -o combnCF.o -I"/usr/lib/R/include" -fPIC
gfortran -c combn.f90 -o combn.o -fPIC
g++ -shared -o combnCF.so combnCF.o combn.o \
 -I"/usr/lib/R/include" -L"/usr/lib" -lR
```

现在我们可对第 8.5.2 节给出的函数 combnRC() 的代码做一个修改:

- 将这个函数的名称改为 combnRCF();
- 用 "combnCF" 替换 "combn" 和 "combnC".

将新代码保存在一个名为 combnCF.R 的文件中. 然后在 R 会话界面中输入如下的指令:

```
> source("combnCF.R")
> combnRCF(5,3)
     [,1] [,2] [,3] [,4] [,5] [,6] [,7] [,8] [,9] [,10]
[1,]    1    1    1    1    1    1    2    2    2     3
[2,]    2    2    2    3    3    4    3    3    4     4
[3,]    3    4    5    4    5    5    4    5    5     5
```

8.5.4 从一个被 R 调用的 C/C++ 程序中调用 R 代码

我们已经看到如何从 R 来调用 C/C++ (或 Fortran) 程序, 同时也可以使用一类名为 **SEXP** (简单表达式, Simple EXPression 的首字母) 的指针以及函数 `.Call()`. 在这一小节中, 我们仅给出一个简单例子, 读者可以此作为更复杂例子的一个启发.

> 另见
>
> 建议读者去阅读网址 `http://cran.r-project.org/doc/manuals/R-exts.html#Handling-R-objects-in-C` 上的内容.

在接下来的例子中, 我们来看一下如何从 C/C++ 代码中调用程序包 **mvtnorm** 中的函数 **pmvt()**, 它本身是从 R 来调用的. 函数 **pmvt()** 计算服从多元学生氏 t 分布的随机变量属于 $\mathbb{R}^n$ 中某个特定的超矩形的概率.

不像前面几节中给出的例子, 它们使用的是 `.C()` 函数, 这里我们需要用到函数 `.Call()`. 此外, 我们的 C/C++ 代码必须是一个函数 (后面我们称之为 **pmvtC**), 它可以返回一个具有 SEXP 类型的结构而且它也采用类型为 SEXP 的参变量. 下面的代码可从 `http://biostatisticien.eu/springeR/pmvt.cpp` 处获取, 它将被转化成为一个 DLL 文件, 然后被函数 `.Call()` 调用.

```
#include <R.h>
#include <Rdefines.h>
#include "Rmath.h"
#include <R_ext/Rdynload.h>
extern "C" {
  SEXP pmvtCR(SEXP Rupper,SEXP Rcorr,SEXP Rdf,
              SEXP Rpmvt,SEXP Renv,SEXP Rres) {
    SEXP R_fcall;
    if(!isFunction(Rpmvt) & (Rpmvt != R_NilValue))
          error("Rpmvt must be a function");
    if(!isEnvironment(Renv))
          error("Renv must be an environment");
    PROTECT(R_fcall = lang4(Rpmvt,Rupper,Rcorr,Rdf));
    REAL(Rres)[0] = REAL(eval(R_fcall, Renv))[0];
    UNPROTECT(1);
    return(Rres);
  }
}
```

使用下面的指令来编译该文件:

```
g++ -c pmvt.cpp -o pmvt.o -I"C:\Program Files\R\R-3.1.0\include"
g++ -shared -o pmvt.dll pmvt.o ^
    -L"C:\Program Files\R\R-3.1.0\bin\i386" -lR
```

Linux

在 Linux 下, 使用指令:

```
g++ -m64 -I/usr/include/R  -I/usr/local/include -fpic  \
      -c pmvt.cpp -o pmvt.o
R CMD SHLIB pmvt.cpp
# 或:
g++ -m64 -shared -L/usr/local/lib64 -o pmvt.so pmvt.o \
      -L/usr/lib64/R/lib -lR
```

现在可以从 R 调用这个函数了. 首先下载文件 http://biostatisticien.eu/springeR/pmvt.R, 它包含了如下的代码:

```
> pmvtRCR <- function(upper,corr,df) {
+  res <- 0.0
+  Rpmvt <- function(upper,corr,df) {
+    d <- length(upper)
+    pmvt(lower=rep(-Inf,d),upper=upper,delta=rep(0,d),
+    corr=matrix(corr,ncol=d),df=df)}
+  dyn.load(paste("pmvt",.Platform$dynlib.ext,sep=""))
+  res <- .Call("pmvtCR",as.double(upper), as.double(corr),
+             as.double(df),Rpmvt,new.env(),as.double(res))
+  dyn.unload(paste("pmvt",.Platform$dynlib.ext,sep=""))
+ return(res)
+ }
```

然后键入下面的指令:

```
> require(mvtnorm)
> corr <- diag(3)
> set.seed(1)
> source("pmvt.R")
> pmvtRCR(c(2,3,2),corr,c(1,1,1))
[1] 0.706062
> set.seed(1)
> pmvt(lower=rep(-Inf,3),upper=c(2,3,2),corr=corr,df=c(1,1,1))[1]
[1] 0.706062
```

小窍门

如果一个 SEXP 对象包含一个向量 (例如 SEXP x) 或一个矩阵 (例如 SEXP M), 可以使用指令 R_len_t n = length(x) 和 R_len_t p = nrows(M) 来创建包含向量 x 的长度 n 或矩阵 M 的行数 p 的整数. 文件 Rinternals.h 包含了许多类似的有用函数的清单.

8.5.5 从 Fortran 调用 R 代码

我们推荐读者使用开源软件 RFortran, 它可从 http://www.rfortran.org 处获取.

8.5.6 一些有用的函数

下面的这些函数都可在一个 MS-DOS 终端窗口中使用 (或在 Cygwin 窗口中, 参见第 235 页):

- nm: 对象文件的符号列表 (如 nm random.dll).
- objdump: 对象文件的信息 (如 objdump -x random.dll).
- ldd: 如果必要的话将列出动态依赖关系 (如 ldd random.dll).

下面的这些函数可以在 R 中使用:

- getLoadDLLs(): 列出当前会话中已加载的全部 DLLs (如 getLoadDLLs()).
- is.loaded(): 检查某个库是否已被加载 (如 is.loaded(random.dll)).

8.6 节

† 调试函数

在本节中, 我们给出各种有用的方法去调试一个函数及发现错误. 这些错误要么在你的 R 代码中, 要么在 R 函数所调用的 C/C++ 或 Fortran 代码中.

另见

建议读者去参阅网址 http://www.stats.uwo.ca/faculty/murdoch/software/debuggingR 中的相关内容.

8.6.1 在纯粹的 R 环境中调试函数

我们给出一些在编写 R 代码时有用的调试函数.

- **函数 browser()**

R 中一个有用的调试函数是 browser(). 如果你在函数的源代码中插入了指令 browser(), 程序运行时将在 browser() 被插入的位置中止.

下面举一个例子来说明在一个名为 lsq() 的函数 (它可以计算简单线性模型中未知参数的最小二乘估计, 更多细节可参见第 14 章) 中如何使用 browser().

```
lsq <- function(X,Y,intercept=T){
   X <- as.matrix(X)
   Y <- as.matrix(Y)
   plot(X,Y)
   nbunits <- nrow(X)
browser()
   if (intercept==T) X <- cbind(rep(1,nbunits),X)
   betahat <- solve(t(X)%*%X)%*%t(X)%*%Y
   curve(betahat[1]+betahat[2]*x,add=TRUE)

return(betahat)
}
```

在 R 中载入包含前面代码的文件 (例如使用指令 source(file.choose())), 然后键入:

```
lsq(X=cars[,2],Y=cars[,1])
```

你将会看到程序中止了, 然后可以检查在 browser() 之前被定义的所有局部变量的内容. 例如, 键入 nbunits.

注释

通过键入字母 n (代表 next, 下一个) 就可以按次序地检查代码及各变量的内容. 键入 Q 来退出检查模式.

下面是调试会话的一个概览:

```
lsq(X=cars[,2],Y=cars[,1])
Called from: mc(X = cars[, 2], Y = cars[, 1])
Browse[1]>nbunits
[1] 50
Browse[1]> betahat
Error: Object "betahat" not found
Browse[1]> n
debug: if (intercept == T) X <- cbind(rep(1, nbunits), X)
Browse[1]> n
debug: betahat <- solve(t(X) %*% X) %*% t(X) %*% Y
Browse[1]> n
debug: curve(betahat[1] + betahat[2] * x, add = T)
Browse[1]> betahat
        [,1]
[1,] 8.2839056
[2,] 0.1655676
Browse[1]> Q
>
```

注释

如果键入字母 c (继续, continue 的首字母) 则代码被执行到末尾, 除非再次遇到一个 browser() 命令.

- **函数 debug()**

另一个有趣的函数是 debug(), 它等价于将指令 browser() 放置于一个函数代码的顶部. 因此, debug(var) 标志着函数 var 是可调试的. 这个函数后续的任何调用都会启动在线调试器.

```
debug(var)
var(1:3)
```

为了摆脱这个标志, 可以使用函数 undebug().

```
undebug(var)
```

8.6.2 R 代码中的错误

首先更改文件 combn.R 的第 6 行, 将赋值箭头 <- 用符号 < 替换. 我们现在就会遇到一个错误: an ommited symbol (the symbol -): 即遗漏了一个符号 (-):

```
combmat<matrix(out$res,nrow=m,byrow=F)
```

保存文件并将其传送至 R 中, 再键入下面的指令:

```
> combnRC(5,3)
     [,1] [,2] [,3] [,4] [,5] [,6] [,7] [,8] [,9] [,10]
[1,]    0    0    0    0    0    0    0    0    0     0
[2,]    0    0    0    0    0    0    0    0    0     0
[3,]    0    0    0    0    0    0    0    0    0     0
```

正如您所看到的, 在结果中有一个错误, 而且我们在代码中故意引入的这个错误可能很难检测出来, 如果它只是一个偶然的疏忽的话. 接下来我们介绍怎样尝试去检测错误出自哪个地方. 首先, 安装并加载程序包 debug; 然后使用这个程序包中的函数 mtrace(), 如下所示:

```
mtrace(combnRC)
combnRC(5,3)
```

随后你应当会看到一个调试窗口, 其中显示了函数 combnRC() 的源代码. 反复地按 RETURN 键来逐行求你的源代码的值, 直到出现下面的显示结果为止 (这发生在我们对文件 combn.R 的第 6 行进行了修改之后):

```
     [,1] [,2] [,3] [,4] [,5] [,6] [,7] [,8] [,9] [,10]
[1,] TRUE TRUE TRUE TRUE TRUE TRUE TRUE TRUE TRUE TRUE
[2,] TRUE TRUE TRUE TRUE TRUE TRUE TRUE TRUE TRUE TRUE
[3,] TRUE TRUE TRUE TRUE TRUE TRUE TRUE TRUE TRUE TRUE
```

它提示在这一点上存在一个问题. 接下来我们可以去纠正这个错误, 比如使用指令 `fix(combnRC)`.

注意, 函数 `mtrace()` 不允许我们去深入探究如下调用的细节:

```
.C("combnC",res=as.integer(combmat),as.integer(n),
                as.integer(m))
```

8.6.3 C/C++ 或 Fortran 代码中的错误

我们现在将去看一下如何对以 C/C++ 或 Fortran 写的那部分代码中的错误进行上述的调试. 这主要归结于使用编译选项 `-g` 去为 DLL 文件中的源代码添加信息, 然后再使用一个专门的调试工具.

提醒

为此, 用户需要一个调试工具. 我们推荐自由软件 GDB, 可从 http://biostatisticien.eu/springeR/32/gdb.exe 下载 7.4 (32 位) 版本后将其保存在文件夹 C:\Rtools\bin 中. 该软件使用的是命令行, 因而是容易理解的. 注意添加一个图形用户界面 (Graphical User Interface, GUI) 是非常有用的, 比如数据显示调试器 (Data Display Debugger, DDD) 或 Emacs. 在 Windows 下, 另一种有用的途径是软件 Insight, 它包含在工具组 MinGW 中, 可从 http://sourceforge.net/projects/mingw/files/OldFiles/insight.exe/download 处下载. 但是这个软件看似有逐渐被废弃的趋势. 如果你使用它的话, 记得去改变系统环境变量 Path 来添加路径至 Insight (可能是 C:\insight\bin), 如第 210 页所解释的.

在微软 Windows 下, 必须安装 Emacs 的相应版本 (http://vgoulet.act.ulaval.ca/en/emacs/windows). 而在 Windows 下使用 DDD 的话则要复杂得多, 需要启动 Cygwin 的安装文件 (可从 http://cygwin.com/setup.exe 下载), 选择安装目录 C:\Rtools\bin 并选择软件 Devel: ddd 和 Math: gnuplot (并接受强制的依存项). 同时注意, 如果下载地址的列表为空, 可以尝试链接 http://cygwin.mirrorcatalogs.com. 为了使用 DDD, 还需要运行适用于微软 Windows 的 LinuxX 窗口系统. 软件 Xming (可从 http://biostatisticien.eu/springeR/Xming-6-9-0-31-setup.exe 获取) 是一个好选择. 还可以使用 MobaXterm (http://mobaxterm.mobatek.net) 或 Cygwin's Xorg 服务器 (安装时选择 X11: xorg-server: X.Org servers).

8.6.4 使用 GDB 进行调试

从 Windows 开始菜单启动一个 MS-DOS 命令窗口 (输入 cmd), 并键入:

```
cd 包含 inv.cpp 的文件夹的路径
g++ -IC:\newmat -o inv.o -c inv.cpp -g
g++ -shared -o inv.dll inv.o -IC:\newmat C:/newmat/newmat.a
```

这将会创建含有调试信息的文件 inv.dll (参见第 224 页中有关创建库 newmat 的介绍).

> 小窍门
>
> 为了调试来自 newmat 库中的函数, 需要先以一种包含调试信息的方式来创建这个库:
>
> ```
> cd \
> cd newmat
> g++ -c *.cpp -Wno-deprecated -g
> ar cr newmatdebug.a *.o
> ranlib newmatdebug.a
> cp newmatdebug.a newmatdebug.dll
> ```

然后键入:

```
gdb Rgui
(gdb) run
```

它会启动 R, 接着在 R 中输入:

```
> setwd("path to file inv.dll")
> dyn.load("inv.dll")
```

然后点击菜单 Misc/Break to debugger, 它将返回到 GDB (黑窗口), 接着键入:

```
(gdb) info share
(gdb) break inv.cpp:1
(gdb) signal 0
```

第一条指令 (info share) 显示库 inv.dll 已经被成功地加载; 第二条指令 (break inv.cpp:1) 允许在文件 inv.cpp 的第一个 (可执行) 行中添加一个断点; 最后的一条指令 (signal 0) 退出 GDB 并返回到 R. 在 R 中, 键入:

```
>  A <- matrix(rnorm(4),nrow=2)
>  source("inv.R") # 该文件已在第 225 页被创建
>  inv(A)
```

当处理器遇到这个断点, 代码的执行将会暂停. 现在可以在 GDB 中键入下面的指令: 第一条指令 (list) 显示接下来要执行的行; 第二条指令 (next) 转移到下一行; 第三条指令 (print nrow[0]) 显示 nrow[0] 的值; 最后一条指令继续代码的执行直至末尾或下一个断点.

```
(gdb) list
(gdb) next
(gdb) print nrow[0]
(gdb) continue
```

回到 R 中并会看到调用 inv(A) 的输出结果. 读者可以键入下面的指令来验证该结果与函数 solve() 得到的是否相同, 然后退出 R.

```
> solve(A)
> q()
```

Linux

在 Linux 下, 在一个终端窗口中输入命令:

```
R -d gdb
```

来替代 gdb Rgui.

或者使用下面的指令:

```
export R_HOME=/usr/lib64/R
gdb /usr/lib64/R/bin/exec/R
```

为了从 GDB 返回到 R , 可以使用快捷键 CTRL+C. 注意, 为了从 GDB 转回到 R , 在键入 signal 0 (或等价地 c) 后需要按下回车 RETURN 键.

小窍门

注意, GDB 能以不同的选项来调用, 例如:

--directory=DIR	在 DIR 中搜寻源文件.
--pid=PID	附加到正在运行的进程 PID.

另见

GDB 的说明文档可从 http://sourceware.org/gdb/current/onlinedocs/gdb 处获取.

小窍门

可以安装或编译一个具有调试信息的程序包 (以后称之为 PKG), 等价于使用前面提到的标志 -g. 首先在主目录的名为 .R/ 的子文件夹中创建一个名为 Makevars.win 的文件 (Linux 下为 Makevars) . 这个文件应当包含如下的行:

```
## 对于 C++ 代码
```

```
CXXFLAGS=-g
```

为了实现这个目的, 比如可以键入: WINDOWS+R, cmd, ENTER, cd %HOME%, ENTER, mkdir .R, ENTER, cd .R, ENTER, echo CXXFLAGS=-g > Makevars.win, ENTER. 接下来, 建立程序包 PKG 并安装它 (从源文件处使用命令 R CMD INSTALL --build --debug PKG), 然后使用一种前面已介绍过的调试方法. 注意程序包 PKG 中的文件 NAMESPACE 必须包含行 useDynLib("PKG"), 使得当在 R 中执行指令 require(PKG) 时, DLL (或 .so) 文件能被自动装载. 如果这种方法行不通的话, 可以使用函数 dyn.load() 来手动地从其安装位置来加载该程序包.

小窍门

另外也可以显示一个具有 SEXP 类型的对象的内容 (称这个对象为 s). 为了做到这一点, 只需在 C/C++ 代码中包含指令 PrintValue(s);. 通过这种方式, 当代码执行过程中该指令被遇到时, 对象 s 的内容将会在 R 控制台中显示出来. 另一种解决办法是从 GDB 控制台中使用指令 p Rf_PrintValue(s). 注意, 在这种情况下, 对象 s 在 R 控制台的显示可能会延迟, 直到 R 从 GDB 接管过来.

8.6.4.1 使用 Emacs 进行调试

前面已经看到如何用 GDB 进行代码调试. 现在来介绍如何组合使用 Emacs (及其优秀的模块 ESS, Emacs Speaks Statistics) 和 GDB 来执行同样的操作. 首先需要先把 GDB 安装好 (如第 8.6.3 小节所示). 注意, 需要采用以下的指令从一个 MS-Dos 窗口来创建具有调试信息的文件 combn.dll (标志为 -g):

```
g++ -g -c combn.cpp -o combn.o
g++ -shared -o combn.dll combn.o
```

注释

在 Emacs 下, 符号 M-x 意味着必须同时按下 ALT 和 X 键; 而 C-x 意味着必须同时按下 CTRL 和 X; 而 [RET] 表示回车 (按键 RETURN).

首先启动 Emacs (见第 235 页来查看如何安装这个软件), 然后执行如下的命令. 例如, 同时按下 ALT 和 X 则执行第一行, 然后按 R (它将在 Emacs 的底部显示 M-x R), 再按 RETURN (它将显示 ESS [S(R): R (newest)] starting data directory? ~/), 然后再次按回车 RETURN (它将在 Emacs 中启动 R).

```
M-x R [RET] [RET]
M-x gdb [RET] gdb -i=mi --annotate=3 [RET]
```

这时, Emacs 窗口将被一分为二, R 在顶部而 GDB 位于底部. 如果出现的不是这种情况, 进入菜单 File/Split Window 或 File/New Window Below(C-x 2), 再点击菜单 Buffer 并选择 *R* *.

提醒

系统环境变量 Path 必须以条目 C:\Rtools\bin 打头, 使得被使用的 GDB 版本为 7.4.

接下来需要获取 R 的进程编号 (Process ID). 在 Windows 下, 使用组合键 CTRL+ALT+Del 来启动任务管理器; 然后选择 "进程" 选项卡; 在菜单 View/Select Columns... 中, 勾选 PID (进程标识符), 这将添加一个 PID 列到任务管理器中. 再寻找对应名称为 Rterm.exe *32 (例如 5404) 的 PID. 一种更简易的方法是在 Emacs 上方的 R 窗口中键入 Sys.getpid().

Linux

在 Linux 下, 可以通过在 Emacs 中直接键入指令来得到 R 的 PID:

```
M-! Shell command: pgrep R [RET]
```

然后在 Emacs 中键入如下的指令:

```
(gdb) attach 5404 [RET]
(gdb) signal 0 [RET]
```

点击名为 *R* (或 Emacs 中的 *Buffer*) 的面板, 并执行如下的指令:

```
> setwd("chemin vers le fichier combn.R")
> source("combn.R")
> dyn.load(paste("combn",.Platform$dynlib.ext,sep=""))
```

点击底部的子窗口 (*Buffer* *gud*).

```
C-c C-c
(gdb) b combn.cpp:1 [RET]
(gdb) c [RET]
```

点击顶部的子窗口 (*Buffer* *R*),

```
> combnRC(5,3)
```

```
C-g
M-x gdb-many-windows
```

将 Emacs 窗口以全屏形式显示. 现在 Emacs 窗口应当被分为 6 个面板, 如图 8.2 所示. 如果需要的话, 可点击菜单 Buffer 的相关条目.

点击底部右侧名为 *Breakpoints of* 的面板, 选择菜单 Buffers/*R* *.

现在点击窗口 combn.cpp. 在 Emacs 的顶部你会看到一些新的图标. 例如, 可以点击代表下一行 Next Line (GO 的右侧) 的符号来逐行执行 C/C++ 代码.

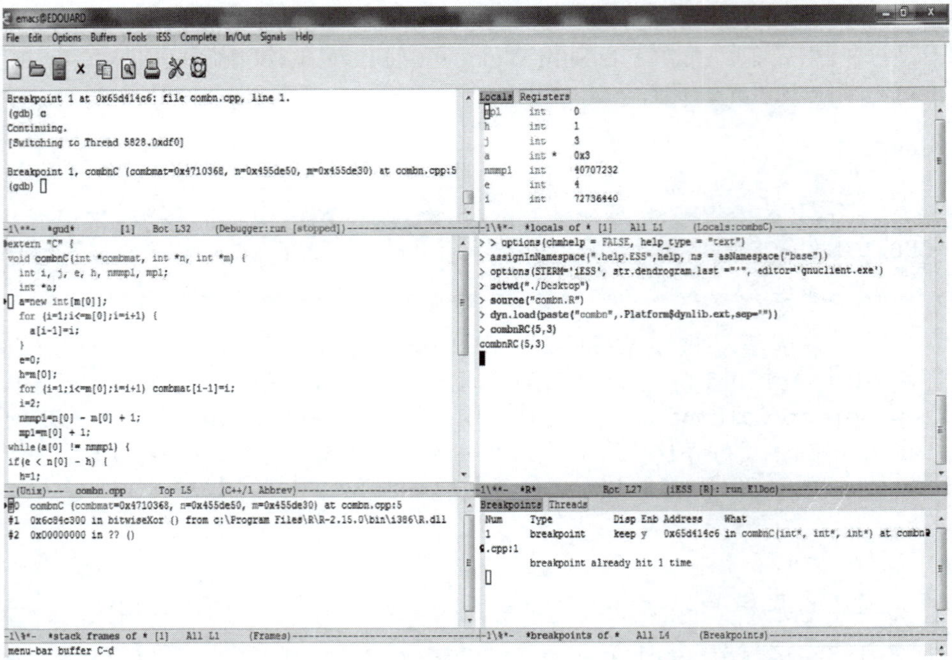

图 8.2: Emacs 和 GDB

自己动手

- 将文件 integ.cpp 的第 32 行改成 `limit[0] = -1;`. 重新编译该代码并按照前面介绍的方法从 R 来调用它: `.C("testintegral",val=0.0)$val`. 产生的结果是 R 会话应当会崩溃. 假设你不记得自己做了上面的更改, 使用刚刚学的这些技术去找出错误.
- 对第 8.5.4 节所见到的文件 pmvt.cpp 进行调试. 从 GDB 控制台中输入指令 `p Rf_PrintValue(Rpmvt)` 来显示 (在 R 控制台) 对象 Rpmvt 的内容.

8.6.4.2 使用 DDD 进行调试

首先, 需要启动 Xming (或某个等价的工具), 它的图标应当出现在任务栏中. 然后启动一个 Cygwin 终端窗口 , 并键入下面的指令:

```
$ export DISPLAY=localhost:0.0
$ cd path to directory containing the source and DLL files
$ ddd Rgui
```

Linux

在 Linux 下, 用命令 `R -d ddd` 替换上面的最后一个指令.

接下来在 GDB (位于界面下方) 窗口中键入下面的指令:

```
(gdb) dir $cwd
(gdb) run
```

第一条指令告诉 GDB 在当前的目录 (可用命令 pwd 获取) 下搜寻源文件, 从而避免由于 Windows 路径管理引起的问题; 第二条指令启动 R (你也可以勾选复选框: Program/Run in Execution Window, 并点击 Program/Run, 再点击 Run); 然后在 R 中键入:

```
> dyn.load("inv.dll")
```

注意, 文件 inv.dll 被创建时包含着调试信息, 这在第 236 页已经提到. 现在点击菜单 Misc/Break to debugger 返回到 DDD. 进入菜单 File/Open source... 并打开文件 inv.cpp; 同时在菜单 View 中勾选条目 Data Window (以及菜单 Data 中的条目 Display Local Variables), 然后就可以在代码中放置一个或多个断点来进行调试 (通过在行的开始位置双击或右击鼠标), 例如在指令 `M << values;` 的左端进行操作. 这会产生显示一个停止符的效果. 然后在下方的 (gdb) 窗口中键入 continue (或 c), 这将返回到 R, 接着在 R 中输入:

```
> A <- matrix(rnorm(4),nrow=2)
> source("inv.R") # 第 225 页创建的文件
> inv(A)
```

当处理器遇到 (第一个) 断点时, 代码的执行被暂停. 现在可以使用图形工具 DDD 来调试你的代码.

注意, 我们也可以显示一个数组的多个值. 例如, 可以在图 8.3 所示下方窗口 (gdb) 中键入如下的指令:

```
graph display values[0] @ 4
```

来显示数组的 values (开头的) 4 个值.

8.6.4.3 使用 Insight 进行调试

Insight 似乎在某些 Windows 版本上难以正常工作. 尽管如此, 我们将这个软件推介给那些拥有 Windows 兼容版本的用户, 或者说不定在本书出版后 Insight 的一个新版本就会被发布.

使用标志 -g (也可能是 -fPIC) 来重新编译文件, 它会告诉 C++ 编译器将源代码的信息直接添加到被编译的文件中.

```
g++ -c combn.cpp -o combn.o -g
g++ -shared -o combn.dll combn.o
```

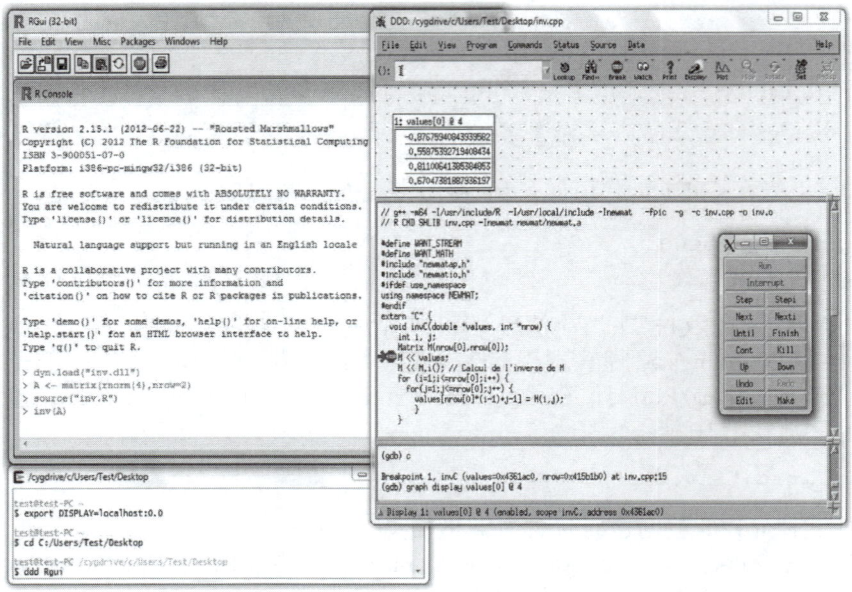

图 8.3: DDD 和 GDB

然后从 MS-DOS 窗口执行 insight Rgui.exe 并点击 Run .

接下来在 R 控制台中键入下面的命令, 它将打开:

```
> source("combn.R")
> dyn.load(paste("combn",.Platform$dynlib.ext,sep=""))
```

进入 R 中名为 Misc 的菜单, 接着点击 Break to debugger. 现在就进到了 Insight 窗口.

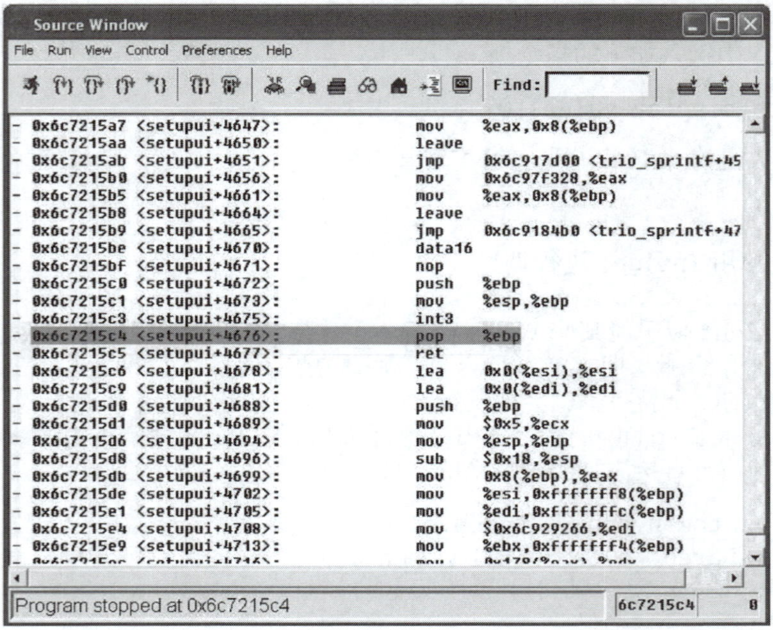

在 Insight 中, 选择菜单 View - Console [CTRL+N]. 这将打开调试器 GDB 的命令窗口. 我们现在可以给函数 combnC 添加一个断点, 只需通过键入:
break combnC
接着键入:
continue
它将返回到 R. 后面只要函数 combnC 被调用, 我们都会返回到该调试器.

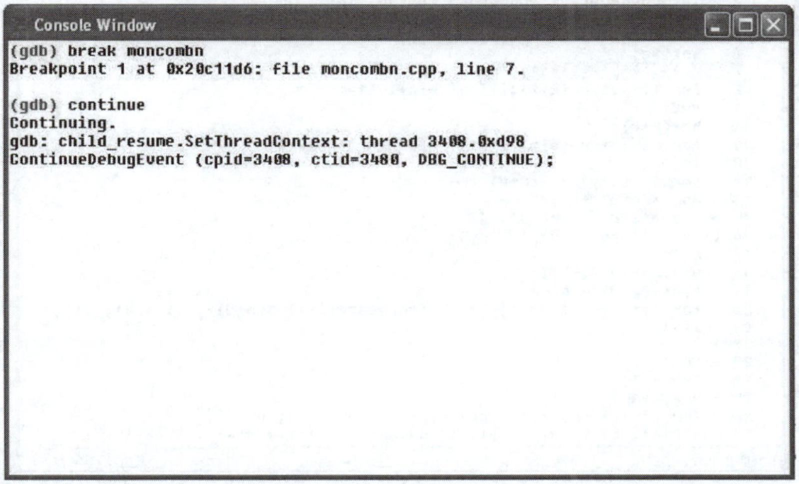

现在在 R 中键入:

```
> debug(combnRC)
> combnRC(5,3)
```

使用指令 n (代表 *next*) 来跳到我们的 R 代码的下一行, 直至到达调用以 C++ 编写的函数为止.

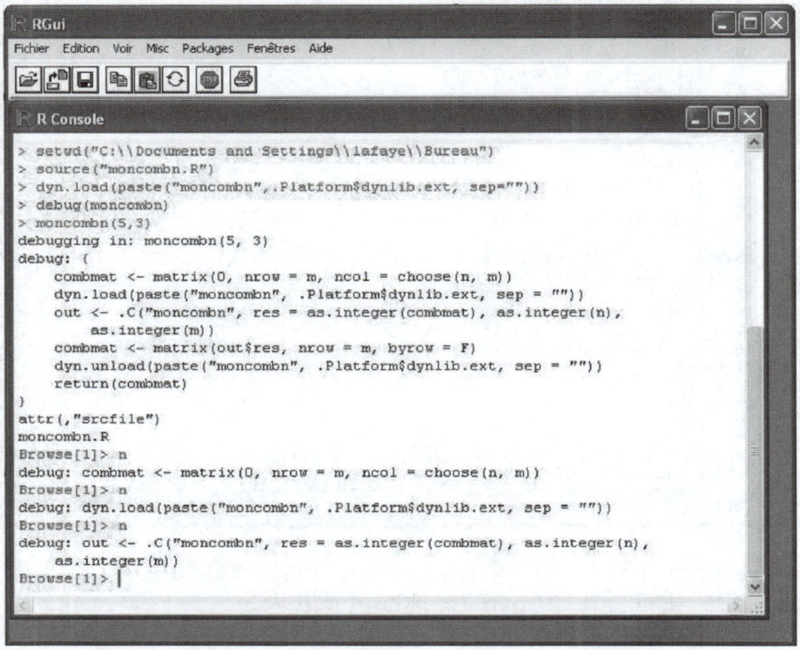

前面添加的断点被检测出来, 接着就返回到 Insight.

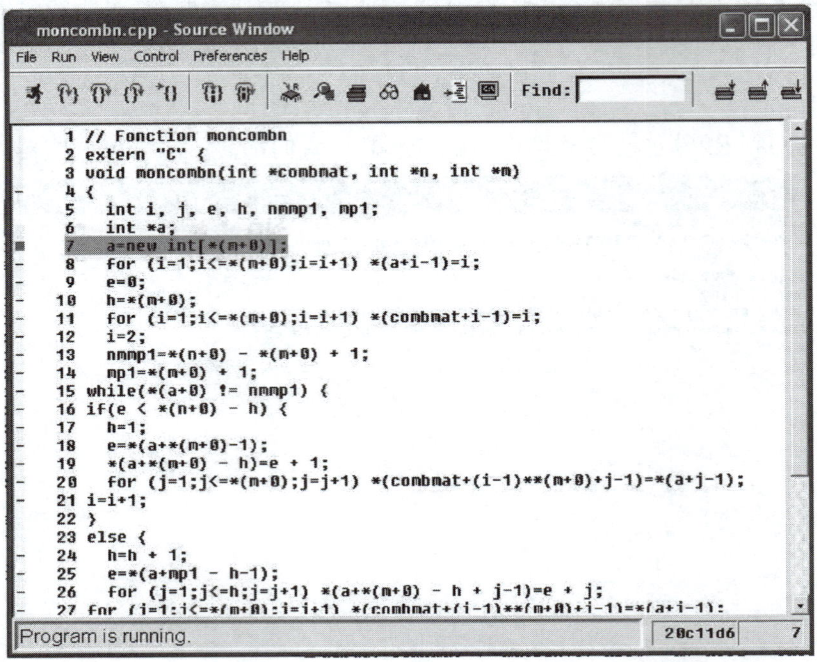

接下来点击图标  来逐行执行 C++ 代码并检查各个变量的值.

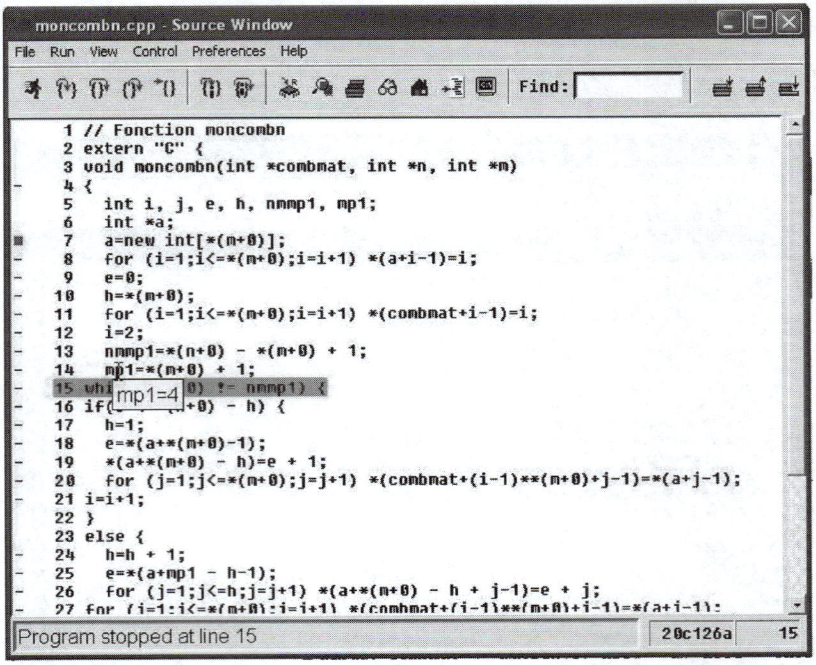

窗口 Local Variables (通过菜单 View -> Local Variable [CTRL+L] 来调出) 显示出代码执行过程中所有的局部变量及其内容.

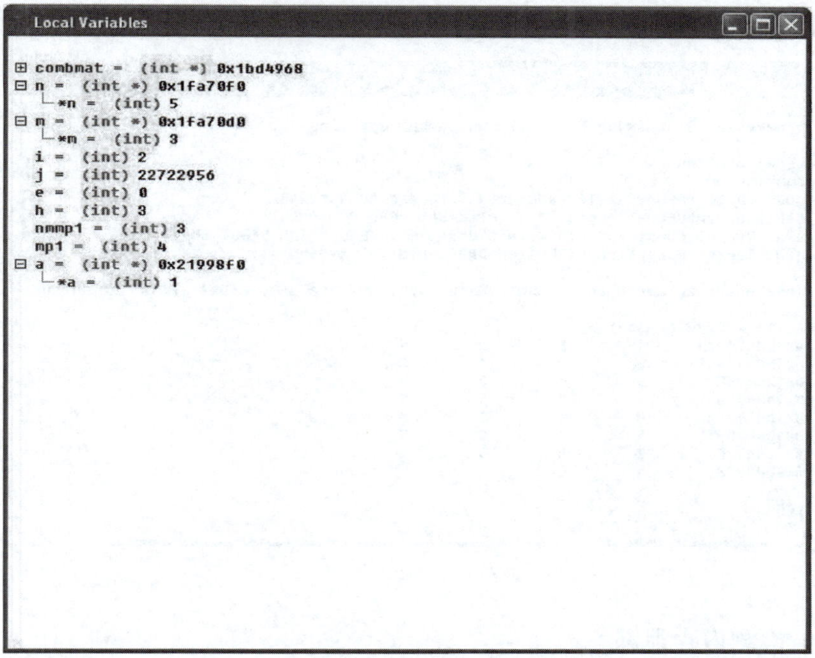

注意, 为了查看一个 R 矩阵或向量的内容, 只需要进入 GDB 控制台并键入 (比如):

```
x/30dw combmat
```

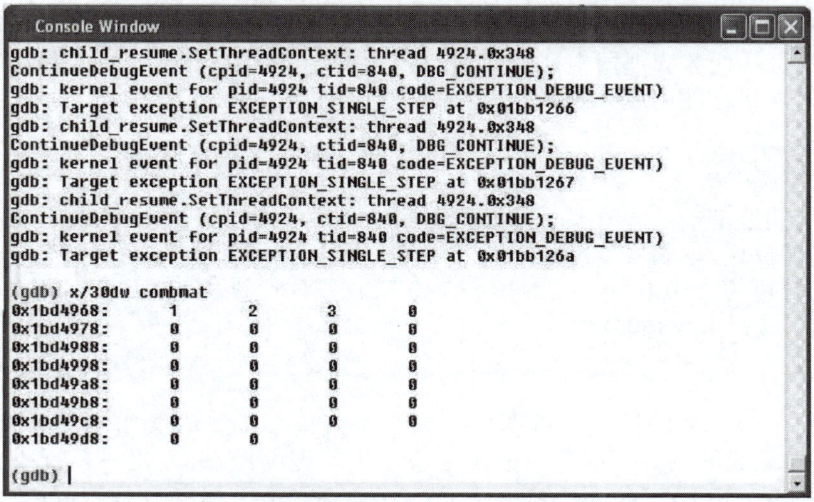

也可以通过点击 `plot` 来图形化地显示这个数值表格并选择它.

现在可以在 GDB 控制台中键入下面的指令来给 C++ 代码的第 32 行添加一个断点, 然后重新执行该代码. 当这个断点被遇到时, 代码的执行又会暂停, 我们可以要求再次显示数组 `x` 的内容:

```
break 32
continue
```

```
x/30dw combmat
```

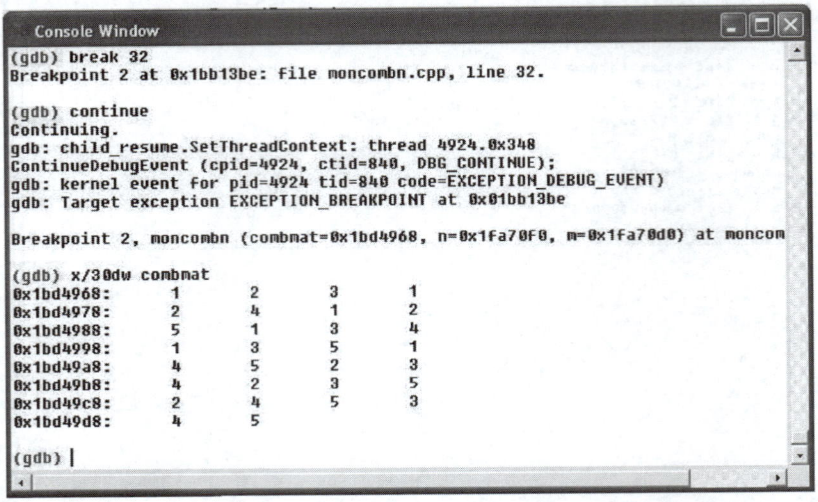

8.6.4.4 检测内存泄漏

提示信息 Segmentation fault (或 segfault), invalid next size, std::bad_alloc (在 Linux 下你肯定会遇到的!), 混乱的结果, 或者更彻底地, R 的一个完全崩溃, 常常暗示着存在着一个内存问题 (比如, 访问非保留或非初始化的地址、使用释放内存等). 这些内存泄漏常发生在你忘记使用指令 delete[] ptr; 去从内存中删除某个 C/C++ 函数中引入的一个指针. 这个问题有时可从任务管理器中被观察到, 特别当你在 R 中运行一个大型模拟时, 发现 R 进程正在使用越来越多的内存而它本不应该如此.

> **Linux**
>
> 在 Linux 下, 显示不同进程的内存使用量可由以下两个命令 (在一个终端窗口输入) 来实现: watch -d free 适用于全局使用量而对某个特定的进程可使用 top -p PID (用 ps au 来找到期望进程的 PID). 也可以使用图形工具 ksysguard.

另一个常见的错误是试图去操纵一个规模小于 n 的数组的第 n 个条目 (访问未定义的内存). 这样就很难去检测出问题的源头. 在这种情况下, 软件 Dr Memory (http://code.google.com/p/drmemory), electric-fence-win32 (http://code.google.com/p/electric-fence-win32) 和 duma (http://duma.sourceforge.net) 将是值得珍视的工具.

> **Linux**
>
> 在 Linux 下, 可以使用软件 Valgrind 或 Electric Fence.

我们现在用一个例子来说明如何使用 Dr. Memory, 假设它已经安装在目录 C:\drmemory 下 (在安装时选择条目 Add Dr. Memory to the system PATH for all users).

下面的代码片段包含了几处错误, 对一个初学者来说可能难以找出它们. 可以从 http://biostatisticien.eu/springeR/memory.cpp 去下载这一段代码.

```
1  extern "C" {
2    void testmemoey(int *M, double *a) {
3      double *ptr1, *ptr2;
4      int i;
5      ptr1 = new double[10000];
6      ptr2 = new double[M[0]];
7      ptr1[0] = 1.0;
8      for (i=1;i<10000;i++) {
9        ptr1[i] = (double)i;
10       ptr2[i] = ptr1[i-1] * (double)i;
11     }
12     delete[] ptr2;
13     for (i=0;i<10;i++) a[i] = ptr2[i];
14     return;
15   }
16 }
```

首先创建关联的 DLL 文件 – 通过在一个 MS-Dos 窗口中使用如下的指令:

```
cd directory containing file memory.cpp
g++ -o memory.o -c memory.cpp -g
g++ -shared -o memory.dll memory.o
```

Linux

在 Linux 下, 使用指令:

```
g++ -o memory.o -c memory.cpp -g -fPIC
g++ -shared -o memory.so memory.o
```

接下来在命令窗口中键入 drmemory.exe -- Rgui (耐心等待一会), 然后在 R 控制台中输入如下的指令:

```
> dyn.load("memory.dll")
> .C("testmemory",10000L,3.0)
> q()
```

现在在打开的文件中寻找 testmemory 的例子, 这将指示哪些行可能包含着错误. 比如, 它显示在第 13 行有一个错误. 事实上, 数组 a 的长度是 1 (它初始只包含唯一的值 3.0), 而我们却尝试在下标索引 0 至 9 处写入值. 此外, 指针 ptr2 从前一行中被删除.

也可以尝试下面的 R 指令, 并注意在任务管理器中被 R 使用的内存 (RAM) 急剧地增加. 这是因为在上面的 C/C++ 代码中我们忘记添加指令 `delete[] ptr1;`.

```
> for (i in 1:10000) .C("testmemory",10000L,as.double(1:10))
```

Linux

在 Linux 下, 与 Dr Memory 等效的软件被称为 Valgrind. 为了检测内存泄漏来自何处, 可以使用指令:

```
R -d 'valgrind --leak-check=full'
```

```
> dyn.load("memory.so")
> .C("testmemory",10000L,3.0)
> q()
```

在 valgrind 的输出结果中, 需要在 memory.cpp 的源代码中寻找错误以及相应的行号. 下面的指令给了其他可被 Valgrind 检测到并能被 R 显示出来的错误类型:

```
> # 仅会工作一次! 随后 R 崩溃了并显示: "caught segfault":
> .C("testmemory",10000L,c(3.0,5.0))
> # R 关闭: "invalid next size":
> .C("testmemory",10000,c(3.0,5.0))
> # R 关闭: "std::bad_alloc":
> .C("testmemory",10^12,c(3.0,5.0))
> # 当 ptr2 不再被定义则正常工作:
> .C("testmemory",10000L,as.double(1:10))
```

8.7 节 并行计算及图形卡上的计算

8.7.1 并行计算

可以通过让程序同时在多个处理器上运行来加速计算, 这些处理器甚至可以在不同的计算机上. 有几个专门的程序包来实现该功能, 它们被列出在 CRAN Task View: High-Performance and Parallel Computing with R 上, 可从 http://cran.r-project.org/web/views/HighPerformanceComputing.html 处自由下载.

最容易使用的程序包是 parallel, 它具有通信协议 PSOCK, 下面我们将通过一个例子来简单地描述它.

小窍门

MPI (Message Passing Interface, 信息传递接口) 协议被程序包 Rmpi 所采用, 它比 PSOCK 协议更加灵活, 但要求安装其他的软件 (比如 OpenMPI 或 mpich2).

另见

感兴趣的读者可以去浏览网址 http://www.divms.uiowa.edu/~luke/R/cluster/cluster.html, http://www.sfu.ca/~sblay/R/snow.html 和电子文档 http://cran.r-project.org/web/packages/snowfall/vignettes/snowfall.pdf.

下面的 R 代码 (通过蒙特卡罗模拟) 执行 Shapiro-Wilks 正态性检验的经验水平的数值计算 (名义水平取为 5%):

```
> myfunc <- function(M=1000) {
+  decision <- 0
+  for (i in 1:M) {
+   x <- rnorm(100)
+   if (shapiro.test(x)$p < 0.05) decision <- decision + 1
+  }
+ return(decision)
+ }
```

这里给出该代码运行 $M = 60000$ 次蒙特卡罗迭代所需要的计算时间:

```
> system.time({
+  M <- 60000
+  decision <- myfunc(M)
+  print(decision/M)
+ })
[1] 0.04893333
   user  system elapsed
 18.124   0.331  18.457
```

我们现在来看一下如何使用程序包 parallel 来实现该代码的并行计算, 以及相应的计算时间的增益. 我们使用了 6 个处理器.

小窍门

为了查明计算机配置的处理器的数目, 在开始菜单 Start/Run 中键入指令 devmgmt.msc. 然后数一下条目 Processors 中的行数. 在 Linux 下, 在一个终端窗口先键入 top 再键入 1 就会显示处理器的数目. 另一种办法是调用程序包 parallel 中的函数 detectCores().

```
> require(parallel)
> system.time({
+  nbclus <- 6
+  M <- 60000
+  cl <- makeCluster(nbclus, type = "PSOCK")
+  clusterSetupSPRNG(cl)
+  out <- clusterCall(cl, myfunc, round(M/nbclus))
+  stopCluster(cl)
+  decision <- 0
+  for (clus in 1:nbclus) {
+   decision <- decision + out[[clus]]
+  }
+  print(decision/(round(M/nbclus)*nbclus))
+ })
[1] 0.0501
   user  system elapsed
  0.019   0.033   5.522
```

8.7.2 图形卡上的计算

除了处理器或 CPU (Central Processing Unit, 中央处理单元) 外, 我们也可以在 GPU (Graphical Processing Unit, 图形处理单元) 或图形卡上执行计算. 支持这种操作的图形卡由 Nvidia 公司来提供, 而且它们能包含数百个可并行计算的处理器, 因此在计算时间上的加速程度可以是相当大的. 但是, 为了使用该技术, 必须掌握由 Nvidia 开发的编程语言 CUDA. 一些 R 开发者已经深入钻研了这门语言并且已经将一些函数归集到程序包 gputools 中, 不过它目前仅适用于 Linux 系统.

这里是使用这个包的一个简短示例, 我们使用了一张 NVIDIA GeForce GTX 480 图形卡.

```
> require(gputools)
> A <- matrix(runif(40000),nrow=200,ncol=200)
> B <- matrix(runif(40000),nrow=200,ncol=200)
> system.time(cor(A, B, method="kendall"))       # 在 CPU 上计算
   user  system elapsed
 29.804   0.002  29.810
> system.time(gpuCor(A, B, method="kendall"))    # 在 GPU 上计算
   user  system elapsed
  0.836   0.052   0.891
```

另见

为了获取这一方面的更多信息, 读者可以参阅 http://cran.r-project.org/web/packages/gputools/gputools.pdf 和 http://developer.nvidia.com/object/cuda_training.html.

备 忘 录

`function(<par1>,<par2>,...,<parN>) <body>`: 声明一个函数对象
`"{"()`: 定义一个指令模块并返回最后被计算的指令的结果
`class()`, `"class<-"()`: 提取、赋值一个对象的类型
`missing()`: 检验一个有效参变量是否被定义
`attributes()`, `"attributes<-"()`: 提取、赋值所有的属性为一个列表
`attr()`, `"attr<-"()`: 提取、赋值单个属性
`expression()`: 创建一个表达式对象
`parse()`: 将文本转换成表达式
`eval()`: 求一个表达式的值
`"~"()`: 创建一个公式对象
`new.env()`: 创建一个环境
`local()`: 在一个环境内部执行局部代码

练 习 题

8.1- 对于下面的每一个命令行, 指出它返回的 R 对象的类型. 每一个命令行执行以后将会显示什么结果?

- `function(name) {name}`
- `(function(name) {name})("Ben")`
- `(function(name) {cat(name,"\n")})("Ben")`
- `(function(name) {invisible(name)})("Ben")`

8.2- 下面这些函数定义之间是否有差异?

- `name <- function(name) name` 和
  `name <- function(name) {name}`
- `name <- function(name) {name}` 和
  `name <- function(name) {return(name)}`
- `name <- function(name) {name}` 和
  `(function(name) {name}) -> name`

8.3- 在如下两个函数定义下, 执行 `name()` 和 `name("Peter")` 的结果是否存在差异?

- `name <- function(name="Peter") name`
- `name <- function(name="Peter") name2 <- name`

对于函数 `name()` 的这两种声明 (定义), 由 `res <- name("Ben")` 给出的 R 对象 `res` 在类型上是否有差异?

8.4- 对于如下定义的函数, 如果执行 `name()` 会返回什么样的 R 对象?

```
name <- function(name="Peter") {
  name
```

```
  # 最后这一条指令是一个注释
}
```

8.5- 当 `name <- function(firstname="Peter",name="L") { paste(firstname,name)}`, 下面的指令分别会返回什么样的 R 对象?

- `name(firstname="Ben")`
- `name(fir="Ben")`
- `name(n="D",f="R")`

8.6- 在一行内重写下面的函数声明, 但是不能使用分号 “;”:
`name <- function(name) { if(missing("name"))`
`name <- "Peter"; cat(name,"\n") }`

8.7- 在下面各个函数定义下, 执行 `names("peteR","Ben","R")` 得到的输出分别是什么?

- `names <- function(...) c(...)`
- `names <- function(...) list(...)`
- `names <- function(...) for(name in c(...)) print(name)`
- `names <- function(...) for(name in list(...)) print(name)`

如果是执行下面这条语句呢?
`names(c("peteR","L"),c("Ben","L"),c("R","D"))`

8.8- 当 `names <- function(names=c("Ben","R"),...) c(names,...)`, `names("PeteR")`, `names(name="PeteR")` 和 `names(names="PeteR")` 分别返回哪个 R 对象?
如果将函数声明变成下面的语句呢?
`names <- function(...,names=c("Ben","R")) c(names,...)`.

8.9- 创建一个构造函数 `Male()` 来生成一个具有 `"Male"` 类的对象, 类的取值域为 `firstname` 和 `name` (为一个 `list` 类型的对象). 创建方法 `hello.Male()`, 它对于一个取值分别为 `"FIRSTNAME"` 和 `"NAME"` (相应的取值域为 `firstname` 和 `name`) 的对象将会显示 `"Hello Mister FIRSTNAME NAME!"` (不要忘记显示末尾的 "\n"!).
当 `man <- Male("Ben","L")`, 执行下面的命令后会产生什么样的输出结果: `hello.Male(man)` 和 `hello(man)`? 为了使这两个结果相同应该额外执行什么样的指令?

8.10- 对类 `"Female"` 创建完全类似的函数 (提示: 不要忘记更新 `hello.Female()` 中的性别). 当 `woman <- Female("Elsa","R")`, 下面的命令被执行后会产生什么样的输出结果: `hello.Male(woman)`, `hello.Female(woman)` 和 `hello(woman)`.

8.11- 当 `welcome <- function(...) for(person in list(...)){ hello(person)}`, `welcome(man,woman)` 会返回什么样的结果?
而当 `welcome <- function(...) for(person in c(...)){ hello(person)}` 时, `welcome(man,woman)` 又会返回什么结果呢?
当 `hello.default <- function(obj){cat("hello",obj,"!\n")}` 时会返回什么结果? 答案与前面一样吗?

工 作 簿

编写函数与 R 中面向对象编程

在阅读本章的实训操作之前, 我们强烈建议读者去温习一下前面各章的实训操作部分 (特别是关于高级作图的部分) 并用尽可能多的函数来重新构思这些练习的解法.

A- 管理一个银行账户

本实训的目标是创建三个简约函数来管理银行账户. 这些账户全将存储在名为 `accounts` 的数据框 (data.frame) 对象中并保存为不同的 .RData 文件. 所有的这些文件都需放在同一个文件夹中, 该文件的路径名应当保存在 R 变量 `.folder.accounts` 中并且能被我们所创建的函数访问.

8.1- 指令 `file.path(.folder.accounts,paste(name,".RData", sep=""))` 给出了与账户 `Name` 相关联的文件的路径. 创建函数 `path.account()`, 它有一个正式参变量 `name` (代表账户的名称) 并返回扩展名为 `.RData` 的文件 (它包含 `data.frame` 类的对象 `account`) 的完整路径.

8.2- 假定因子 `factor(levels=c("Debit","Credit"))`, `numeric(0)` 和 `character(0)` 分别给出了明确类型的空向量, 哪一表达式能够产生一个空的数据矩阵并具有预先定义的取值域 `amount`, `mode`, `date` 和 `remark`? 创建函数 `account()` (不要与其函数主体中名为 `account` 的变量相互混淆), 它具有一个参变量 `name`, 作用是创立一个新的账户.

8.3- 创建函数 `debit()` 和 `credit()` 来分别从账户 `name` (第一个参变量) 记入借方或记入贷方一个金额 `amount` (第二个参变量). 第三个参变量为 `remark` 用以记录任何的注释和评论, 第四个参变量表示日期, 默认值为 `format(Sys.time(),"%d/%m/%Y")` (即录入数据的日期). 记得在每个函数的主体中使用函数 `load()` 和 `save()` 来加载和保存变量 `account`.

8.4- 如果 `account` 是包含账户信息的数据矩阵, 那么指令: `sum(account[account$mode=="Credit","amount"])` 会返回什么样的结果? 修改函数 `account()` 使得仅仅当由 `path.account(name)` 返回的文件确实存在时它才返回账户的当前状态 (使用函数 `file.exists()` 来检验一个文件是否存在).

8.5- 通过创建期望的任何额外函数来完善账户管理.

8.6- **可选的问题:** 既然大部分 R 的使用都是以对象来完成的, 以一种 R 面向对象的理念去改编前面的函数. 可以利用后面这一个实训操作题来获得灵感和启发.

B- 组织图形对象

深入思考一下的话, 会发现 R 中的图像实际上并未遵从面向对象的精神: 与大部分其他选项不同, 一个 R 图形并没有视为是一个可以被保存 (并可能被修改) 并可以对其应用某些方法的对象. 我们将尝试提出一个非常基本的蓝本来画一个具有圆和矩形 (亦可为正方形) 的图形. 我们的目标是维护一系列的图形对象, 而且能够在任何时间去改变它的任意一个元素.

8.1- R 函数 plot.new() 和 plot.window() 被用来初始化一个图形. 将参变量 asp 设为 1 即可创建有着正确单位的 x 和 y 轴的图形. 提出一个对象 Window 来让用户选择如何保存图形显示窗口的维度. 用户随后可以调用构造函数 (或方法) Window() (它与类有着同样的名称), 其参变量包括 x 和 y (中心的坐标), width, height (分别为沿 x 和 y 轴的尺寸) 以及可选的 log (对数变换). 所有的这些量必须存储在由构造函数 Window() 返回并赋给它 "Window" 类之后的对象 list 中.

8.2- 类似地, 针对具有 Circle 和 Rectangle 类的对象提出构造函数. 令字段 x 和 y 代表着对象的中心位置的坐标, radius 为圆的半径而 width 和 height 分别代表一个矩形的宽度和高度.

8.3- 提出作图方法 plot.Window(), plot.Rectangle() 和 plot.Circle(). 你可以从下面的 R 操作 (用来显示一个包含以原点为中心、直径和边长都为 1 的一个圆和一个正方形的新图形) 中获取灵感:

```
plot.new()
plot.window(xlim=c(-1,1),ylim=c(-1,1),asp=1)
rect(-.5,-.5,.5,.5)
symbols(0,0,circle=.5,inches=FALSE,add=TRUE)
```

8.4- 通过执行下面的代码来对你刚刚编写的代码进行测试:

```
mywindow <- Window(0,0,2,2)
mycircle <- Circle(0,0,.5)
myrectangle <- Rectangle(0,0,1,1)
plot(mywindow);plot(mycircle);plot(myrectangle)
```

8.5- 我们现在需要开发与类 MyPlot (它包含所有图形对象的清单) 相关联的方法. 首先, 提出一个构造函数 MyPlot(), 它将以 list(objects=list()) (其中 objects 是包含图形对象列表的值域) 来初始化一个对象, 再把类 "MyPlot" 赋给它并返回该对象.

8.6- 提出一个方法 add.MyPlot() 来添加图形对象. 记住给一个泛型函数 add() 来启用所有与它相关联的方法. 使用额外参变量列表 ... 的功能以及函数 c(), 使得方法 add.MyPlot() 能够根据用户的意愿初始化尽可能多的图形对象. 再提出一个方法 plot.MyPlot() 来对所有的图形对象执行 plot() 方法. 然后用户可以键入下面几行指令来得到与之前同样的结果:

```
myplot <- MyPlot()
myplot <- add(myplot,Window(0,0,2,2),Circle(0,0,.5),
                     Rectangle(0,0,1,1))
plot(myplot)
```

8.7- 为了显示一个图形, 需要初始化具有 Window 类的对象并将它放在具有 MyPlot 类的图形对象列表的第一个位置上. 在构造函数 MyPlot() 内部直接对它初始化也许是有用的. 函数 Window() 的参变量可以直接提供给函数 MyPlot(). 另一种办法是在创建了一个 MyPlot 类的对象之后为用户提供一个图形对象的清单. 参照我们对方法 add.MyPlot() 所做的处理, 我们可以使用额外参变量列表 ..., 为了得到前面的结果且只用下面的两行指令, ... 必须放在函数 MyPlot() 的参变量的第一个位置:

```
myplot <- MyPlot(Circle(),Rectangle())
plot(myplot)
```

不过要注意, 在第一行中, 一个前提假设是函数 `Window()`, `Circle()` 和 `Rectangle()` 的参变量所取的默认值是恰当的.

8.8- 上述操作可作为整个项目的第一个原型, 用户也可以根据自己的意愿去进一步地补充和完善. 尝试去管理图形对象的列表 (例如, 删除或修改一个对象)、显示风格、坐标轴等可能会带来一些启发.

C- 对有两个解释变量的线性回归创建一个 lm2 类

这个实训操作的目标是重新产生可用来做线性回归的程序. 利用程序包 `rgl` (它是 R 的一个 OpenGL 接口) 来实现图形化显示. 根据本章的技术难度, 我们建议在这里去开发函数. 考虑到某些方面的技术性很强, 我们的目标仅是让读者理解下面这些函数的所有的开发步骤. 这项实训操作针对的是更高级的用户.

下面的函数返回一个具有 `lm2` 类 (从标准类 `lm` 继承而来) 的对象.

```
lm2 <- function(...) {
  obj <- lm(...)
  if(ncol(model.frame(obj))!=3)
    stop("two independent variables are required!")
  class(obj) <- c("lm2",class(obj)) # or c("lm2","lm")
  obj
}
```

例如, 执行如下的命令:

```
> n <- 20
> x1 <- runif(n,-5,5)
> x2 <- runif(n,-50,50)
> y <- 0.3+2*x1+2*x2+rnorm(n,0,20)
> reg2 <- lm2(y~x1+x2)
> summary(reg2)
Call:
lm(formula = ..1)
Residuals:
     Min       1Q   Median       3Q      Max
-32.0767 -17.1529   0.9872  12.3298  35.5909
Coefficients:
            Estimate Std. Error t value Pr(>|t|)
(Intercept)  -1.8708     5.0769  -0.368    0.717
x1            2.8400     1.9594   1.449    0.165
x2            1.8084     0.1952   9.263  4.7e-08 ***
---
Signif. codes:  0 '***' 0.001 '**' 0.01 '*' 0.05 '.' 0.1 ' ' 1
Residual standard error: 21.14 on 17 degrees of freedom
Multiple R-squared: 0.848,       Adjusted R-squared: 0.8301
F-statistic: 47.42 on 2 and 17 DF,  p-value: 1.112e-07
```

方法 summary.lm() 实现了计算结果概况在 R 中的输出.

假设用户现在希望看到一个具有回归平面 (由标准的最小二乘方法给出) 的 3D 散点图, 函数的代码如下:

```
plot3d.lm2 <- function(obj,radius=1,lines=TRUE,
                             windowRect,...) {
  matreg <- model.frame(obj)
  colnames(matreg) <- c("y","x1","x2")
  predlim <- cbind(c(range(matreg[,2]),
                        rev(range(matreg[,2]))),
  rep(range(matreg[,3]),c(2,2)))
  predlim <- cbind(predlim,apply(predlim,1,
    function(l) sum(c(1,l)*coef(obj))
  ))
  if(missing(windowRect)) windowRect=c(2,2,500,500)
  open3d(windowRect=windowRect,...)
  bg3d(color = "white")
  plot3d(formula(obj),type="n")
  spheres3d(formula(obj),radius=radius,specular="green")
  quads3d(predlim,color="blue",alpha=0.7,shininess=128)
  quads3d(predlim,color="cyan",size=5,front="lines",
                  back="lines",lit=F)
  if(lines) {
    matpred <- cbind(matreg[2:3],
                  model.matrix(obj)%*%coef(obj))
    points3d(matpred)
    colnames(matpred) <- c("x1","x2","y")
    matlines <- rbind(matreg[,c(2:3,1)],matpred)
    nr <- nrow(matreg)
    matlines <- matlines[rep(1:nr,rep(2,nr))+c(0,nr),]
    segments3d(matlines)
  }
}
```

这里给出该方法的一个直接应用: 从四个不同的视角得到四个图形示例.

```
> require(rgl)
> plot3d(reg2)
```

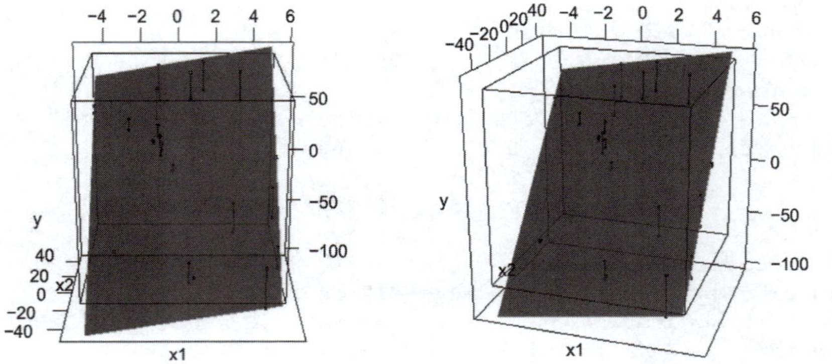

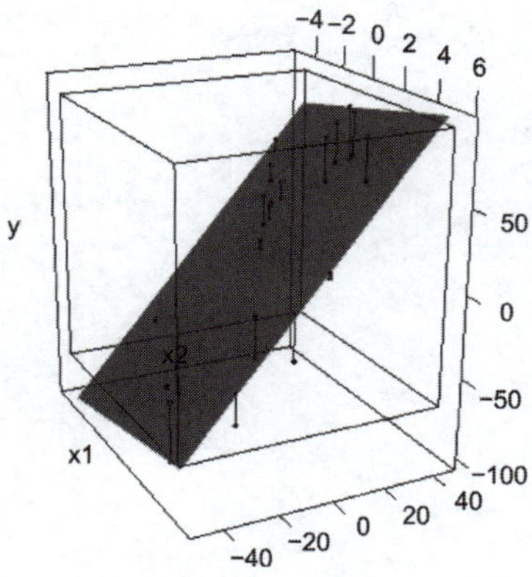
y
x1
x2
−4 −2 0 2 4 6
50
0
−50
−100
−40 −20 0 20 40
6 4 2 0 −2 −4
50
0
−50
−100
−40
−20
0
20
40
x1
x2
y

第 9 章　管理会话

预备知识以及本章的目标

- 阅读前面的各章.
- 本章将对管理 R 会话的各种方法进行描述. 用户最好遵循一套相当严格的规范和一种 R 所特有的方法**来确保工作和结果被有效地保存**. 我们将介绍相关的命令来保存已经创建的**对象** (objects)、已经键入的**指令** (instructions)、已经画好的**图像** (plots). 我们也会展示其他一些有用的命令并对程序包的创建做一个简短的介绍.

9.1 节

R 命令、对象及其存储

- **存储对象**

基本的命令要么是表达式, 要么是使用箭头 <- 或 -> 来赋值. 如果一个表达式被键入, 它将被求值, 其结果会被显示出来然后就消逝了. 一个赋值操作也是求一个表达式的值, 但不一定会显示结果, 其结果随后被存储在某个对象中.

```
> 2*9     # 结果被显示出来随后就会消逝
[1] 18
> My.Weight <- 75 ; My.Height <- 1.90 # 这两个结果被存储下来,
                                      # 之后它们能被再次使用
> My.BMI <- My.Weight/My.Height^2
> My.BMI
[1] 20.77562
```

- **列明对象**

在完成了 R 对象的创建工作之后, 可以使用函数 ls() 或同义函数 objects() 来得到所有对象的详细清单:

```
> ls()
 [1] "A"           "B"           "cl"          "clus"
 [5] "combnRC"     "combnRCF"    "corr"        "decision"
 [9] "e"           "inv"         "lm2"         "lsq"
[13] "M"           "My.BMI"      "My.Height"   "My.Weight"
[17] "myfunc"      "n"           "nbclus"      "out"
[21] "plot3d.lm2"  "pmvtRCR"     "reg2"        "space"
[25] "space2"      "space3"      "x1"          "x2"
> objects()
 [1] "A"           "B"           "cl"          "clus"
 [5] "combnRC"     "combnRCF"    "corr"        "decision"
 [9] "e"           "inv"         "lm2"         "lsq"
[13] "M"           "My.BMI"      "My.Height"   "My.Weight"
[17] "myfunc"      "n"           "nbclus"      "out"
[21] "plot3d.lm2"  "pmvtRCR"     "reg2"        "space"
[25] "space2"      "space3"      "x1"          "x2"
```

- **删除对象**

使用函数 rm() 来删除对象.

```
> rm(My.Height) # 将对象 My.Height 删除
> ls()
 [1] "A"           "B"           "cl"          "clus"
 [5] "combnRC"     "combnRCF"    "corr"        "decision"
 [9] "e"           "inv"         "lm2"         "lsq"
[13] "M"           "My.BMI"      "My.Weight"   "myfunc"
[17] "n"           "nbclus"      "out"         "plot3d.lm2"
[21] "pmvtRCR"     "reg2"        "space"       "space2"
[25] "space3"      "x1"          "x2"
> rm(list=ls()) # 删除当前工作环境中所有的对象
> ls()
character(0)
```

高级用户

可以使用**有规则的表达式**即遵循某种名称模式 (name pattern) 来删除对象. 例如, 下面的指令仅仅删除那些名称模式为 a?b 的对象, 其中 ? 代表单个字符:

```
rm(list=ls(pattern=glob2rx("a?b")))
```

我们将不再探讨进一步的细节, 感兴趣的读者可以去查阅函数 glob2rx() 的在线帮助文件.

9.2 节

工作空间: .RData 文件

在使用 R 开展工作时, 各种对象会被创建, 如向量、矩阵、函数等. 这些对象都被物理保存在硬盘上名为**工作空间** (workspace) 的文件中, 文件的扩展

名为 .RData (或者 R 的早期版本中所用的 .rda).

可能的话, 建议读者去创建几个 .RData 文件: 为正在工作的每一个项目建立一个工作空间文件. 注意, 应当在不同的合适文件夹中创建这些 .RData 文件. 例如, 假设你正在进行两个不同的统计项目: 一个与轿车有关而另一个与气候事件相关. 然后就可以创建一个名为 Cars 的文件夹来包含文件 cars.RData, 以及另一个文件夹 Climate 来包含名为 climevt.RData 的文件; 这些文件将分别包含对应于这两项研究的 R 对象.

函数 save.image() 用于保存一个工作空间; 可以使用函数 load() 来加载某个已经存在的工作空间.

在微软 Windows 系统下, 可以从菜单 File/Save workspace... 及 File/Load workspace 来访问 .RData 文件.

Mac

在苹果系统下, 可以从菜单 Workspace/Save workspace file 和 Workspace/Load workspace file 来访问 .RData 文件. 菜单 Workspace 对于查看工作空间的内容并编辑对象也是很有用的 (可以打开一个窗口来列出所有的对象, 包括它们的类型和维度).

注意, 函数 save() 将仅保存在工作空间中所选择的对象.

注释

在 R 中有一个默认的工作空间. 为了找到存储它的文件夹的路径, 在启动 R 后键入指令 getwd() 即可.

值得注意的是, 命令 getwd() 可以返回当前的工作目录, 而命令 setwd() 用来改变工作目录.

自己动手

启动 R 然后键入:

```
x <- 3 # 赋一个值给 x; 核对 x 的内容
x <- 4 # 赋一个新的值给 x, 覆盖旧值
```

现在, 在 R 的外部于同一个目录下创建两个文件夹: 一个命名为 Cars, 另一个命名为 Climate. 然后在 R 中键入下面的指令:

```
rm(list=ls())     # 清空当前工作空间中的全部变量
ls()              # 返回 character(0), 表明没有对象被保留下来
x<-c("FIAT","VOLVO","RENAULT","PEUGEOT") # 赋一个值给 x
ls()              # 返回 x
setwd("/path/to/Cars")    # 切换到文件夹 Cars
save.image("cars.RData") # 在文件夹 Cars 中
                          # 创建文件 cars.RData
```

上述指令创建了一个名为 x 的对象, 它包含了汽车制造商的一个清单. 该对象被保存 (以二进制形式) 在文件夹 Cars 中的工作空间 cars.RData 中.

现在, 键入如下的指令:

```
# 赋一个新的值给 x:
x <- c("storm","hurricane","tornado","typhoon")
setwd("/path/to/Climate")   # 切换到文件夹 Climate
save.image("climevt.RDat")  # 在文件夹 Climate 中
                            # 创建文件 climevt.RData
```

就可创建一个名为 x 的对象来包含气候事件的名称. 注意, x 的旧值在当前的工作空间中已经被覆盖. 这个新对象 x 被保存在文件夹 Climate 的工作空间 climevt.RData 中.

退出 R (也可以使用函数 q("yes")). 重新启动 R 并键入下面的指令:

```
ls()              # 返回 x 并检查 x 的值
load(file.choose()) # 在文件夹 Cars 中打开文件 cars.RData
ls()              #  返回 x 并检查 x 的值

load(file.choose()) # 在文件夹 Climate 中
                    # 打开文件 climevt.RData
ls()              # 返回 x 并检查 x 的值
q("no")           # 退出 R
```

以上这些操作揭示了保有多个工作空间的要点: 可以同时保留几个具有同样名称但包含不同内容的对象. 另外, 对 x 的第二次赋值会覆盖第一次赋的值!

小窍门

当使用命令 q() 来退出 R 时 (或通过点击 Windows 系统下 R 窗口右上角的叉号, 而苹果用户可点击左上角的红色按钮), 将提示用户回答下面的问题:

Save an image of the session?~(是否保存工作空间映像?)

如果回答 Yes (是) 或在 Linux 下回答 y, 一个名为 .RData 的工作空间文件 (包含上次会话期间所有被创建的对象) 及一个名为 .Rhistory 的命令历史文件 (我们在下一节进行介绍) 将被保存在当前的工作目录中.

注释

函数 attach() 的作用与函数 load() 类似. 这两个函数之间的区别稍后再给出解释.

9.3 节

命令历史: .Rhistory 文件

R 包含一个机制来重新调用和执行旧的命令. 键盘上的 up (上) 和 down (下) 箭头可用来向前或向后回溯历史命令中的记录. 一旦使用这种方法定位了一条命令, 就可以用 right (右) 和 left (左) 箭头来移动光标, 用 DEL 键来删除字符, 并通过键盘来添加或修改命令代码中的字符.

就像可以用命令 save.image() 在一个专用的文件中保存所有的对象一样, 用户也可以保存已键入的所有命令. 这些命令必须保存在扩展名为 .Rhistory 的文件中 (或 R 的早期版本中所用的 .rhi).

注意, 为正在工作的每一个项目保存一个 .Rhistory 文件是一个好习惯. 随后可以使用键盘上的箭头在 R 命令行中以交互模式来访问这些命令.

为了保存当前会话的命令历史, 只需使用命令 savehistory() 即可. 接下来可以使用命令 loadhistory() 从前一个会话中加载命令历史. 在微软 Windows 下, 可以从菜单 File/Save History... 和 File/Load History... 来完成同样的操作.

Mac

苹果用户可依靠 R.app 所提供的一个侧栏来查看、导航及操作历史命令. 在 R 控制台中点击 Show/Hide history 图标即可激活它.

小窍门

调用命令 history() 打开一个新窗口并列出当前会话中全部命令的清单.

自己动手

启动 R 并键入如下的指令:

```
Mc <- "My car"
# 使用向上箭头并将最后的一条命令改为:
Yc <- "Your car"
# 在文件夹 Cars 中保存一个文件 cars.Rhistory
savehistory("/path/to/Cars/cars.Rhistory")
q("no") # 退出 R
# 再次启动 R
# 注意, 向上箭头不能访问上面的最后两条命令
# 在文件夹 Cars 中打开文件 cars.Rhistory
loadhistory(file.choose())
# 现在, 向上箭头能用来寻找旧的命令
q("no")
```

9.4 节

保存图像

你可能也想保存已用 R 产生的图像. 本节列出的指令在第 7 章中已经介绍过, 但这里我们将它们作为一个感兴趣的问题再次给出. 例如, 为了保存下面的图像:

```
> curve(cos(x),xlim=c(-10,10))
```

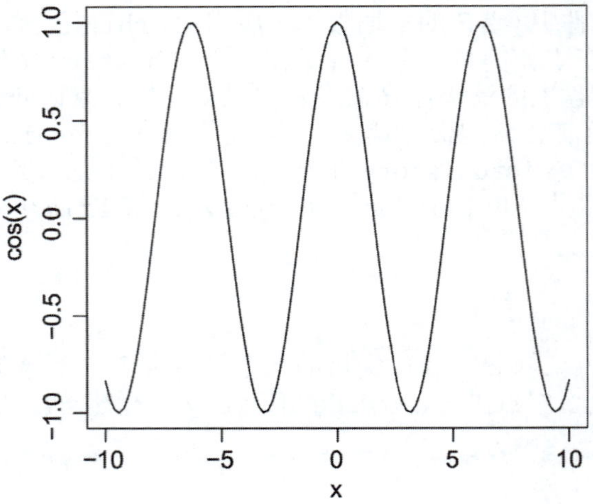

只需要简单地键入命令:

```
dev.print(png,file="myplot.png",width=480,height=480)
```

另一种保存图像的方法是首先将图形设备重定向到一个文件, 然后执行命令来生成图像.

```
png(file="myplot2.png",width=480,height=480)
curve(cos(x),xlim=c(-10,10))
dev.off()
```

> **提醒**
>
> 用户需记住在这种方法的末尾使用函数 dev.off(): 它关闭设备并将图像写到文件中去. 否则, 文件将依旧为空.

其他的命令可用来保存图像为其他对应的格式: jpeg(), png(), bitmap(), postscript(), pdf() 等.

在微软 Windows 系统下, 也可以使用菜单 File/Save as... 或将图像复制 – 粘贴到另外一个软件中去. 当然必须先点击图形窗口来确保它处于活动状态 (active).

Mac

在苹果系统下,可以使用菜单 File/save. 被保存或复制的图像将是 PDF 格式的. 注意, 图形窗口具有一个“历史”, 可以使用组合键 COMMAND + 向左和向右的键盘箭头来搜索已生成的图像的历史记录.

9.5 节

管理程序包

一个程序包 (package) 是由属于某个相同主题的数据和函数所构成的一个集合.

在完成了 R 的安装之后, 一些基本功能即可使用了, 另外还可以通过添加库 (library, 也称为程序包) 来扩展 R 的功能. 首先, 在计算机硬盘上安装程序包; 然后仅在需要的时候将它装载 (激活) 到 R 的内存中 (更多细节见附录).

此外, 可以使用函数 search() 来给出已附加到系统的数据库 (R 程序包的集合) 的清单. 函数 searchpaths() 也可返回同样的列表, 但是添加了指向相应文件的路径名.

回想一下, 函数 library() 返回文件夹 library (默认安装的路径名为 C:/PROGRAM FILES/R/R-3.1.0/library) 中所有可用的程序包的清单.

自己动手

```
search()   # 返回已附加到系统的数据库的清单
library() # 返回已保存在硬盘上的程序包的清单
```

安装程序包 R2HTML 并键入如下的指令:

```
library() # 程序包 R2HTML 已经在磁盘上了
search()   # 程序包 R2HTML 尚未被装载
require(R2HTML)   # 激活程序包 R2HTML
search()   # 程序包 R2HTML 现在被装载了
```

注释

指令 require("package") 和 library("package") 有相似的性能及作用. 函数 require() 被设计用于其他函数的内部, 如果其双引号中的程序包不存在, 则返回“假” (FALSE) 并给出一条警告信息 (这一点不像 library() 的默认操作, 即报告一个错误). 因此从这个意义上来说, 函数 require() 比函数 library() 更有效.

9.6 节 管理 R 对象的访问路径

在前一节中, 我们已经看到了函数 search() 的用处, 它列出并编号所有已经附加到系统的数据库. 我们也见识了如何使用函数 require() 去加载一个程序包. 一个数据库则可以使用函数 attach() 来将其附加到系统中, 调用函数 detach() 则可解除连接. 这两个函数将在本章末尾的实训操作中用到.

小窍门

假设已经创建了一个名为 mydata 的数据框 (**个体 × 变量表**). 接着使用 attach(mydata) 将该数据框 mydata 附加到系统中, 然后只需在控制台中直接键入数据框 mydata 中变量的名称即可访问那些变量.

下面的指令将帮助你理解函数 attach() 是如何工作的:

```
# 启动 R
attach(file.choose()) # 从文件夹 Cars 中打开文件 cars.RData
ls() # x 没有被提及
x     # 这是很奇怪的: x 的内容被显示出来, 然而 ls() 并没有提及它
rm(x)
Warning message:
In rm(x): variable "x" cannot be found.
x     # 但是 x 就在那儿
```

命令 ls(pos=n), 其中 n 是一个整数, 返回由 search() 给出的数据库列表中第 n 个位置对应的数据库中全部对象的清单.

例如, ls(pos=2) 返回第二个位置的模块中的对象清单, ls(pos=3) 返回第三个位置的模块中的对象清单, 依此类推.

注意, 位置 1 是保留的. 因此 ls() 等价于 ls(pos=1) 并给出当前工作空间中所有对象的清单.

```
search()
ls(pos=2) # 列出数据库 cars.RData 中全部的对象
```

自己动手

```
require(datasets) # 加载几个数据集
warpbreaks
mydata <- warpbreaks
fix(mydata)         # 读取数据及变量名
breaks              # 返回一个错误信息: 这个对象没有被定义
search()            # 返回已附加到系统的数据库的列表
searchpaths()       # 具有完全路径的相同列表
position <- match("package:datasets",search())
                    # 获取由 search() 输出的列表中各数据集的位置
ls(pos=position) # 给出这些数据集中全部对象的清单
```

```
data()              # 这些数据集的描述
attach(mydata); search(); searchpaths(); ls(pos=2)
breaks              # 没有错误信息
```

现在我们能直接访问 mydata 的各个列: breaks, wool 和 tension.

9.7 节

† 其他有用的命令

在这一节中, 我们介绍其他一些有趣的命令来帮助管理你的工作:

- 在微软 Windows 下, 通过菜单 File/Save to file... 可将控制台中显示的所有文本 (包括错误信息) 保存到一个文本文件中去; 默认地, 这个文件的名称设为 lastsave.txt 并在当前目录中创建. 显示内容的规模可通过参数 (可在菜单 Edit/Preferences... 中修改) 来更改;
- 函数 sink(file="myoutput.txt") 将 R 输出的所有内容 (通常都被显示在控制台中) 都重定向到文件 myoutput.txt 中. 为了停用该功能, 在控制台中键入 sink() 即可;
- 通过菜单 File/Source R code... 可将某个文件中的一系列 R 指令直接传送到控制台中, 这个命令在传送之前也会检查文件中 R 代码的语法. 等价地, 也可以在控制台中键入 source(file.choose());
- R 提供许多函数来管理硬盘上的文件和目录:
file.create(), file.exists(), file.remove(), file.rename(), file.append(), file.copy(), file.symlink(), dir.create(), Sys.chmod(), Sys.umask(), file.info(), file.access(), file.path(), file.show(), list.files(), unlink(), basename(), path.expand().
例如, 命令 list.files() 返回一个由指定的目录中所有文件的名称构成的字符串向量; 命令 file.exists() 用来查明一个文件是否存在于给定的目录中. 我们建议读者去查看上面列出的这些函数的帮助文件以了解其用法细节.

9.8 节

† 内存管理中的问题

在这一节中, 我们将关注被计算机普遍实施的以及被 R 特别进行的内存管理方面的知识. 我们将试着去理解为什么会出现这样一些信息, 比如:

cannot allocate a vector of size xxx
(无法分配一个大小为 xxx 的向量)

我们也会简要地介绍一下如何对高维向量和矩阵进行操作.

在给出 R 中内存管理的操作提示之前, 我们需要对一台计算机的内部工作机制做一个简短的解释说明. 在执行一个 R 程序时, 计算机中的如下内部组件会被用到:

- 硬盘 (它包含代码和数据文件);
- 处理器 (它执行运算; 目前有 32 位和 64 位处理器之分);
- 随机访问内存 (Random Access Memory, 简写为 RAM), 它将暂时保存处理器执行计算时所用到的数据.

接下来我们将主要关注 RAM, 尽管我们也会提及处理器. 不同于硬盘, RAM 的主要优势在于它能被非常迅速地访问. 在一台计算机中, 处理器依次访问程序的各条指令并执行, 同时从 RAM 中访问执行程序所必需的数据.

9.8.1 RAM 的组织架构

RAM 是以一个顺序排列的盒子序列来组织的, 而每个盒子可以包含一个二进制数字: 0 或 1. 包含在一个盒子中的信息 (能被包含的最小数量的信息) 称为一个比特 (binary digit, 简写为 bit). 值得注意的一点是, 信息实际上是以 8 个盒子成块的形式来组织的. 因此, 另一个单位已经被引入: 字节 (byte), 它等于 8 个比特.

提醒

1 字节 = 8 比特.

同时要注意每个盒子块都是有编号的, 一个块 (8 个盒子) 的编号称为它的内存地址 (memory address). 因此一个内存地址就是一个身份识别码, 它指定一个特定的内存区域, 在此区域中数据 (或运行的指令) 能被读取或保存. 这个身份识别码通常是一个整数, 常常以十六进制计数法来表示 (基底 $b = 16$, 参见第 5.9 节), 如图 9.1 所示.

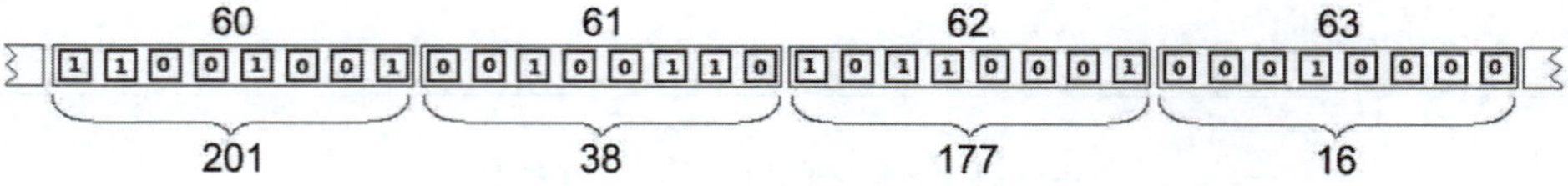

图 9.1: 内存中数值存储的图示说明

注: 每一个小盒子包含一个二进制数 (0 或 1), 盒子下方的数字给出各块中二进制形式的数字所对应的十进制数, 盒子上方的数字给出各个 8 盒子块的地址 (这里用十进制计数法表示). 注意, 相同的内存地址已经被写成十六进制数 ($b = 16$), 分别为 3C, 3D, 3E 和 3F.

9.8.2 访问内存

> 注释
>
> 在计算机上运行的一个进程通常不会直接去访问 RAM, 而是去访问所谓的**虚拟内存** (virtual memory). 因此被 R 使用的内存地址实质是虚拟内存中的地址; 然后操作系统会把这些地址与实际的 RAM 内存地址对应起来. 注意, 我们并不去区分这两类内存.

为了访问某个给定区域的内存, R 使用 (以一种透明的但对用户隐藏的方式) 的是所谓的**指针** (pointer) (“指向” 期望内存区域的一个量). 一个指针是包含一个内存地址的变量. 在包含于一个给定的指针内的地址上, 我们会发现某个值, 例如一个数据点. 注意, 每个数据点都具有一种特定类型, 比如整型 (integer)、双精度型 (double) 等 (见第 3 章). 同时注意, 为了引用最常见的变量类型, 一个整型数用 4 个字节来编码, 一个双精度型数用 8 个字节来编码, 一个字符用 1 个字节来编码, 一个逻辑值用 4 个字节来编码, 而一个复数是以 16 个字节来编码的, 并且在 32 位处理器和 64 位处理器上都是如此. 现在我们来看下面的 R 指令:

```
> x <- 3L # 创建整型值 3
> # 或等价的:
> x <- as.integer(3)
```

鉴于我们刚才所解释的, 我们可以假想一下, 在一个有 32 个连续块 (4 个字节, 每个字节 8 比特) 的内存位置被保留 (或分配) 的同时, 一个包含这些 (第一个) 盒子的地址的指针被创建. 事实上, 该指针不仅包含变量 x 的地址, 同时包含它的类型以知晓该变量被存储在多少个盒子中. 由于这个原因, 指针被说成是 “被类型化的”. 当一个类型化的指针被强制递增时 (即当我们需要为它包含的地址增加一个单位时), 它不一定按照 1 来递增, 而是递增已指定的类型的大小, 如图 9.2 所示.

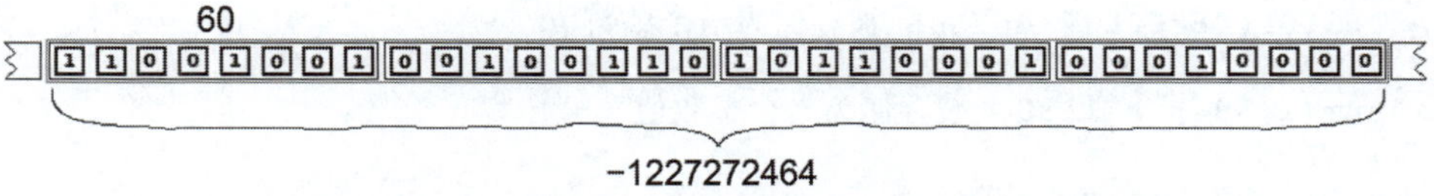

图 9.2: R 中一个 (带符号的) 整数在内存中的存储图示说明

注: 每一个小盒子包含一个二进制数 (0 或 1), 下方数字给出四个块中以二进制计数法表示的整数所对应的十进制数, 上方数字给出最前面 8 盒子内存块的地址 (这里用十进制计数法表示). 注意, 在这里一个数是存储在 32 个盒子中, 而不是如图 9.1 中所示的 8 个盒子中. 此外, 第一个盒子被用来指定这个整数的符号, 此处是负的.

9.8.2.1 由整数内存管理所引起的问题

因为一个 (带符号的) 整数是用 4 个字节编码的, 即 32 个比特, 所以能被计算机表示出来的最大整数是 2147483647. 事实上, 由于第一个比特是专门为符号(sign) 保留的, 因此还有 31 个剩余可用的盒子或 2^{31} 种可能的安排. 算上 0, 最大的可用整数是 $2^{31}-1$, 或:

```
> as.integer(2^31-1)
[1] 2147483647
> .Machine$integer.max
[1] 2147483647
```

从而有:

```
> as.integer(2^31)
[1] NA
```

数字 2^{31} 只能被 R 当作一个双精度值 (double) 来处理:

```
> 2^31
[1] 2147483648
> is.double(2^31)
[1] TRUE
```

提醒

不论是在一个 32 位或是 64 位处理器上, 在 R 中能被分配的最大向量的长度都是 $2^{31}-1 \sim 2\times10^9$. 这一点很容易理解: 它对应着 R 能定义的最大整数, 而一个向量的长度 (元素的数目) 被存储为一个 (带符号) 的整数.

我们注意到, 这些关于 R 的表现方式的相关知识将会有助于理解下面的输出结果.

```
> 46360*46360 # 46360 被存储为一个双精度值
[1] 2149249600
> 46360L*46360L # 46360L 被存储为一个整数值
[1] NA
> sum(1:304) # 1:304 被存储为一个整数值
[1] 46360
> sum(1:304)*sum(1:304)
[1] NA
Warning message :
In sum(1:304) * sum(1:304) :
  NA produced by overflow
> 46360^2 # 此结果被存储为一个双精度值
[1] 2149249600
> sum(1:304)^2 # 该结果被存储为一个双精度值
[1] 2149249600
```

上面的**警告信息** (Warning message) 的原因: `sum(1:304)` 是一个整数. 注意, 指数函数 (^) 将它的参变量转换为实数并返回一个实数.

9.8.2.2 内存的连续分配

事实上, 能被 R 分配 (保留) 的最小块的内存是 8 个字节 (= 64 比特), 因此 R 中的内存都被分配在 8 个**连续**块中 (对 32 位和 64 位处理器都是如此). 于是在指令 `x <- 3L` 中, 就有 64 个保留的盒子 (每个为 1 比特), 其中前 32 个被用来存储整数值 +3. 使用下面的指令可以让全部 64 个盒子都分配给一个双精度值:

```
> x <- 3.0
```

注释

在浮点表示法中, 这 64 个盒子的分配方式如下: 1 个盒子给符号, 11 个盒子给指数, 52 个盒子给有效数字 (见第 5.9.2 节).

在与本书相配套的程序包中, 两个函数 `getaddr()` 和 `writeaddr()` 分别可用来得到含有一个数值的变量的内存地址, 以及在一个内存地址中写入一个值.

```
> x <- c(8L,9L)
> x
[1] 8 9
> addr <- getaddr(x)$addr.int # 得到存储 x 的 64 个盒子块中
                              # 第一个盒子的地址
> addr
[1] 53173920
> writeaddr(addr,6L) # 在这个地址写入整数 6
> x
[1] 6 9
> writeaddr(addr+4L,7L) # 一个整数是以 4 个字节来编码的,
                        # 因此把地址增加 4 就到达 x[2]
> x
[1] 6 7
```

现在有一个双精度值的向量:

```
> x <- c(12.8,4.5)
> x
[1] 12.8  4.5
> addr <- getaddr(x)$addr.int # 得到存储 x 的 128 个盒子块中
                              # 第一个盒子的地址
> writeaddr(addr,6.2)
> x
[1] 6.2 4.5
> writeaddr(addr+8L,7.1) # 一个双精度数是在 8 个字节上编码的
> x
[1] 6.2 7.1
```

高级用户

R 仅能访问已经被 R 分配好的内存盒子, 而且其他软件不能访问被 R 保留的内存区域. 这是十分必要的! 否则, 我们用于计算的数据有可能被别的外部软件修改. 甚至另一个 R 会话也不能访问第一个会话所保留的内存区域. 例如, 在第一个 R 会话中键入:

```
> x <- 1L
> getaddr(x)$addr.int
[1] 37602112
```

它是包含整数值 1 的内存块的地址. 然后在第二个 R 会话中键入:

```
> writeaddr(37602112,7L)
```

随后 (如果第二个 R 会话没有崩溃的话!) 我们可以检查第一个会话中 x 的值没有被修改. 返回到第一个会话并键入:

```
> x # 尝试在另一个 R 会话中修改 x 的值是注定要失败的
[1] 1
> # 在相同的会话中尝试修改:
> writeaddr(37602112,7L)
> # 这一次它起作用了
> x
[1] 7
```

9.8.3 R 中对象的大小

在 R 中能获取某个对象的大小的函数是 object.size(). 基于前面一个小节的知识, 我们期望指令 object.size(3L) 会输出 8 字节, 但结果并非如此.

```
> object.size(3L) # 在一个 64 位处理器上
48 bytes
```

事实上, 每一个 R 对象都包含 (即使仅声明一个形如 x <- integer(3) 的整数) 一个头标, 它也会在 RAM 中占据一些空间: 在一个 32 位处理器上是 24 字节而在一个 64 位处理器上是 40 字节. 这个头标用来保存被创建对象的信息: 它的类型 [**整型** (integer)、**双精度型** (double)、**复数型** (complex)、等等], 它的长度, 等等.

小窍门

为了查明 R 正在运行的是哪种处理器, 可以使用指令:

```
> .Machine$sizeof.pointer
[1] 8
```

一个 64 位处理器会返回 8 而一个 32 位处理器则返回 4.

现在我们对以下这些指令返回的值就有了较为清楚的认识:

```
> # 在一个 32 位处理器上:
> object.size(3L) - 24
8 bytes
> # 在一个 64 位处理器上:
> object.size(3L) - 40
8 bytes
```

高级用户

在 R 中对小的或大的整数向量分配内存的做法是不一样的. 小的向量按照它们的长度来分 (小于或等于 2,4,8,12,16,32) 归属于这 6 类中的某一种, 分别可存储具有 8,16,32,48,64,128 个字节的数据. 由于一个整数只会占用 4 字节, 这些类可分别用来存储 2,4,8,12,16 和 32 个整数. 长度 $n > 32$ 的整数向量使用的空间大小为 $4n + 40$ (当 n 为偶数) 或 $4(n + 1)$ (当 n 为奇数), 我们再给其添加一个 24 字节 (在 32 位处理器上) 或 40 字节 (在 64 位处理器上) 的头标. 下面的代码返回一系列大小递增的向量的内存大小:

```
> N <- 50
> V <- vector(length = 50)
> for (L in 1:N) {
+       z <- sample(N, L, replace = TRUE)
+       V[L] <- object.size(z)
+   }

> V - 24      # 在一个 32 位处理器上
 [1]   8   8  16  16  32  32  32  32  48  48  48  48  64  64
[15]  64  64 128 128 128 128 128 128 128 128 128 128 128 128
[29] 128 128 128 128 136 136 144 144 152 152 160 160 168 168
[43] 176 176 184 184 192 192 200 200

> V - 40      # 在一个 64 位处理器上
 [1]   8   8  16  16  32  32  32  32  48  48  48  48  64  64
[15]  64  64 128 128 128 128 128 128 128 128 128 128 128 128
[29] 128 128 128 128 136 136 144 144 152 152 160 160 168 168
[43] 176 176 184 184 192 192 200 200
```

9.8.4 被 R 所使用的总内存

在一个会话中分配给 R 的总的虚拟内存的大小包括:

- 用来存储对象的值 (它们的内容) 的内存;
- 用来存储对象的头标的内存.

该信息可使用函数 `gc()` 来访问, 返回的结果中 `Ncells` 代表用于存储头标的单元的个数, 而 `Vcells` 表示用于存储数值的内存块的数目.

自己动手

下面的例子说明了这个函数:

```
> rm(list=ls())   # 删除当前会话中的所有对象
```

键入三次 gc(). 注意显示的值保存稳定. 现在键入指令:

```
> x <- as.integer(3)
```

键入数次 gc() 直到结果稳定为止. 注意 Vcells 的值已增加了 1 个单位, 对应 8 个字节 (一个数据块的最小可能的大小). 回想一下, 一个整数需要 4 个字节但仍然存储在 8 个字节的内存区域中.

R 可用内存的总量取决于如下几个因素:

- 计算机上物理存在的 RAM;
- 已经被操作系统和其他正被系统运行的软件 (比如一个开着的网页浏览器) 所占用的 RAM;
- 处理器的类型 (32 或 64 位), 对 32 位处理器而言 RAM 最大就是 4 GB (1 GB=1024 kB), 并且它经常接近 3 GB 或 2 GB, 但是对于 64 位处理器而言它 (实际上!) 会更大一些.

注释

在一个 32 位处理器上, 一个地址在 32 个比特上编码, 从而可寻址的内存最多限定为 2^{32} 字节 (=4 GB). 在一个 64 位处理器上, 一个地址在 64 个比特上编码, 因此从理论上来说, 可寻址的内存 "限定" 在 (一个巨大的数) 2^{64} 字节. 事实上, 这常常会被处理器的体系结构所限制. 该信息可从制造商那里获取 (它被称为 "**最大内存大小**" (Max Memory Size)).

也要注意, R 能够为大对象的创建分配内存, 并用一个名为**垃圾收集** (garbage collection) 的进程来从内存中清除这些对象 (当它们不再使用时). 可以使用函数 gc() 来强制执行垃圾收集.

提醒

在创建一个大对象时, 被 R 保留的内存必须是连续的 (它不能分散在几个不同的块中).

因此有可能出现 R 有足够多的内存总量, 但却没有足够大的 "缺口" 来安置单个大对象的数据. 这里给出一个例证. 注意, 这些命令可能会引发系统的严重的速度放缓, 或者直接导致 R 的崩溃.

```
> # 首先, 键入指令: rm(list=ls()) ; gc() ; gc() 来清空内存
> P <- 14000
```

```
> D <- matrix(rep(0, P*P), nrow=P)
Error: cannot allocate a vector of size 1.5 GB.
> # 但在键入 gc(); gc() 清空内存后, 接下来的分配肯定是可行的
> Q <- round(sqrt(P^2/2))
> D1 <- matrix(rep(0, Q*Q), nrow=Q)
> D2 <- matrix(rep(0, Q*Q), nrow=Q)
> #  D1 和 D2 的大小合起来大约为 1.5 GB
> object.size(D1) + object.size(D2)
1567843440 bytes
```

在上面的例子中, 无法创建一个大小为 1.5 GB 的单个对象, 但是能够创建两个大小各为 0.75 GB 的对象.

小窍门

注意, 在一个 64 位处理器中, 我们可能尚未碰到这个问题, 甚至当创建一个大小接近 3 GB 的对象时:

```
> # 首先我们键入指令: rm(list=ls()) ; gc() ; gc() 来清空内存
> P <- 20000
> D <- matrix(rep(0, P*P), nrow=P)
> object.size(D)
> 3200000200 bytes
```

9.8.5 一些建议

对一台计算机中 (特别是对 R 中的) 一般性的内存管理知识的基础理解 (elem entary understanding), 对于帮助用户去识别与内存相关问题的源头是非常有用的. 因此我们给读者的第一个建议是再去阅读前面各节的内容. 这里我们接着给出一些其他的建议.

例如, 可以在创建一个矩阵前先去计算这个矩阵的 (大概的) 大小. 由于一个实数占用 8 个字节, 所以一个大小为 $n \times p$ 的实值矩阵需要 $8np$ 字节. 如果需要对一个非常大的矩阵进行操作, 一个 64 位处理器允许分配更大的内存块, 将这一点与一个 32 位处理器 (它通常不允许超过 2 GB 的分配) 进行比较. 如果不能创建一个大对象, 记得删除 (使用函数 `rm()`) 其他无用的大对象 (函数 `object.size()` 能给出这样的对象的大小) 并使用函数 `gc()` 来释放一些内存. 另外也可以关闭计算机上其他正在运行的软件来释放一些内存, 而最后的手段是去购置更多的物理内存.

Linux

软件 `ksysguard` 可用来实时显示被 R 以及系统中的其他进程所使用的内存的大小.

另一个选择是将矩阵分割为几个子矩阵, 再找一个方法来对它们分别执行统计分析, 然后将结果进行合并.

> 小窍门
>
> 程序包 bigmemory, ff 和 RevoScaleR 也是有用的.

在微软 Windows 系统下, 函数 memory.size() 和 memory.limit() 可用来显示系统已用内存的一些信息. 也可以阅读在线帮助:

help("Memory-limits").

> 注释
>
> 这些源自 R 的构建理念的相关问题, 可能在不久的将来会得以解决. 我们建议感兴趣的读者去查阅 http://www.divms.uiowa.edu/~luke/talks/uiowa11.pdf.

9.9 节 † 以 BATCH 模式使用 R

在 BATCH 模式下可以开始一系列的 R 指令. 在这种模式下, R 启动并自动执行在后台的指令, 当工作完成时就关闭 R.

- 为了启动该模式, 在一个 DOS 窗口 (或在 LINUX 或 Mac 系统下的一个终端窗口) 中使用下面的指令:

```
R CMD BATCH myfile.R myoutput.out
```

文件 myfile.R 应当包含将要执行的一系列 R 指令, 而文件 myoutput.out 会包含被 R 显示的任何信息和输出结果.

> 提醒
>
> 注意, 必须设置系统变量 PATH 使之包含指向可执行文件 Rgui.exe 的路径. 参见第 210 页的提醒框中的内容.

- 下面的 LINUX 命令 nohup 可以在一个远程的 UNIX/LINUX 工作站上开始模拟计算 (通过一个简单的 ssh 通道):

```
nohup /path/to/executable/R CMD BATCH myfile.R myoutput.out &
```

Linux

在 Linux 下, 在一个终端窗口中键入指令 `which R` 即可找到 /path/to/executable/R.

也可以创建一个 R 脚本, 它不必先启动 R 就能被运行. 要做到这一点, 下载下面这个文件 http://biostatisticien.eu/springeR/runthis.bat 并根据自己的需要加以修改.

另见

感兴趣的读者还可以去浏览如下的网页: http://cran.r-project.org/contrib/extra/batchfiles.

Linux

在 Linux 下, 创建一个名为 runthis 的脚本并将其编译为可执行文件 (`chmod u+x runthis`). 这个脚本要包含下面这些行:

```
#!/bin/bash
  R --vanilla << "EOF" # 输送随后全部的行给 R

  ################ 全部的 R 代码 #################
  X11(); plot(1:3); require(tcltk)
  tkmessageBox(message="hello")
  #################  R 代码结束 ##################
EOF
```

小窍门

如果想要传递命令行参变量给 R CMD BATCH, 可以使用下面的方法. 首先, 创建一个名为 test.R 的文件, 它包含如下几行指令:

```
args <- commandArgs (trailingOnly = FALSE)
print(args)
q("no")
```

然后, 从命令行中运行:

```
R CMD BATCH -q -4 -foo test.R
```

最后发布:

```
cat test.Rout
```

9.10 节

† 创建一个简单的 R 程序包

一个程序包 (package) 是一种实用方法, 用来将数据集、函数和帮助文档归集到一个单一的结构中. 通常将这个结构存储在一个 `.zip` 文件 (或 Linux 下的 `.tar.gz` 文件) 中. 注意, 在微软 Windows 系统下完成程序包创建这项操作是比较复杂的, 因为它需要安装非常多的工具而在该操作系统中 (默认地) 它们是不存在的.

Mac

针对苹果用户的专门说明文档将在与本书关联的网站上开放提供.

首先需要安装下面的这些软件:

- 最新版本的 Rtools 可从如下链接地址下载: `http://cran.r-project.org/bin/windows/Rtools/`;
- `http://www.biostatisticien.eu/springeR/htmlhelp.exe`;
- 一个完整版本的 Tex Live. 首先下载文件 `http://mirror.ctan.org/systems/texlive/tlnet/install-tl.zip` 并将其解压缩到一个临时文件夹中, 然后双击文件 install-tl.advance.bat, 一个图形化安装界面随即打开并会指导你按步骤完成 Tex Live 的安装.

创建一个 R 程序包的步骤如下:

- 启动 R ;
- 把想要整合到程序包中的数据集和函数导入到当前的工作空间中去;
- 使用函数 `package.skeleton()` 来创建程序包的结构. 对下面的参变量各赋一个值:
  - ▶ `name`: 包含此程序包名称的字符串;
  - ▶ `list`: 一个字符串向量, 指定将要包含到程序包中的各种各样的对象 (数据集和函数);
  - ▶ `path`: 一个字符串, 包含指定的目录 (程序包结构将在其中被创建) 的路径;
- 当调用这个函数时, 将会在当前工作目录中创建一个文件夹, 它将包含程序包中的文件及子文件夹, 然后按照文件 Read-and-delete-me (可以在前面那个文件夹中找到) 中所描述的做法去修改其中的某些文件;
- 最后一步是创建一个 `.zip` 文件来包含此程序包结构. 为此, 在一个 MS-DOS 命令窗口中执行如下的命令:
  - ▶ `R CMD check` *PackageName*
  - ▶ `R CMD build --binary --use-zip` *PackageName*

小窍门

如果 R 代码调用了 C/C++ 或 Fortran 函数, 则必须将包含这些函数源代码的文件存放在一个名为 src/ 的子目录中, 该子目录位于以函数 package.skeleton() 的参变量 name 来指定名称的文件夹中.

本章末尾的实训操作部分给出了一个创建程序包的例子.

高级用户

那些无法访问微软 Windows 但希望建立一个适用 Windows 操作系统的程序包的 Linux 用户可以利用网站 http://win-builder.r-project.org/ 上的信息, 在那里用户可以上传在 Linux 下创建的 .tar.gz 程序包, 随后一个与 Windows 兼容的 .zip 程序包将通过电子邮件发送到他在文件 DESCRIPTION 中字段 Maintainer 处所预留的电子邮箱地址.

备 忘 录

ls(), objects(): 列出工作空间中所有可用的对象
rm(): 删除一个对象
.RData: 工作空间文件的扩展名
save.image(): 保存所有被创建的对象到一个文件中 (名称.RData)
load(): 装载一个包含着已被创建的对象的 .RData 文件
.Rhistory: 命令历史文件的扩展名
savehistory(): 保存命令历史记录 (.Rhistory 文件)
loadhistory(): 装载命令历史
dev.print(): 保存一个图像
search(), searchpaths(): 已附加到系统的数据库的列表
attach(): 附加一个数据库
detach(): 将一个数据库与系统分离
require(): 装载一个已经在硬盘上的程序包
sink(): 重定向 R 输出到一个 .txt 文件
source(): 从一个文件中导入一系列的 R 指令到控制台
package.skeleton(): 创建一个程序包结构

练 习 题

9.1- 写出两个能够返回会话中全部对象的清单的 R 函数.
9.2- 如何来删除对象 foo?
9.3- 哪一个 R 命令可以给出当前的工作目录?
9.4- 哪一个 R 命令能够改变当前的工作目录?

9.5- 函数 `save.image()` 的作用是什么?
9.6- 在关闭一个 R 会话之前能保存哪四样东西?
9.7- 命令历史 (command history) 的作用是什么? 使用它时哪些键是必要的?
9.8- 函数 `history()` 的作用是什么?
9.9- 给出能用来得到一个名为 myplot.png 的文件 (其中包含着曲线 $y = x^2$ 的图像) 的一段 R 指令.
9.10- 函数 `attach()` 在什么时候对一个数据框是有用的?
9.11- 哪一个 R 函数可用来装载一个 R 程序包到系统内存中?
9.12- 函数 `source()` 的作用是什么?

工 作 簿

管理和创建程序包

A- 使用函数 attach() 和 detach()

9.1- 下载文件 `http://www.biostatisticien.eu/springeR/bmichild.xls`.
9.2- 显示该数据框中各变量的名称.
9.3- 键入 `GENDER`, 观察到了什么?
9.4- 键入 `ls()`, 还能看到变量 `GENDER` 吗?
9.5- 对这个数据框使用函数 `attach()`, 然后键入 `GENDER`, 观察到了什么?
9.6- 再次键入 `ls()`, 观察到了什么?
9.7- 使用函数 `search()` 去找出该数据框是从哪个位置被附加到 R 中的.
9.8- 使用函数 `ls()` 的参变量 `pos` 去列出存在于这个位置的所有对象.
9.9- 将此数据框从 R 分离并检查 (使用函数 `search()`) 它确实起作用了. 现在再次键入 `GENDER` 你会发现这个对象已经消失了.
9.10- 创建一个名为 `GENDER` 的对象来包含字符串 `"Male"`. 显示这个对象的内容.
9.11- 对这个数据框使用函数 `attach()`, 然后键入 `GENDER`, 观察到了什么?
9.12- 显示该数据框中的对象 `GENDER` 的内容. 对象 `weight` 也能这样操作吗?
9.13- 键入 `ls()`, 观察到了什么? 使用 `search()` 会是什么结果呢?
9.14- 使用函数 `ls()` 的参变量 `pos` 来检查数据框中的对象 `GENDER` 的确存在.
9.15- 使用函数 `get()` 及其参变量 `pos` 来从你的数据框中显示对象 `GENDER` 的内容. 你能给出另外一种方法吗?

B- 创建一个小型程序包

- **程序包中的对象**

9.1- 启动 R, 然后使用指令 `setwd(choose.dir())` 改变当前的工作目录至 Windows 桌面;
9.2- 创建如下的函数和数据集:

```
f <- function(x,y) x+y
g <- function(x,y) x-y
d <- data.frame(a=1,b=2)
e <- rnorm(1000)
```

- **程序包结构**

9.3- 使用函数 package.skeleton() 来创建目标程序包的结构;

```
package.skeleton(name="SmallRPkg",list=c("f","g","d","e"))
```

一个名为 SmallRPkg 的文件夹将在桌面被创建. 它包含三个子文件夹 (data, man 和 R) 及两个文件 (DESCRIPTION 和 Read-and-delete-me). 文件夹 data 包含文件 d.RData 和 e.RData, 它们分别包含数据集 (二进制形式) d 和 e (可以从 R 控制台引入).
文件夹 R 包含文件 f.R 和 g.R, 分别包含先前定义好的函数 f 和 g 的源代码.
文件夹 man 包含程序包中所有对象的帮助文档.

9.4- 参照第 6 章中函数 mean() 的帮助文档的描述格式来编辑帮助文档 (扩展名为 .Rd 的文件). 在所有的帮助文档中, 为了使要填写字段的区域变得更加明显, 相应的行都已用 %% 开头来标记. 用合适的信息替换这些行 (包括字符 %%), 但不要改变以单个 % 开头的句子. 此外, 在出现 keyword ~ kwd1 形式的字段处, 用一个保留的关键字去替换 ~ kwd1; R 中保留的关键字的列表可通过指令 file.show(file.path(R.home("doc"), "KEYWORDS")) 来给出.

9.5- 修改文件 DESCRIPTION 并填写相关的字段. 例如,**非常重要**的一点是要留一个有效的电子邮件地址.

9.6- 接着在阅读完文件 Read-and-delete-me 后可以将其删除.

程序包结构现在已经被创建好了.

- **创建程序包文件**

9.7- 还有最后的一个操作要执行: 建立包含结构 (由 R 所修改) 的 .zip 文件. 首先需要更改一些系统环境变量. 使用组合键 WINDOWS+PAUSE 来打开系统属性窗口, 进入选项 System Variables 并编辑变量 PATH. 在这一长串用分号分隔的路径名的开始位置, 加上指向可执行文件 Rgui.exe 的路径以及指向可执行文件 hhc.exe 的路径 (**小心不要删除任何东西!**).

9.8- 打开一个 MS-DOS 命令菜单 (使用菜单 Start/Execute: command) 并执行下面的指令:

- cd "C:\Documents and Settings\johndoe\Desktop" (指向包含程序包结构的文件夹).
- R CMD check SmallRPkg
  检查此处没有出现任何错误或警告消息. 如果有的话, 按照前面给出的建议进行修改.
- R CMD build --binary --use-zip SmallRPkg

如果没有报告错误, 程序包文件 SmallRPkg.zip 将会被顺利地创建.

9.9- 从下面的菜单来安装它:
`Packages/Install package(s) from zip files...`
9.10- 阅读程序包的帮助文档.

现在可以按照这个步骤来创建更加复杂的程序包, 然后可以对它进行宣传和推广.

第 III 部分　数学和统计基础

第 10 章　数学基础: 矩阵运算、积分及最优化

本章的目标

本章首先介绍基本的数学函数, 然后给出一些常用的矩阵运算及最常用的矩阵分解方法, 最后介绍几个数值积分和微分 (求导) 函数, 以及主要的最优化函数.

10.1 节 基本的数学函数

下面的表 10.1 是经典的数学函数的一个几乎详尽的清单.

表 10.1: 基本函数表

R 函数名称	描述	例子	结果
`x%%y`	`x` 除以 `y` 的余数	`10%%3`	1
`ceiling()`	大于或等于 x 的最小整数	`ceiling(2.3)`	3
`floor()`	小于或等于 x 的最大整数	`floor(2.3)`	2
`round()`	将第一个参变量的数值四舍五入至由第二个参变量指定的位数	`round(2.375,2)`	2.38
`signif()`	将第一个参变量的数值四舍五入至一个给定的有效位数	`signif(2.375,2)`	2.4
`trunc()`	x 的整数部分, 由除去小数点分隔符后的所有数字得到	`trunc(1.37)`	1
`sign()`	符号 ±1	`sign(-2)`	-1
`abs()`	绝对值 $\|x\|$	`abs(-2)`	2
`exp()`	指数 e^x	`exp(0)`	1

续表

R 函数名称	描述	例子	结果
`log()`	自然对数	`log(1)`	0
`sqrt()`	平方根 $\sqrt{x}$	`sqrt(4)`	2
`range()`	值域	`range(2,5,1)`	1 5
`max()`	最大值	`max(2,3)`	3
`min()`	最小值	`min(2,3)`	2
`sum()`	有效参变量的和	`sum(2,3,4)`	9
`prod()`	有效参变量的积	`prod(2,4,2)`	16
`cummax()`	累积最大值 (cumulative maxima)	`cummax(c(2,4,3))`	2 4 4
`cummin()`	累积最小值 (cumulative minima)	`cummin(c(2,4,1))`	2 2 1
`cumsum()`	累积和 (cumulative sums)	`cumsum(c(2,3,4))`	2 5 9
`cumprod()`	累积乘积 (cumulative products)	`cumprod(c(2,4,3))`	2 8 24
`cos()`	余弦函数	`cos(pi)`	-1
`sin()`	正弦函数	`sin(pi/2)`	1
`tan()`	正切函数	`tan(pi/4)`	1
`acos()`	反余弦函数	`acos(1)`	0
`asin()`	反正弦函数	`asin(0)`	0
`atan()`	反正切函数	`atan(0)`	0
`cosh()`	双曲余弦函数	`cosh(0)`	1
`sinh()`	双曲正弦函数	`sinh(0)`	0
`tanh()`	双曲正切函数	`tanh(0)`	0
`acosh()`	反双曲余弦函数	`acosh(1)`	0
`asinh()`	反双曲正弦函数	`asinh(0)`	0
`atanh()`	反双曲正切函数	`atanh(0)`	0
`beta()`	贝塔函数	`beta(1,2)`	0.5
`lbeta()`	贝塔函数的对数 $B(a,b)$	`lbeta(1,1)`	0
`factorial()`	阶乘 $x!$	`factorial(6)`	720
`choose()`	二项式系数 $\binom{n}{p}=\frac{n!}{p!(n-p)!}$	`choose(5,2)`	10
`gamma()`	伽玛函数 $\Gamma(x)$ ($\Gamma(n)=(n-1)!$, 若 $n\in\mathbb{N}$)	`gamma(4)`	6
`lgamma()`	伽玛函数的对数	`lgamma(2)`	0
`digamma()`	伽玛函数的一阶导数	`digamma(2)`	0.4227843
`trigamma()`	伽玛函数的二阶导数	`trigamma(2)`	0.6449341

请注意, 以上函数中绝大部分都能够以一个向量值作为参变量, 即可以对向量进行运算, 返回的是向量中各个元素的函数值.

自己动手

- 任意地取几组数来数值地验证后面这个公式的正确性:

$$\binom{n-1}{p-1}+\binom{n-1}{p}=\binom{n}{p}.$$

- 对 $n=1,\ldots,10$ 分别计算前 n 个整数之和. 证明其结果符合计算公式 $\dfrac{n(n+1)}{2}$.
- 对 $n=1,\ldots,10$ 分别计算前 n 个整数的平方和. 证明其结果符合计算公式 $\dfrac{n(n+1)(2n+1)}{6}$.
- 已知 $\boldsymbol{x}=(x_1,\ldots,x_n)^{\mathsf{T}}=(0.83,0.13,-1.16,-1.14,-0.68,0.73,-1.27)^{\mathsf{T}}$, 计算以下表达式的值

$$\hat{G}_n=\frac{n}{K}g_n(\widehat{m_e},\hat{\theta})^2,\quad 其中\quad g_n(m_e,\theta)=1-\gamma-\frac{1}{n}\sum_{i=1}^{n}|y_i|\log|y_i|,$$

且 $y_i=\dfrac{x_i-m_e}{\theta}$, $\widehat{m_e}=(x_1,\ldots,x_n)$ 的中位数, $\hat{\theta}=\dfrac{1}{n}\sum_{i=1}^{n}|x_i-\widehat{m_e}|$, $K=\dfrac{\pi^2}{3}-3$, $\gamma=1-\psi(2)$ (Euler 常数) 而 $\psi(\cdot)$ 表示双伽玛函数. 运用函数 `median()` 来求中位数.

注: 对于一个给定的显著性水平 α (通常取 5%), 若检查发现 $\hat{G}_n$ 的数值大于临界值 `qchisq(1-α,df=1)`, 则判定: 在 α 的误差水平下, 该数据并不服从 Laplace 分布. 关于假设检验的方法将在第 13 章中详细地探讨.

小窍门

在 R 软件中, 数值 π 可以用命令 `pi` 来得到.

10.2 节

矩阵运算

在 R 的基础版本中已经包含一些基本的矩阵运算. 在介绍它们之前, 我们定义 λ 为一个**标量** (scalar), 定义 $\mathcal{A}$ 和 $\mathcal{B}$ 为两个**实矩阵** (real matrix), 定义 $\boldsymbol{C}$ 为一个**复矩阵** (complex matrix). 推介感兴趣的读者去参阅文献 [29].

```
> lambda <- 2 # 创建一个标量 λ
> A <- matrix(c(2,3,5,4),nrow=2,ncol=2) # 实矩阵
```

```
> A
     [,1] [,2]
[1,]    2    5
[2,]    3    4
> B <- matrix(c(1,2,2,7),nrow=2,ncol=2) # 对称的实矩阵
> B
     [,1] [,2]
[1,]    1    2
[2,]    2    7
> C <- matrix(c(1,1i,-1i,3),ncol=2) # Hermite 复矩阵
> C
     [,1] [,2]
[1,] 1+0i 0-1i
[2,] 0+1i 3+0i
> I2 <- diag(rep(1,2)) # 二阶单位矩阵
```

接下来我们将使用这些对象来说明矩阵运算.

注释

对于更为复杂的矩阵操作, 可以使用程序包 Matrix.

10.2.1 基本的矩阵运算

在 R 软件中, 基本的矩阵运算有如下几种.

- 加上一个标量: $\lambda + \mathcal{A}$

```
> lambda+A
     [,1] [,2]
[1,]    4    7
[2,]    5    6
```

- 加法 (对应元素相加): $\mathcal{A} + \mathcal{B}$

```
> A+B
     [,1] [,2]
[1,]    3    7
[2,]    5   11
```

- 减法 (对应元素相减): $\mathcal{A} - \mathcal{B}$

```
> A-B
     [,1] [,2]
[1,]    1    3
[2,]    1   -3
```

- 乘以一个标量: $\lambda\mathcal{A}$

```
> lambda*A
     [,1] [,2]
[1,]    4   10
[2,]    6    8
```

- 转置: $\mathcal{A}^{\mathsf{T}}$

```
> t(A)
     [,1] [,2]
[1,]    2    3
[2,]    5    4
```

- 共轭: $\overline{\mathcal{C}}$

```
> Conj(C)
     [,1] [,2]
[1,] 1+0i 0+1i
[2,] 0-1i 3+0i
```

- 对应元素相乘:

```
> A*B
     [,1] [,2]
[1,]    2   10
[2,]    6   28
```

- 点乘 (普通的矩阵乘积): $\mathcal{AB}$

```
> A%*%B
     [,1] [,2]
[1,]   12   39
[2,]   11   34
```

- 对应元素相除:

```
> A/B
     [,1]      [,2]
[1,]  2.0 2.5000000
[2,]  1.5 0.5714286
```

- 矩阵求逆: $\mathcal{B}^{-1}$

```
> solve(B)
           [,1]       [,2]
[1,]  2.3333333 -0.6666667
[2,] -0.6666667  0.3333333
```

- 矩阵除法: $\mathcal{AB}^{-1}$

```
> A%*%solve(B)
         [,1]       [,2]
[1,] 1.333333  0.3333333
[2,] 4.333333 -0.6666667
```

- 叉乘 (cross product): $\mathcal{A}^{\mathsf{T}}\mathcal{B}$

```
> crossprod(A,B)   # t(A)%*%B
     [,1] [,2]
[1,]    8   25
[2,]   13   38
```

自己动手

将 $\mathcal{M}, \mathcal{N}, \mathcal{O}, \mathcal{P}$ 分别定义为如下形式的矩阵:

$$\mathcal{M} = \begin{bmatrix} 1 & 1 \\ 2 & 3 \\ 4 & 1 \end{bmatrix}, \quad \mathcal{N} = \begin{bmatrix} 3 & 4 \\ 1 & 3 \\ 4 & 1 \end{bmatrix}, \quad \mathcal{O} = \begin{bmatrix} 3 & 4 & 2 \\ 1 & 3 & 2 \end{bmatrix}, \quad \mathcal{P} = \begin{bmatrix} 3 & 4 & 2 \\ 1 & 3 & 2 \\ 1 & 2 & 1 \end{bmatrix}.$$

分别给出矩阵 $\mathcal{M}, \mathcal{N}, \mathcal{O}$ 和 $\mathcal{P}$ 的维数. 计算 $\mathcal{M}+\mathcal{N}$, $\mathcal{M}-\mathcal{N}$, $3\mathcal{M}$, $\mathcal{MO}$, $\mathcal{OM}$, $\mathcal{M}^\mathsf{T}$, $\mathcal{P}^{-1}$. 证明 $\mathcal{PP}^{-1} = \mathcal{I}_3 = \mathcal{P}^{-1}\mathcal{P}$.
将 $\mathcal{Q}$ 和 $\mathcal{R}$ 定义为如下矩阵:

$$\mathcal{Q} = \begin{bmatrix} 1 \\ 2 \\ 4 \end{bmatrix}, \quad \mathcal{R} = \begin{bmatrix} 3 & 4 & 1 \end{bmatrix}.$$

计算 $\mathcal{QR}$, $\mathcal{RQ}$ 和 $\mathcal{Q}^\mathsf{T}\mathcal{PQ}$.

10.2.2 外积

列向量 $\boldsymbol{x}$ 和 $\boldsymbol{y}$ 的外积 (outer product) 是包含通形元素 $x_i y_j$ 的矩阵 $\boldsymbol{xy}^\mathsf{T}$.

```
> x <- seq(1,4);  y <- seq(4,7)
> outer(x,y,FUN="*")
     [,1] [,2] [,3] [,4]
[1,]    4    5    6    7
[2,]    8   10   12   14
[3,]   12   15   18   21
[4,]   16   20   24   28
```

小窍门

函数 outer() 的操作比简单的对应元素相乘更具一般性. 例如, 对向量 $\boldsymbol{x} = (x_1, \ldots, x_n)^\mathsf{T}$, $\boldsymbol{y} = (y_1, \ldots, y_n)^\mathsf{T}$ 和函数 $f(x,y)$, 命令 outer(x,y,FUN=f) 可生成如下的矩阵:

$$\begin{bmatrix} f(x_1,y_1) & \cdots & f(x_1,y_n) \\ & \ddots & \\ \vdots & f(x_i,y_j) & \vdots \\ & \ddots & \\ f(x_n,y_1) & \cdots & f(x_n,y_n) \end{bmatrix}.$$

10.2.3 Kronecker 积

若 $\mathcal{A}$ 是一个 $m \times n$ 矩阵, $\mathcal{B}$ 是一个 $p \times q$ 矩阵, 则矩阵 $\mathcal{A}$ 及矩阵 $\mathcal{B}$ 的 Kronecker 积为矩阵 $\mathcal{A} \otimes \mathcal{B} = \begin{bmatrix} a_{11}\mathcal{B} & \cdots & a_{1n}\mathcal{B} \\ \vdots & & \vdots \\ a_{m1}\mathcal{B} & \cdots & a_{mn}\mathcal{B} \end{bmatrix}$, 它的维数是 $mp \times nq$.

```
> kronecker(A,B)
     [,1] [,2] [,3] [,4]
[1,]    2    4    5   10
[2,]    4   14   10   35
[3,]    3    6    4    8
[4,]    6   21    8   28
```

10.2.4 三角矩阵

得到一个矩阵的最下面和最上面部分的元素是十分有用的. 我们可以通过函数 `lower.tri()` 和 `upper.tri()` 分别来获得上、下三角矩阵.

```
> M <- matrix(1:16,nrow=4)
> lower.tri(M)
      [,1]  [,2]  [,3]  [,4]
[1,] FALSE FALSE FALSE FALSE
[2,]  TRUE FALSE FALSE FALSE
[3,]  TRUE  TRUE FALSE FALSE
[4,]  TRUE  TRUE  TRUE FALSE
> upper.tri(M,diag=TRUE)
      [,1]  [,2]  [,3] [,4]
[1,]  TRUE  TRUE  TRUE TRUE
[2,] FALSE  TRUE  TRUE TRUE
[3,] FALSE FALSE  TRUE TRUE
[4,] FALSE FALSE FALSE TRUE
> M[lower.tri(M)] <- 0
> M
     [,1] [,2] [,3] [,4]
[1,]    1    5    9   13
[2,]    0    6   10   14
[3,]    0    0   11   15
[4,]    0    0    0   16
```

10.2.5 向量化运算 (vec) 和半向量化运算 (half vec)

将矩阵运算符 *vec* 应用于矩阵 $\mathcal{A}$ 将输出一个长形的列向量 $vec(\mathcal{A})$, 它由矩阵 $\mathcal{A}$ 的各列连接而成. 在 R 软件中按照以下的命令来计算它:

```
> vec <- function(M) as.matrix(as.vector(M))
> # 或等价的, 但超出了一个函数调用的范围:
> # dim(A) <- c(prod(dim(A)),1)
> A
     [,1] [,2]
[1,]    2    5
[2,]    3    4
> vec(A)
     [,1]
[1,]    2
[2,]    3
[3,]    5
[4,]    4
```

将矩阵运算符 *vech* (*vec half* 的简写) 应用于矩阵 $\mathcal{A}$ 也会输出一个长形的列向量 *vech*($\mathcal{A}$), 它也是由矩阵 $\mathcal{A}$ 的各列连接而成, 但是要先将 $\mathcal{A}$ 的主对角线以上的元素排除在外. 它在 R 软件中可按照以下指令计算:

```
> vech <- function(M) as.matrix(M[lower.tri(M,diag=TRUE)])
> vech(A)
     [,1]
[1,]    2
[2,]    3
[3,]    4
```

10.2.6 行列式、迹、条件数

函数 `det()` 用于计算一个矩阵的行列式.

```
> det(A)
[1] -7
```

在 R 软件中没有可直接用来计算矩阵的迹 (trace) 的函数, 但是我们很容易就能把它计算出来:

```
> sum(diag(A))
[1] 6
```

提醒

不要使用函数 `trace()` 去计算矩阵的迹. 这个函数实际上是用于调试 R 代码的.

条件数是最大的非零奇异值与最小的非零奇异值的比值. 一个大的条件数表明该矩阵具有较差的数值特性. 条件数可由函数 `kappa()` 计算得到.

```
> kappa(A,exact=TRUE)
[1] 7.582401
```

10.2.7 尺度化和中心化数据

函数 scale() 用来中心化 (centre) 和/或尺度化 (scale) 一个矩阵. 中心化对应于将各列的每一元素分别减去该列元素的均值. 尺度化 (缩放) 对应于将每列元素分别除以其标准差.

提醒

注意, 函数 sd() 计算标准差时是以 $n-1$ 作为分母的.

中心化

```
> scale(A,scale=FALSE)
     [,1] [,2]
[1,] -0.5  0.5
[2,]  0.5 -0.5
attr(,"scaled:center")
[1] 2.5 4.5
```

尺度化

```
> scale(A,center=FALSE,scale=sd(A))
         [,1]     [,2]
[1,] 2.828427 7.071068
[2,] 4.242641 5.656854
attr(,"scaled:scale")
[1] 0.7071068 0.7071068
```

提醒

为了根据总体标准差来使用一个缩放因子 (scaling factor), 以法国学校的数据分析为例, 运用如下的指令:

```
> red <- sqrt((nrow(A)-1)/nrow(A))
> scale(A,center=FALSE,scale=sd(A)*red)   # t(A/apply
  (A,2,sd))/red
     [,1] [,2]
[1,]    4   10
[2,]    6    8
attr(,"scaled:scale")
[1] 0.5 0.5
```

10.2.8 特征值和特征向量

一个矩阵的特征值和特征向量可由函数 eigen() 给出.

```
> eigen(A)
$values
[1]  7 -1
$vectors
           [,1]       [,2]
[1,] -0.7071068 -0.8574929
[2,] -0.7071068  0.5144958
```

小窍门

注意, 如果 $\mathcal{C}$ 是一个 Hermite 共轭矩阵 (即一个等于它自身的共轭转置的复矩阵), 函数 eigen() 可用来得到 $\mathcal{C}$ 的特征分解 (eigen-decomposition), 即 $\mathcal{C} = \mathcal{V}\mathcal{D}\mathcal{V}^*$ (其中 $\mathcal{V}^*$ 是 $\mathcal{V}$ 的共轭转置):

```
> C <- matrix(c(1,1i,-1i,3),ncol=2)
> e <- eigen(C,symmetric=TRUE)
> V <- e$vectors
> D <- diag(e$values)
> all.equal(C,V%*%D%*%t(Conj(V)))
[1] TRUE
```

10.2.9 Hermite 正定矩阵的平方根

一个正定矩阵 $\mathcal{C}$ 的平方根可为任意一个满足 $\mathcal{M}^*\mathcal{M} = \mathcal{C}$ 的 $\mathcal{M}$, 其中 $\mathcal{M}^*$ 表示 $\mathcal{M}$ 的共轭转置 [或伴随矩阵 (adjoint matrix)]. 当它不唯一时通常表示为 $\mathcal{C}^{1/2}$. 若 $\mathcal{C}$ 是 Hermite 矩阵 (即一个等于其自身共轭转置的复矩阵或一个对称的实矩阵), 则 $\mathcal{C}^{1/2}$ 可以按照如下的方式来计算:

```
> e <- eigen(C,symmetric=TRUE)
> V <- e$vectors
> V %*% diag(sqrt(e$values)) %*% t(Conj(V)) # C^{1/2},
                                           # 在本例中它是一个
                                           # Hermite 矩阵
                    [,1]                 [,2]
[1,] 0.9238795+0.0000000i 0.000000-0.3826834i
[2,] 0.0000000+0.3826834i 1.689246+0.0000000i
```

进而可按如下的方式计算矩阵 $\mathcal{C}^{-1/2}$:

```
> V %*% diag(1/sqrt(e$values)) %*% t(Conj(V)) # C^{-1/2},
                                              # 在本例中它是一个
                                              # Hermite 矩阵
                   [,1]                  [,2]
[1,] 1.194478+0.0000000i 0.0000000+0.2705981i
[2,] 0.000000-0.2705981i 0.6532815+0.0000000i
```

10.2.10 奇异值分解

矩阵 $\mathcal{C}$ 可以表示为 $\mathcal{C} = \mathcal{U}\mathcal{D}\mathcal{V}^*$, 其中 $\mathcal{D}$ 表示矩阵 $\mathcal{C}$ 的奇异值构成的对角矩阵, $\mathcal{U}$ ($\mathcal{V}$) 表示矩阵 $\mathcal{C}$ 的左 (右) 边的特征向量构成的矩阵. 为了达到这个目的, 使用函数 svd().

```
> res <- svd(C)
> res
$d
[1] 3.4142136 0.5857864
$u
                        [,1]                    [,2]
[1,] -0.3826834+0.0000000i 0.9238795+0.0000000i
[2,]  0.0000000-0.92387951 0.0000000-0.3826834i
$v
                        [,1]                    [,2]
[1,] -0.3826834+0.0000000i 0.9238795+0.0000000i
[2,]  0.0000000-0.92387951 0.0000000-0.3826834i
> D <- diag(res$d)
> U <- res$u
> V <- res$v
> all.equal(C,U%*%D%*%t(Conj(V))) # 𝒜 = 𝒰𝒟𝒱*
[1] TRUE
```

小窍门

为了计算一个(非可逆的)矩阵的 Moore-Penrose 伪逆阵(pseudo-inverse), 可以使用如下的函数:

```
> mpinv <- function(M,eps=1e-13) {
+   s <- svd(M)
+   e <- s$d
+   e[e>eps] <- 1/e[e>eps]
+  return(s$v%*%diag(e)%*%t(s$u))
+ }
```

10.2.11 Cholesky 分解

假定 $\mathcal{B}$ 是一个对称的正定实矩阵, 我们希望把它写成如下的形式: $\mathcal{B} = \mathcal{U}^{\mathsf{T}}\mathcal{U} = \mathcal{L}\mathcal{L}^{\mathsf{T}}$, 其中 $\mathcal{U}$ ($\mathcal{L}$) 是一个上(下)三角矩阵. 注意到, 这意味着 $\mathcal{U}$ 是 $\mathcal{B}$ 的一个平方根. 运用函数 chol() 即可得到这个分解形式.

```
> U <- chol(B) # 这是另一种计算 B^(1/2) 的方法
> L <- t(U)
> U
     [,1]     [,2]
[1,]    1 2.000000
[2,]    0 1.732051
> all.equal(B,t(U)%*%U) # 𝓑 = 𝓤ᵀ𝓤
[1] TRUE
```

注意, 函数 chol2inv() 可以用来计算一个对称的正定方阵 $\mathcal{B}$ 的逆 $\mathcal{B}^{-1}$, 只需使用它的 Cholesky 分解即可.

```
> B
     [,1] [,2]
[1,]    1    2
[2,]    2    7
> chol2inv(U)       # 这就是 B^-1
           [,1]       [,2]
[1,]  2.3333333 -0.6666667
[2,] -0.6666667  0.3333333
> all.equal(chol2inv(U),solve(B))
[1] TRUE
```

最后, chol() 函数可按如下的方式计算 $\mathcal{B}^{-1/2}$:

```
> solve(chol(B))  # 这就是 B^-1/2 的结果
     [,1]       [,2]
[1,]    1 -1.1547005
[2,]    0  0.5773503
```

10.2.12 QR 分解

我们希望写出 $\mathcal{A} = \mathcal{QR}$, 其中 $\mathcal{Q}$ 是一个正交矩阵 ($\mathcal{QQ}^\top = \mathcal{Q}^\top\mathcal{Q} = \mathcal{I}$), 而 $\mathcal{R}$ 是一个上三角矩阵.

```
> res <- qr(A)
> Q <- qr.Q(res)
> Q
           [,1]       [,2]
[1,] -0.5547002 -0.8320503
[2,] -0.8320503  0.5547002
> all.equal(I2,Q%*%t(Q))    # I_2 = QQ^T
[1] TRUE
> R <- qr.R(res)
> R
          [,1]      [,2]
[1,] -3.605551 -6.101702
[2,]  0.000000 -1.941451
> all.equal(A,Q%*%R)    # A = QR
[1] TRUE
```

小窍门

注意, qr(A,tol=1e-07)$rank 以 tol 作为容忍限来返回矩阵 A 的秩 (rank), 它可用来检测 A 中列与列之间的线性相关性.

10.3 节

数值积分

在 R 中,一个积分的数值可以用函数 integrate() 来进行计算.

下面我们举几个例子来帮助说明这个函数的用法. 假设你想数值地证明

$$\int_{-\infty}^{\infty} \frac{\exp(-x^2/2)}{\sqrt{2\pi}} dx = 1.$$

采用如下的方法:

```
> myf <- function(x) {exp(-x^2/2)/sqrt(2*pi)}
> integrate(myf,lower=-Inf,upper=Inf)$value
[1] 1
```

注意, R 也可以对多元函数进行积分. 例如, 假设你想数值地验证

$$\int_{x=0}^{x=1} \int_{y=2}^{y=3} \cos(x+y)dydx = 2\cos 3 - \cos 4 - \cos 2.$$

采用如下的方法:

```
> myf <- function(x) {
+  res <- vector("integer",length(x))
+  for (i in 1:length(x)) {
+    res[i] <- integrate(f=function(y,x){cos(x+y)},lower=2,
+                          upper=3,x=x[i])$value
+                         }
+ return(res)
+ }
> integrate(myf,lower=0,upper=1)$value
[1] -0.9101945
> 2*cos(3)-cos(4)-cos(2)
[1] -0.9101945
```

注释

注意函数 integrate() 同时也会返回数值计算的精度.

自己动手

通过数值计算来检验函数 $f_X(x) = \frac{1}{2}\left(1 + \frac{(x-1)}{8}\right)^{-5} \mathbb{1}_{[1,+\infty]}(x)$ 是一个概率密度函数, 即它的积分等于 1. 它实质上是一个参数为 (1,2,1/4) 的广义 Pareto 分布的密度函数.

10.4 节

微　分

10.4.1 符号微分

由于 R 的符号计算功能非常有限, 因此我们对这一方面不再赘述. 但是, R 包含符号微分功能: D() 和 deriv(). 例如:

```
> D(expression(sin(cos(x + y^2))), "x")      # 针对 x 进行微分
-(cos(cos(x + y^2)) * sin(x + y^2))
> D(expression(sin(cos(x + y^2))), "y")      # 针对 y 进行微分
-(cos(cos(x + y^2)) * (sin(x + y^2) * (2 * y)))
> f <- deriv(~ x^2, "x", function(x))        # 针对 x^2 微分
                                             # 得到了 2x
> f(3)      # 返回 3^2 和 2*3
[1] 9
attr(,"gradient")
     x
[1,] 6
```

> 高级用户
>
> 程序包 Ryacas 可以将 R 软件与正式的微积分软件 Yacas (可从网站 http://yacas.sourceforge.net 处下载) 接合起来. 安装并加载 Ryacas 程序包, 然后尝试命令 vignette("Ryacas").

10.4.2 数值微分

在 R 中, 数值微分可以利用程序包 numDeriv 中的函数 grad() 来实现.

```
> require(numDeriv)
> f <- function(x) x^2     # 一元函数
> grad(f,c(2,1,3,5))       # 计算某几个点 (标量) 处的导数值
[1]  4  2  6 10
```

这个程序包也包含了函数 hessian() 用以计算二阶导数, 但是只能在一个单 (矢量的) 点处计算.

```
> g <- function(x) x[1]*x[2]^2    # 二元函数
> grad(g,c(2,1))                  # 计算一个单 (矢量的) 点处的导数值
[1] 1 4
> hessian(g,c(2,1))               # 计算一个单 (矢量的) 点处的二阶导数值
             [,1] [,2]
[1,] 4.210428e-14    2
[2,] 2.000000e+00    4
```

函数 numericDeriv() 的用法要复杂得多, 它可以返回一个多元函数在几个矢量点处的梯度值. 例如, 下面的指令将计算函数 xy^2 在点 (2,1) 和 (3,4) 处的梯度向量, 结果分别为 (1,4) 和 (16,24).

```
> h <- function(x,y) x*y^2        # 二元函数
> x <- c(2,3)
> y <- c(1,4)
> attributes(numericDeriv(quote(h(x,y)),c("x","y")))$gradient
     [,1] [,2] [,3] [,4]
[1,]    1    0    4    0
[2,]    0   16    0   24
```

10.5 节

最 优 化

10.5.1 最优化函数

针对一个函数的最优化问题就是找出该函数在哪里达到它的最大值或最小值. 基于各种不同的算法: optimize(), optim(), nlm(), constrOptim(), nlminb(), 相应地有如下几个 R 最优化函数可供采用.

- 一维最优化

  函数 optimize() 只能用于一维情形的最优化, 它也是最容易操作的一种方法. 例如, 假设你想要在区间 [0,2] 上寻找函数 cos(x^2) 的最小值及对应的自变量的取值. 该函数被绘制在下面这个图中.

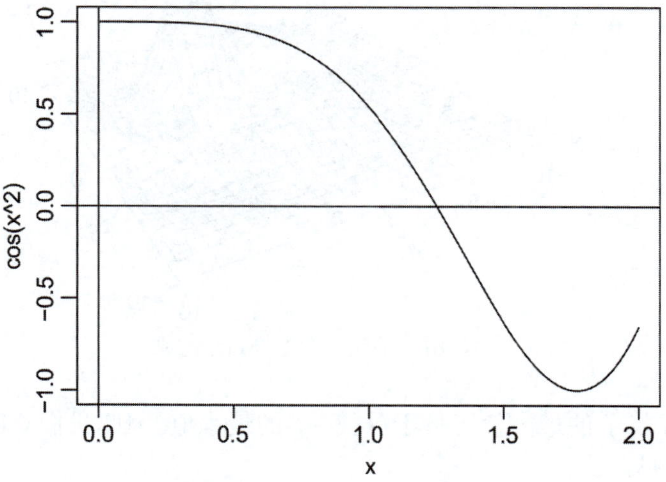

函数 optimize() 可以数值地解决这个问题.

```
> optimize(f=function(x){cos(x^2)},lower=0,upper=2)
$minimum
```

```
[1] 1.772453
$objective
[1] -1
```

最小值是 −1, 并且它是在 $x = 1.772453$ 时达到的.

小窍门

函数 `optimize()` 的参变量 `maximum=TRUE` 可用来计算一个函数的最大值而不是最小值.

- **多维最优化**

在 $\alpha = 1.1$ 的条件下, 我们希望找到具有两个变量的函数 $f(x,y) = 10\frac{\sin(\sqrt{(x-3)^2+(y-4)^2})}{((x-3)^2+(y-4)^2)^{\alpha/2}}$ 的最大值. 这时可以采用函数 `nlm()`, 它也能用来计算一个函数的最小值. 函数 f 的图像如图 10.1 所示, 它是由如下的 R 代码所绘制的:

```
> x <- seq(-10,10,length= 30); y <- x
> f <- function(x,y,alpha=1.1) { r <- sqrt((x-3)^2+(y-4)^2)
+                     10 * sin(r)/r^alpha }
> z <- outer(x, y, f)
> z[is.na(z)] <- 1; op <- par(bg = "white")
> persp(x,y,z,theta=30,phi=30,expand=0.5,
+                     col="lightblue",ticktype="detailed")
```

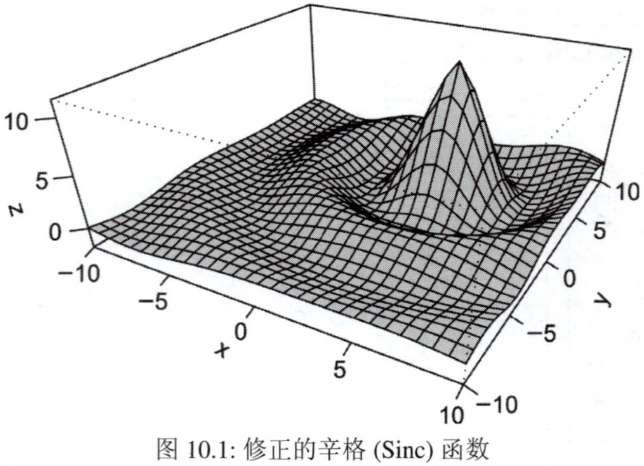

图 10.1: 修正的辛格 (Sinc) 函数

注意, 寻找 f 的最大值等价于寻找 $-f$ 的最小值, 因此我们对函数 $-f$ 运用函数 `nlm()`.

```
> f <- function(z,alpha=1.1) {
+   x <- z[1]
+   y <- z[2]
+   r <- sqrt((x-3)^2+(y-4)^2)
```

```
+   - 10 * sin(r)/r^alpha
+ }
> res <- nlm(f,c(0,0))   # 第二个有效参变量给出了初始值
> res
$minimum
[1] -1.046464
$estimate
[1] -1.627385 -2.169848
$gradient
[1] -1.534979e-07  1.139977e-07
$code
[1] 1
$iterations
[1] 7
```

最大值是 $(-1)\times$`res$minimum`=1.046464, 它在 (x, y) 取为 `res$estimate` =(−1.627, −2.169) 时达到.

小窍门

在函数 `nlm()` 中, 可以对目标函数的一个参数指定某个值后再进行最小化. 因此, 当 $\alpha = 2$ 时, 为了极大化 f, 只需使用如下的指令: `nlm(f,c(0,0),alpha=2)`.

- **约束最优化**

  对于带有某种简单约束条件 (比如 $-a \leqslant x \leqslant b$ 和 $-c \leqslant y \leqslant d$) 的最优化问题, 我们可以运用函数 `nlminb()` 及其两个参变量 `lower` (下限值) 和 `upper` (上限值) 来求解. 例如, 假设我们希望找到函数 $e^{-(x-1.2)^2-(y-2)^2}\cos 2\pi(x-1.2)$ 在范围 $[-1, 3]\times[0, 4]$ 所对应的曲面上的三个最大值. 这个方程的图像可由如下的指令生成:

```
> f <- function(x,y) exp(-(x-1.2)^2-(y-2)^2)*cos((x-1.2)*pi*2)
> x <- seq(-1,3,0.1)
> y <- seq(0,4,0.1)
> persp(x,y,outer(x,y,f),theta=30,phi=30,expand=0.5,
+                          col="lightblue",ticktype="detailed")
```

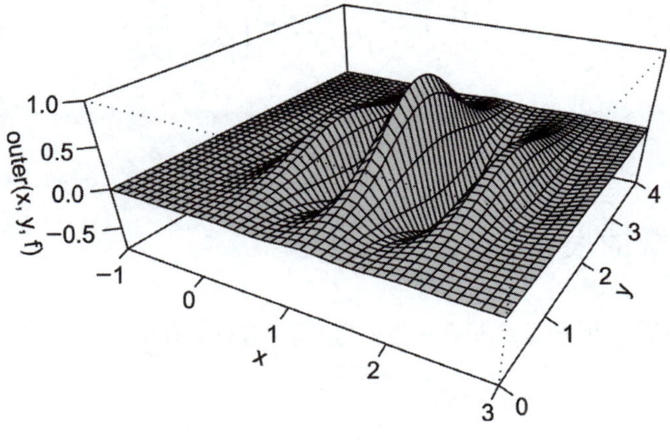

首先, 我们去搜索全局极大值. 目视检查表明它应当是在 $[0.5, 1.5] \times [0, 4]$ 范围内达到.

```
> f <- function(x) -exp(-(x[1]-1.2)^2-(x[2]-2)^2)*
+                          cos(2*pi*(x[1]-1.2))
> nlminb(c(0.8,0),f,lower=c(0.5,0),upper=c(1.5,4))
$par
[1] 1.200000 2.000000
$objective
[1] -1
$convergence
[1] 0
$message
[1] "relative convergence (4)"
$iterations
[1] 19
$evaluations
function gradient
      27       42
```

该方程的 (全局) 最大值为 $(-1)\times$`res$objective`=1, 它在 (x, y) 取为 `res$par`= $(1.2, 2)$ 时达到.

最后, 我们分别给出在范围 $[-1, 0.5] \times [0, 4]$ 和 $[1.5, 3] \times [0, 4]$ 内进行搜索的指令, 如下所示:

```
nlminb(c(0,0),f,lower=c(-1,0),upper=c(0.5,4))
nlminb(c(2,0),f,lower=c(1.5,0),upper=c(3,4))
```

注释

对于线性约束条件, 比如

$$\begin{bmatrix} a & b \\ c & d \end{bmatrix}\begin{bmatrix} x \\ y \end{bmatrix} - \begin{bmatrix} c_1 \\ c_2 \end{bmatrix} \geqslant 0 \Leftrightarrow \begin{cases} ax + by - c_1 \geqslant 0 \\ cx + dy - c_2 \geqslant 0 \end{cases}$$

可以使用函数 `constrOptim()`, 并将其参变量取为

$$\text{ui}=\begin{bmatrix} a & b \\ c & d \end{bmatrix} \text{和 ci}=\begin{bmatrix} c_1 \\ c_2 \end{bmatrix}.$$

10.5.2 函数的根

一个函数 f 的根 (或零点) 定义为方程 $f(x) = 0$ 的解.

- 单根

如果方程只存在单个根, 则可使用函数 uniroot() 在给定的区间上执行一维搜索. 这里以如何在区间 [0, 2] 上找出使函数 $\cos x^2$ (在一维最优化中曾提到过这个函数) 为零的那个点为例来说明其用法. 注意, 这个简单问题的解析解为 $x = \sqrt{\pi/2} = 1.253314$.

```
> uniroot(f=function(x){cos(x^2)},lower=0,upper=2,
+                    tol=0.00001)$root
[1] 1.253314
```

- 多项式的根

函数 polyroot() 可用来找出一个多项式的所有根 (有可能是复数). 例如, 下面这个指令求出了多项式 $P(x) = 3 - 8x + x^2$ 的各个根.

```
> polyroot(c(3,-8,1))
[1] 0.3944487+0i 7.6055513+0i
```

备 忘 录

round(): 取整数
abs(): 绝对值
sqrt(): 平方根
exp(), log(): 指数, 对数
max(), min(): 最大值, 最小值
sum(), prod(): 求和, 乘积
cummax(), cummin(), cumprod(), cumsum(): 累积最大值 (最小值、乘积、和)
cos(), sin(): 余弦, 正弦
%*%: 矩阵乘法运算符
t(), solve(): 矩阵转置, 矩阵求逆
outer(), kronecker(): 外积, Kronecker 积
det(): 矩阵行列式
eigen(): 矩阵的特征值与特征向量
svd(), chol(), qr(): 矩阵分解 (奇异值, Cholesky, QR)
integrate(): 数值积分
D(), deriv(): 符号微分
grad(), hessian(): 程序包 numDeriv 中的数值微分方法
optimize(), nlm(), nlminb(): 最优化函数
uniroot(), polyroot(): 求函数的根

练 习 题

10.1- 用哪个函数来计算二项式系数?
10.2- 给出计算前 n 个整数的和的指令.
10.3- 哪个函数可以返回一个样本的取值范围?
10.4- 下面这个指令的输出结果是什么:
matrix(c(1,0,0,1),nrow=2)*matrix(1:4,nrow=2) ?

10.5- 矩阵乘法的符号是什么?
10.6- 矩阵转置的函数是什么? 矩阵求逆的函数是什么?
10.7- 给出创建阶数为 5 的单位矩阵的指令.
10.8- 给出计算一个矩阵的行列式和迹的指令.
10.9- 给出可以尺度化 (缩放) 和中心化矩阵 $\mathcal{A}$ 的指令.
10.10- 哪个函数可以计算一个矩阵的特征值和特征向量?
10.11- 给出计算函数 $3x^2+2$ 在区间 $[-1,1]$ 上的数值积分的指令.
10.12- 给出在区间 $[0,2]$ 上寻找函数 $\sin^2 x$ 最大值的指令.
10.13- 哪个函数可用来寻找一个函数的单根? 哪个函数可用来寻找一个多项式的零点?

工 作 簿

矩阵运算、最优化、积分

A- 第一个最优化问题

本项实训练习的目的是运用多种方法去寻找下面这个矩阵的特征值.

```
> A
     [,1] [,2]
[1,]    2    5
[2,]    3    4
```

10.1- 创建一个名为 `myf()` 的函数, 它可以计算特征多项式 $P(x) = \det(\mathcal{A} - x\mathcal{I}_2)$ 在点 x 的值 (提示: 使用 `det()` 函数). 注: 矩阵的特征值就是其特征多项式的根.
10.2- 修改 `myf()` 函数使得它可以处理向量值.
10.3- 在区间 $[-10,10]$ 上绘制函数 `myf()` 的图像并添加坐标轴.
10.4- 使用函数 `uniroot()` 两次以找到函数 `myf()` 的两个根.
10.5- 找出多项式 $P(x)$ 的系数, 然后使用函数 `polyroot()` 来计算这个多项式的根.
10.6- 运用函数 `eigen()` 来验证你的结果.

B- 第二个最优化问题

关于下一页这个图的信息如下:

- 线段 MH 是线段 DC 的中垂线;
- 点 Q 是点 M 在线段 BC 上的正交投影;
- $g(\alpha) = MA + MB + MH$, 其中 $\alpha = \angle BMQ \in [0, \pi/2]$;
- $AB = 10$, $BC = 6$.

这项实训操作的目的是找出使 $g(\alpha)$ 达到最小的那个角度 α.

回顾一下下面的三角恒等式:

- $\cos\theta = \dfrac{\text{临边的长度}}{\text{斜边的长度}}$;
- $\sin\theta = \dfrac{\text{对边的长度}}{\text{斜边的长度}}$;
- $\tan\theta = \dfrac{\text{对边的长度}}{\text{临边的长度}} = \dfrac{\sin\theta}{\cos\theta}$;
- $\sin(\pi/2-\theta) = \cos\theta$.

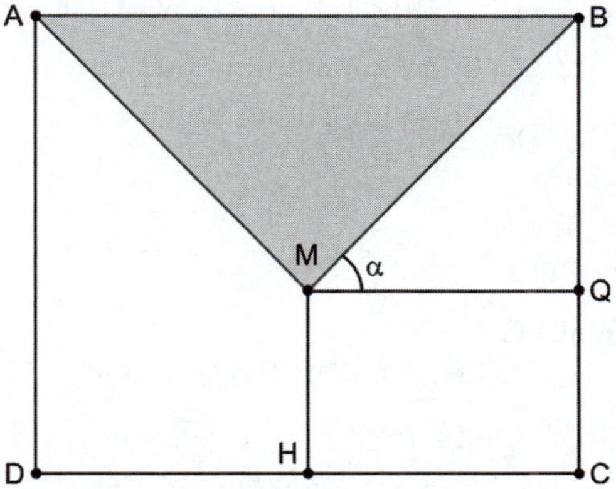

10.1- 在 R 中再次绘出上面这个图.
10.2- 解析地证明表达式 $g(\alpha) = 5(2-\sin\alpha)/\cos\alpha + 6$.
10.3- 在 R 中创建函数 g.
10.4- 数值地计算 $g(\alpha)$ 的最小值及其对应的自变量的取值.
10.5- 计算 $g'(\alpha)$ 的解析表达式.
10.6- 运用符号微分来检查你的结果是否正确.
10.7- 在 R 中创建这个函数并命名为 `gprime`.
10.8- 数值地计算 $g'(\alpha)$ 的根, 并验证所得的结果是否与前面的相同.

C- 标准正态表

我们可以使用函数 `integrate()` 为标准正态分布 $\mathcal{N}(0,1)$ 建立一个表.

令 $\Phi(x) = \int_{-\infty}^{x} \frac{1}{\sqrt{2\pi}} e^{-\frac{t^2}{2}} dt$ 为 $\mathcal{N}(0,1)$ 的累积分布函数, 众所周知 $\Phi(-x) = 1-\Phi(x)$. 因此我们只需创建 x 为正值时的表.

10.1- 创建函数 `phi()`, 这个函数将长度为 n 的向量 $\boldsymbol{x}$ 作为输入值, 并返回向量值 $\frac{1}{\sqrt{2\pi}} e^{-\frac{x_i^2}{2}}, i = 1,\ldots,n$.
10.2- 对于如下的向量: `quantiles <- seq(0,5.5,by=0.1)` 中所有的点 x, 使用函数 `integrate()` 计算 $\Phi(x)$, 并将这些数值存储在一个名为 `probs` 的向量中.
10.3- 使用函数 `all.equal()` 将这些结果与用函数 `pnorm()` 得到的结果进行对比.
10.4- 以 `quantiles` 中所有的 x 以及它的相反数 $-x$ 作为横坐标取点, 绘制 $\Phi(x)$ 的图像 (提示: 使用函数 `rev()`).

10.5- 在前面所绘的图形中用蓝色的线画出函数 `pnorm()` 的曲线. 检查这两条曲线是不是完全重合.

D- 主成分分析

主成分分析 (Principal Components Analysis, PCA) 需要用到许多的矩阵运算, 因此它是一种可将本章开头所提到的有关概念付诸实践的好方法.

下面的数据是从法国波尔多的葡萄酒产区收集到的, 它们包括:

- 四种天气特征:
  - `TEMPER`: 日平均气温之和 (°C),
  - `SUN`: 日照长度 (h),
  - `HEAT`: 持久高温的天数,
  - `RAIN`: 降雨量 (mm);
- 葡萄酒的品质 (`QUALITY`):
  1 = 好酒, 2 = 平均水平的酒, 3 = 质量中等偏下的酒.

在数据投影到预先选取的子空间 (一个平面) 上后 (目的是限制由投影所造成的信息损失), 我们将这些定量数据展现在一个散点图中.

10.1- 将数据文件

`http://www.biostatisticien.eu/springeR/climatewine.csv`

的内容输入到变量 `climatewine` 中.

10.2- 将变量 `TEMPER`, `SUN`, `HEAT`, `RAIN` 保存于矩阵 $\mathcal{X}$ 中 (提示:`as.matrix()`).

10.3- 使用函数 `colMeans()` 计算 $\mathcal{X}$ 中各个个体的散点图的重心 $\boldsymbol{g}$ (各个列的均值构成的向量), 将结果保留两位小数并显示出来.

10.4- 使用函数 `scale()` 得到矩阵 $\mathcal{X}$ 的中心化矩阵 $\dot{\mathcal{X}} = (\dot{x}_{ij})$, 并将它存储在变量 `Xdot` 中.

10.5- 计算散点图的**整体惯性**(`inertia`), 它刻画了点的散布程度: $\mathcal{I} = \frac{1}{n}\sum_{i=1}^{n}\sum_{j=1}^{n}\dot{x}_{ij}^2$, 其中 n 为 $\mathcal{X}$ 中个体的数目.

10.6- 个体 i 对整体惯性的贡献由公式 $\frac{1}{n\mathcal{I}}\sum_{j=1}^{p}\dot{x}_{ij}^2$ 给出, 其中 p 是变量的个数 (在本例中为 4).
计算每个个体对整体惯性的贡献并将结果保存在向量 `inertiacontr` 中.

10.7- 创建长度为 n 的列矩阵 `onen`, 该矩阵的元素仅是 1.

10.8- 验证散点图的重心 $\boldsymbol{g}$ 也可以由公式 $\boldsymbol{g} = \frac{1}{n}\mathcal{X}^{\mathsf{T}}\mathbf{1}_n$ 得到.

10.9- 验证中心化数据矩阵 `Xdot` 也可由公式 $\dot{\mathcal{X}} = \mathcal{X} - \mathbf{1}_n\boldsymbol{g}^{\mathsf{T}}$ 得到.

10.10- 使用公式 $\mathcal{S} = \frac{1}{n}\dot{\mathcal{X}}^{\mathsf{T}}\dot{\mathcal{X}}$ 来计算协方差矩阵 $\mathcal{S}$, 并尝试使用函数 `cov()` 重新得到这个结果.

10.11- 通过矩阵 $\mathcal{S}$ 来计算对角矩阵 Doneovers, 其中的对角元素为标准差的倒数: $\mathcal{D}_{1/s} = \text{diag}(1/s_1, \ldots, 1/s_p)$.

10.12- 运用公式 $\mathcal{Z} = \dot{\mathcal{X}}\mathcal{D}_{1/s}$ 计算中心化和标准化后的矩阵 $\mathcal{Z}$.

10.13- 运用公式 $\mathcal{R} = \frac{1}{n}\mathcal{Z}^\mathsf{T}\mathcal{Z}$ 计算相关系数矩阵 $\mathcal{R}$, 并尝试使用函数 cor() 重新得到这个结果.

10.14- 计算由相关矩阵 $\mathcal{R}$ 的特征根 (Lambda) 构成的对角矩阵 $\mathbf{\Lambda}$ 以及由其特征向量 (W) 构成的矩阵 $\mathcal{W}$. 矩阵 $\mathcal{W}$ 包含一个新的基础坐标, 我们将在这个新坐标中重新表示每个个体.

10.15- 绘制各相关系数所代表的圆, 它们的半径都为 1, 在此基础上再绘制四个箭头 (这两条线段分别以原点为起点、以矩阵 $\mathcal{W}\mathbf{\Lambda}^{1/2}$ 前两列的值作为末端点的坐标). 在同一个图中, 在这四个箭头的末端添加变量名.

10.16- 中心标准化后的散点图的整体惯性与变量个数相等 (在本例中为 4). 它可以分解成以 $\mathcal{W}$ 为基础的四个坐标轴所贡献的惯性 (即 $\mathbf{\Lambda}$ 的对角线元素) 之和. 计算由前 k 个轴线 $(1 \leqslant k \leqslant p)$ 解释的累计惯性在整体惯性中的百分比, 并保存为向量形式. 被前两个轴线解释的惯性百分比是多少?

10.17- 运用公式 $\mathcal{C}_\mathcal{W} = \mathcal{Z}\mathcal{W}$ 计算主成分矩阵 $\mathcal{C}_\mathcal{W}$. 主成分实质上就是在由 $\mathcal{W}$ 描述的新的坐标系上个体的坐标.

10.18- 打开一个新的绘图窗口并绘制已投影到第一主平面上的个体的散点图, 即利用由 $\mathcal{C}_\mathcal{W}$ 的前两列所给出的坐标. 在图中添加各个个体的名称.

10.19- 再次绘制前面这个图像, 但是这次用红色 (蓝色、绿色) 分别代表好酒 (平均水平的酒、中等偏下的酒) 并添加一个标题.

10.20- 在第一主平面上表征个体 i 的质量由公式 $\dfrac{c_{i1}^2 + c_{i2}^2}{\sum_{j=1}^{p} c_{ij}^2}$ 给出, 其中 c_{ij} 是矩阵 $\mathcal{C}_\mathcal{W}$ 的第 i 行第 j 列的元素. 计算在第一主平面上代表个体质量的向量 QLT. 将 QLT 的值保留两位小数并显示出来.

10.21- 接下来简要地探究一下可执行 PCA 的程序包 ade4. 首先安装并加载这个程序包到 R 系统中.

10.22- 键入如下的指令:

```
rownames(X) <- climatewine[,1]
res <- dudi.pca(X) # 对你被问到的问题给出回答: 2
scatter(res)
s.class(res$li,as.factor(climatewine[,6]))
```

第 11 章　描述性统计

本章的目标

本章介绍 R 中用以构造或组织变量、绘制数据的常规概况图及计算一个数据集的简单数值汇总统计量的一些常用方法. 这一章中用于实例分析的数据取自先前介绍过的数据集 NutriElderly. 我们也给出了一些函数的例子来生成更加美观的图像, 这对于准备演讲或撰写报告是很有用的.

11.1 节　引　言

本章中所有的实例分析都基于数据文件 nutrition_elderly.xls, 读者可以使用我们在第 4 章介绍的方法中的任意一种来将该数据输入到 R 中. 例如, 可以调用下面的指令 (如果你是在微软 Windows 环境下工作, 记得预先安装文件 http://www.biostatisticien.eu/springeR/Rtools29.exe):

```
> require(gdata) # 赋予用户访问函数 read.xls() 的权限
> nutrielderly <- read.xls(
+ "http://www.biostatisticien.eu/springeR/nutrition_elderly.xls")

> attach(nutrielderly)
> head(nutrielderly)
  gender situation tea coffee height weight age meat fish
1      2         1   0      0    151     58  72    4    3
2      2         1   1      1    162     60  68    5    2
3      2         1   0      4    162     75  78    3    1
4      2         1   0      0    154     45  91    0    4
5      2         1   2      1    154     50  65    5    3
6      2         1   2      0    159     66  82    4    2
  raw_fruit cooked_fruit_veg chocol fat
1         1                4      5   6
```

2	5	5	1	4
3	5	2	5	4
4	4	0	3	2
5	5	5	3	2
6	5	5	1	3

这个 Excel 表包含了针对 226 个受试个体的 13 个变量的测量数据.

在本章的余下部分, 我们将假设用于各种实例分析的数据都已经被精心组织过, 这会在下一节中给出具体的解释.

11.2 节 根据类型来组织变量

数据集 NutriElderly 中的 13 个变量可依照如下图 11.1 中给出的算法并根据它们的类型来进行归类. 回想一下, 变量 X 的类型完全由它**能观测到的**模态 (modality) 或取值所构成的集合 E_X 来决定, 而不是由其实际观测的模态或取值所决定 (图 11.1).

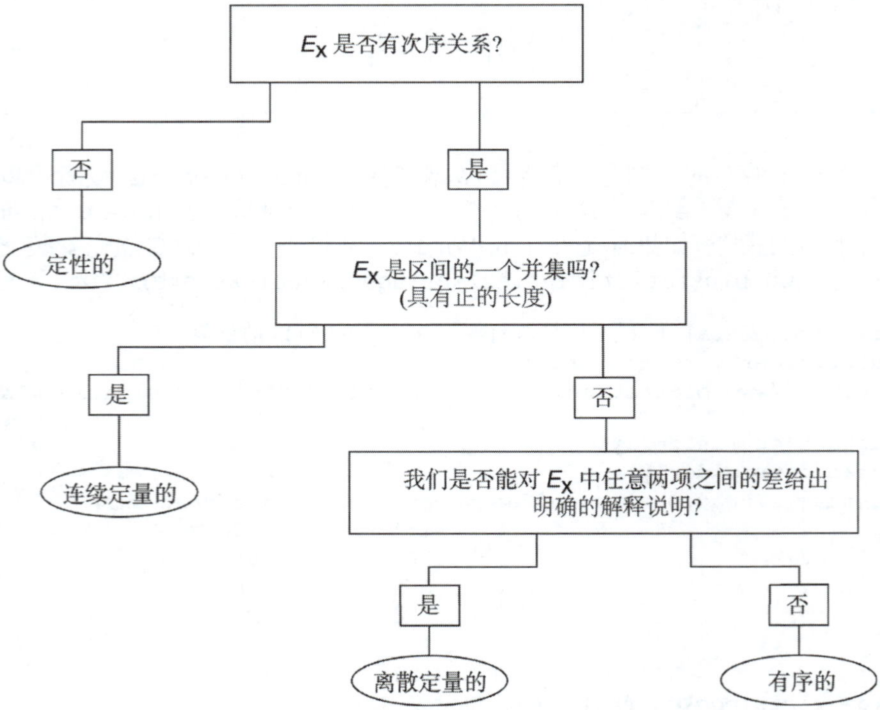

图 11.1: 决定一个变量的类型的算法

利用这一算法, 我们得到如下的汇总表:

定性变量 (qualitative variables)	gender, situation, fat
有序变量 (ordinal variables)	meat, fish, raw_fruit, cooked_fruit_veg, chocol
离散的定量变量 (discrete quantitative variables)	tea, coffee
连续的定量变量 (continuous quantitative variables)	height, weight, age

在进行描述性统计分析之前, 我们先要给每个变量建立一个 R 结构.

11.2.1 构造定性变量

对于定性变量, 使用函数 as.factor() 来建立其结构; 此外, 有时候需要使用函数 levels() 来对一个定性变量的模态重新编码.

接下来对前面这个数据集中的定性变量进行如下这些操作:

```
> gender <- as.factor(gender)
> levels(gender) <- c("Male","Female")
> situation <- as.factor(situation)
> levels(situation) <- c("single","couple","family","other")
> fat <- as.factor(fat)
> levels(fat) <- c("butter","margarine","peanut",
+             "sunflower","olive","Isio4","rapeseed","duck")
```

注意, 如果某个变量被编码为 "存在/缺失", 这时也可以使用如下的一种 R 结构 (由逻辑值构成的一个向量):

```
> smoker <- c(1,0,0,1,0,1,0,1,0,0) # 10 个数字
                                   # 烟民 (=1)/非烟民 (=0)
> smoker
 [1] 1 0 0 1 0 1 0 1 0 0
> smoker <- as.logical(smoker)
> smoker
 [1]  TRUE FALSE FALSE  TRUE FALSE  TRUE FALSE  TRUE FALSE
[10] FALSE
```

如果还想给这些模态各指定一个名称, 可按如下的方式操作:

```
> smoker <- c(smokes=smoker)
> smoker
 smokes1  smokes2  smokes3  smokes4  smokes5  smokes6  smokes7
    TRUE    FALSE    FALSE     TRUE    FALSE     TRUE    FALSE
 smokes8  smokes9 smokes10
    TRUE    FALSE    FALSE
```

但是, 我们不建议将 "存在/缺失" 型变量编码为逻辑值, 因为这会阻碍它们在其他 R 函数中的使用, 特别是对于图形表示的情形.

高级用户

如果用户着手处理的是一个已经组织成因子 (factors) 类型的变量, 例如:

```
> smoker <- as.factor(c("Smoker","NonSmoker","NonSmoker",
+                   "Smoker","NonSmoker","Smoker","NonSmoker",
+                   "Smoker","NonSmoker","NonSmoker"))
> smoker
 [1] Smoker    NonSmoker NonSmoker Smoker    NonSmoker
 [6] Smoker    NonSmoker Smoker    NonSmoker NonSmoker
Levels: NonSmoker Smoker
```

可以运用下面的方法来将它编码成逻辑值:

```
> smoker <- c(smoke=as.logical(2-as.integer(smoker)))
> smoker
 smoke1  smoke2  smoke3  smoke4  smoke5  smoke6  smoke7
  FALSE    TRUE    TRUE   FALSE    TRUE   FALSE    TRUE
 smoke8  smoke9 smoke10
  FALSE    TRUE    TRUE
```

11.2.2 构造有序变量

对于有序变量, 可以使用函数 as.ordered() 来建立其结构. 与此同时, 使用函数 levels() 来对一个有序变量的模态重新进行编码也是很有用的.

接下来我们对前面这个数据集中的有序变量执行如下这些运算:

```
> meat <- as.ordered(meat)
> fish <- as.ordered(fish)
> raw_fruit <- as.ordered(raw_fruit)
> cooked_fruit_veg <- as.ordered(cooked_fruit_veg)
> chocol <- as.ordered(chocol)
> mylevels <- c("never","< 1/week.","1/week.","2-3/week.",
+               "4-6/week.","1/day")
> levels(chocol) <- levels(cooked_fruit_veg) <-
+                   levels(raw_fruit)  <- mylevels
> levels(fish) <- levels(meat) <- mylevels
```

11.2.3 构造离散的定量数据

对于一个离散的变量, 可以使用函数 as.integer() 来建立其结构.

```
> tea <- as.integer(tea)
> coffee <- as.integer(coffee)
```

注意,只有数据取整数值它才会起作用.

11.2.4 构造连续的定量变量

对于一个连续的变量,可以使用函数 as.double() 来建立其结构.

```
> height <- as.double(height)
> weight <- as.double(weight)
> age <- as.double(age)
```

11.3 节

数 据 表

对于一个给定的数据集,哪些图形和数值总结量能够执行 (获取) 强烈依赖于该数据表的结构及其所包含的变量的类型. 本章将详细地介绍如何把数据组织成 R 中的表.

11.3.1 个体数据表

这是最常见的组织类型. 该数据由某个总体中 N 个受试者中每人的一个或几个变量的测量值所组成. 参见第 4 章的内容来查明如何将数据输入到 R 中. 注意,这些数据通常被安置在一个数据框中.

11.3.2 计数表与频数表

人们常常会感兴趣将一个个体数据表 (或原始数据表) 以一种更精简浓缩的形式表示出来. 特别是在处理定性数据或有序型数据时, 一个计数表或一个频数表能够让用户更容易理解一个变量的分布. 在 R 中可以使用函数 table() 来得到这样的表.

```
> tc <- table(fat)          # 计数表
> tc
fat
   butter margarine    peanut  sunflower     olive     Isio4
       15        27        48         68        40        23
 rapeseed      duck
        1         4
> tf <- tc/length(fat)    # 频数表
> tf
```

```
fat
     butter  margarine     peanut  sunflower      olive
0.066371681 0.119469027 0.212389381 0.300884956 0.176991150
      Isio4   rapeseed       duck
0.101769912 0.004424779 0.017699115
> levels(fat)                  # 各个水平
[1] "butter"    "margarine" "peanut"    "sunflower" "olive"
[6] "Isio4"     "rapeseed"  "duck"
> nlevels(fat)                 # 水平的数目
[1] 8
```

11.3.3 分组数据表

有时用户希望将一个或几个定量变量的个体数据表 (或原始数据表) 表示成一种更为紧凑的形式. 为此, 可以使用一个分组数据表来给出预先定义好的各个类的计数 (或频数).

注意, 可以使用函数 hist() 并在它的参变量 breaks 中指定各个类的边界; 然后它就会返回这些类别中每一个的计数. 参变量 breaks 的默认值为 "Sturges", 它会自动地计算类别.

```
> res <- hist(height,plot=FALSE)
> nn <- as.character(res$breaks)
> x <- as.table(res$counts)
> dimnames(x) <- list(paste(nn[-length(nn)],nn[-1],sep="-"))
> x
140-145 145-150 150-155 155-160 160-165 165-170 170-175
      1       7      37      50      46      31      27
175-180 180-185 185-190
     17       4       6
> # 或者使用函数 cut():
> table(cut(height,res$breaks,include.lowest=TRUE))
[140,145] (145,150] (150,155] (155,160] (160,165] (165,170]
        1         7        37        50        46        31
(170,175] (175,180] (180,185] (185,190]
       27        17         4         6
```

11.3.4 交叉表

11.3.4.1 列联表

基于一个给定的个体数据表, 用户可以使用函数 table() 来得到一个配对 (X, Y) 的观测值的列联表.

```
> mytable <- table(gender,situation)
> mytable
```

```
        situation
gender   single couple family other
  Male       20     63      2     0
  Female     78     56      7     0
```

还可以使用函数 `addmargins()` 来给这个表添加边际项.

```
> table.complete <- addmargins(mytable,FUN=sum,quiet=TRUE)
> table.complete
        situation
gender   single couple family other sum
  Male       20     63      2     0  85
  Female     78     56      7     0 141
  sum        98    119      9     0 226
```

小窍门

- 为了改变前面的表中边际项的标签 (“sum”), 只需定义函数 `Total()` (如此: `Total <- sum`), 然后在前面调用 `addmargins()` 的地方用 `Total` 替换 `sum` 即可.
- 如果该列联表已经在某个文件中给出, 请参见第 4 章来查看如何将这样一个文件通过函数 `read.ftable()` 输入到 R 中并运用函数 `ftable()` 将其显示出来.

11.3.4.2 联合分布

一个配对 (X, Y) 的联合分布表 (或相对频率表) 可从列联表 `mytable` 中得到.

```
> freqtable <- mytable/sum(mytable)
> freqtable
        situation
gender        single      couple      family       other
  Male   0.088495575 0.278761062 0.008849558 0.000000000
  Female 0.345132743 0.247787611 0.030973451 0.000000000
```

为了得到边际项, 可以使用下面指令中的任意一种:

```
> Total <- sum
> addmargins(freqtable,FUN=Total,quiet=TRUE)
        situation
gender        single      couple      family       other
  Male   0.088495575 0.278761062 0.008849558 0.000000000
  Female 0.345132743 0.247787611 0.030973451 0.000000000
  Total  0.433628319 0.526548673 0.039823009 0.000000000
        situation
gender         Total
  Male   0.376106195
```

```
  Female 0.623893805
  Total  1.000000000

> freqtabletotal <- table.complete/table.complete[
+                             length(table.complete)]
> freqtabletotal
        situation
gender         single      couple      family       other
  Male    0.088495575 0.278761062 0.008849558 0.000000000
  Female 0.345132743 0.247787611 0.030973451 0.000000000
  sum    0.433628319 0.526548673 0.039823009 0.000000000
        situation
gender          sum
  Male   0.376106195
  Female 0.623893805
  sum    1.000000000
```

11.3.4.3 边际分布

一个分布表或一个列联表 `freqtable` 的边际项可利用 `margin.table()` 来得到.

```
> margin.table(freqtable,1) # 右边际项
gender
     Male    Female
0.3761062 0.6238938
> margin.table(freqtable,2) # 底边际项
situation
    single     couple     family      other
0.43362832 0.52654867 0.03982301 0.00000000
```

提醒

当分布表 (或列联表) 是完整的时候, 即它已经包含了边际项 (如同 `freqtabletotal` 的情形), 不要再使用函数 `margin.table()` 去提取边际项, 而是按照如下的方法来操作:

```
> freqtabletotal[,ncol(freqtabletotal)] # 右边际项
     Male    Female       sum
0.3761062 0.6238938 1.0000000
> freqtabletotal[nrow(freqtabletotal),] # 底边际项
    single     couple     family      other        sum
0.43362832 0.52654867 0.03982301 0.00000000 1.00000000
```

11.3.4.4 条件分布

使用函数 `prop.table()` 来得到条件分布表.

► 给定 gender 的值, situation 的条件分布:

```
> prop.table(mytable,1)
        situation
gender       single     couple     family      other
  Male   0.23529412 0.74117647 0.02352941 0.00000000
  Female 0.55319149 0.39716312 0.04964539 0.00000000
> addmargins(prop.table(mytable,1),margin=2,FUN=sum) # 添加汇总值
        situation
gender       single     couple     family      other
  Male   0.23529412 0.74117647 0.02352941 0.00000000
  Female 0.55319149 0.39716312 0.04964539 0.00000000
        situation
gender          sum
  Male   1.00000000
  Female 1.00000000
```

► 已知 situation 的情况下 gender 的条件分布:

```
> prop.table(mytable,2)
        situation
gender      single    couple    family other
  Male   0.2040816 0.5294118 0.2222222
  Female 0.7959184 0.4705882 0.7777778
> addmargins(prop.table(mytable,2),margin=1,FUN=sum) # 添加汇总值
        situation
gender      single    couple    family other
  Male   0.2040816 0.5294118 0.2222222
  Female 0.7959184 0.4705882 0.7777778
  sum    1.0000000 1.0000000 1.0000000
```

11.4 节 数值总结

为简便起见, 我们在向量 $\boldsymbol{x} = (x_1, \ldots, x_N)^\mathsf{T}$ 上展示所有的数值总结 (numerical summaries). 这个向量由变量 X 在一个大小为 N 的总体上的 N 个测量值所构成 (描述性统计的标准情形). 当向量 $\boldsymbol{x}$ 代表的是一个子样本, 我们将以 n 来表示它的长度. 这里的实例分析主要基于数据向量 height.

提醒

当某些数据缺失 (NA) 的时候, 数值总结将无法计算. 如果必要的话, 可以使用函数 na.omit() 来将缺失值做忽略处理.

```
> x <- na.omit(height) # 这种情况下此操作是无用的
                       # 因为 height 没有任何缺失值 (NA)
```

11.4.1 一个分布的位置参数的总结

11.4.1.1 众数

变量 X 的众数 (mode) 就是最频繁发生的那些值. 可以对任何一种类型的变量来计算其众数, 尽管对连续的定量变量, 应当使用众数组 (modal class) 来代替. 注意, 众数可能是唯一的, 在这种情况下称之为单峰 (unimodal) 分布, 与之相对的是多峰 (multimodal) 分布.

```
> tabtea <- table(tea)
> names(which.max(tabtea))              # 得到一个唯一的众数
[1] "0"
> names(tabtea)[max(tabtea)==tabtea] # 得到全部的众数
[1] "0"
```

在这种情况下, 变量 `tea` (每天饮茶的杯数) 是单峰的.

> 小窍门
>
> 对于一个定量变量, 可以对上面的结果使用函数 `as.numeric()` 来得到数值结果.

11.4.1.2 中位数

一个统计序列的中位数 (median) m_e 是刚好将序列 (所有的值都已按从小到大排列) 分割为同样大小的两半 (大于或小于 m_e) 的那个值. 这是一个位置的标准, 显然它仅针对于纯粹的定量变量才有意义. 为了计算它, 分两种情形来进行考查:

- 如果序列的总样本量 N 为奇数, 则中位数为位于 (已按从小到大排列的序列) 位置 $\dfrac{N+1}{2}$ 的值;
- 如果序列的总样本量 N 为偶数, 则处于 (已按从小到大排列的序列) 位置 $\dfrac{N}{2}$ 和 $\dfrac{N}{2}+1$ 这两个值之间的任意值都可作为序列的中位数. 在实际操作中, 常常取这两个值的平均数作为中位数 (这种方法不适用于次序型字符).

计算中位数的 R 函数 (**只适用于数值型数据**) 为 `median()`.

```
> median(x)
[1] 163
```

> 小窍门
>
> 以如下的代码所定义的自编函数可用来计算**个体** (individual) 的有序型或数值型数据的中位数:

```
> my.median <- function(x) {
+  if (is.numeric(x)) return(median(x))
+  if (is.ordered(x)) {
+   N <- length(x)
+   if (N%%2) return(sort(x)[(N+1)/2]) else {
+    inf <- sort(x)[N/2]
+    sup <- sort(x)[N/2+1]
+    if (inf==sup) return(inf) else return(c(inf,sup))
+   }}
+ stop(" 无法计算该类数据的中位数!")
+ }
> my.median(fish)
[1] 2-3/week.
6 Levels: never < < 1/week. < 1/week. < ... < 1/day
```

现在假设我们没有个体单独的数据, 只有对一个定量 (quantitative) 变量的 K 个类别 $[e_0, e_1], \ldots, [e_{k-1}, e_k], \ldots, [e_{K-1}, e_K]$ 的观测频率表 $f_1, \ldots, f_k, \ldots, f_K$. 在这种情况下, 我们需要对累积频率最接近 50% 的两个值做一个线性插值. 令 e_k 和 e_{k+1} 为组边界的两个连续值, 使得 $CFP_X(e_k) < 0.5 \leqslant CFP_X(e_{k+1})$, 其中 $CFP_X(e_j) = f_1 + f_2 + \cdots + f_j$, $j = 1, \ldots, K$ [$CFP_X(x)$ 是累积频率直方图在点 x 处的值]. 随后有

$$m_e = e_k + (e_{k+1} - e_k)\frac{0.5 - PFC_X(e_k)}{PFC_X(e_{k+1}) - PFC_X(e_k)}.$$

我们提出用下面的代码来计算这种情形下的中位数:

```
> median.for.freq <- function(x) {
+  # x 为频率表
+ if (all(is.numeric(names(x)))) {
+  tab.freq.cum <- cumsum(x)
+  index <- order(tab.freq.cum < 0.5)[1]
+  fc1 <- tab.freq.cum[index]
+  fc2 <- tab.freq.cum[index-1]
+  x1 <- as.numeric(names(fc1))
+  x2 <- as.numeric(names(fc2))
+  mex <- as.numeric(x1 + (x2-x1)*(0.5-fc1)/(fc2-fc1))
+ } else {mex <- NA}
+ return(mex)
+ }
```

这里再展示一下我们如何计算后面这个数据 (已被函数 `hist()` 分成多个组并存放于向量 `x` 中) 的中位数:

```
> res <- hist(x,plot=FALSE,breaks=c(130,150,160,170,180,190))
> tab.x <- table(rep(res$breaks[-1],res$counts))
> tab.x
150 160 170 180 190
  8  87  77  44  10
> median.for.freq(tab.x/sum(tab.x))
[1] NA
```

11.4.1.3 均值

它只有对定量变量才能进行计算.

```
> mean(x)        # $\mu_X = \frac{1}{N}\sum_{i=1}^{N} x_i$
[1] 163.9602
```

11.4.1.4 分位数

阶数为 p $(0 < p < 1)$ 的分位数是变量 X 的 q_p 值, 它将样本分为两部分: 其中一部分的单元数目是 $\boldsymbol{x}$ 的总样本量的 $p\%$ (各元素都小于 q_p), 另一部分的单元数目占 $(1-p)\%$ (各元素都大于 q_p). 它不能对纯粹的定性变量来计算.

阶为 10% 和 90% 的分位数:

```
> quantile(x,probs=c(0.1,0.9))
10% 90%
153 176
```

3 个四分位 $q_{1/4}, q_{1/2}, q_{3/4}$ 分位数 (也常表示为 $q_1, q_2 = m_e, q_3$):

```
> quantile(x,probs=c(0.25,0.5,0.75))
25% 50% 75%
157 163 170
```

十分位数:

```
> quantile(x,probs=1:10/10)
  10%   20%   30%   40%   50%   60%   70%   80%   90%  100%
153.0 156.0 158.5 160.0 163.0 165.0 168.0 172.0 176.0 188.0
```

> **小窍门**
>
> 对一个由定量数据构成的向量运用函数 summary() 将会计算该向量中元素的最小值、最大值、均值以及 3 个四分位数.

11.4.2 一个分布的散度参数的总结

注意, 这些总结值只能对定量变量来进行计算. 首先定义如下的 3 个 R 函数, 然后在接下来的表中给出各项总结值.

```
> # 总体的方差 $\sigma^2(x) = \frac{1}{N}\sum_{i=1}^{N}(x_i - \mu_X)^2$
> var.pop <- function(x) var(x)*(length(x)-1)/length(x)
> # 总体的标准差 $\sigma(x) = \sqrt{\frac{1}{N}\sum_{i=1}^{N}(x_i - \mu_X)^2}$
```

```
> sd.pop <- function(x) sqrt(var.pop(x))
> # 变异系数:
  # c_v = σ/μ_X
> co.var <- function(x) sd.pop(x)/mean(x)
```

名称	数学公式	R 指令	结果
极差	$\max_{1\leqslant i\leqslant N}(x_i)-\min_{1\leqslant i\leqslant N}(x_i)$	max(x)-min(x) diff(range(x))	48.0
四分位极差	$q_{3/4}-q_{1/4}$	IQR(x)	13.0
方差	$\sigma^2_{Pop}(\mathbf{x})=\frac{1}{N}\sum_{i=1}^{N}(x_i-\overline{x})^2$	var.pop(x)	80.702
标准差	$\sigma_{Pop}(\mathbf{x})=\sqrt{\frac{1}{N}\sum_{i=1}^{N}(x_i-\overline{x})^2}$	sd.pop(x)	8.983
变异系数	$c_v=\frac{\sigma_{Pop}}{\mu_X}$	co.var(x)	0.055
相对中位数的绝对偏差	$\frac{1}{N}\sum_{i=1}^{N}\lvert x_i-me_X\rvert$	mad(x)	10.378
平均绝对偏差	$\frac{1}{N}\sum_{i=1}^{N}\lvert x_i-\overline{x}\rvert$	mean(abs(x-mean(x)))	7.312

注释

基于一个大小为 n 的样本, 某个总体的方差 σ^2 的一个无偏估计 $\hat{\sigma}^2$ 可以用函数 var() 来计算, 对应的标准差 $\hat{\sigma}$ 可用函数 sd() 来计算.

```
> var(x)          # σ̂²(x) = 1/(n-1) Σ_{i=1}^{n} (x_i - x̄)²
                  # 其中 x̄ = 1/n Σ_{i=1}^{n} x_i
[1] 81.06063
> sd(x)           # σ̂(x) = sqrt( 1/(n-1) Σ_{i=1}^{n} (x_i - x̄)² )
                  # 其中 x̄ = 1/n Σ_{i=1}^{n} x_i
[1] 9.003368
```

11.4.3 一个分布的形状参数的总结

注意, 这些总结值也是只能对定量变量来进行计算. 值得一提的是, 描述分布形状的两个最常用的量是不对称系数 (偏度 skewness) 和峰度系数 (峰度 kurtosis), 相应的 R 代码如下所示:

```
> skew <- function(x) mean((x-mean(x))^3)/sd.pop(x)^3
> skew(x)     # γ1 = μ3/σ^3
              # 其中 μ3 = (1/N) Σ_{i=1}^{N} (x_i − μ_X)^3
[1] 0.4256203
> kurt <- function(x) mean((x-mean(x))^4)/sd.pop(x)^4
> kurt(x)   # β2 = μ4/σ^4
            # 其中 μ4 = (1/N) Σ_{i=1}^{N} (x_i − μ_X)^4
[1] 2.778185
```

小窍门

程序包 moments 中的函数 skewness() 和 kurtosis() 分别执行与 skew() 和 kurt() 相同的运算.

11.5 节

关联度的测量

11.5.1 测量两个定性变量之间的关联

11.5.1.1 Pearson χ^2 统计量

本节的结果是使用函数 chisq.test() 来得到的. 接下来依次介绍如何计算由观察计数 O_{ij} 所构成的列联表、由理论 (期望的) 计数 E_{ij} $(1 \leqslant i \leqslant p, 1 \leqslant j \leqslant q)$ 所构成的列联表 (也称为独立表)、对 χ^2 统计量的贡献表以及 χ^2 统计量.

```
> genderfat <- table(gender,fat)    # O_ij 的观测值构成的列联表
> tab.ind <- chisq.test(genderfat)$expected   # E_ij
> round(tab.ind)
        fat
gender   butter margarine peanut sunflower olive Isio4
  Male        6        10     18        26    15     9
  Female      9        17     30        42    25    14
        fat
gender   rapeseed duck
  Male          0    2
  Female        1    2
> # (genderfat-tab.ind)^2/tab.ind:  (O_ij − E_ij)^2 / E_ij
> tab.contr <- chisq.test(genderfat)$residuals^2
> tab.contr
```

```
       fat
gender        butter   margarine      peanut   sunflower
  Male   3.367083116 0.002361810 0.233489502 0.818473834
  Female 2.029801879 0.001423786 0.140756083 0.493406212
       fat
gender         olive       Isio4    rapeseed        duck
  Male   1.632483082 1.540468053 0.376106195 1.486777720
  Female 0.984121007 0.928650954 0.226730685 0.896284441
> chi2 <- chisq.test(genderfat)$statistic   # sum(tab.contr)
> chi2                    # χ^2 = Σ_{i,j} (O_ij − E_ij)^2 / E_ij
X-squared
 15.15842
```

小窍门

另一种计算 Pearson χ^2 统计量的方法是使用函数 summary().

```
> chi2 <- summary(table(gender,fat))$statistic
> chi2
[1] 15.15842
```

11.5.1.2 Φ^2, Cramer V^2 以及 Pearson 列联相关系数

下面这个表中所有的指标都可从 χ^2 系数来计算得到.

```
> N <- sum(genderfat)
> p <- nrow(genderfat)
> q <- ncol(genderfat)
```

指标	公式	R 指令	结果
Φ^2	$\Phi^2 = \frac{\chi^2}{N}$	`Phi2 <- chi2/N`	0.067
Cramer V^2	$V^2 = \frac{\Phi^2}{\min(p-1,q-1)}$	`Phi2/(min(p,q)-1)`	0.067
Pearson	$C = \sqrt{\frac{\chi^2}{(N+\chi^2)}}$	`sqrt(chi2/(N+chi2))`	0.251
列联相关系数	$= \sqrt{\frac{\Phi^2}{(1+\Phi^2)}}$		

小窍门

程序包 rgrs 中的函数 cramer.v() 也能用来计算 Cramer V^2 系数.

```
> require(rgrs)
> cramer.v(genderfat)^2
[1] 0.06707265
```

11.5.2 测量两个有序变量 (或排序) 之间的关联

11.5.2.1 Kendall τ 及 τ_b

这个系数是基于个体一致性的概念提出来的. 对于个体 i 和 j 以及分别有 p 和 q 个取值的两个有序变量 X 和 Y, 我们说配对 (x_i, y_i) 和 (x_j, y_j) 是一致的, 如果 $\text{sign}(x_j - x_i) = \text{sign}(y_j - y_i)$; 而当 $\text{sign}(x_j - x_i) = -\text{sign}(y_j - y_i)$ 时说配对是不一致的. 如果 $x_i = x_j$ 或 $y_i = y_j$ (或同时满足), 相应的配对既非一致同时也非不一致: 这时就说存在一个结 (tie). 如果有 n_c 个一致的配对, n_d 个不一致的配对以及 n_t 个结, 则 $n_c + n_d + n_t = \frac{1}{2}N(N-1)$. 随后 Kendall τ_b 由如下的公式给出:

$$\tau_b = \frac{2(n_c - n_d)}{\sqrt{\left(N^2 - \sum_{k=1}^{p} n_{k\bullet}^2\right)\left(N^2 - \sum_{l=1}^{q} n_{\bullet l}^2\right)}},$$

其中 $2(n_c - n_d) = \sum_{k=1}^{p}\sum_{l=1}^{q} \text{sign}(x_k - x_l)\text{sign}(y_k - y_l)$, $n_{k\bullet} = \sum_{l=1}^{q} n_{kl}$ 且 $n_{\bullet l} = \sum_{k=1}^{p} n_{kl}$, 而 n_{kl} 为对 X 取值为 k、对 Y 取值为 l 的个体的数目.

当不存在结的时候, 上面这个公式简化为所谓的 Kendall τ:

$$\tau = \frac{2(n_c - n_d)}{N(N-1)}.$$

这两个量在 R 中都可用函数 cor() 来计算:

```
> cor(as.numeric(meat),as.numeric(fish),method="kendall")
[1] -0.1583088
```

小窍门

注意, 通过将上面 τ_b 的公式翻译成 R 指令, 用户就可以自行来计算这些系数:

```
> Kendall.taub <- function(x,y) {
+  a1 <- sign(outer(as.numeric(x),as.numeric(x),"-"))
+  a2 <- sign(outer(as.numeric(y),as.numeric(y),"-"))
+  num <- sum(a1*a2)
+  N <- length(x)
+  b1 <- sum(margin.table(table(x,y),1)^2)
+  b2 <- sum(margin.table(table(x,y),2)^2)
+  denom <- sqrt((N^2-b1)*(N^2-b2))
+  taub <- num / denom
+ return(taub)
+ }
> Kendall.taub(meat,fish)
[1] -0.1583088
```

11.5.2.2 Spearman 秩相关系数 ρ

首先计算所有个体在变量 X 和 Y 上的观测值的秩 x_i 和 y_i (使用函数 `rank()`). 当有结存在时, 指定打结值的秩等于它们共享的位置处的均值 (这是函数 `rank()` 默认的处理方式).

当没有结存在时, Spearman 秩相关系数由以下公式给出:

$$\rho = 1 - \frac{6\sum_{i=1}^{N} d_i^2}{N(N^2-1)}, \text{ 其中 } d_i = x_i - y_i.$$

当有结存在时, 则应当使用秩的 Pearson 标准相关系数:

$$\rho = \frac{N\left(\sum_{i=1}^{N} x_i y_i\right) - \left(\sum_{i=1}^{N} x_i\right)\left(\sum_{i=1}^{N} y_i\right)}{\sqrt{N\left(\sum_{i=1}^{N} x_i^2\right) - \left(\sum_{i=1}^{N} x_i\right)^2}\sqrt{N\left(\sum_{i=1}^{N} y_i^2\right) - \left(\sum_{i=1}^{N} y_i\right)^2}}.$$

为了在 R 中计算 Spearman 秩相关系数, 可以使用函数 `rank()` 和 `cor()`, 或直接使用函数 `cor()` 并将其参变量 `method` 设为 `"spearman"`.

```
> cor(rank(fat),rank(situation))
[1] 0.008787643
> cor(as.numeric(fat),as.numeric(situation),method="spearman")
[1] 0.008787643
```

11.5.3 测量两个定量变量之间的关联

11.5.3.1 协方差和 Pearson 相关系数

对于两个定量变量, 最恰当的关联性度量是相关系数. 它定义为两个变量的协方差与它们各自的标准差的比值, 并可以用函数 `cor()` 来计算得到.

```
> cor(height,weight)
[1] 0.6306576
```

使用函数 `cov()` 来计算协方差.

```
> cov(height,weight)
[1] 68.32596
```

小窍门

这个系数也可用函数 cor.test() 来计算.

```
> cor.test(height,weight)$estimate
      cor
0.6306576
```

11.5.4 测量一个定性变量与一个定量变量之间的关联

11.5.4.1 相关比 $\eta^2_{Y|X}$

相关比 (correlation ratio) $\eta^2_{Y|X}$ 刻画了定量变量 Y 的变异中有多少能被具有 p 个水平的定性变量 X 的各个水平所解释. 事实上, X 可视为总体中的定义组. 相关比是组内方差与组间方差的比值, 它由如下的公式给出:

$$\eta^2_{Y|X} = \frac{\sum_{k=1}^{p} n_k(\overline{y}_k - \overline{y})^2}{\sum_{i=1}^{N}(y_i - \overline{y})^2},$$

其中 n_k 表示对应于 X 的第 k 个水平组的观测值 y_i 的数目.

下面是计算该比值的 R 代码:

```
> eta2 <- function(x, gpe) {
+  means <- tapply(x, gpe, mean)
+  counts <- tapply(x, gpe, length)
+  varwithin <- (sum(counts * (means - mean(x))^2))
+  vartot <- (var(x) * (length(x) - 1))
+  res <- varwithin/vartot
+ return(res)
+ }
```

以计算变量 weight 和 gender 的相关比为例:

```
> eta2(weight,gender)
[1] 0.3325501
```

小窍门

也可以使用如下的 R 指令来计算 $\eta^2_{Y|X}$:

```
> summary(lm(weight~gender))$r.squared
[1] 0.3325501
```

11.6 节

图形表示

一个变量的图形表示方式应当总是与该变量的类型相适应. 事实上, **一个变量的类型经常会转化为一个图形的有关特性**. 例如, 一个坐标轴末端的箭头表明相应的水平是有序的. 因此, 除了那些定性变量的情形, 坐标轴中各水平的方向对其余所有的变量都应当明晰化. 于是, 我们定义了 (并包含在与本书配套的程序包中) 新函数 `arrowaxis()`, 在需要的时候可以用它来给图形中指定的坐标轴添加一个箭头. 对于某些图形, 我们已经将一个基本的版本和一个更为精致美观的版本并排显示. 在实际的数据探索中不一定非得使用这些精心制作的版本, 但是这些图形至少显示出 R 可以让用户根据自己的意愿修改一个图形.

11.6.1 绘制定性变量的图形

11.6.1.1 交叉表

对于每一个观测值, 交叉表在与水平相对应的列中显示一个小的横杠. 这个图并没有包含在 R 中, 但它的绘图代码只需用函数 `plot()` 及其参变量 `pch` 即可编写. 对应的函数 (称为 `crosschart()`) 已包含在与本书配套的程序包中 (图 11.2).

```
> crosschart(situation,col=c("orange","darkgreen","black","tan"))
```

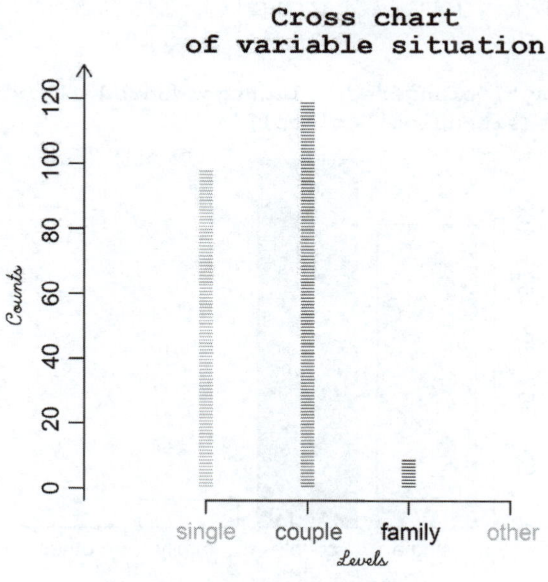

图 11.2: 一个定性变量的交叉表

注意到, 存在着另外一个函数 dotchart(), 当它与函数 table() 配合使用时也能给出类似的图形显示, 只不过它不是以变量的计数表的形式来绘图 (图 11.3).

```
> dotchart(table(situation),col=c("orangered","darkgreen",
+  "turquoise","tan"),pch=15,main=paste("Dot chart of counts",
+  "of variable situation",sep="\n"))
```

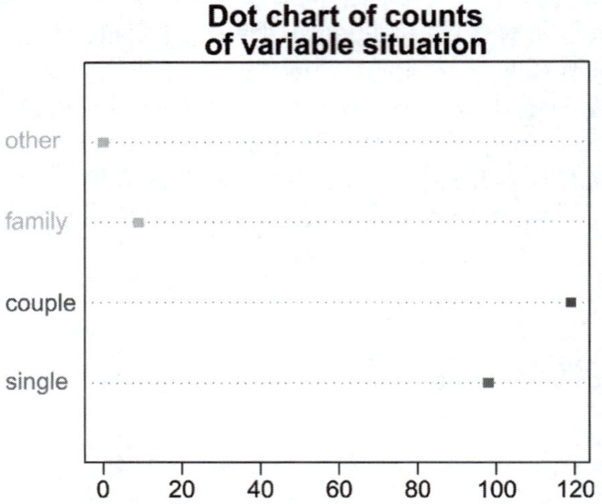

图 11.3: 一个定性变量的点图

11.6.1.2 条形图

一般的条形图 (bar plot) 可以运用函数 barplot() 来得到. 为了使图形更加美观, 我们提出了一个新函数 barchart(), 它已包含在与本书配套的程序包中 (图 11.4).

```
> col <- c("gray","orangered","lightgoldenrodyellow","red")
> barplot(table(situation),col=col)
```

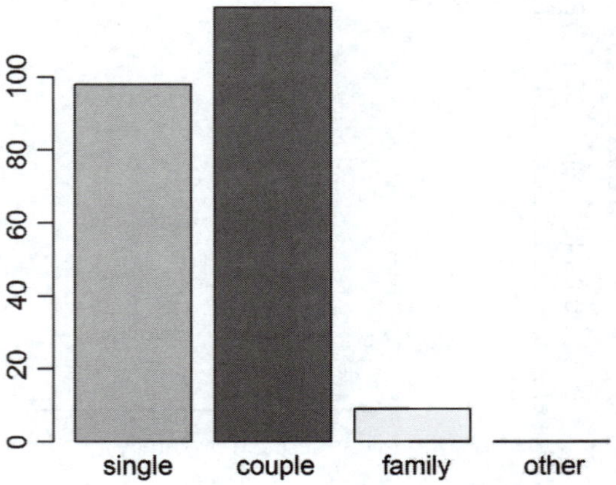

图 11.4: 一个定性变量的条形图

```
> barchart(situation,col)
```

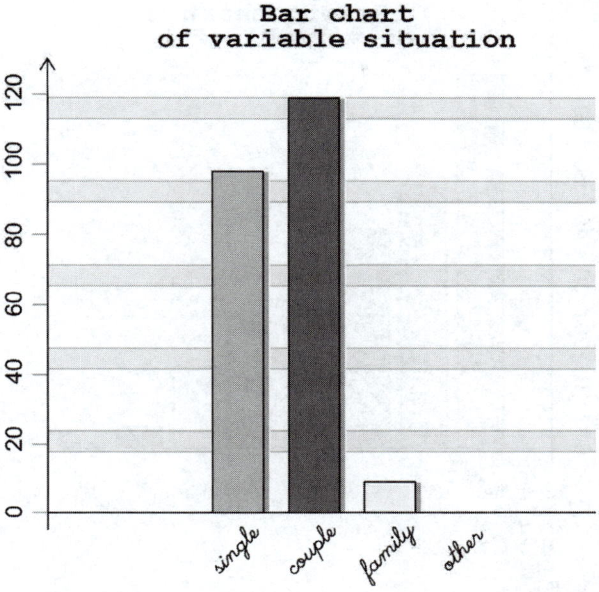

11.6.1.3 Pareto 图

一个 Pareto 图也能由函数 barplot() 生成, 因为它实质上就是将条形柱按从高到低的顺序放置的一个条形图 (图 11.5).

```
> col <- c("yellow","yellow2","sandybrown","orange",
+     "darkolivegreen","green","olivedrab2","green4")
> barplot(sort(table(fat),T),col=col)
```

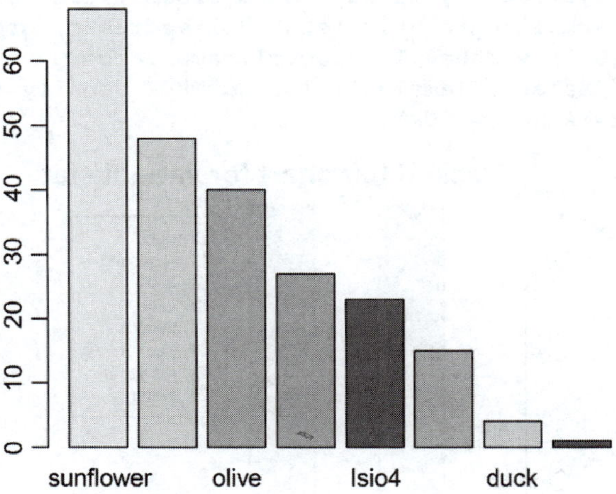

图 11.5: 一个定性变量的 Pareto 图

```
> barchart(fat,col,pareto=TRUE)
```

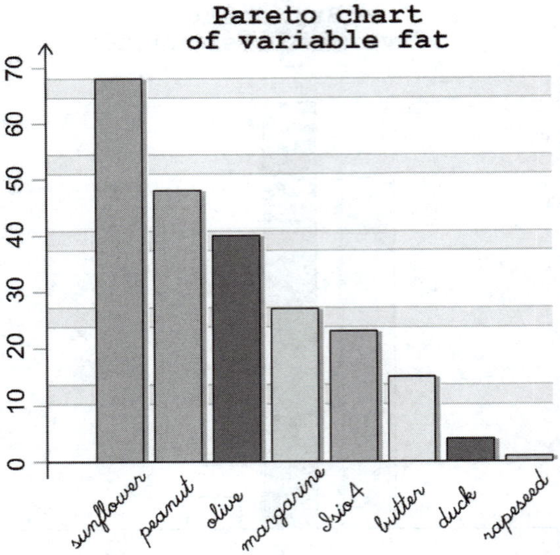

11.6.1.4 堆叠条形图

一个堆叠 (stacked) 条形图可使用函数 barplot() 并指定一个矩阵 (matrix) 类型的对象作为其第一个有效参变量来得到 (图 11.6).

```
> nbh <- table(gender)[1]
> nbf <- table(gender)[2]
> tabfreq.fat.males <- table(fat[gender=="Male"])/nbh
> tabfreq.fat.females <- table(fat[gender=="Female"])/nbf
> barplot(cbind(tabfreq.fat.males,tabfreq.fat.females),
+         main="Stacked bar chart for variable fat",col=
+         c("yellow","yellow2","sandybrown","orange",
+         "darkolivegreen","green","olivedrab2","green4"),xlim=
+         c(0,1),width=0.15,space=1,names.arg=
+         c("Males","Females"),legend=TRUE,density=40)
> arrowaxis(x=FALSE,y=TRUE)
```

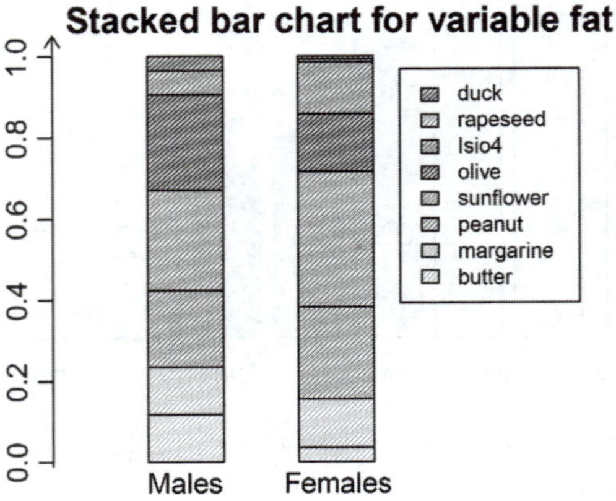

图 11.6: 一个定性变量的堆叠条形图

11.6.1.5 饼图

在 R 中可以使用函数 pie() 来得到一个饼图. 此外我们提出了一个新函数 camembert() 用于产生更加美观的饼图, 并已将其包含在与本书配套的程序包中.

```
> require("RColorBrewer")
> col <- brewer.pal(8,"Pastel2")
```

```
> pie(table(fat),col=col)
```

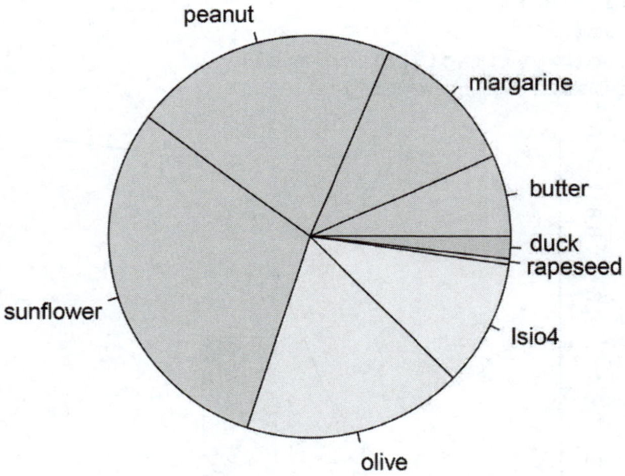


```
> camembert(fat,col)
```

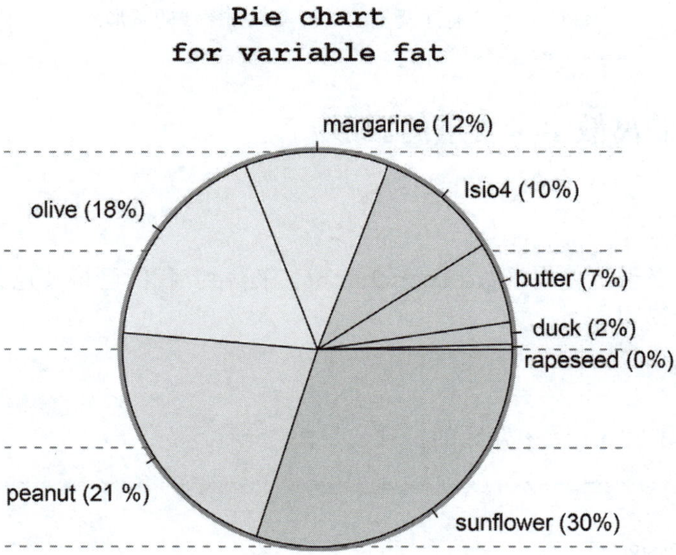

11.6.2 绘制有序变量的图形

11.6.2.1 具有累积频率线的条形图

可以使用函数 barplot() 和 points() 来得到具有累积频率线的条形图 (图 11.7). 如前所述, 包含在与本书配套的程序包中的函数 barchart() 能给出一个别样的图示 (例如, 累积频率线被提高并投影出一个阴影).

```
> require("RColorBrewer")
> col <- brewer.pal(6,"Blues")
> tx <- table(fish)
> tx <- tx/sum(tx)
> r <- barplot(tx,ylim=c(0,1),col=col)
> points(r,cumsum(tx),type="l")
```

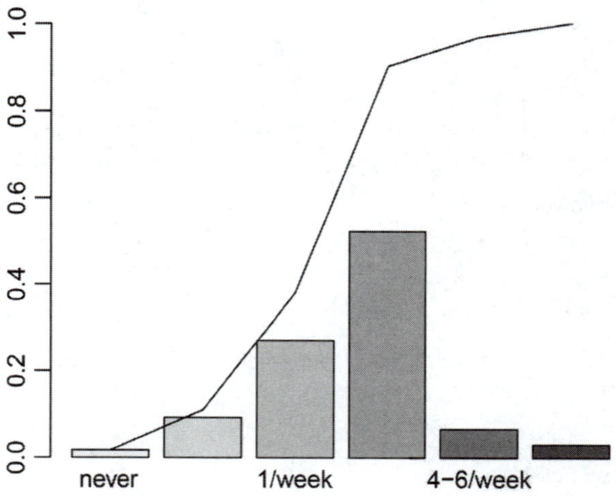

图 11.7: 一个有序变量的具有累积频率线的条形图

11.6.3 绘制离散定量变量的图形

11.6.3.1 交叉表

一个交叉表可使用函数 crosschart() 来得到, 我们已将其包含在与本书配套的程序包中.

> 另见
>
> 参见第 11.6.1 节中介绍的定性变量的内容.

11.6.3.2 条形图

将函数 plot() 应用到一个列联表就可得到条形图 (图 11.8).

```
> plot(tabtea/length(unique(tea)),ylab="",
+     col="darkolivegreen",lwd=5, main="Bar chart for variable tea")
> arrowaxis()
```

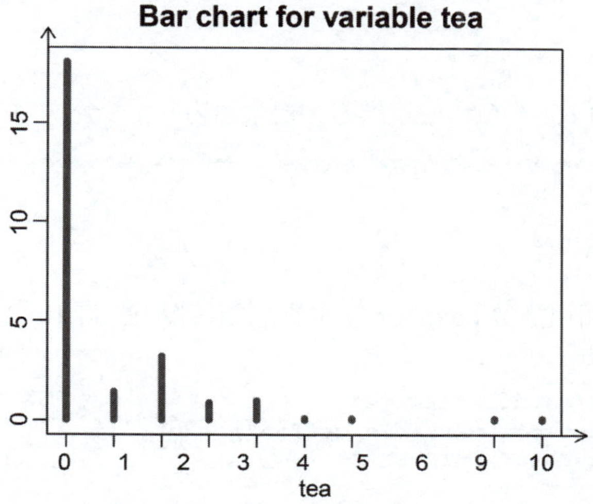

图 11.8: 一个离散定量变量的条形图

11.6.3.3 绘制经验分布函数的图像

这种图形可运用函数 `plot()` 和 `ecdf()` 来得到 (图 11.9).

```
> plot(ecdf(na.omit(coffee)),main=paste("Empirical distribution
+   function", "for variable coffee",sep="\n"),verticals=TRUE,
+   ylab=expression(F[n](x)),col.01line="#89413A",col.points=
+   "#6D1EFF",col.hor='#3971FF', col.vert='#3971FF')
> arrowaxis(x=TRUE,y=TRUE)
```

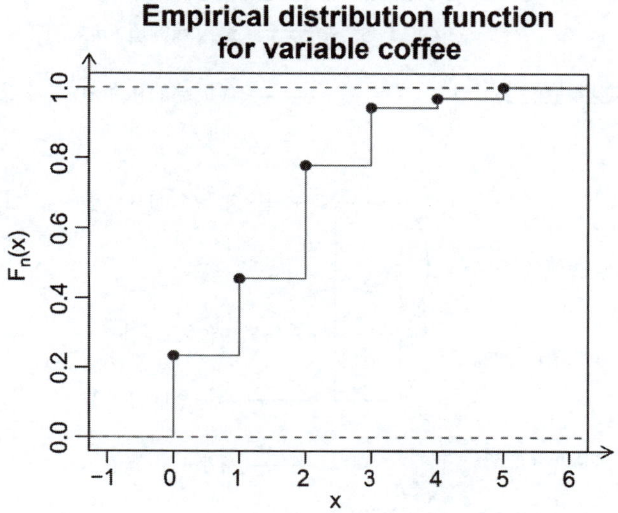

图 11.9: 一个离散定量变量的经验分布函数的图形

11.6.3.4 茎叶图

茎叶图 (stemplot) 可以用程序包 `aplpack` 中的函数 `stem.leaf()` 来得到.

另见

参见第 11.6.4 节介绍的连续定量变量的内容.

11.6.3.5 箱线图

可以通过调用函数 `boxplot()` 来得到箱线图 (图 11.10), 此处先对箱线图做一个解释说明.

```
> boxplot(coffee,col="orange",
+ main="Boxplot for variable coffee")
> arrowaxis(x=FALSE,y=TRUE)
```

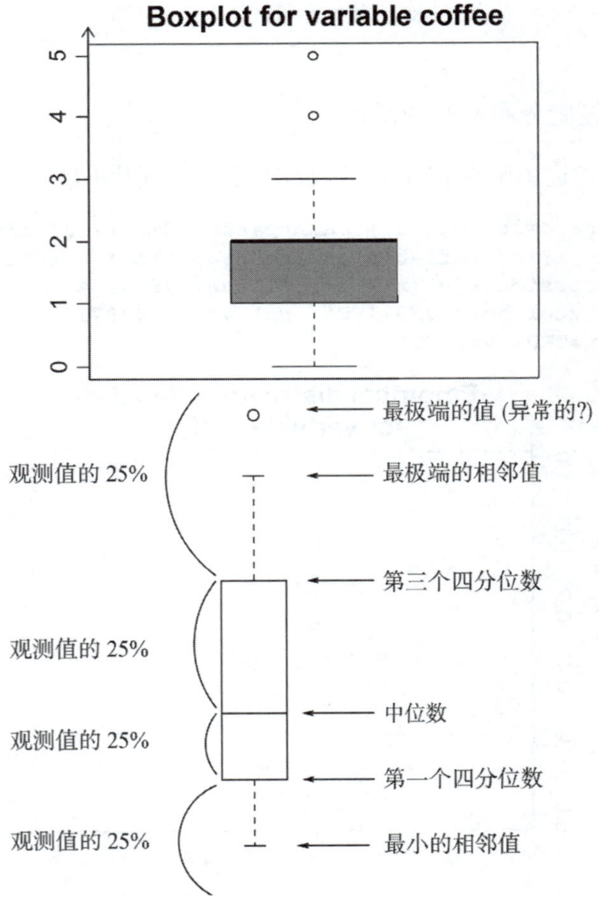

图 11.10: 箱线图及其具体含义的解释

盒子的绘制使用了 3 个四分位数. 以小的圆圈来代表的值为**离群点** (outliers), 它们可能会被怀疑或被认为是异常的 (`boxplot(cafe)$out`). **极端值** (extreme values) 是位于盒子外部、与盒子上下边线的距离超出四分位限 1.5 倍的那些点 (参变量 `range` 可用来改变倍数值, 默认为 1.5). 注意, 那些处于盒子外部但在四分位限 1.5 倍内的值称为**相邻值** (adjacent values). 两条触须线就画在最大和最小相邻值的位置.

小窍门

键入 `example(bxp)` 或 `example(boxplot)` 来查看这种图形的其他一些例子.

11.6.4 绘制连续定量变量的图形

接下来介绍几个有用的图表来对定量数据进行探索性分析.

11.6.4.1 经验分布函数

使用函数 `plot()` 和 `ecdf()` (图 11.11).

```
> plot(ecdf(na.omit(age)),main=paste("empirical distribution",
   function",
+ "of variable age",sep="\n"),col.hor='# 3971FF',col.points
   ='#3971FF')
> arrowaxis()
```

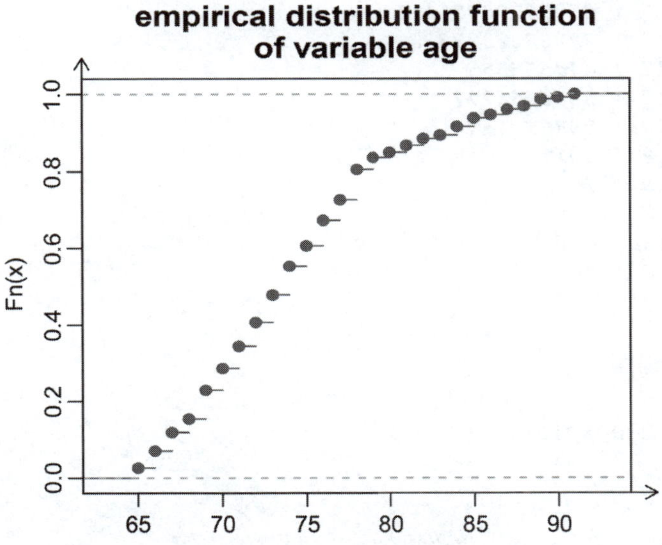

图 11.11: 一个连续定量变量的经验分布函数的图形

11.6.4.2 茎叶图

它可以通过函数 `stem()` 来绘制, 但画出的图不是非常精致. 我们推荐用户使用程序包 `aplpack` 中的函数 `stem.leaf()`. 按照以下三个步骤来绘制该图形:

- 使用参变量 `unit` 来选取一个叶子的单位;
- 使用参变量 `m` 来选取片段的数目 (1, 2 或 5), 在各片段中每一个茎都应当被分离开;
- 使用参变量 `style` (它可取两个值 `"Tukey"` 或 `"bare"`) 来选择图形表示的样式.

```
> require(aplpack)
> stem.leaf(height,m=5,style="bare")
1 | 2: represents 12
 leaf unit: 1
            n: 226
    1     14 | 0
          14 |
          14 |
          14 |
    3     14 | 88
   12     15 | 000001111
   24     15 | 222223333333
   45     15 | 444444444444555555555
   60     15 | 666666666667777
   73     15 | 8888888899999
   97     16 | 000000000000000000000011
  (22)    16 | 2222222222333333333333
  107     16 | 4444444455555555555555
   85     16 | 6666777
   78     16 | 88888888888999
   64     17 | 000000000011111
   49     17 | 2222222222333
   36     17 | 444555555
   27     17 | 6666666777
   17     17 | 88889
   12     18 | 0011
    8     18 | 22
          18 |
    6     18 | 666
    3     18 | 888
```

11.6.4.3 箱线图

调用函数 `boxplot()` 来创建.

> 另见
>
> 参见第 11.6.3.5 小节介绍离散定量变量的内容.

11.6.4.4 具有相同或不同组距的密度直方图

使用函数 hist() (图 11.12).

```
> classes <- hist(age,right=TRUE,freq=FALSE,ylab="Density",
+  main="Histogram of variable age",col="orangered")
>  arrowaxis()
```

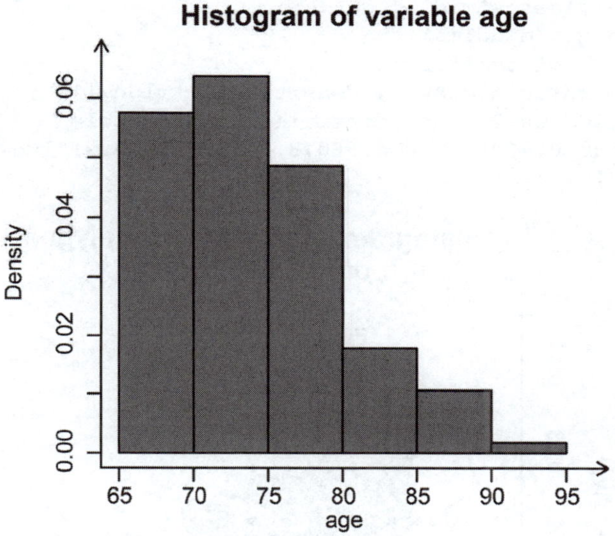


```
> classes <- hist(weight,right=TRUE,freq=FALSE,
+  main="Histogram of variable weight",
+  ylab="Density",breaks=c(min(weight),50,80,
+             90,max(weight)),col="olivedrab")
> arrowaxis()
```

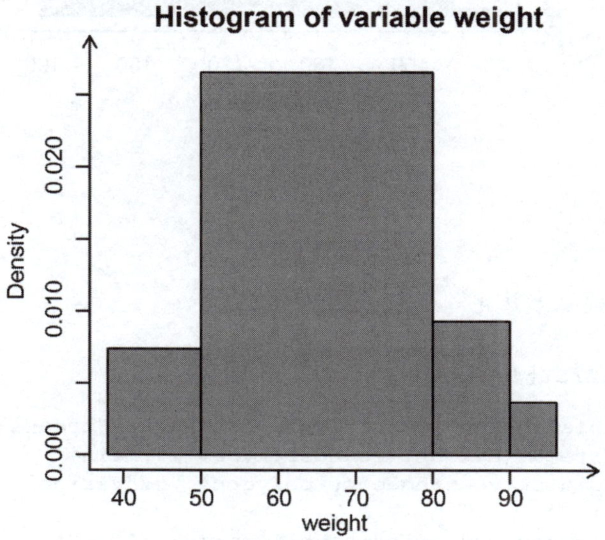

图 11.12: 具有相同或不同组距的密度直方图

11.6.4.5 频率多边形

运用函数 hist() 以及 segments() (图 11.13).

```
> classes <- hist(height,right=TRUE,freq=FALSE,
+ main=paste("Histogram and frequency polygon",
+            "of variable height",sep="\n"),col="orangered")
> middles <- classes$mid
> mlon <- length(middles)
> densities <- classes$density
> segments(middles[1:mlon-1],densities[1: mlon-1],
+          middles[2:mlon],densities[2:mlon],col=
+          rgb(0.4196078,0.4196078,0.1372549,0.9),lwd=3)
> arrowaxis()
```

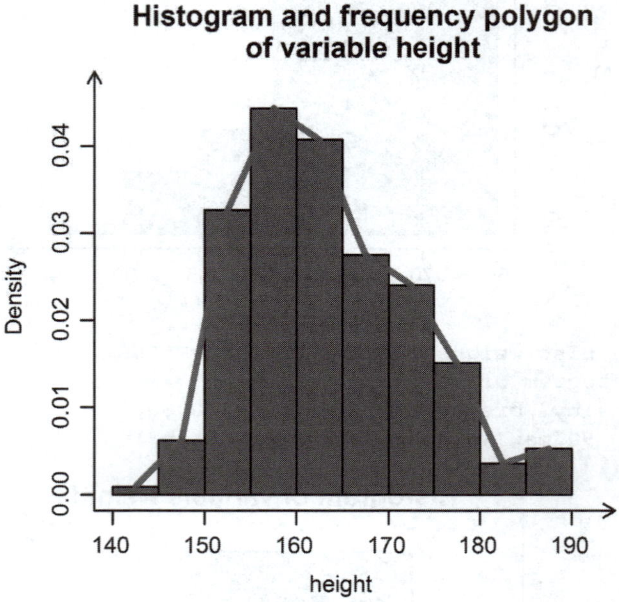

图 11.13: 频率多边形

11.6.4.6 累积频率多边形

使用函数 hist(), ecdf() 和 plot() (图 11.14).

```
> bounds <- hist(height,right=TRUE,plot=FALSE)$breaks
> plot(bounds,ecdf(height)(bounds),type="l",main=
+   paste("Cumulative frequency polygon","of variable height",
+   sep="\n"),
+   ylab="Frequencies",col="darkolivegreen",lwd=3)
> arrowaxis()
```

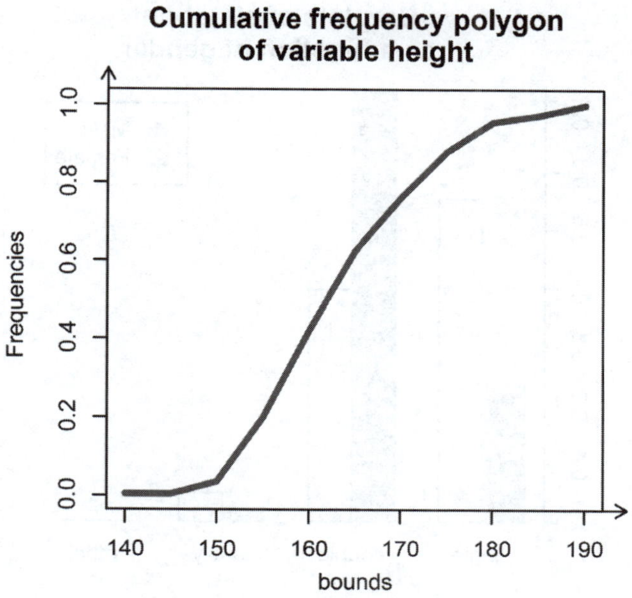

图 11.14: 累积频率多边形

小窍门

这个图形可用来给出中位数的一个图形估计量. 简单地使用指令 abline(h=0.5) 在高度 $h = 0.5$ 处添加一条水平直线. 然后键入指令 locator(1)$x 并用鼠标点击该直线与累积频率多边形的交点. 类似地可以得到其他任何的分位数, 只需将值 0.5 替换为期望的分位数即可.

11.6.5 一个二元变量的图形表示

在这一节中, 我们针对二元变量介绍几种有用的图形表示方法.

11.6.5.1 两个定性变量的双向 (two-way) 图

可以将两个条形图叠加在一起, 正如接下来的这两个图所示 (图 11.15 和图 11.16).

```
> tss <- prop.table(table(gender,situation),1)
> barplot(tss,bes=TRUE,leg=TRUE)
> title(paste("Barplots of situation","as a function of gender",
+ sep="\n"))
> arrowaxis(FALSE,TRUE)
```

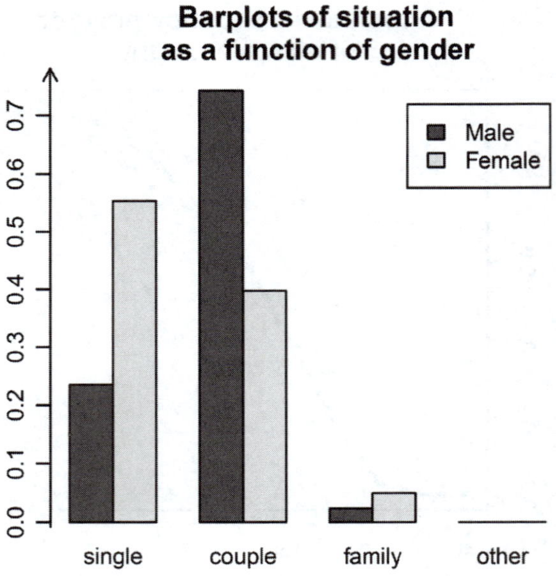

图 11.15: 两个定性变量的条形图

一个镶嵌图 (mosaic plot) 对于可视化两个定性变量之间的关系是比较有用的 (图 11.16).

```
> par(las=1) # 将水平标签横着书写
> mosaicplot(gender~fat,color=brewer.pal(5,"Set1"),
+           main="Mosaicplot of fat as a function of age")
```

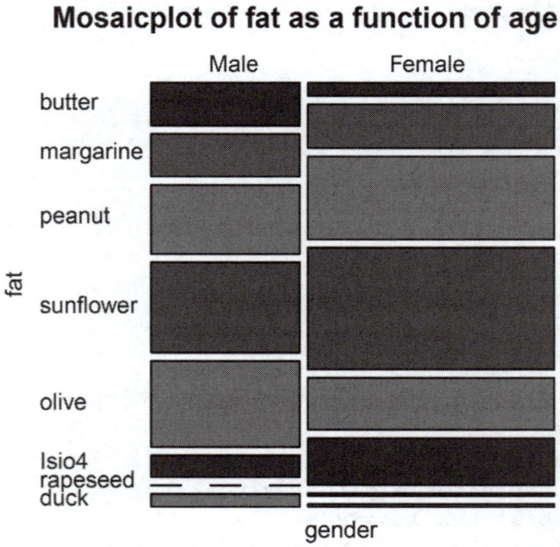

图 11.16: 两个定性变量的镶嵌图

小窍门

在这种情况下另一个有趣的函数是 assocplot(), 它会生成一个 Cohen-Friendly 关联图来指示一个 2×2 列联表偏离独立性的程度 (图 11.17). 另外也可以采用函数 spineplot().

```
> assocplot(table(gender,fat))
```

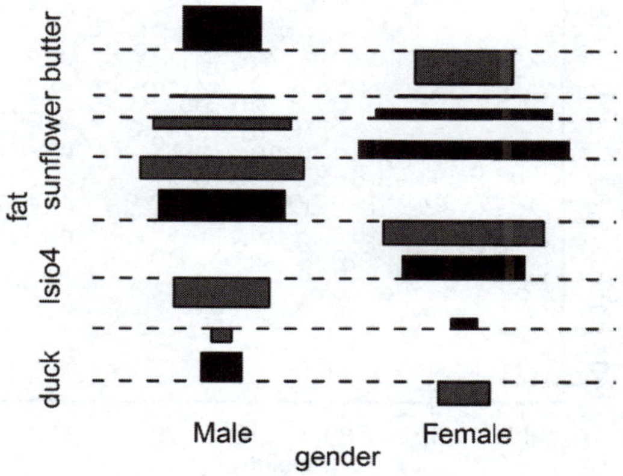

图 11.17: 两个定性变量的 Cohen-Friendly 关联图

程序包 ade4 中的函数 table.cont() 也是有用的 (图 11.18).

```
> require(ade4)
> genderfat <- table(gender,fat)
> table.cont(genderfat,row.labels=rownames(genderfat),
+             col.labels=colnames(genderfat))
```

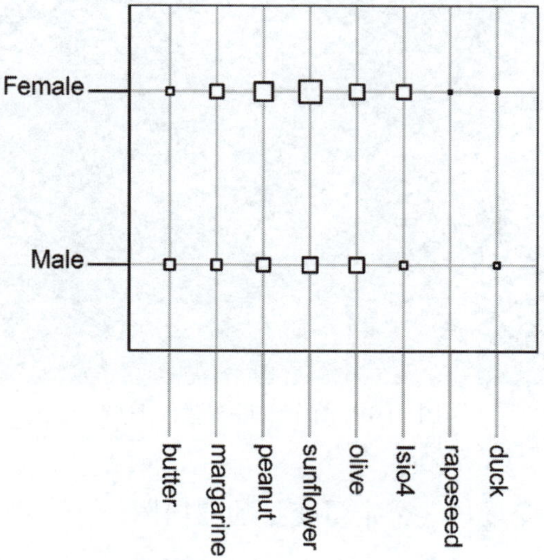

图 11.18: 两个定性变量的 table.cont 图形

11.6.5.2 两个定量变量的双向图

使用函数 plot().

```
> plot(height~weight)
> arrowaxis()
```

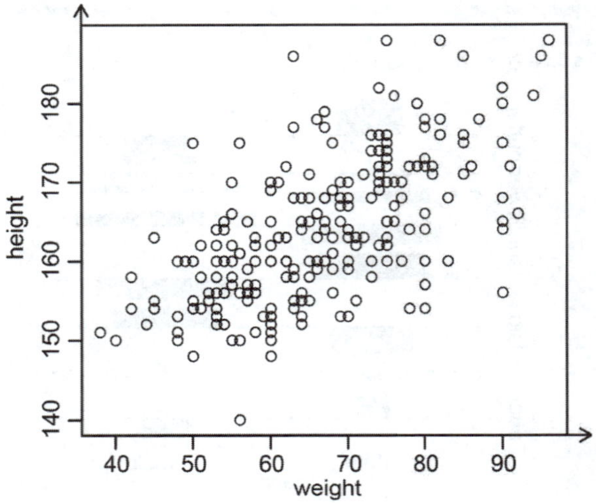

在第 7 章中我们已经介绍了如何来使这个图形更加美观. 为此, 我们专门创建了一个函数 flashy.plot() (图 11.19).

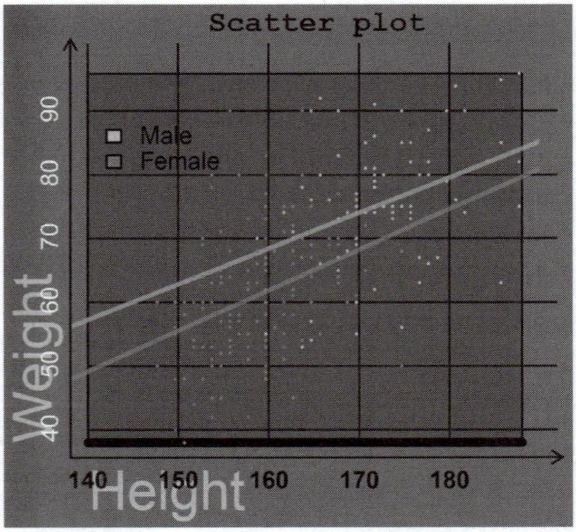

图 11.19: 两个定量变量的图形

11.6.5.3 一个定性变量与一个定量变量的双向图

针对定性变量的各个水平都绘制定量变量的一个箱线图是有意义的. 如果这些变量都已在 R 中被正确地组织和构造, 随后只需简单地调用函数 plot() 即可 (图 11.20).

```
> par(bty="n")
> plot(coffee~gender,col=brewer.pal(5,"Set2"),notch=TRUE,
+       varwidth=TRUE,boxwex=0.3)
> title(paste("Boxplot of coffee consumption",
+  "as a function of gender",sep="\n"),family="Courier")
> arrowaxis(FALSE,TRUE)
```

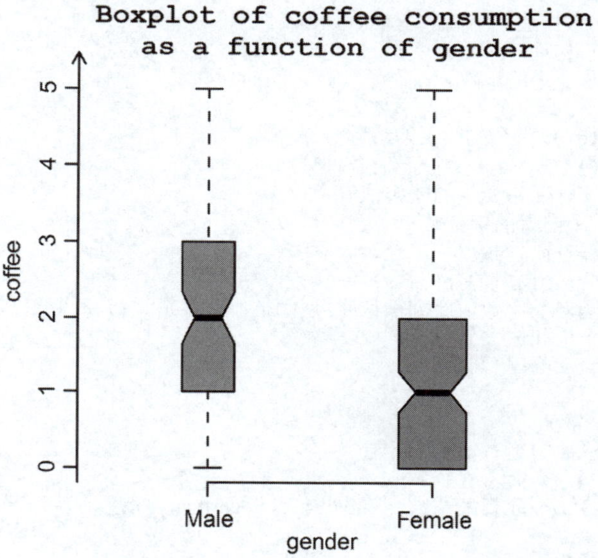

图 11.20: 一个定性变量在各水平下的箱线图

另外请注意, 函数 stripchart() 也是非常有用的, 它可以得到下面的图形 (图 11.21):

```
> stripchart(raw_fruit~age,data=nutrielderly)
> arrowaxis(y=TRUE)
```

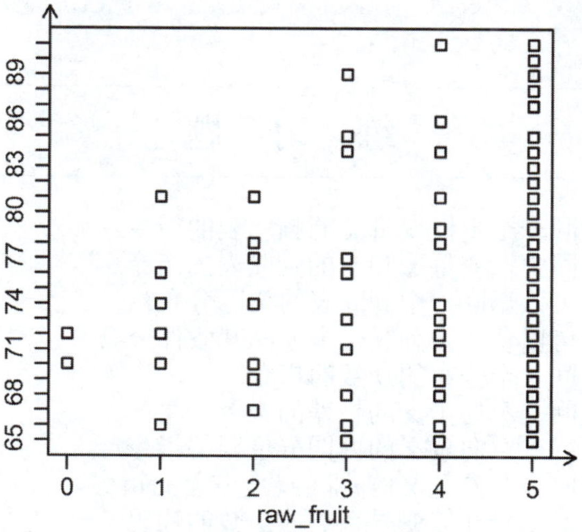

图 11.21: 一个定性变量与一个定量变量的 stripchart 图

备 忘 录

`as.factor()`: 将一个变量转换为因子
`levels()`: 显示或赋值一个因子的水平值
`as.ordered()`: 将一个变量转换为有序因子
`as.integer()`: 构造一个离散变量
`as.double()`: 构造一个连续变量
`table()`: 一个变量的计数表或两个变量之间的列联表
`addmargins()`: 给一个列联表添加边际项
`margin.table()`: 一个列联表的边际分布
`prop.table()`: 来自一个列联表的条件分布
`na.omit()`: 移除一个变量的缺失值 (NA)
`median()`: 一个向量的中位数
`mean()`: 一个向量的均值
`quantile()`: 一个向量的分位数
`summary()`: 当对一个数值序列操作时, 返回最小值、最大值、四分位数及均值
`range()`: 最小值和最大值
`IQR()`: 内四分位范围 (间距)
`var()`: 样本方差
`sd()`: 样本标准差
`mad()`: 与中位数的绝对偏差
`chisq.test()`: χ^2 统计量
`cor.test()`: Pearson 相关系数, Kendall τ 或 Spearman ρ 系数
`cov()`: 协方差
`cor()`: 相关系数
`barplot()`: 画一个条形图
`pie()`: 画一个饼图
`plot.ecdf()`: 绘制经验累积分布函数
`stem()`: 画一个茎叶图
`boxplot()`: 画一个箱线图
`hist()`: 画一个直方图
`plot()`: 画一个散点图

练 习 题

11.1- 给出能返回一个定性变量 **x** 的频率表的指令.
11.2- 给出能返回定性变量 **x** 和 **y** 的列联表的指令.
11.3- 哪个函数可以返回一个列联表的边际分布?
11.4- 哪个函数可以从一个列联表中返回其条件分布?
11.5- 给出能返回一个分布的众数的指令.
11.6- 给出能返回一个向量 **x** 的极差的指令.
11.7- 给出能返回一个向量 **x** 的内四分位限的指令.
11.8- 给出能返回一个向量 **x** 的 (非经验) 方差的指令.
11.9- 给出一个可用于计算变异系数的函数的代码.
11.10- 给出计算平均绝对偏差的指令.

11.11- 哪个程序包中包含计算偏度和峰度系数的函数?
11.12- 给出能返回 Cramer Φ^2 的指令.
11.13- 给出一个用来计算相关比 $\eta^2_{Y|X}$ 的函数的代码.
11.14- 哪个函数可用来绘制一个 Pareto 图?
11.15- 哪个函数可用来绘制一个堆叠条形图?
11.16- 哪个函数可用来绘制一个饼图?
11.17- 哪个函数可用来绘制一个箱线图?
11.18- 哪个函数可用来绘制一个直方图?

工 作 簿

描述性数据研究

A- 描述性统计量中的独立思想

11.1- 输入文件 `http://www.biostatisticien.eu/springeR/snee74en.txt` 到 R 中并赋给名为 `snee` 的对象.
11.2- 使用函数 `head()` 和 `tail()` 来显示 `snee` 的首尾两行. 总共有多少个受试者? 有多少个变量? 这些变量的类型是什么?
11.3- 对该数据框使用函数 `attach()` 然后用函数 `class()` 和 `levels()` 来核查各变量的结构是正确的. 这些变量的水平分别是什么?
11.4- 对每个变量执行一个单变量的描述性研究: 数值结果及合适的图形表示.
11.5- 接下来研究变量 `eyes` 和 `hair` 之间的相依关系. 首先创建变量 `eyes` 和 `hair` 之间的列联表 `eyeshair` (观测的计数).
11.6- 计算变量 `hair` 的每一个水平的频率 (按列来剖分), 并给出总体中个体的头发颜色的分布函数 `fhair`.
11.7- 现在, 包含第二特征: 眼睛的颜色. 计算全部人口中具有蓝色眼睛的个体的数目 `nblue`.
11.8- 假设眼睛颜色与头发颜色是独立的. 换言之, 一个人有蓝色眼睛与他的头发颜色没有任何关系. 在这种情况下, 在 11.6 题中计算的频率应当等于蓝色眼睛子总体中的频率. 在这一独立性假设下, 分别计算有蓝色眼睛并且有金色 (棕色、黑色和红色) 头发的人的数目.
11.9- 对眼睛为其他颜色的子群体执行同样的运算. 在眼睛和头发颜色的独立性假设下, 得到一个理论计数的表 `tab.ind1`.
11.10- 将眼睛颜色和头发颜色这两个特征的位置进行颠倒 (即以变量 `eyes` 来开始) 再重复上述整个操作. 从表 `eyeshair` 中计算变量 `eyes` 的每个水平的频率 (按行来剖分), 并得到总体中个体的眼睛颜色的分布函数 `feyes`.
11.11- 现在包含第二特征: 头发颜色. 计算全部人口中具有金发的个体的数目 `nblond`.

11.12- 假设头发颜色与眼睛颜色是独立的. 换句话说, 利用观测数据统计上说明一个人有金发与他的眼睛颜色没有关系. 在这种情况下, 在 11.10 题中计算的频率应当仍然等于金发子群体中的频率. 在这一独立性假设下, 分别计算有金发并且有蓝色 (棕色、淡褐色和绿色) 眼睛的人的数目.

11.13- 对头发为其他颜色的子群体执行同样的运算. 在头发颜色和眼睛颜色相互独立的假设下, 得到一个理论计数的表 `tab.ind2`.

11.14- 使用函数 `all.equal()` 来比较这两个理论计数的表. 观察到了什么?

11.15- 将观测计数表 `eyeshair` 与理论计数表进行比较 (对每一个格子计算差值的平方).

11.16- 计算对 χ^2 统计量的贡献表.

11.17- 计算所有相关关系指标并得出结论.

11.18- 独立性也可定义 (这实质上是初始定义) 为 "所有的条件分布都相等". 在已知眼睛的颜色为蓝色的条件下 (即已知眼睛为蓝色时各种头发颜色的人的频率), 计算变量 `hair` 的条件分布. 再计算变量 `hair` 的另外三个条件分布. 在已知变量 `hair` 的各个水平的条件下, 计算变量 `eyes` 的条件分布. 据此得出结论.

11.19- 将变量 `hair` 作为变量 `gender` 的一个函数来进行一项描述性研究.

11.20- 将变量 `eyes` 作为变量 `gender` 的一个函数来进行一项描述性研究.

11.21- 根据如下的列联表来分析眼睛颜色与头发颜色之间的依赖关系.

		头发颜色				
		金色	棕色	黑色	红色	总和
眼睛颜色	蓝色	1768	807	189	47	2811
	淡褐色/绿色	946	1387	746	53	3132
	棕色	115	438	288	16	857
	总和	2829	2 632	1223	116	6800

B- 对数据集 NutriElderly 进行描述性分析

我们现在想要针对数据集 NutriElderly (其中故意引入了若干错误) 去解决下面的这些问题.

11.1- 输入数据文件 nutrition_elderly.xls.

11.2- 给出变量 `situation`,`chocol` 和 `height` 的绝对模式 (absolute mode).

11.3- 将变量 `height` 划分为若干类别并给出其众数组.

11.4- 计算变量 `chocol` 的中位数.

11.5- 给出变量 `chocol` 和 `raw_fruit` 的频率表.

11.6- **仅**使用这些频率表, 给出上面这两个变量的中位数.

11.7- 使用先前定义好的类别来计算变量 `height` 的分位数.

11.8- 绘制变量 `height` 的累积频率直方图. 在这个图中, 估计该分布的分位数.

11.9- 使用个体的数据, 计算变量 `height`, `weight` 和 `age` 的均值.

11.10- 给出变量 `tea` 的频率表. 使用这个表来计算此变量的均值.

11.11- 使用先前定义好的类别来计算变量 `height` 的均值.
11.12- 计算变量 `weight` 的极差.
11.13- 绘制变量 `weight` 的箱线图.
11.14- 使用个体的数据, 计算变量 `height` 的标准差.
11.15- 仅使用其频率表, 计算变量 `tea` 的变异系数.
11.16- 将总体划分为两个组 (男性、女性) 后, 计算变量 `coffee` 的总方差、组内方差和组间方差, 并计算 η^2 系数.

C- 数据集的描述性分析

11.1- 对数据集 Birth-weight 执行一个描述性分析.
11.2- 对数据集 Infarction 执行一个描述性分析.

第 12 章　利用 R 的特性来更好地理解随机变量、分布及模拟

本章的目标

我们利用 R 的特性来经验地建立随机变量及其分布、大数定律和中心极限定理的概念. 同时, 我们将介绍统计推断中的一些复杂概念并讨论随机抽样以及估计量的偏差和方差. 此外, 我们还将阐述几种经典的方法用于从某个分布进行随机模拟. 在本章末, 我们给出从常见概率分布产生随机观测值、计算概率值及累积分布函数和分位数的一整套 R 指令.

12.1 节　关于随机数生成的概念

考虑一个包含 n 个球 (从 1 到 n 顺序编号) 的 (不透明的) 罐子. 我们可以将生成随机数想象成一次亲身经历, 每次从罐子中任意挑选 (或**抽取**) 一个球出来, 把编号记录下来后又把球放回去, 即有放回的方式 (with replacement), 并接连进行多次. 这样的操作就会产生一个整数序列. 这些数字出现的顺序被所谓的 (集合 $\{1,\ldots,n\}$ 上的) 离散均匀分布的规律所描述. 随后, 很自然会想到如何在一个区间上均匀地产生实数. 我们接下来将介绍利用计算机算法从一个均匀分布产生随机数的几个要素.

随机数生成是模拟 (simulation) 的一个必不可少的部分. 这些数字的产生通常都基于一种模拟随机性的数学算法. 现在我们就来探究这样一种算法 [34], 它是基于周期为 $2^{31}-1$ 的线性同余 (linear congruence) 思想.

该算法可由如下三个要素来定义: (i) 素数 $m=2^{31}-1$; (ii) 初值 x_1, 可从集合 $\{1,\ldots,m-1\}$ 中任意地选取, 常被称为随机数发生器的**种子** (seed); (iii) 按如下的递推关系产生 n 个值 (包含了种子):

$$x_{j+1} \leftarrow 48271 \times x_j \pmod m, \quad j = 1, \ldots, n-1,$$

后面紧跟一个 (对一个单位区间的) 正则化或归一化步骤:

$$x_{j+1} \leftarrow x_{j+1}/m, \quad j = 1, \ldots, n-1.$$

回想一下, $x \pmod m$ 代表的是求余运算, 即 "x 除以 m 所得的余数".

注释

其他类似的算法在 Robert & Casella 的书中可以找到 [35].

自己动手

编写上面这个算法的程序代码, 并给出一段 R 指令来产生 $n = 30$ 个实现值. 回想一下, 在 R 中 $x \pmod m$ 运算可用指令 x%%m 来完成.

下面这个向量 x 包含了由该算法所产生的 $n = 30$ 个值.

```
> x
 [1] 0.278500000000 0.000006260105 0.302181537086
 [4] 0.604976700582 0.830313805990 0.077728950753
 [7] 0.054181800068 0.409671066650 0.232058248096
[10] 0.683693839119 0.585308108730 0.407716482275
[13] 0.882315872859 0.269498774347 0.975336507395
[16] 0.468548470068 0.303198629407 0.701040127026
[19] 0.907971684400 0.701177660149 0.546833070337
[22] 0.179138237141 0.181845028591 0.841375117960
[25] 0.018319062984 0.279489323074 0.229114104720
[28] 0.566948946948 0.192618109052 0.868742036839
```

如上所述, 由这种算法所创建的值是不可预测的 (除了一个明显的事实: 它们都在 0 和 1 之间). 然而, 因为它们都是基于一种确定性的数学算法产生的, 故而这些值被称为**伪随机** (pseudo-random) 数.

上面的算法是一种被称为 [0, 1] 区间上**均匀** (uniform) 的伪随机数发生器, 因为它产生了均匀地分布在这个区间上的随机数.

小窍门

伪随机数的产生自然可由 R 软件的内核来实现. 例如, 利用 R 函数 runif(). 函数 set.seed() 可用于指定该算法的种子.

12.2 节

随机变量的概念

在前一节中, 我们提出了一种算法来产生伪随机数. 在概率论和统计学中, 把取这些值的变量称为一个随机变量. 本节的目的是针对如下这个主题提出一种启发式的观点: 一个随机变量可视为一种产生数字的算法, 而将这些数字称为一个随机变量的**实现** (realizations).

12.2.1 随机变量的实现及函数规则

在这一小节, 我们将会看到如何利用 R 软件的语法结构来帮助用户更好地理解随机变量和它的实现之间的区别.

一个常见的例子是以如下的声明之一开始的一个统计问题: (1) "令随机变量 X 服从 $\mathcal{U}(0,1)$ 分布"; (2) "令随机变量 X 服从 $\mathcal{N}(0,1)$ 分布".

一个**随机变量** (random variable) 可被视为一个**数字加工厂** (number creation factory), 或者在数学术语中, 视为一个函数: 它每调用一次就会产生一个随机数. 从一个随机变量来产生数值的过程由施加到该变量上的**函数规则** (functioning rule) 所支配, 并称之为**随机变量的法则** (law of the random variable), 这在定义它的函数的主体中有着很清晰的展示.

在 R 软件中, 很容易地就可以产生这些随机变量. 例如, 一个简单的指令

```
> X <- function() runif(1)
```

就对应于上述的声明 (1). 逐次地调用这个函数就产生了随机变量 X 的若干个**实现值**:

```
> X()
[1] 0.8806583
> X()
[1] 0.07355798
> X()
[1] 0.05503209
```

类似地, 指令

```
> X <- function() rnorm(1)
```

对应于上述的声明 (2). 同样地, 逐次地调用这个函数就会产生这个新的随机变量 X 的一些**实现值**:

```
> X()
[1] 0.6683035
> X()
[1] -0.3708295
> X()
[1] 0.7179792
```

我们发现这也许能帮助读者更容易理解一个**随机变量** (函数) 与它的**实现** (函数输出的数字) 之间的差异. 正如你所看到的, 一个随机变量是一部能生产数值 (被称为**实现**) 的 “机器” (一种方法). 它的随机性体现在每一次调用得到的实现值都会有变化, 并且不可能预测哪一个值会被输出.

提醒

注意, 上面我们引入的这两个随机变量是以同样的方式来建立的, 除了支配它们的**函数规则**或者**法则** (函数主体中的 `runif` 或 `rnorm`) 外, 其他指令是完全一样的. 这里的**法则**常以其同义词**分布** (distribution) 来代替, 它源自如下的事实: 对一个随机变量所产生的数值的分布规律进行描述的累积分布函数 (稍后介绍) 完全刻画了该变量的取值规律.

12.2.2 独立同分布随机变量

在统计学中另一个标准的声明是: “令 $X_1, \ldots, X_n$ 是 n 个服从 $\mathcal{N}(0,1)$ 的独立同分布 (independent and identically distributed, i.i.d.) 随机变量”. 这个概念可以很容易地转换到 R 中. 例如, 取 $n = 4$, 我们得到:

```
> X <- function() rnorm(1)          # 随机变量 (r.v.) 被分布
                                    # rnorm (即 N(0,1)) 所支配
> X4 <- X3 <- X2 <- X1 <- X            # 解释这一事实: Xi 是 i.i.d. 的
```

提醒

`X1` 和 `X2` 服从同一个分布 `rnorm`, 因此它们是同分布的. 然而, 从它们不产生同样的值这种意义上说, 它们是不相同的. `X1` 与 `X2` 相互独立意味着 `X1` 产生的值不受 `X2` 的影响:

```
> X1
function() rnorm(1) # 随机变量 (r.v.) 被正态分布 N(0,1) 所支配
> X2
function() rnorm(1) # 随机变量 (r.v.) 被正态分布 N(0,1) 所支配
> c(X1(),X2())
[1] -0.6319022 -0.1029233
```

注意, 有时可能也需要考虑向量 $\mathbf{X} = (X_1, \ldots, X_4)$, 它是一个由 4 个元素组成的随机向量, 每一次调用就会同时产生了 4 个 “独立的” 实现值.

```
> vecX <- function() c(X1(),X2(),X3(),X4())
> vecX()
[1]  0.8041706 -3.6413500  1.7871627  0.7710802
> # 或者, 在 R 中等价地:
> vecX <- function() rnorm(n = 4)
> vecX()
[1] -0.3010423  0.7895389  0.2059419  1.0169773
```

小窍门

如果 n 个 X_i 是独立同分布的 (i.i.d.), 且与 X 有相同的分布, 则 $\mathbf{X}_n = (X_1, \ldots, X_n)$ 能用如下的指令来创建:

```
> vecXn <- function(n) replicate(n,X())
```

称随机向量 $\mathbf{X}_n = (X_1, \ldots, X_n)$ 为样本 (sample).

12.2.3 一个随机变量的分布特征

前面我们已经看到一个随机变量产生实现值的过程被一个**函数规则**所控制, 它被称为随机变量的**分布**.

注释

通常都用标准符号 ~ 来标示一个随机变量 X 服从某个给定的分布. 例如, 我们写 $X \sim \mathcal{U}(0,1)$, 则表明随机变量 X 服从 [0,1] 区间上的一个均匀分布, 而 $X \sim \mathcal{N}(0,1)$ 表明 X 服从一个标准正态分布.

接下来这个图阐释了一种理念, 即随机变量是一台被**参数** (parameter) 所控制的 “机器” 用以输出实现值, 并且有一个该机器的蓝图可以控制如何去创造实现值 (realization). 但是, 在运行过程中细小的不可预测的变异将会导致输出中的变动, 从而导致输出结果无法被完全地预测. 事实上, 每一个特定的实

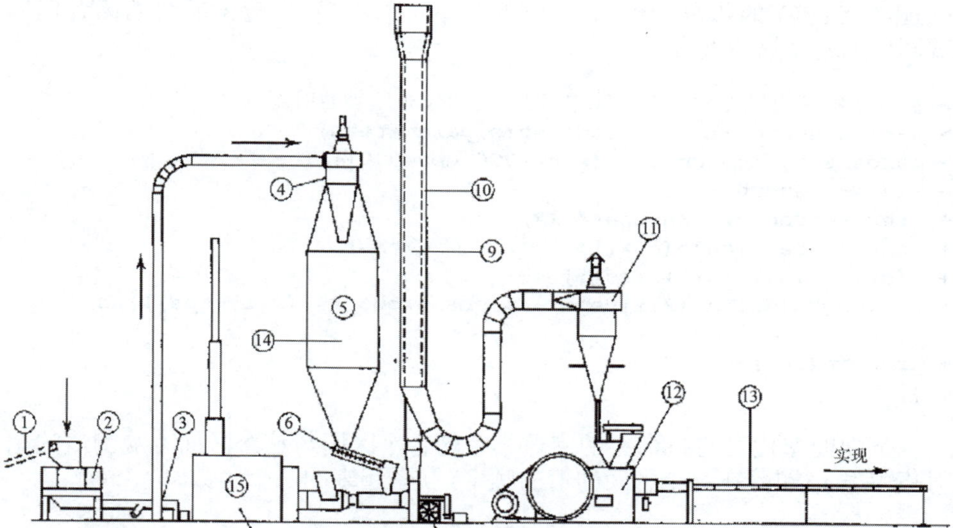

现都是不可预测并由随机性所掌控的. 然而, 既然对发生器来说存在一个确定的函数规则, 我们仍然有可能去描述这些数字的一些整体性质. 因此就存在多种随机性的度量, 每一种都可由所考察的随机变量的分布构造出来. 当我们说"随机数 (random number)" 的时候, 有必要明确地指出随机性的种类.

统计学家已经引入了许多数学对象来描述这一结构: 举几个来说, **概率密度函数** (probability density function) (或者密度, 或 **p.d.f.**); **累积分布函数** (cumulative distribution function) (或者**分布函数**, 或 **c.d.f.**); 一个随机变量的**分位数函数** (quantile function). 在大多数情况下, 这些函数完全地刻画了一个随机变量分布的特征.

12.2.3.1 密度函数、分布函数、分位数函数

假设我们得到了几个由随机变量 X 产生的观测值, 然后希望对这些值进行**描述**, 并通过密度函数等来更好地理解或者详细说明发生器 X 的机制和功能.

用户可能会注意到某个给定的随机变量 X 具有的若干特征, 下面列出一些特征:

- 它的实现值既有正值也有负值;
- 它们聚集在数字 7 的周围;
- 有非常多的数值大于或小于 7;
- 它们在 7 的左右两旁对称分布;
- ……

站在一个全局范畴的视角, 读者还可以去查看一下 X 在其取值范围的多个区间 $[x-\epsilon, x+\epsilon]$ (其中的 ϵ 是一个很小的非负数) 上产生的观测值的**密度** (density) (它的一般含义是: 一个高密度对应着许多个相互邻近的值). 可能取值的范围叫做 X 的**支撑集** (support). 我们把出于教学的目的而编写的函数 `ourdensity()` 的代码列出如下, 它的效率可能不高, 但应该能帮助读者理解观测值的密度这一概念.

```
> # 出于特别的目的, 随机变量 X 的代码 (分布) 被暂时隐藏
> X <- function() some.code(some,parameters)
> ourdensity <- function(x,n=1000,eps=0.01) {
+  lx <- length(x)
+  res <- vector("integer",lx)
+  obs <- replicate(n,X()) # 从 X 产生观测值
+  for (i in 1:lx) { res[i] <-
+    length(which((x[i]-eps) <= obs & obs <= (x[i]+eps)))/n
+  }
+  return(res)
+ }
```

下面的图代表的是将 X 的支撑集中的各个区间与这个区间上观测值的相对集中度 y (即落在这个区间的值的频率) 联系起来的一个函数.

```
> curve(ourdensity,xlim=c(-1,10))
```

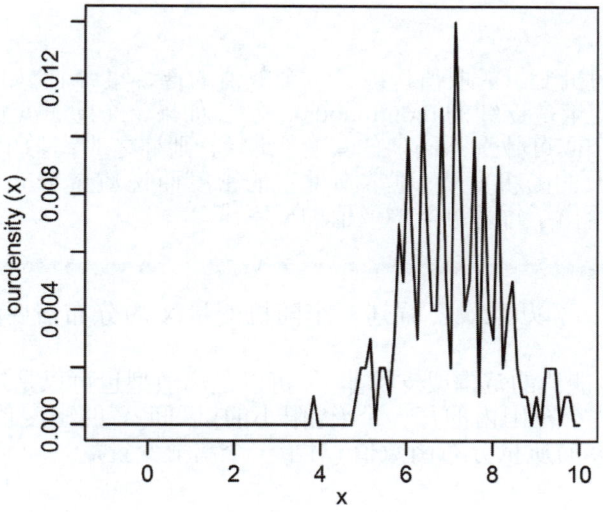

如果逐渐增加从 X 产生的观测值的数目 n 同时减小 ϵ, 这个图中的密度曲线将会变得更加光滑 (图 12.1).

```
> curve(ourdensity(x,n=1000000,eps=0.001),xlim=c(-1,10))
```

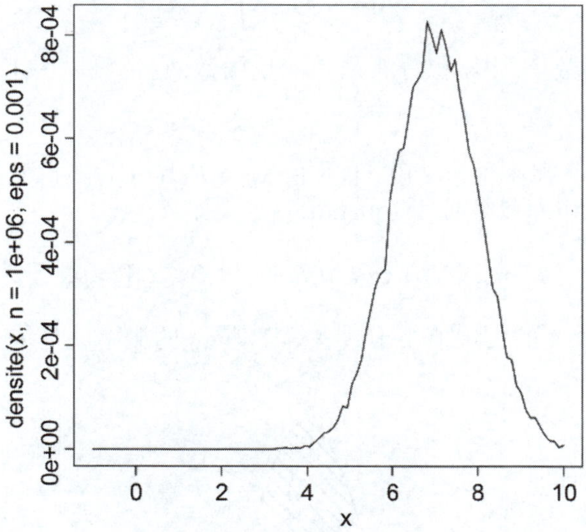

图 12.1: X 的近似密度曲线

在它的极限情形下, 即当 $n \to \infty$ 且 $\epsilon \to 0$ 时, 这个图会变得完全光滑和规整对称. 如果再将其正则化 (使得它的曲线下方的面积等于 1), 就称其为随机变量 X 的**密度函数**并记作 f_X.

注释

若一个随机变量的取值构成了一个数值的连续集合 (比如一个区间), 则称该随机变量是**连续的** (continuous). 反之, 如果一个随机变量只能在一个具有有限个或可数个不同值的集合上取到, 则称之为**离散的** (discrete). 对于一个离散的随机变量, 通常不说它的密度而说**质量分布函数** (mass function), 它给出了每种可能的取值的概率.

总结一下, 可以这么说, 描述一个随机变量 X 的**分布**需要给定如下两条信息:

(1) X 的可能值的范围或**支撑集** (X 可以是离散型也可以是连续型);

(2) 对于这个范围内的每一个 (无限小的) 区间, X 的**密度**值 (对于一个连续变量) 或者 X 的**质量分布函数**值 (对于一个离散变量).

注释

累积分布函数 $F_X(x)$: 累加小于或等于点 x 的观测密度 (对一个离散变量而言, 则是累加所有小于或等于 x 的取值的观测概率), 它是另一种刻画一个随机变量分布特征的方法. 可以看出, 它代表着密度曲线 f_X 在点 x 左边所包围的面积, 同时它给出了一个随机变量 X 产生比 x 小的实现值的概率:

$$F_X(x) = P[X \leqslant x] = \int_{-\infty}^{x} f_X(t)dt.$$

分位数函数 F_X^{-1}: 累积分布函数的反函数, 它也可以用来刻画一个随机变量.

对于每一个概率值 $p \in [0,1]$, 称值 $x_p = F_X^{-1}(p)$ 为随机变量 X 的 p **阶的分位数** (fractile) **或分位点** (quantile), 定义如下:

$$x_p = F_X^{-1}(p) \Leftrightarrow F_X(x_p) = P[X \leqslant x_p] = p.$$

因此, 随机变量 X 的实现值小于或者等于值 x_p 的概率就是 p. 下面这个图说明了这个概念.

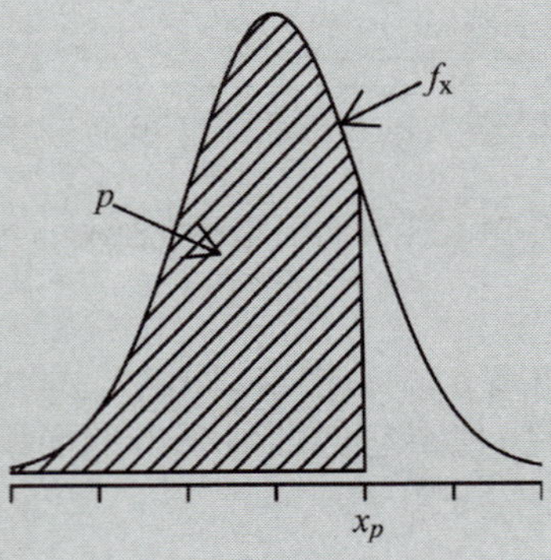

12.2.4 一个随机变量的分布的参数

前面我们已经有意地隐藏了用于定义随机变量 X 的函数的主体. 现在我们可以揭示在图 12.1 中展示的密度是一个服从 $\mathcal{N}(\mu = 7, \sigma^2 = 1)$ 分布的随机变量 X 的密度.

```
> X <- function() rnorm(1,7,1)
```

小窍门

R 函数 density() 可以给出一个观测值样本的密度曲线.

```
> plot(density(rnorm(1000,7,1)),xlim=c(-1,10),
+  main="Density plot with function density()")
```

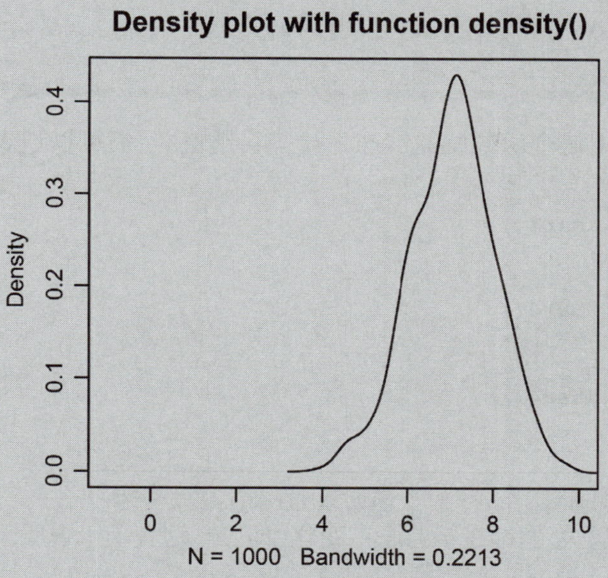

在此定义中, 两个量 $\mu = 7$ 和 $\sigma^2 = 1$ 被称为这个分布的参数 (parameter).

令 $X_1, \ldots, X_n$ 是 n 个独立同分布 (i.i.d.) 的随机变量, 都服从均值 $\mu = 7$、方差 $\sigma^2 = 1$ 的正态分布, 同时定义 $\overline{X}_n = \frac{1}{n}\sum_{i=1}^{n} X_i$.

请注意如下三者之间的 (本质的) 差别:

- 随机变量 $\overline{X}_n$;
- 它的实现值 $\overline{x}_n$;
- 参数 $\mu = \mathbb{E}(X)$, 它是理论期望.

我们相信 R 语言能够帮助用户来更好地理解和区分这些概念. 随机变量 $\overline{X}_4 = \frac{1}{4}\sum_{i=1}^{4} X_i$ (取 $n = 4$) 可以被定义如下:

```
> X1 <- function() rnorm(1, mean = mu <- 7,sd = 1)
> X4 <- X3 <- X2 <- X1
> Xbar4 <- function() (X1()+X2()+X3()+X4())/4
```

高级用户

随机变量 $\overline{\mathrm{X}}_n$ 可以被自动地定义如下 (对于小的 n):

```
> n <- 10
> eval(parse(text=paste(paste("X",1:n," <- ",sep="",
+                            collapse=""),"X")))
> eval(parse(text=paste("Xbar",n," <- function()
+  (",paste("X",1:(n-1),"()+",sep="",collapse=""),
+  "X",n,"())/",n,sep="")))
> Xbar10
function()
 (X1()+X2()+X3()+X4()+X5()+X6()+X7()+X8()+X9()+X10())/10
```

重复地调用这个函数就能够产生一些实现值, 它们可以被表示为 $\overline{x}_4^{(i)}, i = 1, 2, \ldots$:

```
> xbar4.1 <- Xbar4()
> xbar4.1
[1] 7.495727
> xbar4.2 <- Xbar4()
> xbar4.2
[1] 7.069361
> xbar4.3 <- Xbar4()
> xbar4.3
[1] 6.837127
```

显然, 连续地调用同样一个函数 Xbar4() 将会产生若干个不同的不可预测的实现值, 但是它们都在 7 的左右**变化**: 即 $\overline{x}_4^{(i)}$. 这有助于说明:

- $\overline{\mathrm{X}}_4$ 的确是一个随机变量, 即一台可产生实现值的 "机器";
- 实现值 $\overline{x}_4^{(1)}, \overline{x}_4^{(2)}, \overline{x}_4^{(3)}, \ldots$ 都各不相同且不可预测, 都来自于随机变量 $\overline{\mathrm{X}}_4$;
- 机器 $\overline{\mathrm{X}}_4$ 由单个的随机变量 $\mathrm{X}_1, \ldots, \mathrm{X}_4$ 组成, 它们都服从相同的函数分布;
- 该函数分布依赖于一个参数 mu (它将赋给函数 rnorm() 的正式参变量 mean), 它在产生实现值时被设定成 $\mu = 7$, 并且在函数的数次调用中保持不变;
- 因此, 参数 $\boldsymbol{\mu}$ 是每一个变量 X_i 的一**种本质特征**.

注释

既然 $\overline{\mathrm{X}}_4$ 是一个随机变量, 跟任何随机变量一样, 它会具有一个分布. 由概率论的定理推出 $\overline{\mathrm{X}}_4 \sim \mathcal{N}(\mu = 7, \sigma^2 = 1/4)$. 如果我们只关心 Xbar4() 的分布的表现, 则可以按如下的方式来直接定义它:

```
> Xbar4 <- function() rnorm(1,mean = 7,sd = sqrt(1/4))
```

12.3 节

大数定律和中心极限定理

令 $\overline{X}_n = \frac{1}{n}\sum_{i=1}^{n} X_i$ 是由 n 个 i.i.d. 随机变量 X_i 组成的均值随机变量, 每一个 X_i 都服从相同的 [均值为 $\mathbb{E}(X_i) = \mu$, 方差为 $\mathbb{V}\mathrm{ar}(X_i) = \sigma^2 < \infty$] 分布 $\mathcal{L}$ (它不一定已知).

12.3.1 大数定律

大数定律是说当 n 趋于无穷大时, 均值随机变量 $\overline{X}_n$ [专业术语: 依概率收敛 (converges in probability)] 趋于 $\mathbb{E}(X_1)$, 即理论均值 μ. 这可记作 $\overline{X}_n \xrightarrow{P} \mathbb{E}(X_1)$. 在 R 中很容易就能验证这一点, 比如当 $\mathcal{L} = \mathcal{U}(0, 1)$ 时:

```
> mean(runif(1))
[1] 0.2501903
> mean(runif(10))
[1] 0.3372082
> mean(runif(100))
[1] 0.5185887
> mean(runif(1000))
[1] 0.4885624
> mean(runif(10000))
[1] 0.5062192
> mean(runif(100000))
[1] 0.4998102
> mean(runif(1000000))
[1] 0.5000058
```

注意到, 当样本量 n 增大时, 这些值越来越接近那 n 个 i.i.d. 随机变量所服从的 $\mathcal{U}(0, 1)$ 分布的理论均值 $\mu = 0.5$.

注释

这对于近似 [专业术语: 估计 (estimate)] 一个分布的未知参数是非常有用的. 我们将在第 12.4 节返回来探讨这一点.

12.3.2 中心极限定理

定义随机变量 $Y_n = \sqrt{n}\left(\frac{\overline{X}_n - \mu}{\sigma}\right)$. Y_n 常被当作一个枢轴量 (pivot) 去构造未知参数的置信区间和假设检验. 跟其他随机变量一样, Y_n 具有一个分布. 在某些情况下，允许我们从数学上显式地计算它. 在一般情况下，这个分布依赖于样本量 n. 人们可能想知道当 n 增加时这个分布会如何变化，这种表现被称为一个随机变量的依分布收敛. **中心极限定理** (central limit theorem) 是说 Y_n 依分布收敛于一个具有 $\mathcal{N}(0,1)$ 分布的随机变量. 换句话说，从 Y_∞ 产生观测值等价于从服从 $\mathcal{N}(0,1)$ 分布的随机变量产生观测值.

这一种收敛方式，以及其他一些经典的收敛方式 (依概率收敛、依概率 1 收敛、依 r 阶平均收敛) 在文献 [24] 中有很好的阐释.

在文献 [23] 中对程序包 `ConvergenceConcepts` 做了一个详细的描述，它提供了一个工具来生动地可视化这种演变. 例如，尝试如下的指令 (图 12.2):

```
require(ConvergenceConcepts)
investigate() # 选择第 3 个例子
```

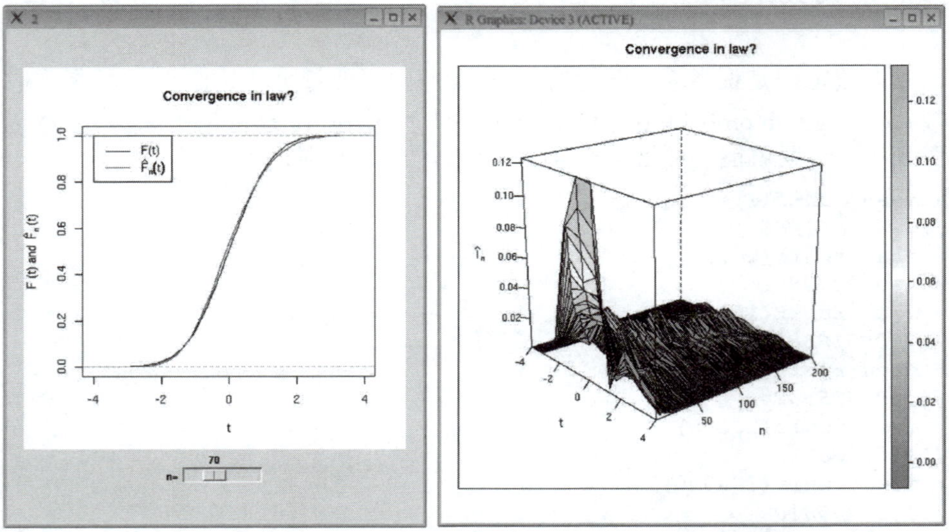

图 12.2: 依分布收敛在一个基于模拟数据的例子上的表现

左边: 一个 $\mathcal{N}(0,1)$ 的累积分布函数以黑线来绘制; 基于 $M = 5000$ 次实现的样本 Y_n $(n = 70)$ 的经验累积分布函数 $\hat{F}_{y_n}$ (见第 12.4.2 小节) 以浅色线绘制. 右边: 将 $|\hat{F}_{y_n}(t) - F(t)|$ 作为 n 和 t 的函数所绘出的 3D 图.

12.4 节 统计推断

在前一节中我们看到，基于一个随机变量的实现值，大数定律可用来近似一个分布的固有参数 (称作 θ)，例如，使用 $\overline{\mathrm{X}}_n$ 的实现值来近似参数 μ. 直观地，当参数未知时这将是非常有用的. 随后我们把这个 "近似" 随机变量称为参数的**估计量** (estimator)，而把这个估计量的实现叫做 (未知参数 θ 的) **估计** (estimate). 所谓的**推断** (inference) 就是基于随机变量的一个样本来估计未知参数，其中这些随机变量所服从的分布依赖于待估的未知参数.

12.4.1 点估计

何为一个估计量呢? 既然我们想要给一个分布的未知参数提出一个貌似真实的值 (基于从这个分布中产生的样本), 可以考虑将这个貌似真实的值作为样本的一个函数来处理. 假设 θ 是将要猜测 (或估计) 的参数的未知值, 注意到我们的写法 $\hat{\theta}(x_1, \ldots, x_n)$, 从而明确地说明它依赖于观测的样本值. 我们称它是 θ 的一个估计.

$\hat{\theta}(\mathrm{X}_1, \ldots, \mathrm{X}_n)$ 是一个随机变量, 它是产生样本的随机变量的一个函数, 因此它在某种意义下与 θ 接近.

给出参数 θ 的一个估计量有很多种方法. 例如, 大数定律意味着我们可以将 $\overline{\mathrm{X}}_n = \frac{1}{n}\sum_{i=1}^{n} \mathrm{X}_i$ 作为理论均值 $\mu = \mathbb{E}(\mathrm{X}_1)$ 的一个估计量. 注意, 样本 $(\mathrm{X}_1, \ldots, \mathrm{X}_n)$ 是从一个恰好把这个未知值 μ 作为其参数之一的分布中产生的.

```
> theta <- 7 # 假设这个值是未知的
> mean(rnorm(10000,mean=theta)) # 使用观测样本 (x1,...,x10000)
[1] 7.019249
```

同样地根据大数定律, 我们可以考虑把 $\overline{\mathrm{X}_n^2} - (\overline{\mathrm{X}}_n)^2 = \frac{1}{n}\sum_{i=1}^{n}\mathrm{X}_i^2 - \left(\frac{1}{n}\sum_{i=1}^{n}\mathrm{X}_i\right)^2$ 作为 (假设是未知的) 参数 $\sigma^2 = \mathbb{V}\mathrm{ar}(\mathrm{X}_1) = \mathbb{E}(\mathrm{X}_1^2) - [\mathbb{E}(\mathrm{X}_1)]^2$ 的一个估计量. 为了估计 σ^2, 只需要使用随机变量 (服从一个依赖于未知参数 σ 的分布) 的一个观测样本即可.

注释

这个估计量是有偏的 (见第 12.4.4 小节), 而 σ^2 的一个无偏估计量是 $\hat{\sigma}^2 = \frac{1}{n-1}\sum_{i=1}^{n}\left(\mathrm{X}_i - \overline{\mathrm{X}}_n\right)^2$.

```
> theta <- 2 # Var(X1), 假设其未知
> vecx <- rnorm(10000,sd=sqrt(theta))
> mean(vecx^2)-(mean(vecx))^2 # 我们仅仅使用了观测样本
[1] 1.976646
```

小窍门

注意, 这种方法还可以用来计算积分. 我们来看如下的一个例子:

$$\int_a^b g(x)dx = \int_{\mathbb{R}} g(x)\mathbb{1}_{[a,b]}(x)dx = \mathbb{E}[g(\mathrm{X})],$$

其中 X 是一个随机变量, 它的分布是区间 $[a,b]$ 上的均匀分布 $\mathcal{U}(a,b)$.

因此, 从服从分布 $\mathcal{U}(a,b)$ 的随机变量中产生一个样本量为 n 的样本 $(x_1,\ldots,x_n)$ 就足以估计 $\mathbb{E}[g(\mathrm{X})]$, 估计量为

$$\frac{1}{n}\sum_{i=1}^{n} g(x_i).$$

此方法被称为基于**蒙特卡罗模拟** (Monte Carlo simulation) 的积分计算.

12.4.2 经验累积分布函数

一个服从参数为 p 的 Bernoulli 分布的随机变量被定义为 "一个仅产生 1 和 0 的发生器: 以概率 p 产生一个 1 和以概率 $1-p$ 产生 0". 给定由服从这个分布的随机变量的 n 个实现值所构成的一个样本 $(x_1,\ldots,x_n)$, 然后我们可以计算所有样本值中等于 1 的值的比例 $\hat{p}$, 这个比例也等于均值 $\overline{x}_n = \frac{1}{n}\sum_{i=1}^{n} x_i$.

根据大数定律, 随着 n 逐渐增大时, 这个均值将越来越接近 X 的期望, 即 $\mathbb{E}(\mathrm{X}) = 1\times P[\mathrm{X}=1] + 0\times P[\mathrm{X}=0] = P[\mathrm{X}=1] = p$. 这被称为**概率中的频率方法** (frequentist approach of probability), 它规定一个事件的概率被定义为这个事件发生的频率的极限. 我们记 $\hat{\mathrm{p}}$ 为比例 p 的估计量.

令 X 是一个随机变量而 x 是一个实数 (这里, x 不是 X 的实现值). 随后我们可以构造一个新的随机变量 $\mathbb{1}_{[\mathrm{X}\leqslant x]}$, 它的取值只有 1 或 0, 依赖于 X 的取值是否比 x 更小或更大. 按照同样的思路, 基于某个样本 $\mathbf{X}_n = (\mathrm{X}_1,\ldots,\mathrm{X}_n)^\mathsf{T}$, 我们可以创建随机变量 $\hat{\mathrm{F}}_n(x) := \hat{\mathrm{F}}_{\mathbf{X}_n}(x) := \frac{1}{n}\sum_{i=1}^{n}\mathbb{1}_{[\mathrm{X}_i\leqslant x]}$. 再根据大数定律, 我们有

$$\frac{1}{n}\sum_{i=1}^{n}\mathbb{1}_{[\mathrm{X}_i\leqslant x]} \xrightarrow{P} \mathbb{E}(\mathbb{1}_{[\mathrm{X}_1\leqslant x]}).$$

可以从理论上证明 $\mathbb{E}(\mathbb{1}_{[\mathrm{X}_1\leqslant x]}) = P[\mathrm{X}_1\leqslant x] = F_{\mathrm{X}_1}(x)$. 于是,

$$\hat{\mathrm{F}}_{\mathbf{X}_n}(x) \xrightarrow{P} F_{\mathrm{X}_1}(x).$$

将随机变量 $\hat{\mathrm{F}}_{\mathbf{X}_n}(x)$ 视为 x 的一个函数, 它被称为样本 $\mathbf{X}_n = (\mathrm{X}_1,\ldots,\mathrm{X}_n)$ 的**经验累积分布函数**. 后面在 12.6 节介绍 bootstrap 方法时, 我们将返回来探讨这个函数.

借助 R 函数 ecdf() 即可用来轻松地创建经验累积分布函数:

```
> X <- function() rnorm(1)
> vecXn <- function(n) replicate(n,X())  # 从服从标准正态分布 N(0,1)
                                          # 的随机变量中产生大小为 n 的样本
```

```
> Fnhat <- function(n,x,X) ecdf(X(n))(x) # 创建函数 (随机变量) F̂n
> Fnhat(n=10,x=0,X=vecXn)    # 第一次取 x = 0 来调用 F̂n(x)
[1] 0.6
> Fnhat(n=1000,x=0,X=vecXn) # 第二次取 x = 0 来调用 F̂n(x)
[1] 0.509
```

12.4.3 极大似然估计

问题描述如下: 假设我们在自然界中观测到某一种现象并且收集了与这种现象相关的数据, 这样我们就有了一个样本量为 n 的观测样本数据 $(x_1,\ldots,x_n)$. 然后我们可以假设这些数据是由 "大自然 (Mother Nature)" 从一个分布为 $\mathcal{N}(\theta^\bullet,1)$ 的随机变量中产生的, 但是这个分布的参数 $\theta^\bullet$ 其精确值是未知的, 仅仅知道它们属于集合 $\{0,1,2,\ldots,9\}$.

极大似然方法是仅基于观测样本去猜测 (估计) 参数 $\theta^\bullet$ 的值, 而观测样本是关于数据**产生过程**唯一可利用的**信息** (除了对产生数据的随机变量的分布有假设之外). 我们将尝试找出 $\theta^\bullet$ (从集合 $\{0,1,\ldots,9\}$ 中) 的最合理的那个值, 即最有可能导致我们已观测的数据被产生的那一个值.

下面使用一个**计算机模拟** (computer simulation) 来帮助读者更好地理解极大似然方法的原理.

为此, 先暂时假想我们自己就是 "大自然" 或 "大建造师" 并在集合 $\{0,1,2,...,9\}$ 中选一个值 $\theta^\bullet$ 作为参数 θ 的真值. 为了让我们 (以 "大自然" 的身份) 在选择一个值的同时也允许我们 (作为 "统计学家") 对它暂时未知, 使用函数 `runif()`.

```
> theta.point <- as.integer(runif(1)*10)
> # 现在不要去显示 theta.point 的值
```

接着继续扮演 "大自然" 的角色, 从分布 $\mathcal{N}(\theta^\bullet,1)$ 中模拟一个大小为 n 的样本 $(x_1,\ldots,x_n)$:

```
> n <- 1000
> x1...xn <- rnorm(n,mean=theta.point)
```

> **提醒**
>
> 正如我们在本书的第 II 部分所提到的, 在一个变量的名称中允许包含点 (.). 因此 `x1...xn` 可以作为一个 R 变量的合法名称.

现在我们脱掉 "大自然" 的外衣并回到 "统计学家" 的身份. 我们希望用前面已记作 $\hat{\theta}(x_1,\ldots,x_n)$ 的数值去估计未知的 $\theta^\bullet$. 为此, 我们运用 R 的最优函数 `nlminb()` 来构造一个函数 $\hat{\theta}(\mathrm{X}_1,\ldots,\mathrm{X}_n)$ 并建立这个估计. 极大化样本的似然 $\mathcal{L}(\theta;\mathrm{X}_1,\ldots,\mathrm{X}_n)$, 或者等价地, 极小化 $-\mathrm{Log}\mathcal{L}(\theta;\mathrm{X}_1,\ldots,\mathrm{X}_n)$ 时取到的那个 θ 值即为我们要求的函数. 这个函数被称为 $\theta^\bullet$ 的**极大似然估计量** (maximum likelihood estimator). 注意, 如果我们假设 $\theta^\bullet=\theta$ 的话, 似然 (在 θ 处求值) 在某种意义上是观测样本合理性的一个度量.

定义

```
> theta.hat <- function(X1...Xn) {
+  start <- 0.5
+  nlminb(start,minus.log.likelihood,X1...Xn=X1...Xn)$par
+ }
```

其中的函数 `minus.log.likelihood()` 被定义为

```
> minus.log.likelihood <- function(theta,X1...Xn) {
+  res <- -sum(log(dnorm(X1...Xn,theta)))
+ return(res)
+ }
```

现在, 可以在 "大自然" 给出的观测值 $x_1,\ldots,x_n$ 上使用估计量来得到我们想要的估计.

```
> theta.hat(x1...xn)
[1] 9.024612
```

既然前面已经假定 $\theta^\bullet$ 属于集合 $\{0,1,\ldots,9\}$, 因而可以考虑将值 $\widehat{\theta^\bullet}=9$ 作为 $\theta^\bullet$ 的估计.

现在我们再返回到 "大自然" 的角色并检查之前得到的估计是否接近于真正的未知值 $\theta^\bullet$ (我们已将它暂时隐藏).

```
> theta.point
[1] 9
```

注意到, 这里假设 $\theta^\bullet$ 在一个离散集合 (有限的或可数的) 中取值, 它允许我们利用前面所得的估计去找到它的精确值. 在这种情况下, 若用参数的连续的值去做估计是行不通的.

提醒

用模拟来引入统计学的主要优势之一是我们可以同时 (或者至少交替地) 处在界河的两端 (扮演两个不同的角色):

"大自然" | "统计学家"

12.4.4 抽样变异和估计量的性质

- **抽样变异**

在本章末尾的实训操作部分, 我们将看到如何创建用于模拟投掷一个骰子的方法. 这里我们先用它来投掷 20 个虚拟的骰子:

```
> n <- 20
> res <- throw.die(n)
> res
 [1] 2 3 4 6 2 6 6 4 4 1 2 2 5 3 5 3 5 6 3 5
```

在第 12.4.2 小节中我们已经看到, 可以用上面样本中得到的 4 的次数所占的频率作为掷得一个 4 的概率 p 的估计: $\hat{p} = 0.15$.

由于一个骰子有 6 个面, 理论期望值为 $1/6 \approx 0.1667$, 这并不等于上面得到的那个值. 另外再投掷 20 个虚拟的骰子看看会发生什么.

```
> res <- throw.die(n)
> res
 [1] 2 5 3 2 4 4 1 2 4 4 4 4 4 4 6 5 1 5 6 2
```

这次求出来的得到一个 4 的概率 p 的估计是 $\hat{p} = 0.4$. 在这个新样本下计算的估计值发生了改变, 这种现象叫做**抽样变异** (sampling variation). 当我们去估计一个未知参数 θ 时, 作为样本的一个函数估计值会变动. 通常情况下, 每一个新观测的样本将会导致 θ 的一个不同估计.

如果样本量增大很多 (例如 $n = 10000$), 两次投掷 10000 个骰子得到的估计之间的变异将会小得多.

```
> n <- 10000
> res <- throw.die(n)
> sum(res==4)/n
[1] 0.1725
> res <- throw.die(n)
> sum(res==4)/n
[1] 0.1678
```

- **估计量的性质**

我们怎么知道用一个估计量 $\hat{\theta}(\mathrm{X}_1,\ldots,\mathrm{X}_n)$ 去估计未知参数 θ 时是否足够精确呢? 我们可以对一个估计量定义两个标准:

► 它的**偏差** (bias) (当估计 θ 时) $\mathbb{B}[\hat{\theta}(\mathrm{X}_1,\ldots,\mathrm{X}_n);\theta] = \mathbb{E}[\hat{\theta}(\mathrm{X}_1,\ldots,\mathrm{X}_n)] - \theta$, 可以衡量估计量 "在平均意义上" 是否正确;
► 它的**方差** (variance) $\mathbb{V}\mathrm{ar}[\hat{\theta}(\mathrm{X}_1,\ldots,\mathrm{X}_n)]$, 可用来度量估计量的变化性.

注意, 估计量 $\hat{\theta}(\mathrm{X}_1,\ldots,\mathrm{X}_n)$ 的偏差和方差 (理论上) 依赖于 n.

现在, 假设我们有一台发生器, 它可以模拟随机变量 $\mathrm{X}_1,\ldots,\mathrm{X}_n$ 的行为, 即我们能够产生大量的样本 $(\mathrm{X}_1,\ldots,\mathrm{X}_n)$ (比如 $M = 10000$ 或更多, 取决于研究背景). 这样我们就可以通过蒙特卡罗模拟来估计一个估计量的偏差和方差. 事实上, 对每一个观测样本 $(x_{1,i},\ldots,x_{n,i})$, 我们可以计算相应的估计 $\hat{\theta}(x_{1,i},\ldots,x_{n,i})$. 然后我们就有 M 个值 $\hat{\theta}_1,\ldots,\hat{\theta}_M$, 接着就可以用 $\bar{\hat{\theta}} = \dfrac{1}{M}\sum_{i=1}^{M}\hat{\theta}_i$ 去估计 $\mathbb{E}[\hat{\theta}(\mathrm{X}_1,\ldots,\mathrm{X}_n);\theta]$, 并用 $\dfrac{1}{M}\sum_{i=1}^{M}(\hat{\theta}_i - \bar{\hat{\theta}})^2$ 去估计方差 $\mathbb{V}\mathrm{ar}[\hat{\theta}(\mathrm{X}_1,\ldots,\mathrm{X}_n)]$.

在下一个例子里, 我们用蒙特卡罗模拟去估计已知参数 $p = \theta = 1/6$ 的估计量 $\hat{\mathrm{p}}$ (投掷 n 个骰子出现 4 的频率) 的偏差和方差. 注意, p 是随机变量 X 的参数, 它代表当投掷一个骰子时我们是否会得到一个 4. X 的分布是参数为 $p = 1/6$ 的 Bernoulli 分布.

```
> n <- 20
> M <- 100000
> vec.theta.hat <- replicate(M,{res <- throw.die(n)
+  theta.hat <- sum(res==4)/n})
> mean(vec.theta.hat)-1/6 # 偏差的估计
[1] -0.00006716667
> var(vec.theta.hat)       # 方差的估计
[1] 0.006969351
```

这个例子可以证明随机变量 $n\hat{\theta}(\mathrm{X}_1,\ldots,\mathrm{X}_n)$ 服从一个二项分布 $\mathcal{B}in(n,p)$, 其期望是 np 而方差是 $np(1-p)$ (这里, $p=1/6$). 因此, 估计量 $\hat{\theta}(\mathrm{X}_1,\ldots,\mathrm{X}_n)$ 是 θ 的一个无偏估计并且它的方差是 $\dfrac{p(1-p)}{n}$.

可以在数值上验证这个结论:

```
> p <- 1/6
> p*(1-p)/n
[1] 0.006944444
```

另见

我们将在第 12.6 节中介绍所谓的 bootstrap 技术, 它可以用来近似一个给定估计量的偏差和方差, 只需基于一个单一的样本 $(\mathrm{x}_1,\ldots,\mathrm{x}_n)$ (这也是我们现实生活中最常碰到的情况), 而不是基于我们在蒙特卡罗模拟方法 (当一个数据发生器可用时) 中所用的 M 个样本.

12.5 节 从一个分布中抽样的若干技术

为什么要执行模拟?

- 为了用一台计算机去 “验证” 一个已经知道的数学结果;
- 为了用一台计算机去 “论证” 一个人们无法从理论上证明的结果;
- 它能指导我们去证明一个很难的数学结果;
- 当尝试在科技期刊上发表研究结果时这常常是必需的;
- 这允许统计学家做出更好的推理论证.

用户应当怎样去执行一项有效的模拟呢? 她/他必须:

(1) 正确地识别问题 (的核心所在);

(2) 编写一个可用于解决问题的算法的大纲 (要点);

(3) 把这个算法翻译为以解释语言 (比如 R) 写成的程序 (代码);

(4) 测试这个程序以确保它能正确地运行;

(5) 可能的话, 用一种低级 (编译的) 语言 (比如 C/C++ 或 Fortran) 来翻译这一程序.

注意, 任何模拟都需要用户能够从一个给定法则来模拟随机变量. 在前一节中, 我们已经看到了在 R 中如何从一些分布 (诸如 `rnorm()`, `runif()`) 来进行模拟. 当我们想要从中模拟的分布在 R 中不能直接调取时, 可以尝试使用本节中介绍的一些方法.

12.5.1 从另一个分布进行模拟

有时分布为 $\mathcal{L}$ 的随机变量 X 可以用一个简单的公式来表示, 比如 X 是一个或几个具有标准分布的随机变量的一个函数, 我们想要从 X 的分布中抽取样本观测值. 由于有这样一个公式, 随后就可以利用 $\mathcal{L}$ 来比较容易地建立一个发生器. 下面这个非常简单的例子说明了这一点. 例如, 回想一下, 一个服从 χ^2_1 分布的随机变量可以通过一个标准正态随机变量的平方来得到.

```
> rchi2.1 <- function() rnorm(1)^2 # X ~ N(0,1) ⇒ X^2 ~ χ²_1.
```

自己动手

从一个 $TU(2)$ 分布 (该分布的定义参见第 12.7 节中第 374 页的表格) 来产生若干个样本观测值.

12.5.2 逆变换方法

假设我们知道随机变量 X 的逆累积分布函数 F_X^{-1}, 然后希望从与 X 相同的分布中抽取观测值. 使用一个具有分布为 $\mathcal{U}(0,1)$ 的发生器 U 即可轻松地完成此项任务, 借助如下的公式:

$$\tilde{X} = F_X^{-1}(U).$$

实际上, 随机变量 $\tilde{X}$ 的累积分布函数恰巧是 F_X. 这就是众所周知的**逆变换方法** (inverse transform method), 它是由 R.A. Fisher [16] 首先提出来的.

自己动手

回想一下, 一个分布为 $\mathcal{E}(\lambda)$ 的指数随机变量 X 的累积分布函数是

$$F_X(x;\lambda) = \begin{cases} 1 - e^{-\lambda x}, & x \geqslant 0, \\ 0, & x < 0. \end{cases}$$

计算 F_X^{-1} 并使用函数 `runif()` 从分布 $\mathcal{E}(2)$ 中产生观测值.

12.5.3 拒绝抽样

假设我们知道随机变量 X 的密度函数 f_X, 但是不知道它的逆累积分布函数. 现在想要从与 X 相同的分布中抽取观测值. 拒绝抽样 (rejection sampling) 方法首先从一个具有密度 g 的分布中产生观测数据, 这个 g 与 f 是比较接近的 [它意味着对某个 $c > 0$ 恒有 $f_X(x) \leqslant c \times g(x)$], 然后从这些数据中舍弃一部分来得到服从目标分布的模拟数据.

该算法的步骤如下:

(1) 从一个密度为 g 的随机变量 Y 中产生一个数据点 y;

(2) 从一个密度为 $\mathcal{U}(0,1)$ 的随机变量 U 中产生 u;

(3) 若 $c \times g(y) \times u \leqslant f(y)$, 则保留 y 作为一个生成的 (有效) 数据点; 否则舍弃它并返回算法的开始位置.

我们可以将由这个算法所输出的值看作是从一个密度为 f_X 的随机变量中产生的并使用它们来进行模拟计算. 常数 c 可用于最小化拒绝的次数, 它的最优值是 $c = \sup_x \dfrac{f_X(x)}{g(x)}$.

自己动手

以一个参数为 $\lambda = 1$ 的指数分布的密度函数作为参照函数 g, 使用拒绝抽样方法从分布 $\mathcal{N}(0,1)$ 中产生观测数据. 取 $c = \sqrt{\dfrac{e^1}{2\pi}}$, 并且用函数 `rbinom()` 来给由拒绝抽样方法得到的值赋一个正号或负号.

12.5.4 离散随机变量的模拟

假设我们想要从一个满足 $P(X = x_i) = p_i, \forall i \in \mathbb{N}$ (或 $\mathbb{N}$ 的一个子集) 的离散随机变量 X 来模拟一个样本. 定义 U 为一个分布为 $\mathcal{U}(0,1)$ 的随机变量 (它可以用函数 `runif()` 来进行抽样), 然后使用下面的算法:

$$\begin{cases} X = x_0, & \text{若 } 0 < U \leqslant p_0; \\ X = x_i, & \text{若 } \displaystyle\sum_{j=0}^{i-1} p_j < U \leqslant \sum_{j=0}^{i} p_j. \end{cases}$$

自己动手

运用这个算法从集合 $\{0,1,2,3,4,5\}$ 上的离散均匀分布中产生样本观测数据.

12.6 节

Bootstrap 方法

Bootstrap 方法 (也称为自助法) 的核心思想是使用一个观测值样本 $(x_1,\ldots,x_n)$ 中的可用信息去近似 i.i.d. 随机变量 $\mathrm{X}_1,\ldots,\mathrm{X}_n$ 的分布 (它产生了这个样本). 我们在第 12.2.3.1 小节中看到一个随机变量的分布可以用它的累积分布函数 F_X 来描述, 而在第 12.4.2 小节中我们又了解了如何用经验累积分布函数 $\hat{\mathrm{F}}_{\mathbf{X}_n}$ 去近似累积分布函数. Bootstrap 方法的原理是从由 $\hat{\mathrm{F}}_{\mathbf{X}_n}$ (我们知道其具体形式) 所描述的分布中产生若干个观测数据集 $\boldsymbol{x}_1^*=(x_{1,1}^*,\ldots,x_{n,1}^*),\ldots,\boldsymbol{x}_B^*=(x_{1,B}^*,\ldots,x_{n,B}^*)$, 这里将 $\hat{\mathrm{F}}_{\mathbf{X}_n}$ 作为 F_X (它在实际中是未知的) 的一个替代. 然后我们认为这些能被产生的新数据与假设我们能够基于 F_X 的发生器来得到的观测数据 (实际上我们不能得到) 具有相同的性质. 这样我们就可以使用在第 12.4.1 小节介绍的蒙特卡罗技术去估计某个未知参数 θ 的估计量 $\hat{\theta}(\mathrm{X}_1,\ldots,\mathrm{X}_n)$ 的 (比如) 偏差和方差, 只需使用如下的公式:

$$\frac{1}{B}\sum_{b=1}^{B}\hat{\theta}(x_{1,b}^*,\ldots,x_{n,b}^*)-\hat{\theta}(x_1,\ldots,x_n),$$

$$\frac{1}{B}\sum_{b=1}^{B}\left(\hat{\theta}(x_{1,b}^*,\ldots,x_{n,i}^*)-\frac{1}{B}\sum_{j=1}^{B}\hat{\theta}(x_{1,i}^*,\ldots,x_{n,i}^*)\right)^2.$$

还有一个问题: 如何从 $\hat{\mathrm{F}}_{\mathbf{X}_n}$ 去产生观测值? 这实际上是非常容易做到的: 我们需要做的就是从原始样本中有放回地抽取 n 个观测值. Bootstrap 方法的要点在于产生 B 个这些的样本 $\boldsymbol{x}_b^*$, 然后按照上面的例子所示的方法去使用它们. R 函数 `sample()` 可用来执行有放回抽样这一操作.

我们返回到第 12.4.4 小节中的例子, 估计随机变量 X (它表示掷一次骰子是否会得到一个 4) 的参数 $p=\theta$ 的估计量 $\hat{\mathbf{p}}$ (掷一个骰子 n 次后出现数字 4 的频率) 的偏差和方差.

```
> n <- 20 ; xvec <- throw.die(n) ; sum(xvec==4)/n
[1] 0.15
```

从 `xvec` 中有放回地抽取一个容量为 n 的样本:

```
> sample(xvec,n,replace=TRUE)
 [1] 6 6 4 5 6 2 5 2 5 2 5 4 6 6 5 5 6 2 1 4
> B <- 10000
> vec.theta.star <- replicate(B,sum(
+                  sample(xvec,n,replace=TRUE)==4)/n)
> mean(vec.theta.star) - sum(xvec==4)/n
[1] 0.00009
> ((B-1)/B)*var(vec.theta.star) ; sd(vec.theta.star)
[1] 0.006377992
[1] 0.07986632
```

注意, 对于这个非常简单的情形, 理论上的结果是偏差为 0, 方差为 $p(1-p)/n=0.00694$.

小窍门

注意, 利用程序包 boot 及其中的同名函数 boot(), 用户可以非常方便地执行 bootstrap 抽样:

```
boot(xvec,function(x,w) sum(x[w]==4)/n,B)
```

12.7 节

标准及次标准分布

12.7.1 标准分布

在 R 中用户能方便地操作常见的标准概率分布. 在表 12.1 和表 12.2 中, 我们列出了用来计算这些分布的密度函数 (或者概率质量函数)、累积分布函数和分位数函数的函数. 同时我们也给出了从这些分布来产生伪随机数的有关指令.

表 12.1: 标准的离散分布: 与概率质量函数 (d-)、累积分布函数 (p-)、分位数函数 (q-) 相对应的 R 函数以及从这些分布来产生伪随机数的指令 (r-).

离散分布	R 函数	期望值 方差	概率质量分布 函数 $P(X=x)$
Binomial(m,α)	dbinom(x,size=m,prob=α) pbinom(q,size=m,prob=α) qbinom(p,size=m,prob=α) rbinom(n,size=m,prob=α)	$m\alpha$ $m\alpha(1-\alpha)$	$\binom{m}{x}\alpha^x(1-\alpha)^{m-x}$
Poisson(λ)	dpois(x,lambda=λ) ppois(q,lambda=λ) qpois(p,lambda=λ) rpois(n,lambda=λ)	λ λ	$e^{-\lambda}\dfrac{\lambda^x}{x!}$
Geometric(α)	dgeom(x,prob=α) pgeom(q,prob=α) qgeom(p,prob=α) rgeom(n,prob=α)	$\dfrac{1}{\alpha}$ $\dfrac{1-\alpha}{\alpha^2}$	$(1-\alpha)^{x-1}\alpha$
Hyper-geometric(m,n,k)	dhyper(x,m=m,n=n,k=k) phyper(q,m=m,n=n,k=k) qhyper(p,m=m,n=n,k=k) rhyper(nn,m=m,n=n,k=k)	$\dfrac{nm}{N}$ (其中 $N=n+m$) $\dfrac{n(m/N)(1-(m/N))(N-n)}{N-1}$	$\dfrac{\binom{m}{x}\binom{n}{k-x}}{\binom{m+n}{k}}$

续表

离散分布	R 函数	期望值 方差	概率质量分布 函数 $P(X = x)$

Negative binomial(m, α)	`dnbinom(x,size=`m`,prob=`α`)`
	`pnbinom(q,size=`m`,prob=`α`)`
	`qnbinom(p,size=`m`,prob=`α`)`
	`rnbinom(n,size=`m`,prob=`α`)`
		$m\frac{1-\alpha}{\alpha}$
		$m\frac{1-\alpha}{\alpha^2}$
			$\binom{x+m-1}{m-1}\alpha^m(1-\alpha)^x$

Discrete uniform$\{1,\ldots,m\}$	`(x %in% 1`m`)/`m
	`sum(1`m`<=q)/`m
	`match(1,1`m`/`m`>=p)`
	`sample(x=1`m`,size=n,TRUE)`
		$\frac{m+1}{2}$
		$\frac{m^2-1}{12}$
			$\frac{1}{m}\mathbb{1}_{\{1,\ldots,m\}}(x)$

表 12.2: 标准的连续分布: 与概率密度函数 (`d-`)、累积分布函数 (`p-`)、分位数函数 (`q-`) 相对应的 **R** 函数以及从这些分布来产生伪随机数的指令 (`r-`) $\Big($记号: $B(\cdot,\cdot)$ 为贝塔函数; $I(\cdot)$ 为修正 Bassel 函数; $\Gamma(\cdot)$ 为伽玛函数; $P(\cdot;\lambda)$ 为 Poisson 分布的概率密度函数; $I'_x(\cdot,\cdot)$ 为不完全贝塔函数的导数; $\mathrm{sech}(x) = \frac{2}{e^x + e^{-x}}\Big)$.

连续分布	R 函数	期望值 方差	密度

Normal(μ, σ^2)	`dnorm(x,mean=`μ`,sd=`σ`)`
	`pnorm(q,mean=`μ`,sd=`σ`)`
	`qnorm(p,mean=`μ`,sd=`σ`)`
	`rnorm(n,mean=`μ`,sd=`σ`)`
		μ
		σ^2
			$\frac{1}{\sqrt{2\pi}\sigma}e^{-\frac{(x-\mu)^2}{2\sigma^2}}$

Student(ν, μ)	`dt(x,df=`ν`,ncp=`μ`)`
	`pt(q,df=`ν`,ncp=`μ`)`
	`qt(p,df=`ν`,ncp=`μ`)`
	`rt(n,df=`ν`,ncp=`μ`)`
		$\mu\sqrt{\frac{\nu}{2}}\frac{\Gamma((\nu-1)/2)}{\Gamma(\nu/2)}$
		$(\nu > 1)$
		$\frac{\nu(1+\mu^2)}{\nu-2} - \frac{\mu^2\nu}{2}\times$
		$\left(\frac{\Gamma((\nu-1)/2)}{\Gamma(\nu/2)}\right), (\nu > 2)$
			$\frac{\nu^{\nu/2}e^{-\nu\mu^2/2(x^2+\nu)}}{\sqrt{\pi}\Gamma(\nu/2)2^{(\nu-1)/2}(x^2+\nu)^{(\nu+1)/2}}$
			$\times\int_0^\infty t^\nu e^{\frac{\mu x}{2\sqrt{x^2+\nu}}-\frac{t}{2}}dt$

Chi-squared(k, λ)	`dchisq(x,df=`k`,ncp=`λ`)`
	`pchisq(q,df=`k`,ncp=`λ`)`
	`qchisq(p,df=`k`,ncp=`λ`)`
	`rchisq(n,df=`k`,ncp=`λ`)`
		$k+\lambda$
		$2(k+2\lambda)$
			$\frac{1}{2}e^{-(x+\lambda)/2}\left(\frac{x}{\lambda}\right)^{k/4-1/2}$
			$\times I_{k/2-1}(\sqrt{\lambda x})$

Fisher(ν_1, ν_2, λ)	`df(x,df1=`ν_1`,df2=`ν_2`,ncp=`λ`)`
	`pf(q,df1=`ν_1`,df2=`ν_2`,ncp=`λ`)`
	`qf(p,df1=`ν_1`,df2=`ν_2`,ncp=`λ`)`
	`rf(n,df1=`ν_1`,df2=`ν_2`,ncp=`λ`)`
		$\frac{\nu_2(\nu_1+\lambda)}{\nu_1(\nu_2-2)}$
		$(\nu_2 > 2)$
		$2\frac{(\nu_1+\lambda)^2+(\nu_1+2\lambda)(\nu_2-2)}{(\nu_2-2)^2(\nu_2-4)}$
		$\times\left(\frac{\nu_2}{\nu_1}\right)^2, (\nu_2 > 4)$
			$\sum_{k=0}^{\infty}\frac{e^{-\lambda/2}(\lambda/2)^k}{B\left(\frac{\nu_2}{2},\frac{\nu_1}{2}+k\right)k!}\left(\frac{\nu_1}{\nu_2}\right)^{\frac{\nu_1}{\nu_2}+k}$
			$\times\left(\frac{\nu_2}{\nu_2+\nu_1 x}\right)^{\frac{\nu_1+\nu_2}{2}+k} x^{\frac{\nu_1}{2}-1+k}$

Exponential(λ)	`dexp(x,rate=`λ`)`
	`pexp(q,rate=`λ`)`
	`qexp(p,rate=`λ`)`
	`rexp(n,rate=`λ`)`
		$\frac{1}{\lambda}$
		$\frac{1}{\lambda^2}$
			$\lambda e^{-\lambda x}\mathbb{1}\{x \geqslant 0\}$

Uniform(a, b)	`dunif(x,min=`a`,max=`b`)`
	`punif(q,min=`a`,max=`b`)`
	`qunif(p,min=`a`,max=`b`)`
	`runif(n,min=`a`,max=`b`)`
		$\frac{a+b}{2}$
		$\frac{(b-a)^2}{12}$
			$\frac{1}{b-a}\mathbb{1}\{a \leqslant x \leqslant b\}$

续表

连续分布	R 函数	期望值 方差	密度
Beta(α,β,λ)	dbeta(x,shape1=α,shape2=β,ncp=λ) pbeta(q,shape1=α,shape2=β,ncp=λ) qbeta(p,shape1=α,shape2=β,ncp=λ) rbeta(n,shape1=α,shape2=β,ncp=λ)	$\approx 1-\frac{\beta}{C}\left(1+\frac{\lambda}{2C^2}\right)$ 其中, $C=\alpha+\beta+\frac{\lambda}{2}$ $\frac{\alpha\beta}{(\alpha+\beta)^2(\alpha+\beta+1)}$, 若 $\lambda=0$	$\sum_{i=0}^{\infty}P\left(i;\frac{\lambda}{2}\right)I'_x(\alpha+i,\beta)$
Cauchy(x_0,γ)	dcauchy(x,location=x_0,scale=γ) pcauchy(q,location=x_0,scale=γ) qcauchy(p,location=x_0,scale=γ) rcauchy(n,location=x_0,scale=γ)	未定义的 未定义的	$\frac{1}{\pi}\left[\frac{\gamma}{(x-x_0)^2+\gamma^2}\right]$
Logistic(μ,s)	dlogis(x,location=μ,scale=s) plogis(q,location=μ,scale=s) qlogis(p,location=μ,scale=s) rlogis(n,location=μ,scale=s)	μ $\frac{\pi^2}{3}s^2$	$\frac{1}{4s}\text{sech}^2\left(\frac{x-\mu}{2s}\right)$
Log-Normal(μ,σ)	dlnorm(x,meanlog=μ,sdlog=σ) plnorm(q,meanlog=μ,sdlog=σ) qlnorm(p,meanlog=μ,sdlog=σ) rlnorm(n,meanlog=μ,sdlog=σ)	$e^{\mu+\sigma^2/2}$ $(e^{\sigma^2}-1)e^{2\mu+\sigma^2}$	$\frac{1}{x\sigma\sqrt{2\pi}}e^{-\frac{(\ln(x)-\mu)^2}{2\sigma^2}}$
Gamma(α,β)	dgamma(x,shape=α,rate=β) pgamma(q,shape=α,rate=β) qgamma(p,shape=α,rate=β) rgamma(n,shape=α,rate=β)	$\alpha\beta$ $\alpha\beta^2$	$x^{\alpha-1}\frac{e^{-x/\beta}}{\beta^\alpha\Gamma(\alpha)}\mathbb{1}_{x>0}$
Weibull(λ,k)	dweibull(x,shape=λ,scale=k) pweibull(q,shape=λ,scale=k) qweibull(p,shape=λ,scale=k) rweibull(n,shape=λ,scale=k)	$\lambda\Gamma\left(1+\frac{1}{k}\right)$ $\lambda^2\Gamma\left(1+\frac{2}{k}-\mu^2\right)$	$\frac{k}{\lambda}\left(\frac{x}{\lambda}\right)^{k-1}e^{-(x/\lambda)^k}\mathbb{1}_{x\geqslant 0}$
Gumbel(μ,β) (Package evd)	dgumbel(x,loc=μ,scale=β) pgumbel(q,loc=μ,scale=β) qgumbel(p,loc=μ,scale=β) rgumbel(n,loc=μ,scale=β)	$\mu+\beta$ $\frac{\pi^2}{6}\beta^2$	$\frac{ze^{-z}}{\beta}$ with $z=e^{-\frac{x-\mu}{\beta}}$

12.7.2 † 次标准分布

在接下来的几个表中, 我们列出了从一些次标准分布中产生一个样本的公式.

表 12.3 介绍以下的分布: Rademacher 分布 Rad; Irwin-Hall 分布 Irw(n); Kumaraswamy 分布 Kum(a,b); 逆正态分布 (inverse normal) GI(μ,λ); Lévy 分布 Levy(c); 对数逻辑斯谛分布 (Log-logistic) Log-Logis(α,β); Rayleigh 分布 (Rayleigh) Ray(σ^2); Rice 分布 Rice(σ,ν); 多项分布 (multinomial) $\mathcal{M}(n,p_1,\ldots,p_k)$.

表 12.3: 次标准分布 I (记号: $B_{1/2} \sim$ Bernoulli(1/2); $Y_{1,b} \sim \mathcal{B}eta(1,b)$; $Z \sim \mathcal{N}(0,1)$; $U_k, U \sim \mathcal{U}(0,1)$; $G(\alpha,\beta) \sim$ Gamma(α,β); $L_{1/2}(x) = e^{x/2}\left[(1-x)I_0\left(\frac{-x}{2}\right) - xI_1\left(\frac{-x}{2}\right)\right]$; $I_\alpha(\cdot)$ 为修正贝塞尔函数; $B(\alpha,\beta)$ 为贝塔函数).

分布	密度	生成办法	期望值 方差
Rad	1/2, 若 $k = \pm 1$	$2B_{1/2} - 1$	0 1
Irw(n)	$\frac{1}{2(n-1)!}\sum_{k=0}^{n}(-1)^k\binom{n}{k}$ $\times(x-k)^{n-1}sgn(x-k)$	$\sum_{k=1}^{n} U_k$	$n/2$ $n/12$
Kum(a,b)	$abx^{a-1}(1-x^a)^{b-1}$	$X_{a,b} = Y_{1,b}^{1/a}$	$bB(1+1/a,b)$ $bB\left(1+\frac{2}{a},b\right) - b^2B^2\left(1+\frac{1}{a},b\right)$
GI(μ,λ)	$\left[\frac{\lambda}{2\pi x^3}\right]^{1/2}\exp\left(\frac{-\lambda(x-\mu)^2}{2\mu^2 x}\right)$	$X=\mu+\frac{\mu^2}{2\lambda}\left[Z^2-\frac{\lvert Z\rvert}{\mu}\sqrt{4\mu\lambda+\mu^2Z^2}\right]$ X 若 $U \leqslant \frac{\mu}{\mu+X}$, 否则 $\frac{\mu^2}{X}$	μ $\frac{\mu^3}{\lambda}$
Levy(c)	$\sqrt{\frac{c}{2\pi}}\frac{e^{-c/2x}}{x^{3/2}}$	$X = \frac{1}{G(1/2,c/2)}$	∞ ∞
Log-Logis(α,β)	$\frac{(\beta/\alpha)(x/\alpha)^{\beta-1}}{[1+(x/\alpha)^\beta]^2}$	$X = \exp(Logistic(\log(\alpha),\beta))$	$\frac{\alpha\pi/\beta}{\sin(\pi/\beta)}$ 若 $\beta > 1$ $\alpha^2\left(\frac{2b}{\sin 2b} - \frac{b^2}{\sin^2 b}\right)$, 若 $\beta > 2$
Ray(σ^2)	$\frac{x}{\sigma^2}\exp\left(\frac{-x^2}{2\sigma^2}\right)$	$X = \sigma\sqrt{-2\log(U)}$	$\sigma\sqrt{\frac{\pi}{2}}$ $\frac{4-\pi}{2}\sigma^2$
Rice(σ,ν)	$\frac{x}{\sigma^2}\exp\left(\frac{-(x^2+\nu^2)}{2\sigma^2}\right)I_0\left(\frac{x\nu}{\sigma^2}\right)$	$R = \sqrt{X^2+Y^2}$, 其中 $X \sim \mathcal{N}(1,\sigma^2)$ 和 $Y \sim \mathcal{N}(0,\sigma^2)$	$\sigma\sqrt{\pi/2}L_{1/2}(-\nu^2/2\sigma^2)$ $2\sigma^2+\nu^2-\frac{\pi\sigma^2}{2}L_{1/2}^2\left(\frac{-\nu^2}{2\sigma^2}\right)$
$\mathcal{M}(n,p_1,\ldots,p_k)$	$\frac{n!}{x_1!\cdots x_k!}p_1^{x_1}\ldots p_k^{x_k}$, 若 $\sum_{i=1}^{k} x_i = n$	$Y_j = \arg\min_{j'=1}^{k}\left(\sum_{i=1}^{j'} p_i \geqslant U\right)$ $X = \sum_{j=1}^{n} Y_j$ (Y_j i.i.d)	$\mathbb{E}(X_i) = p_i$ $\mathbb{V}ar(X_i) = np_i(1-p_i)$

表 12.4 给出了从下面的次标准分布中产生一个样本的公式: 偏正态分布 (skew-normal) $SN(\xi,\omega^2,\alpha)$; Laplace 分布 $Lp(\mu,b)$; 偏移的指数分布 (shifted exponential) $SE(l,b)$; 广义 pareto 分布 (generalized Pareto) $GP(\mu,\sigma,\xi)$; 广义误差分布 (generalized error distribution) $GED(\mu,\sigma,p)$; Johnson SU 分布 $JSU(\mu,\sigma,\nu,\tau)$; 对称的 Tukey 分布 (symmetrical Tukey) $TU(l)$; 被污染的尺度分布 (scale contaminated) $SC(p,d)$; 被污染的位置分布 (location contaminated) $LC(p,m)$; Johnson SB 分布 $SB(g,d)$; 平稳分布 (stable) $S(a,b)$.

表 12.4: 次标准分布 II (记号: $U \sim \mathcal{U}(0.1)$; $Z \sim \mathcal{N}(0,1)$; $Z_\mu \sim \mathcal{N}(\mu,1)$; $V_d \sim \mathcal{N}(0,d)$; $E \sim \mathcal{E}(1)$; $B_p \sim \text{Bernoulli}(p)$; $G_p \sim \text{Gamma}(1/p,p)$; $F_\lambda^{-1}(p) = p^\lambda - (1-p)^\lambda$; $\Theta = \pi(U - \frac{1}{2})$; $\Theta_\beta = \frac{\pi}{2} + \beta\Theta$).

分布	密度	生成办法	期望值 方差
$SN(\xi,\omega^2,\alpha)$	$\frac{2}{\omega\sqrt{2\pi}} e^{-\frac{(x-\xi)^2}{2\omega^2}} \int_{-\infty}^{\alpha\left(\frac{x-\xi}{\omega}\right)} \frac{e^{-\frac{t^2}{2}}}{\sqrt{2\pi}} dt$	$X = \xi + \omega Y$ $Y = W$, 若 $Z_0 \geqslant 0$; 否则 $-W$ $W = \delta Z_0 + \sqrt{1-\delta^2} V_1$ $\delta = \alpha / \sqrt{1+\alpha^2}$	$\xi + \omega\sqrt{2/\pi}\delta$ $\omega^2(1 - 2\delta^2/\pi)$
$Lp(\mu,b)$	$\frac{1}{2b}\exp\left(-\frac{\lvert x-\mu\rvert}{b}\right)$	$X = \mu - b.sgn\left\{U - \frac{1}{2}\right\} \ln\left(1 - 2\left\lvert U - \frac{1}{2}\right\rvert\right)$	μ $2b^2$
$SE(l,b)$	$b\exp\{-(x-l)b\}, x \geqslant l$	$X = \frac{-\ln U}{b} + l$	$l + \frac{1}{b}$ $\frac{1}{b^2}$
$GP(\mu,\sigma,\xi)$	$\frac{1}{\sigma}\left(1 + \frac{\xi(x-\mu)}{\sigma}\right)^{\left(-\frac{1}{\xi}-1\right)}$ $x \geqslant \mu$, 若 $\xi \geqslant 0$ $x \leqslant \mu - \frac{\sigma}{\xi}$, 若 $\xi < 0$	$X = \mu + \frac{\sigma(U^{-\xi} - 1)}{\xi}$	$\mu + \frac{\sigma}{1-\xi}\ (\xi < 1)$ $\frac{\sigma^2}{(1-\xi)^2(1-2\xi)}, \left(\xi < \frac{1}{2}\right)$
$GED(\mu,\sigma,p)$	$\frac{1}{2p^{1/p}\Gamma(1+1/p)\sigma} e^{\left[-\frac{1}{p\sigma^p}\lvert x-\mu\rvert^p\right]}$	$\mu + \sigma G_p^{1/p} sgn(U - 1/2)$	μ
$JSU(\mu,\sigma,\nu,\tau)$	$\frac{1}{c\sigma}\frac{\tau}{\sqrt{z^2+1}}\frac{1}{\sqrt{2\pi}} e^{-r^2/2}$ $r = -\nu + \tau\sinh^{-1}(z)$ $z = \frac{x - (\mu + c\sigma\sqrt{w}\sinh(\Omega)}{c\sigma}$ $c = \sqrt{((w-1)(w\cosh(2\Omega)+1)/2)}$ $w = e^{1/(\tau^2)}$ 和 $\Omega = -\nu/\tau$	$X = \mu + c\sigma\times$ $\left[\sqrt{w}\sinh(\Omega) + \sinh\left(\frac{Z_0 + \nu}{\tau}\right)\right]$	μ σ^2
$TU(\lambda)$	$\frac{1}{F_\lambda(x)^{\lambda-1} + (1-F_\lambda(x))^{\lambda-1}}$	$X = U^\lambda - (1-U)^\lambda$	0 $\frac{2}{2\lambda+1} - 2\frac{\Gamma^2(\lambda+1)}{\Gamma(2\lambda+2)}$
$SC(p,d)$	$\frac{1}{\sqrt{2\pi}}\left[\frac{p}{d}e^{-\frac{x^2}{2d^2}} + (1-p)e^{-\frac{x^2}{2}}\right]$	$B_p V_d + (1 - B_p) Z_0$	0 $pd^2 + 1 - p$
$LC(p,m)$	$\frac{1}{\sqrt{2\pi}}[pe^{-\frac{(x-m)^2}{2}} + (1-p)e^{-\frac{x^2}{2}}]$	$B_p Z_\mu + (1 - B_p) Z_0$	mp $1 - (mp)^2$
$SB(g,d)$	$\frac{d}{\sqrt{2\pi}}\frac{1}{x(1-x)} e^{-\frac{1}{2}\left(g + d\log\frac{x}{1-x}\right)^2}, d>0$	$X = \left(1 + e^{-\frac{Z_{0-g}}{d}}\right)^{-1}$	无显式公式
$S(\alpha,\beta)$ 其中 $-1 \leqslant \beta \leqslant 1$ $0 < \alpha \leqslant 2$	无显式公式	$\theta_0 = -\frac{\pi}{2}\beta(\alpha - 1 + sgn(1-\alpha))/\alpha$ $X_1 = \sin\{\alpha(\Theta - \theta_0)\}$ $X_2 = \{\cos(\Theta)\}^{1/\alpha}$ $X_3 = \left[\frac{\cos\{(\alpha-1)\Theta - \alpha\theta_0\}}{E}\right]^{\frac{1-\alpha}{\alpha}}$ 若 $\alpha \neq 1$: $X = (X_1/X_2)(X_3)$, 否则: $X = \Theta_\beta \tan\Theta - \beta\log\left(\frac{E\cos\Theta}{\Theta_\beta}\right)$	若 $\alpha \leqslant 1$, 无定义 若 $1 < \alpha \leqslant 2$, 为 0 未定义的

12.8 节

对一个现象建模

假设我们观测到了从某一现象中产生的如下 $n = 500$ 个值.

```
> xvec
  [1] 1 1 1 2 0 0 1 1 1 1 2 1 0 1 1 1 0 1 1 2 2 1 2 1 1 2 2 1 2
 [30] 1 1 0 0 3 1 2 2 3 2 1 1 0 0 2 1 0 0 1 0 2 1 3 1 1 0 1 1 1
 [59] 1 1 0 0 1 1 2 2 1 1 0 0 0 1 2 1 0 1 1 3 1 0 2 1 0 1 0 0 2
 [88] 1 0 0 1 2 1 1 1 2 1 1 2 0 1 0 1 1 3 2 3 1 2 1 2 2 0 1 2 3
[117] 1 2 1 2 0 1 1 1 0 0 2 1 2 3 2 0 2 0 1 1 2 2 0 1 2 0 0 3 0
[146] 2 1 1 0 3 2 0 0 0 1 0 0 1 3 0 2 1 1 1 2 1 2 3 2 1 1 2 2 2
[175] 4 1 0 1 1 1 1 0 1 1 1 1 2 2 2 0 0 0 0 1 2 1 1 1 2 2 0 1 2
[204] 2 0 2 2 4 1 2 2 2 2 1 0 2 2 1 2 0 0 2 2 2 1 0 1 2 2 1 1 1
[233] 2 0 2 1 2 1 2 2 1 1 1 0 1 2 0 2 2 2 0 2 1 0 0 2 1 1 0 2 3
[262] 1 2 1 0 1 1 1 1 2 0 4 2 0 2 4 2 2 2 0 0 4 0 3 0 3 3 1 2 2
[291] 2 3 2 4 1 1 3 0 1 0 1 0 1 1 2 2 0 1 0 2 0 1 2 1 2 0 0 0 0
[320] 1 2 1 1 4 2 1 1 1 1 3 1 1 2 0 0 2 1 2 0 3 0 2 1 0 1 0 2 2
[349] 1 2 3 3 1 2 1 1 2 2 2 2 2 1 2 1 0 2 1 1 2 3 3 1 1 0 1 1 2
[378] 1 1 0 1 1 2 2 1 1 0 1 0 0 1 2 0 2 0 2 0 1 0 3 2 2 1 2 3 1
[407] 2 0 0 1 2 2 2 1 0 0 1 0 0 1 1 1 2 2 1 3 0 5 2 2 0 0 2 0 1
[436] 0 1 1 0 2 1 4 1 0 2 1 1 3 1 0 2 3 1 0 3 1 2 1 3 0 1 0 0 1
[465] 1 1 1 4 2 1 2 2 0 1 0 2 0 1 0 0 3 0 2 1 2 3 2 2 2 1 1 1 1
[494] 1 1 1 1 1 2 1
```

这些观测值看起来是以一种不可预测的方式产生的, 而且似乎很难找到一个可以解释它们的逻辑 (以及确定性的) 顺序. 我们现在关心的是, 它们能被描述吗?

统计推断可用于从关于样本的观测值转换到总体的概率分布上. 为此, 我们首先假设这些观测中的每一个都是某个随机变量 X 的一个实现值, 并且这些观测的产生都是相互独立的. 统计上, 这可以声明为 "令 $\boldsymbol{x}_n = (x_1, \ldots, x_n)$ 是由 $n = 500$ 个独立同分布 (i.i.d.) 的随机变量组成的随机向量 $\mathbf{X}_n = (\mathrm{X}_1, \ldots, \mathrm{X}_n)$ 的一个 (观测的) 样本". 假设 "大自然" 拥有一个只有它自己知道的随机数发生器 **X**, 我们的目的是去尽力猜测那个发生器到底是什么. 这个过程就叫做**统计建模** (statistical modelling).

然后我们就可以在模型工具箱中搜寻, 并首先从最简单最合适的模型 (遵循节俭原则) 开始. 由于所面对的随机变量是离散的, 于是就有如下的概率模型可供挑选:

- 二项分布 $\mathcal{B}in(m, \alpha)$;
- Poisson 分布 $\mathcal{P}(\lambda)$;
- ……

考虑到上述观测数据的取值范围 (都是处于 0 和 4 之间的整数), 因此二项分布是最恰当的.

现在我们去估计这个模型的未知参数, 即所选分布的参数 (这里为 m 和 α) 的貌似真实的估计值. 这就属于参数估计的范畴了, 相关的内容已经在第 12.4.1 小节中专门做了阐述.

注释

读者可能已经猜到了, 上面这 500 个数据是用一台计算机模拟得到的. 我们先让自己处于界河的另一边 (“大自然”) 来产生这些数据. 事实上, 我们之前使用了如下的随机数发生器:

```
X <- function() rbinom(500,5,1/4)
```

计算机的主要优点之一是我们可以同时处于界河 (“大自然” ↔ “统计学家”) 的两边, 从而能更好地理解周围的一些现象. 当然, 在处理实际数据时这是不可能的.

在这一章中我们已经引入了许多分布, 它们都可以用来对其他类型的现象进行建模. 读者应当学会从我们列出来的那些分布中找到一个去建立某个特定现象的模型.

注释

例如, 下面的这些评论都是值得注意的:

- 当一个随机试验仅有两种可能的结果时, Bernoulli 分布 (`rbinom(n,1,p)`) 应当被使用: 成功的概率是 p 而失败的概率是 $1-p$;
- 用负二项分布 (`rnbinom(n,k,p)`) 去对直到第 k 次 (包括这一次) 成功时观测的次数进行建模;
- Poisson 分布 (`rpois(n,λ)`) 是一个离散变量 X (记录一种罕见事件实现的次数) 的分布, 比如在单位时间内或者单位面积上观测到某种现象;
- 指数分布 (`rexp(n,λ)`) 被用来对一个系统失效的时间点 (或等价地, 一个系统的寿命) 进行建模;
- Pareto 分布常常被用来描述收入的分布;
- Cauchy 分布描述一个光束发出的微粒子碰撞点;
- 贝塔分布用于拟合具有已知支撑集的分布.

下面这个网址是值得关注的:
`http://en.wikipedia.org/wiki/List_of_probability_distributions`.
读者可以从中找到许多其他的分布的定义和说明.

提醒

这里我们只是对一种特定的现象 (包括相同随机变量的若干个独立的副本) 进行建模. 在第 14 章中, 我们将介绍一个统计工具来对另外一些 (包括几个有交互作用的随机变量) 现象进行建模.

备 忘 录

d-: 概率质量或密度函数 (例如: `dnorm()`)
p-: 累积分布函数 (例如: `pchisq()`)
q-: 分位数函数 (例如: `qt()`, `qf()`)
r-: 生成伪随机数 (例如: `runif()`)

练 习 题

12.1- 哪一个 R 函数可用来从一个 $\mathcal{N}(0,1)$ 分布中产生随机数?
12.2- 哪一个 R 函数可以从一个 $\mathcal{N}(2,10)$ 分布中产生随机数?
12.3- 哪一个 R 函数可用来计算一个 χ^2 分布的分位数?
12.4- 哪一个 R 函数可用来计算一个 F 分布的密度函数值?
12.5- 哪一个 R 函数可用来计算一个学生氏 t 分布的分位数?
12.6- 给定 $\mathrm{X} \sim \mathcal{N}(4,2)$, 如何来计算 X 落在 3 和 5 之间的概率?
12.7- 怎样去计算一个 $\mathcal{N}(0,1)$ 的阶为 $p = 0.95$ 的分位数?

工 作 簿

模拟

A- 研究在 $[0,1]$ 上的分布 $f(x) = \frac{3}{2}\sqrt{x}$

12.1- 使用函数 `integrate()` 来验证 $f(x)$ 的确是一个密度.
12.2- 从以密度 $f(x) = \frac{3}{2}\sqrt{x}$ $(x \in [0,1])$ 所定义的分布中模拟产生一个样本量为 1000 的样本.
12.3- 计算经验均值和方差.
12.4- 将它们与理论值进行比较.
12.5- 计算并比较下面这些分组的理论和经验概率:
$[0,0.30]$, $[0.30,0.50]$, $[0.50,0.70]$, $[0.70,0.85]$, $[0.85,1]$.

B- 对广义 Pareto 分布的研究

令 X 为服从某个广义 Pareto 分布 $GP(\mu,\sigma,\xi)$ 的一个随机变量. 这个分布的密度函数是

$$f_{\mathrm{X}}(x) = \frac{1}{\sigma}\left(1 + \frac{\xi(x-\mu)}{\sigma}\right)^{-\frac{1}{\xi}-1},$$

其中

$$x \geqslant \mu \text{ 若 } \xi \geqslant 0 \quad \text{且} \quad x \leqslant \mu - \sigma/\xi \text{ 若 } \xi < 0.$$

经过简单地推导就可得到

$$\mathbb{E}(\mathrm{X}) = \mu + \frac{\sigma}{1-\xi} \quad (\xi < 1)$$

和

$$\mathbb{V}\mathrm{ar}(\mathrm{X}) = \frac{\sigma^2}{(1-\xi)^2(1-2\xi)} \quad (\xi < 1/2).$$

利用下面的公式来对 X 进行模拟:

$$\mathrm{X} = \mu + \frac{\sigma(\mathrm{U}^{-\xi} - 1)}{\xi},$$

其中 U 是 [0, 1] 上的一个均匀分布的随机变量.

12.1- 给出从一个 $GP(\mu, \sigma, \xi)$ 分布中产生一个大小为 n 的样本的一段 R 代码. 该源代码中应当使用下面的变量: `n`, `mu`, `sigma` 和 `xi`.
12.2- 从分布 $GP(0, 1, 1/4)$ 中模拟一个大小为 $n = 1000$ 的样本.
12.3- 计算经验均值和方差.
12.4- 将它们与理论值进行比较.
12.5- 使用 $n = 10000$ 将问题 2 和 3 重做一次;
12.6- 用红线绘出样本的密度直方图. 采用 500 个等距组并限定直方图位于 x 轴上的 [0, 10] 区间内.
12.7- 将 $GP(0, 1, 1/4)$ 分布的密度曲线 (用蓝线) 覆加到前面的图像中. 注意, 这条曲线与直方图非常地接近.

C- 一个正方形上的均匀分布

12.1- 从服从 $[0, 1]\times[0, 1]$ 上的均匀分布的随机向量 (X_1, X_2) 中模拟产生 1000 个观测值.
12.2- 获得如下事件的发生概率的一个近似值: (X_1, X_2) 与最近的边之间的距离小于 0.25.
12.3- 获得如下事件的发生概率的一个近似值: (X_1, X_2) 与最近的顶点之间的距离小于 0.25.
12.4- 尝试去确定随机变量 ((X_1, X_2) 到最近边的距离) 的理论分布: 期望值、方差、密度.

D- 指向建模

一位统计学家认为我们周围的世界和发生的现象都是一个超大的相互纠缠的随机事件, 它们可以被随机变量以一种简化的方式来**模型化**.

12.1- 以一个简单而经典的例子 —— 掷硬币来开始. 每次掷的结果要么是正面或者反面, 这可以用一个服从参数为 1/2 的 Bernoulli 分布的随机变量 X 来模型化. 该试验可以用一台计算机来重复进行. 创建一个函数 `X` 来模拟掷硬币. 可以试着将这个虚拟的硬币掷若干次.

12.2- 另外也可以给出投掷一个骰子的**模型化**工具. 这个试验的结果是每次掷完后骰子上部那个数字的观测值. 如果骰子是完全均称的, 这就可以用一个服从 $\{1, 2, 3, 4, 5, 6\}$ 上的离散均匀分布的随机变量 X 来刻画. 注意, 该试验同样可以用一台计算机来重复进行. 请使用函数 `sample()` 来创建一个函数 `throw.die()` 用于模拟掷骰子. 你可以将这个虚拟的骰子掷若干次.

12.3- 为了模拟 Yahtzee 游戏 (用掷骰子和记分表进行的 "快艇" 游戏), 需要创建一个函数 `yahtzee()` 来掷 5 个虚拟的骰子. 请使用函数 `sample()` 的参变量 `size` 和 `replace` 来创建这个函数.

12.4- 估计获得一个 *yahtzee* (即一次掷出 5 个同样的骰子) 的概率 (提示: 使用函数 `apply()`, `replicate()` 和 `unique()`). 结果应当是一个接近 $\frac{1}{6^4}$ 的值.

E- Box-Muller 定理

令 U_1 和 U_2 为两个独立的、在 $[0, 1]$ 上服从均匀分布的随机变量, 则变量

$$Z_1 = \sqrt{-2\log(U_1)}\cos(2\pi U_2),$$

$$Z_2 = \sqrt{-2\log(U_1)}\sin(2\pi U_2),$$

是两个独立的标准正态随机变量.

12.1- 利用这个算法产生 $n = 1000$ 对观测值 $(z_1, z_2)_1, \ldots, (z_1, z_2)_n$.

12.2- 使用程序包 `MASS` 中的函数 `kde2d()` 来估计这些数据的二元密度.

12.3- 使用程序包 `rgl` 中的函数 `spheres3d()` 和 `surface3d()` 来绘出这些观测值的三维图像, 并绘制从这些数据估计出的二元密度的表面. 同时, 绘出一个二元标准正态分布的密度表面图像. 注意, 该操作会得到一个二元正态所特有的钟状图.

第 13 章　置信区间与假设检验

本章的目标

本章将给出用于得到常见参数 (均值、比例、方差、中位数、相关系数) 的置信区间的 R 函数的一览表, 同时也会介绍一系列用于执行标准的假设检验的 R 函数. 此外, 我们将使用一些实践工作表来帮助读者更好地理解置信区间以及与假设检验有关的各种错误和风险.

13.1 节　记　号

表 13.1 给出了在本章的后续部分对置信区间 (confidence interval, CI) 和假设检验 (hypothesis test) 进行定义时所需要的记号, 而表 13.2 给出了将会用到的分位数的记号.

表 13.1: 标准参数估计的一些记号

参数	记号	估计量	估计	R 函数
均值	μ	$\bar{\mathrm{X}}$	$\bar{x}$	`mean()`
方差	σ^2	$\hat{\sigma}^2$	$\hat{\sigma}^2$	`var()`
中位数	m_e	$\widehat{\mathrm{m}_e}$	$\widehat{m_e}$	`median()`
相关系数	ρ	$\hat{\rho}$	$\hat{\rho}$	`cor()`
比例	p	$\hat{\mathrm{p}}$	$\hat{p}$	`mean()`

表 13.2: 各种 p 阶分位数的记号

分布	记号	R 函数
正态分布: $\mathcal{N}(0,1)$	u_p	qnorm(p)
t 分布 (d.f. 为 n): $\mathcal{T}(n)$	t_p^n	qt(p,df=n)
χ^2 分布 (d.f. 为 n): $\chi^2(n)$	q_p^n	qchisq(p,df=n)
F 分布 (d.f. 为 n 和 m): $\mathcal{F}(n,m)$	$f_p^{n,m}$	qf(p,df1=n,df2=m)

d.f.: degrees of freedom 的简写, 即自由度.

13.2 节 置信区间

给定某个随机变量的一个样本 $\mathbf{X}_n = (X_1, \ldots, X_n)^\mathsf{T}$, 这个随机变量依赖于我们希望去估计的未知参数 θ. 注意到 θ 的一个 (置信) 水平为 $1-\alpha$ 的随机置信区间由以下两个随机变量组成: $A := a(\mathbf{X}_n;\alpha)$ 和 $B := b(\mathbf{X}_n;\alpha)$, 满足

$$P[A \leqslant \theta \leqslant B] = 1-\alpha.$$

随机变量 A 和 B 是这个随机置信区间的界限, 通常记作

$$\mathrm{CI}_{1-\alpha}(\theta) = [A, B].$$

当该样本被观测到时, 即给定数据 $(x_1, \ldots, x_n)$, 我们记

$$ci_{1-\alpha}(\theta) = [a, b]$$

为该置信区间产生的实现值, 其中 $a = a(x_1, \ldots, x_n;\alpha)$ 和 $b = b(x_1, \ldots, x_n;\alpha)$. 在本章的后续部分, 在不至引起混淆的前提下, 我们将不再区分一个随机置信区间与其实现值的差别.

最后, 提醒读者注意, 理解一个 (随机的或实现的) 置信区间的正确方式将在章末的实训操作部分给出. 此处我们暂时只针对常见的参数 (均值、比例、方差、中位数和相关系数) 列出它们的经典置信区间一览表.

13.2.1 均值的置信区间

- **一个大样本 ($n > 30$) 或在正态假设下一个小样本的情形**
  - ▶ 定义: 均值 μ 的一个水平为 $(1-\alpha)$ 的置信区间是

$$ci_{1-\alpha}(\mu) = \left[\bar{x} - t^{n-1}_{1-\alpha/2}\frac{\hat{\sigma}}{\sqrt{n}};\bar{x} + t^{n-1}_{1-\alpha/2}\frac{\hat{\sigma}}{\sqrt{n}}\right].$$

  - ▶ **R 指令**: 该置信区间可通过函数 `t.test()` 获得.
  - ▶ **应用的例子**: 利用营养研究的数据, 我们希望创建法国波尔多地区的老人的平均体重的置信区间.

```
> t.test(weight,conf.level=0.9)$conf.int
[1] 65.16024 67.80436
attr(,"conf.level")
[1] 0.9
```

在 0.9 的置信水平下, 我们得到的置信区间为 [65.16, 67.80].

- **小样本的情形**

- ▶ **定义**: 如果没有对数据 (的分布) 做任何假设, 我们建议使用一种 bootstrap 方法. 文献 [14] 介绍了多种 bootstrap 置信区间.
- ▶ **R 指令**: 可以使用来自程序包 boot 的函数 boot() 和 boot.ci().
- ▶ **应用的例子**: 样本是 10 名妇女的胆固醇水平 (单位:g/L). 这个样本可视为居住在法国的妇女的一个代表:

```
> chol.levels <- c(3,1.8,2.5,2.1,2.7,1.9,1.5,1.7,2,1.6)
```

在不作正态假设的条件下, 我们对生活在法国的妇女的平均胆固醇水平给出一个置信度为 95% 的置信区间.

```
> require(boot)
> mymean <- function(x,indices) mean(x[indices])
> level.boot <- boot(chol.levels, mymean, R = 999,
+                    stype = "i", sim = "ordinary")
> boot.ci(level.boot, conf = 0.95,type = c("norm","basic",
+                    "perc","bca"))
BOOTSTRAP CONFIDENCE INTERVAL CALCULATIONS
Based on 999 bootstrap replicates
CALL:
boot.ci(boot.out = chol.levels.boot, conf = 0.95, type =
c("norm", "basic", "perc", "bca"))
Intervals:
Level      Normal              Basic
95%   ( 1.787,  2.366 )   ( 1.770,  2.340 )
Level     Percentile            BCa
95%   ( 1.82,  2.39 )   ( 1.83,  2.41 )
Calculations and Intervals on Original Scale
```

13.2.2 比例 p 的置信区间

- 大样本情形 [$np \geqslant 5$ 且 $n(1-p) \geqslant 5$]

- ▶ **定义**: 未知比例 p 在 $(1-\alpha)$ 水平下的一个置信区间是

$$ic_{1-\alpha}(p) = \left[\hat{p} - u_{1-\alpha/2}\sqrt{\frac{\hat{p}(1-\hat{p})}{n}}, \hat{p} + u_{1-\alpha/2}\sqrt{\frac{\hat{p}(1-\hat{p})}{n}}\right].$$

- ▶ **有效性条件**: 前提条件 $np \geqslant 5$ 和 $n(1-p) \geqslant 5$. 如果该适用条件的验证没有通过, 需要使用现有的用于小样本情况的精确方法.
- ▶ **R 指令**: 可以使用程序包 epitools 中的函数 binom.approx().
- ▶ **应用的例子**: 依然利用营养研究的数据, 我们希望建立法国波尔多地区的老年人中男性 (性别变量 gender 的编码为 2) 的比例的置信区间.

```
> require(epitools)
> table(gender) # 性别变量 gender 的抽样分布
gender
  1   2
 85 141
> binom.approx(141,226)[c("lower","upper")] # 计算该比例的
                                             # CI, 其中 n=226
      lower     upper
1 0.5607393 0.6870483
```

提醒

基于 score 统计量, 函数 prop.test() 也能给出该比例的一个置信区间.

- **小样本情形: 精确计算**
  - ▶ **定义**: 比例 p 在 $(1-\alpha)$ 水平下的一个置信区间可利用如下性质得到:

$$n\hat{p} \sim \mathcal{B}in(n,p).$$

  - ▶ **R 指令**: 可以使用函数 binom.test().
  - ▶ **应用的例子**: 我们回到前面的例子来精确地计算法国波尔多地区的老年人中男性所占的比例的置信区间.

```
> binom.test(141,226)$conf # 同样用 n=226 来计算此 CI
[1] 0.5572321 0.6872590
attr(,"conf.level")
[1] 0.95
```

小窍门

程序包 epitools 中的函数 binom.exact() 可以返回同样的一个置信区间.

13.2.3 方差的置信区间

- **样本在正态假设下获取的情形**
  - ▶ **定义**: 方差 σ^2 在 $(1-\alpha)$ 水平下的一个置信区间是

$$ic_{1-\alpha}(\sigma^2)=\left[\frac{(n-1)\hat{\sigma}^2}{q^{n-1}_{1-\alpha/2}},\frac{(n-1)\hat{\sigma}^2}{q^{n-1}_{\alpha/2}}\right].$$

  - ▶ **R 指令**: 使用函数 sigma2.test(), 我们已将该函数包含在与本书相配套的程序包中.
  - ▶ **应用的例子**: 再次利用营养研究的数据, 我们希望建立生活在法国波尔多地区的老年人体重的方差的置信区间.

```
> sigma2.test(weight,conf.level=0.9)$conf
[1] 124.8330 170.3277
attr(,"conf.level")
[1] 0.9
```

- **样本不是在正态假设下获取的情形**
  当没有对数据做任何分布假设的时候, 与均值的情形类似, 我们建议用户采用一种 bootstrap 方法来计算方差的置信区间.

- **R 指令**: 可以使用程序包 boot 中的函数 boot() 和 boot.ci().
- **应用的例子**: 利用法国妇女的胆固醇水平的数据, 在没有正态假设的条件下计算胆固醇水平的方差的置信区间.

```
> chol.levels <- c(3,1.8,2.5,2.1,2.7,1.9,1.5,1.7,2,1.6)
> require(boot)          # 加载程序包 boot
> variance <- function(x,indices) var(x[indices])
> level.boot <- boot(chol.levels,variance,R=999,
+                    stype="i",sim="ordinary")
> boot.ci(level.boot,conf=0.95,type=c("norm",
+                    "basic","perc","bca"))
BOOTSTRAP CONFIDENCE INTERVAL CALCULATIONS
Based on 999 bootstrap replicates
CALL:
boot.ci(boot.out=level.boot,conf=0.95,type=
             c("norm","basic","perc","bca"))
Intervals:
Level      Normal               Basic
95%    ( 0.1060,  0.4412 )   ( 0.1026,  0.4448 )
Level     Percentile             BCa
95%    ( 0.0521,  0.3943 )   ( 0.1201,  0.4670 )
Calculations and Intervals on Original Scale
Some BCa intervals may be unstable
```

注释

注意, 对于那些无法假设正态性的大规模样本, 用户可以使用一种渐近方法, 相应的函数能从程序包 asympTest 中获取. 这里以计算营养研究中生活在波尔多地区的老年人的体重的方差的置信区间为例.

```
> require(asympTest)
> asymp.test(weight,par="var")$conf
[1] 121.6842 167.9196
attr(,"conf.level")
[1] 0.95
```

13.2.4 中位数的置信区间

- **定义**: 中位数 m_e 在 $(1-\alpha)$ 水平下的一个置信区间是

$$ic_{1-\alpha}(m_e) = \left[x_{(m_1)}; x_{(m_2+1)}\right],$$

其中 $x_{(i)}$ 为大小为 n 的样本的排序值, m_1 是使得 $P(\mathrm{L} \leqslant m_1) \geqslant \alpha/2$ 的最小值, 而 m_2 是使得 $P(\mathrm{L} \geqslant m_2) > \alpha/2$ 的最大值, 这里 $\mathrm{L} \sim \mathcal{B}in(n, 0.5)$.
- **R 指令**: 中位数的置信区间可以使用函数 qbinom() 来计算.
- **应用的例子**: 我们回到胆固醇水平的例子, 并希望对生活在法国的妇女的胆固醇水平的中位数给出一个置信度为 95% 的置信区间.

```
> chol.levels <- c(3,1.8,2.5,2.1,2.7,1.9,1.5,1.7,2,1.6)
> m1 <- qbinom(0.025,length(chol.levels),0.5)
> m2 <- qbinom(1-0.025,length(chol.levels),0.5)
> median.ci <- c(sort(chol.levels)[m1],sort(chol.levels[m2+1]))
> median.ci
[1] 1.6 2.0
```

注释

我们总是可以为中位数创建一个 bootstrap 置信区间. 对于上面这个例子, 利用分位数方法可以得到下面的结果:

```
> chol.levels <- c(3,1.8,2.5,2.1,2.7,1.9,1.5,1.7,2,1.6)
> require(boot)
> mymedian <- function(x,indices) median(x[indices])
> levels.boot <- boot(chol.levels,mymedian,R=999,
+                     stype="i",sim="ordinary")
> levels.int <- boot.ci(levels.boot,conf=0.95,type="perc")
> levels.int$perc[4:5]
[1] 1.7 2.6
```

另外请注意, 运用函数 `wilcox.test()` 可获得中位数的一个非参数置信区间:

```
> wilcox.test(chol.levels,conf.int=TRUE)$conf
[1] 1.70 2.45
attr(,"conf.level")
[1] 0.95
```

13.2.5 相关系数的置信区间

- **定义**: 相关系数 ρ 在 $(1-\alpha)$ 水平下的一个置信区间是

$$ic_{1-\alpha}(\rho) = \left[\frac{\exp(2\hat{\theta}_{min})-1}{\exp(2\hat{\theta}_{min})+1}, \frac{\exp(2\hat{\theta}_{max})-1}{\exp(2\hat{\theta}_{max})+1}\right],$$

其中 $\hat{\theta}_{min} = \frac{1}{2}\ln\left(\frac{1+\hat{\rho}}{1-\hat{\rho}}\right) - u_{1-\alpha/2}\frac{1}{\sqrt{n-3}}$, $\hat{\theta}_{max} = \frac{1}{2}\ln\left(\frac{1+\hat{\rho}}{1-\hat{\rho}}\right) + u_{1-\alpha/2}\frac{1}{\sqrt{n-3}}$.
- **R 指令**: 使用函数 `cor.test()`.
- **应用的例子**: 基于营养研究的数据建立法国波尔多地区的老人的身高和体重之间的相关系数的一个置信区间.

```
> cor.test(weight,height)$conf
[1] 0.5450122 0.7032775
attr(,"conf.level")
[1] 0.95
```

提醒

该置信区间仅在这一对变量 (体重和身高) 服从联合正态分布的假设下才是有效的. 如果这个假设不正确, 用户也可以使用 bootstrap 方法.

13.2.6 置信区间的一览表

表 13.3 给出了置信区间的一个汇总.

表 13.3: 置信区间的汇总

类型	有效性条件	R 函数
比例	$np \geqslant 5$ 且 $n(1-p) \geqslant 5$	`prop.test(x)$conf`
	无	`binom.test(x)$conf`
均值	$n > 30$ 或正态性	`t.test(x)$conf`
方差	正态性	`sigma2.test(x)$conf`
中位数	无	`wilcox.test(x)$conf`
相关系数	联合正态性	`cor.test(x)$conf`

13.3 节

标准的假设检验

我们先简要介绍一下**假设检验**的基本原理.

假设检验提供了一种工具以帮助用户做出决策或验证某一个**感兴趣的论断** $\mathcal{H}_1$ (常称为 "对立假设"). 这一统计决策将基于某一种**决策规则**来做出, 直觉上该规则可由一个**检验统计量** T (它依赖于观测样本) 来建立. 注意, 这个决策可能是错误的, 因此对于由 "非-$\mathcal{H}_1$" 所描述的情况中的每一种去测量接受 $\mathcal{H}_1$ 的风险就变得尤为重要. 这些错误地接受 $\mathcal{H}_1$ 的风险被称为**第一类风险**, 它们是在 "非-$\mathcal{H}_1$" 的条件下来定义的. 随后, 我们的目标是去控制这些风险的最坏情况 (最大值), 它是针对 "非-$\mathcal{H}_1$" 的某一种特殊情况来定义的, 通常记做 $\mathcal{H}_0$, 并称之为 "零假设". 因此, 任何一种决策规则都与一个最大风险相关联. 在所有潜在的决策规则之中, 我们选择能保证一个较低的最大风险 α 的那个决策, 这里的 α 须预先指定 (通常取 5%), 它也被称为该检验的**显著性水平**.

当把这个决策规则应用于某一个观测数据集时, 我们感兴趣的是弄清楚将会导致接受 $\mathcal{H}_1$ 的最小的显著性水平是多少. 在这两种情况下, 答案都是所谓的 p-值, 它的定义是**导致接受 $\mathcal{H}_1$ 的 (最大的) 风险水平**. p-值可由任何一种统计软件给出, 随后用户就可以将该风险与显著性水平 α (由用户自定或依照某些惯例来确定) 进行比较. 它的解释非常简单: p-值越小, 决策 (接受感兴趣的论断 $\mathcal{H}_1$) 越可靠.

在同样的背景下, 另一个值得重视的概念是**检验的功效** (power): 该函数测量的是在任意情况下接受 $\mathcal{H}_1$ 的概率. 在实例操作部分, 我们将利用 R 的强大效能来对这些概念进行详细地阐释. 本节的后半部分将给出经典的统计检验方法的一览表, 以及将它们应用于实践的 R 指令的一个目录. 除非另有规定, 后续展示的所有检验的显著性水平都被固定为 $\alpha = 5\%$.

高级用户

尽管我们更推崇本节所提出的假设检验方法, 即强调感兴趣的论断 $\mathcal{H}_1$, 同时也会介绍一个数学上的奇特性质用以解释为什么有些作者用符号 $\mathcal{H}_0$ 来命名 "非-$\mathcal{H}_1$". 从数学的角度来看这是有道理的, 因为假设检验的逻辑跟反证法是类似的. 考虑一个简单的例子, 基于服从 $\mathcal{N}(\mu_X, 1)$ 分布的 i.i.d. 随机变量的一个样本 $\mathbf{X}_n = (X_1, \ldots, X_n)$, 我们想去证实 $\mathcal{H}_1 : \mu_X > \mu_0$, 具体步骤如下:

(1) 反向来推理, 并假设 $\mathcal{H}_1$ 是错误的. 这样我们就处于 $\mathcal{H}_1$ 的反面, 它在**这里被记作** $\mathcal{H}_0 : \mu_X \leqslant \mu_0$. 例如, 对于某些小于或等于 μ_0 的 $\tilde{\mu}$ 值, 这对应 $\mu_X = \tilde{\mu}$ 的情形;

(2) 然后, 我们希望去测量 $\mathcal{H}_0$ 貌似合理的程度. 为此, 我们将去测量 (未知的) 差距 $d = \mu_X - \mu_0$ 负的程度, 它可由检验统计量 $T = \hat{\mu}_X - \mu_0 = \widetilde{T} + (\tilde{\mu} - \mu_0)$ 来估计, 其中 $\widetilde{T} = \left(\hat{\mu}_X - \tilde{\mu}\right) \sim \mathcal{N}(0, 1/n)$.

(3) 因为观测数据是从以 μ_X 为期望的分布中产生的, 它们一定包含有 μ_X 取值的信息. 由数据可得到统计量 T 的一个实现值 t_{obs}. 若 $\mathcal{H}_0$ 为真, 则度量 μ_X 与 μ_0 之间差距的随机变量 $T = \hat{\mu}_X - \mu_0$ 不会产生大的值. 因此:

$$\begin{aligned} p(\tilde{\mu}) := P_{\mu_X=\tilde{\mu}}[T \geqslant t_{obs}] &= P_{\mu_X=\tilde{\mu}}[\widetilde{T} + \tilde{\mu} - \mu_0 \geqslant t_{obs}] \\ &= P_{\mu_X=\tilde{\mu}}[\widetilde{T} \geqslant t_{obs} - (\tilde{\mu} - \mu_0)] \\ &\overset{\text{由 (1)}}{\leqslant} P_{\mu_X=\tilde{\mu}}[\widetilde{T} \geqslant t_{obs}] := \tilde{p} \\ &\quad \text{(这里与 } \tilde{\mu} \text{ 独立)}. \end{aligned}$$

注意, $p(\tilde{\mu})$ (我们并不知道它的数值) 对于此种情况下的 $\tilde{\mu}$ 可以被视为是 p-值的一个扩展, 而 $\tilde{p}$ 仅仅是一个可计算的上限, 用于控制这个扩展的 p-值. 如果值 $\tilde{p} = P[\mathcal{N}(0, 1/n) > t_{obs}]$ 非常小 (这样的话概率 $p(\tilde{\mu})$ 会更加小), 我们将得到了一个 (准) 矛盾: 概率为 $p(\tilde{\mu})$ 的事件 $\{T \geqslant t_{obs}\}$ 确实发生了, 尽管我们认为它在 $\mathcal{H}_0$ 下几乎不会发生. 根据反证法的思想, 可以肯定我们的假设 $\mathcal{H}_1$ 是真的, 而 $\tilde{p}$ (对于 $\tilde{\mu} \leqslant \mu_0$, $p(\tilde{\mu})$ 的最小上限在 $\tilde{\mu} = \mu_0$ 时达到) 表达了否定 (或坚信) "非-$\mathcal{H}_1$" 的强度, 或者当判定为 $\mathcal{H}_1$ 时犯错误的风险. 概率 $\tilde{p}$ 正是我们先前已定义过的 p-值.

13.3.1 参数检验

13.3.1.1 均值的检验

- 将理论均值与一个参考值进行比较 (单样本情形)
  - **检验的描述**: 令 X 是一个理论均值为 μ、方差为 σ^2 的定量变量. 利用一个大小为 n 的样本, 我们希望将理论均值 μ 与参考值 μ_0 进行比较. 该假设检验问题是 $\mathcal{H}_0 : \mu = \mu_0$ 和 $\mathcal{H}_1 : \mu \left|\begin{smallmatrix} > \\ \neq \\ < \end{smallmatrix}\right| \mu_0$. 在 $\mathcal{H}_0$ 下, 检验统计量为

$$T = \sqrt{n}\left(\frac{\bar{X} - \mu_0}{\hat{\sigma}}\right) \sim \mathcal{T}(n-1).$$

  - **有效性条件**: 数据服从正态分布或样本量较大 ($n > 30$).
  - **R 指令**: 使用函数 `t.test()`.
  - **应用的例子**: 在数据集 INTIMA-MEDIA 中, 我们想要知道体重指数 (BMI) 超过 30 的人其内膜 – 中膜厚度是否比抽样人群的平均水平更高. 假设在这个人群总体中内膜 – 中膜厚度的理论均值为 0.58 mm.

```
> BMI <- weight/((height/100)^2)
> measure1 <- measure[BMI>30]
> t.test(measure1,mu=0.58,alternative="greater")
        One Sample t-test
data:  measure1
t = 1.5272, df = 8, p-value = 0.08262
alternative hypothesis: true mean is greater than 0.58
95 percent confidence interval:
 0.5715358       Inf
sample estimates:
mean of x
0.6188889
```

在 $\alpha = 5\%$ 的风险水平下, 对该问题我们不能给出一个肯定的回答.

- 比较两个理论均值 (两样本情形)
  - **检验的描述**: 令 X_1 和 X_2 为两个定量变量 (在两个不同的总体中测量同一个量). 我们假设 X_1 有理论均值 μ_1 和方差 σ_1^2, 而 X_2 有理论均值 μ_2 和方差 σ_2^2. 先分别利用来自两个总体的大小为 n_1 和 n_2 的两个样本来计算这些参数的估计值, 然后我们希望比较 μ_1 和 μ_2 的差异. 该假设检验问题为 $\mathcal{H}_0 : \mu_1 = \mu_2$ 和 $\mathcal{H}_1 : \mu_1 \left|\begin{smallmatrix} > \\ \neq \\ < \end{smallmatrix}\right| \mu_2$. 在 $\mathcal{H}_0$ 下, 检验统计量为

$$T = \frac{\bar{X}_1 - \bar{X}_2}{\hat{\sigma}\sqrt{\frac{1}{n_1} + \frac{1}{n_2}}} \sim \mathcal{T}(n_1 + n_2 - 2),$$

其中 $\hat{\sigma}^2 = \dfrac{(n_1 - 1)\hat{\sigma}_1^2 + (n_2 - 1)\hat{\sigma}_2^2}{n_1 + n_2 - 2}$, $\hat{\sigma}_1$ 和 $\hat{\sigma}_2$ 分别是两个总体的标准差估计量.

- **有效性条件**: 变量 X_1 和 X_2 服从正态分布且具有相同的方差.
- **R 指令**: 使用函数 `t.test()`.
- **应用的例子**: 我们想要看一下从事体力活动的妇女与没有这种活动的妇女在内膜 – 中膜厚度上是否存着 (平均值意义上的) 显著性差异.

```
> measure.SPORT.1 <- measure[SPORT==1&GENDER==2]
> measure.SPORT.0 <- measure[SPORT==0&GENDER==2]
> t.test(measure.SPORT.1,measure.SPORT.0,var.equal=F)
        Welch Two Sample t-test
data:  measure.SPORT.1 and measure.SPORT.0
t = -1.4693, df = 53.179, p-value = 0.1476
alternative hypothesis: true difference in means is not
                              equal to 0
95 percent confidence interval:
 -0.07488130  0.01155649
sample estimates:
mean of x mean of y
0.5130435 0.5447059
```

在 $\alpha = 5\%$ 的风险水平下, 对该问题我们不能给出一个肯定的回答.

提醒

在执行上述检验之前, 需要先去核实同方差的假设 (参见下一节). 因此, 在函数 `t.test()` 中参变量 `var.equal` 的值应该根据等方差检验的结果来设定. 上面的检验统计量变为:

$$T^* = \frac{\bar{X}_1 - \bar{X}_2}{\sqrt{\frac{\hat{\sigma}_1^2}{n_1} + \frac{\hat{\sigma}_2^2}{n_2}}}.$$

这个统计量服从一个学生氏 t 分布, 其自由度可以用萨特思韦特 (Satterthwaite) 近似方法来计算. 在大样本情况下, 统计量 T^* 服从 $\mathcal{N}(0,1)$ 分布.

- **成对样本的情形**
  - **检验的描述**: 我们希望基于两个配对样本去比较两个随机变量 X_1 和 X_2 的理论均值. 为此, 可以使用差数随机变量 $D = X_1 - X_2$, 并将 D 的理论均值 $\delta = \mu_1 - \mu_2$ 与参考值 0 作比较. 这样我们就返回到检验单个样本均值的情形. 假设检验问题为 $\mathcal{H}_0 : \mu_1 - \mu_2 = 0$ 和 $\mathcal{H}_1 : \mu_1 - \mu_2 \left|\begin{smallmatrix} > \\ \neq \\ < \end{smallmatrix}\right| 0$. 在 $\mathcal{H}_0$ 下, 检验统计量为
  $$T = \sqrt{n}\frac{\bar{D}}{\hat{\sigma}} \sim \mathcal{T}(n-1).$$
  - **有效性条件**: 数据服从正态分布或样本量较大 ($n > 30$).
  - **R 指令**: 使用函数 `t.test()` 并设定参变量 `paired=TRUE`.
  - **应用的例子**: 两个不同的实验室都对 15 名患者做了测量, 我们想要对这两个实验室的某一项特定的医学检查的结果进行比较.

```
> dose.lab1 <- c(22,18,28,26,13,8,21,26,27,29,25,24,
+                22,28,15)
> dose.lab2 <- c(25,21,31,27,11,10,25,26,29,28,26,23,
+                22,25,17)
> t.test(dose.lab1,dose.lab2,paired=TRUE)
        Paired t-test
data:  dose.lab1 and dose.lab2
t = -1.7618, df = 14, p-value = 0.0999
alternative hypothesis: true difference in means is not
                        equal to 0
95 percent confidence interval:
 -2.0695338  0.2028671
sample estimates:
mean of the differences
             -0.9333333
```

在指定的风险水平 $\alpha = 5\%$ 下, 平均意义下来说, 我们不能判定这两个实验室给出了不同的结果.

注释

当 n 很大或者可以假定数据服从正态分布时, 这个检验才是有效的. 否则, 我们建议采用一个非参数检验, 比如符号检验或 Wilcoxon 检验 (参见有关非参数检验的章节).

13.3.1.2 方差的检验

- **将理论方差与一个参考值进行比较 (单样本情形)**
  - **检验的描述**: 令 σ^2 是来自总体 $\mathcal{P}$ 的一个定量变量 X 的方差. 该假设检验问题为 $\mathcal{H}_0 : \sigma^2 = \sigma_0^2$ 和 $\mathcal{H}_1 : \sigma^2 \left|\begin{smallmatrix}>\\ \neq\\ <\end{smallmatrix}\right| \sigma_0^2$. 在 $\mathcal{H}_0$ 下, 检验统计量为

$$\mathrm{T} = \frac{(n-1)\hat{\sigma}^2}{\sigma_0^2} \sim \chi^2(n-1).$$

  - **有效性条件**: 变量 X 必须服从一个正态分布.
  - **R 指令**: 可以采用与本书配套的程序包中的函数 `sigma2.test()`.
  - **应用的例子**: 一个工厂以精度 $\sigma^2 = 10$ 来生产重量为 μ 的罐头, 我们想去说明该生产线是不合格的 (包装精度不再满足 $\sigma^2 = 10$). 这里列出了抽中的 20 个罐头的重量:

```
> weights <- c(165.1,171.5,168.1,165.6,166.8,170.0,168.8,
+        171.1,168.8,173.6,163.5,169.9,165.4,174.4,171.8,
+        166.0,174.6,174.5,166.4,173.8)
> sigma2.test(weights,var0=10)
        One-sample Chi-squared test for given variance
data:  weights
X-squared = 24.2045, df = 19, p-value = 0.3768
```

```
alternative hypothesis: true variance is not equal to 10
95 percent confidence interval:
  7.367682 27.176225
sample estimates:
var of x
12.73924
```

在指定的风险水平 $\alpha = 5\%$ 下, 对该问题我们不能给出一个肯定的回答.

注释

如果数据不服从正态分布但是样本量比较大, 则可以考虑使用函数 `asymp.test(x,parameter= "var",reference=10)` 去进行检验. 该函数被包含在程序包 `asympTest` 中.

- **比较两个理论方差 (两样本情形)**
  - **检验的描述**: 针对这种情况, 所用的统计量并不固定, 它依赖于 X_1 (第一个样本变量) 与 X_2 (第二个样本变量) 的方差是否可视为相等. 该假设检验问题是 $\mathcal{H}_0 : \sigma_1^2 = \sigma_2^2$ 和 $\mathcal{H}_1 : \sigma_1^2 \left|\begin{smallmatrix} > \\ \neq \\ < \end{smallmatrix}\right| \sigma_2^2$. 在 $\mathcal{H}_0$ 下, 检验统计量为

$$\mathrm{T} = \frac{\hat{\sigma}_1^2}{\hat{\sigma}_2^2} \sim \mathcal{F}(n_1 - 1, n_2 - 1).$$

  - **有效性条件**: X_1 和 X_2 必须服从正态分布.
  - **R 指令**: 使用函数 `var.test()`.
  - **应用的例子**: 在数据集 Intima-media 中, 我们想知道在女性群体中, 从事体力活动的妇女与没有体力活动的妇女之间其内膜 – 中膜厚度的方差是否存在一个显著的差异.

```
> measure.SPORT.1 <- measure[SPORT==1&GENDER==2]
> measure.SPORT.0 <- measure[SPORT==0&GENDER==2]
> var.test(measure.SPORT.1,measure.SPORT.0)
        F test to compare two variances
data:  measure.SPORT.1 and measure.SPORT.0
F = 0.303, num df = 22, denom df = 33, p-value =
0.00468
alternative hypothesis: true ratio of variances is not
                        equal to 1
95 percent confidence interval:
 0.1431908 0.6815918
sample estimates:
ratio of variances
         0.3029910
```

在 $\alpha = 5\%$ 的风险水平下, 我们可以得出结论: 从事体力活动的妇女与没有体力活动的妇女之间其内膜 – 中膜厚度的方差存在一个显著的差异.

小窍门

对于样本量较大的数据, 在没有正态性假设的前提下, 可以使用函数 `asymp.test()`.

另见

比较 3 个或 3 个以上的方差的情形, 可以参阅 Bartlett 检验, 我们将在**方差分析**那一节中予以介绍 (第 13.1.4 节).

13.3.1.3 比例的检验

- **将理论比例与一个参考值进行比较 (单样本情形)**
  - **检验的描述**: 令 p 为给定总体中具有某种特征的个体所占的比例 (未知). 从这个总体中我们观测到了一个大小为 n 的样本中每个受试者具有/不具有这个特征的数据. 假设检验问题是: $\mathcal{H}_0 : p = p_0$ 和 $\mathcal{H}_1 : p \left|\begin{smallmatrix}>\\ \neq\\ <\end{smallmatrix}\right| p_0$. 在 $\mathcal{H}_0$ 下, 检验统计量为

$$\mathrm{U} = \frac{\hat{\mathrm{p}} - p_0}{\sqrt{\dfrac{p_0(1-p_0)}{n}}} \sim \mathcal{N}(0,1).$$

  - **有效性条件**: 样本量必须足够大: 验证 $np_0 \geqslant 5$ 且 $n(1-p_0) \geqslant 5$.
  - **R 指令**: 使用函数 `prop.test()`.
  - **应用的例子**: 假设在一项名为 "阿比让的孕妇研究" 的专题调查中, 在开展了一项大型的预防 HIV 感染的宣传活动后收集了相关的数据, 目标是降低 HIV 感染者 (特别是在 18 至 25 岁之间的人群中) 的比例. 假设首要目标是将 18 至 25 岁之间的孕妇的 HIV 发病率降低至 10% 以下. 因此, 利用由 18 至 25 岁之间孕妇构成的子样本, 我们想知道 HIV 患病率是否低于 $p_0 = 0.1$. 该数据集可从网址 `http://www.biostatisticien.eu/springeR/aidsafrica.xls` 处获取.

```
> table(HIV[age<=25])
  0   1
137  10
> prop.test(10,147,0.1,alternative="less",correc=FALSE)
         1-sample proportions test without continuity
         correction
data:  10 out of 147, null probability 0.1
X-squared = 1.6697, df = 1, p-value = 0.09815
alternative hypothesis: true p is less than 0.1
95 percent confidence interval:
 0.0000000 0.1105720
sample estimates:
         p
0.06802721
```

在指定的风险水平 $\alpha = 5\%$ 下, 我们不能对该问题给出一个肯定的回答.

► **小样本情形**: 在这种情况下, 基于二项分布, 函数 `binom.test()` 可用来执行一个精确的计算.

```
> binom.test(10,147,0.1,alternative="less")
        Exact binomial test
data:  10 and 147
number of successes = 10, number of trials = 147,
p-value = 0.1208
alternative hypothesis: true probability of success is
                        less than 0.1
95 percent confidence interval:
 0.0000000 0.1126571
sample estimates:
probability of success
            0.06802721
```

在指定的风险水平 $\alpha = 5\%$ 下, 对该问题我们依然不能给出一个肯定的回答.

• **比较两个理论比例 (两样本情形)**

► **检验的描述**: 令 p_1 (p_2) 是总体 $\mathcal{P}_1$ ($\mathcal{P}_2$) 中具有某一给定特征的个体所占的 (未知) 比例. 我们想要对 p_1 和 p_2 进行比较. 为此, 使用分别来自这两个总体的、样本量分别为 n_1 和 n_2 的两个样本中该特征的频率 $\hat{\mathrm{p}}_1$ 和 $\hat{\mathrm{p}}_2$. 假设检验问题为: $\mathcal{H}_0 : p_1 = p_2$ 和 $\mathcal{H}_1 : p_1 \left|\begin{smallmatrix} > \\ \neq \\ < \end{smallmatrix}\right| p_2$. 在 $\mathcal{H}_0$ 下, 检验统计量为

$$\mathrm{U} = \frac{\hat{\mathrm{p}}_1 - \hat{\mathrm{p}}_2}{\sqrt{\dfrac{\hat{\mathrm{p}}(1-\hat{\mathrm{p}})}{n_1} + \dfrac{\hat{\mathrm{p}}(1-\hat{\mathrm{p}})}{n_2}}} \sim \mathcal{N}(0,1),$$

其中 $\hat{\mathrm{p}} = \dfrac{n_1\hat{\mathrm{p}}_1 + n_2\hat{\mathrm{p}}_2}{n_1 + n_2}$.

► **有效性条件**: 样本量必须足够大: $n_1\hat{p} \geqslant 5$, $n_1(1-\hat{p}) \geqslant 5$, $n_2\hat{p} \geqslant 5$ 且 $n_2(1-\hat{p}) \geqslant 5$.

► **R 指令**: 使用函数 `prop.test()`.

► **应用的例子**: 在治疗试验 "Ditrame" 中, 关注的问题是该疗法对小孩的 HIV 感染情况是否有效果. 如果没有, 则表明小孩的 HIV 情况与其母亲所接受的治疗是相互独立的. 为了回答这个问题, 我们使用由交叉变量母亲治疗组 (TTTGRP) 与小孩的 HIV 情况 (HIVSTATUS) 所构成的数据表来构建这两个变量的观测列联表. 该数据集可从如下网址 http://www.biostatisticien.eu/springeR/TME_Africa.xls 获取.

```
> table(TTTGRP,HIVSTATUS)
      HIVSTATUS
TTTGRP   0   1   9
     0 139  59   3
     1 152  41   7
> mytable <- as.matrix(table(TTTGRP,HIVSTATUS)[,c(2,1)])
> prop.test(mytable,correc=FALSE)
        2-sample test for equality of proportions without
        continuity correction
```

```
data:  mytable
X-squared = 3.7574, df = 1, p-value = 0.05257
alternative hypothesis: two.sided
95 percent confidence interval:
 -0.0004122543  0.1715013839
sample estimates:
   prop 1    prop 2
0.2979798 0.2124352
```

在指定的风险水平 $\alpha = 5\%$ 下, 我们不能判定在非治疗组中感染 HIV 的小孩的理论频率 p_1 要大于治疗组中感染 HIV 的小孩的理论比率 p_2.

13.3.1.4 相关性检验

- **将理论相关系数与一个参考值进行比较 (单样本情形)**
  - **检验的描述**: 令 ρ 为两个定量变量 X 和 Y 的相关系数. 我们希望检验假设 $\mathcal{H}_0 : \rho = \rho_0$ 和 $\mathcal{H}_1 : \rho \left|\begin{smallmatrix} > \\ \neq \\ < \end{smallmatrix}\right| \rho_0$. 在 $\mathcal{H}_0$ 下, 检验统计量为

$$\mathrm{U} = \frac{\mathrm{Z} - \mu_\mathrm{Z}}{\sigma_\mathrm{Z}} \sim \mathcal{N}(0, 1),$$

    其中 $\mathrm{Z} = \frac{1}{2}\ln\left(\frac{1+\hat{\rho}}{1-\hat{\rho}}\right), \mu_\mathrm{Z} = \frac{1}{2}\ln\left(\frac{1+\rho_0}{1-\rho_0}\right), \sigma^2_\mathrm{Z} = \frac{1}{n-3}.$
    如果我们感兴趣的是 X 与 Y 之间的线性相关 (通过取 $\rho_0 = 0$ 来作检验), 则在 $\mathcal{H}_0$ 下的检验统计量为

$$\mathrm{T} = \frac{\hat{\rho}\sqrt{n-2}}{\sqrt{1-\mathrm{R}^2}} \sim \mathcal{T}(n-2).$$

  - **有效性条件**: 配对 (X, Y) 服从一个联合正态分布.
  - **R 指令**: 如果要检验的是 X 与 Y 之间的线性关系, 则可以使用函数 `cor.test()`. 对于 $\rho_0 = 0$ 以外的值, 可以使用与本书配套的程序包中的函数 `cor0.test()` 来进行检验.
  - **应用的例子**: 在数据集 BMI-CHILD 中, 我们感兴趣的是身高和体重之间的线性关系.

```
> cor.test(weight,height)
        Pearson's product-moment correlation
data:  weight and height
t = 13.4327, df = 150, p-value < 2.2e-16
alternative hypothesis: true correlation is not equal to 0
95 percent confidence interval:
 0.6570527 0.8036174
sample estimates:
      cor
0.7389562
```

在 5% 的风险水平下, 我们可以断定身高和体重之间存在着一个线性关系.

- **比较两个理论相关系数 (两样本情形)**
  - **检验的描述**: 考察两个独立的总体, 令 ρ_1 表示在总体 1 中 X 和 Y 的相关系数, 而 ρ_2 表示在总体 2 中 X 和 Y 的相关系数. 基于大小为 n_1 和 n_2 的两个样本 (分别来自两个总体), 想要检验这两个相关系数是否相等. 假设检验问题为 $\mathcal{H}_0:\rho_1=\rho_2$ 和 $\mathcal{H}_1:\rho_1\left|\begin{smallmatrix}>\\ \neq\\ <\end{smallmatrix}\right|\rho_2$. 在 $\mathcal{H}_0$ 下, 检验统计量为

$$\mathrm{U}=\frac{\mathrm{Z}_1-\mathrm{Z}_2}{\sqrt{1/(n_1-3)+1/(n_2-3)}}\sim\mathcal{N}(0,1),$$

  其中, $\mathrm{Z}_1=\frac{1}{2}\ln\left(\frac{1+\hat{\rho}_1}{1-\hat{\rho}_1}\right)$, $\mathrm{Z}_2=\frac{1}{2}\ln\left(\frac{1+\hat{\rho}_2}{1-\hat{\rho}_2}\right)$, $\hat{\rho}_1$ 和 $\hat{\rho}_2$ 是相关系数的估计量.
  - **有效性条件**: 在两个总体中, 配对 (X, Y) 都必须服从一个联合正态分布.
  - **R 指令**: 使用与本书配套的程序包中的函数 `cor.test.2.sample()`.
  - 应用的例子: 在数据集 BMI-CHILD 中, 我们想要比较女生组和男生组之间的身高 – 体重关系.

```
> indg <- which(GENDER=="F")  # 为了得到女生所在位置的索引
> indb <- which(GENDER=="M")  # 为了得到男生所在位置的索引
> cor.test.2.sample(height[indg],weight[indg],
+                   height[indb],weight[indb])
$statistic
[1] -1.67379
$p.value
[1] 0.09417185
```

在 5% 的风险水平下, 我们不能得出 “这两个线性相关系数有显著的差异” 的结论.

13.3.2 独立性检验

13.3.2.1 独立性的 χ^2 检验

- **检验的描述**: 令 X_1 和 X_2 是两个定性变量 (或通过分组形成的定性变量): X_1 具有 l 种可能的取值 (类别) 而 X_2 有 c 种可能的取值. 我们想要知道这两个变量是否独立, 即变量 X_2 的取值是否以不同的方式分布在 X_1 的 l 个子总体 (由取值为变量 X_1 的 l 个取值中的每一个所对应的个体所组成) 中. 首先对 n 个个体所具有的模态的值进行观测, 并将这些数据保存为列联表 (或观测频率表) 的形式, 再将这个表与 n 个个体的理论列联表 (在这两个变量相互独立的假设下计算得到) 进行比较. 假设检验问题为 $\mathcal{H}_0$: 变量 X_1 和 X_2 相互独立; $\mathcal{H}_1$: 这两个变量不独立. 在 $\mathcal{H}_0$ 下, 检验统计量为

$$\mathrm{X}^2=\sum_{i=1}^{c}\sum_{j=1}^{l}\frac{(\mathrm{N}_{ij}-t_{ij})^2}{t_{ij}^2}\sim\chi^2((c-1)(l-1)),$$

其中 N_{ij} 是对 X_1 取值为 i 对 X_2 取值为 j 的个体的观测计数值而 t_{ij} 是在 $\mathcal{H}_0$ 下计算的理论计数值.

- **有效性条件**: 理论值 t_{ij} 必须都大于 5; 否则, 可以使用 Yates χ^2 检验 (如果理论值都大于 2.5 而且仅针对 2×2 表) 或者 Fisher 准确检验.
- **R 指令**: 使用函数 `chisq.test()` 并设定参变量 `correct=FALSE`.
- **应用的例子**: 我们回到 "Ditrame" 研究的例子, 那里的基本问题是想了解所用的疗法是否对小孩的 HIV 感染状况有影响.

```
> mytable
      HIVSTATUS
TTTGRP  1   0
     0 59 139
     1 41 152
> chisq.test(mytable,correct=FALSE)
         Pearson's Chi-squared test
data:  mytable
X-squared = 3.7574, df = 1, p-value = 0.05257
```

在 5% 的风险水平下, 我们不能得出 "治疗对小孩的 HIV 感染状况有抑制作用" 的结论.

小窍门

另外也可以使用命令 `summary(table(HIVSTATUTS,TTTGRP))` 去得到 χ^2 独立性检验的结果.

注释

甚至可以对 $d \geqslant 2$ 个定性变量的相互独立性执行 χ^2 检验 (见 [5]), 相应的 χ^2 统计量为

$$X^2 = \sum_{A\in\mathcal{I}_d} T_A, \text{ 其中} \begin{cases} T_A = X_A^2, \text{ 若 } |A| = 2; \\ T_A = X_A^2 - \sum\limits_{\{B\subset A;1<|B|<|A|\}} T_B, \text{ 若 } |A| > 2. \end{cases}$$

在上面的表达式中, $\mathcal{I}_d$ 是由 $\{1,\ldots,d\}$ 的规模严格大于 1 的所有子集构成的集合族. 此外, 如果给了我们 d 个定性变量的列联数组 `M`, 那么 X_A^2 ($|A| \geqslant 2$) 可以采用指令 `summary(margin.table(M,A))$statistic` 来得到, 其中 `A` 是 A 中元素的位置索引向量. 通过归纳可知, X^2 的这种 (正交) 分解的另一个优点是每一个 T_A 描述了变量 (由集合 A 标示) 之间的相互依存性.

执行该运算的 R 函数是 `A.dep.tests()`, 它包含在程序包 `IndependenceTests` 中.

13.3.2.2 Yates χ^2 检验

- **检验的描述**: 带有 Yates 校正的 χ^2 检验 (或者 Yates χ^2 检验) 只有在对一个 2×2 表进行一项 χ^2 独立性检验时才可使用, 而且至少有一个格子的理论计数小于 5, 同时也要求这些理论计数不能太小 (> 2.5). 该检验的一般性设定与 χ^2 独立性检验是一样的. 在 $\mathcal{H}_0$ 下, 检验统计量为

$$\mathrm{X}^2 = \sum_{i=1}^{c}\sum_{j=1}^{l}\frac{(|\mathrm{N}_{ij} - t_{ij}| - 0.5)^2}{t_{ij}^2} \sim \chi^2(1).$$

- **R 指令**: 使用函数 `chisq.test()`.
- **应用的例子**: 在数据集 INTIMA-MEDIA 中, 我们选择 50 岁或以上的人, 并希望去检验他们抽烟的习惯是否与性别有关.

```
> table.cont <- as.matrix(table(GENDER[AGE>=50],
+                         tobacco[AGE>=50]))
> chisq.test(table.cont)$expected   # 理论计数表

       0    1    2
  1 2.88 0.48 2.64
  2 9.12 1.52 8.36
> table.cont1 <- cbind(table.cont[,1],table.cont[,2]+
+                                     table.cont[,3])
> chisq.test(table.cont1)
         Pearson's Chi-squared test with Yates' continuity
         correction
data:  table.cont1
X-squared = 1.6732, df = 1, p-value = 0.1958
```

在 5% 的风险水平下, 对该问题我们不能给出一个肯定的回答.

13.3.2.3 Fisher 精确检验

- **检验的描述**: 当 χ^2 独立性检验和 Yates χ^2 检验的适用条件都不能满足时, 即对于小的理论计数, 则应当使用 Fisher 精确检验. Fisher 检验还可以用于超过两行或两列的表格.
- **R 指令**: 使用函数 `fisher.test()`.
- **应用的例子**: 若一个人的体重指数 (BMI) 大于 30 kg/m^2, 则将其定义为过度肥胖. 我们做一个假设, 即肥胖在 50 岁以下的人群中更为常见. 这意味着变量 BMI 与年龄有关. 然后希望用 "内膜 – 中膜厚度" 研究的数据来回答这个问题. 为此, 我们研究如下这些变量的联合分布: (年龄) `< 50 / > 50` 和 `BMI<30 / BMI>30`. 我们得到以下的分布:

```
> bmi <- weight/(height/100)^2
> obesity <- factor(bmi<30)
> levels(obesity) <- c("BMI>30","BMI<30")
> age50 <- factor(AGE>=50)
> levels(age50) <- c("under 50","over 50")
```

```
> table(age50,obesity)
         obesity
age50      BMI>30 BMI<30
  under 50      8     77
  over 50       1     24
> bmi.table <- as.matrix(table(obesity,age50))
> fisher.test(bmi.table,alternative="greater")
        Fisher's Exact Test for Count Data
data:  bmi.table
p-value = 0.3478
alternative hypothesis: true odds ratio is greater than 1
95 percent confidence interval:
 0.3830018       Inf
sample estimates:
odds ratio
  2.477058
```

我们不能得出 “肥胖在 50 岁以下的人群中要显著地更为常见” 的结论.

注释

Fisher 精确检验也可以处理一个单边的备择假设的情况.

小窍门

来自程序包 gmodels 的函数 CrossTable() 可计算多种独立性检验 (χ^2、Fisher 准确检验和 McNemar 检验). 它得到的输出结果与 SAS 或 SPSS 提供的结果相似.

13.3.3 非参数检验

13.3.3.1 拟合优度检验

- **Shapiro-Wilk 检验**

  ► **检验的描述**: Shapiro-Wilk 检验专门用于检验一个连续变量 X 是否服从正态分布. 假设检验问题为 $\mathcal{H}_0$: X 服从正态分布; $\mathcal{H}_1$: X 不服从正态分布. 检验统计量为

$$W = \frac{T^2}{\hat{\sigma}^2},$$

其中, $\hat{\sigma}^2 = \frac{1}{n-1}\sum_{i=1}^{n}(X_i - \bar{X})^2$, $T^2 = \frac{1}{n-1}\left[\sum_{i=1}^{[n/2]} a_i(X_{(n-i+1)} - X_{(i)})\right]^2$, a_i 是 Shapiro-Wilk 表中的系数, 这个表可从大多数包含统计表格的书中找到.

- **R 指令**: 使用函数 shapiro.test().
- **应用的例子**: 我们回到"单样本情形的均值比较"环节所用的 INTIMA-MEDIA 数据集. 接着想要验证 BMI 大于 30 的人群中内膜 – 中膜厚度的正态性假设是错误的.

```
> measure1
[1] 0.62 0.52 0.55 0.59 0.59 0.65 0.63 0.79 0.63
> shapiro.test(measure1)
        Shapiro-Wilk normality test
data:  measure1
W = 0.8835, p-value = 0.1708
```

在 5% 的风险水平下, 我们不能得出"数据服从正态分布"的结论.

- **一个分布的拟合效果的 χ^2 检验**

评价一个分布的拟合效果的 χ^2 检验可用来核查某个定性变量是否服从一个给定的理论分布. 它也可以用来检查一个定量变量是否服从某个给定的理论分布, 但在这种情况下, 用户必须先将该定量变量分成几类 (组) 来使其定性化.

- **检验的描述**: 令 X 是一个具有 k 个可能的取值的定性随机变量. 假设 X 服从一个特定的分布, 其取值为 i 的概率是 p_i. 给定一个大小为 n 的样本, 我们想要检验 X 是否服从被 p_i 所定义的分布. 该假设检验问题为 $\mathcal{H}_0$: X 服从被 p_i 所定义的分布; $\mathcal{H}_1$: X 不服从这个分布. 检验统计量为

$$\sum_{i=1}^{k} \frac{(\mathrm{N}_i - np_i)^2}{np_i} \sim \chi^2(k-1),$$

其中, N_i 是对第 i 个取值所观测到的计数.
- **有效性条件**: 所有的理论计数 np_i 大于或等于 5.
- **R 指令**: 使用函数 chisq.test().
- **应用的例子**: 在一项关于高血压的研究中, 我们想要从种族的角度来考察患者的样本是否代表了一般人群. 我们知道, 在毛里求斯 (Mauritius) 的一般人群中, 种族的分布是: 印度人 (Hindu) 51%, 穆斯林 (Muslim) 17%, 克里奥尔人 (Creole) 27%, 华人 (Chinese) 3%, 其他占 2%. 该数据可从文件 http://www.biostatisticien.eu/springeR/HTAen.xls 中获取.

```
> table(ETHNIC)
ETHNIC
  1   2   3   4
225  77  99   1
> ni <- cbind(t(as.vector(table(ETHNIC))),0)
> chisq.test(ni,p=c(0.51,0.17,0.27,0.03,0.02))
        Chi-squared test for given probabilities
data:  ni
X-squared = 22.0659, df = 4, p-value = 0.0001945
```

在 5% 的风险水平下, 我们可以得出结论: 从一个种族的角度来看, 患者样本不足以显著地代表一般人群.

- **单样本的 Kolmogorov-Smirnov 检验**
  - **检验的描述**: 该检验的目的与评价一个分布的拟合效果的 χ^2 检验是一样的, 即希望对一个经验分布和一个完全确定的理论分布进行比较. 令 F_0 是指定的累积分布函数而 F 是 X 的累积分布函数. 我们感兴趣的是这两个累积分布函数之间的最大差异 (绝对值意义下) 在哪里取到, 并把这个值同单样本下的 Kolmogorov-Smirnov 表中的临界值进行比较. 假设检验问题为 $\mathcal{H}_0 : F = F_0$ 和 $\mathcal{H}_1 : F \left|\begin{smallmatrix}>\\ \neq \\ <\end{smallmatrix}\right| F_0$. 检验统计量为

$$\mathrm{D} = \sup_x |\hat{\mathrm{F}}_{\mathbf{X}_n}(x) - F_0(x)|,$$

    其中, $\hat{\mathrm{F}}_{\mathbf{X}_n}(\cdot)$ 是样本 $\mathbf{X}_n$ 的**经验**累积分布函数.
  - **R 指令**: 使用函数 `ks.test()`.
  - **应用的例子**: 我们返回到罐头生产线的例子, 并尝试去证明正态性假设 (对方差检验而言是必要的) 是无效的. 这些罐头是按照平均重量 $\mu = 170g$ 和精度 $\sigma^2 = 10$ 来生产的. 下面我们来检验由这个工厂生产的 20 个罐头的重量的正态性.

```
> weights <- c(165.1,171.5,168.1,165.6,166.8,170.0,168.8,
+            171.1,168.8,173.6,163.5,169.9,165.4,174.4,
+            171.8,166.0,174.6,174.5,166.4,173.8)
> ks.test(weights,"pnorm",170,sqrt(10))
        One-sample Kolmogorov-Smirnov test
data:  weights
D = 0.1942, p-value = 0.4376
alternative hypothesis: two-sided
```

在 5% 的风险水平下, 我们不能得出该数据是非正态的结论.

- **双样本的 Kolmogorov-Smirnov 检验**
  - **检验的描述**: 这个检验的目的是比较两个分布 F_1 和 F_2. 我们感兴趣的是这两个经验累积分布函数 ($\hat{\mathrm{F}}_{\mathbf{X}_{n,1}}$ 和 $\hat{\mathrm{F}}_{\mathbf{X}_{n,2}}$) 之间的最大差异 (绝对值意义下) 在哪里取到, 并把这个值同两样本下的 Kolmogorov-Smirnov 表中的临界值进行比较. 假设检验问题是 $\mathcal{H}_0 : F_1 = F_2$ 和 $\mathcal{H}_1 : F_1 \left|\begin{smallmatrix}>\\ \neq \\ <\end{smallmatrix}\right| F_2$. 检验统计量为

$$\mathrm{D} = \sup_x |\hat{\mathrm{F}}_{\mathbf{X}_{n,1}}(x) - \hat{\mathrm{F}}_{\mathbf{X}_{n,2}}(x)|.$$

  - **R 指令**: 依然可以使用函数 `ks.test()`.
  - **应用的例子**: 利用数据集 Intima-media, 我们想看一下已戒烟的男性是否比还在抽烟的男性要更加年轻. 在这个样本中, 有 12 名抽烟的人和 9 名曾吸烟的人. 注意, 此样本量是比较小的, 而且我们不知道这个人群中年龄 (age) 变量的分布, 因此不能使用一个学生氏 t 检验来比较均值. 注意, 该检验是单边的, 因为假设是 "吸烟的人比曾吸烟的人更年轻".

```
> table(tobacco,GENDER)
      GENDER
tobacco  1  2
      0 32 40
      1  9  9
```

```
    2 12  8
> ks.test(AGE[GENDER==1&tobacco==1],AGE[GENDER==1&tobacco==2],
+         alternative="greater")
        Two-sample Kolmogorov-Smirnov test
data:  AGE[GENDER == 1 & tobacco == 1] and AGE[GENDER == 1 &
       tobacco == 2]
D^+ = 0.6389, p-value = 0.01502
alternative hypothesis: the CDF of x lies above that of y
```

在上述所研究的人群中, 在 5% 的风险水平下, 我们已经得到结论: 已戒烟的男性比还在吸烟的男性要更为年轻.

> 小窍门
>
> 程序包 PoweR 中包含了许多其他的拟合优度检验.

13.3.3.2 位置的检验

- **一个样本的中位数检验或符号检验**
  - **检验的描述**: 在没有对数据做分布假设的情况下, 我们想要将一个定量变量 X 的理论中位数 (记为 m_e) 与一个参考值 m_0 作比较. 假设检验是 $\mathcal{H}_0 : m_e = m_0$ 或等价地 $P(X - m_0 > 0) = 0.5$ 以及 $\mathcal{H}_1 : m_e \left| \begin{smallmatrix} > \\ \neq \\ < \end{smallmatrix} \right| m_0$ 或等价地 $P(X - m_0 > 0) \left| \begin{smallmatrix} > \\ \neq \\ < \end{smallmatrix} \right| 0.5$. 在 $\mathcal{H}_0$ 下, 检验统计量为

    $$\text{K} \sim \mathcal{B}in(n, 0.5),$$

    其中, K 是严格大于 m_0 的值的数目. 因此, 此检验等价于一个比例的检验.
  - **R 指令**: 可以使用函数 `prop.test()` 或 `binom.test()`.
  - **应用的例子**: 在 2008 年, 格勒诺布尔 (Grenoble) 地区带有单个卧室的公寓的中间价格为 130000 欧元. 我们得到了一个大小为 $n = 32$ 的样本, 调查的指标是这 32 个带有单个卧室的公寓的价格 (单位: 千欧元), 数据从免费月刊 *L'Offre Immobilière* 的第 91 期 (2009 年 1 月) 获得. 我们想要知道价格是否在增长.

```
> m0 <- 130
> prices <- c(230.00,148.00,126.00,134.62,155.00,157.70,
+           160.00,225.00,125.00,109.00,157.00,115.00,
+           125.00,225.00,118.00,179.00,176.00,125.00,
+           123.00,180.00,151.00,120.00,143.00,170.00,
+           190.00,233.00,148.72,189.00,121.00,149.00,
+           225.00,240.00)
> sum(prices-m0>0)
[1] 22
> median(prices)
[1] 153
```

```
> prop.test(22,32,0.5,"greater")
        1-sample proportions test with continuity
         correction
data:  22 out of 32, null probability 0.5
X-squared = 3.7812, df = 1, p-value = 0.02591
alternative hypothesis: true p is greater than 0.5
95 percent confidence interval:
 0.5266965 1.0000000
sample estimates:
    p
0.6875
```

我们可以得出结论, 在 5% 的风险水平下, 价格是在不断上涨的.

- **两个独立样本的中位数检验或符号检验**

  ► **检验的描述**: 中位数检验是使用来自两个定量变量 X_1 和 X_2 的两个独立样本去比较这两个定量变量的中位数 m_{e_1} 和 m_{e_2}. 要检验的假设问题为 $\mathcal{H}_0 : m_{e_1} = m_{e_2}$ 和 $\mathcal{H}_1 : m_{e_1} \left|\begin{smallmatrix}>\\ \neq \\ <\end{smallmatrix}\right| m_{e_2}$. 在 $\mathcal{H}_0$ 下, 我们将这两个样本合并在一起后计算其普通中位数 $\widehat{\mathrm{m}_e}$. 然后就可对两个样本中小于或大于此中位数的值的计数建立一个 2×2 表, 而这个表可以作为 χ^2 列联表来使用, 接着对这个列联表执行 χ^2 检验, 或者 (依赖于样本量) 带有 Yates 校正的 χ^2 检验或一个 Fisher 精确检验.

  ► **R 指令**: 函数 `chisq.test()` 或 `fisher.test()`.

  ► **应用的例子**: 我们回到数据集 Intima-media 并希望检验已戒烟的女性是否比还在抽烟的女性要更加年轻. 在这个例子中, 有 9 名抽烟的人和 8 名曾吸烟的人. 注意到这里的样本量很小, 我们不能假设年龄 (age) 变量在人群中服从正态分布. 因此我们无法比较均值, 这时执行一个中位数检验就变成颇有意义了.

```
> Me <- median(AGE[GENDER==2&tobacco>0])
> tab.obs <- table(tobacco[tobacco>0&GENDER==2&AGE!=Me],
+                 AGE[GENDER==2&tobacco>0&AGE!=Me]>Me)
> rownames(tab.obs) <- c("Former smoker","Smoker")
> colnames(tab.obs) <- c("AGE<ME","AGE>ME")
> tab.obs

                AGE<ME AGE>ME
  Former smoker      6      2
  Smoker             2      6
> fisher.test(tab.obs,alt="greater")
        Fisher's Exact Test for Count Data
data:  tab.obs
p-value = 0.06597
alternative hypothesis: true odds ratio is greater than 1
95 percent confidence interval:
 0.878644       Inf
sample estimates:
odds ratio
  7.613556
```

在 5% 的风险水平下, 我们不能断言已戒烟的女性比还在吸烟的女性要更为年轻.

- **两个配对样本的符号检验**

  ► **检验的描述**: 我们想要比较两个配对的定量序列. 由于只需用到它们的差序列, 因此删除那些一致的配对 (两个值相等的配对), 并只保留 n 个不一致的配对 (两个值之间的差不等于零). 注意, 这里的符号检验只需考虑不一致配对的差值的符号. 记 N^+ 为正配对的数目而 N^- 为负配对的数目. 检验统计量为

$$\mathrm{S} = \min(\mathrm{N}^+, \mathrm{N}^-) \sim \mathcal{B}in(n, 0.5).$$

  ► **R 指令**: 使用函数 `prop.test()` 或者在算得了 S 的实现值后使用 `binom.test()`. 注意, 当 $n \geqslant 20$ 时, S 的分布可以用 $\mathcal{N}\left(\frac{n}{2}, \frac{n}{4}\right)$ 来近似.

  ► **应用的例子**: 返回到比较两个实验室的某一项特定的医学检查的结果那个例子, 前面我们已经在正态假设下使用一个均值比较的检验进行了分析, 而符号检验不需要做任何分布假设.

```
> dose.lab1 <- c(22, 18, 28, 26, 13, 8, 21, 26, 27,
+                    29, 25, 24, 22, 28, 15)
> dose.lab2 <- c(25, 21, 31, 27, 11, 10, 25, 26, 29,
+                    28, 26, 23, 22, 25, 17)
> dif <- (dose.lab1-dose.lab2)
> nminus <- sum(dif<0)
> nplus <- sum(dif>0)
> binom.test(min(nplus,nminus),nplus+nminus)
        Exact binomial test
data:  min(nplus, nminus) and nplus + nminus
number of successes = 4, number of trials = 13, p-value
= 0.2668
alternative hypothesis: true probability of success is
                        not equal to 0.5
95 percent confidence interval:
 0.0909204 0.6142617
sample estimates:
probability of success
             0.3076923
```

在 5% 的风险水平下, 我们不能得出 “这两个实验室给出了不同的结果” 的结论.

- **两个独立样本的 Wilcoxon 检验或 Mann-Whitney 检验**

  ► **检验的描述**: Wilcoxon 秩检验是一种非参数检验, 它检验两个分布 F_1 和 F_2 是否相等. 假设检验问题为 $\mathcal{H}_0 : F_1 = F_2$ 与 $\mathcal{H}_1 : F_1 \left|\begin{smallmatrix} > \\ \neq \\ < \end{smallmatrix}\right| F_2$. 该检验的思想如下: 合并这两个样本序列, 并将它们按照从小到大的顺序进行排列; 指定最小值的秩为 1, 后一个值的秩为 2, 依此类推; 然后分别计算这两个序列的得分 (通过对每一个序列中的值的秩求和得到). 根据适当的参照表, 我们就可以判定这些得分是否与零假设 $\mathcal{H}_0$ (两个分布相等)

是相容的. 按照常规的做法, 检验统计量 S 取为具有最小样本量的那个样本的得分, 但有时候也会采用统计量 $W = S - \frac{n_0(n_0+1)}{2}$.

- **有效性条件**: 如果 $n_0 = \min(n_1, n_2) \leqslant 10$, 则统计量 W 不服从任何一个标准分布, 但相应的概率仍能在 Mann-Whitney/Wilcoxon 表 (函数 `pwilcox()`) 中查到. 如果 $\min(n_1, n_2) > 10$, 则可以考虑 $W \sim \mathcal{N}\left(\mu_W = \frac{n_1 n_2}{2}; \sigma_W^2 = n_1 n_2 \frac{n_1+n_2+1}{12}\right)$. 如果秩中存在有结, 也可以使用一个正态逼近, 但是要取

$$\sigma_W^2 = \frac{n_1 n_2}{12} \times \left[(n_1+n_2+1) - \sum_{j=1}^{g} \frac{t_j^3 - t_j}{(n_1+n_2)(n_1+n_2-1)}\right],$$

  其中 g 是具有打结值的组数而 t_j 是第 j 组中打结值的数目.
- **R 指令**: 使用函数 `wilcox.test()`. 设定参变量 `exact=FALSE` 则可用正态逼近来进行一个近似计算.
- **应用的例子**: 依然使用数据集 INTIMA-MEDIA, 我们想知道正在抽烟的男性是否比已戒烟的男性年龄更大. 在这个例子中, 有 9 名抽烟的人和 12 名曾吸烟的人.

```
> wilcox.test(AGE[GENDER==1&tobacco==2],AGE[GENDER==1&
+      tobacco==1],exact=FALSE,alternative="greater")
        Wilcoxon rank sum test with continuity correction
data:  AGE[GENDER == 1 & tobacco == 2] and AGE[GENDER == 1 &
 tobacco == 1]
W = 88.5, p-value = 0.007756
alternative hypothesis: true location shift is greater
than 0
```

在 5% 的风险水平下, 我们可以得出结论: 还在吸烟的男性比已戒烟的男性更年长.

> **提醒**
>
> 为了得到统计量 W, 必须把具有最小样本量的样本放在函数 `wilcox.test()` 的前面位置.

- **两个配对样本的 Wilcoxon 检验**

  - **检验的描述**: 我们希望比较两个配对的定量序列, 用到的依然是它们的配对差的序列. 先删除那些一致的配对 (两个值相等的配对), 只保留不一致的配对 (非零差). 记 n 是不一致配对的数目, 根据它们绝对值的大小进行排序并计算秩. 在打结的情况下, 使用对应的秩的平均值. 令 S^+ 是正差值序列的得分而 S^- 是负差值序列的得分. 再按照与 Wilcoxon 检验相同的方式来计算得分. 拟检验的假设是 $\mathcal{H}_0 : F_1 = F_2$ 和 $\mathcal{H}_1 : F_1 \left| \begin{smallmatrix} > \\ \neq \\ < \end{smallmatrix} \right| F_2$. 既可以使用 S^+ 也可以使用 S^- 作为检验统计量.

- **有效性条件**: 如果 $n \leqslant 30$ 则上面的检验统计量不服从一个标准分布, 但对应的概率可以在配对序列的 Wilcoxon 表中找到.

  若 $n \geqslant 30$, 则 S^+ 和 S^- 都服从一个 $\mathcal{N}\left(\frac{n(n+1)}{4}; \frac{n(n+1)(2n+1)}{24}\right)$ 分布.
- **R 指令**: 默认情况下, R 在函数 `wilcox.test()` 中使用统计量 $V = S^+$ 并设定参变量 `paired=TRUE`. 若指定参变量 `exact=FALSE` 则使用正态逼近.
- **应用的例子**: 返回到两个实验室的某一项特定的医学检查的结果那个例子, 前面我们已经用符号检验进行了分析, 这里的检验比符号检验的统计功效更高, 因为它还考虑了作差的绝对值.

```
> dose.lab1 <- c(22, 18, 28, 26, 13, 8, 21, 26, 27,
+                29, 25, 24, 22, 28, 15)
> dose.lab2 <- c(25, 21, 31, 27, 11, 10, 25, 26, 29,
+                28, 26, 23, 22, 25, 17)
> wilcox.test(dose.lab1,dose.lab2,paired=T,
>             exact=FALSE)
        Wilcoxon signed rank test with continuity
                      correction
data:  dose.lab1 and dose.lab2
V = 22, p-value = 0.1047
alternative hypothesis: true location shift is not
                        equal to 0
```

在 5% 的风险水平下, 我们不能做出 "两个实验室给出了不同的结果" 的结论.

13.3.4 标准检验的备忘录

下面表 13.4 列出了前面我们已介绍过的所有检验.

表 13.4: 标准检验

本质	数据	有效性条件	R 函数
参数检验:			
均值	单样本	$n > 30$ 或正态性	`t.test(x,...)`
	两样本	正态性与同方差	`t.test(x,y,...)`
	两样本	正态性	`t.test(x,y,var.equal=F)`
	两配对样本	$n > 30$ 或正态性	`t.test(x,y,paired=T)`
方差	单样本	正态性	`sigma2.test(x,...)`
	两样本	正态性	`var.test(x,y,...)`
	两样本	大样本	`asymp.test(x,y,...)`
相关系数	单样本	正态性, $\mathcal{H}_0 : \rho = \rho_0$	`cor.test(x,y..)`
	两样本	正态性	`cor.test.2.sample(x,y,...)`

续表

本质	数据	有效性条件	R 函数
比例	单样本	$np \geqslant 5$ 且 $n(1-p) \geqslant 5$	`prop.test(x,...)`
	单样本		`binom.test(x,...)`
	两样本	大样本	`prop.test(x,y,...)`
独立性检验:			
χ^2 独立性检验	列联表	理论计数 $\geqslant 5$	`chisq.test(.,correct=F)`
Yates χ^2 检验	2×2 表	理论计数 $\geqslant 2.5$	`chisq.test()`
Fisher 精确检验	列联表		`fisher.test()`
一个分布的拟合效果的检验:			
Shapiro-Wilk	单样本		`shapiro.test(x,...)`
一个分布的拟合效果的 χ^2 检验	单样本	理论计数 $\geqslant 5$	`chisq.test()`
Kolmogorov-Smirnov	单样本		`ks.test(x,.)`
	两样本		`ks.test(x,y)`
位置的检验:			
中位数	单样本		`binom.test(x,)`
符号检验	两样本		`fisher.test(x,y,)`
	两配对样本		`binom.test(x,y,paired=T)`
Mann-Whitney	两样本	$\min(n_1,n_2) \geqslant 10$	`wilcox.test(x,y,exact=F)`
Mann-Whitney	两样本	$\min(n_1,n_2) \leqslant 10$	`wilcox.test(x,y)`
Wilcoxon	两配对样本		`wilcox.test(x,y,paired=T)`

13.4 节

其他检验

在 R 中还有许多其他的检验可供使用. 例如, 可以使用下面的指令来得到一系列检验函数的名称:

```
> apropos(".test")
 [1] ".runRUnitTestsGdata"  ".valueClassTest"
 [3] "ansari.test"          "as.krandtest"
 [5] "as.randtest"          "as.rtest"
 [7] "asymp.test"           "bartlett.test"
 [9] "binom.test"           "Box.test"
[11] "chisq.test"           "cor.test"
[13] "cor.test.2.sample"    "cor0.test"
[15] "file_test"            "fisher.test"
[17] "fligner.test"         "friedman.test"
[19] "gpuTtest"             "kruskal.test"
[21] "ks.test"              "mantel.randtest"
[23] "mantel.rtest"         "mantelhaen.test"
[25] "mauchley.test"        "mauchly.test"
[27] "mcnemar.test"         "mood.test"
[29] "multispati.randtest"  "multispati.rtest"
```

```
[31] "oneway.test"          "ormidp.test"
[33] "pairwise.prop.test"   "pairwise.t.test"
[35] "pairwise.wilcox.test" "plot.krandtest"
[37] "plot.randtest"        "plot.rtest"
[39] "poisson.test"         "power.anova.test"
[41] "power.prop.test"      "power.t.test"
[43] "PP.test"              "print.krandtest"
[45] "print.randtest"       "print.rtest"
[47] "procuste.randtest"    "procuste.rtest"
[49] "prop.test"            "prop.trend.test"
[51] "quade.test"           "randtest"
[53] "randtest.amova"       "randtest.between"
[55] "randtest.cca"         "randtest.coinertia"
[57] "randtest.discrimin"   "randtest.pcaiv"
[59] "randtest.pcaivortho"  "randtest.rlq"
[61] "rate2by2.test"        "rtest"
[63] "rtest.between"        "rtest.discrimin"
[65] "rtest.niche"          "RV.rtest"
[67] "RVdist.randtest"      "shapiro.test"
[69] "sigma2.test"          "t.test"
[71] "tab2by2.test"         "var.test"
[73] "var0.test"            "wilcox.test"
```

注释

其他的检验方法可从一些程序包中获取. 例如, 程序包 nortest 中包括了各种用于正态拟合的检验. 与这些检验相关的函数是:

```
> require(nortest)
> ls("package:nortest")
[1] "ad.test"      "cvm.test"      "lillie.test"
[4] "pearson.test" "sf.test"
```

备 忘 录

t.test(): 均值检验及其置信区间
var.test(): 等方差的检验
prop.test(): 一个比例的近似置信区间
binom.test(): 一个比例的精确置信区间
cor.test(): 相关系数的检验及其置信区间
chisq.test(): χ^2 检验
fisher.test(): Fisher 独立性检验
ks.test(): 拟合一个分布的 Kolmogorov-Smirnov 检验
shapiro.test(): 正态性的 Shapiro-Wilk 检验
med.test(): 中位数检验
wilcox.test(): 位置的 Wilcoxon 检验
boot: bootstrap 程序包

练　习　题

13.1- 使用哪个函数来得到一个二项分布的分位数?
13.2- 函数 `pnorm()` 的用途是什么?
13.3- 给出用一个大小为 50 的样本来得到均值的一个置信区间的相关 R 指令.
13.4- 解释函数 `prop.test()` 与 `binom.test()` 之间的差异.
13.5- 哪两个函数能够利用两个样本来比较两个累积分布函数?
13.6- 哪个函数可用来检验一个样本是否服从正态分布?
13.7- 哪个函数可用来检验定性变量之间的依赖关系?
13.8- 哪个程序包中包含有利用 bootstrap 技术来计算置信区间的函数?
13.9- 函数 `t.test()` 的哪一个正式参变量可用来指定一个配对检验?
13.10- 一个独立性的 χ^2 检验与一个分布的 χ^2 拟合优度检验的差异是什么? 在 R 中如何来执行这两个检验?

工　作　簿

A- 置信区间的研究

这一项实践操作的目的是告诉读者如何去正确地解释一个置信区间. 事实上, 对一个未知参数的一个水平为 $1-\alpha$ 的置信区间而言, 说有 $100\times(1-\alpha)\%$ 的机会该参数将位于其实现的区间是不对的. 该未知参数有一个不会变化的唯一值: 它落在实现的区间内的概率不是 0 就是 1. 所以下面这种说法才是正确的, 即宣称该参数位于实现的置信区间会有一个 5% 的犯错误的风险.

- **均值的置信区间的研究**

13.1- 从一个均值 $\mu=-1.2$ 和方差 $\sigma^2=2$ 的正态分布中模拟产生 $M=50000$ 个样本, 每个样本的大小是 $n=20$.
13.2- 对每一个样本, 计算均值 μ 的一个水平为 90% 的置信区间.
13.3- 计算包含了 $\mu=-1.2$ 的区间的比例. 观察到了什么?
13.4- 对 $\mu=1$ 重复上述过程, 但改为从 $\chi^2(1)$ 分布来模拟产生样本, 每个样本的大小为 $n=100$.
13.5- 同样的问题, 还是从 $\chi^2(1)$ 分布模拟抽样, 只是将样本量换成 $n=10$. 这次观察到了什么? 怎么解释这个现象?
13.6- 从一个均值 $\mu=-1.2$ 和方差 $\sigma^2=2$ 的正态分布中模拟一个大小为 $n=20$ 的样本. 计算 μ 的一个水平为 95% 的置信区间.
13.7- 重复此项运算, 但样本量逐渐增加: $n=50; 100; 1000; 10000; 100000$. 观察到了什么?

13.8- 对以上 6 个样本的每一个, 计算假设问题 $\mathcal{H}_1 : \mu \neq 0$ 的学生氏 t 检验的统计量的观测值, 以及检验的 p-值(在 5% 的显著性水平). 观察到了什么? 如何解释?

13.9- 对一个大小为 $n = 100000$ 的样本, 计算均值的一个水平为 95% 的置信区间并计算假设检验问题 $\mathcal{H}_1 : \mu \neq -1.1$ 的 p-值. 将这个 p-值与前一个问题中当 $n = 50$ 时得到的那个 p-值进行比较. 能得出什么结论?

- **Bootstrap 得到的置信区间的研究**

13.1- 从期望 $1/\lambda = 10$ 的指数分布中模拟产生 $M = 500$ 个样本, 每个样本的大小为 $n = 20$.

13.2- 对每一个样本, 使用 bootstrap 方法计算均值 $1/\lambda$ 的一个水平为 90% 的置信区间.

13.3- 使用前面已介绍过的方法去检查该置信区间的水平.

13.4- 将这个水平与用一个关于均值的标准的置信区间方法 (`t.test()` 函数) 所得到的水平进行比较.

B- 假设检验中风险的研究

这一道实践操作题的目的是探索与假设检验有关的风险:

(1) P[接受$\mathcal{H}_1$ | $\mathcal{H}_0$是真的] $= \alpha$, 当 $\mathcal{H}_0$ 实际上为真时, 判定为 $\mathcal{H}_1$ 的风险;
(2) P[拒绝$\mathcal{H}_1$ | $\mathcal{H}_1$是真的] $= \beta$, 当 $\mathcal{H}_1$ 实际上为真时, 没有判定为 $\mathcal{H}_1$ 的风险.

- 第一类风险的研究

13.1- 从一个均值 $\mu = 1.2$ 和方差 $\sigma^2 = 4$ 的正态分布中模拟产生 $M = 500$ 个样本, 每个样本的大小为 $n = 20$.

13.2- 对每一个样本, 在 $\alpha = 5\%$ 的水平下对假设问题 $\mathcal{H}_0 : \mu = 4$ 和 $\mathcal{H}_1 : \mu \neq 4$ 执行一个学生氏 t 检验.

13.3- 计算接受 $\mathcal{H}_1$ 的次数. 预期的结果是什么?

13.4- 增加模拟次数 M.

13.5- 对 $\mu = 1$ 重复上述过程, 但改为从 $\chi^2(1)$ 分布来模拟产生样本, 每个样本的大小为 $n = 100$.

13.6- 同样的问题, 还是从 $\chi^2(1)$ 分布来模拟抽样, 只是将样本量改成 $n = 10$. 观察到了什么? 怎么解释这个结果?

13.7- 事实上, 对 $M = 500$ 个样本的每一个, 我们都要做出接受 $\mathcal{H}_1$ 或者拒绝它的决定. 令 d_j $(1 \leqslant j \leqslant M)$ 为一个示性随机变量: 如果判定接受 $\mathcal{H}_1$, 则 d_j 取值为 1 否则为 0 (基于第 j 个样本). 变量 d_j 服从一个参数是 $p = P[\mathrm{d}_j = 1] = P$[接受 $\mathcal{H}_1$] 的 Bernoulli 分布. 由于变量 d_j 是相互独立的, 因此变量 $\mathrm{d} = \sum_{j=1}^{M} \mathrm{d}_j$ 服从一个二项分布 $\mathcal{B}in(M, p)$, 它计量了接受 $\mathcal{H}_1$ 的次数. 若 $\mathcal{H}_0$ 为真且该检验被合理地构建 (恰当地选择临界值), 则应当有 $p = P$[接受$\mathcal{H}_1$ | $\mathcal{H}_0$是真的] $= \alpha$.
计算参数 p 的一个水平为 95% 的置信区间并得出结论.

- **功效的研究**

13.1- 从一个均值 $\mu = 5$ 和方差 $\sigma^2 = 1.2$ 的正态分布中模拟产生 $M = 500$ 个样本, 每个样本的大小为 $n = 20$.
13.2- 对每一个样本, 在 $\alpha = 5\%$ 的水平下对假设问题 $\mathcal{H}_0 : \mu = 4$ 和 $\mathcal{H}_1 : \mu \neq 4$ 执行一个学生氏 t 检验.
13.3- 计算接受 $\mathcal{H}_1$ 的次数. 对于 $\mathcal{H}_1$ 中 $\mu = 5$ 的情况估计该检验的功效.
13.4- 将样本量增加到 $n = 100$ 再去估计该检验的功效. 观察到了什么?
13.5- 对于假设问题 $\mathcal{H}_0 : \mu = 1$ 和 $\mathcal{H}_1 : \mu \neq 1$ 重复以上的步骤, 但样本是从一个 $\chi^2(2)$ 分布中模拟产生, 样本量变为 $n = 100$.
13.6- 同样的问题, 只是将样本量改成 $n = 10$. 观察到了什么? 怎么解释这个结果?

C- 一些实际的例子

- **奶牛的研究**

对 8 头不同的奶牛挤出的牛奶去测算每毫升 (cm^3) 中细菌的数量, 在牛奶刚刚被挤出来的时候和挤奶 24 小时后分别测量一次. 我们想要检验随着时间的推移牛奶中细菌的数量是否会显著地增加.

13.1- 在数据服从正态分布的假设下回答上面这个问题.
13.2- 用一个符号检验来回答这个问题.
13.3- 用一个 Mann-Whitney 检验来回答这个问题.

奶牛	刚挤出的牛奶	挤奶 24 小时后
1	12000	11000
2	13000	20000
3	21500	31000
4	17000	28000
5	15000	26000
6	22000	30000
7	11000	16000
8	21000	29000

- **东德运动员**

在 20 世纪 70 年代, 来自东德的女运动员因为她们的体型过于肥胖而众所周知. 当时的奥林匹克伦理委员会很好奇这种 "男性气概", 要求菲施巴赫 (Fischbach) 博士提供有关的机理解释报告. 他选择了 9 名具有相同形态特征的女运动员, 然后测量她们每升血液中雄性激素 (刺激男性体征的荷尔蒙) 的含量, 结果是: 3.22 3.07 3.17 2.91 3.40 3.58 3.23 3.11 3.62.

13.1- 已知不使用提高成绩的药物 (俗称兴奋剂) 的女性其雄性激素的平均值是 3.1, 试提出一种方法来检验东德运动员是否使用过此种药物 (假设数据的正态性).

13.2- 菲施巴赫博士的结论是什么?

- **饮酒和驾驶**

为了研究酒精对反应能力的影响, 对 14 名受试者在他们喝 100 毫升葡萄酒之前及之后分别做了敏捷性测试. 饮酒前后的分值在下面的表中给出 (它们表示的是反应时间: 分数越高意味着反应越慢).

受试者	1	2	3	4	5	6	7	8	9	10	11	12	13	14
饮酒前	57	54	62	64	71	65	70	75	68	70	77	74	80	83
饮酒后	55	60	68	69	70	73	74	74	75	76	76	78	81	90

试提出一种方法来检验酒精是否影响反应能力 (假设数据是正态的).

- **光速**

在 1879 年, 美国物理学家 Michelson 进行了几项试验来验证由法国物理学家 Cornu 于 1876 年提出来的光速 c. Cornu 提出的一个光速是 299990 km/s. Michelson 得到了以下 20 个测量值 (已将 Michelson 的值减去 299990, 这样可以避免处理非常大的数字):

850 740 900 1070 930 850 950 980 980 880 1000 980 930 1050 960 810 1000 1000 960 960

这 20 个观测值可以被视为二十个具有相同但未知的均值 μ 的随机变量的实现值. 如果测量光速的条件是符合要求的, 则可以合理地假设 μ 是真正的光速.

13.1- 绘制数据的图像并给出评论.
13.2- 检验数据的正态性.
13.3- 执行一个学生氏 t 检验来核实 Michelson 的测量是否证明了 Cornu 提出的 c 值是错误的.
13.4- 经过这 20 次试验后 Michelson 会对光速提出一个什么样的值?

- **胆固醇水平**

患有同一种疾病的 17 个人被随机分为两组. 第一组服用安慰剂 A 而第二组接受含一种维生素的疗法 B, 相应的测量指标是毛细血管抵抗力. 测量结果如下:

A 组: 46.3; 42.5; 43.0; 43.9; 42.0; 41.5; 41.6; 44.4; 40.7
B 组: 47.1; 44.5; 45.8; 49.0; 44.6; 43.7; 44.5; 47.4

假设毛细血管抵抗力的测量值是服从正态分布的, 进行恰当的假设检验并得出结论.

- **治疗 – 死亡之间的独立性**

两组小动物都感染了一种致命的病菌. 第一组接受化疗, 第二组不做治疗. 在八天后测量了这两组动物的死亡率.

	接受治疗	没有治疗	总数
死亡	0	9	9
存活	8	3	11
总数	8	12	20

死亡率与治疗是独立的吗?

- **急诊室中的患者人数**

为了研究一个医院中急诊病例的数量的变动情况, 汇总了 6 月、7 月和 8 月这三个月中病人的数目, 结果如下:

	六月	七月	八月
病人的数目	1500	1600	1450
急诊病人的数目	675	720	610

能否得出结论 “每个月的急诊患者的比例是相同的”?

第 14 章　简单及多重线性回归

本章的目标

本章是对简单及多重线性回归的一个简短介绍, 并说明在一个实际问题的背景下如何使用这些方法 (参见 [41] 来获取一个更全面的介绍). 我们给出相关的 R 命令并使用一个实际数据集作为分析的对象来阐述这些方法. 我们探讨了定性解释变量情形的处理方法, 同时也考虑了解释变量之间存在交互作用的情况. 通过对残差的研究来讨论模型的有效性. 另外也会介绍一些变量选择的方法.

14.1 节　引　言

我们感兴趣的是变量 Y (常为定量的) 与 k 个变量 $X_1, X_2, \ldots, X_k$ 之间的关系, 目标是去解释感兴趣的变量的变异. 变量 Y 称为**被解释**变量 (或因变量、响应变量), 变量 $X_1, X_2, \ldots, X_k$ 称为**解释**变量 (或自变量); 在流行病学中, 它们表示风险或混杂因素. 因此, 在多元分析模型特别是线性回归模型中, 我们的任务是:

- 同时考虑多个能解释变量 Y 的变异或分布的因素;
- 研究一个或几个因素的效应或混杂的作用;
- 已知解释变量的值去预测被解释变量的值或分布.

为了引入线性回归的有关核心概念, 我们将首先介绍简单线性回归: 考虑一个定量的被解释变量 Y 和单个定量的解释变量 X, 然而从理论上来说, X 也可以是定性的. 在本章的第二部分, 我们将介绍多重线性回归, 它可用来研究一个定量因变量 Y 与 k 个 (定量或定性) 解释变量 $X_1, X_2, \ldots, X_k$ 之间的关系.

实例分析: "出生时的体重" 研究

返回到第 2 章中介绍的数据集 Birth-weight. 我们想要将婴儿出生时的体重分别视为母亲的体征、家庭病史及妊娠期的活动的一个函数来解释其变化情况. 被解释变量为**出生时的体重** (定量变量, 以 BWT 表示, 单位为 g), 各个解释变量的含义在第 2 章中都已做了描述.

- **加载数据**

```
> fichier <- "http://www.biostatisticien.eu/springeR/Weight_birth.csv"
> mydata <- read.table(fichier,header=TRUE,sep="\t")
```

母亲的体重以磅 (pound) 为单位来度量. 我们先将该数据框进行转换, 使这个变量以千克 (kg) 为单位来重新编码 (1 pound = 0.45359237 kg).

```
> mydata <- transform(mydata,LWT=LWT*0.4535923)
> attach(mydata)   # 访问变量名称
```

14.2 节

简单线性回归

14.2.1 目标及模型

- **目标**

我们想要使用一个定量的解释变量 X (比如母亲的体重, 记作 LWT) 来 "解释" 一个定量变量 Y (比如婴儿出生时的体重, 记作 BWT) 的变化情况.

- **模型**

它写成

$$Y = \beta_0 + \beta_1 X + \epsilon,$$

其中 ϵ 代表这个模型的噪声项, 通常都假定它服从均值为零、方差为 $\mathbb{V}ar(\epsilon|X) = \sigma^2$ 的正态分布. 该回归模型的 (未知) 参数为 β_0, β_1 和 σ^2.

> 提醒
>
> 噪声项 ϵ 的正态假设是得到估计量的分布的必要条件, 进而才能对模型的参数做假设检验. 但是这个假设也不是至关重要的, 因为当数据量很大时它就不再是必要的.

14.2.2 拟合数据

- **图形探查**

为了研究婴儿出生时的体重与其母亲的体重之间的关系, 首先使用指令 plot(BWT~LWT) 来绘制数据点 (婴儿体重、母亲体重) 的散点图, 如图 14.1 所示.

```
> plot(BWT~LWT,xlab="Mother weight",ylab="Child weight at birth")
```

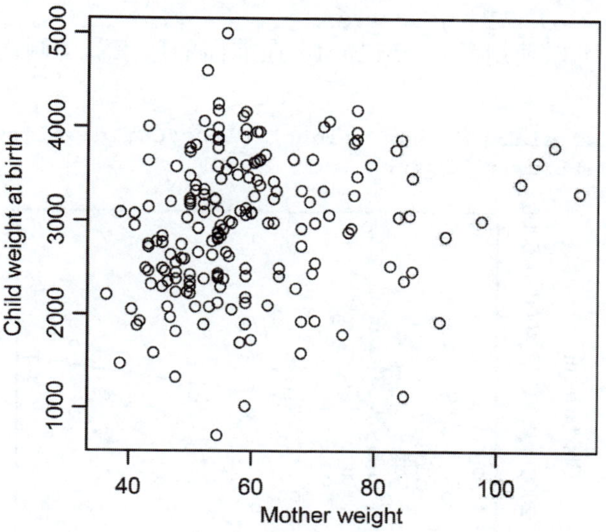

图 14.1: 婴儿体重 (g) 相对母亲体重 (kg) 的散点图

从图 14.1 中可以观察到当母亲的体重增加时婴儿的体重会有一个微小的增加, 虽然这一关系并不是非常明晰.

- 参数估计

我们现在来研究如下的模型:

$$\mathrm{BWT}_i = \beta_0 + \beta_1 \mathrm{LWT}_i + \epsilon_i, \quad i = 1, \ldots, n,$$

其中 ϵ_i 为相互独立的、期望为零、具有**常数方**差 σ^2 的随机误差 (对所有的 i).

记随机变量 BWT 与 LWT 的观测值分别为 $\mathtt{bwt}_i$ 与 $\mathtt{lwt}_i$. β_0 的估计 $\hat{\beta}_0$ 以及 β_1 的估计 $\hat{\beta}_1$ 都可通过最小二乘准则得到:

$$S(\alpha_0, \alpha_1) = \sum_{i=1}^{n} (\mathtt{bwt}_i - \alpha_0 - \alpha_1 \mathtt{lwt}_i)^2.$$

对应此运算的相关 R 函数为 lm() (线性模型的简写). 这个函数的主要参变量为一个公式, 它以一个波浪号 ~ 来表示, 用以指定 BWT 与 LWT 之间的关系.

```
> model1 <- lm(BWT ~ LWT,data=mydata)  # 此操作将会得到一个
                                        # 具有 "lm" 类的对象
> model1
Call:
lm(formula = BWT ~ LWT, data = mydata)
Coefficients:
(Intercept)          LWT
   2369.672        9.765
```

上面的 R 输出结果给出了 β_0 和 β_1 的最小二乘估计. 对于前面那个例子, 我们得到 $\hat{\beta}_0 = 2369.672$ 和 $\hat{\beta}_1 = 9.765$.

我们现在可以使用函数 abline() 在前面的散点图中画出回归直线 (图 14.2):

```
> plot(BWT~LWT,xlab="Mother weight",ylab="Child weight")
> abline(model1,col="blue")
```

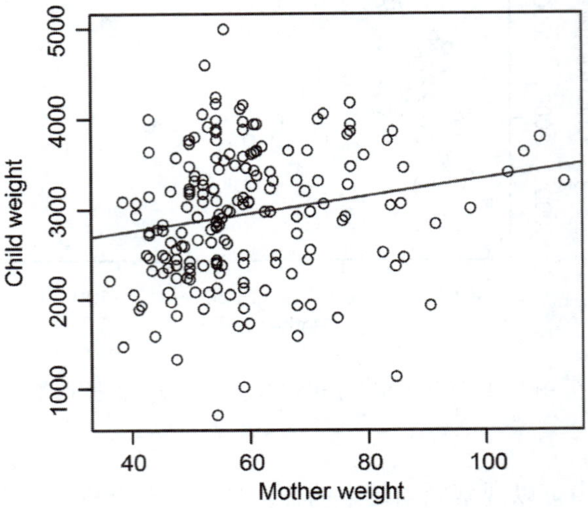

图 14.2: 婴儿体重 (g) 相对母亲体重 (kg) 的散点图上的回归直线

- 对参数进行检验

注意到, 函数 lm() 会对上述的线性模型执行一个完整的分析, 用户可以使用函数 summary() 来得到与该数据集有关的计算的一个概况.

```
> res <- summary(model1)  # 计算结果
> res
Call:
lm(formula = BWT ~ LWT, data = mydata)
Residuals:
      Min        1Q    Median        3Q       Max
-2192.184  -503.627    -3.910   508.250  2075.529
Coefficients:
            Estimate Std. Error t value Pr(>|t|)
(Intercept) 2369.672    228.431  10.374   <2e-16 ***
LWT            9.765      3.777   2.586   0.0105 *
---
Signif. codes:  0 '***' 0.001 '**' 0.01 '*' 0.05 '.' 0.1 ' ' 1
Residual standard error: 718.2 on 187 degrees of freedom
Multiple R-squared: 0.03452,       Adjusted R-squared: 0.02935
F-statistic: 6.686 on 1 and 187 DF,  p-value: 0.01048
```

下面是对这些输出的信息的一个简要描述:

▶ Call: 模型中所用到的公式.

- Residuals: 残差 $\hat{\epsilon}_i = \hat{y}_i - y_i$ 的描述性分析. 在本章的后续内容中, 我们将看到残差可用来验证回归模型的假设的正确性.
- Coefficients: 这个表包含四列:
  - Estimate 给出回归直线的参数的估计值;
  - Std. Error 给出回归直线的估计量的标准差的估计值;
  - t value 给出对应于假设 $\mathcal{H}_0 : \beta_i = 0 \leftrightarrow \mathcal{H}_1 : \beta_i \neq 0$ 的学生氏 t 检验统计量的实现值;
  - Pr(>|t|) 给出学生氏 t 检验的 p-值.
- Signif. codes: 显著性水平的标记;
- Residual standard error: 噪声项的标准差 σ 的一个估计, 相应的自由度为 $n-2$;
- Multiple R-Squared: 判定系数 r^2 (能被回归所解释的变异的百分比);
- Adjusted R-Squared: 调整的判定系数 r_a^2 (对简单线性回归而言意义不大);
- F-Statistic: 与假设 $\mathcal{H}_0 : \beta_1 = 0 \leftrightarrow \mathcal{H}_1 : \beta_1 \neq 0$ 相关联的 F 检验统计量的实现值, 相应的自由度 (1 和 $n-2$) 以及 p-值也一并给出.

注释

注意, 所有的这些条目的值都可以提取出来. 比如, 为了得到条目 Coefficients 的四个列, 可以使用

```
> res$coefficients
               Estimate Std. Error   t value     Pr(>|t|)
(Intercept) 2369.672063 228.430647 10.373705 3.328580e-20
LWT            9.764856   3.776573  2.585639 1.048072e-02
```

其他的后缀字符可由如下的指令给出:

```
> names(res)
 [1] "call"          "terms"         "residuals"
 [4] "coefficients"  "aliased"       "sigma"
 [7] "df"            "r.squared"     "adj.r.squared"
[10] "fstatistic"    "cov.unscaled"
```

同时注意到, 函数 coefficients() 能直接从 model1 中提取出 $\hat{\beta}_0$ 和 $\hat{\beta}_1$ 的值.

```
> coefficients(model1)
(Intercept)         LWT
2369.672063    9.764856
```

- 方差分析表

在简单线性回归中, F 检验 (其统计量的值由 F-statistic 给出) 等价于针对回归斜率的学生氏 t 检验, 即满足关系式 F-statistic $= t^2$ 并且这两个检验的 p-值也是相等的. F 检验常与由函数 anova() 得到的方差分析表联系在一起.

```
> anova(model1)
Analysis of Variance Table
Response: BWT
           Df   Sum Sq Mean Sq F value  Pr(>F)
LWT         1  3448881 3448881  6.6855 0.01048 *
Residuals 187 96468171  515873
---
Signif. codes:  0 '***' 0.001 '**' 0.01 '*' 0.05 '.' 0.1 ' ' 1
```

- **理解“婴儿出生时体重”研究的结果**

► 与模型的常数项 β_0 相关联的检验是显著的 (p-值 < 0.05), 从而建议将常数项 (β_0) 保留在模型中. 但是, 在这个回归模型中常数项并没有意义, 因此对变量“母亲的体重”先中心化后再做一个回归可能会更好. 那样的话, β_0 就代表一个特定的母亲群体所生婴儿的平均体重, 这个母亲群体中每个人的体重都等于观测到的母亲样本的平均体重.

> 小窍门
>
> 执行不带常数项的线性回归的指令是 `lm(y~x-1)` 或等价地用 `lm(y~0+x)`.

► BWT 与 LWT 之间的线性关系被系数 β_1 的学生氏 t 检验的结果所证实. p-值 < 0.05 表明婴儿体重与母亲体重之间存在一个显著的线性关系.

► 被回归所解释的方差的百分比 (r^2) 为 0.035, 即婴儿体重的方差中仅有 3.5% 的变异性被母亲体重所解释, 因此还需要添加其他的解释变量到模型中 (多重线性回归) 以增加模型的预测功效.

► 斜率的估计表明婴儿 (他们的母亲的体重相差 1 kg) 的平均体重的差异为 9.765 g.

> 小窍门
>
> 为了得到回归系数的置信区间的一个估计, 可以直接使用函数 `confint()`.
>
> ```
> > confint(model1)
>                   2.5 %      97.5 %
> (Intercept) 1919.039836 2820.30429
> LWT            2.314692   17.21502
> ```
>
> β_1 的水平为 95% 的置信区间为 $ci_{95\%}(\beta_1) = [2.31, 17.22]$.

14.2.3 一个新值的置信区间及预测区间

- **定义**

考虑变量 X 的一个新的观测值 x_0, 但我们没有观测到响应变量 Y 的相应的值 y_0. 注意 y_0 这个值是未知的, 因为它没有被观测到, 从而可视为随机变量

$Y_0 = \beta_0 + \beta_1 X_0 + \epsilon_0$ 的一个实现值. 对一个新值 x_0, Y_0 的**预测值** (predictor) 由如下的表达式给出:

$$\hat{Y}_0^p = \hat{\beta}_0 + \hat{\beta}_1 x_0.$$

我们也可对 Y_0 提出一个水平为 $1-\alpha$ 的**预测区间**, 通过寻找两个随机界使得随机变量 Y_0 以概率 $1-\alpha$ 落在该区间内:

$$PI_{1-\alpha}(Y_0|x_0) = \left[\hat{Y}_0^p \pm t_{1-\alpha/2}^{(n-2)} \hat{\sigma} \sqrt{1 + \frac{1}{n} + \frac{(x_0 - \overline{x})^2}{\sum_{i=1}^{n}(x_i - \overline{x})^2}}\right].$$

注意, 实现值 $\hat{y}_0^p = \hat{\beta}_0 + \hat{\beta}_1 x_0$ 被称为未观察到的值 $y_0 = \beta_0 + \beta_1 x_0 + \epsilon_0$ 的**预测** (prediction).

类似地, 注意到固定但未知的值 $\mathbb{E}(Y_0|X = x_0) = \beta_0 + \beta_1 x_0$ 的一个估计量由下面的公式给出:

$$\hat{\mathbb{E}}(Y_0|X = x_0) := \hat{Y}_0 = \hat{\beta}_0 + \hat{\beta}_1 x_0.$$

我们也可给出 $\mathbb{E}(Y_0|X = x_0)$ 的一个水平为 $1-\alpha$ 的置信区间:

$$CI_{1-\alpha}(\beta_0 + \beta_1 x_0) = \left[\hat{Y}_0 \pm t_{1-\alpha/2}^{(n-2)} \hat{\sigma} \sqrt{\frac{1}{n} + \frac{(x_0 - \overline{x})^2}{\sum_{i=1}^{n}(x_i - \overline{x})^2}}\right].$$

提醒

注意到 $\hat{Y}_0^p = \hat{Y}_0$, 但不要将 Y_0 的预测区间与平均值 $\mathbb{E}(Y_0|X = x_0) = \beta_0 + \beta_1 x_0$ 的置信区间相互混淆.

- **R 指令**

对一个新值 x_0 定义预测区间和置信区间的函数为 `predict()`.

- **以研究 "出生时体重" 为例**

我们计算一个婴儿 (其母亲的体重为 `lwt` = 56 kg) 的体重的预测值及预测区间.

```
> lwt0 <- 56
> predict(model1,data.frame(LWT=lwt0),interval="prediction")
       fit      lwr      upr
1 2916.504 1495.699 4337.309
```

一个特定的婴儿群体 (他们母亲的体重都为 56 kg) 的平均体重的置信区间可由如下指令得到:

```
> predict(model1,data.frame(LWT=lwt0),interval="confidence")
       fit      lwr      upr
1 2916.504 2811.225 3021.783
```

我们现在对母亲体重的一系列新值来表示出它们的置信区间和预测区间 (图 14.3):

```
> x <- seq(min(LWT),max(BWT),length=50)
> predint <- predict(model1,data.frame(LWT=x),interval=
+                              "prediction")[,c("lwr","upr")]
> confint <- predict(model1,data.frame(LWT=x),interval=
+                              "confidence")[,c("lwr","upr")]
> plot(BWT~LWT,xlab="Mother weight",ylab="Child weight")
> abline(model1)
> matlines(x,cbind(confint,predint),lty=c(2,2,3,3),
+              col=c("red","red","blue","blue"),lwd=c(2,2,1,1))
> legend("bottomright",lty=c(2,3),lwd=c(2,1),
+              c("confidence","prediction"),col=c("red","blue"))
```

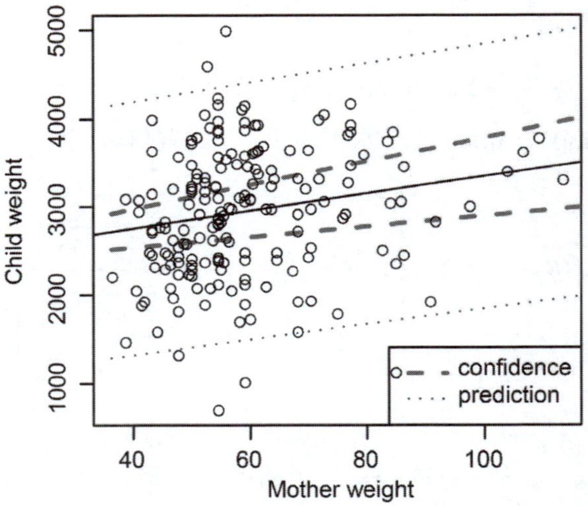

图 14.3: 置信区间和预测区间的形象化显示

14.2.4 残差分析

- **检查模型的假设**

残差分析的目标是检查线性模型的基本假设是否正确. 这里主要利用残差的各种图形做检测:

- 绘制残差的直方图来检查正态性, 另外也可以采用 QQ-图. 当然还可以对残差运用 Jarque-Bera 正态性检验 (使用包含在程序包 `tseries` 中的函数 `jarque.bera.test()`).
- 将残差 $\hat{\epsilon}_i$ 作为预测值 $\hat{y}_i$ 的一个函数来绘制散点图. 如果所有的模型假设都能被证实, 残差和预测值将不再相关, 这个图应当没有任何特殊的结构. 这个图也会对线性假设的有效性以及误差的等方差性给出提示. $\hat{\epsilon}_i$ 相对 $\hat{y}_i$ 的图像应当展示出残差在 x 轴的两边沿着一条水平直线呈现一个均匀的散布.

► 对于各 Y_i 的独立性假设: 如果各个 Y_i 值从不同的无关个体上测得, 则独立性假设在原则上就已被证实. 但是, 如果各个 Y_i 值表示在不同时间点 (例如每个月) 上对某个量的测量, 则独立性假设可能无法证实. 这时, 该假设可通过检查残差的自相关 (autocorrelation) 来验证: 要么画出残差 $\hat{\epsilon}_i$ 的图像, 或者使用统计检验, 比如 Durbin-Watson 检验 (程序包 `lmtest` 中的函数 `dwtest()`).

- **"出生时体重" 研究中的残差分析实例**

我们对正在研究的这个模型的残差分析做一个简短的描述. 由于该模型的低预测功效 ($r^2 = 3.5\%$), 这个例子并不十分贴切.

我们首先考查正态性假定 (图 14.4):

```
> par(mfrow=c(1,2))
> hist(residuals(model1), main="Histogram")
> qqnorm(resid(model1),datax=TRUE)   # 提醒: 在 y 轴上放置的是
                                     # 已正态化的分位数
```

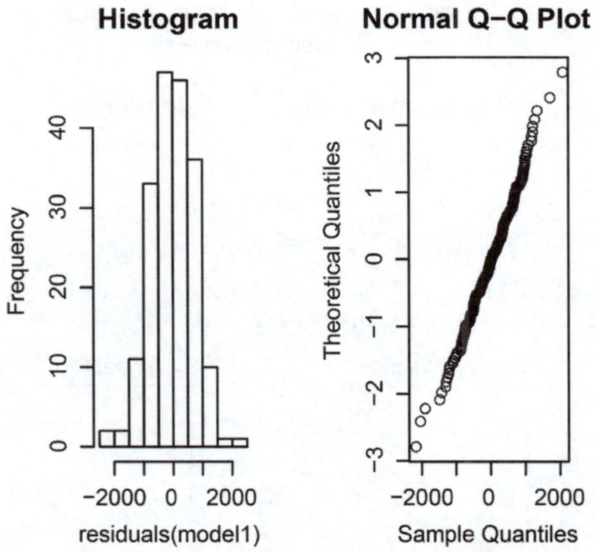

图 14.4: 残差正态性的图示探查

```
> require(tseries)
> jarque.bera.test(residuals(model1)) # 正态性的
                                      # Jarque-Bera 检验

        Jarque Bera Test
data:   residuals(model1)
X-squared = 1.7877, df = 2, p-value = 0.4091
```

注意, 这一检验没有引导我们去拒绝误差的正态性假设, 而 QQ-图也建议是正态误差 (由于观测的分位数与来自一个正态分布的理论分位数构成了一条直线). 因此, 我们原则上接受正态性假设.

现在我们来考察将残差作为预测值的一个函数的图像. 下面的图 14.5 给出了残差的散点图, 从中可以看到残差散布合理且关于 x 轴对称: 模型的前提条件看起来是有效的.

```
> plot(residuals(model1)~fitted(model1),
+       xlab="Predicted values",ylab="Residuals")
```

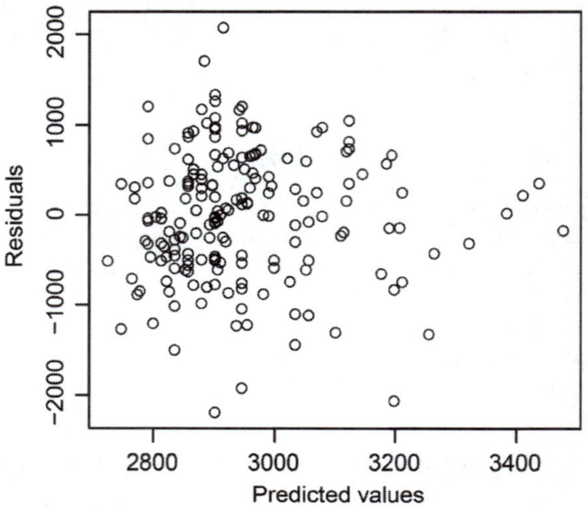

图 14.5: 残差作为预测值的一个函数的图像

注释

其他一些诊断图可调用如下的指令来得到:

```
> par(mfrow=c(1,2))
> plot(model1,1:2,col.smooth="red")
```

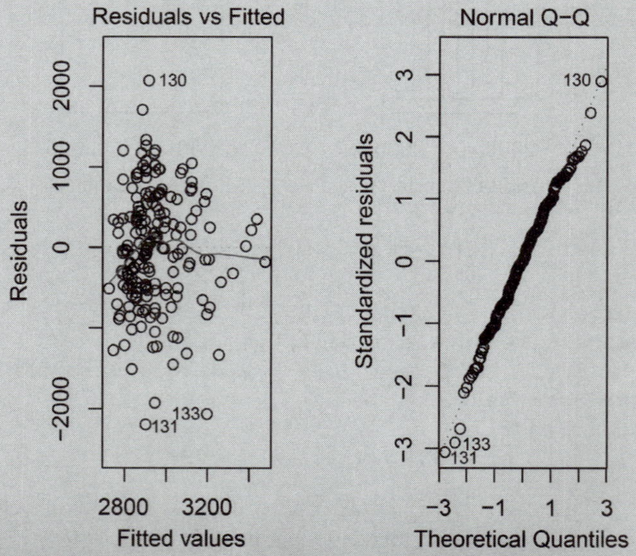

注意, 指令 `plot(model1)` 会画出 6 个图, 其中有几个可用来检测异常点 (outlier). 我们将在讨论多重线性回归的章节中再返回到这一问题.

14.2.5 均值和线性模型的 t 检验

单样本的 t 检验以及传统的或配对的两样本 t 检验, 都是简单线性回归模型的特殊情况.

- **单样本的 t 检验**

令 $\mathrm{Y}_1,\ldots,\mathrm{Y}_n$ 为 i.i.d. $\mathcal{N}(\mu,\sigma^2)$ 随机变量. 对于某个给定的参考值 μ_0, 我们想要检验

$$\mathcal{H}_0:\mu=\mu_0\leftrightarrow\mathcal{H}_1:\mu\neq\mu_0.$$

这可以通过检验下面模型中 $\beta=0$ 来等价地实现:

$$\mathrm{Y}_i-\mu_0=\beta+\epsilon_i,$$

其中 ϵ_i 为 i.i.d. $\mathcal{N}(0,\sigma^2)$, $1\leqslant i\leqslant n$. 下面结合一个例子来证实这一点.

```
> n <- 100
> y <- rnorm(n,mean=0)
> mu0 <- 0
> t.test(y,mu=mu0)[[3]]
[1] 0.08523596
> summary(lm(y-mu0 ~ 1))[[4]][1,4]
[1] 0.08523596
> summary(lm(y ~ 1 + rep(mu0,n)))[[4]][1,4]
[1] 0.08523596
```

- **两样本的 t 检验**

令 $\mathrm{X}_1^{(1)},\ldots,\mathrm{X}_{n_1}^{(1)}$ 为 i.i.d. $\mathcal{N}(\mu_1,\sigma^2)$ 随机变量, 而 $\mathrm{X}_1^{(2)},\ldots,\mathrm{X}_{n_2}^{(2)}$ 为 i.i.d. $\mathcal{N}(\mu_2,\sigma^2)$ 随机变量. 假定这两个样本是相互独立的. 我们想要检验

$$\mathcal{H}_0:\mu_1=\mu_2\leftrightarrow\mathcal{H}_1:\mu_1\neq\mu_2.$$

这可以通过在下面的模型中检验 $\beta_1=0$ 来实现

$$\mathrm{Y}_i=\mu_1+\beta_1\mathrm{A}_i+\epsilon_i,$$

其中 ϵ_i 是 i.i.d. $\mathcal{N}(0,\sigma^2)$ 随机变量, 并且这里我们定义

$$\mathrm{A}_i=\begin{cases}0, & 1\leqslant i\leqslant n_1,\\ 1, & n_1+1\leqslant i\leqslant n_1+n_2,\end{cases}$$

以及

$$Y_i = \begin{cases} X_i^{(1)}, & 1 \leqslant i \leqslant n_1, \\ X_{i-n_1}^{(2)}, & n_1 + 1 \leqslant i \leqslant n_1 + n_2. \end{cases}$$

用如下一个例子来验证这一结论.

```
> n1 <- 100 ; n2 <- 150
> x1 <- rnorm(n1,mean=0) ; x2 <- rnorm(n2,mean=0.1)
> y <- c(x1,x2) ; a <- c(rep(0,n1),rep(1,n2))
> t.test(x1,x2,var.equal=TRUE)[[3]]
[1] 0.3996454
> summary(lm(y ~ a))[[4]][2,4]
[1] 0.3996454
```

- **两样本配对 t 检验**

令 $X_1^{(1)},\ldots,X_n^{(1)}$ 为 i.i.d. $\mathcal{N}(\mu_1,\sigma^2)$ 随机变量, 而 $X_1^{(2)},\ldots,X_n^{(2)}$ 为 i.i.d. $\mathcal{N}(\mu_2,\sigma^2)$ 随机变量, 它们都是从 n 个相同的统计单元上测量得到. 我们想要检验

$$\mathcal{H}_0 : \mu_1 = \mu_2 \leftrightarrow \mathcal{H}_1 : \mu_1 \neq \mu_2.$$

这可以通过在下面的模型中检验 $\beta = 0$ 来实现:

$$Y_i = \beta + \epsilon_i,$$

其中 ϵ_i 为 i.i.d. $\mathcal{N}(0,\sigma^2)$ 随机变量, 而 $Y_i = X_i^{(1)} - X_i^{(2)}$, $1 \leqslant i \leqslant n$. 用一个例子来验证上面的结论是否正确.

```
> n <- 100
> x1 <- rnorm(n,mean=0) ; x2 <- rnorm(n,mean=0.1)
> t.test(x1,x2,var.equal=TRUE,paired=TRUE)[[3]]
[1] 0.4541976
> summary(lm(x1-x2 ~ 1))[[4]][1,4]
[1] 0.4541976
```

14.2.6 小结

下面的表 14.1 展示了用于对响应变量 Y 与解释变量 X 做简单线性回归的主要函数:

表 14.1: 简单线性回归中的 R 函数

R 指令	描述
`plot(Y~X)`	散点图
`lm(Y~X)`	线性模型的估计
`summary(lm(Y~X))`	模型结果的描述
`abline(lm(Y~X))`	绘制估计出的回归直线
`confint(lm(Y~X))`	回归参数的置信区间
`predict()`	用来预测的函数
`plot(lm(Y~X))`	对残差的图示分析

14.3 节

多重线性回归

14.3.1 目标及模型

- 目标

我们想要研究一个定量变量 Y (被解释变量或响应变量, 假设为随机的) 作为 p ($p > 1$) 个解释变量 $X_1, X_2, \ldots, X_p$ (也称为自变量) 的一个函数的变化情况. 解释变量可以全部是定量的, 或定性的 [这就回到我们将在第 15 章讲述的方差分析 (ANOVA)], 或者是定量和定性变量的一个混合. 对最后一种情形, 多重线性回归模型也被称为 ANCOVA 模型.

- 模型

多重线性回归模型可写成如下的形式:

$$\mathrm{Y} = \beta_0 + \beta_1 \mathrm{X}_1 + \cdots + \beta_p \mathrm{X}_p + \epsilon,$$

其中 ϵ 是模型的随机噪声项, 常假定其服从均值为 0 方差为 σ^2 的正态分布, 且与各个 X_j 相互独立. 该回归模型的 (未知) 参数为 $\beta_0, \beta_1, \ldots, \beta_p$ 和 σ^2.

14.3.2 拟合数据

考虑一个来自如下模型的数据集:

$$\mathrm{Y}_i = \beta_0 + \beta_1 \mathrm{X}_{i1} + \beta_2 \mathrm{X}_{i2} + \cdots + \beta_p \mathrm{X}_{ip} + \epsilon_i, \quad i = 1, \ldots, n,$$

其中 X_{ij} 对应着个体 i 的第 j 个解释变量, 误差 ϵ_i 为独立的随机变量, 满足 $\mathbb{E}(\epsilon_i) = 0$ 和 $\mathbb{V}\mathrm{ar}(\epsilon_i|\mathbf{X}) = \sigma^2$. 该模型的观测数据可以写成如下的矩阵形式:

$$\boldsymbol{y} = \boldsymbol{\mathcal{X}}\boldsymbol{\beta} + \boldsymbol{\epsilon},$$

其中 $\boldsymbol{y} = \begin{bmatrix} y_1 \\ \vdots \\ y_n \end{bmatrix}, \boldsymbol{\mathcal{X}} = \begin{bmatrix} 1 & x_{11} & x_{12} & \cdots & x_{1p} \\ 1 & x_{21} & x_{22} & \cdots & x_{2p} \\ \vdots & \vdots & \vdots & & \vdots \\ 1 & x_{n1} & x_{n2} & \cdots & x_{np} \end{bmatrix}, \boldsymbol{\beta} = \begin{bmatrix} \beta_0 \\ \vdots \\ \beta_p \end{bmatrix}$ 和 $\boldsymbol{\epsilon} = \begin{bmatrix} \epsilon_1 \\ \vdots \\ \epsilon_n \end{bmatrix}$.

回归参数 $\boldsymbol{\beta}$ 可通过普通的最小二乘方法来估计 [以 $\boldsymbol{\alpha} = (\alpha_0, \alpha_1, \ldots, \alpha_p)$ 的形式来表述]:

$$S(\boldsymbol{\alpha}) = \sum_{i=1}^{n} (y_i - \alpha_0 - \alpha_1 x_{i1} - \alpha_2 x_{i2} - \ldots - \alpha_p x_{ip})^2 = \|\boldsymbol{y} - \boldsymbol{\mathcal{X}}\boldsymbol{\alpha}\|^2.$$

这就给出了最小二乘估计量 $\hat{\boldsymbol{\beta}} = (\boldsymbol{\mathcal{X}}^{\mathsf{T}}\boldsymbol{\mathcal{X}})^{-1}\boldsymbol{\mathcal{X}}^{\mathsf{T}}\boldsymbol{y}$.

提醒

通常都假定 $\mathcal{X}: n\times(p+1)$ 是一个列满秩阵 (rank($\mathcal{X}$) $= p+1 < n$). 这隐含着 rank $(\mathcal{X}^{\mathrm{T}}\mathcal{X}) = p+1$ 从而推知 $\mathcal{X}^{\mathrm{T}}\mathcal{X}$ 是可逆的. 这一条件可用 R 中的命令 qr(X)$rank 来验证. 如果这个条件不满足的话, 有可能需要采用其他的方法来估计参数, 比如岭回归、Lasso (least absolute shrinkage and selection operator) 回归、主成分回归或偏最小二乘 (PLS) 回归等方法 (本书中没有对这些方法给出详细介绍).

- **图形探查**

考查的案例: 将婴儿出生时的体重视为母亲的年龄、体重及妊娠期吸烟状况的一个函数来做回归.

在这项研究中, 记 X_1 指代母亲的年龄 (变量 AGE), X_2 指代母亲的体重 (变量 LWT), X_3 指代母亲的吸烟状况 (变量 SMOKE), 而 Y 代表婴儿出生时的体重 (响应变量 BWT). 我们可以写出如下的回归方程:

$$\mathbb{E}(\mathrm{BWT}|\mathrm{AGE},\mathrm{LWT},\mathrm{SMOKE}) = \beta_0 + \beta_1\mathrm{AGE} + \beta_2\mathrm{LWT} + \beta_3\mathrm{SMOKE}.$$

在估计该模型之前, 我们给出所有变量对的散点图 (图 14.6).

```
> add.cor <- function(x,y) {
+      usr <- par("usr"); on.exit(par(usr))
+      par(usr = c(0, 1, 0, 1))
+      text(0.5,0.5,round(cor(x,y),2))
+ }
> newdata <- cbind(BWT,LWT,AGE,SMOKE)
> pairs(newdata,lower.panel=panel.smooth,upper.panel=add.cor)
```

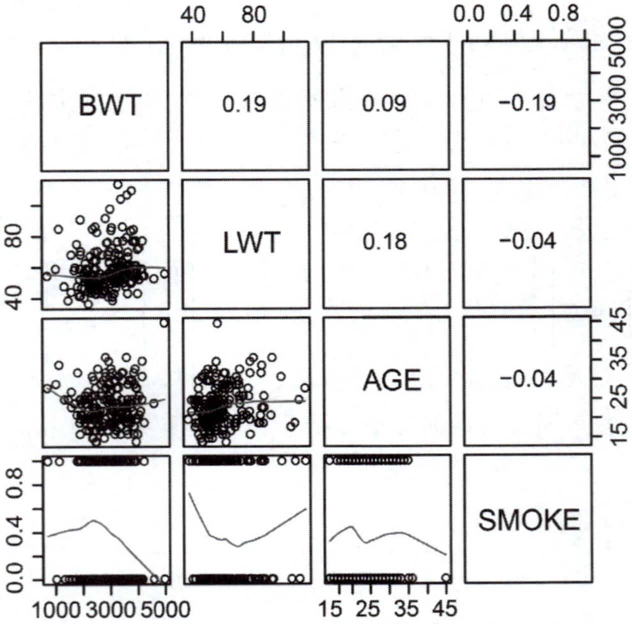

图 14.6: 所有变量对的散点图

这个图具有双重的用途. 首先, 它可用来可视化响应变量与各解释变量之间的关系; 此外, 它也展示了解释变量两两之间的相关关系. 除了其他用处以外, 上述的第二条是非常有用的, 因为它有助于发现共线性问题 (参见讨论此问题的第 14.3.7 节).

- **参数估计**

同简单线性回归一样, 多重线性回归也使用函数 lm() 来得到模型中参数的估计:

```
> model2 <- lm(BWT~AGE+LWT+as.factor(SMOKE))
> model2
Call:
lm(formula = BWT ~ AGE + LWT + as.factor(SMOKE))
Coefficients:
     (Intercept)                AGE                LWT
        2362.720              7.093              8.860
as.factor(SMOKE)1
        -267.213
```

- **参数检验**

使用函数 summary() 即可获得对参数进行检验的有关结果:

```
> summary(model2)
Call:
lm(formula = BWT ~ AGE + LWT + as.factor(SMOKE))
Residuals:
     Min        1Q    Median        3Q       Max
-2069.89   -433.18     13.67    516.45   1813.75
Coefficients:
                    Estimate Std. Error t value Pr(>|t|)
(Intercept)         2362.720    300.687   7.858 3.11e-13 ***
AGE                    7.093      9.925   0.715   0.4757
LWT                    8.860      3.791   2.337   0.0205 *
as.factor(SMOKE)1   -267.213    105.802  -2.526   0.0124 *
---
Signif. codes:  0 '***' 0.001 '**' 0.01 '*' 0.05 '.' 0.1 ' ' 1
Residual standard error: 708.8 on 185 degrees of freedom
Multiple R-squared: 0.06988,        Adjusted R-squared: 0.05479
F-statistic: 4.633 on 3 and 185 DF,  p-value: 0.003781
```

由 summary() 输出的结果其形式跟简单线性回归是一样的, 参数的估计值在 Estimate 列中给出.

对应于假设 $\mathcal{H}_0 : \beta_i = 0$ 和 $\mathcal{H}_1 : \beta_i \neq 0$ 的学生氏 t 检验统计量的实现值在 t value 列中给出; 相应的 p-值在 Pr(>|t|) 列中给出. Residual standard error 给出了 σ 的估计及相应的自由度 $n-p-1$. 判定系数 r^2 (Multiple R-squared) 以及它的一个调整版本 (Adjusted R-squared), 还有全局 F 检验统计量 (F-statistic) 和相应的 p-值都一一给出.

- **方差分析表**

方差分析表可由函数 anova() 给出:

```
> anova(model2)
Analysis of Variance Table
Response: BWT
                    Df   Sum Sq Mean Sq F value  Pr(>F)
AGE                  1   806927  806927  1.6063 0.20661
LWT                  1  2970564 2970564  5.9133 0.01598 *
as.factor(SMOKE)     1  3204339 3204339  6.3787 0.01239 *
Residuals          185 92935223  502353
---
Signif. codes:  0 '***' 0.001 '**' 0.01 '*' 0.05 '.' 0.1 ' ' 1
```

注释

全局 F 检验用来检验模型中全部解释变量能够“解释” Y 的变异的联合贡献. 零假设为 $\mathcal{H}_0 : \beta_1 = \beta_2 = \cdots = \beta_p = 0$ (在此线性模型下, 这 p 个解释变量没有给出有用的信息来预测 Y). 感兴趣的对立假设是 $\mathcal{H}_1$: 系数 β_j $(j = 1, 2, \ldots, p)$ 中至少有一个显著不为 0 (至少有一个解释变量在经过对其他解释变量的调整之后与 Y 是相关联的).

- **解释“婴儿出生时体重”研究的结果**

根据全局 F 检验的结果 (p-值 = 0.003781), 我们可以得出结论: 至少有一个解释变量在经过对其他解释变量的调整之后与婴儿出生时的体重相关联. 单个的学生氏 t 检验的结果表明:

- 母亲的体重与婴儿的体重存在线性相关 (在经过对母亲年龄和吸烟状态的调整后), 该论断犯错误的风险小于 5% (p-值 = 0.0205). 在相同的年龄和吸烟状态下, 母亲的体重每增加 1 kg 对应地其婴儿出生时的平均体重增加 8.860 g;
- 当母亲的体重及吸烟状态都已经考虑进来时, 母亲的年龄与婴儿出生时的体重没有显著的线性关联 (p-值 = 0.20661);
- 相比不吸烟的母亲, 吸烟的母亲 (具有同样的年龄和体重) 生下的婴儿的体重显著地偏低, 这一论断犯错误的风险低于 5% (p-值 = 0.012). 在相同的生育年龄和母亲体重下, 吸烟的母亲比起一个不吸烟的母亲其婴儿出生时的体重平均要少 267.213 g.

注释

通过查看置信区间并核实 0 是否落在该区间中, 我们也可以得到相同的结论. 若 0 不在该置信区间, 则经过对其他变量调整之后, 该变量对模型有显著贡献.

```
> confint(model2)
                         2.5 %      97.5 %
(Intercept)        1769.504181 2955.93509
AGE                 -12.486773   26.67319
LWT                   1.380732   16.34007
as.factor(SMOKE)1 -475.945996  -58.48000
```

14.3.3 一个新值的置信区间及预测区间

假设我们想要去预测一个婴儿出生时的体重，其母亲的年龄是 23 岁、体重为 57 kg 并且吸烟. 函数 predict() 能够给出婴儿 (其母亲具有前述的特征) 的平均体重的一个预测值、一个预测区间及一个置信区间.

```
> newdata <- data.frame(AGE=23,LWT=57,SMOKE=1)
> predict(model2,newdata,interval="pred")
       fit      lwr      upr
1 2763.693 1355.943 4171.444
> predict(model2,newdata,interval="conf")
       fit      lwr      upr
1 2763.693 2600.914 2926.472
```

14.3.4 检验一个线性子假设: 部分 F 检验

部分 F 检验可用来检验一个已包含其他解释变量的模型中某部分解释变量的一个子集的贡献. 例如, 考虑如下两个模型:

- 模型 1: $\texttt{BWT} = \beta_0 + \beta_1\texttt{LWT} + \epsilon$;
- 模型 2: $\texttt{BWT} = \beta_0 + \beta_1\texttt{LWT} + \beta_2\texttt{AGE} + \beta_3\texttt{SMOKE} + \epsilon$.

考虑模型 2 中变量 AGE 和 SMOKE 的联合贡献. 该检验的假设问题为: $\mathcal{H}_0 : \beta_2 = \beta_3 = 0$ 和 $\mathcal{H}_1$: 系数 β_2 或 β_3 中至少有一个不为 0. 下面的指令可用来执行该检验:

```
> anova(model1,model2)
Analysis of Variance Table
Model 1: BWT ~ LWT
Model 2: BWT ~ AGE + LWT + as.factor(SMOKE)
  Res.Df      RSS Df Sum of Sq      F  Pr(>F)
1    187 96468171
2    185 92935223  2   3532949 3.5164 0.03171 *
---
Signif. codes:  0 '***' 0.001 '**' 0.01 '*' 0.05 '.' 0.1 ' ' 1
```

该检验的 p-值 (Pr(>F) = 0.03171) 表明这两个变量 AGE 或 SMOKE 中至少有一个给出了额外的信息来预测婴儿出生时的体重 (当母亲的体重已经被考虑进来时).

注释

当比较两个仅相差一个变量的嵌套模型时, 部分 F 检验等价于单个的学生氏 t 检验.

```
> model3 <- lm(BWT~LWT+SMOKE)
> anova(model3,model2)
```

```
Analysis of Variance Table
Model 1: BWT ~ LWT + SMOKE
Model 2: BWT ~ AGE + LWT + as.factor(SMOKE)
  Res.Df      RSS Df Sum of Sq      F Pr(>F)
1    186 93191828
2    185 92935223  1    256606 0.5108 0.4757
```

我们得到了与模型 2 中对应于变量 AGE 的单个学生氏 t 检验同样的 p-值.

14.3.5 具有两种以上可能的取值的定性变量

从研究变量 SMOKE 的实例中可以看到, 二元解释变量并不是一个问题. 在一个回归模型中使用这样一个变量可归结为比较响应变量 Y 在以该二元定性变量所定义的两个组中的均值的差异. 这种比较是对其余解释变量做过调整后再进行的, 意味着我们估计的是除了 SMOKE 之外其余解释变量都取固定值时 Y 的条件均值.

对于一个具有两种以上可能的取值的定性变量, 我们需要引入**哑变量** (dummy variables) 来比较 Y 在以该定性解释变量的各取值所定义的组中的均值的差异. 针对一个组的一个哑变量是一个在该组中取值为 1 而在其他所有组中取 0 的变量.

联系实例: 婴儿出生时的体重作为母亲体重及种族的一个函数.

变量 RACE 被编码为三个模态: 1 为白人、2 为黑人、3 代表其他人种. 因此, 在这个例子中我们可以定义三个哑变量 RACE1, RACE2 和 RACE3.

属性	RACE	RACE1	RACE2	RACE3
白人	1	1	0	0
黑人	2	0	1	0
其他	3	0	0	1

```
> RACE1 <- as.integer(RACE==1)
> RACE2 <- as.integer(RACE==2)
> RACE3 <- as.integer(RACE==3)
```

当我们尝试去拟合如下的模型时:

$$\mathrm{BWT} = \mathcal{X}\boldsymbol{\beta} + \boldsymbol{\epsilon} = \beta_0\mathbf{1} + \beta_1\mathrm{LWT} + \beta_2\mathrm{RACE1} + \beta_3\mathrm{RACE2} + \beta_4\mathrm{RACE3} + \boldsymbol{\epsilon}, \tag{14.1}$$

将会遇到一个问题, 正如我们在下面的输出中所看到的:

```
> summary(lm(BWT~LWT+RACE1+RACE2+RACE3))
Call:
lm(formula = BWT ~ LWT + RACE1 + RACE2 + RACE3)
```

```
Residuals:
    Min       1Q   Median       3Q      Max
-2094.9   -420.8     40.1    478.2   1928.4
Coefficients: (1 not defined because of singularities)
            Estimate Std. Error t value Pr(>|t|)
(Intercept) 2245.097    226.805   9.899  < 2e-16 ***
LWT           10.267      3.856   2.662  0.00844 **
RACE1        243.667    113.826   2.141  0.03361 *
RACE2       -209.098    168.988  -1.237  0.21752
RACE3             NA         NA      NA       NA
---
Signif. codes:  0 '***' 0.001 '**' 0.01 '*' 0.05 '.' 0.1 ' ' 1
Residual standard error: 702.7 on 185 degrees of freedom
Multiple R-squared: 0.08578,       Adjusted R-squared: 0.07095
F-statistic: 5.786 on 3 and 185 DF,  p-value: 0.0008399
```

这源自于以下的事实, 即设计阵 $\boldsymbol{X}$ 不是满秩的:

```
> head(model.matrix(summary(
+   lm(BWT~LWT+RACE1+RACE2+RACE3)))) # 设计阵前面的几行
  (Intercept)        LWT RACE1 RACE2 RACE3
1           1 82.55380     0     1     0
2           1 70.30681     0     0     1
3           1 47.62719     1     0     0
4           1 48.98797     1     0     0
5           1 48.53438     1     0     0
6           1 56.24545     0     0     1
```

事实上, 在上面这个矩阵中最后三列的和等于第一列: 称该模型为不可识别的 (non-identifiable). $\boldsymbol{\beta}$ 的最小二乘估计量将不再唯一 (尽管基于 $\boldsymbol{\beta}$ 的任意最小二乘估计量的预测都会是唯一的).

注释

另外可以考虑使用形如 $\hat{\boldsymbol{\beta}}^{\dagger} = \boldsymbol{X}^{+}\texttt{BWT}$ 的最小二乘估计量, 它是基于 $\boldsymbol{X}$ 的 (Moore-Penrose) 广义逆 $\boldsymbol{X}^{+}$, 其定义参见第 10 章的第 295 页.

```
> mpinv(model.matrix(summary(
+ lm(BWT~LWT+RACE1+RACE2+RACE3))))%*%as.matrix(BWT)
           [,1]
[1,] 1692.46453
[2,]   10.26709
[3,]  796.29883
[4,]  343.53360
[5,]  552.63210
```

但麻烦的是通常难以理解这个向量中的系数, 因为在它的元素上用到了不可控的线性约束 (意味着它们中的任意两个元素都可被其他的元素表示出来).

注意到模型 (14.1) 能够被重写为:

$$\begin{aligned}\mathtt{BWT} &= \beta_0 + \beta_1\mathtt{LWT} + \beta_2\mathtt{RACE1} + \beta_3\mathtt{RACE2} + \beta_4\mathtt{RACE3} + \epsilon \\ &= \beta_0 + \beta_1\mathtt{LWT} + \beta_2(1 - \mathtt{RACE2} - \mathtt{RACE3}) + \beta_3\mathtt{RACE2} + \beta_4\mathtt{RACE3} + \epsilon \\ &= \underbrace{(\beta_0 + \beta_2)}_{\gamma_0} + \underbrace{\beta_1}_{\gamma_1}\mathtt{LWT} + \underbrace{(\beta_3 - \beta_2)}_{\gamma_2}\mathtt{RACE2} + \underbrace{(\beta_4 - \beta_2)}_{\gamma_3}\mathtt{RACE3} + \epsilon.\end{aligned}$$

在后面这种形式中,这个模型现在变得可识别了 (γ_i 都能被估计出来). 从如下的输出结果很容易就可验证这一点:

```
> summary(lm(BWT~LWT+RACE2+RACE3))$coeff
              Estimate Std. Error   t value     Pr(>|t|)
(Intercept) 2488.76336 241.863663 10.289943 6.348821e-20
LWT           10.26709   3.856339  2.662393 8.442125e-03
RACE2       -452.76523 157.481809 -2.875032 4.513529e-03
RACE3       -243.66673 113.825910 -2.140697 3.360769e-02
```

它在于以 RACE = 1 (白人种族) 作为参照,即考虑仅包含另外两个组的哑变量 (RACE2, RACE3) 的线性回归模型.

为了拟合一个包含定性协变量的模型,用户可以在指令 lm() 中使用函数 factor(),如下所示:

```
> model4 <- lm(BWT~LWT+factor(RACE))
> summary(model4)$coeff
                  Estimate Std. Error   t value     Pr(>|t|)
(Intercept)     2488.76336 241.863663 10.289943 6.348821e-20
LWT               10.26709   3.856339  2.662393 8.442125e-03
factor(RACE)2   -452.76523 157.481809 -2.875032 4.513529e-03
factor(RACE)3   -243.66673 113.825910 -2.140697 3.360769e-02
```

注意在这项输出结果中, R 使用 RACE = 1 组作为参照组.

在这种情况下,估计 $\hat{\gamma}_2 = \widehat{\beta_3 - \beta_2} = -452.765$ (g) 代表黑人母亲 (RACE=2) 与白人母亲 (参照组) 其婴儿出生时体重的差异,而这一结果在一个对母亲体重做了调整后的模型中与 0 有着显著地差别 (p-值 = 0.00451). 类似地,组 RACE = 3 (其他肤色人种) 与参照组相比其婴儿出生时平均体重的差异为 $\widehat{\beta_4 - \beta_2} = -243.667$ (g),在经过对母亲体重的调整后也是显著地不等于 0 (p-值 = 0.03361).

注释

使用函数 relevel() 来更改参照组:

```
> summary(lm(BWT~LWT+relevel(factor(RACE),ref=3)))$coeff
                                  Estimate Std. Error
(Intercept)                     2245.09663 226.805111
LWT                               10.26709   3.856339
relevel(factor(RACE), ref = 3)1  243.66673 113.825910
relevel(factor(RACE), ref = 3)2 -209.09850 168.988169
                                  t value     Pr(>|t|)
(Intercept)                      9.898792 8.296639e-19
LWT                              2.662393 8.442125e-03
relevel(factor(RACE), ref = 3)1  2.140697 3.360769e-02
relevel(factor(RACE), ref = 3)2 -1.237356 2.175232e-01
```

注释

为了检验变量 RACE 的贡献, 可以使用在前一节中已描述的部分 F 检验.

```
> anova(model1,model4)
Analysis of Variance Table
Model 1: BWT ~ LWT
Model 2: BWT ~ LWT + factor(RACE)
  Res.Df      RSS Df Sum of Sq      F   Pr(>F)
1    187 96468171
2    185 91346474  2   5121697 5.1864 0.006434 **
---
Signif. codes:  0 '***' 0.001 '**' 0.01 '*' 0.05 '.' 0.1 ' ' 1
```

提醒

记住, 绝不要将指代参照组的哑变量加入到模型中去. 对于一个具有 p 个不同取值的定性变量, 仅需使用 $p-1$ 个哑变量.

14.3.6 变量间的交互作用

两个解释变量 X_1 和 X_2 之间存在交互作用: 如果这两个变量中的某一个与响应变量 Y 之间的关联会由于另一个变量的取值的不同而互不相等. 这对应于流行病学中**效应改变** (effect modification) 的概念.

假设我们感兴趣的是 X_1 和 Y 之间的关联, 同时想要知道 X_1 对 Y 的效应是否随着 X_2 的取值会有不同. 为此, 只需要简单地将变量 X_1 和 X_2 包含到模型中, 同时加入第三个变量 X_3 (其定义为 X_1 和 X_2 的乘积形式 $X_3 = X_1 \times X_2$, 称为 X_1 和 X_2 之间的交互项). 以一个简化的情况为例, 假设我们期望去判定定量变量 X_1 的效应是否被二元 (0/1) 变量 X_2 所改变. 这只需要考虑如下的模型:

$$Y = \beta_0 + \beta_1 X_1 + \beta_2 X_2 + \beta_3 X_1 \times X_2 + \epsilon.$$

在 $X_2 = 0$ 代表的组中, 模型为 $Y = \beta_0 + \beta_1 X_1 + \epsilon$ 且 X_1 的效应以 β_1 来度量. 在 $X_2 = 1$ 代表的组中, 模型为 $Y = (\beta_0 + \beta_2) + (\beta_1 + \beta_3)X_1 + \epsilon$ 而 X_1 的效应以 $\beta_1 + \beta_3$ 来度量.

如果 X_1 在组 $X_2 = 0$ 和组 $X_2 = 1$ 中的效应不一样, 即当 $\beta_3 \neq 0$ 时, 则 X_1 和 X_2 之间存在着交互作用 (或者说 X_1 的效应被 X_2 改变). 因此我们需要对 β_3 进行单独的学生氏 t 检验 ($\mathcal{H}_0 : \beta_3 = 0 \leftrightarrow \mathcal{H}_1 : \beta_3 \neq 0$). 如果我们接受 $\mathcal{H}_1$, 则保留该交互项在模型中: 存在着一个效应改变.

实例分析: 母亲年龄对婴儿出生时体重的效应被母亲的吸烟状态所改变

首先考虑如下的模型:

$$\mathtt{BWT} = \beta_0 + \beta_1 \mathtt{AGE} + \beta_2 \mathtt{SMOKE} + \epsilon.$$

```
> model5 <- lm(BWT~AGE+SMOKE)
```

这个模型假设对吸烟的母亲和不吸烟的母亲来说年龄 AGE 的效应是相同的. 我们可以提出一个更灵活的模型, 它允许在两个组 SMOKE=0 和 SMOKE=1 中有不同的效应:

$$\text{BWT} = \beta_0 + \beta_1\text{AGE} + \beta_2\text{SMOKE} + \beta_3\text{AGE} \times \text{SMOKE} + \epsilon$$

```
> model6 <- lm(BWT~AGE+SMOKE+AGE:SMOKE)
```

小窍门

为了在一个线性模型中引入两个变量 x_1 和 x_2 之间的交互项, 简单地键入 X1:X2 即可. 注意, 在一个公式中 X1*X2 对应着 X1+X2+X1:X2. 前面的这个调用实际上可用下面的指令来代替:

```
> model6 <- lm(BWT~AGE*SMOKE)
```

这两个模型之间的差异可从接下来的两个图中看出. 第一个图 14.7 显示了两条平行线, 其斜率代表着 AGE 对 BWT 的效应, 说明对于吸烟的人和不吸烟的人来说年龄的效应都是一样的.

```
> co <- coef(model5); a0 <- co[1] ; a1 <- co[1]+co[3]
> b <- co[2]
> fSMOKE <- as.factor(SMOKE)
> plot(BWT~AGE, xlab="AGE in years", ylab=
+  "Weight at birth (g)",main=expression(BWT~"="~
+  beta[0]+beta[1]*AGE+beta[2]*SMOKE+epsilon),
+  col = c('blue','red')[fSMOKE], pch=c(1,18)[fSMOKE])
> abline(a=a0,b,col="blue")
> abline(a=a1,b,col="red")
> legend("bottomright",c("SMOKE=0","SMOKE=1"),
+         col=c("red","blue"),lty=1)
```

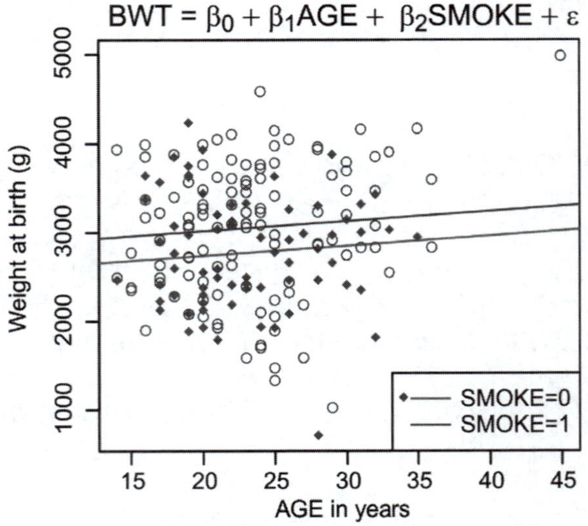

图 14.7: 在没有交互作用的模型中年龄 AGE 对 BWT 的效应

第二个图 14.8 中显示了两个不同的斜率, 它说明了交互作用这一概念.

```
> co <- coef(model6); a0 <- co[1] ; a1 <- co[1]+co[3]
> b0 <-  co[2]          # 年龄对不吸烟母亲的效应
> b1 <- co[2]+co[4]   # 年龄对吸烟母亲的效应
> plot(BWT~AGE,xlab="AGE in years",ylab="Weight at birth (g)",
+ main=expression(BWT~"="~beta[0]+beta[1]*AGE+beta[2]*SMOKE+
+      beta[3]*AGE~"x"~SMOKE+epsilon))
> points(AGE[SMOKE==1],BWT[SMOKE==1],col="red",pch=18)
> points(AGE[SMOKE==0],BWT[SMOKE==0],col="blue")
> abline(a=a0,b0,col="blue") ; abline(a=a1,b1,col="red")
> legend("bottomright",c("SMOKE=0","SMOKE=1"),
+        col=c("red","blue"),lty=1)
```

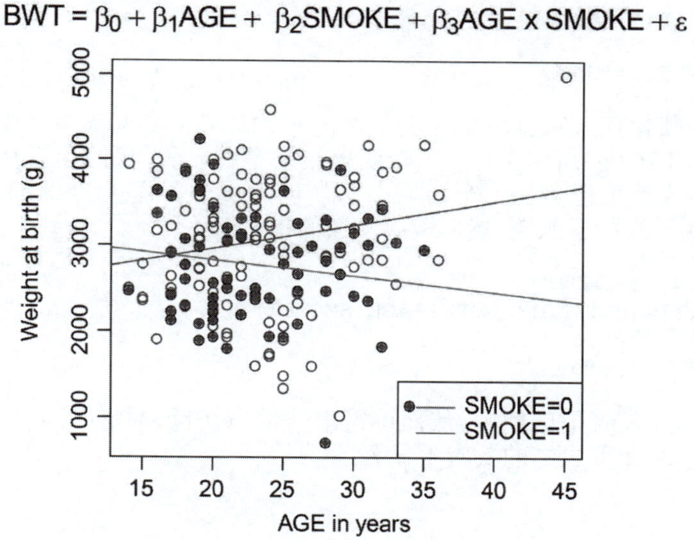

图 14.8: 在有交互作用的模型中年龄 AGE 对 BWT 的效应

我们可以通过分析模型 6 的结果来检验交互项的显著性.

```
> summary(model6)
Call:
lm(formula = BWT ~ AGE * SMOKE)
Residuals:
    Min       1Q  Median       3Q      Max
-2187.8  -456.6    52.8    526.6   1522.2
Coefficients:
            Estimate Std. Error t value Pr(>|t|)
(Intercept)  2408.38     292.24   8.241 3.05e-14 ***
AGE            27.60      12.15   2.271   0.0243 *
SMOKE         795.38     484.42   1.642   0.1023
AGE:SMOKE     -46.36      20.45  -2.267   0.0245 *
---
Signif. codes:  0 '***' 0.001 '**' 0.01 '*' 0.05 '.' 0.1 ' ' 1
```

```
Residual standard error: 709.4 on 185 degrees of freedom
Multiple R-squared: 0.0683,        Adjusted R-squared: 0.05319
F-statistic: 4.521 on 3 and 185 DF,  p-value: 0.004378
```

系数 β_3 显著不为零 (p-值 = 0.024). 因此我们得出结论: 母亲的年龄对婴儿出生时体重的效应不是等同的, 它还依赖于母亲的吸烟状况. 所以, 评价母亲的年龄与婴儿出生时体重的关联性结果必须在吸烟组和不吸烟组中分别进行.

为了完整起见, 我们再来对不吸烟的母亲组进行分析, 可以看到年龄 AGE 的效应也是显著的 (p-值 = 0.0243). 婴儿出生时的平均体重随着母亲年龄的增加而增加, 具体为母亲年龄每增大一岁婴儿出生时体重会增加 27.60 g ($\hat{\beta}_1$). 下面给出该系数估计的一个置信区间:

```
> confint(model6)[2,]
   2.5 %    97.5 %
 3.628108 51.573048
```

对于吸烟的母亲来说, 婴儿出生时的平均体重随着母亲的年龄每增大一岁会增加 18.762 g ($\hat{\beta}_1+\hat{\beta}_3$). 为了查明该结果是否显著, 我们计算 $\beta_1+\beta_3$ 的置信区间. 完成此项任务的一个巧妙办法是创建一个新变量 SMOKE1, 它刚好将 SMOKE 的编码进行了颠倒, 然后调用下面的指令:

```
> SMOKE1 <- 1-SMOKE
> confint(lm(BWT~AGE+SMOKE1+AGE:SMOKE1))[2,]
    2.5 %    97.5 %
-51.21423  13.68941
```

值 0 落在该置信区间中, 从而可得出结论: 对吸烟的母亲而言其年龄 AGE 对婴儿出生时体重 BWT 的效应不显著.

14.3.7 多重共线性问题

当几个不同的解释变量给出了同样的信息时, 可能会导致如下几种现象:

- 估计的准确性会变差 (具有非常大的方差);
- 系数出现矛盾的值 (相反的符号);
- 不显著的系数.

这些都是**共线性** (collinearity) **问题**.

确定解释变量的共线性程度的常用准则是**方差膨胀因子** (variance inflation factor) VIF: $\dfrac{1}{1-r_j^2}$, 其中 r_j^2 为多重决定系数, 需要通过将第 j 个解释变量 $\boldsymbol{x}_j$ 对其他解释变量做回归来得到.

由于有关系式 $\mathbb{V}\mathrm{ar}\left(\hat{\beta}_j|\mathbf{X}=\mathcal{X}\right)=\dfrac{\sigma^2}{n\times s_j^2}\times\dfrac{1}{1-r_j^2}$, 其中 $s_j^2=\dfrac{1}{n}\sum\limits_{i=1}^{n}(x_{ij}-\overline{x}_j)$ 为样本 $\boldsymbol{x}_j$ 的方差, 方差膨胀因子 (VIF) 在估计量的方差中发挥了关键性的作用.

$\boldsymbol{x}_j$ 与其他解释变量的共线性越强, r_j^2 将越接近于 1, 从而 $\dfrac{1}{1-r_j^2}$ 项的值越大; 导致估计量 $\hat{\beta}_j$ 的方差会变得非常大. 反之, r_j^2 越接近于 0, 相应的 VIF 越接近于 1 (最小值). 因此, $\boldsymbol{x}_j$ 与其他解释变量越 "独立", 估计受破坏的程度将会越少. 解释变量之间的共线性必然会对估计量的精度带来影响. 当 $\text{VIF}_j > 10$ 时, 即 $r_j^2 > 0.9$, 我们就说存在强共线性.

计算 VIF 的 R 指令为 `vif()`, 它可从程序包 `car` 中获取.

以下面这个非常简单的模型为例来说明函数 `vif()` 的用法:

$$\mathbb{E}[\texttt{BWT}|\texttt{LWT},\texttt{AGE}] = \beta_0 + \beta_1\texttt{LWT} + \beta_2\texttt{AGE}.$$

```
> model7 <- lm(BWT~LWT+AGE)
> vif(model7)
     LWT      AGE
1.033513 1.033513
```

注释

在这种情况下, 因为只有两个解释变量, 它们的 VIF 是相等的. 这是一个非常简单的例子: 仅有两个解释变量, 实际上我们通过图形就能分析这一共线性, 但当有许多的解释变量时该方法的有用性是明确的.

14.3.8 变量选择

变量选择就是从许多的解释变量中挑选出能解释 Y 的那些变量. 这样就能减少解释变量的数目并通过移除会增加方差膨胀因子 (VIF) 的冗余变量来获取更好的预测功效.

参数的数目越多 (越多的解释变量), 拟合数据的效果会越好 (r^2 接近 1). 作为一个代价, 由此带来的共线性问题将会使参数估计的准确性变差 (估计量的方差增大).

在这一节中, 我们简要地介绍一些在 R 中可用的变量选择的方法, 并以数据集 Birth-weight 中的若干变量作为对象来进行说明.

我们考虑解释变量 `LWT`, `AGE`, `UI`, `SMOKE`, `HT` 和两个重新编码的变量 `FTV1` 和 `PTL1`. 我们记 `FVT1` = 1 (如果至少有 1 次去看医生), 否则记作 `FVT1` = 0. 类似地, 我们记 `PTL1` = 1 (如果家庭史中至少有过 1 次早产), 否则记为 `PTL1` = 0.

- **最优子集方法**

当解释变量的数目 p 不是非常大时, 我们可以研究全部可能的情况. 有一种有效的算法 (见 [18] 和 [19]) 最多可以处理 30 个变量: 跨越边界方法 (leaps and bounds method). 对于固定的 p, 选取具有最大的 r^2 的那个模型; 对于两个具有不同解释变量数目的模型, 则选择那个具有最大的调整判定系数 r_a^2 的模型.

相应的 R 函数是 leaps(), 它可从程序包 leaps 中调取.

```
> FVT1 <- FVT; FVT1 <- as.integer(FVT>=1)
> PTL1 <- PTL; PTL1 <- as.integer(PTL>=1)
> matx <- model.matrix(lm(BWT~-1+LWT+AGE+UI+SMOKE+HT+FVT1+PTL1))
> # 等价于: matx <- cbind(LWT,AGE,UI,SMOKE,HT,FVT1,PTL1)
> adjr2.leaps <- leaps(matx,BWT,nbest=1,method="adjr2")
> best.model.adjr2 <- adjr2.leaps$which[adjr2.leaps$adjr2==
+                          max(adjr2.leaps$adjr2),]
> best.model.adjr2
    1     2     3     4     5     6     7
 TRUE FALSE  TRUE  TRUE  TRUE FALSE  TRUE
```

以调整的 r_a^2 为准则, 最优模型就是:

$$\text{BWT} = \beta_0 + \beta_1\text{LWT} + \beta_2\text{UI} + \beta_3\text{SMOKE} + \beta_4\text{HT} + \beta_5\text{PTL1} + \epsilon.$$

注释

另外也可以使用其他的选择标准, 而不仅仅是用调整的 r_a^2, 这只需通过对函数 leaps() 的参变量 method 指定不同的取值即可实现. 例如, method="Cp" 将使用 Mallows 的 C_p 准则 [27].

在程序包 leaps 中还有另一个函数 regsubsets(). 例如, 利用它的参变量 force.in, 该函数可用来指定一个或几个变量必须包含在所有被考虑的模型中. 接下来给出一个使用 BIC (Bayesian information criterion, Bayes 信息准则) 的例子来选择最优模型 [37] (图 14.9):

```
> # 强制 SMOKE 被包含到模型中
> best.model.bic <- regsubsets(matx,BWT,nbest=1,force.in=4)
> summary(best.model.bic)$bic      # 各个规模的最优模型的
                                   # BIC 值 (nbest=1)
[1] -6.273748 -7.607040 -9.796126 -7.865648 -3.491572  1.544854
> plot(best.model.bic) # 图形化 BIC 准则下选取的模型中的变量:
```

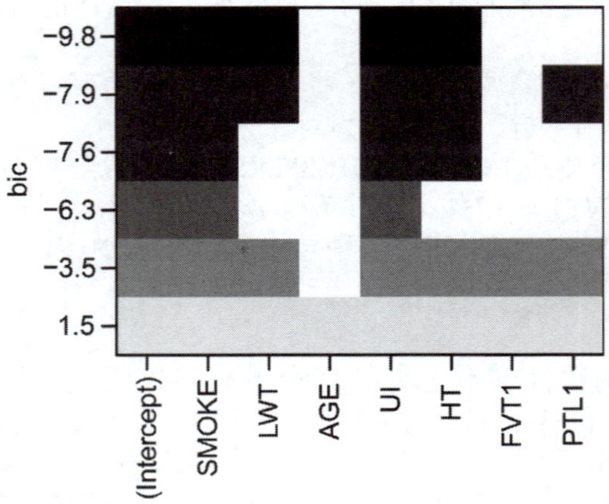

图 14.9: 使用 BIC 来选择变量

具有最小 BIC 的模型为最优模型. 在 BIC 意义下, 这里的最优模型为

$$\mathrm{BWT} = \beta_0 + \beta_1 \mathrm{LWT} + \beta_2 \mathrm{UI} + \beta_3 \mathrm{SMOKE} + \beta_4 \mathrm{HT} + \epsilon.$$

注释

其他的选择标准也可通过在函数 `plot()` 中指定 `scale` 的值并应用到一个具有 `regsubsets` 类的对象上或者在前面用到的函数 `summary()` 中使用 `$rsq`, `$rss`, `$adjr2` 和 `$cp` (分别代表 r^2、残差平方和 RSS、调整的 r^2 以及 Mallows 的 C_p 准则) 来取代 `$bic` 即可实现.

- **向前选择 (forward selection)**

向前选择方法是一种迭代方法. 在每一步当中, 当我们将 Y 对前一步所选择的全部解释变量以及新近选择的变量做回归时, 它会选择最显著的那个解释变量 (在水平 α 下), 前提是该新变量的边际贡献也是显著的.

注意观察函数 `add1()` 在 $\alpha = 0.05$ 水平下是如何实现该方法的:

```
> add1(lm(BWT~1),BWT~LWT+AGE+UI+SMOKE+HT+FVT1+PTL1,test="F")
Single term additions
Model:
BWT ~ 1
       Df Sum of Sq      RSS    AIC F value       Pr(F)
<none>              99917053 2492.7
LWT     1   3448881 96468171 2488.0  6.6855   0.010481 *
AGE     1    806927 99110126 2493.1  1.5225   0.218790
UI      1   8028747 91888305 2478.8 16.3391 0.00007732 ***
SMOKE   1   3573406 96343646 2487.8  6.9359   0.009156 **
HT      1   2132014 97785038 2490.6  4.0772   0.044894 *
FVT1    1   1338322 98578731 2492.1  2.5387   0.112772
PTL1    1   4757523 95159530 2485.4  9.3491   0.002558 **
---
Signif. codes:  0 '***' 0.001 '**' 0.01 '*' 0.05 '.' 0.1 ' ' 1
```

UI 是最显著的变量.

```
> add1(lm(BWT~UI),BWT~LWT+AGE+UI+SMOKE+HT+FVT1+PTL1,test="F")
Single term additions
Model:
BWT ~ UI
       Df Sum of Sq      RSS    AIC F value   Pr(F)
<none>              91888305 2478.8
LWT     1   2076990 89811315 2476.5  4.3015 0.03946 *
AGE     1    472355 91415950 2479.9  0.9611 0.32819
SMOKE   1   2949940 88938365 2474.7  6.1693 0.01388 *
HT      1   3162469 88725836 2474.2  6.6296 0.01081 *
FVT1    1    949028 90939278 2478.9  1.9411 0.16522
PTL1    1   2837049 89051257 2474.9  5.9257 0.01587 *
---
Signif. codes:  0 '***' 0.001 '**' 0.01 '*' 0.05 '.' 0.1 ' ' 1
```

HT 是最显著的变量.

```
> add1(lm(BWT~UI+HT),BWT~LWT+AGE+UI+SMOKE+HT+FVT1+PTL1,test="F")
Single term additions
Model:
BWT ~ UI + HT
       Df Sum of Sq       RSS    AIC F value    Pr(F)
<none>               88725836 2474.2
LWT     1   3560080 85165756 2468.5  7.7333 0.005982 **
AGE     1    415275 88310561 2475.3  0.8700 0.352184
SMOKE   1   2828310 85897527 2470.1  6.0914 0.014492 *
FVT1    1    698035 88027801 2474.7  1.4670 0.227365
PTL1    1   2682800 86043036 2470.4  5.7683 0.017308 *
---
Signif. codes:  0 '***' 0.001 '**' 0.01 '*' 0.05 '.' 0.1 ' ' 1
```

LWT 是最显著的变量.

```
> add1(lm(BWT~UI+HT+LWT),BWT~LWT+AGE+UI+SMOKE+HT+FVT1+PTL1,
+          test="F")
Single term additions
Model:
BWT ~ UI + HT + LWT
       Df Sum of Sq       RSS    AIC F value   Pr(F)
<none>               85165756 2468.5
AGE     1     94703 85071053 2470.3  0.2048 0.65138
SMOKE   1   2579898 82585858 2464.7  5.7480 0.01751 *
FVT1    1    509265 84656491 2469.3  1.1069 0.29414
PTL1    1   2127921 83037835 2465.7  4.7152 0.03118 *
---
Signif. codes:  0 '***' 0.001 '**' 0.01 '*' 0.05 '.' 0.1 ' ' 1
```

SMOKE 是最显著的变量.

```
> add1(lm(BWT~UI+HT+LWT+SMOKE),BWT~LWT+AGE+UI+SMOKE+HT+FVT1+PTL1,
+          test="F")
Single term additions
Model:
BWT ~ UI + HT + LWT + SMOKE
       Df Sum of Sq       RSS    AIC F value   Pr(F)
<none>               82585858 2464.7
AGE     1     65305 82520553 2466.5  0.1448 0.70397
FVT1    1    275436 82310423 2466.0  0.6124 0.43491
PTL1    1   1434298 81151560 2463.3  3.2344 0.07375 .
---
Signif. codes:  0 '***' 0.001 '**' 0.01 '*' 0.05 '.' 0.1 ' ' 1
```

到目前为止，没有更多的有统计显著意义上的变量了，停止操作. 该方法选择包含以下变量的模型: UI, HT, LWT 和 SMOKE.

- **向后选择 (backward selection)**

这时，我们从全模型开始，在每一步当中删除对应于学生氏 t 检验统计量值的绝对值的最小值的那个变量 (最大的 p-值)，前提是它是不显著的 (在指定的水平 α 下).

注意观察函数 drop1() 在水平 $\alpha = 0.05$ 下是如何实现此方法的:

```
> drop1(lm(BWT~LWT+AGE+UI+SMOKE+HT+FVT1+PTL1),test="F")
Single term deletions
Model:
BWT ~ LWT + AGE + UI + SMOKE + HT + FVT1 + PTL1
       Df Sum of Sq      RSS    AIC F value    Pr(F)
<none>              80692151 2466.3
LWT     1   2475214 83167365 2470.0  5.5521 0.0195277 *
AGE     1     87708 80779859 2464.5  0.1967 0.6578974
UI      1   5431112 86123263 2476.6 12.1825 0.0006059 ***
SMOKE   1   1622617 82314768 2468.0  3.6397 0.0580009 .
HT      1   3885141 84577292 2473.2  8.7147 0.0035749 **
FVT1    1    272400 80964551 2464.9  0.6110 0.4354262
PTL1    1   1601044 82293195 2468.0  3.5913 0.0596772 .
---
Signif. codes:  0 '***' 0.001 '**' 0.01 '*' 0.05 '.' 0.1 ' ' 1
```

移除变量 AGE.

```
> drop1(lm(BWT~LWT+UI+SMOKE+HT+FVT1+PTL1),test="F")
Single term deletions
Model:
BWT ~ LWT + UI + SMOKE + HT + FVT1 + PTL1
       Df Sum of Sq      RSS    AIC F value    Pr(F)
<none>              80779859 2464.5
LWT     1   2740905 83520764 2468.8  6.1754 0.0138569 *
UI      1   5536620 86316478 2475.0 12.4742 0.0005228 ***
SMOKE   1   1644322 82424180 2466.3  3.7047 0.0558183 .
HT      1   3954174 84734033 2471.5  8.9089 0.0032279 **
FVT1    1    371701 81151560 2463.3  0.8375 0.3613362
PTL1    1   1530564 82310423 2466.0  3.4484 0.0649284 .
---
Signif. codes:  0 '***' 0.001 '**' 0.01 '*' 0.05 '.' 0.1 ' ' 1
```

移除变量 FVT1.

```
> drop1(lm(BWT~LWT+UI+SMOKE+HT+PTL1),test="F")
Single term deletions
Model:
BWT ~ LWT + UI + SMOKE + HT + PTL1
       Df Sum of Sq      RSS    AIC F value    Pr(F)
<none>              81151560 2463.3
LWT     1   2891443 84043002 2468.0  6.5203 0.0114803 *
UI      1   5763232 86914792 2474.3 12.9963 0.0004023 ***
SMOKE   1   1886275 83037835 2465.7  4.2536 0.0405794 *
HT      1   4217585 85369145 2470.9  9.5108 0.0023592 **
PTL1    1   1434298 82585858 2464.7  3.2344 0.0737548 .
---
Signif. codes:  0 '***' 0.001 '**' 0.01 '*' 0.05 '.' 0.1 ' ' 1
```

移除变量 PLT1.

```
> drop1(lm(BWT~LWT+UI+SMOKE+HT),test="F")
Single term deletions
Model:
BWT ~ LWT + UI + SMOKE + HT
```

```
        Df Sum of Sq      RSS    AIC F value     Pr(F)
<none>                82585858 2464.7
LWT      1   3311668 85897527 2470.1  7.3783 0.0072310 **
UI       1   6955671 89541530 2477.9 15.4971 0.0001171 ***
SMOKE    1   2579898 85165756 2468.5  5.7480 0.0175082 *
HT       1   4443587 87029445 2472.6  9.9002 0.0019278 **
---
Signif. codes:  0 '***' 0.001 '**' 0.01 '*' 0.05 '.' 0.1 ' ' 1
```

该方法停止于包含以下变量的模型: UI, HT, LWT 和 SMOKE.

- **逐步选择方法 (stepwise method)**

这一算法是对向前选择方法的一个改进. 在每一步, 它执行 t 或 F 检验, 或优化某些准则, 做到不去添加不显著的变量并有可能删除前一步已经包含进来但在给定最新入选的变量后不再显著的那些变量. 当没有变量能被继续添加或删除时, 该算法停止.

接下来展示用函数 step() 执行逐步选择方法的过程, 并在每一步都采用 AIC 准则 [2] (Akaike Information Criterion, 赤池信息准则) 作为选择变量的依据. 另外也可以采用 BIC 准则, 只需指定函数 step() 的参变量为 k=log(n) 即可.

```
> step(lm(BWT~1),BWT~LWT+AGE+UI+SMOKE+HT+FVT1+PTL1,
+          direction="both")
Start:  AIC=2492.66
BWT ~ 1
        Df Sum of Sq      RSS    AIC
+ UI     1   8028747 91888305 2478.8
+ PTL1   1   4757523 95159530 2485.4
+ SMOKE  1   3573406 96343646 2487.8
+ LWT    1   3448881 96468171 2488.0
+ HT     1   2132014 97785038 2490.6
+ FVT1   1   1338322 98578731 2492.1
<none>               99917053 2492.7
+ AGE    1    806927 99110126 2493.1
Step:  AIC=2478.83
BWT ~ UI
        Df Sum of Sq      RSS    AIC
+ HT     1   3162469 88725836 2474.2
+ SMOKE  1   2949940 88938365 2474.7
+ PTL1   1   2837049 89051257 2474.9
+ LWT    1   2076990 89811315 2476.5
<none>               91888305 2478.8
+ FVT1   1    949028 90939278 2478.9
+ AGE    1    472355 91415950 2479.9
- UI     1   8028747 99917053 2492.7
Step:  AIC=2474.21
BWT ~ UI + HT
        Df Sum of Sq      RSS    AIC
+ LWT    1   3560080 85165756 2468.5
+ SMOKE  1   2828310 85897527 2470.1
+ PTL1   1   2682800 86043036 2470.4
<none>               88725836 2474.2
```

```
+ FVT1    1     698035 88027801 2474.7
+ AGE     1     415275 88310561 2475.3
- HT      1    3162469 91888305 2478.8
- UI      1    9059202 97785038 2490.6
Step:  AIC=2468.47
BWT ~ UI + HT + LWT
        Df Sum of Sq      RSS    AIC
+ SMOKE  1   2579898 82585858 2464.7
+ PTL1   1   2127921 83037835 2465.7
<none>               85165756 2468.5
+ FVT1   1    509265 84656491 2469.3
+ AGE    1     94703 85071053 2470.3
- LWT    1   3560080 88725836 2474.2
- HT     1   4645559 89811315 2476.5
- UI     1   7482463 92648219 2482.4
Step:  AIC=2464.66
BWT ~ UI + HT + LWT + SMOKE
        Df Sum of Sq      RSS    AIC
+ PTL1   1   1434298 81151560 2463.3
<none>               82585858 2464.7
+ FVT1   1    275436 82310423 2466.0
+ AGE    1     65305 82520553 2466.5
- SMOKE  1   2579898 85165756 2468.5
- LWT    1   3311668 85897527 2470.1
- HT     1   4443587 87029445 2472.6
- UI     1   6955671 89541530 2477.9
Step:  AIC=2463.35
BWT ~ UI + HT + LWT + SMOKE + PTL1
        Df Sum of Sq      RSS    AIC
<none>               81151560 2463.3
+ FVT1   1    371701 80779859 2464.5
- PTL1   1   1434298 82585858 2464.7
+ AGE    1    187009 80964551 2464.9
- SMOKE  1   1886275 83037835 2465.7
- LWT    1   2891443 84043002 2468.0
- HT     1   4217585 85369145 2470.9
- UI     1   5763232 86914792 2474.3
Call:
lm(formula = BWT ~ UI + HT + LWT + SMOKE + PTL1)
Coefficients:
(Intercept)           UI           HT          LWT
    2631.45      -506.76      -633.15         9.33
      SMOKE         PTL1
    -208.46      -247.66
```

提醒

这里我们用到了数据集 BIRTH-WEIGHT 仅是去说明如何使用 R 函数来实现自动选择，尽管对这个数据集而言最优的策略用“手动”选择的方式即可获得.

值得读者注意的是, 不同的选择方法可能得到不同的模型. 它们的优点是便于使用, 而且能以一种系统化的方式处理变量选择问题. 它们的主要缺点是变量被包含或被删除都是完全基于统计学的准则, 很少或者没有考虑到研究的目标. 这常常导致一个模型从统计学的观点来看可能是满意的, 但是当我们在实际研究中去理解和解释数据时, 这个模型中的变量却不是最相关的.

14.3.9 残差分析

接下来我们在多重回归的框架下介绍残差分析的一些基本要点. 这些方法对于核实模型的假设以及检测可能的异常点是非常有用的. 建议读者去阅读 [41] 以了解更多的技术细节.

- **验证模型假设**

对于简单线性回归, 我们已经提到残差分析可用来检查回归模型的假设是否成立. 下面给出两个图形来检查误差的正态分布及方差齐性的假设 (图 14.10, 图 14.11).

```
> finalmodel<-lm(BWT~SMOKE+AGE+LWT+factor(RACE)+UI+HT+SMOKE:AGE)
> par(mfrow=c(1:2))
> plot(finalmodel,1:2,col.smooth="red")
```

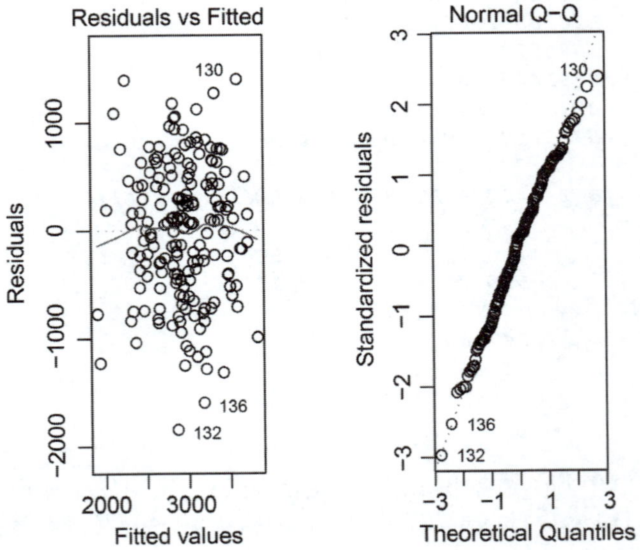

图 14.10: 核实同方差性 (左) 和正态性 (右) 假设

实例分析: 研究 "婴儿出生时的体重".

我们研究下面这个模型其假设的有效性

$$\begin{aligned}\mathtt{BWT} = &\beta_0 + \beta_1\mathtt{SMOKE} + \beta_2\mathtt{AGE} + \beta_3\mathtt{LWT} + \beta_4\mathtt{RACE2} + \beta_5\mathtt{RACE3} + \beta_6\mathtt{UI}\\ &+\beta_7\mathtt{HT} + \beta_8\mathtt{SMOKE} \times \mathtt{AGE} + \epsilon.\end{aligned}$$

```
> res <- residuals(finalmodel)
> par(mfrow=c(2,3))
> plot(res~SMOKE);plot(res~AGE);plot(res~LWT)
> plot(res~RACE);plot(res~UI);plot(res~HT)
```

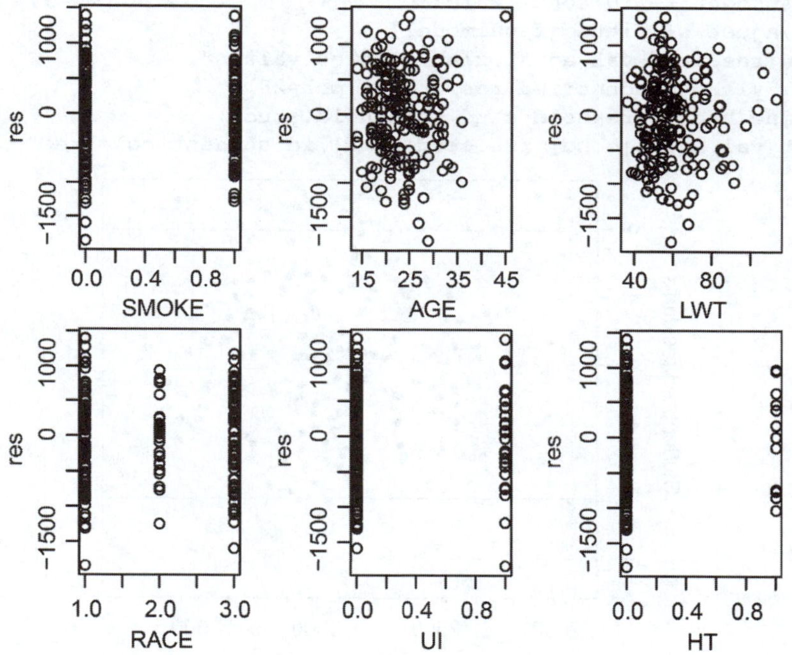

图 14.11: 残差作为解释变量的一个函数

将残差作为每一个解释变量的一个函数来画图也是有用的, 如图 14.11 所示. 图 14.11 可用来检查误差项与解释变量之间是否存在某种关系, 从而使随机误差项与解释变量之间的独立性假设站不住脚. 图 14.11 对于检测异常值点也有一定的作用.

- **异常点及强影响点**

异常点 (outlier) 是具有大的残差值的点, 常常远离其他的点. 它可从残差对预测值 (或某个解释变量) 的散点图中看出来, 特别当某个点偏离的很远时. 接下来我们列出几种不同的残差定义:

► **标准化残差** (standardized residual) $t_i = \dfrac{\hat{\epsilon}_i}{\hat{\sigma}\sqrt{1-h_{ii}}}$, 其中 h_{ii} 为 "高杠杆点" (稍后给出定义). 这样的残差可由函数 `rstandard()` 给出. 标准化残差 "绝大部分" 位于 −2 和 2 之间, 而且它们是相互依赖的;

▶ 学生化残差 (studentized residual) $t_i^* = \dfrac{\hat{\epsilon}_i}{\hat{\sigma}_{(-i)}\sqrt{1-h_{ii}}} = t_i\sqrt{\dfrac{n-p-2}{n-p-1-t_i^2}}$, 其中 $\hat{\sigma}_{(-i)}$ 是去掉第 i 个观测后得到的标准差估计值. 学生化残差也可由函数 `rstudent()` 给出. 当 $|t_i^*| > t_{0.975}^{(n-p-2)}$ 时对应的观测就被称为异常点 (其中 $t_{0.975}^{(n-p-2)}$ 是具有 $n-p-2$ 个自由度的学生氏 t 分布的 0.975 分位数) (图 14.12).

```
> res.stud <- rstudent(finalmodel)     # 计算学生化残差
> threshold.stud <- qt(0.975,189-8-2) # 计算学生氏分布的阈值
> cond <- res.stud<(-threshold.stud) | res.stud > threshold.stud
> # 所有可能被认为是异常点的个体的清单
> id.student <- ID[cond] # ID(身份识别码) 位于该数据集的第一列
> val.ajust <- fitted(finalmodel)
> plot(res.stud~val.ajust,xlab="Fitted values",
+       ylab="Studentized residuals",pch=20)
> abline(h=c(-threshold.stud,threshold.stud))
> text(val.ajust[cond],res.stud[cond],id.student,col="red",pos=1)
```

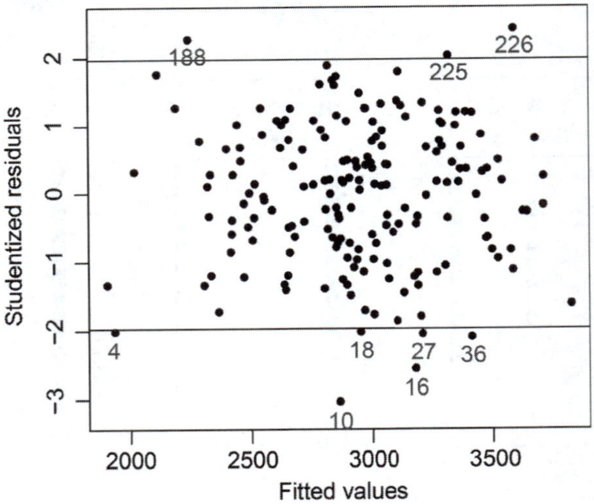

图 14.12: 可视化异常值: 学生化残差相对拟合值

另一种研究异常值的方法是借助 “杠杆点 (leverage point)” 的概念. 第 i 个观测的杠杆值 (记作 h_{ii}) 是矩阵 $\mathcal{H} = \mathcal{X}(\mathcal{X}^\mathsf{T}\mathcal{X})^{-1}\mathcal{X}^\mathsf{T}$ (帽子矩阵) 的对角线上的第 i 个元素. 这种方法主要用于残差的方差: $\mathbb{V}\mathrm{ar}(\hat{\epsilon}_i) = \sigma^2(1-h_{ii})$. 一个大于 $2(p+1)/n$ 的杠杆值会被视为过大, 而大的 h_{ii} 指示第 i 个观测远离了重心.

这些 h_{ii} 都存储在向量 `leverage` 之中, 如下所示:

```
> # 等价于 hat(model.matrix(finalmodel)):
> leverage <- hatvalues(finalmodel)
> # 也可以采用下面的指令:
> outl <- influence.measures(finalmodel)
> leverage <- outl$infmat[,"hat"]
```

为了检测杠杆点, 可以键入:

```
> threshold.leverage <- 2*(8+1)/189
> outl.leverage <- ID[leverage>threshold.leverage]
> # 具有大的杠杆值的个体的清单
> outl.leverage
 [1]  85  98 119 126 138 159 168 187 197 202 226  11  13  19
[15]  20  28  75  83  84
```

其他的一些诊断方法也可用来检测异常点并检查它们对回归模型的影响:

- **Cook 距离**: 它被用来测量第 i 个观测对回归参数的估计的影响. 它的定义如下:

$$C_i = \frac{\sum_{j=1}^{n}(\hat{y}_j - \hat{y}_j^{(-i)})^2}{\hat{\sigma}^2(p+1)} = \left(\frac{1}{p+1}\right)\left(\frac{h_{ii}}{1-h_{ii}}\right)t_i^2 = \left(\frac{1}{p+1}\right)\left(\frac{h_{ii}}{(1-h_{ii})^2}\right)\frac{\hat{\epsilon}_i^2}{\hat{\sigma}^2}$$
$$= \left(\frac{1}{p+1}\right)\left(\frac{h_{ii}}{1-h_{ii}}\right)\frac{\hat{\sigma}_{(-i)}^2}{\hat{\sigma}^2}t_i^{*2},$$

其中 $\hat{y}_j^{(-i)}$ 是在点 $\boldsymbol{x}_j = (1, x_{j1}, \ldots, x_{jp})^{\mathsf{T}}$ 处基于舍去第 i 个观测后估计的模型参数来计算的预测值.
一个大的 C_i 值表明第 i 个观测是有影响力的 (有时会以 1 作为阈值), 删除这个观测会导致回归方程产生一个大的改变. 计算 Cook 距离的函数是 `cooks.distance()`.
下面是一个图形化的展示 (图 14.13):

```
> plot(cooks.distance(finalmodel),type="h")
> # 也可以采用指令 plot(finalmodel,4)
```

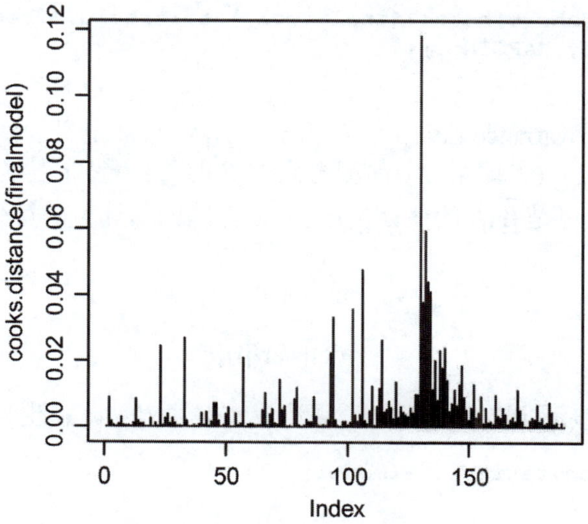

图 14.13: 可视化有影响力的观测点: Cook 距离

根据上面这些 Cook 距离值, 没有哪个值看起来是有全局影响力的.

- **Welsch-Kuh 距离或 Dffits**: 它的定义如下:

$$\text{Dffits}_i = \frac{\hat{y}_i - \hat{y}_i^{(-i)}}{\hat{\sigma}_{(-i)}\sqrt{h_{ii}}} = t_i^* \sqrt{\frac{h_{ii}}{1-h_{ii}}}.$$

大的 $|\text{Dffits}_i|$ 值表明第 i 个观测对估计 $\hat{y}_i$ 有一个强影响作用, 这意味着该观测值会对回归结果产生大的影响. 在实际中, 如果 $|\text{Dffits}_i| \geqslant 2\sqrt{\frac{p+1}{n}}$, 则第 i 个观测就可视为有强影响力.
计算 Dffits 的 R 函数为 dffits().

```
> threshold.dffit <- 2*sqrt((8+1)/189)
> ID[abs(dffits(finalmodel))>=threshold.dffit]
 [1] 108 119 187 188 197 202 210 226   4  10  11  13  18  20
```

- **Dfbetas 度量**: 它的定义如下:

$$\text{Dfbetas}_{j,i} = \frac{\hat{\beta}_j - \hat{\beta}_j^{(-i)}}{\hat{\sigma}_{(-i)}\sqrt{(\boldsymbol{X}^{\mathsf{T}}\boldsymbol{X})^{-1}_{j+1;j+1}}},$$

其中 $\hat{\beta}_j^{(-i)}$ 是去掉第 i 个观测后得到的 β_j 的估计. 这个量度量的是第 i 个观测对第 j 个系数的估计的影响. 对于小的或中等规模的数据集, 一个超过 1 的 $\text{Dfbetas}_{j,i}$ 值就是可疑的. 对于大的数据集, 若对至少一个 j 有 $|\text{Dfbetas}_{j,i}| > 2/\sqrt{n}$, 则第 i 个观测是值得怀疑的.
计算 Dfbetas 的 R 函数是 dfbetas().

```
> threshold.dfbetas <- 1
> ID[apply(abs(dfbetas(finalmodel))>threshold.dfbetas,
+     FUN=any,MARGIN=1)]
integer(0)
```

- **协方差比** (Covariance ratio): 针对第 i 个观测, 它被定义为两个行列式的比值, 分子是 $\widehat{\boldsymbol{\beta}}_{(-i)}$ (去掉第 i 个观测得到的 $\boldsymbol{\beta}$ 的估计量) 的协方差阵的估计值的行列式, 分母是 $\widehat{\boldsymbol{\beta}}$ ($\boldsymbol{\beta}$ 的估计量) 的协方差阵的估计值的行列式:

$$\frac{\det[\widehat{\mathbb{V}\text{ar}(\widehat{\boldsymbol{\beta}}_{(-i)})}]}{\det[\widehat{\mathbb{V}\text{ar}(\widehat{\boldsymbol{\beta}})}]}.$$

如果该比值接近于 1, 说明第 i 个观测没有对协方差阵产生显著的影响.

```
> max(abs(covratio(finalmodel)-1))
[1] 0.2897528
```

注释

关于这些诊断方法的更多细节, 可以阅读文献 [41], [4] 或 [11].

14.3.10 多项式回归

在一个多项式模型中, 被解释变量 Y 与解释变量 X 之间的关系以一种非线性形式来表示, 比如:

$$\mathrm{Y} = \beta_0 + \beta_1 \mathrm{X} + \beta_2 \mathrm{X}^2 + \cdots + \beta_p \mathrm{X}^p + \epsilon.$$

这个模型是一个具有 p 个回归项 (某个解释变量的高次幂的形式) 的多重回归模型.

为了在一个多项式模型中执行回归分析, 只需简单地在函数 `lm()` 中正确地指定与模型相对应的公式即可. 后面这两个 R 函数是有用的: `I()` 和 `poly()`. 下面的表中给出了多项式模型中一些公式的例子.

模型	R 公式
M_1: $Y = \beta_0 + \beta_1 X + \beta_2 X^2$	`Y~poly(X,2,raw=TRUE)`
M_2: $Y = \beta_1 X + \beta_2 X^2 + \beta_3 X^3$	`Y~-1+poly(X,3,raw=TRUE)`
M_3: $Y = \beta_0 + \beta_1 X + \beta_2 X^3$	`Y~X+I(X^3)`
M_4: $Y = \beta_1 X + \beta_2 X^3 + \beta_3 X^4$	`Y~-1+X+I(X^3)+I(X^4)`

14.3.11 小结

下表 14.2 列出了对多重线性回归有用的一些主要函数.

表 14.2: 多重线性回归中的 R 函数

R 指令	描述
`pairs()`	图形探查
`lm(Y~X1+X2+...+X3)`	多重线性模型的估计
`summary(lm())`	模型的估计结果的描述
`confint(lm())`	回归参数的置信区间
`predict()`	用于预测的函数
`plot(lm())`	对残差的图示分析
`anova(mod1,mod2)`	部分 F 检验
`X1:X2`	X_1 和 X_2 之间的交互效应
`vif()`	计算 VIF

备 忘 录

`lm()`: 线性回归
`summary(lm())`: 列出线性模型的拟合结果
`confint()`: 回归参数的置信区间
`predict()`: 在新值处的预测
`residuals()`: 返回一个线性模型的残差
`plot(lm(()))`: 产生可以验证模型假设的图像
`pairs()`: 散点图
`anova(lm())`: 一个线性模型的方差分析表
`X1X2`: 交互项
`rstandard()`: 标准化残差
`rstudent()`: 学生化残差
`vif()`: 计算 VIF
`cooks.distance()`: Cook 距离
`dffits()`: Welsh-Kuh 距离
`dfbetas()`: Dfbetas 度量
`step()`: 使用 AIC 的逐步选择方法
`regsubsets()`: 通过穷举搜索来选择变量

练 习 题

14.1- 给出拟合模型 $Y = \beta_0 + \beta_1 X_1 + \epsilon$ 的指令.
14.2- 给出拟合模型 $Y = \beta_1 X_1 + \epsilon$ 的指令.
14.3- 给出拟合模型 $Y = \beta_0 + \beta_1 X_1 + \beta_2 X_2 + \epsilon$ 的指令.
14.4- 给出拟合模型 $Y = \beta_0 + \beta_1 X_1 \times \beta_2 X_2 + \beta_3 X_1 + \beta_4 X_2 + \epsilon$ 的指令.
14.5- 给出拟合模型 $Y = \beta_0 + \beta_1 X_1 + \beta_2 X_1^2 + \beta_3 X_1^4 + \epsilon$ 的指令.
14.6- 哪一个指令可用来执行一个部分 F 检验?
14.7- 哪一个函数可以返回一个模型的残差?
14.8- 哪一个函数能够给出一个回归模型的估计?
14.9- 令 Z 为一个定性变量, 应当使用哪个函数来拟合一个以 Z 为解释变量的回归模型?
14.10- 给出拟合多项式模型 $Y = \beta_0 + \beta_1 X^1 + \beta_2 X^2 + \beta_3 X^3 + \epsilon$ 的指令.
14.11- 哪一个函数执行向前变量选择?
14.12- 哪一个函数执行向后变量选择?

工 作 簿

A- 研究简单线性回归

• 研究一个虚构的数据

14.1- 从一个简单线性回归模型来模拟数据集 (x_i, y_i), $i = 1, \ldots, n$. 为此,

- 选取真实参数 β_0 和 β_1, 以及 $\sigma > 0$;
- 从一个正态分布 $\mathcal{N}(0, \sigma^2)$ 模拟大小为 n 的误差向量 ϵ;
- 从一个 $[0, t]$ 上的均匀分布模拟大小为 n 的解释变量值的向量, 其中 t 是任选的一个正实数;
- 从该简单线性回归模型中构建大小为 n 的响应变量 y 值的向量.

14.2- 画出 n 个数据点 (x_i, y_i) 的散点图.
14.3- 给出回归参数及误差方差的一个估计.
14.4- 分析残差以证实该模型的假设的有效性:

- 画出残差相对拟合值的图像;
- 画出拟合值相对观测值的图像;
- 绘一个图来检查残差的正态性假设.

14.5- 更改 n 和 σ 的值来理解它们对回归参数估计的精度的影响 (以方差来衡量).

- **研究内膜 – 中膜数据**

在 "内膜 – 中膜厚度" 研究中, 我们想要去考查内膜 – 中膜厚度与年龄之间的关系.

14.1- 下载内膜 – 中膜 (intima-media) 的数据文件;
14.2- 将变量 `measure` 作为变量 `AGE` 的一个函数来绘制图像. 对这个散点图进行描述.
14.3- 这些变量之间存在一个关联吗? 解释如何去测评这一关联的强弱程度.
14.4- 现在希望在该散点图中拟合一条回归直线:

- 提出一个回归模型并估计该模型的参数;
- 将回归直线画在上述的散点图中.

14.5- 对残差进行分析以证实模型的有效性;
14.6- 对一个 33 岁的人给出其内膜 – 中膜厚度的一个预测区间;
14.7- 对 33 岁的人群给出其平均的内膜 – 中膜厚度的一个置信区间;
14.8- 仅使用 `AGE` 作为一个解释变量, 提出一个模型来增加内膜 – 中膜厚度的预测功效.

B- 研究多重线性回归

- **研究内膜 – 中膜数据**

在前面一个实际操练中, 我们探查了内膜 – 中膜厚度与年龄的关系. 接下来想要对所有可能解释内膜 – 中膜厚度变异的变量拟合一个回归模型. 该研究将依赖于下面的变量: `AGE`, `SPORT`, `alcohol`, `packyear` 以及变量 `BMI` (需要根据变量 `height` 和 `weight` 来计算得到).

我们主要关注的是吸烟状况 (tobacco), 并考虑将变量 `packyear` 作为主要的暴露因素. 因此我们决定把这个变量保留在模型中, 尽管它并不显著.

14.1- 绘制所有变量对 (响应变量和解释变量) 的散点图. 有什么共线性问题吗?

14.2- 分别执行内膜 – 中膜厚度对每一个解释变量的单变量回归分析.

14.3- 仅保留在单变量回归分析中系数估计的 p-值 < 0.25 的那些解释变量. 逐个地检验被选出的解释变量与主要暴露变量 `packyear` 之间所有可能的交互效应.

14.4- 将单变量回归分析中所有被声明是显著的 ($\alpha = 25\%$) 变量以及在 $\alpha = 10\%$ 的水平下所有显著的交互项包含到一个模型中, 估计并分析此模型.

14.5- 这些交互项仍然是显著的吗? 移除在 10% 的水平下不再显著的交互项.

14.6- 从前一个问题的模型开始, 逐个地移除在 5% 的水平下不显著的变量, 确保这些移除不会对与吸烟状态相对应的系数的估计带来大的改变.

14.7- 解释最终的模型.

- **失业率的研究**

这个实际问题拟对某地区 1960 年至 1993 年的失业率进行研究. 数据集 `unemployment` 由 $n = 34$ 个年份的观测数据组成 (从 1960 年至 1993 年). 下面给出各变量的一个描述:

- `year`: 年份;
- `unemp`: 失业率;
- `gdprate`: 国民生产总值 (GDP) 的变动率, 代表经济增长水平;
- `govspend`: 政府支出与 GDP 的比值, 代表政府对经济发展干预的程度;
- `taxb`: 税收负担, 考查商业税收是否对雇佣政策以及失业率有影响;
- `salav`: 薪水与净增值的比值, 可用于了解雇佣成本的影响;
- `infl`: 在 Philips 曲线中定义的通货膨胀率, 可用来验证失业与通货膨胀之间的反比例关系.

14.1- 考虑如下一个线性模型: 仅将变量 `unemp` 作为变量 `gdprate` 的一个函数. 下载数据集 `http://www.biostatisticien.eu/springeR/unemployment.RData`. 对这个线性模型执行一个全面的分析.

14.2- 接着再考虑一个多重线性模型: 将变量 `unemp` 视为数据集中全部解释变量的一个函数 (除了变量 `year`). 给出所有这些变量的相关矩阵.

14.3- 画出所有变量对的散点图.

14.4- 哪一个解释变量看起来有最大的贡献? 解释变量之间存在共线性吗?

14.5- 将包含这些解释变量的多重线性回归模型的估计结果显示出来.

14.6- 计算每一个解释变量的 `VIF`.

14.7- 在 $\alpha = 0.2$ 的水平下执行向后变量选择.

14.8- 给出最终的模型.

14.9- 假设我们不知道 1993 年失业率 `unemp` 的值. 请给出它的预测值并计算它的一个水平为 95% 的预测区间.

14.10- 失业率 `unemp` 在 1993 年的观测值是多少?

C- 研究多项式回归

• 研究一个虚构的数据

14.1- 根据下面的模型来模拟一个样本量为 100 的样本:

$$Y = X + 2X^2 + 3.5X^3 - 2.3X^4 + \epsilon,$$

其中 X 服从 [−2, +2] 上的一个均匀分布, 而 ϵ 服从一个 $\mathcal{N}(0, 1)$ 分布.

14.2- 画出散点图以及模拟的多项式曲线.

14.3- 拟合一个简单线性回归模型并对残差进行分析.

14.4- 使用一个 4 次多项式来拟合一个多项式回归模型. 在散点图上画出估计的模型.

• 用一个多项式来拟合一个散点图

基于一个给定的解释变量 X 希望提出一个模型去对一个变量 Y 做预测. 假设已经获得了这两个变量的一个容量为 n 的样本数据.

14.1- 下载数据文件 `http://www.biostatisticien.eu/springeR/fitpoly.RData`.

14.2- 视变量 Y 为变量 X 的一个函数来绘制散点图.

14.3- 这两个变量之间是否存在一个线性关系呢? 在前面的图形中拟合一条回归直线.

14.4- 执行多项式回归来更好地拟合数据.

14.5- 在散点图中画出估计的多项式曲线. 对 $X \in [-3.5, 3.5]$ 画出 Y 的均值的置信曲线, 然后给该模型添加 $X \in [-3.5, 3.5]$ 段的预测区间.

第 15 章　方差分析基础

预备知识以及本章的目标

- 阅读第 14 章.
- 本章介绍用于执行方差分析的各种 R 命令. 我们将分别讨论一个因素和两个因素 (有或没有交互作用下) 的方差分析的情形. 此外, 我们还将介绍针对重复测试数据的方差分析.

15.1 节

单因素方差分析

15.1.1 目标、数据和模型

• **目标**: 方差分析 (ANOVA) 是研究某个关心的现象 (或对象) Y (定量变量) 在一个或多个定性试验因素 (处理或治疗方法) 的影响下其平均值 μ 如何变化的一种方法. 当平均值只被一个因素 (记作 X) 影响的情况下, 这就是所谓的**单因素方差分析**或 **one-way ANOVA**. 一个因素或因子 (factor) 通常是一个具有少数几种取值的定性变量. 因素 X 的取值 (或水平) 的数目用 I 表示. 假设 Y 在以 X 的各取值来定义的各个子总体 i 中服从正态分布 $N(\mu_i,\sigma^2)$. 我们的目标是检验在这 I 个子总体中 Y 是否具有相同的平均值, 即检验下面这个零假设:

$$\mathcal{H}_0 : \mu_1 = \mu_2 = \cdots = \mu_I,$$

对立假设为

$$\mathcal{H}_1 : \exists\, i \neq i' \;/\; \mu_i \neq \mu_{i'} \ \text{(“至少有两个不同的平均值”)}.$$

• **数据**: 对每一个子总体 i (或者 X 的取值 i, 或第 i 组), 我们都有一个来自定量变量 Y 的具有 n_i 个观测值的样本:

$$y_{i,1},\ y_{i,2}, \ldots,\ y_{i,n_i}.$$

这个模型可以写为

$$\mathrm{Y}_{ik} = \mu_i + \epsilon_{ik}, \quad \text{对}\ k = 1, \ldots, n_i\ \text{及}\ i = 1, \ldots, I,$$

其中误差项 ϵ_{ik} 是服从 $\mathcal{N}(0, \sigma^2)$ 分布的独立随机变量. 我们也可以把 μ_i 写作: $\mu_i = \mu + \alpha_i$ 对于 $i = 1, \ldots, I$. 在这种情况下, 称 μ 为因素的**平均效应** (mean effect), 称 $\alpha_i = \mu_i - \mu$ 为因素的第 i 个水平的**差值效应** (differential effect). 因此, 上述模型也可写作:

$$\mathrm{Y}_{ik} = \mu + \alpha_i + \epsilon_{ik}, \quad \text{其中}\ k = 1, \ldots, n_i\ \text{和}\ i = 1, \ldots, I.$$

注意到, 这个模型是不可识别的 (也就是说其中的一些参数是无法估计出来的). 因此我们必须对其施加一个 (线性) 约束来使得其能被识别, 比如 $\sum_{i=1}^{I} \alpha_i = 0$, 它相当于取平均效应 μ 作为基准或参照值.

提醒

默认情况下, R 会施加一个约束 $\alpha_1 = 0$. 然后所有的比较都相对于 μ_1 来进行, 即参照类是这个因素的第 1 个水平.

另见

参照组 (reference group) 的概念已经在第 14 章的第 434 页中解释过.

15.1.2 实例及图形探查

- **应用的实例**: 水痘发烧.

有五种针对水痘发烧的治疗方法 ($T_1, \ldots, T_5$), 其中包括一种安慰剂 (placebo), 被随机分派给 30 名患者来使用 (每个处理组为 6 人). 对于每一个患者, 测量了从她/他出现水痘雏形到完全结疤之间的时间 (单位为天).

治疗方法				
T_1 (安慰剂)	T_2	T_3	T_4	T_5
5	4	6	7	9
8	6	4	4	3
7	6	4	6	5
7	3	5	6	7
10	5	4	3	7
8	6	3	5	6

这里我们的目标是比较结疤时间的理论平均值; 注意, 这些结疤时间是在 5 个独立的样本 (处理组, treatment group) 上观察得到的.

• **图形探查**: 首先对该数据做一个简单的描述性分析, 来查看一下是否有任何明显的模式呈现 (图 15.1).

```
> X<-data.frame(Placebo=c(5,8,7,7,10,8),T2=c(4,6,6,3,5,6),
+   T3=c(6,4,4,5,4,3),T4=c(7,4,6,6,3,5),T5=c(9,3,5,7,7,6))
> times <- stack(X)$values    # 函数 stack() 用于堆栈向量
> treatment <- stack(X)$ind
> tapply(times,treatment,summary)
$Placebo
   Min. 1st Qu.  Median    Mean 3rd Qu.    Max.
    5.0     7.0     7.5     7.5     8.0    10.0
$T2
   Min. 1st Qu.  Median    Mean 3rd Qu.    Max.
   3.00    4.25    5.50    5.00    6.00    6.00
$T3
   Min. 1st Qu.  Median    Mean 3rd Qu.    Max.
  3.000   4.000   4.000   4.333   4.750   6.000
$T4
   Min. 1st Qu.  Median    Mean 3rd Qu.    Max.
  3.000   4.250   5.500   5.167   6.000   7.000
$T5
   Min. 1st Qu.  Median    Mean 3rd Qu.    Max.
  3.000   5.250   6.500   6.167   7.000   9.000
> plot(times~treatment)
```

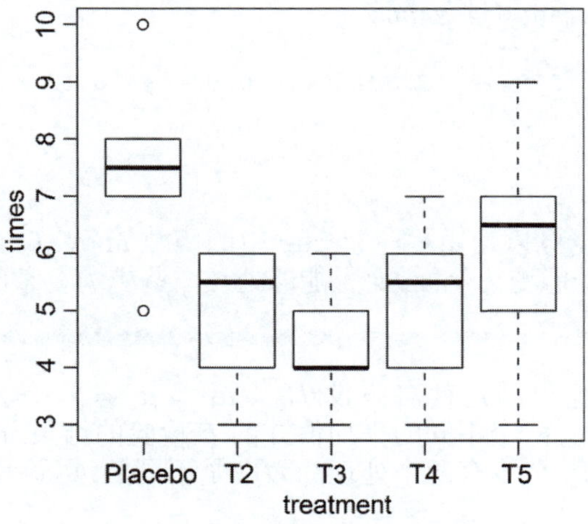

图 15.1: 每一种处理下的结疤时间的箱线图

15.1.3 ANOVA 表及参数估计

• **获得 ANOVA 表的 R 指令**: 使用函数 aov(). 值得读者注意的是, 与拟合回归模型类似, ANOVA 也以 R 公式作为操作的对象. 因此, 必须给函数 aov() 指定一个模型.

```
> my.aov <- aov(times~treatment)
> summary(my.aov)
            Df Sum Sq Mean Sq F value  Pr(>F)
treatment    4 36.467  9.1167   3.896 0.01359 *
Residuals   25 58.500  2.3400
---
Signif. codes:  0 '***' 0.001 '**' 0.01 '*' 0.05 '.' 0.1 ' ' 1
```

提醒

在使用函数 aov() 之前, 记住使用函数 factor() 去声明因素变量为 (在这个例子中是变量 treatment) 一个具有 factor 类型的 R 对象.

```
> class(treatment)
[1] "factor"
```

ANOVA 实际上也是一个线性模型, 因此请注意, 用户还可以对潜在的线性模型执行方差分析:

```
> model <- lm(times~treatment)
> anova(model)
Analysis of Variance Table
Response: times
          Df Sum Sq Mean Sq F value  Pr(>F)
treatment  4 36.467  9.1167   3.896 0.01359 *
Residuals 25 58.500  2.3400
---
Signif. codes:  0 '***' 0.001 '**' 0.01 '*' 0.05 '.' 0.1 ' ' 1
```

小窍门

注意, 另外也可以使用程序包 car 中的函数 Anova() 来进行方差分析. 这个函数的功能更为全面, 而且能够处理一些更为复杂的数据.

方差分析表输出的是针对假设 $\mathcal{H}_0 : \mu_1 = \mu_2 = \cdots = \mu_I$ 和 $\mathcal{H}_1 : \exists\, i \neq i' \mid \mu_i \neq \mu_{i'}$ ("至少有两个不同的平均值") 的 F 检验的结果. 根据 p-值 = 0.013, 我们可以得出结论: 至少有两个处理的效应是不同的, 尽管我们并不知道是哪两个.

- **估计模型中的参数**: 将函数 summary() 应用于模型 lm(times~treatment) 即可得到参数的估计值. 回忆一下, R 默认会施加一个约束条件 $\alpha_1 = 0$.

```
> summary(model)
Call:
lm(formula = times ~ treatment)
Residuals:
     Min       1Q   Median       3Q      Max
-3.16667 -0.87500 -0.08333  0.83333  2.83333
Coefficients:
```

```
          Estimate Std. Error t value Pr(>|t|)
(Intercept)   7.5000     0.6245  12.010 7.06e-12 ***
treatmentT2  -2.5000     0.8832  -2.831  0.00903 **
treatmentT3  -3.1667     0.8832  -3.586  0.00142 **
treatmentT4  -2.3333     0.8832  -2.642  0.01401 *
treatmentT5  -1.3333     0.8832  -1.510  0.14366
---
Signif. codes:  0 '***' 0.001 '**' 0.01 '*' 0.05 '.' 0.1 ' ' 1
Residual standard error: 1.53 on 25 degrees of freedom
Multiple R-squared: 0.384,       Adjusted R-squared: 0.2854
F-statistic: 3.896 on 4 and 25 DF,  p-value: 0.01359
```

截距项对应的是安慰剂 (以第一种治疗方法作为参照) 的平均结疤时间的估计. 与变量 T2 相关联的估计值对应着处理 T2 与安慰剂之间的效应差异, 对其他变量的估计值也是同样来理解. 对立假设 (感兴趣的论断) 以及这个模型 (包含约束 $\alpha_1 = 0$) 中执行的 2×2 学生氏 t 检验被总结为如下的表:

	$\mathcal{H}_1$
截距项	$\mu_1 \neq 0$
处理 T2	$\alpha_2 \neq 0 \Leftrightarrow \mu_1 \neq \mu_2$
处理 T3	$\alpha_3 \neq 0 \Leftrightarrow \mu_1 \neq \mu_3$
处理 T4	$\alpha_4 \neq 0 \Leftrightarrow \mu_1 \neq \mu_4$
处理 T5	$\alpha_5 \neq 0 \Leftrightarrow \mu_1 \neq \mu_5$

R 输出的结果表明, 安慰剂与第 2、3、4 种治疗方法 (处理) 之间存在显著的区别. 在这种情形下, 安慰剂是自然的参照, 但需要说明的是, 取另一个参照或者一个线性约束也是可能的, 只需使用指令 C() 即可, 正如接下来这个例子所示:

```
> summary(lm(times~C(treatment,base=2)))
Call:
lm(formula = times ~ C(treatment, base = 2))
Residuals:
     Min       1Q   Median       3Q      Max
-3.16667 -0.87500 -0.08333  0.83333  2.83333
Coefficients:
                        Estimate Std. Error t value
(Intercept)               5.0000     0.6245   8.006
C(treatment, base = 2)1   2.5000     0.8832   2.831
C(treatment, base = 2)3  -0.6667     0.8832  -0.755
C(treatment, base = 2)4   0.1667     0.8832   0.189
C(treatment, base = 2)5   1.1667     0.8832   1.321
                            Pr(>|t|)
(Intercept)             0.0000000232 ***
C(treatment, base = 2)1      0.00903 **
C(treatment, base = 2)3      0.45739
C(treatment, base = 2)4      0.85184
C(treatment, base = 2)5      0.19847
---
Signif. codes:  0 '***' 0.001 '**' 0.01 '*' 0.05 '.' 0.1 ' ' 1
Residual standard error: 1.53 on 25 degrees of freedom
```

```
Multiple R-squared: 0.384,        Adjusted R-squared: 0.2854
F-statistic: 3.896 on 4 and 25 DF,  p-value: 0.01359
```

F 统计量的值没有发生改变, 因为它并不依赖于这个线性约束, 但是估计值和单个学生氏检验的结果的确会变化. 仅基于这些结果, 我们无法获知处理 2 和处理 3、4、5 有什么不同, 但是确实可以对安慰剂与处理 2 之间的对比得到一个显著的学生氏检验的结果.

注释

使用 `C(treatment, sum)` 即可得到约束 $\sum_{i=1}^{I} \alpha_i = 0$.

注意, 我们可以在已拟合的线性模型上使用函数 `model.matrix()` 来得到解释变量的矩阵. 在具有一个 $\alpha_i = 0$ 类型的约束条件的 ANOVA 模型中, 该矩阵包含一个截距项 (一个全部由 1 构成的列) 以及 $I - 1$ 个指示变量.

15.1.4 假设的验证

• **假设的验证**: 单因素 ANOVA 模型对应着具有一个定性解释变量的一个线性模型. 因此, 该模型的假设可以通过我们之前针对回归模型介绍的残差分析的方法来进行验证. 回想一下残差图是调用何种指令得到的 (图 15.2):

```
> par(mfrow=c(2,2))
> plot(model,col.smooth="red")
```

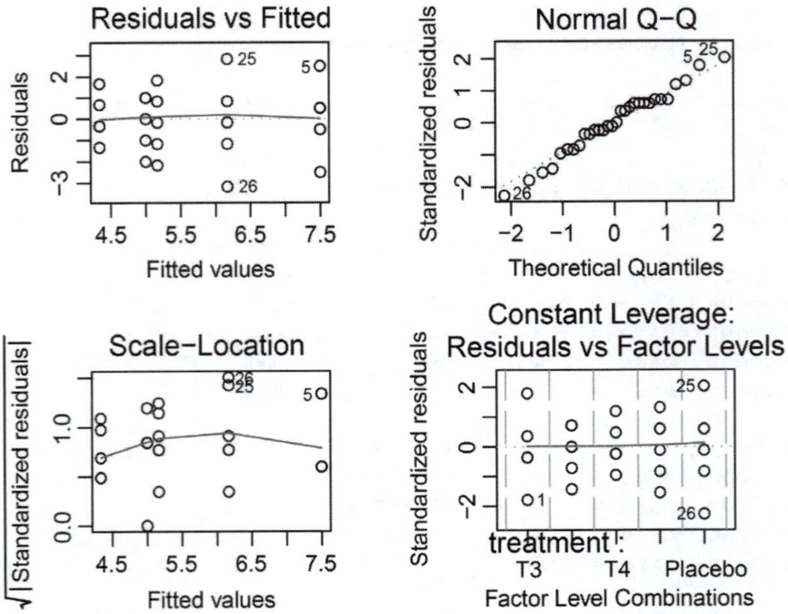

图 15.2: 单因素 ANOVA 中的残差分析

在 ANOVA 中, 也可以采用一个方差相等的检验来探查同方差性的假设是否合理. Bartlett 检验 (在各子群体中服从正态性的假定下) 的结果可以通过如下方式获得:

```
> bartlett.test(times~treatment)
        Bartlett test of homogeneity of variances
data:  times by treatment
Bartlett's K-squared = 2.4197, df = 4, p-value = 0.6591
```

但是, 这一检验对非正态性是不稳健的. 在这种情况下, 我们建议读者采用 Levene 的方差齐性检验 [25]:

```
> levene.test(times,treatment)  # Available in package car.
Levene's Test for Homogeneity of Variance (center = median)
      Df F value Pr(>F)
group  4  0.5851 0.6763
      25
```

15.1.5 多重比较和对比

• **多重比较**: 在执行方差分析后, 如果我们拒绝了 (相对于一个具有 I 个水平的因素而言) 均值相等的零假设, 一个问题是哪些平均数与其他平均值是显著不同的. 在 "水痘发烧" 的例子中, 我们想要选出效率最高的那一个处理, 即导致结疤最快的那一种治疗方法.

在线性模型中用单个学生氏 t 检验去比较两个预先选好的处理是完全有效的. 但是, 它不能用于比较看起来会给出最好结果的处理与看似会给出最差结果的处理之间的差别. 事实上, 这等价于比较所有的两两之间的处理对. 每一个检验都有 α (检验的水平) 的概率显示差异存在但实际上这种差异并不存在. 总的来说, 在全部 $I(I-1)/2$ 个可能的比较中, 事件 (一个比较会被 "随机地" 声明为显著的) 的概率变得尤为重要. 有几种方法可用来控制这 $I(I-1)/2$ 个成对 (pairwise) 比较的全局风险.

函数 `pairwise.t.test()` 能够执行所有的两两比较, 并且还包含了几种针对多重检验 (multiple tests) 问题可对风险 α 进行校正的方法.

```
> pairwise.t.test(times,treatment,p.adjust="bonf")
        Pairwise comparisons using t tests with pooled SD
data:  times and treatment
   Placebo T2    T3    T4
T2 0.090   -     -     -
T3 0.014   1.000 -     -
T4 0.140   1.000 1.000 -
T5 1.000   1.000 0.483 1.000
P value adjustment method: bonferroni
```

R 给出的是经过 Bonferroni 校正方法调整后的 p-值, 该校正后的 p-值是将学生氏 t 检验的 p-值乘以总的检验个数得到的. 根据上述检验的结果 (比较处理 1 和处理 3 的 p-值为 0.014), 表明处理 1 (安慰剂) 和处理 3 在 5% 的水平下有显著性差异.

注释

处理 1 和处理 3 之间的比较是通过分析模型 1 来完成的. 这个单独的学生氏 t 检验的 p-值是 0.0014, 由于总共要进行 10 次比较, 所以在 Bonferroni 方法中该 p-值被乘以 10 从而得到调整后的结果.

还有许多其他的校正方法. 对于每一个组中具有相同数目的观测的单因素方差分析来说, Tukey 方法 [30] 是非常有效的, 它还能给出所有的差值 $\mu_i - \mu_j$ $(1 \leqslant i < j \leqslant I)$ 的同时置信区间 (simultaneous confidence intervals).

```
> my.aov <- aov(times~treatment)
> TukeyHSD(my.aov)
  Tukey multiple comparisons of means
    95% family-wise confidence level
Fit: aov(formula = times ~ treatment)
$treatment
                  diff        lwr         upr     p adj
T2-Placebo -2.5000000 -5.0937744  0.09377442 0.0627671
T3-Placebo -3.1666667 -5.7604411 -0.57289224 0.0113209
T4-Placebo -2.3333333 -4.9271078  0.26044109 0.0927171
T5-Placebo -1.3333333 -3.9271078  1.26044109 0.5660002
T3-T2      -0.6666667 -3.2604411  1.92710776 0.9410027
T4-T2       0.1666667 -2.4271078  2.76044109 0.9996956
T5-T2       1.1666667 -1.4271078  3.76044109 0.6811222
T4-T3       0.8333333 -1.7604411  3.42710776 0.8770466
T5-T3       1.8333333 -0.7604411  4.42710776 0.2614661
T5-T4       1.0000000 -1.5937744  3.59377442 0.7881333

> par(las=1) # 以水平方式书写标签
> plot(TukeyHSD(my.aov))
```

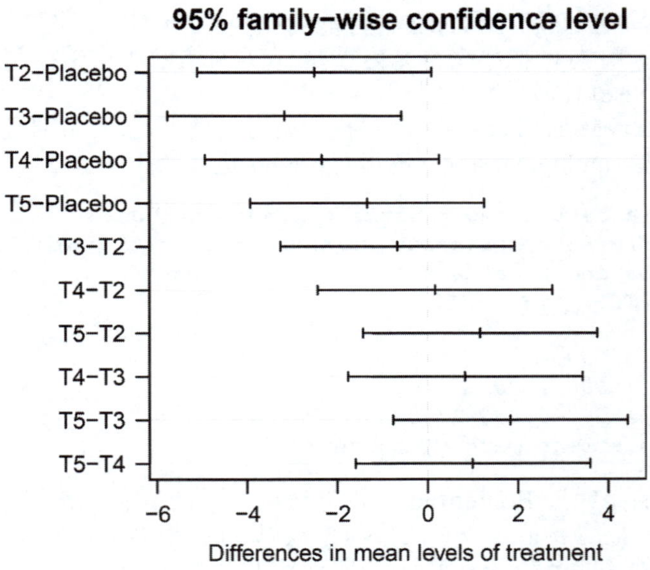

用 Tukey 方法得到的结果与 Bonferroni 方法得到的结果是一致的: 唯一一个不包含 0 值的置信区间是对应于处理 3 和处理 1 之间差异的那一个. 这表明处理 1 和处理 3 之间存在着显著性差异. 既然处理 3 的结痂时间更短, 我们建议采用第 3 种治疗方法.

• **对比分析**: 在 ANOVA 中, 一个对比 (contrast, 记作 L) 被定义为理论平均值的一个线性组合 (各系数之和等于 0):

$$L = \sum_{i=1}^{I} \lambda_i \mu_i = \boldsymbol{\lambda}^{\mathsf{T}} \boldsymbol{\mu} \quad \text{且有} \quad \sum_{i}^{I} \lambda_i = 0,$$

其中, $\boldsymbol{\mu} = (\mu_1, \ldots, \mu_I)^{\mathsf{T}}$, $\boldsymbol{\lambda} = (\lambda_1, \ldots, \lambda_I)^{\mathsf{T}}$.

对比可用来比较水平组的平均数. 例如, 在 "水痘发烧" 的例子中, 为了比较处理 2 和处理 3, 应当使用对比 $L_1 = \boldsymbol{\lambda}^{\mathsf{T}} \boldsymbol{\mu}$ 并取 $\boldsymbol{\lambda} = (0, 1, -1, 0, 0)^{\mathsf{T}}$, 然后执行检验 $\mathcal{H}_0 : L_1 = 0$ 与 $\mathcal{H}_1 : L_1 \neq 0$.

可以采用程序包 `gregmisc` 中的函数 `fit.contrast()` 来对各个对比进行检验.

```
> require(gregmisc)
> cmat <- rbind(": 2 against 3"=c(0,1,-1,0,0))
> fit.contrast(my.aov,treatment,cmat)
                          Estimate Std. Error   t value
treatment: 2 against 3 0.6666667   0.883176 0.7548514
                          Pr(>|t|)
treatment: 2 against 3 0.4573908
```

注释

这与模型 2 中单独的学生氏 t 检验得到的结果是一样的.

现在假设处理 2 和处理 3 是软膏剂, 而处理 4 和处理 5 是反烟贴片. 为了比较这两类治疗方法, 可以使用如下的对比 $L_2 = \boldsymbol{\lambda}^{\mathsf{T}} \boldsymbol{\mu}$ 并取 $\boldsymbol{\lambda} = (0, -1, -1, 1, 1)^{\mathsf{T}}$, 然后对 $\mathcal{H}_0 : L_2 = 0 \leftrightarrow \mathcal{H}_1 : L_2 \neq 0$ 执行检验.

```
> cmat <- rbind(": 2 against 3"=c(0,1,-1,0,0),
+               ": 2 and 3 against 4 and 5"=c(0,-1,-1,1,1))
> fit.contrast(my.aov,treatment,cmat)
                                       Estimate Std. Error
treatment: 2 against 3               0.6666667   0.883176
treatment: 2 and 3 against 4 and 5 2.0000000   1.249000
                                        t value  Pr(>|t|)
treatment: 2 against 3               0.7548514 0.4573908
treatment: 2 and 3 against 4 and 5 1.6012815 0.1218767
```

15.1.6 小结

表 15.1 列出了用于单因素方差分析的主要函数.

表 15.1: 单因素 ANOVA 的 R 函数

R 指令	描述
`plot(Y~factor(X))`	图形探查
`aov(Y~factor(X))`	方差分析
`summary(aov(Y~factor(X)))`	方差分析表
`anova(lm(Y~factor(X)))`	方差分析表
`pairwise.t.test()`	(两两) 成对比较
`fit.contrast()`	对比检验 (程序包 `gregmisc`)
`barlett.test()`	方差齐性检验
`levene.test()`	方差齐性检验
`plot(aov(Y~factor(X)))`	残差图分析

15.2 节 双因素方差分析

15.2.1 目标、数据和模型

• **目标**: 具有两个因素的 ANOVA 或 two-way ANOVA 是对某个具有两个 " 交叉的" 定性解释变量 (称为因素, factor) 的定量变量进行解释的一种方法.

注释

在 ANOVA 中, 解释变量常常被称为独立变量 (比如在心理学中) 并记作 IV (independent variables 的缩写).

• **数据**: 令 A 是一个具有 I 种可能的取值的因素, B 是一个具有 J 种可能的取值的因素. 对于每一个二元组 (i, j), $i = 1, \ldots, I$ 和 $j = 1, \ldots, J$, 我们都对一个定量变量 Y 观测了 n_{ij} 次. 假设在由两个因素的值 i 和 j 所定义的每一个子总体中 Y 都服从正态分布 $\mathcal{N}(\mu_{ij}, \sigma^2)$.

• **模型**: 模型写作

$$\mathrm{Y}_{ijk} = \mu_{ij} + \epsilon_{ijk}, \quad k = 1, \ldots, n_{ij}, \quad i = 1, \ldots, I, \quad j = 1, \ldots, J,$$

其中误差项 ϵ_{ijk} 服从 $\mathcal{N}(0, \sigma^2)$ 分布.

在这个模型中, 真实的参数 $\mu_{11}, \ldots, \mu_{I1}, \ldots, \mu_{1J}, \ldots, \mu_{IJ}$ 是未知的, 如同方差 σ^2.

下面我们将 μ_{ij} 进行分解, 使因素 A 和因素 B 的效应以及它们之间的交互效应能够显现出来:

$$\mu_{ij} = \mu_{\bullet\bullet} + \alpha_i^{\mathrm{A}} + \alpha_j^{\mathrm{B}} + \beta_{ij},$$

其中

– $\mu_{\bullet\bullet} = \dfrac{1}{IJ} \sum_{i=1}^{I} \sum_{j=1}^{J} \mu_{ij}$: 总平均效应;

- $\mu_{i\bullet} = \dfrac{1}{J}\sum_{j=1}^{J}\mu_{ij}$: 因素 A 的第 i 个水平的效应;
- $\alpha_i^A = \mu_{i\bullet} - \mu_{\bullet\bullet}$: 因素 A 的第 i 个水平的差别效应;
- $\mu_{\bullet j} = \dfrac{1}{I}\sum_{i=1}^{I}\mu_{ij}$: 因素 B 的第 j 个水平的效应;
- $\alpha_j^B = \mu_{\bullet j} - \mu_{\bullet\bullet}$: 因素 B 的第 j 个水平的差别效应;
- $\beta_{ij} = \mu_{ij} - \mu_{\bullet\bullet} - \alpha_i^{\mathrm{A}} - \alpha_j^{\mathrm{B}}$: 因素 A 的第 i 个水平和因素 B 的第 j 个水平之间的交互效应.

注释

在上面的构造方法下, 有 $\sum_{i=1}^{I}\alpha_i^{\mathrm{A}} = 0, \sum_{j=1}^{J}\alpha_j^{\mathrm{B}} = 0$ 并且 $\forall i, \sum_{j=1}^{J}\beta_{ij} = 0$, $\forall j, \sum_{i=1}^{I}\beta_{ij} = 0$.

我们的目标是去检测

- 因素 A 是否对定量变量 Y 有一个影响效应;
- 因素 B 是否对定量变量 Y 有一个影响效应;
- 因素 A 和因素 B 是否对定量变量 Y 有一个交互效应.

15.2.2 实例及图形探查

• **应用的例子**: 下表给出了在四个不同地块 (region) 施用三种肥料 (fertilizer) 后收获的单粒小麦的产量 (yield).

	地块 I	**地块 II**	**地块 III**	**地块 IV**
肥料 E_1	15 14 17	21 20 21	14 15 14	16 17 17
肥料 E_2	16 19 20	23 24 25	15 14 14	12 11 12
肥料 E_3	18 17 17	20 21 21	17 19 17	12 13 13

通过如下的指令将上面这些数据输入到 R 中:

```
> yield <- c(15,14,17,21,20,21,14,15,14,16,17,17,16,19,20,23,
+           24,25,15,14,14,12,11,12,18,17,17,20,21,21,17,19,
+           17,12,13,13)
> fertilizer <- gl(3,12,36,labels=paste("Fertilizer",1:3))
> region <- gl(4,3,36,labels=paste("Region",1:4))
> wheat <- data.frame(yield,fertilizer,region)
```

我们想要研究肥料的种类 (E_1, E_2, E_3) 对每公顷单粒小麦的产量的影响效应, 并查明在这四个地块上的产量是否存在一个显著性的差异.

> 注释
>
> 在这个例子中, 数据是平衡的 (每一对因子水平下都有相同数目的观测). 如果不是这种情况的话, ANOVA 表将不再是唯一的, 这时我们建议使用第 III 类方差分解方法 (参见文献 [31]).

• **图形探查**: 在具有两个因素及其交互作用的 ANOVA 模型中, 一个因素对被解释变量的影响效应可能会因另一个变量的取值不同而不同. 模型中的这种灵活性是能被可视化的, 探查这种交互作用的命令是 `interaction.plot()`. 程序包 `Rcmdr` 中的函数 `plotMeans()` 也可以实现对交互作用进行图示探查的功能 (图 15.3).

```
> interaction.plot(region,fertilizer,yield)
```

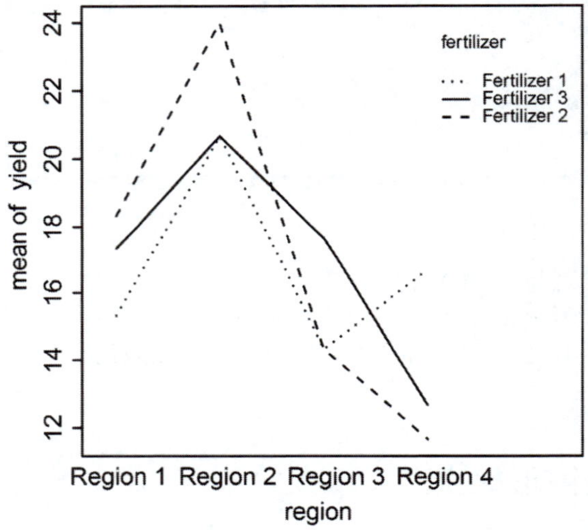


```
> interaction.plot(fertilizer,region,yield)
```

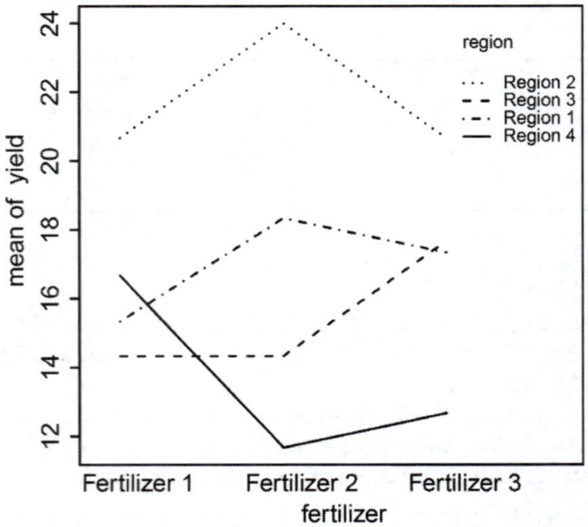

图 15.3: 双因素 ANOVA 中交互效应的图示探查

上面的这些图形表明因素**地块**与**肥料**之间似乎存在着交互作用 (线段有交叉).

15.2.3 ANOVA 表、检验及参数估计

- **得到 ANOVA 表的 R 指令**: 有多个函数可用于执行有交互作用的双因素 ANOVA, 比如 `aov()`, `anova(lm())` 和 `Anova()` (包含在程序包 `car` 中).

提醒

当用户在因素 A 和因素 B 的每一个取值组合下都只有一次观测时 (即 $n_{ij} = 1, \forall i, j$), 则只能估计无交互作用的双因素 ANOVA. `aov(yield~region+fertilizer)`.

```
> model2 <- summary(aov(yield~region*fertilizer,data=wheat))
> model2
                    Df Sum Sq Mean Sq  F value    Pr(>F)
region               3 327.19 109.065 112.1810 2.955e-14 ***
fertilizer           2   0.89   0.444   0.4571    0.6385
region:fertilizer    6  99.56  16.593  17.0667 1.359e-07 ***
Residuals           24  23.33   0.972
---
Signif. codes:  0 '***' 0.001 '**' 0.01 '*' 0.05 '.' 0.1 ' ' 1
> anova(lm(yield~region*fertilizer,data=wheat))
Analysis of Variance Table
Response: yield
                    Df Sum Sq Mean Sq  F value    Pr(>F)
region               3 327.19 109.065 112.1810 2.955e-14 ***
fertilizer           2   0.89   0.444   0.4571    0.6385
region:fertilizer    6  99.56  16.593  17.0667 1.359e-07 ***
Residuals           24  23.33   0.972
---
Signif. codes:  0 '***' 0.001 '**' 0.01 '*' 0.05 '.' 0.1 ' ' 1
> Anova(lm(yield~region*fertilizer,data=wheat))
Anova Table (Type II tests)
Response: yield
                    Sum Sq Df  F value    Pr(>F)
region              327.19  3 112.1810 2.955e-14 ***
fertilizer            0.89  2   0.4571    0.6385
region:fertilizer    99.56  6  17.0667 1.359e-07 ***
Residuals            23.33 24
---
Signif. codes:  0 '***' 0.001 '**' 0.01 '*' 0.05 '.' 0.1 ' ' 1
```

注释

函数 `aov()` 和 `lm()` 中用到的公式 `region*fertilizer` 实际上对应着公式 `region+fertilizer+region:fertilizer`, 即地块因素、肥料因素以及这两个因素的交互作用.

针对交互作用的检验得出的 p-值是显著的, 这意味着不同种类的肥料对产量的影响效应还与地块有关.

提醒

如果相应的 p-值大于 5% 的话, 我们就认为没有交互效应. 在这种情况下, 执行一个无交互效应项的 ANOVA 会让主效应的解释变得更为容易. 当有交互作用的时候, 不必再去解释 ANOVA 表输出结果中的主效应.

• **有交互作用时条件效应的检验**: 例如, 我们希望知道在地块 1 上是否存在一个肥料的影响效应. 为此, 对来自某个指定地块的数据调用函数 `subset()` 即可.

```
> fertilizer.region1 <- summary(aov(yield~fertilizer,subset=
+                          region=="Region 1"))
> fertilizer.region1
           Df Sum Sq Mean Sq F value Pr(>F)
fertilizer  2     14  7.0000       3  0.125
Residuals   6     14  2.3333
```

提醒

这个 ANOVA 表中的检验结果与地块 1 上单粒小麦产量的一个单因素 (肥料) ANOVA 是一致的. 它不考虑来自其他地块的数据的任何信息, 这样就可以更好地去估计剩余方差. 为了检验地块 1 上的肥料效应, 只需用限制在地块 1 上的 ANOVA 中肥料因素的均方差去除以有交互作用的 ANOVA 中的平均残差平方:

```
> F.fertilizer.region1 <- fertilizer.region1[[1]]$Mean[1]/
+                       model2[[1]]$Mean[4]
> pvalue <- 1-pf(F.fertilizer.region1,df1=2,df2=24)
> pvalue
[1] 0.003552714
```

注意到 p-值小于 5%, 因此我们得出结论: 在地块 1 上存在着肥料的一个影响效应.

• **参数估计**: 参数的估计可通过对模型 `lm(yield~region*fertilizer)` 调用函数 `summary()` 来得到. 回想一下, R 默认地施加了约束条件 $\alpha_1^A = 0, \alpha_1^B = 0, \beta_{1j} = 0, \forall j = 1, \dots, J$ 和 $\beta_{i1} = 0, \forall i = 1, \dots, I$.

```
> summary(lm(yield~region*fertilizer))
Call:
lm(formula = yield ~ region * fertilizer)
Residuals:
    Min      1Q  Median      3Q     Max
-2.3333 -0.6667  0.1667  0.3333  1.6667
Coefficients:
```

```
                                          Estimate Std. Error
(Intercept)                               15.3333     0.5693
regionRegion 2                             5.3333     0.8051
regionRegion 3                            -1.0000     0.8051
regionRegion 4                             1.3333     0.8051
fertilizerFertilizer 2                     3.0000     0.8051
fertilizerFertilizer 3                     2.0000     0.8051
regionRegion 2:fertilizerFertilizer 2      0.3333     1.1386
regionRegion 3:fertilizerFertilizer 2     -3.0000     1.1386
regionRegion 4:fertilizerFertilizer 2     -8.0000     1.1386
regionRegion 2:fertilizerFertilizer 3     -2.0000     1.1386
regionRegion 3:fertilizerFertilizer 3      1.3333     1.1386
regionRegion 4:fertilizerFertilizer 3     -6.0000     1.1386
                                          t value    Pr(>|t|)
(Intercept)                               26.935      < 2e-16 ***
regionRegion 2                             6.625 0.000000749 ***
regionRegion 3                            -1.242     0.22619
regionRegion 4                             1.656     0.11071
fertilizerFertilizer 2                     3.726     0.00105 **
fertilizerFertilizer 3                     2.484     0.02036 *
regionRegion 2:fertilizerFertilizer 2      0.293     0.77221
regionRegion 3:fertilizerFertilizer 2     -2.635     0.01451 *
regionRegion 4:fertilizerFertilizer 2     -7.026 0.000000290 ***
regionRegion 2:fertilizerFertilizer 3     -1.757     0.09174 .
regionRegion 3:fertilizerFertilizer 3      1.171     0.25306
regionRegion 4:fertilizerFertilizer 3     -5.270 0.000021016 ***
---
Signif. codes:  0 '***' 0.001 '**' 0.01 '*' 0.05 '.' 0.1 ' ' 1
Residual standard error: 0.986 on 24 degrees of freedom
Multiple R-squared: 0.9483,       Adjusted R-squared: 0.9245
F-statistic: 39.99 on 11 and 24 DF,  p-value: 1.009e-12
```

因此, 截距项就对应于地块 1 上使用肥料 1 的平均产量的估计值. 例如, 与地块 2 相联系的系数 (6.625) 对应的是在地块 2 上使用肥料 1 的平均产量跟在地块 1 上使用肥料 1 的平均产量的差值的估计. 因此, 与各因素相关联的学生氏 t 检验的结果都可类似地解释. 但是, 与交叉因素的系数的估计相关联的检验都是互不相关的.

> 注释
>
> 在前面这个例子中, 选择上面这样一个约束条件并没有特别的原因, 读者可以使用函数 `C()` 去对它进行更改. 比如:
>
> `summary(lm(yield~C(region,sum)*C(fertilizer,sum)))`
>
> 它对应着如下的约束条件: $\sum_{i=1}^{I}\alpha_i^{\mathrm{A}} = 0$, $\sum_{j=1}^{J}\alpha_j^{\mathrm{B}} = 0$ 和 $\forall i$, $\sum_{j=1}^{J}\beta_{ij} = 0$, $\forall j$, $\sum_{i=1}^{I}\beta_{ij} = 0$.

15.2.4 验证假设条件

• **假设条件的验证**: 跟单因素 ANOVA 中一样, 通过对潜在的线性模型进行残差分析来验证各假设条件是否成立 (图 15.4).

```
> par(mfrow=c(2,2))
> plot(model,col.smooth="red")
```

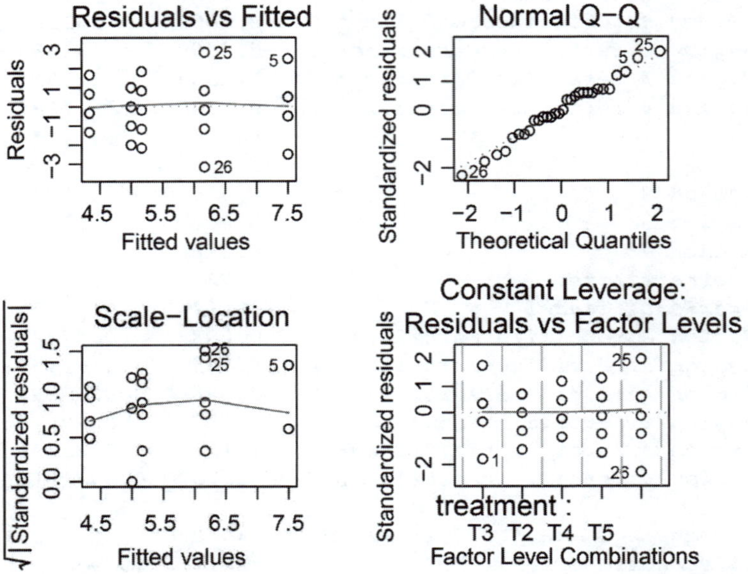

图 15.4: 双因素 ANOVA 中的残差分析

不管怎样, 如果因素水平的每一个配对下的数据量都足够大的话, 建议对每一个子总体的正态性和同方差性都做一个验证.

15.2.5 对比

• **对比方法**: 请读者自行去参阅单因素 ANOVA 中的**对比** (contrast) 的定义.

例如, 假设我们想知道在地块 1 上施用肥料 1 或肥料 2 的小麦产量是否有显著的差异. 这里使用程序包 gmodels 中的函数 estimable() 来进行一个对比检验.

```
> mod.inter <- lm(yield ~ fertilizer:region-1)
> cm <- rbind("F1 vs F2 in R1"=
+                c(1,-1,0,0,0,0,0,0,0,0,0,0))
> estimable(mod.inter,cm)
               Estimate Std. Error   t value DF    Pr(>|t|)
F1 vs F2 in R1       -3  0.8050765 -3.726354 24 0.001048837
```

我们得到的 p-值与对**模型参数的估计** (estimating model parameters) 所做的检验是相同的.

另外一个使用对比方法的例子是对南方地区 (地块 1 和地块 2) 与北方地区 (地块 3 和地块 4) 使用肥料 1 的单粒小麦的产量进行比较:

```
> cm <- rbind("F1 vs F2 in R1"=
+           c(1,-1,0,0,0,0,0,0,0,0,0,0),
+     "R1 & R2 vs R3 & R4 for F1" =
+      c(1,0,0,1,0,0,-1,0,0,-1,0,0))
> estimable(mod.inter,cm)
                          Estimate Std. Error   t value DF
F1 vs F2 in R1                  -3  0.8050765 -3.726354 24
R1 & R2 vs R3 & R4 for F1        5  1.1385501  4.391550 24
                              Pr(>|t|)
F1 vs F2 in R1            0.0010488374
R1 & R2 vs R3 & R4 for F1 0.0001951599
```

15.2.6 小结

下面表 15.2 中列出了用于双因素方差分析的主要函数.

表 15.2: 双因素 ANOVA 的 R 函数

R 指令	描述
interaction.plot(Y,factor(X),factor(Z))	图形探查
aov(Y~factor(X)*factor(Z))	有交互作用的双因素 ANOVA
summary(aov(Y~factor(X)*factor(Z)))	ANOVA 表
anova(lm(Y~factor(X)*factor(Z)))	ANOVA 表
Anova(lm(Y~factor(X)*factor(Z)))	ANOVA 表 (程序包 car)

提醒

对于具有不平衡数据的双因素 ANOVA 而言, 应当采用第 III 类平方和分解方法 (参见 [31]).

```
> model.lm <- lm(yield~region*fertilizer,contrasts=list(region=
+            contr.sum,fertilizer=contr.sum))
> Anova(model.lm,type="III")
Anova Table (Type III tests)
Response: yield
                    Sum Sq Df    F value    Pr(>F)
(Intercept)        10370.0  1 10666.3143 < 2.2e-16 ***
region               327.2  3   112.1810 2.955e-14 ***
fertilizer             0.9  2     0.4571    0.6385
region:fertilizer     99.6  6    17.0667 1.359e-07 ***
Residuals             23.3 24
---
Signif. codes:  0 '***' 0.001 '**' 0.01 '*' 0.05 '.' 0.1 ' ' 1
```

记住在函数 lm() 中使用选项 contrasts.

15.3 节

重复测量的方差分析

本节是对重复测量 ANOVA 模型的一个简短介绍. 首先介绍一些词汇以便读者能更好地理解本节中引入的三个模型.

一个固定效应模型 (fixed effects model) 指的是模型中所有的解释变量 (因素) 都被视为非随机的 (比如, 受控制的). 当某些或者全部解释变量被假设为随机时, 就产生随机效应模型 (random effects model) 或者混合效应模型 (mixed effects model).

在 ANOVA 中, 一个统计单元被称作一个 "研究对象" (subject). 当一个因变量在独立的研究对象的分组中被测量时 (每一个组都会施加不同的实验条件), 这些条件构成的集合称为一个受试者间因子 (between-subjects factor). 第 15.1 节和第 15.2 节中的模型中仅使用了这样的因素 (因子).

当每一个研究对象在某个因素的所有水平下都有因变量的一个观测值时, 这个因素被称为受试者内因子 (within-subjects factor). 当至少有一个因素是受试者内 (within-subjects) 时就称一个试验具有受试者内设计 (within-subjects design). 这样的试验设计也被称为重复测量设计 (repeated-measures designs), 这是因为受试者内因子总是蕴涵着在每一个研究对象上的重复测量. 从结构来看, 它等价于考虑一个额外的随机因素: 研究对象因素 (subject factor).

当一个分析中同时含有受试者内因子和受试者间因子时, 我们就称它为一个具有受试者间因子的重复测量 ANOVA, 或混合设计 (mixed-design) ANOVA 或者裂区 (split-plot) ANOVA.

15.3.1 单因素重复测量 ANOVA

• **目标**: 考虑这样一种情况: 对每一个受试者 s (总共有 n 个), 在固定效应因素 X 的每一个水平 I 下都测量响应 (因) 变量 Y 的值.

• **例子**: 在 3 种不同的强化条件下, 实验员记录了 7 只老鼠中的每一只在 15 分钟内按压手柄的次数. 在第一种条件下, 喂给老鼠非常喜爱的食物; 在第二种条件下, 喂给老鼠一般喜欢的食物; 在第三种条件下喂给老鼠不喜欢的食物. 结果在下面的表中给出:

研究对象	因素: 条件		
	条件 1	**条件 2**	**条件 3**
s_1	8	6	2
s_2	6	5	1
s_3	7	5	0
s_4	9	3	3
s_5	5	4	1
s_6	7	5	2
s_7	6	2	0

• **模型**: 潜在的模型是一个混合效应模型:

$$Y_{si} = \mu_i + \pi_s + \epsilon_{si}, \quad s = 1, \dots, n, \ i = 1, \dots, I,$$

其中 μ_i 度量因素 X 的第 i 个模态的固定效应; π_s 是服从 $\mathcal{N}(0, \sigma_\pi^2)$ 分布的独立随机变量, 用以将受试个体 s 上多次测量之间的相依性考虑进来; ϵ_{si} 是服从一个 $\mathcal{N}(0, \sigma^2)$ 分布的独立随机变量. 进一步假设 π_s 和 ϵ_{si} 是相互独立的. 从结构来看, 这个具有重复测量的单因素模型实际上是一个双因素模型: 一个固定的受试者内因子 (X) 和一个随机因子 (研究对象因子).

• **R 指令**:

```
summary(aov(Y ~ X + Error=subject/X,data=my.data.frame))
```

其中 `my.data.frame` 是一个包含变量 `Y` 和 `X` 的数据框, 并以变量 `subject` 给出受试者的身份编号 (ID number). 变量 `X` 和 `subject` 的类型**必须**被定义为因子 (factor).

注释

也可以采用程序包 `nlme` 中的函数 `lme()`:

```
anova(lme(Y ~ X,random= 1|subject,data=my.data.frame))
```

• **回到前面的例子**:

```
> rat <- data.frame(lever=c(8,6,2,6,5,1,7,5,0,9,3,3,5,4,1,
+             7,5,2,6,2,0),subject=gl(7,3,21),cond=gl(3,1,21))
> summary(aov(lever~cond+Error(subject/cond), data=rat))
Error: subject
          Df Sum Sq Mean Sq F value Pr(>F)
Residuals  6 15.905  2.6508
Error: subject:cond
          Df Sum Sq Mean Sq F value      Pr(>F)
cond       2 108.86  54.429  47.297 0.000002036 ***
Residuals 12  13.81   1.151
---
Signif. codes:  0 '***' 0.001 '**' 0.01 '*' 0.05 '.' 0.1 ' ' 1
```

15.3.2 两个因素都有重复测量的双因素模型

• **目标**: 考虑如下这种情况: 对每一个受试者 s (总共有 n 个), 在两个固定效应因素 A 和 B 的 $I \times J$ 种水平组合的每一个上面都测量响应变量 Y 的值.

• **例子**: 一个科学家想要研究卵磷脂 (lecithin) 对记忆能力的影响效应. 4 名受试者接受了每天一次的治疗, 在经过 1, 2, 6 个月的治疗后, 每一个受试者都将经历 2 次医学检查 (检查 1 和检查 2). 结果如下表所示 (M_i 代表第 i 个月后, $i = 1, 2, 6$):

受试者	检查 1			检查 2		
	M₁	**M₂**	**M₆**	**M₁**	**M₂**	**M₆**
s_1	10	11	9	3	6	3
s_2	18	20	17	16	20	14
s_3	6	8	8	5	6	3
s_4	4	9	9	10	10	6

- **模型**: 潜在的模型是一个混合模型:

$$Y_{sij} = \mu_{\bullet\bullet} + \alpha_i^A + \alpha_j^B + \beta_{ij} + \pi_s + \pi_{si}^A + \pi_{sj}^B + \epsilon_{sij},$$
$$s = 1, \ldots, n, \quad i = 1, \ldots, I, \quad j = 1, \ldots, J,$$

其中 $\mu_{\bullet\bullet}$, α_i^A, α_j^B 和 β_{ij} 都已在第 15.2 节中给出了定义. 受试者 (subject) 的随机效应被表示为服从 $\mathcal{N}(0, \sigma_\pi^2)$ 分布的 i.i.d. 随机变量 π_s; 而 i.i.d. 随机变量 $\pi_{si}^A \sim \mathcal{N}(0, \sigma_{\pi^A}^2)$ 度量受试者因素和固定因素 A 之间的随机交互效应; 另外 i.i.d. 随机变量 $\pi_{sj}^B \sim \mathcal{N}(0, \sigma_{\pi^B}^2)$ 度量受试者因素和固定因素 B 之间的随机交互效应; 误差项 ϵ_{sij} 是服从 $\mathcal{N}(0, \sigma^2)$ 分布的 i.i.d. 随机变量. 此外, 我们假设误差项与 π_s, π_{si}^A 和 π_{sj}^B 是相互独立的.

- R 指令:

```
summary(aov(Y ~ A*B + Error(subject/(A*B)),data=my.data.frame))
```

- 回到前面的例子:

```
> lecithin <- data.frame(memory=c(10,11,9,3,6,3,18,20,17,16,20,14,
+             6,8,8,5,6,3,4,9,9,10,10,6),subject=gl(4,6,24),
+             test=gl(2,3,24),month=gl(3,1,24))
> summary(aov(memory~month*test+Error(subject/(test*month)),
+          data=lecithin))
Error: subject
          Df Sum Sq Mean Sq F value Pr(>F)
Residuals  3 508.13  169.38
Error: subject:test
          Df Sum Sq Mean Sq F value Pr(>F)
test       1 30.375  30.375  2.2158 0.2333
Residuals  3 41.125  13.708
Error: subject:month
          Df Sum Sq Mean Sq F value   Pr(>F)
month      2  32.25 16.1250  16.826 0.003465 **
Residuals  6   5.75  0.9583
---
Signif. codes:  0 '***' 0.001 '**' 0.01 '*' 0.05 '.' 0.1 ' ' 1
Error: subject:test:month
           Df Sum Sq Mean Sq F value Pr(>F)
month:test  2  12.25   6.125  2.3333 0.1780
Residuals   6  15.75   2.625
```

15.3.3 其中一个因素有重复测量的双因素模型

• **目标**: 我们感兴趣的情况是, 受试者被分配到由固定因素 A 的 I 种模态所定义的各个组中. 对于每一个研究对象, 我们对固定因素 B 的全部 J 种模态测量了响应变量的值.

• **例子**: 在一个实验中, 受试者被要求去估测一个金属棒的长度. 总共有三种不同长度的金属棒 (以 L1、L2、L3 表示), 并创建了各包含 4 个不同受试者的两个组. 在每一组中, 向每一个受试者展示了 3 种不同长度的金属棒并要求受试者估计长度.

受试者	组 1		
	L1	**L2**	**L3**
1	10	11	9
2	18	20	17
3	6	8	8
4	4	9	9

受试者	组 2		
	L1	**L2**	**L3**
1	3	6	3
2	16	20	14
3	5	6	3
4	10	10	6

• **模型**:

$$Y_{s(i)j} = \mu_{\bullet\bullet} + \alpha_i^A + \alpha_j^B + \beta_{ij} + \pi_{s(i)}^A + \epsilon_{s(i)j}, \quad s = 1, \ldots, n, i = 1, \ldots, I, j = 1, \ldots, J,$$

其中 $\pi_{s(i)}$ 是服从 $\mathcal{N}(0, \sigma_\pi^2)$ 分布的 i.i.d. 随机变量, 用以测量受试者因素的第 s 个模态的随机效应; 误差项 $\epsilon_{s(i)j}$ 是服从 $\mathcal{N}(0, \sigma^2)$ 分布的 i.i.d. 随机变量. 此外, 我们假设 $\epsilon_{s(i)j}$ 与 $\pi_{s(i)}$ 是相互独立的. $\mu_{\bullet\bullet}, \alpha_i^A, \alpha_j^B, \beta_{ij}$ 这四项在第 15.2 节中已经被定义. 为了使模型可识别, 这里必须施加约束条件 $\sum_{i=1}^{I} \alpha_i^A = 0, \sum_{j=1}^{J} \alpha_j^B = 0,$ $\forall j, \sum_{i=1}^{I} \beta_{ij} = 0, \forall i, \sum_{j=1}^{J} \beta_{ij} = 0$. 随机变量 $Y_{s(i)j}$ 的实现值 $y_{s(i)j}$ 代表第 s 个受试者在因素 A 的第 i 个组中对因素 B 的第 j 个水平的观测值. 符号 $s(i)$ 凸显了这样一个事实: 研究对象因素被嵌套在因素 A 中.

• **R 指令**:

```
summary(aov(Y~A*B + Error(subject %in% A),data=my.data.frame))
```

或等价地:

```
summary(aov(Y ~ A*B + Error(subject:A),data=my.data.frame))
```

• 回到前面的例子:

```
> bar.estim <-  data.frame(bar=c(10,11,9,3,6,3,18,20,17,16,20,14,
+               6,8,8,5,6,3,4,9,9,10,10,6),subject=gl(4,6,24),
+                 group=gl(2,3,24), # 因素 A
+                 long=gl(3,1,24)   # 因素 B
+ )
```

```
> summary(aov(bar ~ group*long +
+              Error(subject %in% group),data=bar.estim))
Error: subject:group
          Df Sum Sq Mean Sq F value Pr(>F)
group      1  30.37  30.375  0.3318 0.5855
Residuals  6 549.25  91.542
Error: Within
           Df Sum Sq Mean Sq F value   Pr(>F)
long        2  32.25 16.1250  9.0000 0.004096 **
group:long  2  12.25  6.1250  3.4186 0.066833 .
Residuals  12  21.50  1.7917
---
Signif. codes:  0 '***' 0.001 '**' 0.01 '*' 0.05 '.' 0.1 ' ' 1
```

备 忘 录

`aov()`: 执行 ANOVA
`anova(lm())`, `Anova(lm())`: ANOVA 表
`factor()`, `as.factor()`: 声明一个变量为因子 (factor)
`C()`: 指定 ANOVA 中的约束条件
`barlett.test()`, `levene.test()`: 同方差性的检验
`pairwise.t.test()`: 成对比较
`fit.contrast()`: 对比检验 (程序包 `gregmisc`)
`estimable()`: 对比检验 (程序包 `gmodels`)
`interaction.plot()`: 交互作用的图形探查
`Error`: 创建一个公式来指定研究对象因素的嵌套形式

练 习 题

15.1- 给出执行单因素 ANOVA 的指令 (因素记作 A).
15.2- 给出进行有交互作用的双因素 ANOVA 的指令 (因素记作 A 和 B).
15.3- 哪一个检验可用来验证一个 ANOVA 模型中的同方差性?
15.4- 在完成了单因素 ANOVA 后, 哪个指令可用来进行成对检验?
15.5- 哪一个函数能给出单因素 ANOVA 模型的估计值?
15.6- 哪一个函数可用来选取 ANOVA 中的约束条件?

工 作 簿

A- 单因素 ANOVA 的研究

- **噪音级别的研究**

为了研究因素 "周围环境噪音级别" 对于一个受试者解决某个问题的能力的影响, 设计了以下的试验: 24 个学龄儿童被随机地分配到 4 个房间中, 并

在每个房间中以一种特定的噪音级别播放已提前录好的街道噪音. 这些儿童必须解答一系列的问题, 响应变量就是回答问题的最终成绩. 结果在下面的表中给出:

噪音级别			
1	**2**	**3**	**4**
62	56	63	68
60	62	67	66
63	60	71	71
59	61	64	67
63	63	65	68
59	64	66	68

我们想知道因素 "周围环境噪音级别" 是否对一个受试者解决某个问题的能力有影响效应.

15.1- 把数据集以一种适当的结构输入到 R 中以便进行 ANOVA.
15.2- 写出用于回答上述问题的 ANOVA 模型.
15.3- 对模型进行相应的分析.
15.4- 对噪音级别执行全部的成对比较; 记住将多重检验问题考虑在内.

- **内膜 – 中膜厚度的研究**

在 "内膜 – 中膜厚度" 研究中, 我们感兴趣的是内膜 – 中膜厚度与酒精摄入量之间的关系.

15.1- 下载内膜 – 中膜厚度的数据文件.
15.2- 给出一个图形来可视化内膜 – 中膜厚度的差异与酒精摄入量之间的依赖关系.
15.3- 内膜 – 中膜厚度的平均值是否随着酒精摄入量的不同而存在着差异?
15.4- 对残差进行分析以验证此处统计研究假设的正确性.

- **体育活动的研究**

在一项针对 14 岁至 25 岁人群中危险行为的研究中, 一位科学家观察了一些青年人的犯罪行为 (偷盗、敲诈勒索、斗殴 ……) 以及他们每周的体育活动情况. 危险行为的严重程度以 0 到 100 之间的数值来度量. 该数据集可从网址 `http://www.biostatisticien.eu/springeR/sports.RData` 下载:

```
> print(sports[sample(1:105,10),],row.names=FALSE)
 score  time
     9 [2;3]
    75 [0;1]
     0 [3;4]
    21 [2;3]
    67 [4;5]
    69 [1;2]
    36 [2;3]
```

```
 0 [3;4]
87 [0;1]
16 [2;3]
```

15.1- 对涉及的因素进行描述并写出模型 (以及基本假设).

15.2- 在 5% 的水平下执行一个检验以判定体育活动与危险行为之间是否有一个显著的影响.

我们把那些每周体育活动少于 2 小时的青年人称为 “不运动的 (not athletic)”, 把那些每周体育活动在 [2, 4) 小时之间的青年人称作 “有点运动的 (somewhat athletic)”, 每周的体育活动不少于 4 个小时的则称作 “运动很多的 (very athletic)”.

这个科学家做了如下的研究假设:

- 研究假设 1: “不运动的” 青年人比 “有点运动的” 青年人有更多的危险行为;
- 研究假设 2: “运动很多的” 青年人和 “不运动的” 青年人之间的危险行为是不同的.

15.3- 将上面这两个研究假设翻译成 ANOVA 中的对比.

15.4- 在 5% 的水平下对这两个假设进行检验.

B- 双因素 ANOVA 的研究

- **电池的研究**

在一项针对电池寿命的实验中, 目的是找出电池寿命与电池类型的一个函数关系. 众所周知, 电池的使用时长依赖于温度, 因此实验人员创建了一个具有两个因素 (温度和电池类型) 的测试平台. 下面的表中给出了这两种因素下的电池寿命.

	15°C		**70°C**		**125°C**	
类型 I	130	155	34	40	20	70
	74	180	80	75	82	58
类型 II	150	188	136	122	25	70
	159	126	106	115	58	45
类型 III	138	110	174	120	96	104
	168	160	150	139	82	60

15.1- 这个实验中涉及哪些因素? 它们的各个水平是什么? 响应变量是什么?

15.2- 为这个数据集定义一个恰当的 ANOVA 模型.

15.3- 给出一个图形表示来可视化这一模型中可能会有的任何交互效应.

15.4- 估计这个模型中的参数.

15.5- 给出这个模型的 ANOVA 表.

15.6- 执行有关的检验来完成此项分析任务.

- **牛奶产量的研究**

我们希望查明养料的种类和供给量对牛奶产量的影响, 现在已经观察到了如下的 40 个数据:

	稻草	干草	青草	青贮饲料
低剂量	8 11 11 10 7	12 13 14 11 10	10 12 12 13 14	17 13 17 14 13
高剂量	8 9 8 10 9	10 7 10 12 11	11 9 11 11 12	13 12 11 15 14

15.1- 提出并定义一个 ANOVA 模型来研究养料的种类和供给量对牛奶产量的影响.
15.2- 给出一个图形表示来可视化这个模型中可能会有的任何交互效应.
15.3- 估计这个模型中的参数.
15.4- 给出这个模型的 ANOVA 表.
15.5- 执行相关的检验来完成这一分析任务.

- **内膜 – 中膜厚度的研究**

在前面的实训操作 A 的 "内膜 – 中膜厚度" 研究中, 我们看到了内膜 – 中膜厚度与酒精摄入量之间一个可能的关系, 现在我们想知道内膜 – 中膜厚度是否与酒精摄入量和烟草消耗量有关.

15.1- 下载内膜 – 中膜厚度的数据集.
15.2- 给出一个 ANOVA 模型来研究酒精摄入量和烟草消耗量对内膜 – 中膜厚度的影响.
15.3- 给出一个图形表示来可视化这个模型中可能会有的任何交互效应.
15.4- 内膜 – 中膜厚度是否随着酒精摄入量的不同而存在着差异? 它是否随着烟草消耗量的不同而存在着差异呢?

附录: 安装 R 及 R 程序包

本章的目标

本章将介绍如何在微软 Windows XP 系统下安装 R 版本 x (用最新版本的编号来代替 x), 以及如何在 Windows 或 Linux 系统下安装附加的程序包.

A.1 节

在微软 Windows XP 下安装 R

首先使用常用的网络浏览器从链接 `http://cran.r-project.org/bin/windows/base/` 处下载 R 的安装文件 (形如 R-x-win.exe, 其中 x 是最新版本的编号), 将这个可执行文件保存在 Windows 桌面上, 然后双击文件 R-x-win.exe (它的图标是 ).

R 软件随后将开始安装, 后面只需要按照屏幕上显示的说明来操作并点击默认选项即可.

当图标  被顺利地添加到桌面上时, 表明安装已经完成.

A.2 节

安装附加的程序包

许多附加模块 (称为程序包或程序库) 可从网址 `http://cran.r-project.org/web/packages/available_packages_by_name.html` 或 `http://cran.r-project.org/bin/windows/contrib/` 上获取, 它们被放置在对应于用户的 R 版本编号 x 的文件夹中.

程序包极大地拓展了 R 的功能, 接下来我们介绍几种方法来安装一个新的程序包.

A.2.1 从硬盘上的一个文件来进行安装

例如, 用户可以从上面提到的网址下载文件: R2HTML_*number*.zip 并将其保存在 Windows 桌面上.

为了安装该程序包, 首先双击图标  来启动 R.

点选菜单 `Packages`, 接着点击子菜单 `Install package(s) from local zip files...`

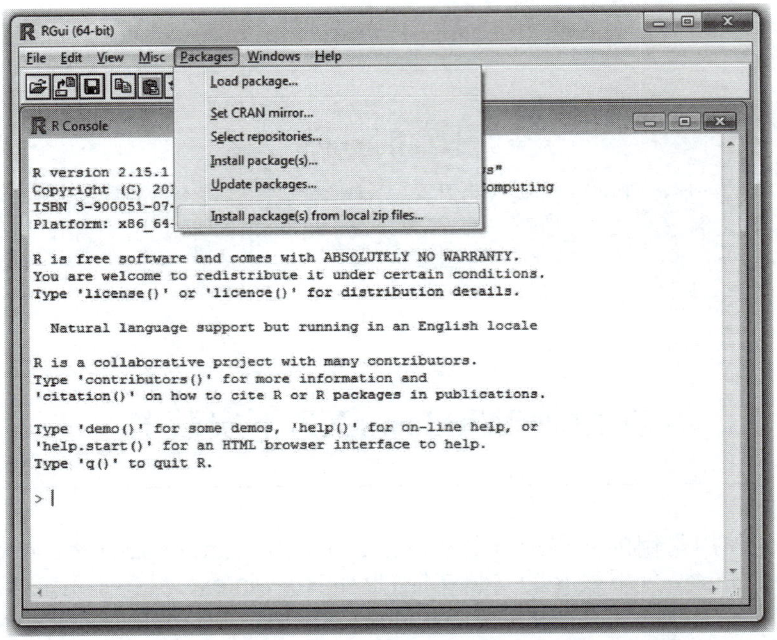

选择 Windows 桌面上的文件 R2HTML_*number*.zip, 然后点击 “Open”.

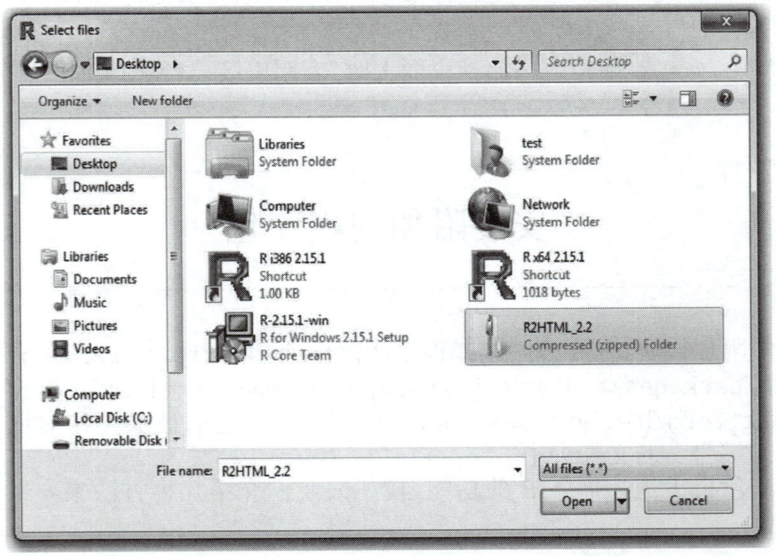

A.2.2 直接从网络进行安装

例如, 为了安装程序包 car 和 Rcmdr, 首先在桌面上双击 R 的图标来启动 R.

然后在菜单 Packages 中点选子菜单 Install package(s)...

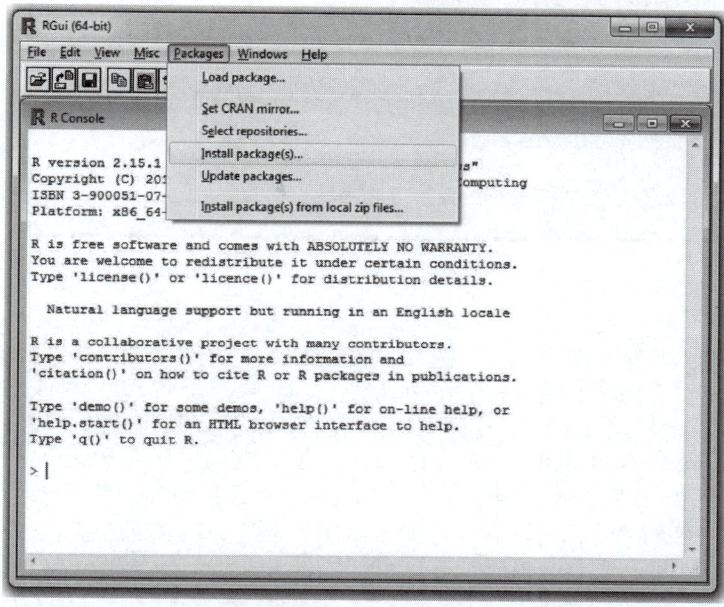

选择一个与用户所在位置相邻的 CRAN 镜像并点击 OK.

在接下来的步骤中, 选择条目 “car” 和 “Rcmdr”.

为了做到这一点, 首先点击 “car” 然后在按住 CTRL 键的同时向下滚动鼠标并点击 “Rcmdr”. 确认这两个条目都已被选定 (蓝色高亮显示).

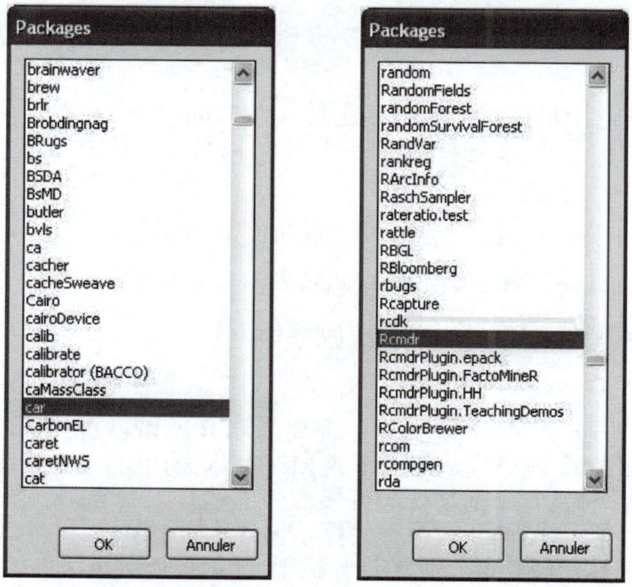

点击 “OK”. 正常情况下应当会看到如下两个小窗口, 提示已选定的程序包正在被安装.

提醒

这种方法有可能会失败. 例如, 如果计算机的系统管理员已经设置了防火墙来禁止访问某些网站, 或已经实行了一个代理上网或对某些 Windows 文件夹已经设置了禁止写入文件. 如果安装出现了问题, 建议用户先去联系计算机的系统管理员. 注意, 可以强制让 R 去使用一个代理, 这样就可以在计算机的主目录中本地地安装程序包. 另外可以翻阅 Windows FAQ (常见问题, 可从 `http://cran.r-project.org/bin/windows/base/rw-FAQ.html` 来查看) 中的第 2.15 节 [*How do I set environment variables?* (我该如何设置环境变量?)] 或第 2.19 节 [*The Internet download functions fail* (互联网下载功能失效)] 以获取帮助信息.

A.2.3 从命令行来安装

当菜单式的图形用户界面不存在时, 比如 Unix/Linux, 在该系统下 R 并没有一个图形用户界面. 在这种情况下, 用户可以命令行的方式来安装程序包并使用 R:

- 从硬盘上的一个 `*.zip` 文件来安装程序包:

```
install.packages(choose.files(),repos = NULL)
```

- 从 CRAN 网站来安装一个程序包 (如 Rcmdr):

```
install.packages("Rcmdr")
```

还有一种方式安装程序包. 它不需要启动 R 就可以直接从微软系统下的一个 MS-DOS 命令窗口或从 Linux 或 MacOS 系统下的一个终端来安装一个程序包. 但在那种情况下需要安装许多额外的编译工具. 如果你的计算机上尚未安装这些工具, 参阅第 9 章中有关程序包创建的小节.

若这些工具已经安装在你的计算机上, 随后可以尝试下面这种方法:

从链接 http://cran.r-project.org/web/packages/Rcmdr 处下载程序包源文件 Rcmdr_*number*.tar.gz, 将它保存在桌面上 (或其他的位置) 并启动一个 MS-DOS 窗口 (开始菜单 Start/运行 Run/cmd), 然后键入:

```
cd Desktop
R CMD INSTALL Rcmdr_number.tar.gz
```

(用相应的编号替换 *number*).

A.2.4 在 Linux 下安装程序包

注意, 前一小节中的命令在 Linux 下同样起作用. 但有时候需要以根用户的身份登录后才能使用它们 (在一个终端窗口中调用命令 su -).

如果没有根访问权限, 用户依然可以在主目录中本地地安装程序包. 例如, 为了安装程序包 Rcmdr, 在一个终端中键入:

```
R CMD INSTALL --library=/home/user/Rlibs Rcmdr_number.tar.gz
```

(应当首先使用命令 mkdir Rlibs 去创建文件夹 Rlibs, 并用合适的路径替换 /home/user/Rlibs, 同时用合适的编号替换 *number*).

最后, 为了让 R 知道去哪里寻找已安装好的程序包, 必须创建一个包含如下这个行的文件 ~/.Renviron:

```
R_LIBS=/home/user/Rlibs
```

小窍门

如果计算机开启了一个防火墙保护同时需要使用一个代理服务器来上网, 则可以使用下面的命令来直接从 R 去安装一个程序包:

```
Sys.setenv("http_proxy"="http://user:pass@url_of_
                          the_proxy:num_port")
install.packages("Rcmdr",method="wget")
```

进一步的细节可阅读函数 download.file() 的在线帮助文档.

A.3 节 加载已安装的程序包

提醒

为了更好地理解本节的内容, 用户需要对计算机的随机存取内存 (RAM) 和物理内存有一个粗略的了解.

安装一个程序包意味着它的文件被物理地 "写入" 硬盘上: 当关闭计算机后再重启, 这些文件仍然在原来的位置上. 这样就不需要再重新安装该程序包, 除非需要一个更新的版本.

相反, 加载一个程序包 (到内存中) 意味着它只是在 R 中受用户的临时支配. 如果用户关闭 R 再重新启动它, 该程序包将不再可用: 需要再次加载它.

总之, 在将一个程序包安装到计算机硬盘上之后, 必须先把它加载到 R 的内存中才能正常使用.

例如, 如果用户在 R 控制台中键入:

```
Commander()
```

将会看到下面的错误信息, 它指示包含该函数的程序包不能被 R 访问:

```
Error: cannot find function "Commander"
```

必须先把 Rcmdr 加载到内存中. 要做到这一点, 可以在控制台中键入 require("Rcmdr"), 或者点击菜单 Packages/Load package...

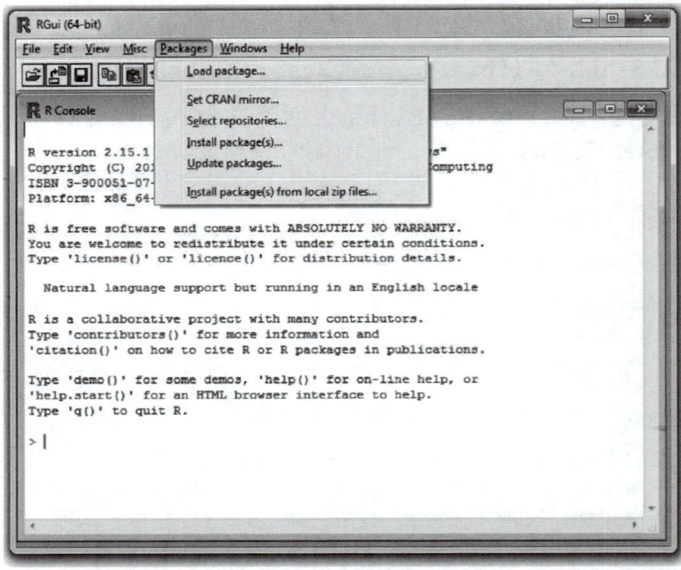

同时, 使用鼠标来加载程序包 Rcmdr.

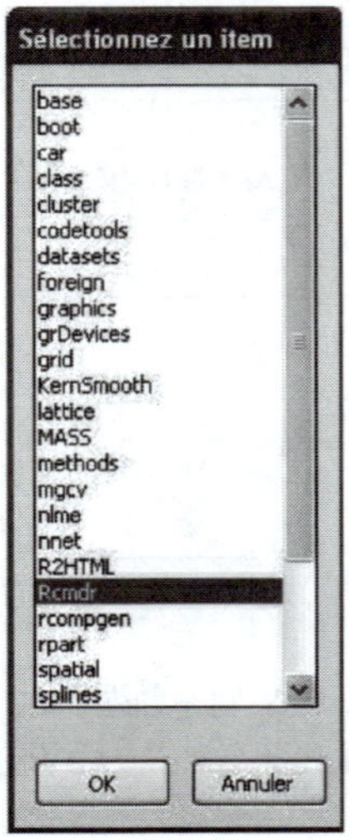

随后将出现下面的窗口:

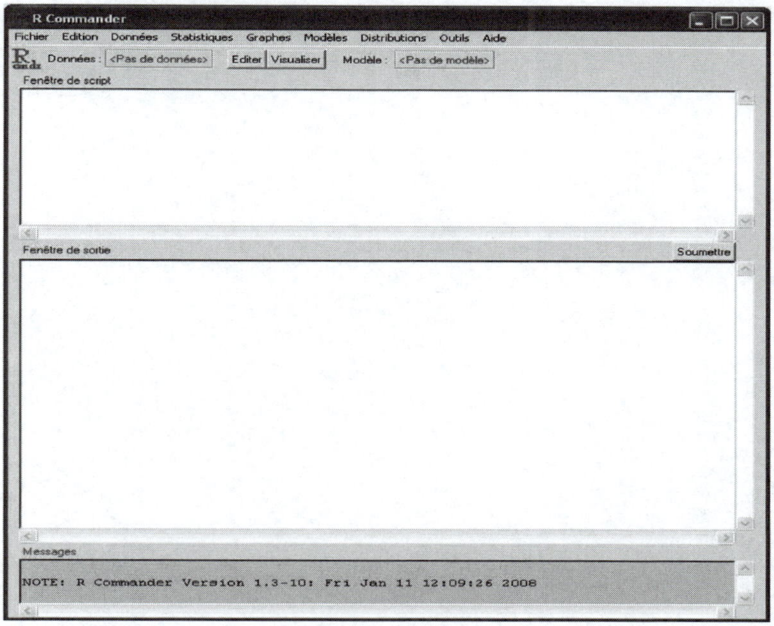

关闭它并在 R 控制台中再次键入:

```
Commander()
```

注意, 现在程序包 Rcmdr 已经被加载, 从而上面这一命令将不会再返回一条错误信息.

小窍门

注意, R 提供了一项功能, 即在启动的时候它会自动地加载某些程序包:

```
.First <- function() {
  require(pkg1) # 用所需的程序包的名称替换 pkg1
  require(pkg2)
  # 等等
}
```

事实上, 函数 .First() 和 .Last() 可分别设定在启动或退出 R 时将被执行的指令.

这些函数可以放在当前文件夹 (或由 R 指令 Sys.getenv("R USER") 给出的用户主目录) 中名为 .Renviron 的文件中.

参考文献

1. J. Adler. R *in a Nutshell-A Desktop Quick Reference*. O'Reilly Media, 2010.
2. H. Akaike. Information theory and an extension of the maximum likelihood principle. In B. N. Petrov and F. Csaki, editors, *Proc. of the 2nd Int. Symp. on Information Theory*, pages 267–281, 1973.
3. R. A. Becker, J. M. Chambers, and A. R. Wilks. *The New s Language: A Programming Environment for Data Analysis and Graphics*. Chapman & Hall, 1988.
4. D. A. Belsley, E. Kuh, and R. E. Welsch. *Regression diagnostics: identifying influential data and sources of collinearity*. John Wiley & Sons, New York-Chichester-Brisbane, 1980. Wiley Series in Probability and Mathematical Statistics.
5. M. Bilodeau and P. Lafaye de Micheaux. A-dependence statistics for mutual and serial independence of categorical variables. *J. Statist. Planning Inf.*, 139:2407–2419, 2009.
6. J. W. Braun and D. J. Murdoch. *A First Course in Statistical Programming with* R. Cambridge University Press, 1st edition, January 2008.
7. P. Burns. *The* R *Inferno*. Burns Statistics, 2012.
8. J. M. Chambers. *Software for Data Analysis: Programming with* R. Statistics and Computing. Springer, June 2008.
9. I. Chivers and J. Sleightholme. *Introduction to Programming with Fortran: With Coverage of Fortran 90, 95, 2003, 2008 and 77*, Springer, 2nd edition, 2012.
10. Y. Cohen and J. Cohen. *Statistics and Data with* R*: An Applied Approach Through Examples*. Wiley, 2008.
11. R. D. Cook and S. Weisberg. *Residuals and influence in regression*. Monographs on Statistics and Applied Probability. Chapman & Hall, London, 1982.
12. M. J. Crawley. *The* R *Book*. Wiley, Chichester, June 2007.
13. P. Dalgaard. *Introductory Statistics with* R *(Statistics and Computing)*. Springer, 2nd edition, August 2008.
14. A. C. Davison and D. V. Hinkley. *Bootstrap methods and their application*, volume 1 of *Cambridge Series in Statistical and Probabilistic Mathematics*. Cambridge University Press, Cambridge, 1997. With 1 IBM-PC floppy disk (3.5 inch; HD).
15. B. S. Everitt and T. Hothorn. *A Handbook of Statistical Analyses Using* R. Chapman & Hall/CRC, 1st edition, February 2006.
16. R. A. Fisher. *Statistical Methods for Research Workers, 4th edition*. Oliver & Boyd, Edinburgh, 1932.
17. J. Fox. Extending the R commander by "plug in" packages. R *News*, 7(3):46–52, 2007.
18. G. M. Furnival and R. W. Jr. Wilson. Regression by leaps and bounds. *Technometrics*, 16:499–511, 1974.
19. D. J. Hand. Branch and bounds in statistical data analysis. *The Statistician*, 30:1–13, 1981.
20. R. M. Heiberger and E. Neuwirth. R *Through Excel*. Use R! Springer, 2009.
21. R. Ihaka and R. Gentleman. R: A Language for Data Analysis and Graphics. *Journal of Computational and Graphical Statistics*, 5(3):299–314, 1996.
22. B. W. Kernighan and D. M. Ritchie. *The C Programming Language, Second Edition*. Prentice Hall, 1988.

23. P. Lafaye de Micheaux and B. Liquet. Convergence concepts : an R package to investigate various modes of convergence. R *Journal*, 1(2):18–26, 2009.
24. P. Lafaye de Micheaux and B. Liquet. Understanding convergence concepts: A visual-minded and graphical simulation-based approach. *The American Statistician*, 63(2):173–178, 2009.
25. H. Levene. Robust tests for equality of variances. In *Contributions to probability and statistics*, pages 278–92. Stanford Univ. Press, Stanford, Calif., 1960.
26. J. Maindonald and J. Braun. *Data Analysis and Graphics Using* R*: An Example-based Approach (Cambridge Series in Statistical and Probabilistic Mathematics)*. Cambridge University Press, December 2006.
27. C. L. Mallows. Some comments on c_p. *Technometrics*, 15:661–675, 1973.
28. N. Matloff. *The Art of* R *Programming-A Tour of Statistical Software Design*. In a Nutshell (O'Reilly). No Starch Press, 2010.
29. C. Meyer. *Matrix analysis and applied linear algebra*. Society for Industrial and Applied Mathematics (SIAM), Philadelphia, PA, 2000. With 1 CD-ROM (Windows, Macintosh and UNIX) and a solutions manual (iv+171 pp.).
30. Jr. Miller and G. Rupert. *Simultaneous statistical inference*. Springer-Verlag, New York, 2nd edition, 1981. Springer Series in Statistics.
31. D. C. Montgomery. *Design and Analysis of Experiments*. Wiley, 7th edition, 2008.
32. R. A. Muenchen. R *for SAS and SPSS Users*. Springer Series in Statistics and Computing. Springer, 2009.
33. R. A. Muenchen and J. M. Hilbe. R *for Stata Users*. Statistics and Computing. Springer, 2010.
34. S. K. Park and K. W. Miller. Random number generators: good ones are hard to find. *Commun. ACM*, 31(10):1192–1201, 1988.
35. C. P. Robert and G. Casella. *Introducing Monte Carlo Methods with* R *(Use* R*!)*. Use R! Springer, 2010.
36. D. Sarkar. *Lattice: Multivariate Data Visualization with* R. Use R! Springer, March 2008.
37. G. Schwarz. Estimating the dimension of a model. *Annals of Statistics*, 6:461–464, 1978.
38. B. Stroustrup. *The C++ Programming Language, Third edition*. Addison-Wesley, 1997.
39. P. Teetor. R *Cookbook*. O'Reilly Cookbooks. O'Reilly Media, 2011.
40. H. D. Vinod. *Hands-on Intermediate Econometrics Using* R*: Templates for Extending Dozens of Practical Examples*. World Scientific, Hackensack, NJ, 2008.
41. S. Weisberg. *Applied Linear Regression, 3rd edition*. Wiley-Interscience, 2005.
42. A. Zuur, E. N. Ieno, and E. Meesters. *A Beginner's Guide to* R. Use R! Springer, 2009.

索引

D

E

I

J

K

L

R 命令与符号索引

D

M

N

Y

作者索引

R 程序包列表

练习题解答

第 3 章练习题的解答

3.1- [1] 1 2 3 4 5 6 7 8 9
3.2- [1] 2 4 6 8 10
3.3- 指令 var<-3 不输出任何东西. 指令 Var*2 输出一条错误信息, 因为 Var 尚未被定义.
3.4- 指令 x<-2 不输出任何东西. 指令 2x<-2*x 输出一条错误信息, 因为一个变量名不应当以数字打头.
3.5- 指令 root.of.four <- sqrt(4) 不输出任何东西. 指令 root.of.four 输出 [1] 2.
3.6- 指令 x<-1 不输出任何东西. 指令 x< -1 输出 [1] FALSE.
3.7- 指令 An even number <- 16 输出一条错误信息, 因为一个变量名中不能包含任何空格.
3.8- 指令 "An even number" <- 16 不输出任何东西.
3.9- 指令 "2x" <- 14 不输出任何东西.
3.10- 指令 An even number 输出一条错误信息.
3.11-
```
>2 +
+ 4
[1] 6
```
3.12- 指令 TRUE + T + FALSE*F + T*FALSE + F 输出 [1] 2.
3.13- R 的五种数据类型是: numeric, complex, logical, character, raw.
3.14- X <- matrix(1:12,nrow=4,ncol=3,byrow=FALSE)
3.15- R 的数据结构有: c(), matrix(), array(), list(), data.frame(), factor(), ordered().

第 4 章练习题的解答

4.1- 用来从一个 ASCII 文本文件导入数据的三个主要的 R 函数分别是: read.table(), scan() 和 read.ftable().

4.2- header: 一个逻辑值, 用来指明文件是否将它所包含的变量的名称作为它的第一行 (例如, header=TRUE).
sep: 字段分隔字符. 文件中每一行的值都被该字符所分割 (例如: sep=" " 或 sep="\t").
dec: 文件中用来表示小数点的字符 (例如: dec="." 或 dec=",").
row.names: 各行的名称构成的一个向量. 它可以是一个向量来给出各行的实际名称, 或一个数字来指明表格的哪一列包含了行名 (例如: row.names=2).
skip: 在开始读数据之前数据文件中需要跳过的行数 (例如: skip=4 将排除开始的 4 行不读).
nrows: 最多读取的行数 (例如: row.names=19).

4.3- 函数 readLines() 从某一连接位置读取某些或全部的文本行.

4.4- 函数 fix() 允许用户使用一个小的电子表格来修改一个数据框或一个矩阵.

4.5- read.csv(): 读取一个表格形式的逗号分割值文件并从它创建一个数据框, 在文件中各观测个体对应于各行而变量对应于字段 (注: dec=".").
read.csv2(): 读取一个表格形式的分号分割值文件并从它创建一个数据框, 文件中观测个体对应于行而变量对应于字段 (注: dec=",").
read.delim(): 读取一个表列分割值文件 (注: dec=".").
read.delim2(): 读取一个表列分割值文件 (注: dec=",").

4.6- 函数 read.ftable() 读、写和强制转换扁平的列联表.

4.7- 当数据不是按照表格形式组织时应当使用函数 scan().
函数 read.table() 用于表格形式的数据集.

4.8- 从一个 Excel 表中导入数据:
• 使用复制 – 粘贴: 在 Excel 下选择数据, 复制这些数据到剪贴板中, 再使用指令:

```
x <- read.table(file("clipboard"),sep="\t",header=TRUE,
                dec=",")
```

• 使用一个中介的 ASCII 文件: 保存该 Excel 表为 .txt (分隔符: TAB), 然后使用函数 read.table().
• 使用程序包 gdata 及函数 read.xls().

4.9- 程序包 foreign.

4.10- 函数 read.table() 的参变量 colClasses 可用来指明每一列的类型, 从而能极大地提高读取大数据集的速度.

4.11- 函数 write.table() 能让用户将包含在一个数据框中的数据集写入到一个文件中. 另外一个函数 write() 应当用于向量或矩阵对象.

4.12- 下面是四个基本的构造向量的函数:
• c()
• seq()
• rep()
• ":"() (例如 1:10)

4.13- 指令 seq(1,2,by=0.1) 给出下面的向量:
```
[1] 1.0 1.1 1.2 1.3 1.4 1.5 1.6 1.7 1.8 1.9 2.0
```

4.14- 指令 rep(1:3,each=2) 给出如下的向量:

```
1 1 2 2 3 3
```

4.15- 指令 rep(1:3,2) 给出如下的向量:

```
1 2 3 1 2 3
```

4.16- 在一个小的电子表格中手动键入数据的函数是: data.entry() 和 de().

第 5 章练习题的解答

5.1- [1] 2 12

5.2-

```
     [,1] [,2]
[1,]    1    1
[2,]    2    2
```

5.3- 使用函数 rownames() 和 colnames().

5.4- cbind(X,Y)

5.5- 一个矩阵 X 的全部元素的乘积: prod(X).
矩阵 X 的每一列元素的乘积: apply(X,FUN=prod,MARGIN=2).

5.6-

```
[1] 4
[1] 2 6 8 3
```

5.7- weight[height>180]

5.8-

```
[1] 7 8 9
[1] 5 6
```

5.9- L[[4]] <- 1:10

5.10- [1] 67

5.11-

```
attach(X)
weight[sex=="F"]
height[sex=="F"]
# 或:
X[sex=="F",-3]
```

5.12- [1] 1 2 3 和 integer(0)

5.13- [1] TRUE TRUE FALSE ; [1] TRUE

5.14- [1] 4 4

5.15- [1] "acbd"

5.16-

```
[[1]]
[1] "ab" "cd"
```

5.17- [1] "" "cd"

5.18- tolower(c("Jack","Julia","William"))

5.19- strptime()

第 6 章练习题的解答

6.1- help(mean).

6.2- 这个指令给出名称中包含所要搜索的关键词的全部函数的一个清单.

6.3- 这个指令提供被搜索到的某一函数的用法示例.

6.4- 命令 RSiteSearch() 能让用户直接从 R 去到网站 http://search.r-project.org/nmz.html 上进行搜索. 提取的信息将在浏览器中显示.

6.5- 1. 文件头包含:
   - 我们寻求帮助的函数的名称;
   - 包含该函数的程序包的名称 (例如: base);
   - 该帮助文件的出处: R Documentation;

   2. 该函数的一个明确的标题 (例如: 算术平均 Arithmetic Mean).
   3. 对该函数的用途做一个简短的描述: Description.
   4. 如何去使用该函数; 特别是, 强制性的和可选的参变量: Usage.
   5. 对该函数的参变量的一个描述: Arguments.
   6. 对该函数的输出结果的解释说明: Value.
   7. 与该函数的应用领域相关的参考文献 (统计论文或专著): References.
   8. See Also 部分列出了类似或相关的函数.
   9. 具体使用的例子: Examples.

6.6- help(package="stats") 或 library(help="stats").

6.7- 键入 data() 来查看数据集的清单, 然后键入所选的数据集的名称.

第 7 章练习题的解答

7.1- 命令 windows() 用来打开一个图形设备. 命令 dev.off() 关闭由**设备编号** (device-number) 指定的窗口 (若没有设备编号被指定, 则关闭当前活动的窗口).

7.2- savePlot(filename="myplot",type="pdf",device=dev.cur())

7.3- 指令 par(mfrow=c(3,2)) 打开一个图形窗口, 后续所绘出的图像将先后显示在 3 行 2 列的一个 “矩阵” 中 (按行填充).

7.4- 函数 layout() 比起函数 par() 能够使用户得到一个分割更为复杂的图形窗口.

7.5- points()

7.6- type="l"

7.7- abline()

7.8- 函数 curve() 能让用户画 x 的任意函数的图像.

7.9- 参变量 col.

7.10- 函数 image(). 指令

```
image(as.matrix(rev(as.data.frame(t(X)))))
```

可以使用户有条理地显示矩阵 X 中数据的图像.

7.11- 函数 text().

7.12- 函数 identify() 或 locator().

7.13- 指令 par(ask=TRUE) 输出一条信息, 要求用户每次按下 ENTER 键来绘制下一幅新图像.

7.14- lty

7.15- pch

7.16-
```
curve(cos(x),xlim=c(-10,10),xlab="X axis",col="blue",
main="Sinus and cosinus curves",ylim=c(-2,2),ylab="sin(x)")
curve(sin(x),add=TRUE)
abline(h=0,col="red")
abline(v=0,col="red")
arrows(3*pi/2,1,pi/2,1)
text((3*pi)/2,1,expression(hat(beta)[1]))
```

第 8 章练习题的解答

8.1-
- function(name) {name}: 返回的 R 对象的类型为 function, 产生的显示为: function(name) {name}.
- (function(name) {name})("Ben"): 返回的 R 对象的类型为 character, 产生的显示为: "Ben"
- (function(name) {cat(name,"\n")})("Ben"): 返回的 R 对象没有类型, 产生的显示为: Ben
- (function(name) {invisible(name)})("Ben"): 返回的 R 对象的类型为 character, 不显示任何结果.

8.2-
- 没有区别.
- 没有区别.
- 没有区别.

8.3- 如果函数 name() 被定义为 name <- function(name="Peter") name 以及 name <- function(name="Peter") name2 <- name, 当执行 name() 和 name("Peter") 时没有区别. 对于这两个函数, 由 res <- name("Ben") 获得的结果 res 在本质上都具有类型 character.

8.4- "Peter"

8.5-
- "Ben L"
- "Ben L"
- "R D"

8.6- name <- function(name="Peter") {cat(name,"\n")}

8.7- 在不同情况下执行 names("peteR","Ben","R") 会得到

- [1] "peteR" "Ben"   "R"
- [[1]]
  [1] "peteR"

```
[[2]]
[1] "Ben"

[[3]]
[1] "R"
```

- ```
  [1] "peteR"
  [1] "Ben"
  [1] "R"
  ```
- ```
  [1] "peteR"
  [1] "Ben"
  [1] "R"
  ```

执行 names(c("peteR","L"),c("Ben","L"),c("R","D")) 会有

- ```
  [1] "peteR" "L"     "Ben"   "L"     "R"     "D"
  ```
- ```
  [[1]]
  [1] "peteR" "L"

  [[2]]
  [1] "Ben" "L"

  [[3]]
  [1] "R" "D"
  ```
- ```
  [1] "peteR"
  [1] "L"
  [1] "Ben"
  [1] "L"
  [1] "R"
  [1] "D"
  ```
- ```
  [1] "peteR" "L"
  [1] "Ben" "L"
  [1] "R" "D"
  ```

8.8- 对于函数
names <- function(names=c("Ben","R"),...) c(names,...)
有

- `[1] "PeteR"`
- `[1] "PeteR"`
- `[1] "PeteR"`

对于函数
names<-function(...,names=c("Ben","R")) c(names,...)
有

- `[1] "Ben" "R" "PeteR"`
- ```
                       name
  "Ben"     "R" "PeteR"
  ```
  ```

- `[1] "PeteR"`

8.9-
- ```
  Male <- function(firstname,name) {
    obj <- list(firstname=firstname,name=name)
    class(obj) <- "Male"
    obj
  }
  ```
- ```
  hello.Male <- function(obj)
    cat("Hello Mister",obj$firstname,obj$name,"!\n")
  ```
- `Hello Mister Ben L !`
- `Error : impossible to find function "hello"`
- `hello <- function(obj) UseMethod("hello")`

8.10-
- ```
  Female <- function(firstname,name) {
    obj <- list(firstname=firstname,name=name)
    class(obj) <- "Female"
    obj
  }
  ```
- ```
  hello.Female <- function(obj)
   cat("Hello Mrs.",obj$firstname,obj$name,"!\n")
  ```
- `Hello Mister Elsa R !`
- `Hello Mrs. Elsa R !`
- `Hello Mrs. Elsa R !`

8.11-
- ```
  Hello Mister Ben L !
  Hello Mrs. Elsa R !
  ```
- ```
  Error in UseMethod("hello") :
    no method for 'hello' applicable for
    an object of class "character"
  ```
- ```
  Hello Ben !
  Hello L !
  Hello Elsa !
  Hello R !
  ```

第 9 章练习题的解答

9.1- `ls()` 或 `objects()`.
9.2- `rm(foo)`.
9.3- `getwd()`.
9.4- `setwd(choose.dir())`.
9.5- 把已经创建的对象保存在一个文件 (例如: `name.RData`) 中.
9.6- 命令的历史; 工作环境; 控制台中显示的内容; 图像.
9.7- 它允许用户重新调用或重现前面键入过的命令 (使用键盘上的向上或向下箭头).
  ```

9.8- 函数 history() 在一个新窗口中显示当前会话中所有键入过的命令的清单.

9.9-
```
png(file="myplot.png")
curve(x**2)
dev.off()
```

9.10- 它能让用户通过直接键入一个数据框 (data.frame) 中变量的名称就可以访问其中的变量.

9.11- require() (或 library()).

9.12- 从一个文件中向控制台导入一系列的 R 指令并进行语法检查.

第 10 章练习题的解答

10.1- choose().

10.2- 指令 sum(1:n).

10.3- range().

10.4- 下面这两个矩阵对应位置的元素分别相乘:

```
     [,1] [,2]
[1,]    1    0
[2,]    0    1
```

和

```
     [,1] [,2]
[1,]    1    3
[2,]    2    4
```

得到

```
     [,1] [,2]
[1,]    1    0
[2,]    0    4
```

10.5- %*%().

10.6- 函数 solve() 求矩阵的逆; 函数 t() 得到矩阵的转置.

10.7- 指令 diag(5).

10.8- 命令 det() 求矩阵的行列式; sum(diag()) 求矩阵的迹.

10.9- scale(A).

10.10- 函数 eigen().

10.11-
```
myf <- function(x) {3*x^2+2}
integrate(myf,lower=-1,upper=1)
```

10.12- optimize(f=function(x)(sin(x))**2,lower=0,upper=2, maximum=TRUE).

10.13- 对一个函数使用命令 uniroot(); 对一个多项式使用 polyroot().

第 11 章练习题的解答

11.1- table(x)/length(x).
11.2- table(x,y).
11.3- margin.table().
11.4- prop.table().
11.5- names(which.max(table(mytable))).
11.6- diff(range(x)).
11.7- IQR(x).
11.8- var(x)*(length(x)-1)/length(x).
11.9- sqrt(var(x)*(length(x)-1)/length(x))/mean(x).
11.10- mean(abs(x-mean(x))).
11.11- 程序包 moments.
11.12- 首先需要计算 χ^2 统计量, 使用指令:

```
chi2 <- summary(table(mytable))$statistic
```

然后, Cramer Φ^2 统计量可由 chi2/N 得到.

11.13- 计算相关比率 $\eta^2_{Y|X}$ 的代码是:

```
eta2 <- function(x,gp) {
  means <- tapply(x,gp,mean)
  frequency <- tapply(x,gp,length)
  varinter <- (sum(frequency * (means - mean(x))^2))
  vartot <- (var(x) * (length(x) - 1))
  res <- varinter/vartot
  return(res)
}
```

11.14- 函数 barplot() 可用来得到一个 Pareto 图.
11.15- 一个堆叠条形图能用函数 barplot() 获得, 其第一个参变量取为矩阵 (matrix) 类型的对象.
11.16- 函数 pie() 可用来得到一个饼图.
11.17- 函数 boxplot() 可用来得到一个箱线图.
11.18- 函数 hist() 被用来画一个直方图.

第 12 章练习题的解答

12.1- rnorm().
12.2- rnorm(n,mean=2,sd=sqrt(10)) 为一个服从 $\mathcal{N}(2,10)$ 分布的随机变量产生 n 个实现值.
12.3- qchisq().

12.4- `df()`.
12.5- `qt()`.
12.6- `pnorm(5,mean=2,sd=sqrt(2))-pnorm(3,mean=2,sd=sqrt(2))`.
12.7- `qnorm(0.95)`.

第 13 章练习题的解答

13.1- `qbinom()`.
13.2- 函数 `pnorm()` 用来计算 Gauss (正态) 累积分布函数.
13.3- `t.test(x,conf.level=0.9)$conf.int`.
13.4- 函数 `prop.test()` 用来计算一个比例的置信区间, 或通过用一个正态分布近似二项分布来执行针对一个比例的统计检验, 而函数 `binom.test()` 执行精确的计算.
13.5- `ks.test()` 和 `wilcox.test()`.
13.6- `shapiro.test()`.
13.7- `chisq.test()` 和 `fisher.test()`.
13.8- 程序包 `boot`.
13.9- `paired=TRUE`.
13.10- 针对独立性的 χ^2 检验可以让用户对两个定性变量之间的相依关系进行检验, 而 χ^2 拟合优度检验可用来检验一个定性变量是否服从某一给定分布. 这两种检验的执行都可以使用 `chisq.test()` 函数. χ^2 独立性检验是对一个表格 (`table`) 来实施, 而使用 χ^2 拟合优度检验时, 必须对参变量 `p` 进行指定 (代表该定性变量各可能结果的理论概率).

第 14 章练习题的解答

14.1- `lm(Y~X1)`.
14.2- `lm(Y~X1-1)` 或 `lm(Y~0+X1)`.
14.3- `lm(Y~X1+X2)`.
14.4- `lm(Y~X1+X2+X1:X2)` 或 `lm(Y~X1*X2)`.
14.5- `lm(Y~X1+I(X1^2)+I(X1^4))`.
14.6- `anova(lm(Y~X1+X2),lm(Y~X1+X2+X3+X4))`.
14.7- `residuals()`.
14.8- `coefficients()`.
14.9- 变量 Z 必须通过 `factor()` 命令作为一个因子被引入到模型中.
14.10- `lm(Y~poly(X,3))`.
14.11- `add1()`.
14.12- `drop1()`.

第 15 章练习题的解答

15.1- `aov(Y~factor(A))`.
15.2- `aov(Y~factor(A)+factor(B))`.
15.3- `aov(Y~factor(A)*factor(B))`.
15.4- `bartlett.test()` 和 `levene.test()`.
15.5- `pairwise.t.test()`.
15.6- `summary(lm(Y~factor(X)))`.
15.7- 函数 `C()`.

工作簿解答

第 3 章工作簿的解答

体重指数研究

3.1-
```
Individuals <- c("Edward","Cynthia","Eugene","Elizabeth",
                 "Patrick","John","Albert","Lawrence",
                 "Joseph","Leo")
Weight <- c(16,14,13.5,15.4,16.5,16,17,14.8,17,16.7)
Height <- c(100,97,95.5,101,100,98.5,103,98,101.5,100)
Gender <- c("F","F","M","F","M","M","M","M","M","M")
```

3.2-
```
mean(Weight)  # 结果: [1] 15.69
mean(Height)  # 结果: [1] 99.45
```

3.3-
```
BMI <- Weight/(Height/100)^2
BMI       # 输出结果
```

3.4-
```
myTable <- data.frame(Individuals,Weight,Height,Gender,BMI)
myTable      # 输出结果
```

3.5-
```
help(plot)
```

3.6-
```
plot(Height,Weight,main=" 体重作为身高的一个函数的散点图")
```

第 4 章工作簿的解答

读取各种数据集

A- 从一个硬拷贝键入数据

- 唇疱疹

4.1- `blisters <- as.data.frame(de(""))`

首先, 将每一列的类型改为实数 (`Real`), 并将名称依次改为 `trt`i, $1 \leqslant i \leqslant 5$ (点击每一列的第一个单元格), 然后输入数据. 最后点击 `Quit`. 接下来就可以在 R 中键入如下的指令以显示数据:

```
blisters  # 输出该数据
```

4.2-
```
attach(blisters)
mean(trt1)  # 结果: [1] 7.5
mean(trt2)  # 结果: [1] 5
mean(trt3)  # 结果: [1] 4.333333
mean(trt4)  # 结果: [1] 5.166667
mean(trt5)  # 结果: [1] 6.166667
```

4.3- 键入下面的指令可以直接得到相同的结果:

```
colMeans(blisters)
```

4.4- `write.table(file="blisters.txt",blisters,row.names=FALSE)`

4.5- 用户可以使用喜好的文本编辑器来显示文件 blisters.txt 的内容, 从而检查它是否已被正确地创建 (指令 `getwd()` 会告诉用户这个文件被保存在哪里).

4.6-
```
ls()
rm(blisters)
ls()
blisters # 我们会看到对象 blisters 已经消失了
```

4.7-
```
blisters <- read.table("blisters.txt",header=TRUE,sep="")
blisters # 它又有了
```

- **动脉粥样硬化的危险因素**

4.1- 按照它们在列联表中的组织形式来输入数据, 在每一行的末尾按下回车 `ENTER` 键. 在最后一行之后再次按下回车 `ENTER` 键.

```
X <- scan() # 数据随后被收集在一个向量中
X <- matrix(X,ncol=3,nrow=6,byrow=TRUE)
```

4.2- `class(X) <- "ftable"`

4.3-
```
attributes(X)$col.vars<-list(alcohol=c("nondrinker",
            "occasional-drinker","regular-drinker"))
attributes(X)$row.vars<-list(GENDER=c("M","F"),tobacco=
               c("non-smoker","former smoker","smoker"))
```

4.4- `X`

4.5- `write.ftable(X,file="athero.txt")`

4.6- 用户可使用其喜好的文本编辑器来显示文件 athero.txt 的内容, 从而检查它是否被正确地创建 (指令 getwd() 会告诉这个文件被保存在哪里).

4.7-
```
rm(X)
X      # 该对象已被删除
```

4.8-
```
X <- read.ftable(file="athero.txt")
```

B- 从其他软件输入数据

4.1- 首先用浏览器下载文件 http://biostatisticien.eu/springeR/bmichild.xls. 如果已经安装了 Excel, 则可以直接把这个文件转换为文件 bmichild.txt (使用制表键 TAB 作为分隔符), 然后再使用下面的 R 命令:

```
bmi.XLS <- read.table(file.choose(),header=TRUE,sep="\t",
                      dec=",")
```

若没有安装 Excel, 则可以使用程序包 xlsReadWrite, 安装它之后再键入:

```
require(xlsReadWrite)
bmi.XLS <- read.xls("bmichild.xls")
```

另外, 如果是在 Linux 系统下, 用户可以使用命令:

```
require(gdata)
bmi.XLS <- read.xls("http://biostatisticien.eu/springeR/
                    bmichild.xls")
```

4.2- 安装程序包 foreign. 使用浏览器下载文件
http://www.biostatisticien.eu/springeR/bmichild.xpt.

```
require(foreign)
bmi.SAS <- read.xport(file.choose()) # 选择 bmichild.xpt
```

4.3-
```
url <- "http://www.biostatisticien.eu/springeR/bmichild.sav"
bmi.SPSS <- read.spss(url)
bmi.SPSS <- as.data.frame(bmi.SPSS)
```

4.4- 安装程序包 R.matlab.

```
require(R.matlab)
x <- readMat("http://www.biostatisticien.eu/springeR/
             bmichild.mat")
class(x)   # x 是一个列表
x          # 我们看到数据都位于 $bmi[,,1] 之中
x <- x$bmi[,,1]
# 注意, GENDER 和 zep 的元素都保存到一个列表中
x$GENDER
class(x$GENDER) <- "character"
```

```
x$GENDER
class(x$zep) <- "character"
bmi.MAT <- as.data.frame(x)
```

4.5-
```
summary(bmi.XLS)
summary(bmi.SAS)
summary(bmi.SPSS)
summary(bmi.MAT)
```

4.6-
```
write.table(bmi.SPSS,"bmichild.txt",row.names=FALSE)
```

C- 输入更复杂的数据文件

4.1-
```
readLines("http://biostatisticien.eu/springeR/
          geoidformat.txt")
X <- scan("http://biostatisticien.eu/springeR/raf98.gra",
         skip=3)
X <- matrix(X,ncol=421,nrow=381,byrow=TRUE)
dim(X)
```

4.2- 使用浏览器保存文件 http://biostatisticien.eu/springeR/Infarction.xls, 然后将它转换为文件 Infarction.txt (使用制表键 TAB 作为分隔符). 接下来使用命令:

```
infarction <- read.table("Infarction.txt",header=TRUE,
              sep="\t",na.strings = ".",dec=",")
```

在 Linux 下, 变为使用:

```
require(gdata)
url <- "http://biostatisticien.eu/springeR/Infarction.xls"
infarction <- read.xls(url,header=TRUE,sep=",",
              na.strings=".",dec=".")
```

4.3- 下载文件 `http://biostatisticien.eu/springeR/nutrition_elderly.txt` 到由命令 `getwd()` 给出名称的文件夹中, 然后键入下面的命令:

```
X <- read.table("nutrition_elderly.txt",row.names=1)
X <- t((X))
X <- as.data.frame(X)
```

4.4-
```
url <- "http://www.biostatisticien.eu/springeR/
       Birth_weight.txt"
readLines(url)    # 为了了解该文件的组织架构
# 注意三个缺失的行: [33] 至 [35], 以及 [194] 行的破折号
X <- read.table(url,row.names=1,skip=1,header=FALSE,
     sep=";",nrows=189,blank.lines.skip=TRUE)
Y <- read.table(url,nrows=1,row.names=1)
colnames(X) <- as.matrix(Y)
head(X)     # 显示 X 的第一行
```

第 5 章工作簿的解答

管理各种数据集

A- 管理在本书开头部分介绍的一些数据集

文件 nutrielderly.xls

5.1- 安装程序包 gdata. 注意, 使用该程序包时需要用到 PERL 软件, 而它在 Windows 下默认是不提供的. 因此也要安装 PERL (可从如下网址下载 http://www.biostatisticien.eu/springeR/Rtools.exe).

```
require(gdata)
nutrien1 <- read.xls("http://www.biostatisticien.eu/
  springeR/nutrien1.xls")
nutrien2 <- read.xls("http://www.biostatisticien.eu/
  springeR/nutrien2.xls")
colnames(nutrien1) <- tolower(colnames(nutrien1))
result <- rbind(nutrien1,nutrien2)
```

5.2-
```
nutrien3 <- read.xls("http://www.biostatisticien.eu/
  springeR/nutrien3.xls")
nutrien4 <- read.xls("http://www.biostatisticien.eu/
  springeR/nutrien4.xls")
result <- merge(nutrien3,nutrien4,all=TRUE)
```

5.3-
```
nutrien5 <- read.xls("http://www.biostatisticien.eu/
  springeR/nutrien5.xls")
nutrien6 <- read.xls("http://www.biostatisticien.eu/
  springeR/nutrien6.xls")
```

这些变量的编码已在 2.4 节的表格中给出. 尝试使用下面的指令来识别异常值:

```
apply(nutrien5,FUN=table,MARGIN=2)
```

从 nutrien5 中可以确定 6 个异常值: gender=12, gender=21, height=1.67, weight=200, age=8, chocol=7. 具有这些异常值的个体可用如下的指令来识别:

```
ind5gender <- nutrien5$Subject[which(nutrien5$gender %in%
  c(12,21))]
ind5height <- nutrien5$Subject[which(nutrien5$height==1.67)]
ind5weight <- nutrien5$Subject[which(nutrien5$weight==200)]
ind5age  <- nutrien5$Subject[which(nutrien5$age==8)]
ind5chocol  <- nutrien5$Subject[which(nutrien5$chocol==7)]
```

```
ind5abnorm <- c(ind5gender,ind5height,ind5weight,ind5age,
  ind5chocol)
```

对 nutrien6 也执行同样的操作.

```
apply(nutrien6,FUN=table,MARGIN=2)
```

从 nutrien6 中可以确定 7 个异常值: gender=12, gender=21, weight=8, age=7, meat=6, chocol=6, fat=9. 具有这些异常值的个体可利用下面的指令来识别:

```
ind6gender <- nutrien6$Subject[which(nutrien6$gender %in%
  c(12,21))]
ind6weight <- nutrien6$Subject[which(nutrien6$weight==8)]
ind6age  <- nutrien6$Subject[which(nutrien6$age==7)]
ind6meat  <- nutrien6$Subject[which(nutrien6$meat==6)]
ind6chocol  <- nutrien6$Subject[which(nutrien6$chocol==6)]
ind6fat  <- nutrien6$Subject[which(nutrien6$fat==9)]
ind6abnorm <- c(ind6gender,ind6weight,ind6age,ind6meat,
  ind6chocol,ind6fat)
```

现在来看能否对一部分异常值进行校正. 要做到这一点, 先去探查一下在某一个表中具有一个异常值的一个个体是否存在于另一个表中但具有一个正常值. 下面给出两个文件中共同的个体的清单:

```
ind.com <- intersect(nutrien6$Subject,nutrien5$Subject)
```

在 nutrien5 中是异常的同时存在于 nutrien6 中的个体的清单:

```
intersect(ind.com,ind5abnorm)
# 结果: 没有个体
```

在 nutrien6 中是异常的同时存在于 nutrien5 中的个体的清单:

```
intersect(ind.com,ind6abnorm)
# 结果: 30 号个体
nutrien5[nutrien5$Subject==30,]
nutrien6[nutrien6$Subject==30,]
# 在 nutrien6 中有 gender=21 而在 nutrien5 中有 gender=2
```

因此在 nutrien6 中替换这个值:

```
nutrien6$gender[which(nutrien6$Subject==30)] <-
   nutrien5$gender[which(nutrien5$Subject==30)]
```

现在合并这两个表格:

```
result <- merge(nutrien5,nutrien6,all=TRUE)
```

没有更多的关于异常值的信息, 可以暂时不去改变它们.

5.4-
```
nutrien7 <- read.xls("http://www.biostatisticien.eu/
  springeR/nutrien7.xls")
```

```
nutrien8 <- read.xls("http://www.biostatisticien.eu/
  springeR/nutrien8.xls")
result <- cbind(nutrien7,nutrien8)
```

5.5-
```
nutrien9 <- read.xls("http://www.biostatisticien.eu/
  springeR/nutrien9.xls")
nutrien10 <- read.xls("http://www.biostatisticien.eu/
  springeR/nutrien10.xls")
apply(nutrien9,FUN=table,MARGIN=2,useNA="ifany")
apply(nutrien10,FUN=table,MARGIN=2,useNA="ifany")
```

变量 chocol 包含 29 个缺失数据点. 先删除这个变量再去合并两个表格:

```
nutrien9bis <- nutrien9[,-which(colnames(nutrien9)==
  "chocol")]
result <- cbind(nutrien9bis,nutrien10)
```

5.6-
```
nutrien11 <- read.xls("http://www.biostatisticien.eu/
  springeR/nutrien11.xls")
nutrien12 <- read.xls("http://www.biostatisticien.eu/
  springeR/nutrien12.xls")
# 每个表中全部个体的缺失值的数目:
ind11NA <- apply(is.na(nutrien11),FUN=sum,MARGIN=1)
ind12NA <- apply(is.na(nutrien12),FUN=sum,MARGIN=1)
# 确定具有最多缺失值的个体:
ind11max <- which.max(ind11NA) # 我们找到 86 号个体
ind12max <- which.max(ind12NA) # 我们找到 86 号个体
ind11NA[ind11max] # 3 个缺失值
ind12NA[ind12max] # 4 个缺失值
```

86 号个体在 13 个变量上具有 7 个缺失值. 从合并的表格中将其移除:

```
result <- cbind(nutrien11,nutrien12)[-86,]
```

5.7-
```
url <- "http://www.biostatisticien.eu/springeR/
       nutri_elderly.xls"
nutri_elderly <- read.xls(url)
nrow(nutri_elderly[nutri_ederly$fish==0 & nutri_elderly
  $meat==0,])
```

研究的个体没有素食者.

文件 Intima_Media_Thickness.xls

5.1-
```
url <- "http://www.biostatisticien.eu/springeR/
       Intima_Media_Thickness.xls"
Intima <- read.xls()
```

```
Intima <- transform(Intima,BMI=weight/(height/100)^2)
# 或等价地:
# BMI <- Intima$weight/((Intima$height/100)^2)
# Intima <- cbind(Intima,BMI)
```

5.2- `Intima$measure[Intima$BMI>30]`

5.3- `Intima[Intima$SPORT==1,]`

5.4- `Intima[Intima$BMI<=30 & Intima$AGE>=50,]`

文件 bmichild.xls

5.1-
```
bmichild <- read.xls("http://www.biostatisticien.eu/
                     springeR/bmichild.xls")
bmichild <- transform(bmichild,BMI=weight/(height/100)^2)
# 或等价地:
# BMI <- bmichild$weight/((bmichild$height/100)^2)
# bmichild <- cbind(bmichild,BMI)
```

5.2-
```
subset(bmichild,BMI<15 & an<=3.5 & month <=5)
# 或等价地:
# bmichild[bmichild$BMI<15 & bmichild$an <=3 &
  bmichild$month<=5,]
```

5.3-
```
sum(bmichild$BMI<15 & bmichild$an<=3 & bmichild$month<=5)
# 或等价地:
# nrow(bmichild[bmichild$BMI<15 & bmichild$an<=3 &
  bmichild$month<=5,])
```

找到 7 个小孩.

文件 Birth_weight.xls

5.1-
```
url <- "http://www.biostatisticien.eu/springeR/
       Birth_weight.xls"
birth.weight <- read.xls(url)
PTL1 <- birth.weight$PTL
PTL1[birth.weight$PTL>=2] <- 2
birth.weight <- cbind(birth.weight,PTL1)
```

5.2-
```
FVT1 <- birth.weight$FVT
FVT1[birth.weight$FVT>=2] <- 2
birth.weight <- cbind(birth.weight,FVT1)
```

5.3- `birth.weight[order(birth.weight$BWT),]`

5.4- `birth.weight[birth.weight$RACE<=2 & birth.weight$SMOKE==1,]`

B- 处理缺失数据

安装程序包 gdata. 同样地, 由于该程序包需要 PERL 软件, 也要先安装 PERL (http://www.biostatisticien.eu/springeR/Rtools.exe). 先读取数据:

```
url <- "http://www.biostatisticien.eu/springeR/Infarction.xls"
read.xls(url)
```

注意到缺失值都以 "." 来编码, 因此使用如下的指令:

```
infarction <- read.xls(url,na.strings=".")
```

5.1-
```
indNA <- which(apply(is.na(infarction),FUN=any,MARGIN=1)
  ==TRUE)
```

5.2-
```
sup1 <- function(x) {sum(x)>1}
indNA <- which(apply(is.na(infarction),FUN=sup1,MARGIN=1)
  ==TRUE)
infarction$NUMBER[indNA]
```

5.3-
```
colnames(infarction)[which(apply(is.na(infarction),FUN=any,
                          MARGIN=2)==TRUE)]
```

5.4-
(a) `infarction[as.logical(apply(!is.na(infarction),1,prod)),]`
(b) `infarction[!apply(apply(infarction,1,is.na),2,any),]`
(c) `infarction[apply(!apply(infarction,1,is.na),2,all),]`
(d) `infarction[complete.cases(infarction),]`
(e) `na.omit(infarction)`

C- 处理字符串

5.1-
```
url <- "http://www.biostatisticien.eu/springeR/dept-pop.csv"
dept <- read.csv(url,dec=",")
```

5.2-
```
numdep <- substring(dept$Departement,1,3)
Dept <- substring(dept$Departement,4)
dept <- cbind(numdep,Dept,dept[,-1])
```

D- 法国自 1984 年开始的流行性感冒

5.1-
```
url <- "http://www.biostatisticien.eu/springeR/flu.csv"
head(read.csv(url))
```

注意到缺失值都以破折号 (-) 来编码, 因此使用下面的指令:

```
flu <- read.csv(url,na.strings="-")
```

5.2-
```
names(flu)
flu$Date
```

5.3- `unique(sort(substring(flu$Date,5,6)))`

发现了 "01" 至 "53" 这些数字.

5.4- `strptime("198444",format="%Y%W")`

注意到上面的指令给出了正确的年份, 但实际上是当前的天数和月份.

5.5- 我们翻阅日历知道第 44 周的第一个星期一对应于 1984 年 10 月 29 日.

5.6- `strptime("1984441",format="%Y%W%w")`

5.7-
```
flu$Date[1:10]
strptime(paste(as.character(flu$Date[1:10]),"1",sep=""),
  format="%Y%W%w")
```

注意到在网站日历上前面这个日期格式不适用于 1984 年 12 月 31 日. 本来应该使用:

```
strptime("1984531",format="%Y%W%w")
```

却使用了:

```
strptime("1985011",format="%Y%W%w")
```

因此, 星期的格式会出现一个问题.

5.8- `date1 <- as.POSIXlt("29,10,1984",format="%d,%m,%Y")`

5.9-
```
date1
date1+7
```

上面的运算给 date1 增加了 7 秒.

5.10- `date1+7*24*60*60`

5.11- `dates <- date1 + 7*24*60*60*(0:(nrow(flu)-1))`

5.12- `flu$Date <- substring(dates,1,10)`

5.13-
```
mask1 <- (as.POSIXlt(dates) >= as.POSIXlt("1992-09-15"))
mask2 <- (as.POSIXlt(dates) <= as.POSIXlt("1993-11-03"))
portion <- flu[mask1 & mask2,]
```

5.14-
```
flu.cases <- colSums(portion[,-1],na.rm=TRUE)
flu.cases
```

E- 合并表格或列表及其他操作

5.1-
```
a <- matrix(1:6,3,2)
rownames(a) <- c(1,2,6)
b <- matrix(1:8,4,2)
rownames(b) <- c(3,4,5,7)
```

5.2-
```
ab <- rbind(a,b)
ab <- ab[order(rownames(ab)),]
ab
```

5.3-
```
list1 <- list()
list1[[1]] <-  matrix(runif(25),nr=5)
list1[[2]] <-  matrix(runif(30),nr=5)
list1[[3]] <-  matrix(runif(15),nr=5)

matrix(unlist(list1),nrow=5)
# 或者也可:
do.call(cbind,list1)
```

5.4-
```
list2 <- list()
list2[[1]] <-  matrix(runif(25),nc=5)
list2[[2]] <-  matrix(runif(35),nc=5)
list2[[3]] <-  matrix(runif(15),nc=5)

tmp <- lapply(list2,FUN=t)
t(matrix(unlist(tmp),nrow=5))
# 或者也可:
do.call(rbind,list2)
```

5.5-
```
tmp <- data.frame(Disease = c("Infarction", "Hepatitis",
"Lung cancer"),RF = c("tobacco, alcohol", "alcohol",
"tobacco"))
tmp
tmp$Disease[grep("tobacco",tmp$RF)]
```

F- 法国赌徒问题

-
```
fourthrows <- function() {
    asixormore <- 0
    game <- sample(1:6,4,replace=TRUE)
    nbsix <- sum(game == 6)
    if(nbsix >= 1) asixormore <- 1
    return(asixormore)
}
```
-
```
twentyfourthrows <- function() {
    adoublesixormore <- 0
    die1 <- sample(1:6,24,replace=TRUE)
    die2 <- sample(1:6,24,replace=TRUE)
    nbdoublesix <- sum(die1[which(die1 == die2)] == 6)
    if(nbdoublesix >= 1) adoublesixormore <- 1
    return(adoublesixormore)
}
```

- ```
  meresix <- function(nsim = 2000) {
      atleastasix <- 0
      atleastadoublesix <- 0
      for (j in 1:nsim) {
      atleastasix <- atleastasix + fourthrows()
      atleastadoublesix <- atleastadoublesix +
      twentyfourthrows()
                          }
  #*********************** 显示输出 **************************
      cat("Frequency of 6s =",atleastasix/nsim,"\n")
      cat("Frequency of double-6s =",atleastadoublesix/nsim,
      "\n")
  }
  ```

第 6 章工作簿的解答

去哪里寻找信息

6.1- 首先键入

```
help.search("combination")
```

然后盯准那个正确的函数. 从程序包 utils 中选择 R 默认会提供的那个函数:

```
help(combn)
```

6.2- `combn(c(5,8,2,9),3)`

6.3-
```
help.search("crime")
help(USArrests)
```

6.4-
```
dim(USArrests)        # 该数据集的维度
names(USArrests)      # 变量的名称
rownames(USArrests) # 个体 (州) 的名称
```

6.5- 订阅: https://stat.ethz.ch/mailman/listinfo/r-help.

6.6- 阅读关于 R 邮件列表 (R Mailing Lists) 页面中的一般的用法说明 (General Instructions) 并在 http://www.r-project.org/posting-guide.html 上发布指南.

6.7- 要取消订阅, 只需按照页面

https://stat.ethz.ch/mailman/listinfo/r-help

底部给出的指令操作即可.

6.8- 连接到 IRC, 比如通过网址 http://webchat.freenode.net
```

6.9- 订阅 `http://forums.cirad.fr/logiciel-R/index.php`, 它将要改变了!!!

6.10- 从 `http://cran.r-project.org/faqs.html` 阅读 Windows 下的常见问题解答 (FAQ). 第 7.5 节解释了 TAB 的补全机制.

6.11- 输入一个引号 ("), 然后按两次制表键 `TAB`.

第 7 章工作簿的解答

创建各种各样的图形

A- 复数

7.1-
```
z <- 1+2i
plot(1,3,xlab="Re(z)",ylab="Im(z)",xlim=c(0,2.5),
  ylim=c(0,2.5),main="Complex numbers")
segments(0,0,Re(z),Im(z))
points(Re(z),Im(z),pch=19)
abline(h=0,v=0)
segments(Re(z),0,Re(z),Im(z),lty=3)
segments(0,Im(z),Re(z),Im(z),lty=3)
text(Re(z),Im(z),"z",pos=4)
text(0.4,1.1,"Mod(z)",srt=Arg(z)*180/pi)
r<-0.5
x<-seq(from=Re(r*exp(1i*Arg(z))),to=r,length=100)
y<-sqrt(0.5^2-x^2)
points(x,y,type="l")
text(0.55,0.35,"Arg(z)",srt=-45,cex=0.8)
```

B- 加拿大国旗

7.1- `require(caTools)`

7.2- 保存文件 `http://www.biostatisticien.eu/springeR/canada.gif` 到工作环境中, 然后调用指令:

```
X <- read.gif("canada.gif")
```

7.3- `image(as.matrix(rev(as.data.frame(t(X$image)))),col=X$col)`

7.4-
```
coord <- locator(25)      # 获取构成枫叶轮廓的那些点的坐标
rec1 <- locator(2) # 获取左边矩形左下的和右上的顶点的坐标
rec2 <- locator(2) # 获取右边矩形左下的和右上的顶点的坐标
windows()     # 或在 Linux 下用 X11()
plot(0,xlim=c(0,1),ylim=c(0,1),type="n",ann=FALSE,
```

```
  axes=FALSE)
rect(rec1$x[1],rec1$y[1],rec1$x[2],rec1$y[2],col="red")
rect(rec2$x[1],rec2$y[1],rec2$x[2],rec2$y[2],col="red")
polygon(coord,col="red")
```

C- 频率表

7.1- 输入数据集:

```
X <-  matrix(c(1,2,3,4,5,6,7,8,9,10,11,12,13,14,15,16,1,1,
1,1,1,1,1,1,1,1,1,1,1,1,1,1,1,1,1,1,1,1,1,1,1,1,1,1,2,1,1,
1,1,1,1,1,1,1,1,1,1,1,1,1,1,1,1,1,1,1,1,1,1,1,3,1,1,1,1,1,
3,2,1,1,1,1,1,1,2,1,4,1,1,1,1,1,2,2,1,1,1,1,2,3,3,1,2,1,1,
1,1,1,3,4,1,1,1,2,3,4,3,1,2,1,1,4,1,1,4,4,1,1),ncol=8)
colnames(X) <- c("Nr","W1","W2","W3","W4","W5","W6","W7")
fi <- tabulate(X[,"W7"],4)/16
as.vector(t(cbind(fi,1-fi)))
```

7.2- 为此, 创建一个函数:

```
f <- function(x){
fi <- tabulate(x,4)/16
as.vector(t(cbind(fi,1-fi)))
}
freq <- apply(X[,-1],FUN=f,MARGIN=2)
rownames(freq) <- c("f1","1-f1","f2","1-f2","f3","1-f3",
  "f4","1-f4")
```

7.3- `barplot(freq,col=c("black","white"))`

7.4-

```
windows() # 或在 Linux 下用 X11()
barplot(freq,col=c("red","white"),width=1,space=0.1,axes=F,
        border="black",names.arg=rep("",7))
axis(2,labels=1:4,at=1:4-0.5,lty=0,las=1,col.axis="blue")
par(cex=.8)
axis(3,labels=c("W1","W2","W3","W4","W5","W6","W7"),
     at=0:6+0:6/10+0.5,lty=0,col.axis="blue")
par(cex=1)
title(main="Burning scores",col="black")
```

D- 大脑的解剖图像

7.1- 读取数据:

```
dim <- 256
url <- "http://www.biostatisticien.eu/springeR/anat.img"
bytes <- readBin(url,what="raw",n=dim*dim*2)
```

7.2- 置换字节对:

```
nbval <- dim^2
indices <- rbind((1:nbval)*2,(1:nbval)*2-1)
indices <- as.numeric(indices)
x <- bytes[indices]
```

7.3- 转换为十进制表示法:

```
x <- matrix(x,ncol=2,byrow=TRUE)
test <- function(x) {
  as.numeric(paste("0x",paste(x,collapse=""),sep=""))
}
values <- apply(x,MARGIN=1,FUN=test)
```

7.4- `X <- matrix(values,nrow=dim,ncol=dim)`

7.5- `image(X,col=gray(0:100 / 100))`

7.6- 安装程序包 AnalyzeFMRI. 下载文件 anat.img 和 anat.hdr 到工作空间中, 然后键入如下的指令:

```
require(AnalyzeFMRI)
Y <- f.read.volume("anat.img")
image(Y[,,1],col=gray(0:1000 / 1000))
```

E- 绘制法国某个区域的地图

7.1- 安装程序包 maps 和 mapdata, 并将它们加载到内存中:

```
require(maps)
require(mapdata)
```

7.2- `map("france")`

7.3- `france <- map("france",plot=FALSE)`

7.4- `france$names` 中的每一个区域 (直到下一个 NA 为止) 其纬度 (latitude)/经度 (longitude) 数据都被存放为 `france$x/france$y` 的形式.

7.5- NA 位置索引的向量:

```
indNA <- which(is.na(france$x))
```

7.6- `deptname <- "Gard"`

7.7- `inddept <- which(france$names==deptname)`

7.8-
```
plot(france$x[indNA[inddept-1]:indNA[inddept]],
     france$y[indNA[inddept-1]:indNA[inddept]],
     type="l",main=deptname,xlab="Longitude",
     ylab="Latitude")
```

7.9- 从 http://www.gpsvisualizer.com/geocode 上获取名为 Alès 的城镇所处的坐标:

```
ales <- c(4.08268,44.121288)
points(ales[1],ales[2],pch=16,col="red")
text(ales[1],ales[2],"Al\`{e}s",pos=1)
```

F- 表示法国的大地水准面

7.1- 读取数据:

```
readLines("http://www.biostatisticien.eu/springeR/
          geoidformat.txt")
data <- scan("http://www.biostatisticien.eu/springeR/
             raf98.gra",skip=3)
```

7.2-

```
Z <- matrix(data,nrow=421,ncol=381,byrow=FALSE)
Z <- as.matrix(rev(as.data.frame(Z)))
layout(mat=matrix(1:2,ncol=2),widths=c(5,1))
par(mar=c(4,4,3,0),mai=c(1, 1, 1, 0),las=1,tck=-0.01)
x<-seq(from=-5.5,to=8.5,length=421)
y<-seq(from=42,to=51.5,length=381)
image(x,y,Z,col=rainbow(17),xlab="Longitude",
      ylab="Latitude",axes=FALSE)
par(ps=18)
title("The quasigeoid QGF98 model",family="HersheyScript")
par(ps=11)
axis(1,at=(-6):8,labels=paste((-6):8,"o",sep=""))
axis(2,at=42:51,labels=paste(42:51,"o",sep=""))
contour(x,y,Z,add=TRUE)
par(mai=c(0, 0, 0, 0),bty="n")
plot(0:1,0:1,axes=FALSE,xlab="",ylab="",type="n")
legend("center",legend=42:55,fill=rainbow(17),bty="n",
        title="Meters")
```

第 8 章工作簿的解答

编写函数与 R 中面向对象编程

A- 管理一个银行账户

8.1-

```
.folder.accounts <- "./Account"
path.account <- function(name) {
 file.path(.folder.accounts,paste(name,".RData",sep=""))
}
```

8.2-
```
account <- function(name) {
  path <- path.account(name)
  account <- data.frame(amount=numeric(0),
            mode=factor(levels=c("Debit","Credit")),
            date=character(0),remark=character(0))
  save(account,file=path)
  cat("Account",name,"created !\n")
}
```

8.3-
```
debit <- function(name,amount,remark="",
                  date=format(Sys.time(),"%d/%m/%Y")) {
  path <- path.account(name)
  load(path)
  account <- rbind(account,data.frame(amount=amount,
    mode="Debit",date=date,remark=remark))
  save(account,file=path)
}

credit <- function(name,amount,remark="",
                   date=format(Sys.time(),"%d/%m/%Y")) {
  path <- path.account(name)
  load(path)
  account <- rbind(account,data.frame(amount=amount,
    mode="Credit",date=date,remark=remark))
  save(account,file=path)
}
```

8.4- 指令

```
sum(account[account$mode=="Credit","amount"])
```

返回账户的记账金额. 按如下方式来修改函数 account():

```
account <- function(name) {
  path <- path.account(name)
  if(!file.exists(path)) {
    account <- data.frame(amount=numeric(0),mode=
         factor(levels=c("Debit","Credit")),
         date=character(0),
         remark=character(0))
    save(account,file=path)
    cat("Account",name,"created !\n")
  } else {
    load(path)
    cat("State of account",name,"=",
         sum(account[account$mode=="Credit","amount"])
         - sum(account[account$mode=="Debit","amount"]),
```

```
            "euros.\n")
    }
  }
```

B- 组织图形对象

8.1-
```
Window <- function(x=0,y=0,width=2,height=2,log="") {
  obj <- list(x=x,y=y,width=width,height=height,log=log)
  class(obj) <- "Window"
  obj
}
```

8.2-
```
Circle <- function(x=0,y=0,radius=0.5) {
  circle <- list(x=x,y=y,radius=radius)
  class(circle) <- "Circle"
  circle
}

Rectangle <- function(x=0,y=0,width=1,height=height) {
  rectangle <- list(x=x,y=y,width=width,height=height)
  class(rectangle) <- "Rectangle"
  rectangle
}
```

8.3-
```
plot.Window <- function(obj) {
  plot.new()
  plot.window(xlim=obj$x+c(-1,1)*obj$width/2,
    ylim=obj$y+c(-1,1)*obj$height/2,obj$log,asp=1)
}

plot.Rectangle <- function(rectangle) {
  rect(rectangle$x-rectangle$width/2,rectangle$y
       -rectangle$height/2,rectangle$x+rectangle$width/2,
       rectangle$y+rectangle$height/2)
}

plot.Circle <- function(circle) {
 symbols(circle$x,circle$y,circle=circle$radius,
         inches=FALSE,add=TRUE)
}
```

8.4-
```
mywindow <- Window(0,0,2,2)
mycircle <- Circle(0,0,.5)
myrectangle <- Rectangle(0,0,1,1)
plot(mywindow);plot(mycircle);plot(myrectangle)
```

8.5-
```
MyPlot <-function(x=0,y=0,width=2,height=2,log="") {
    graph <- list(objets=list())
    class(graph) <- "MyPlot"
    graph
  }
```

8.6-
```
add.MyPlot <- function(graph,...) {
    graph$objects <- c(graph$objects,list(...))
    graph
  }

add <- function(obj,...) UseMethod("add")

plot.MyPlot <- function(graph) {
  for(object in graph$objects) {
    plot(object)
  }
}

graph <- MyPlot()
graph <- add(graph,Window(0,0,2,2),Circle(0,0,.5),
                  Rectangle(0,0,1,1))
plot(graph)
```

8.7-
```
MyPlot <- function(...,x=0,y=0,width=2,height=2,log="") {
    graph <- list(objets=list())
    class(graph) <- "MyPlot"
    graph <- add(graph,Window(x,y,width,height,log),...)
    graph
  }

graph <- MyPlot(Circle(),Rectangle())
plot(graph)
```

8.8-
```
display <- function(obj,...) UseMethod("plot")
graph <- MyPlot(Circle(),Rectangle())
display(graph)
```

8.9- 现在轮到你来操作了!

C- 对有两个解释变量的线性回归创建一个 lm2 类

```
lm2 <- function(...) {
 obj <- lm(...)
 if(ncol(model.frame(obj))!=3)
   stop(" 必须是两个独立的变量!")
```

```
  class(obj) <- c("lm2",class(obj)) # 或 c("lm2","lm")
  obj
}

n <- 20
x1 <- runif(n,-5,5)
x2 <- runif(n,-50,50)
y <- .3+2*x1+2*x2+rnorm(n,0,20)
reg2 <- lm2(y~x1+x2)
summary(reg2)

plot3d.lm2 <- function(obj,radius=1,lines=TRUE,windowRect,...) {
  matreg <- model.frame(obj)
  colnames(matreg) <- c("y","x1","x2")
  predlim <- cbind(c(range(matreg[,2]),rev(range(matreg[,2]))),
  rep(range(matreg[,3]),c(2,2)))
  predlim <- cbind(predlim,apply(predlim,1,
    function(l) sum(c(1,l)*coef(obj))
  ))
  if(missing(windowRect)) windowRect=c(2,2,500,500)
  open3d(windowRect=windowRect,...)
  bg3d(color = "gray")
  plot3d(formula(obj),type="n")
  spheres3d(formula(obj),radius=radius,specular="green")
  quads3d(predlim,color="blue",alpha=0.7,shininess=128)
  quads3d(predlim,color="cyan",size=5,front="lines",
          back="lines",lit=F)
  if(lines) {
    matpred <- cbind(matreg[2:3],model.matrix(obj)%*%coef(obj))
    points3d(matpred)
    colnames(matpred) <- c("x1","x2","y")
    matlines <- rbind(matreg[,c(2:3,1)],matpred)
    nr <- nrow(matreg)
    matlines <- matlines[rep(1:nr,rep(2,nr))+c(0,nr),]
    segments3d(matlines)
  }
}

require(rgl)
plot3d(reg2)

rgl.snapshot("lm2vue1.png")
par3d(userMatrix=rotate3d(par3d("userMatrix"),-pi*.1, 0, 0, 1))
rgl.close()
```

第 9 章工作簿的解答

管理和创建程序包

A- 使用函数 attach() 和 detach()

9.1- 使用你喜好的浏览器下载文件 http://www.biostatisticien.eu/springeR/bmichild.xls 到工作文件夹中.

9.2- 安装程序包 gdata. 由于这个程序包需要 PERL 的支持, 所以也要安装 PERL (http://www.biostatisticien.eu/springeR/Rtools.exe).

```
require(gdata)
bmichild <- read.xls("bmichild.xls")
names(bmichild)
```

9.3- 当键入 GENDER 时, R 回答 Error: object 'GENDER' not found.

9.4- 在键入 ls() 后, 将无法再看到变量 GENDER.

9.5-
```
attach(bmichild)
GENDER
```

对象 GENDER 的内容出现了.

9.6- 使用指令 ls() 后变量 GENDER 仍然不可见.

9.7-
```
search()
```

注意到, 对象 bmichild 出现在第 2 个位置.

9.8-
```
ls(pos=2)
```

9.9-
```
detach(bmichild)
search()
GENDER
```

9.10-
```
GENDER <- "Male"
GENDER
```

9.11-
```
attach(bmichild)
```

显示一条警告信息:

```
GENDER
```

它显示的是 "Male" 但并不是来自数据框 (data.frame) 的对象 GENDER 的内容.

9.12-
```
GENDER # 不显示来自数据框的对象 GENDER 的内容
weight
```

9.13-
```
ls()     # bmichild 和 GENDER 都存在
search()   # bmichild 存在
```

9.14-
```
ls(pos=2)
```

9.15-
```
get("GENDER",pos=2)
bmichild[,"GENDER"]
# 或
rm(GENDER)
GENDER
# 请注意存在以下的函数:
browseEnv()
```

B- 创建一个小型程序包

- **程序包中的对象**

9.1-
```
setwd(choose.dir())
# 或者, 在 Linux 下:
library(tcltk)
setwd(tk_choose.dir())
```

9.2- 创建这两个函数及数据集:

```
f <- function(x,y) x+y
g <- function(x,y) x-y
d <- data.frame(a=1,b=2)
e <- rnorm(1000)
```

9.3-
```
package.skeleton(name="SmallRPkg",list=c("f","g","d","e"))
```

9.4- 程序包中文件的有效创建. 必须修改帮助文件 .Rd.

```
file.show(file.path(R.home("doc"),"KEYWORDS"))
```

9.5- 修改文件 DESCRIPTION.
9.6- 阅读然后删除文件 Read-and-delete-me.
9.7- 检查 (可能的话去修改) 环境变量 PATH.
9.8- 在一个 DOS 命令窗口中, 键入如下的指令:

```
# 改换路径至包含目标程序包的文件夹:
cd C:\Documents and Settings\johndoe\Desktop
R CMD check SmallRPkg
R CMD INSTALL --build SmallRPkg
```

9.9- 安装程序包 SmallRPkg.zip. 为此, 可以键入如下的指令:

```
help(package="SmallRPkg")
help(d)
```

第 10 章工作簿的解答

矩阵运算、最优化、积分

A- 第一个最优化问题

10.1-
```
A <- matrix(c(2,3,5,4),nrow=2,ncol=2)
myf <- function(x) {
    res <- det(A-x*diag(2))
    return(res)
}
```

10.2-
```
myf <- function(x) {
    n <- length(x)
    res <- rep(NA,n)
    for (i in 1:n) res[i] <- det(A-x[i]*diag(2))
    return(res)
}
```

10.3-
```
curve(myf,xlim=c(-10,10))
abline(h=0,v=0)
```

注意, 也可以使用指令 `locator(2)$x` 来 “找到” 这两个根.

10.4-
```
uniroot(myf,lower=-5,upper=0)$root
uniroot(myf,lower=0,upper=10)$root
```

10.5- 这个多项式可以写为 $P(x) = -7 - 6x + x^2$. 它的根可使用如下的命令来获得:

```
polyroot(c(-7,-6,1))
```

10.6-
```
eigen(A)$values
```

B- 第二个最优化问题

10.1- 为简单起见, 这里没有以恰好吻合的比例来重新画图.

```
plot.new()
par(xpd=NA)
rect(0,0,1,1)
points(0,1,pch=16)
text(0,1,"A",adj=c(2,-0.1),col="blue")
points(1,1,pch=16)
text(1,1,"B",adj=c(-1,0),col="blue")
points(1,0,pch=16)
text(1,0,"C",adj=c(-0.5,1),col="blue")
```

```
points(0,0,pch=16)
text(0,0,"D",adj=c(1.7,1),col="blue")
points(0.5,0,pch=16)
text(0.5,0,"H",adj=c(1.5,-0.5),col="blue")
points(1,0.4,pch=16)
text(1,0.4,"Q",pos=4,col="blue")
points(0.5,0.4,pch=16)
text(0.5,0.4,"M",adj=c(0.5,-1),col="blue")
segments(0.5,0,0.5,0.4)
segments(0.5,0.4,1,0.4)
polygon(x=c(0.5,0,1),y=c(0.4,1,1),
  col=rgb(t(col2rgb("brown"))/256,
       alpha=20/100),border="brown")
x <- seq(from=0.6,to=0.565,length=100)
points(x,sqrt(0.1^2-(x-0.5)^2)+0.4,type="l")
text(0.61,0.45,expression(alpha))
```

10.2- 根据 $\cos\alpha = MQ/MB$, 从而有 $MB = 5/\cos\alpha$ 和 $MA = MB$. 由 $MH = BC - BQ$, $\tan\alpha = BQ/MQ = BQ/(AB/2)$, 可得 $BQ = 5\tan\alpha$ 和 $MH = 6 - 5\tan\alpha$. 因此 $g(\alpha) = 10/\cos\alpha + 6 - 5\tan\alpha = (10 - 5\sin\alpha)/\cos\alpha + 6 = 5(2 - \sin\alpha)/\cos\alpha + 6$.

10.3- `g <- function(alpha){5*(2-sin(alpha))/cos(alpha)+6}`

10.4- `optimize(g,lower=0,upper=pi/2,tol=0.000001)`

10.5-
$$\begin{aligned} g'(\alpha) &= 5(-\cos^2\alpha - (2 - \sin\alpha)(-\sin\alpha))/\cos^2\alpha \\ &= 5(-\cos^2\alpha + 2\sin\alpha - \sin^2\alpha)/\cos^2\alpha \\ &= 5(2\sin\alpha - 1))/\cos^2\alpha \text{ since } \cos^2\alpha + \sin^2\alpha = 1. \end{aligned}$$

10.6- `D(expression(5*(2-sin(alpha))/cos(alpha)+6),"alpha")`

10.7- `gprime <- function(alpha){5*(2*sin(alpha)-1)/(cos(alpha))^2}`

10.8- `uniroot(gprime,lower=0,upper=pi/2,tol=0.000001)$root`

C- 标准正态表

10.1- `phi <- function(x) {exp(-x^2/2)/sqrt(2*pi)}`

10.2-
```
quantiles <- seq(0,5.5,by=0.01)
n <- length(quantiles)
probs <- vector(mode="numeric",length=n)
for (i in 1:n) probs[i] <- integrate(phi,lower=-Inf,
     upper=quantiles[i],rel.tol=0.00001)$value
```

10.3- `all.equal(probs,pnorm(quantiles))`

10.4-
```
plot(c(rev(-quantiles),quantiles),c(rev(1-probs),probs),
       type="l")
```

10.5-
```
curve(pnorm(x),add=TRUE,col="blue")
```

D- 主成分分析

10.1-
```
url <- "http://www.biostatisticien.eu/springeR/
          climatewine.csv"
climatewine <- read.table(url,sep="\t",header=TRUE)
attach(climatewine)
names(climatewine)
```

10.2-
```
X <- as.matrix(climatewine[,-c(1,6)])
```

10.3-
```
g <- colMeans(X)
round(g,2)
```

10.4-
```
Xdot <- scale(X,scale=FALSE)
```

10.5-
```
n <- nrow(X)
inertia <- sum(Xdot^2)/n
inertia
```

10.6-
```
inertiacontr <- rowSums(Xdot^2)/n/inertia
inertiacontr
```

10.7-
```
onen <- as.matrix(rep(1,n))
```

10.8-
```
g
(g <- t(X)%*%onen/n)
```

10.9-
```
Xdot
(Xdot <- X-onen%*%t(g))
```

10.10-
```
(S <- t(Xdot)%*%Xdot/n)
cov(X)*(n-1)/n
```

10.11-
```
Doneovers <- diag(1/sqrt(diag(S)))
```

10.12-
```
Z <- Xdot%*%Doneovers
```

10.13-
```
t(Z)%*%Z/n
(R <- cor(X))
```

10.14-
```
Lambda <- diag(eigen(R)$values)
W <- eigen(R,symmetric=TRUE)$vectors
```

10.15-
```
theta <- seq(0,2*pi,.05)
x <- cos(theta)
y <- sin(theta)
plot(x,y,type="l")
abline(h=0,v=0)
```

```
A <- W%*%Lambda^(1/2)
text(A[,1:2],colnames(X))
arrows(rep(0,4),rep(0,4),A[,1],A[,2],length=0.1)
```

10.16-
```
p <- ncol(X)
cumsum(diag(Lambda))/p*100
```

前两个轴解释了 87.6% 的变异.

10.17-
```
CW <- Z%*%W
```

10.18-
```
dev.new()
plot(CW[,c(1,2)],type="p",xlab="Axis 1",ylab="Axis 2")
text(CW[,c(1,2)],labels=YEAR)
abline(h=0,v=0)
```

10.19-
```
plot(CW[,c(1,2)],type="n",xlab="Axis 1",ylab="Axis 2")
good <- CW[QUALITY==1,c(1,2)]
average <- CW[QUALITY==2,c(1,2)]
mediocre <- CW[QUALITY==3,c(1,2)]
text(good,labels=YEAR[QUALITY==1],col="red")
text(average,labels=YEAR[QUALITY==2],col="blue")
text(mediocre,labels=YEAR[QUALITY==3],col="green")
abline(h=0,v=0)
legend("topleft",c("good","average","mediocre"),
       fill=c("red","blue","green"))
```

10.20-
```
QLT <- apply(sweep(CW^2,1,apply(CW^2,FUN=sum,1),FUN="/")
             [,1:2],FUN=sum,1)
round(QLT,2)
```

10.21-
```
require(ade4)
```

10.22-
```
rownames(X) <- climatewine[,1]
res <- dudi.pca(X) # 键入 2 来得到轴的数目
scatter(res)
s.class(res$li,as.factor(climatewine[,6]))
```

第 11 章工作簿的解答

描述性数据研究

A- 描述性统计量中的独立思想

11.1-
```
url <- "http://www.biostatisticien.eu/springeR/
        snee74en.txt"
snee <-read.table(url,header=TRUE)
```

11.2-
```
head(snee)
tail(snee)
dim(snee)
str(snee)
```
总共有 592 个个体和 3 个定性变量.

11.3-
```
attach(snee)
names(snee)
class(hair)
levels(hair)
class(eyes)
levels(eyes)
class(gender)
levels(gender)
```

11.4- 对变量 hair 的研究:

```
table(hair) # 频数
round(table(hair)/length(hair)*100,2) # 百分比形式的频数
names(which.max(table(hair))) # 该变量的众数
barplot(sort(table(hair),TRUE),col=c("yellow2","tan4",
        "black","tan1"))
```

对变量 eyes 的研究:

```
table(eyes) # 频数
round(table(eyes)/length(eyes)*100,2) # 百分比形式的频数
names(which.max(table(eyes))) # 该变量的众数
barplot(sort(table(eyes),TRUE),col=c("blue","brown",
        "tan3","green"))
```

对变量 gender 的研究:

```
table(gender) # 频数
round(table(gender)/length(gender)*100,2) # 百分比形式的频数
names(which.max(table(gender))) # 该变量的众数
barplot(sort(table(gender),TRUE),col=c("pink","blue"),
        pareto=TRUE)
```

11.5-
```
eyeshair <- table(eyes,hair) # 列联表
```

11.6-
```
fhair <- margin.table(eyeshair,2)/592 # 列分布 (剖面)
fhair
```

11.7-
```
# 具有蓝色眼睛的个体数目:
nblue <- margin.table(eyeshair,1)[1]
nblue
```

11.8-
```
round(fhair*nblue)
```

11.9-
```
marginX <- margin.table(eyeshair,1)
tab.ind1 <- marginX%*%t(fhair)
round(tab.ind1)
```

11.10-
```
feyes <- margin.table(eyeshair,1)/592 # 行分布 (剖面)
feyes
```

11.11-
```
# 具有金色头发的个体数目:
nblond <- margin.table(eyeshair,2)[1]
nblond
```

11.12-
```
round(feyes*nblond)
```

11.13-
```
marginY <- margin.table(eyeshair,2)
tab.ind2 <- feyes%*%t(marginY)
round(tab.ind2)
```

11.14-
```
all.equal(tab.ind1,tab.ind2)
```

这两个表是相同的, 而且该结论是可靠的, 因为关注眼睛和头发之间的独立性与关注头发和眼睛之间的独立性是等价的.

11.15-
```
(eyeshair-tab.ind1)^2
```

11.16-
```
tab.contr <- (eyeshair-tab.ind1)^2/tab.ind1
tab.contr
```

11.17-
```
chi2 <- sum(tab.contr)
chi2

Phi2 <- chi2/sum(eyeshair)
Phi2

C <- sqrt(chi2/(sum(eyeshair)+chi2))
C

V2 <- Phi2/(min(dim(eyeshair))-1)
V2
```

所有的这些指标都不为 0, 因此在这个总体中存在某种形式的依赖性 (在描述性统计的框架下).

11.18-
```
# 给定 eyes = (蓝色, 或金色或...), 变量 hair 的条件分布:
prop.table(eyeshair,1)
```

各行都不相等, 这就证实了这两个变量之间的相依关系 (从描述性统计的角度).

```
# 给定 hair = (金色或...), 变量 eyes 的条件分布:
prop.table(eyeshair,2)
```

各列互不相等, 这也证实了这两个变量之间的相依关系 (从描述性统计的角度).

11.19-
```
table(hair,gender)
plot(hair~gender)
plot(table(hair,gender))
```

11.20-
```
table(eyes,gender)
plot(eyes~gender)
plot(table(eyes,gender))
```

11.21- 参见第 4 章的工作簿来查明如何输入表格, 然后按照上面的步骤操作.

B- 对数据集 NutriElderly 进行描述性分析

11.1-
```
require(gdata)
url <- "http://www.biostatisticien.eu/springeR/
        nutrition_elderly.xls"
nutrition <- read.xls(url,header=TRUE)
attach(nutrition)
```

11.2-
```
names(which.max(table(situation)))
names(which.max(table(chocol)))
names(which.max(table(height)))
```

11.3-
```
res <- hist(height,breaks=seq(140,190,by=5),right=TRUE,
            plot=FALSE)
ind <- which.max(res$count)
modal.class <- paste(res$breaks[ind],res$breaks[ind+1],
                     sep="-")
```

众数组是组 [155; 160].

11.4-
```
median(chocol)
```

注意, 如果研究的变量被认为是一个有序变量, 则 R 函数 median() 将不再起作用:

```
median(as.ordered(chocol))
```

但可以提出一个自造函数来实现这个运算:

```
my.median <- function(x) {
 if (is.numeric(x)) return(median(x))
 if (is.ordered(x)) {
  N <- length(x)
  if (N%%2) return(sort(x)[(N+1)/2]) else {
  inf <- sort(x)[N/2]
  sup <- sort(x)[N/2+1]
  if (inf==sup) return(inf) else return(list(inf,sup))
```

```
 }}
stop(" 对这种类型无法计算中位数!")
}
my.median(as.ordered(chocol))
```

11.5-
```
table(chocol)
table(raw_fruit)
```

11.6- 可以使用如下的自编函数:

```
med <- function(tabx) names(which.max(cumsum(tabx)/
       sum(tabx)>0.5))
med(table(chocol))
med(table(raw_fruit))
```

11.7-
```
quartile.on.freq <- function(tabx,quart) {
 # tabx 是频数的表
 tab.freq.cum <- cumsum(tabx)/sum(tabx)
 index <- order(tab.freq.cum < quart)[1]
 f1 <- tab.freq.cum[index]
 f2 <- tab.freq.cum[index-1]
 x1 <- as.numeric(names(f1))
 x2 <- as.numeric(names(f2))
 quartile <- as.numeric(x1 + (x2-x1)*(quart-f1)/(f2-f1))
return(quartile)
}

tab <- res$counts
names(tab) <- res$breaks[-1]

quartile.on.freq(tab,0.25)
quartile.on.freq(tab,0.5)
quartile.on.freq(tab,0.75)
```

11.8-
```
breaks <- res$breaks
plot(breaks,ecdf(height)(breaks),type="l",main=
     paste("Cumulated frequency polygon",
     "of variable height",sep="\n"),ylab="Frequencies",
     col="darkolivegreen",lwd=3)
abline(h=c(0.25,0.5,0.75))
locator(1)$x # 单击搜索到的交点
```

11.9-
```
mean(height)
mean(weight)
mean(age)
```

11.10-
```
table(tea)
sum(c(0:6,9,10)*as.numeric(table(tea)))/sum(table(tea))
```

11.11- `sum(res$mids*res$counts)/sum(res$counts)`

11.12- `diff(range(weight))`

11.13- `boxplot(weight)`

11.14-
```
var.pop <- function(x) var(x)*(length(x)-1)/length(x)
sd.pop <- function(x) sqrt(var.pop(x))
sd.pop(height)
```

11.15-
```
coeffvar.tab <- function(tabx) {
  val <- as.numeric(names(tabx))
  freq <- as.numeric(tabx)/sum(tabx)
  mean <- sum(val*freq)
  var <- sum(val^2*freq) - mean^2
  res <- sqrt(var)/mean
return(res)
}
coeffvar.tab(table(tea))
```

11.16-
```
eta2 <- function(x,gp) {
means <- tapply(x,gp,mean)
frequencies <- tapply(x,gpe, length)
varinter <- (sum(frequencies * (means - mean(x))^2))
vartot <- (var(x) * (length(x) - 1))
res <- varinter/vartot
list(var.tot=vartot,var.inter=varinter,
     var.intra=vartot-varinter,eta2=res)
}

res <- eta2(tea,gender)
```

第 12 章工作簿的解答

模拟

A- 研究 $[0,1]$ 上的分布 $f(x) = \dfrac{3}{2}\sqrt{x}$

12.1-
```
f <- function(x) (3/2)*sqrt(x)
integrate(f,lower=0,upper=1)
```

12.2- 通用的反演 (分布函数的反函数) 方法:

```
Finv <- function(x) x^(2/3)
u <- runif(1000)
x <- Finv(u)
```

12.3-
```
mean(x)
var(x)
```

12.4- 理论值为 $\mathbb{E}(X) = 3/5$ 和 $\mathbb{V}ar(X) = 12/175$.

12.5- 累积分布函数为 $F(x) = x^{2/3}$. 各个组的理论概率为 $0.3^{3/2} = 0.1643168$, $0.5^{3/2} - 0.3^{3/2} = 0.1892366$, $0.7^{3/2} - 0.5^{3/2} = 0.2321086$, $0.85^{3/2} - 0.7^{3/2} = 0.1979993$ 和 $1 - 0.85^{3/2} = 0.2163387$. 可以用数值方法来计算它们的值:

```
class <- c(0.3,0.5,0.7,0.85)
prob <- function(x) {integrate(f,lower=0,upper=x)$value}
dist <- c(0,apply(as.matrix(class),MARGIN=1,FUN=prob),1)
(theoretical.prob <- diff(dist))
```

经验概率可使用下面的代码来计算:

```
count <- function(x,vect.y) sum(vect.y<x)/length(vect.y)
empirical.dist <-  c(0,apply(as.matrix(class),MARGIN=1,
                   FUN=count,x),1)
(empirical.prob <- diff(empirical.dist))
```

或如下的代码:

```
c(mean(0<=x & x<=0.3),mean(0.3<x & x<=0.5),mean(0.5<x &
  x<=0.7),
  mean(0.7<x & x<=0.85),mean(0.85<x & x<=1))
```

B- 对广义 Pareto 分布的研究

12.1-
```
rGP <- function(n,mu,sigma,xi) mu
       +sigma*((runif(n))^(-xi)-1)/xi
```

12.2-
```
n <- 1000
simu <- rGP(n,0,1,0.25)
```

12.3-
```
mean(simu)
var(simu)
```

12.4-
```
mu <- 0
sigma <- 1
xi <- 0.25
(theo.mu <- mu + sigma/(1-xi))
(theo.var <- (sigma^2)/(((1-xi)^2)*(1-2*xi)))
```

12.5-
```
n <- 10000
simu.new <- rGP(n,0,1,0.25)
mean(simu.new)
var(simu.new)
```

12.6-
```
hist(simu.new,breaks=500,xlim=c(0,10),prob=TRUE,col="red")
```

12.7-
```
dens.pareto <- function(x,mu,sigma,xi) {
 (1/sigma)*((1+(xi*(x-mu))/sigma)^(-1/xi-1))
}
curve(dens.pareto(x,mu,sigma,xi),add=TRUE,col="blue")
```

C- 一个正方形上的均匀分布

12.1-
```
n <- 1000
simu <- data.frame(X1=runif(n),X2=runif(n))
```

12.2- (X_1, X_2) 到最近边的距离由 $D = \min(X_1, X_2, 1 - X_1, 1 - X_2)$ 给出 (画一个图来证实这一点).

```
simu.d <- cbind(simu,1-simu)
D <- apply(simu.d,MARGIN=1,FUN=min)
mean(D<0.25)
```

12.3-
```
dist.sum <- function(coord){
 d <- min(coord[1]^2+coord[2]^2,coord[1]^2+coord[4]^2,
          coord[3]^2+coord[2]^2,coord[3]^2+coord[4]^2)
 d <- sqrt(d)
}

D.sum <- apply(simu.d,MARGIN=1,FUN=dist.sum)
mean(D.sum<0.25)
```

12.4-
```
mean(D)
var(D)
hist(D,prob=TRUE)
curve(-8*x+4,add=TRUE)
# 在 [0,0.5] 上的密度:f(x)=-8x+4
```

D- 指向建模

12.1-
```
X <- function() ifelse(rbinom(1,1,0.5),"HEADS","TAILS")
X()
```

12.2-
```
throw.of.a.die <- function() sample(1:6,1)
throw.of.a.die()
```

12.3-
```
yams <- function() sample(1:6,size=5,replace=TRUE)
```

12.4-
```
n <- 1000000
result <- replicate(n,yams(),TRUE)
test <- function(res) ifelse(length(unique(res))> 1,0,1)
prop <- mean(apply(result,MARGIN=2,FUN=test))
```

E- Box-Muller 定理

12.1-
```
n <- 1000
u1 <- runif(n)
u2 <- runif(n)
z1 <- sqrt(-2*log(u1))*cos(2*pi*u2)
z2 <- sqrt(-2*log(u1))*sin(2*pi*u2)
```

12.2- 该密度函数的非参数估计:

```
require(MASS)
ngrid <- 40
denobj<-kde2d(z1,z2,n=ngrid)
den.z <-denobj$z
```

12.3- 二元正态密度的外表面:

```
require(rgl)
xgrid <- denobj$x
ygrid <- denobj$y
bi.z <- dnorm(xgrid)%*%t(dnorm(ygrid))
```

新窗口:

```
open3d()
bg3d(color="#887777")
light3d()
```

重新表示模拟得到的数据:

```
spheres3d(z1,z2,rep(0,n),radius=0.1,color="#CCCCFF")
```

重新表示用非参数方法估计得到的密度:

```
surface3d(xgrid,ygrid,den.z*20,color="#FF2222",alpha=0.5)
```

重新表示二元标准正态分布的外表面:

```
surface3d(xgrid,ygrid,bi.z*20,color="#CCCCFF",
          front="lines")
```

第 13 章工作簿的解答

A- 置信区间的研究

- **均值的置信区间的研究**

13.1-
```
n <- 20
M <- 50000
```

```
ech <- rnorm(n,mean=-1.2,sd=sqrt(2)) # 仅一个样本
simu <- replicate(M,rnorm(n,mean=-1.2,sd=sqrt(2)),
                  simplify=TRUE)
```

13.2-
```
inter.mu <- function(x) t.test(x,conf.level=0.9)$conf.int
res <- t(apply(simu,MARGIN=2,FUN=inter.mu))
```

13.3-
```
prop <- mean((res[,1] < -1.2) & (-1.2 < res[,2]))
```

大约有 90% 的区间包含值 −1.2.

13.4-
```
n <- 100
M <- 50000
simu <- replicate(M,rchisq(n,df=1),simplify=TRUE)
res.chi2 <- t(apply(simu,MARGIN=2,FUN=inter.mu))
prop <- mean((res.chi2[,1] < 1) & (1 < res.chi2[,2]))
```

13.5-
```
n <- 10
M <- 50000
simu <- replicate(M,rchisq(n,df=1),simplify=TRUE)
res.chi2 <- t(apply(simu,MARGIN=2,FUN=inter.mu))
prop <- mean((res.chi2[,1] < 1) & (1 < res.chi2[,2]))
```

该区间的 (经验的) 置信水平不等于 90%. 这是由于样本量过小 ($n = 10$) 造成的, 没有充分的说服力来使用中心极限定理.

13.6-
```
n <- 20
ech.20 <- rnorm(n,mean=-1.2,sd=sqrt(2))
inter.mu <- function(x) t.test(x,conf.level=0.95)$conf.int
inter.mu(ech.20)
```

13.7-
```
ech.50 <- rnorm(50,mean=-1.2,sd=sqrt(2))
inter.mu(ech.50)
ech.100 <- rnorm(100,mean=-1.2,sd=sqrt(2))
inter.mu(ech.100)
ech.1000 <- rnorm(1000,mean=-1.2,sd=sqrt(2))
inter.mu(ech.1000)
ech.10000 <- rnorm(10000,mean=-1.2,sd=sqrt(2))
inter.mu(ech.10000)
ech.100000 <- rnorm(100000,mean=-1.2,sd=sqrt(2))
inter.mu(ech.100000)
```

置信区间在 μ 的真值周围变得越来越窄.

13.8-
```
tt.20 <- c(t.test(ech.20)$st,t.test(ech.20)$p.val)
tt.50 <- c(t.test(ech.50)$st,t.test(ech.50)$p.val)
tt.100 <- c(t.test(ech.100)$st,t.test(ech.100)$p.val)
tt.1000 <- c(t.test(ech.1000)$st,t.test(ech.1000)$p.val)
tt.10000 <- c(t.test(ech.10000)$st,t.test(ech.10000)
              $p.val)
tt.100000 <- c(t.test(ech.100000)$st,t.test(ech.100000)
```

```
            $p.val)
output <- rbind(tt.20,tt.50,tt.100,tt.1000,tt.10000,
                tt.100000)
colnames(output) <- c("tobs","pvalue")
output
```

随着 n 的增加, t_{obs} 也增加, 而 p-值越来越小, 也就变得越来越难以 "表明" μ 与 0 是不相同的.

13.9-
```
inter.mu(ech.100000)
t.test(ech.100000,mu=-1.1)$p.val
tt.50
```

这里的 p-值更小了, 尽管 -1.1 相比前面一个问题中用到的参照值 0 距离真值 $\mu\,(= -1.2)$ 要更近一些. 另一方面, 置信区间没有欺骗我们. 比起仅给出 p-值, 我们可以看到置信区间的好处.

- **bootstrap (自助法) 得到的置信区间的研究**

13.1-
```
n <- 20
M <- 500
ech <- rexp(n,rate=1/10) # 仅一个样本
simu.exp <- replicate(M,rexp(n,rate=1/10),simplify=TRUE)
```

13.2- 对于单个样本:

```
require(boot)
mean <- function(x,indices) mean(x[indices])
mean.boot <- boot(simu.exp[,3],mean,R=999,stype="i",
  sim="ordinary")
boot.ci(mean.boot,conf=0.9,type="perc")$percent[4:5]
```

对于 M 个样本:

```
inter.boot.mean <- function(y) {
 mean <- boot(y,mean,R=999,stype="i",sim="ordinary")
 boot.ci(mean,conf=0.9,type="perc")$percent[4:5]
}

res <- t(apply(simu.exp,MARGIN=2,FUN=inter.boot.mean))
```

13.3-
```
prop.boot <- mean((res[,1] < 10) & (res [,2] > 10))
```

13.4-
```
res.ttest <- t(apply(simu.exp,MARGIN=2,FUN=inter.mu))
prop.ttest <- mean((res.ttest[,1] < 10) & (res.ttest
  [,2] > 10))
```

B- 假设检验中风险的研究

- 第一类风险的研究

13.1-
```
n <- 20
M <- 500
ech <- rnorm(n,mean=4,sd=sqrt(1.2)) # 仅一个样本
simu <- replicate(M,rnorm(n,mean=4,sd=sqrt(1.2)),
                  simplify=TRUE)
```

13.2-
```
ttest <- function(x) t.test(x,mu=4)$p.value
res <- apply(simu,MARGIN=2,FUN=ttest)
```

13.3-
```
(count <- sum(res < 0.05))
```

有 count 个假设被拒绝, 我们希望拒绝 25 个零假设.

13.4-
```
M <- 5000
simu <- replicate(M,rnorm(n,mean=4,sd=sqrt(1.2)),
                  simplify=TRUE)
res <- apply(simu,MARGIN=2,FUN=ttest)
proportion <- mean(res < 0.05)
proportion
```

13.5-
```
n <- 100
M <- 5000
simu <- replicate(M,rchisq(n,df=1),simplify=TRUE)
ttest <- function(x) t.test(x,mu=1)$p.value
res.chi2 <- t(apply(simu,MARGIN=2,FUN=ttest))
proportion <- mean(res.chi2 < 0.05)
proportion
```

13.6-
```
n <- 10
M <- 5000
simu <- replicate(M,rchisq(n,df=1),simplify=TRUE)
ttest <- function(x) t.test(x,mu=1)$p.value
res.chi2 <- t(apply(simu,MARGIN=2,FUN=ttest))
proportion <- mean(res.chi2 < 0.05)
proportion
```

该检验的第一类风险大于 5%, 因为这里的样本量较小使得学生氏检验不是有效的.

13.7-
```
IC.p <- t.test((res.chi2<0.05)*1)$conf
IC.p
# 或者也可用:
binom.test(sum(res.chi2<0.05),length(res.chi2))$conf
```

- 功效的研究

13.1-
```
n <- 20
M <- 500
simu <- replicate(M,rnorm(n,mean=5,sd=sqrt(1.2)),
                  simplify=TRUE)
```

13.2-
```
ttest <- function(x) t.test(x,mu=4)$p.value
res <- apply(simu,MARGIN=2,FUN=ttest)
```

13.3-
```
count <- sum(res < 0.05)
power <- mean(res < 0.05)
```

13.4-
```
n <- 100
M <- 500
simu <- replicate(M,rnorm(n,mean=5,sd=sqrt(1.2)),
                  simplify=TRUE)
res <- apply(simu,MARGIN=2,FUN=ttest)
(power <- mean(res < 0.05))
```

功效为 100%. 它随着样本量的增加而递增.

13.5-
```
n <- 100
M <- 500
simu <- replicate(M,rchisq(n,df=2),simplify=TRUE)
ttest <- function(x) t.test(x,mu=1)$p.value
res.chi2 <- apply(simu,MARGIN=2,FUN=ttest)
proportion <- mean(res.chi2 < 0.05)
proportion
```

13.6-
```
n <- 10
M <- 500
simu <- replicate(M,rchisq(n,df=2),simplify=TRUE)
ttest <- function(x) t.test(x,mu=1)$p.value
res.chi2 <- t(apply(simu,MARGIN=2,FUN=ttest))
proportion <- mean(res.chi2 < 0.05)
proportion
```

该检验的功效较低, 这是由于一个小的样本量 $n = 10$ 造成的. 我们没有足够的信息来表明均值与 1 是不同的.

C- 一些实际的例子

- 奶牛的研究

13.1-
```
just.after.milking <- c(12000,13000,21500,17000,15000,
                        22000,11000,21000)
after.milking.24h <- c(11000,20000,31000,28000,26000,
                       30000,16000,29000)
t.test(just.after.milking,after.milking.24h,paired=TRUE,
  alt="less")
```

13.2-
```
# 符号检验:
dif <- just.after.milking - after.milking.24h
sminus <- sum(dif<0)
```

```
splus <- sum(dif>0)
binom.test(min(splus,sminus),splus+sminus,alt="less")
```

13.3-
```
# Mann-withney 检验:
wilcox.test(just.after.milking,after.milking.24h,
            paired=TRUE,exact=FALSE,alt="less")
```

- 东德运动员

13.1-
```
hormons <- c(3.22,3.07,3.17,2.91,3.4,3.58,3.23,3.11,3.62)
t.test(hormons,mu=3.1,alt="greater")
```

13.2- 东德运动员体内雄性激素的平均值显著地高于平均参考值 3.1. 她们服用了违禁药品.

- 饮酒和驾驶

```
before <- c(57,54,62,64,71,65,70,75,68,70,77,74,80,83)
after <- c(55,60,68,69,70,73,74,74,75,76,76,78,81,90)
t.test(before,after,paired=TRUE)
```

- 光速

13.1-
```
speed <- c(850,740,900,1070,930,850,950,980,980,880,1000,
           980,930,1050,960,810,1000,1000,960,960)
speed <- speed + 299000
hist(speed)
```

有一个很明显的绝对模式.

13.2-
```
shapiro.test(speed)
```

13.3-
```
t.test(speed,mu=299990)
```

13.4-
```
mean(speed)
```

- 胆固醇水平

```
groupA <- c(46.3,42.5,43,43.9,42,41.5,41.6,44.4,40.7)
groupB <- c(47.1,44.5,45.8,49,44.6,43.7,44.5,47.4)
t.test(groupA,groupB,alt="less")
```

我们可以得出结论, 在 $\alpha = 5\%$ 的显著水平下该种疗法是有效的.

- 治疗 – 死亡之间的独立性

```
x <- matrix(c(0,9,8,3),ncol=2,byrow=TRUE)
# 理论频数的表格:
chisq.test(x)$ex # 某些值 < 5

chisq.test(x)  # Yates χ² 检验
fisher.test(x) # Fisher 精确检验
```

死亡率依赖于治疗方法.

- **急诊室中的患者人数**

```
files <- c(1500,1600,1450)
cases <- c(675,720,610)
chisq.test(cases/files)
```

鉴于这些结果, 我们无法得出 “各个月的急诊病人的比例是不同的” 这一结论.

第 14 章工作簿的解答

A- 研究简单线性回归

- 研究一个虚构的数据

14.1-
```
n <- 50
b0 <- 1
b1 <- 2
sigma <- 0.1
t <- 5
error <- rnorm(n,sd=sigma)
x <- runif(n,min=0,max=t)
y <- b0+b1*x+error
```

14.2-
```
plot(y~x)
```

14.3-
```
model <- lm(y~x)
coefficients(model)
sd(residuals(model))*sqrt((n-1)/(n-2))
# 或者用:
summary(model)[6]
```

14.4-
```
plot(model,1:2)
plot(model$fitted~y)
```

14.5-
```
precision.parameter.b1 <- function(n,sigma) {
  error <- rnorm(n,sd=sigma)
  x <- runif(n,min=0,max=t)
  y <- b0 + b1*x + error
  model <- lm(y~x)
  summary(model)$coef[2,2]
}
```

```
size <- seq(50,1000,by=50)
sd.b1 <- vector("numeric",20)
for (i in 1:20) {
 sd.b1[i] <- precision.parameter.b1(size[i],0.1)
}
```

在下面的图中我们可以看到,对于一个等于 0.1 的噪声标准差, b1 的估计的精度随着 n 的变化情况:

```
plot(sd.b1~size,xlab="n",
     ylab="Estimation of standard deviation of the
           estimator of b1",
     main="Precision of the estimation of b1 as
           a function of n")
```

在下面的图像中, 取 n 等于 100, 我们能看到 b1 的估计的精度随着 sigma 的变化情况:

```
sd <- seq(0.1,10,by=0.1)
sd.b1 <- vector("numeric",100)
for (i in 1:100) {
 sd.b1[i] <- precision.parameter.b1(n=100,sd[i])
}

title <- "Precision of the estimation of b1 as a function
         \n of the standard deviation of the noise"
plot(sd.b1~sd,xlab=expression(sigma),ylab=
  "estimation of the standard deviation of the estimator
  of b1", main=title)
```

- 研究内膜 – 中膜数据

14.1-
```
url <- "http://biostatisticien.eu/springeR/
        Intima_Media_Thickness.xls"
require(gdata)
intima.media <- read.xls(url,header=TRUE)
attach(intima.media)
```

14.2-
```
plot(measure~AGE)
```

度量内膜 – 中膜厚度的变量 measure 作为 AGE 的一个函数有一个递增的趋势.

14.3-
```
# 计算这两个变量之间的相关系数:
cor(measure,AGE)
# 检验此相关系数的显著性:
cor.test(measure,AGE)
```

14.4-
```
model <- lm(measure~AGE,data=data.frame(measure,AGE))
summary(model)
abline(model,col="blue")
```

14.5-
```
hist(residuals(model),main="Histogram")
plot(model,1:6)
```

14.6-
```
age0 <- 33
predict(model,data.frame(AGE=age0),interval="prediction")
```

14.7-
```
predict(model,data.frame(AGE=age0),interval="confidence")
```

14.8-
```
model2 <- lm(measure~I(AGE^2))
summary(model2)
```

R^2 提高了 (一点点).

B- 研究多重线性回归

- 研究内膜 – 中膜数据

我们注意到 (`tobacco[is.na(packyear)]` 和 `packyear[tobacco==0]`), 每次当变量 `tobacco` 取值为 0 (意味着一个非烟民) 时, 变量 `packyear` (给出了每年消耗的香烟的包数) 就包含缺失值 `NA`. 因此, 很自然地就用 0 来替换变量 `packyear` 的缺失数据:

```
intima.media$packyear[is.na(packyear)] <- 0
```

创建体重指数变量 `BMI`:

```
BMI <- intima.media$weight/((intima.media$height/100)^2)
attach(intima.media)
my.data <- data.frame(AGE,SPORT,alcohol,packyear,BMI,measure)
```

14.1-
```
pairs(my.data)
```

某些散点图具有一个线性趋势, 这将会导致多重共线性.

14.2-
```
model.age <- lm(measure~AGE,data=my.data)
summary(model.age)
model.sport <- lm(measure~SPORT,data=my.data)
summary(model.sport) ### p-值 > 0.25
model.alcohol <- lm(measure~factor(alcohol),data=my.data)
summary(model.alcohol)
model.packyear <- lm(measure~packyear,data=my.data)
summary(model.packyear)
model.BMI <- lm(measure~BMI,data=my.data)
summary(model.BMI)
```

14.3-
```
model.age.inter <- lm(measure~AGE*packyear)
# 在 0.25 水平下无显著的交互效应:
summary(model.age.inter)

model.alcohol.without.inter <-
     lm(measure~factor(alcohol)+packyear,data=my.data)
model.alcohol.inter <-
     lm(measure~factor(alcohol)*packyear,data=my.data)
summary(model.alcohol.inter)
anova(model.alcohol.without.inter,model.alcohol.inter)

model.BMI.inter <- lm(measure~BMI*packyear,data=my.data)
# 在 0.25 水平下无显著的交互效应:
summary(model.BMI.inter)
```

14.4-
```
model.inter <-
   lm(measure~AGE+factor(alcohol)*packyear+BMI,data=my.data)
summary(model.inter)
```

14.5-
```
model.without.inter <- lm(measure~AGE+factor(alcohol)+
                                packyear+BMI,data=my.data)
# 交互项不再显著:
anova(model.inter,model.without.inter)
summary(model.without.inter)
```

14.6-
```
modele.without.alcohol <- lm(measure~AGE+packyear+BMI,
                                   data=my.data)
anova(model.without.alcohol,model.without.inter)
```

变量 alcohol 不带来任何信息.

```
summary(model.without.alcohol)
```

14.7- 在最终模型中, 内膜 – 中膜厚度的度量只由变量 AGE 和 BMI 来解释 (经过对变量 packyear 的调整). 无论每年抽掉了多少包香烟, 内膜 – 中膜厚度的测量值随着年龄和体重指数的增加而递增.

- 失业率的研究

14.1- 下载文件 http://biostatisticien.eu/springeR/unemployment.RData 至当前的工作文件夹.

```
load("unemployment.RData")
names(unemployment)
attach(unemployment)

model.txpib <- lm(unemp~gdprate,data=unempolyment)
summary(model.gdprate)
plot(unemp~gdprate)
```

```
abline(model.gdprate)

hist(residuals(model.gdprate))
plot(model.gdprate,1:2)
```

14.2- `cor(unemp[,2:7])`

14.3- `pairs(unemp[,2:7])`

14.4- 最具有解释性的变量: taxb, govspend, gdprate. 共线性变量 (对): govspend 和 taxb; 以及 govspend 和 gdprate; 另外还有 taxb 和 gdprate.

14.5-
```
full.model <- lm(unemp~gdprate+govspend+taxb+salav+infl,
                 data=unemployment)
summary(full.model)
```

14.6-
```
require(car)
vif(full.model)
```

14.7-
```
drop1(lm(unemp~gdprate+govspend+taxb+salav+infl,
         data=unemploment),test="F")
# 移除变量 infl
drop1(lm(unemp~gdprate+govspend+taxb+salaav,
         data=unemployment),test="F")
# 移除变量 txpib
drop1(lm(unemp~govspend+taxb+salav,data=unemployment),
         test="F")
# 移除变量 pfisc
drop1(lm(unemp~govspend+salav,data=unemployment),test="F")
```

14.8-
```
# 最终模型:
final.model <- lm(unemp~govspend+salav,data=unemployment)
summary(final.model)
```

14.9-
```
govspend93 <- unemployment$govspend[unemployment$year==1993]
salav93 <- unemployment$salav[unemployment$year==1993]
predict(final.model,data.frame(govspend=govspend93,
  salav=salav93),interval="prediction")
```

14.10- 失业率 (unemp) 在 1993 年的观测值为 11.2, 这个值被包含在预测区间中.

C- 研究多项式回归

- 研究一个虚构的数据

14.1-
```
n <- 100
x <- runif(n,min=-2,max=2)
```

```
eps <- rnorm(n)
y <- x+2*(x^2)+3.5*(x^3)-2.3*(x^4)+eps
```

14.2-
```
plot(y~x)
curve(x+2*x*x+3.5*x^3-2.3*x^4,add=TRUE)
```

14.3-
```
simple.model <- lm(y~x)
summary(simple.model)
hist(residuals(simple.model))
plot(simple.model,1:6)
```

14.4-
```
poly.model <- lm(y~-1+poly(x,4,raw=TRUE))
summary(poly.model)
coef <- coef(poly.model)
plot(y~x)
curve(coef[1]*x+coef[2]*(x^2)+coef[3]*x^3+coef[4]*x^4,
      add=TRUE)
```

- 用一个多项式来拟合一个散点图

14.1- 下载文件 http://biostatisticien.eu/springeR/fitpoly.RData 到当前工作目录中.

```
load("fitpoly.RData")
attach(fitpoly)
```

14.2-
```
plot(Y~X)
```

14.3-
```
lin.model <- lm(Y~X)
summary(lin.model)
abline(lin.model)
```

14.4-
```
poly.model <- lm(Y~poly(X,3,raw=TRUE),data=fitpoly)
summary(poly.model)
```

14.5-
```
coef <- coef(poly.model)
curve(coef[1]+coef[2]*x+coef[3]*x^2+coef[4]*x^3,add=TRUE)
x <- seq(-3.5,3.5,length=50)
pred.int <- predict(poly.model,data.frame(X=x),
                    interval="prediction")[,c("lwr","upr")]
conf.int <- predict(poly.model,data.frame(X=x),
                    interval="confidence")[,c("lwr","upr")]
matlines(x,cbind(conf.int,pred.int),lty=c(2,2,3,3),
         col=c("red","red","blue","blue"),lwd=c(2,2,1,1))
legend("bottomright",lty=c(2,3),lwd=c(2,1),
       c("confidence","prediction"),col=c("red","blue"))
```

第 15 章工作簿的解答

A- 单因素方差分析的研究

- 噪音级别的研究

15.1-
```
noise <- gl(4,6,24)
grade <- c(62,60,63,59,63,59,56,62,60,61,63,64,63,67,
           71,64,65,66,68,66,71,67,68,68)
```

15.2- $\text{grade}_{ik} = \mu + \alpha_i + \epsilon_{ik}$, 其中各 ϵ_{ik} 是服从一个 $\mathcal{N}(0, \sigma^2)$ 分布的 i.i.d. 随机变量.

15.3-
```
model <- aov(grade~noise)
summary(model)
```

15.4-
```
pairwise.t.test(grade,noise,p.adjust="bonf")
TukeyHSD(model)
```

- 内膜 – 中膜厚度的研究

15.1-
```
url <- "http://biostatisticien.eu/springeR/
        Intima_Media_Thickness.xls"
require(gdata)
intima.media <- read.xls(url,header=TRUE)
attach(intima.media)
```

15.2-
```
plot(measure~factor(alcohol))
```

15.3-
```
intima.model <- aov(measure~factor(alcohol))
summary(intima.model)
```

内膜 – 中膜厚度的测量值随着酒精摄入量的不同而存在着显著性差异 (p-值 < 0.05).

15.4-
```
plot(intima.model)
# 同方差性:
require(car)
leveneTest(measure,factor(alcohol))
```

- 体育活动的研究

15.1- 下载文件 `http://biostatisticien.eu/springeR/sports.RData` 到工作文件夹中.

```
load("sports.RData")
attach(sports)
```

因素为体育运动的时间 (7 水平). $\text{score}_{ik} = \mu + \alpha_i + \epsilon_{ik}$, 其中各 ϵ_{ik} 是服从一个 $\mathcal{N}(0, \sigma^2)$ 分布的 i.i.d. 随机变量.

15.2-
```
sport.model <- aov(score~time)
summary(sport,model)
```

15.3-
```
cmat <- rbind(" : not athletic versus somewhat athletic"=
                 c(1,1,-1,-1,0,0,0),
" : very athletic versus not athletic"=c(3,3,0,0,-2,-2,-2))
```

15.4-
```
require(gmodels)
fit.contrast(sport.model,time,cmat)
```

B- 双因素方差分析的研究

- 电池的研究

15.1- 因素温度 (temperature) 有 3 个水平 (单位: °C): 15, 70, 125. 因素电池类型 (type) 有 3 个水平: I, II, III. 因变量: 电池寿命 (lifetime).

15.2- $Y_{ijk} = \mu + \mu_{ij} + \epsilon_{ijk}$, 其中各 ϵ_{ijk} 是服从一个 $\mathcal{N}(0, \sigma^2)$ 分布的 i.i.d. 随机变量.

15.3-
```
lifetime <- c(130,155,74,180,34,40,80,75,20,70,82,58,150,
              188,159,126,136,122,106,115,25,70,58,45,138,
              110,168,160,174,120,150,139,96,104,82,60)
temperature <- as.factor(rep(rep(1:3,each=4,3)))
levels(temperature) <- c("15C", "70C","125C")
type.battery <- as.factor(rep(1:3,each=12))
levels(type.battery) <- c("type I","type II","type III")
battery <- data.frame(lifetime=lifetime,temperature=
                temperature,type.battery=type.battery)
interaction.plot(temperature,type.battery,lifetime)
interaction.plot(type.battery,temperature,lifetime)
```

15.4-
```
summary(lm(lifetime~temperature*type.battery))
```

15.5-
```
anova(lm(lifetime~temperature*type.battery))
```

显著的交互效应: 需要注意对参数的理解和固定效应的检验, 这里必须考虑条件效应.

15.6- 例如, 检验第 I 种类型电池的温度效应:

```
model <- summary(aov(lifetime~temperature*type.battery))
lifetime.battery1 <- summary(aov(lifetime~temperature,
                          subset=type.battery=="type I"))
lifetime.battery1
F.lifetime.battery1 <- lifetime.battery1[[1]]$Mean[1]/
                          model[[1]]$Mean[4]
pvalue <- 1-pf(F.lifetime.battery1,df1=2,df2=27)
```

- 牛奶产量的研究

15.1- 因素养料的种类 (food) 有 4 个水平: 稻草 (Straw)、干草 (Hay)、青草 (Grass)、青贮饲料 (Silage). 因素供给量 (dose) 有 2 个水平: 低 (Low) 和高 (High). 因变量: 牛奶产量 (yield). $Y_{ijk} = \mu + \mu_{ij} + \epsilon_{ijk}$, 其中 ϵ_{ijk} 是服从一个 $\mathcal{N}(0, \sigma^2)$ 分布的 i.i.d. 随机变量.

15.2-
```
yield <- c(8,11,11,10,7,12,13,14,11,10,10,12,12,13,14,17,
           13,17,14,13,8,9,8,10,9,10,7,10,12,11,11,9,
           11,11,12,13,12,11,15,14)
food <- as.factor(rep(rep(1:4,each=5,2)))
levels(food) <- c("Straw","Hay","Grass","Silage")
dose <- as.factor(rep(1:2,each=20))
levels(dose) <- c("Low", "High")
milk <- data.frame(yield=yield,food=food,dose=dose)
interaction.plot(food,dose,yield)
interaction.plot(dose,food,yield)
```

15.3-
```
summary(lm(yield~dose*food))
```

15.4-
```
anova(lm(yield~dose*food))
```

没有显著的交互效应: 我们将偏好一个更简单的模型.

15.5-
```
anova(lm(yield~dose+food))
```

- 内膜 – 中膜厚度的研究

15.1-
```
url <- "http://biostatisticien.eu/springeR/
        Intima_Media_Thickness.xls"
intima.media <- read.xls(url,header=TRUE)
attach(intima.media)
```

15.2- 具有一个交互项的双因素方差分析 (ANOVA) 模型.

15.3-
```
tobacco <- factor(tobacco)
alcohol <- factor(alcohol)
interaction.plot(tobacco,alcohol,measure)
interaction.plot(alcohol,tobacco,measure)
```

15.4-
```
require(car)
intima.model <- Anova(lm(measure~alcohol*tobbaco),
                      type="III")
intima.model
# 不显著的交互效应:
additive.intima.model <- Anova(lm(measure~alcohol+
                               tobacco),type="III")
# 酒精 (alcohol): p-值=0.09       香烟 (Tobacco): p-值=0.16
```